뉴스를 디자인하자

신문 촌티 벗기기

나남
nanam

역자 소개

김영준(동아일보 편집부 차장, 중앙대 언론학 박사)
황준하(동아일보 편집부 차장, 서울대 독문학 석사)
김형래(동아일보 편집부 차장, 고려대 신문방송학과 졸업)
김준석(동아일보 편집부 차장, 서울대 정치학 석사 수료)
김남준(동아일보 편집부 기자, 고려대 국문학과 졸업)
하승희(동아일보 편집부 기자, 고려대 신문방송학과 졸업)

나남신서 · 1656

뉴스를 디자인하자
신문 촌티 벗기기

2012년 11월 23일 발행
2012년 11월 23일 1쇄

저자_팀 해로우어
역자_김영준 · 황준하 · 김형래 · 김준석 · 김남준 · 하승희
발행자_趙相浩
발행처_(주)나남
주소_413-120 경기도 파주시 회동길 193
전화_(031)955-4601(代)
FAX_(031)955-4555
등록_제1-71호(1979.5.12)
홈페이지_http://www.nanam.net
전자우편_post@nanam.net

ISBN 978-89-300-8656-1
ISBN 978-89-300-8001-9(세트)

책값은 뒤표지에 있습니다.

이 책은 한국언론진흥재단의 저술 지원으로 출판되었습니다.

THE NEWSPAPER DESIGNER'S HANDBOOK

뉴스를 디자인하자

신문 촌티 벗기기

팀 해로우어 지음
김영준 · 황준하 · 김형래
김준석 · 김남준 · 하승희 옮김

나남
nanam

역자서문

올해 초 신문 레이아웃을 하다가 신기해한 적이 있습니다. 신문이 네덜란드 화가 몬드리안(Piet Mondrian)의 그림을 닮아 보였기 때문입니다. 기사들과 사진을 따로따로 묶어 보니 더욱 그러합니다. 우연이든 무슨 연관이 있든 간에 미술작품을 닮은 지면을 보면서 묘하다는 생각을 했습니다.

그 궁금증은 한참 뒤에야 풀렸습니다. 현대 신문의 편집 방식이 몬드리안의 작품과 뿌리가 같다는 점을 뒤늦게 안 것입니다. 편집요소를 사각형 모듈 안에 정리하는 것이 모듈러 편집입니다. 이 모듈러 편집과 몬드리안의 그림은 모두 그리드 구성을 기초로 합니다. 시기적으로 보면 몬드리안의 작품에 직접 영향을 받아 모듈러 편집이 탄생한 셈입니다. 편집기자로 일한 지 20년, 가로짜기 편집을 한 지도 10년이 넘었는데 왜 미처 몰랐는지. 스스로 부실한 편집교육의 증거가 된 듯했습니다. 제대로 된 교본 한 권 없이 신문편집을 어깨너머로 배우는 것은 예나 지금이나 별반 달라지지 않았습니다.

이 모듈러 편집은 국내·외 주요 신문들이 거의 예외 없이 채택하고 있는 편집방식입니다. 이를 확산시킨 신문이 바로 〈유에스에이 투데이〉(*USA Today*)입니다. 1982년 9월 TV를 닮은 지면을 들고 나와 단숨에 미국 최대의 전국지로 부상한 이 신문은 당시만 해도 일반화되지 않았던 모듈러 디자인을 엄격히 적용하기 시작했으며, 컴퓨터 그래픽을 활용해 정보의 시각화를 주도했습니다. 이른바 '읽는 신문'에서 '보는 신문'으로의 대전환입니다. 최근 창간 30주년을 맞아 제호 디자인을 바꾸고 지면을 새로 단장한 이 신문은 지금까지도 신문 디자인 혁신의 성공사례로 꼽힙니다.

미국 신문의 디자인 혁신은 1970년대 후반에 시작해 1980년대에 붐을 이뤘습니다. 이 시기는 케이블 TV, 위성방송, 인터넷 등 뉴미디어가 등장해 확산되던 때와 일치합니다. 미디어 경쟁이 심해져 독자가 줄고 광고시장이 타격을 받자 신문은 디자인 혁신을 통해 이에 대응했던 것입니다. 당시 리디자인의 큰 줄기 중 하나가 정보의 시각화였습니다. 한층 더 바빠진 독자들은 '보는 신문'을 선호했고 이는 신문 부수의 증가로 이어지기도 했습니다. 이 같은 현대 신문 디자인 혁신의 바탕에는 모듈러 편집이 그 원칙으로 자리 잡고 있습니다.

그런데 '보는 신문'과 디자인은 신문을 위기에서 구할 수 있을까요. 폴란드 출신 디자이너 야섹 우트코(Jacek Utko)는 "예스"라고 말합니다. 〈유에스에이 투데이〉와 함께 신문 디자인으로 이름을 떨친 신문 중에 영국의 〈가디언〉(*The Guardian*)이 있습니다. 2003년 판형을 베를리너로 바꾸고 리디자인을 한 〈가디언〉의 하루 발행부수는 국내 언론보도에 따르면 1년 만에 6만 부가 늘어 50만 부가 됐다고 합니다. 하지만 그 효과는 오래가지 않았습니다. 발행부수는 2007년 37만 부로, 올해(2012년)는 20만 부로 급격히 줄었습니다. 신문 디자인이 만병통치약은 아니었던 것입니다. 실제로 리디자인이 신문부수를 장기적으로 증가시킨다는 증거는 아직 없다고 합니다. 지면혁신의 아이콘인 〈유에스에이 투데이〉도 수년 전부터 부수 감소로 〈월스트리트저널〉(*The Wall Street Journal*)에 1위 자리를 내주고 고전하고 있습니다.

하지만 정보의 시각화는 위기에 대응하기 위해서만이 아니라 그 자체로 유효합니다. 같은 문자정보라도 시각적으로 어떻게 전달하는가에 따라서 독자들은 전혀 다른 정보로 받아들입니다. 영상세대에게 시각적 요소는 문자와 함께 정보전달의 또 다른 한 축입니다. 그리고 이 정보전달 과정에 시각적 질서를 부여해 읽기 쉬운 신문을 만드는 것이 신문 디자인의 핵심입니다. 결국 '보는 신문'은 '읽기 쉬운 신문'인 셈입니다. 비주얼 시대에 컴퓨터 기술을 활용하고 새로운 독자의 요구에 부응하는 일은 선택이 아니라 필수입니다. 정보의 시각화는 여건에 따라서 해도 좋고 안 해도 그만인 것이 아니라 꼭 해야 할 일인 것입니다.

앞서 〈가디언〉의 사례가 있었지만 그 경쟁지인 〈인디펜던트〉(*The Independent*)의 경우는 더 극적입니다. 〈가디언〉과 어깨를 겨루던 이 신문의 발행부수는 2007년 25만 부로 떨어지더니 올해는 8만 부로 추락했습니다. 두 신문 모두 독자 감소라는 시장의 흐름을 뒤바꾸지는 못했지만, 디자인이 승부처였다고 해석하는 것은 지나친 억측일까요. 다시 "디자인이 정말 신문을 구원할 수 있는가" 스스로에게 물어보며 여기 동료들과 함께 작은 성과물을 내놓습니다.

이 책의 원제는《신문 디자이너의 핸드북》(*The newspaper designer's handbook*)으로, 모듈러 편집의 확산과 정착에 기여했다는 평가를 받는 팀 해로우어(Tim Harrower)의 대표작입니다. 1989년에 첫선을 보여 올해까지 7차례 개정판이 나온 스테디셀러인 이 책은 종이신문뿐 아니라 전자신문까지를 다루고 있으며, 현장 사례를 편집 디자인 이론과 잘 결합시킨 점이 돋보입니다. 업무 매뉴얼이지만 전혀 지루하거나 딱딱하지 않습니다. 저자는 신문 역사와 철학까지 짚어가며 신문 디자인의 세계를 흥미롭게 펼쳐 보이고 있습니다. 이 책이 뉴스 디자인을 배우려는 학생들뿐 아니라 현직에 있는 기자들에게도 유용한 길잡이가 되기를 바랍니다.

2012년 10월 23일

목차

New York American
J. J. ASTOR LOST ON TITANIC
1.500 TO 1.800 DEAD
Dallas Police
Nab Suspect
MOON!

사건

머리말

아주 오래 전, 사람들은 정말로 신문 읽기를 즐겼다. 그들은 가판대에 동전을 건넨 뒤 신문을 집어 들고

"국회, 세금 인상 검토"

같은 헤드라인을 넋을 잃고 바라봤다. 또 아래 그림과 같이 활자로 빽빽한 긴 기사를 보며 뿌듯해했다. "우와, 뉴스가 이렇게 많아!"

오늘날 상황은 변했다. 우리는 웹사이트와 스마트폰, 대형 TV에서 초소형 아이팟까지 미디어의 홍수 속에 있다. 정보를 얻는 방법이 현기증이 날 정도다. 활자 빽빽한 긴 기사가 더는 필요 없다. 앞으로도 읽지 않을 것이다.

사실 독자는 긴 신문 기사를 보고 "에이, 이 무슨 시간 낭비람"이라며 툴툴대기 십상이다.

현실을 직시하자: 오늘날 미디어 소비자들은 참을성이 없다. 그들은 자극적이고, 매력적이며, 쉽게 이해되고, 즉시 써먹을 수 있는 정보를 원한다.

바로 그 지점에 당신이 있다.

매혹적이고 유익하며 읽기 쉬운 스토리를 디자인한다면, 최소한 하루 몇 분은 디지털 미디어와 성공적으로 경쟁할 수 있다. 신문이라는 고상한 관습을 하루 더 연명시킬 수 있다.

현실을 직시해보니: 많은 사람들에게 신문은 공룡과도 같다. 신문은 크고 힘이 세지만, 투박하고 둔하다. 비록 신문이 오랜 세월을 견뎌왔지만, 앞으로는 다음 두 갈래 길 중 하나를 가는 게 시간문제인 듯하다.

◆ 멸종한다. 봉화나 전보처럼 널리 쓰인 의사소통 방식에 닥친 운명을 기억하는가.

◆ 새로운 종으로 진화한다. 독자 각자의 취향과 관심사에 맞춰 뉴스를 제공하는 '휴대용 쌍방향 비디오 기기'로 말이다. 사실 지난 수십 년간 신문은 이 길을 가야 했지만 대부분의 뉴스룸 공룡들은 둔해서 이를 알아채지 못했다.

머리말

> “나는 신문 편집자가 아니다. 항상 바르게 행동하고 착해지려 노력하므로, 신은 앞으로도 나를 신문 편집자로 만들지는 않을 것이다.”
>
> 마크 트웨인

맞다. 종이와 잉크를 쓰는 언론은 수명이 다돼 가는지도 모른다. 하지만 아직 죽은 건 아니다. 신문은 여전히 막대한 영향력과 중요성을 유지하고 있는 대형 산업이다. 애플이나 구글 같은 마법사들이 매력적인 첨단기기들을 만들어내는 동안, 우리는 '기본'을 가지고 최선을 다할 것이다. 잉크, 종이, 사진, 활자, 선, 점 같은 기본 말이다. 훌륭한 편집자는 이 모든 것을 빈틈없고 매끄럽게 정리함으로써 오늘의 뉴스가 익숙하면서도 새롭게 느껴지도록 만들 수 있다.

그런데 신문 편집은 어떤 사람들이 하는 걸까? “내 꿈은 오피니언 면을 레이아웃 하는 거야”라고 말하는 아이들을 본 적은 없을 것이다. “내 전공은 로켓과학이고 부전공은 스포츠 인포그래픽입니다”라고 말하는 대학생도 본 적이 없을 것이다.

대부분은 아무런 주의사항도 듣지 못한 채 신문 편집에 우연히 뛰어들게 된다.

당신이 작은 주간지 취재기자라고 하자. 어느 날 에디터가 말한다. “축하합니다. 당신을 에디터 보조로 발탁합니다. 월요일부터 맡아주세요. 아, 그런데 지면 레이아웃 방법은 알죠?”

전통적인 저널리즘 지침서는 디자인을 다양한 관점에서 이야기한다. 균형, 조화, 리듬 같은 모호한 개념을 깊이 있게 다루며 〈뉴욕타임스〉(*The New York Times*)나 〈월스트리트저널〉(*The Wall Street Journal*)의 모범 지면을 제시한다.

'좋은 지면이야' 생각하면서도 당신은 초조하고 혼란스럽다. '이 사진을 헤드라인과 어떻게 연결시키지?' 이 책은 이러한 고민에서 출발한다.

이 책은 당신이 신문 디자인을 가능한 한 빨리 배워야 하는 상황이라고 가정한다. 당신은 신문을 훑어본 적은 있지만, 헤드라인 크기나 고정물 문패, 6칼럼 지면이냐 5칼럼 지면이냐 등에 주의를 기울여본 적이 없다고 가정한다.

이 책은 신문 디자인의 요소인 헤드라인, 기사 본문, 사진, 사진설명을 소개할 것이다. 이 요소들이 어떻게 기사를 구성하고, 그 기사가 어떻게 지면을 형성하는지 보여줄 것이다.

그 뒤 로고, 기사 안내, 차트, 그래프 등 정교한 지면을 만드는 작은 요소들을 살펴볼 것이다. 중간제목처럼 주의를 끄는 장치로 '빽빽한 기사'를 피하는 법도 제시할 것이다.

잠깐! 주의를 잡아끄는 이 중간제목을 보라.

주의를 끄는 큰 강조점(bullet)을 찍거나 지면에서 튀어 보이게끔 간단한 리스트를 만들 수도 있다. 아래와 같이 말이다.

- ◆ 이것은 강조점 아이템(bullet item)이다.
- ◆ 이것도 마찬가지다.
- ◆ 이것도 위와 같다.

우리는 독자의 눈길을 사로잡기 위해 마크 트웨인 같은 유명인의 말을 옮겨 놓는 '인용제목'(liftout quote)도 활용할 것이다.

어떤 저자는 당신이 책의 머리말을 읽게 하려고 별 시도를 다한다. 만약 당신이 이 머리말을 다 읽었다면, 스스로에게 물어보라. 지면 디자인 덕분에 다 읽은 것은 아닌지.

많은 미디어 전문가들은 주장한다. 미래 문명이 아무리 진보해도 인간은 계속 신문을 보고 만지는 느낌을 즐길 것이라고. 과연 그럴까?

과거의 신문은

초기

미국 최초의 신문인 〈퍼블릭 어커런스〉(*Publick Occurrences*)는 300여 년 전 창간됐다. 이는 A4 용지보다 작은 크기로, 팸플릿이나 뉴스레터에 가까웠다.

대다수의 식민지 시대 주간지는 길고 넓은 본문 칼럼에 뉴스를 줄줄이 이어 인쇄했다. 헤드라인은 없었고 미술적 요소도 드물었다(청년 벤저민 프랭클린이 1754년 미국 최초의 신문 카툰을 게재하기는 했다).

독립전쟁 이후 다양한 일간지들이 나타나기 시작하면서 새로운 디자인 요소들이 도입됐다. 본문 칼럼 폭이 좁아지고, '성명서'와 같은 헤드라인 초기 형태인 한줄 표제가 쓰였다. 또 점차 늘어난 광고의 상당수는 1면 하단에 자리 잡았다.

Numb.—1.

PUBLICK OCCURRENCES

Both FORREIGN and DOMESTICK.

Boston, Thursday Sept. 25th. 1690.

식민지 시대의 인쇄술은 큰 종이를 다룰 수 없었다. 따라서 1690년 9월 25일 보스턴에서 처음 발행된 〈퍼블릭 어커런스〉는 폭 3인치인 본문 칼럼 2개로 이뤄진 가로 7인치 크기에 불과했다. 이 신문은 총 4면으로, 3개 면에 기사를 실었고 마지막 면은 공백이었다. 여기엔 "플리머스에 새로 지정된 추수감사절" 같은 소식도 실렸다.

19세기

19세기를 거치며 신문들은 서로 비슷해졌다. 본문은 벽지를 바른 듯 아래로 길게 흘렀고, 각 칼럼 사이에 수직 구분선을 쳤다. 지도나 판화가 종종 미술 요소로 쓰였다.

남북전쟁 기간에 신문들은 헤드라인에 더 많은 공간을 할애하고 다양한 서체의 부제목을 우측의 예와 같이 세로로 층층이 배열하기 시작했다. 예를 들어, 〈시카고 트리뷴〉(*Chicago Tribune*)은 1871년 대화재 보도에 부제목을 15개 사용했다. "대화재! 시카고 파괴! 2,000에이커에 걸쳐 건물 파손…"

신문에서 사진은 1880년 처음 등장했지만 보도사진은 1900년대 이후에서야 보편화되기 시작했다.

The Philadelphia Inquirer.

PRICE TWO CENTS. PHILADELPHIA, SATURDAY, APRIL 15, 1865. PRICE TWO CENTS.

MURDER OF PRESIDENT LINCOLN!

FROM RICHMOND!

WASHINGTON

〈필라델피아 인콰이어러〉(*The Philadelphia Inquirer*) 1865년판은 링컨 대통령 암살을 보도하는 데 15개의 제목을 층층이 썼다. 그 시대 대부분의 신문처럼 세로로 매우 긴 포맷이다. 본문이 칼럼 맨 아래에서 안 끝나면 다음 칼럼 맨 위로 훌쩍 뛰어 올라갔다.

과거의 신문은

20세기 전반기

1900년쯤 신문은 지금의 모습과 비슷해졌다. 헤드라인은 커지고 굵어지고 길어졌다. 세로로 길게 쌓은 부제목은 공간을 아끼기 위해 점차 사라졌다. 뉴스가 범죄, 국제 문제, 스포츠 등으로 분화되면서 지면 디자인도 더 다양하게 발전했다.

1920년대에 들어서자 대도시에는 자극적인 초대형 헤드라인과 사진들로 가득 채워진 타블로이드 신문이 등장했다.

세월이 흐르면서 신문은 각 페이지마다 사진과 기사, 광고의 양을 계속 늘려 갔다.

CAPT. FRIED RESCUES SEA FLYER

9 AM EDITION Los Angeles Times 9 AM EDITION

SATURDAY MORNING, MAY 14, 1932

SEA GANG LINKED TO MURDER OF BABY; RANSOM TRY FOILED

It's Great to Know What You Want!

CAPT. FRIED'S SHIP RESCUES LOU REICHERS, OCEAN FLYER

Ocean Hop Fails

FINDING BODY OF CHILD BALKS PLOT OF KILLERS TO GET $200,000 MORE

FATHER SEES BROKEN BODY OF BABY SON

Lindbergh Case Halts Kidnaping Plot; Two Held

Anne Lindbergh Ordered to Bed; Father Haggard

War Tactics to Battle Fear

DYNAMITE TEARS RAIL TRESTLE AT NONUNION MINE

Japanese Rout Chinese Troops

HOOVER INVOKES FIRM MEASURES TO HELP NATION

Capt. Dollar Holds His Own

GIRL AND YOUTH KILLED IN MOTOR CRASH; TWO HURT

TRUCK WRECKED; OIL FIRES ESPEE CULVERT BRIDGE

Akron Mooring Takes All Day

Hoover Orders Hunt for Gang

Will Rogers Remarks:

Sixty-four Seek Supervisor Job

1930년대 대부분의 신문은 카툰, 사진, 그리고 긴 헤드라인을 썼다. 이 〈로스앤젤레스 타임스〉(*Los Angeles Times*) 1932년판처럼 말이다. 이 지면의 기사 개수를 세어보라. 수십 년간 미국 신문 1면에는 보통 15~20개의 기사가 전시되듯 실렸다. 대문자로만 헤드라인을 작성한 이 지면은 독자들에게 긴박감을 줬다.

그리 멀지 않은 과거

50년 전 가장 멋진 신문도 오늘날 기준으로는 어설프고 구닥다리 같다. 오른쪽에 예로 든 지면처럼 엉망진창인 것도 있다.

현대의 지면 디자인 트렌드는 1960년대 말에 이르러서야 비로소 나타난다.

◆ 사진은 더 많이, 더 크게.

◆ 헤드라인은 더 세련된 모양으로(요란한 1면 배너제목과 특집기사는 예외로 하고).

◆ 본문 칼럼을 8내지 9칼럼에서 6칼럼으로 표준화.

◆ 칼럼 사이에 세로 구분선 대신 흰 공백.

인쇄기술의 발전에 따라 1980년대 초 전면 컬러인쇄가 보편화되면서 현대적 신문 디자인 시대를 열었다.

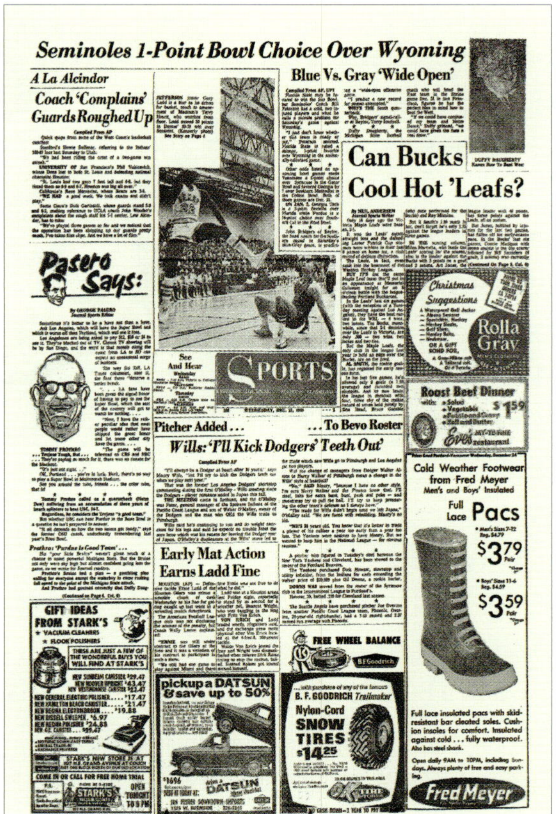

Seminoles 1-Point Bowl Choice Over Wyoming

A La Alcindor

Coach 'Complains' Guards Roughed Up

Blue Vs. Gray 'Wide Open'

Can Bucks Cool Hot 'Leafs?

Pasero Says:

SPORTS

Christmas Suggestions

Roast Beef Dinner

Pitcher Added... ...To Bevo Roster

Wills: 'I'll Kick Dodgers' Teeth Out'

Early Mat Action Earns Ladd Fine

Cold Weather Footwear from Fred Meyer

Full Lace Pacs $3.79 $3.59

GIFT IDEAS FROM STARK'S

pickup a DATSUN & save up to 50%

FREE WHEEL BALANCE

B. F. GOODRICH Trailmaker Nylon-Cord SNOW TIRES $14.25

Fred Meyer

이 〈오리건 저널〉(*The Oregon Journal*) 1966년 스포츠 면은 지독히 형편없다. 그러나 이 지면은 1960년대 중반 디자인의 전형적인 예다. 이상한 모양의 사진과 기사가 충돌해 산만하기 그지없고 엉망진창이다. 한동안 이런 지면을 만들다가 에디터들은 지면 디자인을 진지하게 고민하게 됐다.

현대의 신문은

과거 신문과 비교해보면 요즘 신문들은 활기차고 정교해 보인다. 부분적으로는 인쇄기술 덕분이다. 그러나 오늘날 편집자들은 독자들이 영화에서부터 웹사이트나 TV 광고에 이르기까지 매력적으로 디자인된 매체들에 둘러싸여 있음을 알게 됐다. 안타깝게도 대부분의 소비자들은 포장 상태를 보고 상품을 판단하는 경향이 있다. 그들은 구식으로 보이는 상품(또는 신문)에 눈길을 주지 않는다.

세련되게 보이기 위해 신문은 다음과 같은 방법을 쓴다.

◆ **컬러.** 컬러사진은 모든 신문들이 섹션 프런트 면에 적용하는 표준이 되었다. 컬러는 광고와 삽화에서는 장식적 역할을, 사진, 그래픽, 로고에서는 기능적 역할을 수행한다.

◆ **인포그래픽.** 신문은 단순히 뉴스만 전달하지 않는다. 복잡한 이슈를 독자가 쉽게 이해할 수 있도록 도표, 지도, 도해, 인용문, 팩트 요약, 고정 상자 등을 활용한다.

◆ **비슷한 요소 묶기.** 현대 독자들은 바쁘다. 까다롭고 참을성이 없다. 그래서 편집자는 각 지면을 최대한 독자 친화적으로 만들고자 한다. 요약기사, 라운드업, 스코어보드, 기사 안내, 주제별 패키지 등으로 기사를 쉽게 찾고 빠르게 읽을 수 있게 한다.

◆ **모듈러 레이아웃.** 모듈러 편집은 모든 기사들을 직사각형 형태로 깔끔하게 배열하는 것이다.

When good girls go for bad boys
NHL PREVIEW SECTION
MICHAEL ROSENBERG ★ LIDSTROM READY TO WEAR 'C'
MEET THE '06 WINGS ★ KEEPING HASEK HEALTHY
Detroit Free Press
ON GUARD FOR 175 YEARS
THURSDAY OCT. 5, 2006 METRO FINAL
IT'S A WASHOUT
GAME 2 IS TODAY
TODD JONES CARD IN YOUR AD INSERTS
ALLIANCE TALKS BREAK DOWN
WHY GM WALKED
NOT ENOUGH CASH: GM wanted more to offset uneven deal
GM STOCK PREMIUM: Renault-Nissan wouldn't pay extra
TOUGH TERMS: GM feared plan would hinder future alliances
What's next for...
RICK WAGONER
KIRK KERKORIAN
BILL FORD
Group weeps amid rubble
Metro Detroiters tour Lebanon
The battle's far from over for GM
TOM WALSH
GM, Ford stock FOR WEDNESDAY
ON 10A-11A:
INSIDE TODAY'S FREE PRESS
Chemo can fog women's minds. 9A
U-M, MSU vie for bragging title. 1C
COOL – BUT WE LOVE THAT SUN
59 HIGH 43 LOW
INDEX
2007 CHEVY MALIBU
$16,410

이 프런트 면에서 현대의 뉴스 편집 사례를 볼 수 있다. 대담한 컬러와 활자, 산뜻한 그래픽과 기사 안내 그리고 편집자가 뉴스를 요약하는 다양한 방법들까지.

과거 신문들은 다양한 크기로 인쇄되었다. 오늘날 사실상 모든 신문들은 〈유에스에이 투데이〉(*USA Today*)나 위 예시 그림의 〈디트로이트 프리 프레스〉(*Detroit Free Press*)처럼 큰 대판(*broad-sheets*), 아니면 〈내셔널 인콰이어러〉(*The National Enquirer*)나 〈크리스천 사이언스 모니터〉(*The Christian Science Monitor*)(현재는 온라인 판만 제작-역자 주)처럼 대판의 절반 크기인 타블로이드 형태다.

앞으로 살펴볼 현대 미국 신문 디자인의 예는 대부분 대판 형태다. 그러나 당신의 신문이 어떤 형태이든 디자인의 기본 원칙은 같다.

현대의 신문은

SOUTH BAY VALUE MENU
12 suggestions where you can get the best bang for your buck
Justin Timberlake: A teen idol matures
San Jose Mercury News
Governor's green vision for state
Is iPhone right call for Apple?
Touch-screen mobile braces company for bigger shift to consumer electronics
Mayor Reed: 'No lying, no cheating, no stealing'
Bush to explain new plan for Iraq

이 〈새너제이 머큐리 뉴스〉(*the San Jose Mercury News*) 지면은 1면 편집의 훌륭한 사례다. 지면의 절반을 차지하는 한복판 아이폰 기사는 역동적인 잡지풍 레이아웃으로 꾸며져 있다. 1면에 겨우 기사 세 꼭지만 있지만 기사 안내와 요약을 활용해 독자를 안쪽 지면으로 안내한다.

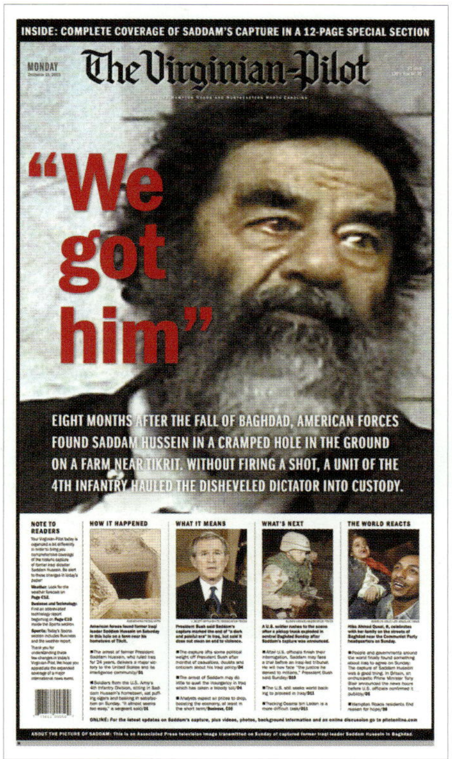

INSIDE: COMPLETE COVERAGE OF SADDAM'S CAPTURE IN A 12-PAGE SPECIAL SECTION
The Virginian-Pilot
"We got him"
EIGHT MONTHS AFTER THE FALL OF BAGHDAD, AMERICAN FORCES FOUND SADDAM HUSSEIN IN A CRAMPED HOLE IN THE GROUND ON A FARM NEAR TIKRIT. WITHOUT FIRING A SHOT, A UNIT OF THE 4TH INFANTRY HAULED THE DISHEVELED DICTATOR INTO CUSTODY.
NOTE TO READERS | HOW IT HAPPENED | WHAT IT MEANS | WHAT'S NEXT | THE WORLD REACTS

대형 뉴스는 대형 편집을 요구한다. 미군이 이라크를 습격한 지 몇 달 뒤, 독재자 사담 후세인이 잡혔다. 〈버지니안 파일럿〉(*Virginian-Pilot*)은 이 사건을 아주 크게 다뤘다. 대담한 헤드라인과 초대형 사진, 그리고 안쪽 면 모든 관련기사에 대한 안내를 눈여겨보라.

Booze and buzz: Now it comes in 1 energy drink
The Atlanta Journal-Constitution
SUNDAY
Retreat to peace, tranquility in Tennessee
FIRST EDITION
THE SUNDAY PAPER, ON SALE SATURDAY
Feeling hot, hot, hot
Ready for some fútbol?
WE'VE GOT ANTS!
(and we can't get rid of 'em.)
In Mexico, politics vs. soccer is no contest
Many al-Qaida leaders dead, or deep in hiding
Rafting down the Hooch
Atlanta men connected to Toronto terrorists?
Duluth says aloha
Fashion marvel Vera Wang on top of style
Tales of British war brides in U.S.

어떤 신문은 프런트 면을 독자들이 안쪽 면을 보도록 유인하는 메뉴판으로 활용한다. 〈애틀랜타 저널 컨스티튜션〉(*The Atlanta Journal-Constitution*)은 토요 가판용으로 이 1면을 만들었다. 지면에 완결된 기사는 없다. 독자의 호기심을 잡아채는 생생한 하이라이트만 모아 놨다.

1면 디자인

오늘날의 1면은 "독자를 무엇으로 잡을 것인가?"라는 질문의 답을 구하기 위한 전통적 보도와 현대적 마케팅의 혼합체다. 독자가 원하는 것은 요란한 헤드라인일까? 큰 사진? 감칠맛 나는 기사? 화려한 컬러? 아니면 깊이 있고 신속한 분석보도?

답하기 쉽지 않다. 신문사들은 독자조사에 많은 돈을 쓰고 있지만, 어떤 식의 1면이 독자에게 가장 와 닿는지에 대해 여전히 확신하지 못하고 있다. 그 결과 대부분의 신문들은 다음과 같은 1면 디자인 철학 중 하나를 따르고 있다.

◆ **전통적 방식:** 화려한 장식 요소 없이 그날의 주요 뉴스만 있는 지면(타블로이드는 기사 2~4개, 대판은 4~6개). 편집자는 사진과 헤드라인과 본문(보통 길게)을 차분하고 직설적인 스타일로 결합한다.

◆ **잡지 커버:** 중요 기사를 돋보이게 하기 위해 큰 장식물과 역동적인 헤드라인을 사용한다. 타블로이드에서 이런 방식은 1면을 두드러지게 하여 독자가 안쪽 면까지 읽도록 유도한다. 대판에서는 몇 개의 부수적 기사가 곁들여진 호화로운 지면이 된다.

◆ **정보 센터:** 여기서 키워드는 물량과 다양성이다. 그래픽, 사진, 기사 안내, 요약기사 꾸러미 등을 엮은 발 빠른 1면은 안쪽 지면에 뭐가 있는지 보여주는 창문 역할을 한다. 또 입맛을 돋우는 짧은 토막 기사는 독자를 그날의 메인 요리로 이끄는 메뉴 역할도 한다.

사설을 1면에 배치하는 신문도 있다. 카툰, 부음기사, 행사나 경기 일정, 광고를 배치하기도 한다. 독자들이 좋아하고 즐기고 신문을 구입한다면 무엇이든 배치할 수 있다.

현대의 신문은

대중적인 피처 면은 다양한 것들을 제공한다. 라이프스타일 이야기에서 칼럼, 유머, 연예까지. 〈캔자스시티 스타〉(*The Kansas City Star*)의 이 피처 면에는 할로윈 콘테스트를 알리는 리드 기사가 실려 있다. 아래쪽엔 가십, 기담, 칼럼이 실려 있다.

연예는 독자에게 엄청난 인기가 있다. 더구나 광고 없는 섹션 1면 전면을 장식한다면 그야말로 반짝반짝 빛날 수 있다. 〈버지니안 파일럿〉은 주말 즐길 거리를 소개하고 있는데, 리드 기사는 변형 서체의 제목과 그래픽 처리한 사진을 엮어 카니예 웨스트의 지방공연 소식을 알리고 있다.

큰 신문사는 음식, 여행, 패션 등의 기사를 잡지풍의 별지로 다룬다. 〈댈러스 모닝 뉴스〉(*Dallas Morning News*)의 이 패션 별지는 색채가 화려하고, 많은 사진과 광고를 싣고 있다. 편집자, 디자이너, 사진기자, 취재기자로 이루어진 전담 팀이 만든다.

피처 면과 피처 섹션

시간이 가면서 피처 섹션은 인기가 많아지고 영역이 넓어졌다. 피처 섹션은 대부분 다음과 같은 요소들의 집합이다.

◆ **라이프스타일 영역:** 소비자 팁, 각종 요령(how-to's), 의료, 건강, 패션 트렌드. 즉, 독자의 생활에 영향을 주는 개인적, 사회적 이슈에 대한 요약본.

◆ **연예뉴스:** 음악, 영화, 공연, 책, 미술에 대한 리뷰와 프리뷰. 행사 일정표와 TV 프로그램 안내도 포함한다. 유명인의 흥미로운 가십도 단골 소재.

◆ **음식:** 조리법, 영양 조언, 가정과 주방의 신상품. 쇼핑 쿠폰이 실린 광고도 포함.

◆ **만화, 칼럼니스트, 글자퍼즐:** 디어 애비(Dear Abby: 독자상담코너명-역자 주), 딜버트(Dilbert: 연재만화명-역자 주), 하거(Hagar), 별점 등의 외부 기고는 충성도가 높은 독자들을 갖고 있다.

피처 섹션은 대개 신문에서 가장 생기발랄하고 감각적인 디자인을 뽐낸다. 디자이너는 화려한 서체와 컬러를 쓰며 특이한 그래픽과 사진처리를 실험하기도 한다.

많은 피처 편집자들은 중요기사 하나를 큰 포스터처럼 부각시켜 섹션 1면을 장식한다. 반면 일반면 편집자는 기사, 요약기사, 일정표 따위를 다 싣는 보다 빡빡한 지면을 선호한다.

대부분의 중소형 신문사들은 피처 기사에 몇 페이지를 할애할 뿐이지만, 대형 신문사는 월요일 '머니', 화요일 '건강과 운동', 수요일 '음식'처럼 매일 주제별 섹션을 별도로 만든다.

현대의 신문은

Back in the desert
SPORTS
The Source
On the court, on the field — Gators No. 1
MSU-B REPORT
Return of 2 players helps Jackets 'rip' off first win
THE NEW EDGE
Addai gives Colts' ground game its familiar firepower
Ripken grabs 3rd-highest percentage of Hall vote
Tony Gwynn only other player elected; McGwire falls far short

스포츠 면 레이아웃은 활기차고 발랄해야 한다. 〈빌링스 가제트〉(*Billings Gazette*)의 이 지면은 대담한 기법으로 얼마나 스포츠 면을 실감나게 만들 수 있는지 보여준다. 굵은 헤드라인과 배경을 제거한 풋볼 선수 대형 사진이 차분하게 정리된 나머지 부분과 대조를 이루며 강한 임팩트를 준다.

CALL HIM THE ALCS MVP (MOST VALUABLE POLANCO)
THE PLAYOFFS
DETROIT 6, OAKLAND 3
World Serious!
Ordonez's walkoff HR gives Tigers pennant, sweep
MAGNIFICENT MAGGLIO!
Ordonez knew Street's fastball would be right up his alley
WHAT A BLAST!
Maggs' 2nd dinger gives Tigers 7th straight playoff victory

슈퍼볼이나 올림픽, 선수권대회처럼 큰 스포츠 이벤트는 특별한 지면을 만들 황금 같은 기회다. 스페셜 로고를 디자인하고 초대형 사진을 쓸 수도 있다. 그리고 다른 기사들을 몽땅 뺄 수도 있다. 이것은 〈디트로이트 프리 프레스〉의 메이저리그 플레이오프 지면이다. 메인 기사와 작은 기사 모음이 대비된다.

'You don't play against opponents, you play against the game of basketball.'
VICTORIES
925 892 879 876
880 BOB KNIGHT
MOST VICTORIES BY A COACH: MEN'S COLLEGE BASKETBALL
NUMBERS
4 16 24 31 53-1 68 .713

스포츠 디자인을 섹션 1면에만 적용하라는 법은 없다. 안쪽에 특집 면을 만들기도 한다. NFL 종합 안내나 NBA 인사이드처럼 정기적인 특화 면도 있고, 선수나 기념비적 사건을 집중 조명하는 경우도 있다. 〈샌안토니오 익스프레스 뉴스〉(*San Antonio Express-News*)의 이 지면은 조슈아 트루델이 기사를 쓰고 디자인까지 했다.

스포츠 면과 스포츠 섹션

스포츠 보도에는 TV가 최적의 매체로 보인다. 실시간인 데다 시각적이고 컬러풀하다. 그러나 많은 독자는 다른 어떤 뉴스보다도 스포츠 뉴스를 보기 위해 신문을 펼친다. 왜 그럴까?

훌륭한 스포츠 섹션엔 극적인 사진과 생생한 기사, 톡톡 튀는 헤드라인, 예리한 분석이 개성적으로 결합돼 있다. 스포츠 보도는 통상 게임과 대결이 기본이지만, 힘 있는 스포츠 섹션엔 다음과 같은 다양한 콘텐츠가 곁들여져 있다.

◆ **기록:** 점수, 순위표, 선수 성적, 팀 역사. 아무리 스포츠 열성팬이라도 이런 상세한 데이터를 충분히 얻을 수는 없다. 이는 종종 특별 스코어보드 면에 모아 싣거나 본문보다 작은 활자로 처리하기도 한다.

◆ **일정표와 목록:** 작은 학교든 큰 도시든 팬들은 스포츠 경기의 시간과 장소를 알기 위해 신문을 본다. 팀 스케줄, 스키장 상황, TV 라디오 편성표와 마찬가지다.

◆ **칼럼니스트:** 스포츠팬들이 매우 좋아하거나 매우 혐오하는, 주관이 뚜렷한 칼럼니스트. 노골적일수록 좋다.

◆ **내막과 가십:** 공개 안 된 기록, 부상 보고서, 여론조사, 예측, 프로필, 분석.

스포츠 면은 피처 면처럼 디자이너에게 기회를 준다. 사진을 대담하게 쓰고, 헤드라인을 과감하게 달고, 승리의 감동을 생생히 담은 역동적 비주얼 그래픽을 만들 수 있다.

현대의 신문은

OPINION

ASBURY PARK PRESS

Focus on the man to be governor

Consider ultimate gift: organ donation

Last link to the start

Perspective

AMERICA IN IRAQ THREE YEARS LATER

WHY WE SHOULD STAY

Lessons from Vietnam don't apply; U.S. must separate warring factions until political compromise is found

WHY WE SHOULD LEAVE

Indefinite stay isn't an option; we must get out to save our Army and encourage Iraqis to negotiate

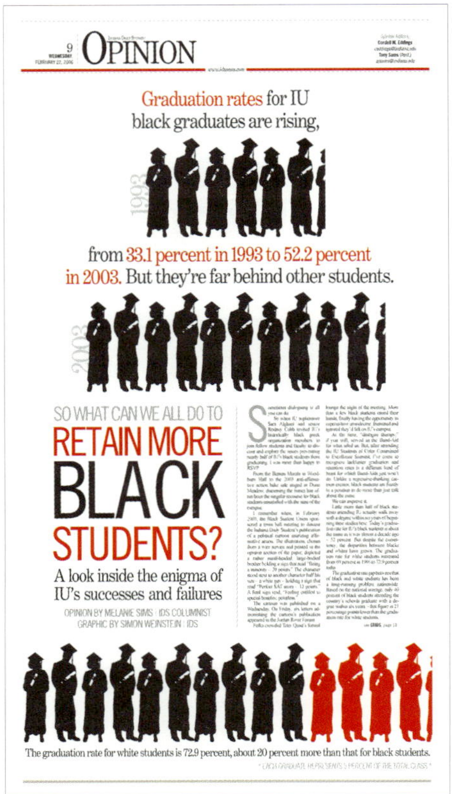

OPINION

Graduation rates for IU black graduates are rising,

from 33.1 percent in 1993 to 52.2 percent in 2003. But they're far behind other students.

SO WHAT CAN WE ALL DO TO RETAIN MORE BLACK STUDENTS?

A look inside the enigma of IU's successes and failures

OPINION BY MELANIE SIMS : IDS COLUMNIST

GRAPHIC BY SIMON WEINSTEIN : IDS

The graduation rate for white students is 72.9 percent, about 20 percent more than that for black students.

〈애즈버리 파크 프레스〉(*Asbury Park Press*)의 이 지면은 현대 신문 사설 면의 전형적 예다. 편집인 이름이 담긴 마스트헤드와 카툰, 긴 사설 칼럼, 독자 편지, 피처물 "역사 속 오늘" 그리고 연재만화 "둔즈베리"까지 실려 있다.

메이저 일간신문사에선 사설 맞은편 면에 외부칼럼과 기고를 싣는다. 큰 신문사들은 일요판에 오피니언 및 사설 담당자들에게 할애하는 별도 섹션을 만들어 〈새너제이 머큐리 뉴스〉의 이 섹션처럼 깊이 있는 분석을 독자에게 제공한다.

〈인디애나 데일리 스튜던트〉(*Indiana Daily Student*)라는 대학신문인데, 왼쪽 사례와 마찬가지로 하나의 주제로 만든 특별한 오피니언 면이다. 기사에서 언급된 통계를 그래픽으로 묘사하기 위해 강렬한 흑적(black-and-red) 삽화를 활용했다.

오피니언 면과 사설(논설)

뉴스 기사와 의견 기사를 나란히 놓는 것은 위험하다. 냉정한 팩트가 어디서 끝나고 뜨거운 의견이 어디서 시작되는지 독자가 어떻게 알겠는가. 그래서 거의 모든 신문들은 험담과 인신공격을 하기 위해, 또 모호하고 거드름 피우는 주장을 하기 위해 특별한 한두 페이지를 따로 마련한다. 이른바 사설 면으로서, 미국 저널리즘의 가장 고귀한 전통이다.

사설 면은 다음과 같은 기본 요소들로 구성된다.

- **사설:** 당면한 이슈에 대해 신문의 입장을 대변하는 익명의 의견 기사.
- **오피니언 칼럼들:** 신문사 논설위원, 문인, 칼럼니스트가 쓰는 글.
- **시사만평:** 공인이나 공공정책을 풍자하는 비판적 삽화.
- **독자 편지**
- **마스트헤드:** 편집인이나 발행인 같은 신문사 고위 간부들의 명단과 주소, 전화번호를 게재.

덧붙이면, 사설 면은 대개 엄격히 정형화돼 있기 때문에 많은 신문들은 위 지면들처럼 별도의 오피니언 면을 둔다. 오피니언 면은 현안에 대한 깊이 있는 의견과 여론을 제시한다. 스포츠나 피처 섹션처럼, 일반 뉴스 면과 따로 분리해 일정한 양식의 헤드라인과 해석적 삽화, 공들인 디자인 기법을 활용하고 있다.

현대의 신문은

테마 지면의 이름을 잘 짓는 건 언제나 어렵다. 이 주간 낚시 지면의 이름은 눈길을 끈다. "낚싯바늘, 낚싯줄 그리고 낚시추". 〈애즈버리 파크 프레스〉가 매주 만드는 이 섹션엔 재미난 이야기와 유용한 정보가 많다. 맨 아래 보트 광고가 있는 것도 눈여겨보라.

많은 신문의 비즈니스 면은 기업 뉴스와 주식 보고서로 가득 차 있다. 그러나 〈올란도 센티널〉(*Orlando Sentinel*)의 이 주간 테마 면은 당신의 지갑과 당신의 투자, 그리고 당신의 돈이 어디로 가는지에 초점을 맞췄다. 왼쪽 낚시 면처럼, 긴 기사와 여러 요약기사들을 디자인이 결합시켰다.

아이들이 신문을 보도록 하려면 어떻게 할까? 많은 신문은 어린 독자를 사로잡기 위해 〈세인트 피터스버그 타임스〉(*The St. Petersburg Times*)의 이 "X-프레스"같은 섹션을 두고 있다. 발랄한 색상과 근사한 이미지, 별난 레이아웃과 함께 카툰, 퍼즐, 취미 그리고 아이들이 직접 쓴 기사가 실려 있다.

테마 지면

20년쯤 전에는 모든 기사를 뉴스, 스포츠, 피처, 비즈니스라는 4개 항목에 쓸어 담는 신문들이 많았다. 아직도 변화에 둔감한 신문들은 그렇게 한다.

그러나 현명한 편집자들은 이 경우 많은 좋은 기사들이 빛을 보지 못한다는 것을 깨달았다. 독자의 관심 분야는 다양하고, 특정 관심사의 지면은 광고주를 만족시키면서 독자도 사로잡을 수 있다는 것이다.

미국 신문을 보면 다음과 같은 주간별 주제로 맵시 있게 구성된 지면을 찾을 수 있다.

자동차	죽음	군대	학교
보트 타기	환경	영화	과학
책	윤리	음악	노인
볼링	가족	밤문화	쇼핑과 쇼핑몰
명사와 가십	정원 가꾸기	야외활동	스키
어린이와 가족	골프	애완동물	TV
클래식 음악	건강과 운동	오락용 탈것	교통과 통근
컴퓨터	등산과 자전거 타기	사교	여행
범죄와 안전	취미	종교	비디오와 DVD
춤	집 꾸미기	록음악	자원봉사
다이어트	사냥과 낚시	기술	결혼

모든 커뮤니티는 독특하다. 당신의 독자들은 어느 분야에 가장 큰 관심을 갖고 있는가?

현대의 신문은

멤피스 도심을 화재가 할퀸 다음날 〈커머셜 어필〉(*The Commercial Appeal*)은 이 스페셜 리포트를 냈다. 7쪽에 있는 사담 후세인 레이아웃과 마찬가지로, 이 디자인은 극적인 대형 이미지를 써 독자의 눈길을 붙잡고 주제를 부각시켰다. 지면 안내는 맨 아래에 뒀다.

〈디트로이트 뉴스〉(*The Detroit News*) "2006 겨울올림픽 프리뷰" 섹션의 1면이다. 아주 큰 헤드라인을 썼다. "올림픽에선 극한의 회전을 해야 통한다, 고난도에 도전하라"라는 부제목도 크다. 지면 또한 '극한의 회전'을 해 독자가 옆으로 들고 읽어야 한다. "난 특별해, 날 읽어봐!"라고 말하는 트릭이다.

미국 남서부 사막 지역에서 물은 생사가 걸린 문제다. 〈애리조나 리퍼블릭〉(*The Arizona Republic*)의 이 12면짜리 스페셜 리포트는 콜로라도 강을 다뤘다. 수년간의 가뭄으로 농부는 고생이고, 주민도 근심하고 있으며, 강과 환경을 어떻게 보호할 것인지 논쟁이 커지고 있다는 내용이다.

스페셜 토픽과 스페셜 섹션

앞서 언급했듯이, 신문은 대개 매일 똑같은 형식을 반복하면서 지루하고 판에 박힌 일상 속에 빠진다. 다행스럽게도 이런 예측 가능성이 좋은 점도 있다. 독자와 편집자를 편하게 해주기 때문이다.

그러나 독특한 디자인 형식으로 스페셜 섹션을 만들어야 할 때가 종종 있다. 다음과 같은 경우다.

◆ **프리뷰:** "2008 야구"나 "지역 농축산물품평회 나들이" 같은 이벤트에 대한 예고 기사. 지난 행사 때의 통계와 사진을 다시 사용해 독자들에게 일정표와 지도 등 정보를 제공한다.

◆ **스페셜 리포트:** "1131편 여객기의 비극"이나 "NHL 피츠버그 펭귄스의 챔피언십 시즌"처럼 막 발생한 대형 뉴스를 총 정리해 보도한다. 메이저 스포츠일 땐 경기 직후 특별판을 찍어 관중에게 배포한다.

◆ **스페셜 기획탐사:** 에이즈, 노숙자, 지구 살리기 등 진지한 주제나 트렌드를 다룬다. 취재기자, 사진기자, 디자이너들이 팀을 꾸려 몇 주 또는 몇 달 동안 탐사를 하기도 한다. 매일 시리즈로 게재한 뒤 특별 섹션으로 다시 묶어 재발행하는 경우도 많다.

이 같은 스페셜 프로젝트는 저널리즘적으로 큰 성과를 낸다. 또 당신에게 스토리텔링과 서체, 레이아웃, 사진 형식의 새로운 실험을 해볼 기회가 된다는 점에서 더욱 값지다.

현대의 신문은

판형 축소

과거 그토록 힘세고 돈도 잘 벌던 신문은 이제 미래가 불투명하다. 독자와 광고주들이 점점 신문에서 인터넷으로 옮겨가자, 발행인들은 비용 절감과 부수 확대라는 거대한 압박에 직면했다. 그러나 어떻게 할 것인가?

판형 축소가 해답 중 하나다. 많은 도시에서 신문사 직원 수는 수년간 계속 줄어들었고 신문의 수도 감소했다. 인쇄비용 증가를 상쇄하려고 미국 신문들은 지면 폭을 10년 전보다 1～2인치 줄였다. 많은 대판 신문들이 타블로이드판으로 갈아타려고 한다. 비용을 아끼고 작은 판형을 좋아하는 독자를 만족시키기 위해서다.

유럽은 타블로이드가 널리 보급됐다. 여러 권위지들이 타블로이드로 변신했다. 영국의 가디언같은 신문은 타블로이드와 대판의 중간 사이즈로 바꿨다. 이른바 베를리너판이다.

저명한 디자인 컨설턴트 마리오 가르시아(Mario Garcia)는 "신문의 타블로이드화는 범세계적 현상"이라며 "앞으로도 막을 수 없을 것"이라고 전망했다.

가르시아에 따르면 독자들은 더 작은 포장에 더 빠른 메시지와 더 단순한 기사를 원한다. 그는 "세계에서 가장 크고 유명한 신문들은 하나둘씩 판형을 줄일 것"이라고 말한다.

하지만 이러한 견해에 동의하지 않는 사람도 있다.

디자인 전문가 앨런 제이콥슨(Alan Jacobson)은 "가르시아가 말한 막을 수 없는 현상은 미국에서 아직 일어나지 않았다. 발행인들은 작은 판형이 독자를 위해서나 영업을 위해서나 좋은 선택이 아님을 알았기 때문"이라고 주장한다. 그는 "미국인들은 섹션으로 분리돼 있는 것을 선호하는데, 타블로이드는 섹션 발행이 불가능하다. 또 광고도 작아지면서 광고수입이 떨어질 것"이라고 말한다.

결론이 어떻든 당장 신문 크기의 결정적 변화가 오지는 않을 것이다. 한 번에 1인치씩이라도 신문 디자인은 진화할 것이다.

더 알아보기 ▶

◆ **지면 포맷:** 대판과 타블로이드판의 레이아웃 그리드는 어떻게 다른가..........76쪽

THE SUN

O'MALLEY, CARDIN DECLARE VICTORY

Ehrlich refuses to concede, cites absentees; Democrats seize control of the U.S. House

Democrats win House, post gains in Senate

O'Malley looks to future, Ehrlich eyes votes still out

Cardin tops Steele in key race

대판: 〈볼티모어 선〉(*Baltimore Sun*)은 2006년 선거를 다룰 때 대판 형식을 십분 활용해 헤드라인과 사진을 크게 쓰면서도 기사를 세 꼭지나 담았고, 한 칼럼을 털어 투표 통계까지 실었다.

JOURNAL & COURIER

LAFAYETTE–WEST LAFAYETTE, INDIANA

DEMOCRATS SURGE

GOP loses U.S. House, Statehouse

Most local incumbents withstand challenges

베를리너: 일간지 〈라파예트 인디애나〉(*Lafayette, Ind.*)가 쓰는 이 판형은 왼쪽 〈볼티모어 선〉보다 약간 작다. 손에 들고 보기 편하지만 뉴스를 실을 공간은 대판만큼 넉넉하지 않다.

Bluffton Today

ADAMS STEPS DOWN AS FOOTBALL COACH

OPEN SPACE: YES 26,648/NO 8,792

SALES TAX: YES 20,263/NO 15,360

PROPERTY TAX CAP: YES 68 PERCENT

GAY MARRIAGE BAN: YES 77 PERCENT

EMINENT DOMAIN: YES 85 PERCENT

Voters OK sales tax, land buys

On the national scene, Democrats take over the House of Representatives. Meanwhile, local voters address traffic and development issues.

ELECTION 2006

타블로이드: 가용공간이 좁아지는 만큼 담을 수 있는 내용도 줄어든다. 따라서 지면당 기사와 사진 수가 확 줄어든다. 그러나 많은 독자가 이 크기와 형태를 선호한다.

온라인 뉴스 디자인

훗날 우리는 오늘날의 온라인 뉴스 디자인을 돌아보면서 이렇게 말하리라. "아니, 왜 이렇게 원시적이야?" 당신이 이 책 5쪽에 있는 옛날 신문을 보면서 그랬듯이 말이다.

맞다. 인터넷은 아직 유아기에 있다. 10여 년 전만 해도 대부분의 편집자와 발행인은 신문 지면을 어떻게 디지털 플랫폼으로 옮길 수 있는지에 대해 별 생각이 없었다.

마치 물고기가 땅에서 걸음마를 배우는 것처럼 신문은 서서히 새 영토로 진입해 적응하기 시작했다. 많은 뉴스 사이트는 여전히 혼란스럽고 매력이 없으며 수익성도 떨어진다. 그래도 온라인 디자인은 꾸준히 발전하고 있다.

온라인 저널리즘의 장점은 무엇일까?

◆ **즉시성.** 뉴스가 발생하자마자 기사와 사진, 동영상을 포스팅하고 24시간 업데이트할 수 있다. 리포터는 더는 일간이나 주간 마감시간을 맞추려고 수고할 필요가 없다.

◆ **유연성.** 기사를 시시각각 바꾸거나 키우고, 올렸다가 지울 수 있다. 이는 본문, 사진, 그래픽, 지도 등 모든 저널리즘 요소가 과거 어느 때보다 정확성이 높아지는 것을 의미한다.

◆ **무제한 공간.** 인터넷에서는 기사가 필요하면 얼마든지 실을 수 있다. 기사에 관련 데이터베이스와 보충자료, 외부 해설을 링크해서 보도를 더욱 확장시킬 수 있다.

◆ **쌍방향성.** 독자들은 기사나 논쟁 이슈, 동영상, 블로그 등에 의견을 남길 수 있다. 웹은 '시민 저널리즘'을 실현시켰다.

◆ **멀티미디어.** 뉴스 디자이너는 오디오, 비디오, 애니메이션 등 현대적 도구로 스토리텔링 수단을 확장할 수 있다.

더 알아보기 ▶

◆ **온라인 디자인:** 인터넷 뉴스 디자인을 총체적으로 다룬 장은 243쪽

◆ **멀티미디어:** 온라인 기사에 오디오와 비디오, 쌍방향 요소 추가하기는 250쪽

▶ 오른쪽은 〈인디애나폴리스 스타〉(*Indianapolis Star*)의 온라인 확장판으로, 지역의 연중 최고 스포츠 이벤트인 '인디 500'(Indy 500)을 다루고 있다. 경주용 자동차에 관한 슬라이드쇼와 쌍방향 그래픽, 동영상이 게시돼 있다.

▼ 아래는 〈아이오와 시티 프레스 시티즌〉(*Iowa City Press-Citizen*)의 온라인 홈페이지다. 톱기사에 딸려 있는 멀티미디어와 쌍방향성을 유념해 보라. 시선을 확 잡아끄는 붉은 배경 또한 놓칠 수 없다.

온라인 뉴스 디자인

〈사우스 플로리다 선 센티널〉(*South Florida Sun-Sentinel*) 사이트의 이 쌍방향 기사는 악어를 집중 해부하고 있다. 위에 있는 오프닝 페이지는 주제를 소개한다. 엔터 버튼을 클릭하면 주제를 스스로 찾아다니는 투어가 시작된다. 이 파충류의 서식지 지도를 보고, 악어 생태학을 일련의 세부 클릭으로 살펴본 뒤, 생애 주기를 보여주는 사진을 관찰하고, 게이터 악어와 크로커다일 악어를 비교해보다가, 마지막으로 안전에 대한 팁까지 얻을 수 있다.

스페셜 기획과 멀티미디어

당신이 평소 온라인 뉴스를 본다면, 웹사이트가 매일 비슷해 보인다는 점을 알 것이다. 사실 뉴스 사이트의 거의 모든 면은 두 개의 범주로 묶을 수 있다. 왼쪽 페이지 사례 같은 복잡한 메뉴를 가진 홈페이지와, 각 뉴스 기사를 찾을 수 있는 기사 페이지(story pages)다.

그러나 또한 스페셜 기획도 볼 수 있는데, 이것은 온라인 저널리스트가 보다 창의적인 도전을 통해 만든다. 최신 웹 기술 덕분에 독자들은 사진, 그래픽, 오디오, 비디오, 기사 등 멀티미디어를 활용해 복잡한 주제를 상세히 탐색할 수 있다.

이는 실로 최첨단 저널리즘이다. 취재기자, 편집자, 디자이너가 이처럼 많은 스토리텔링 수완을 가진 적은 없었다. 굉장해 보일 수도 있다. 그러나 기억하라. 종이에 사진을 인쇄하든 컴퓨터 스크린에 그래픽을 게시하든 근본적으로 같은 디자인 원칙이 적용된다는 것을. 정보는 혼란스럽고 추해 보일 수도 있고 잘 정리돼 매력적으로 보일 수도 있다. 매체가 뭐든지 간에 좋은 디자인은 역시 좋은 디자인이다.

미래의 뉴스 미디어

'디지털 데일리'가 아직 실제로 있는 건 아니다. 그러나 우리는 머지않아 음악, 영화를 재생하고 웹서핑과 실시간 뉴스 다운로드를 할 수 있는 휴대용 기기를 갖게 될 것이다.

보다시피 이 전자신문은 고객맞춤형으로 만들어졌다. 특정 고객이 관심 가질 뉴스 주제를 찾아내 아래에 헤드라인으로 전하고 있다.

사진을 터치하면 소리도 나오는 동영상이 재생된다. 화살표 버튼을 터치하면 텍스트와 그래픽, 동영상, 그리고 자료 링크까지 갖춘 뉴스 기사가 화면을 채운다. 그야말로 쌍방향 저널리즘이다.

이것은 오후 3시에 편집한 신문이다. 그러나 뉴스를 끊임없이 수정하고 업데이트하기 때문에 고객은 정보를 언제든지 얻을 수 있다.

화면 오른쪽에 인덱스가 있다. 이 버튼을 눌러 최근 뉴스를 읽거나 스포츠와 영화 하이라이트 동영상, 애니메이션을 볼 수 있고, 온라인 쇼핑을 하거나 e메일을 보낼 수 있다. 무엇보다도, 어떤 주제를 깊이 있게 알고 싶을 때 백과사전에서부터 개인 동영상에 이르는 방대한 자료가 축적된 데이터베이스를 검색할 수 있다.

고객에게 특화된 신문답게 개인생활도 반영한다. 이것은 오늘의 일정으로, 약속시간이 다가올 때마다 안내하도록 프로그램 되어 있다.

고객의 웬만한 재정상황은 모두 전산 처리되므로, 신문은 고객의 주식 수익률을 모니터할 뿐만 아니라 은행 계좌 잔고까지 보여준다.

미래의 저널리즘에는 어떤 변화가 일어날까? 무선 태블릿 형태의 '디지털 데일리' 같은 매체를 그려볼 수 있다. 선명한 글씨와 고해상도 그래픽을 볼 수 있고 터치스크린으로 명령어, 텍스트, 전화번호를 입력할 수 있을 것이다. 말만 하면 음성인식 소프트웨어가 명령을 수행할지도 모른다.

지금의 신문과 달리, 미래의 미디어는 독자의 관심사를 맞춤형으로 제공할 것이다. 토네이도, 태즈메이니아(Tasmania: 호주 남동쪽 섬-역자 주), 당신의 테니스 클럽 등에 대한 최신 정보를 원하는가? 미디어 장치에 당신의 관심사 우선순위를 입력해 놓으면, 당신을 위한 특별한 뉴스 편집을 제공할 것이다.

그러나 이것을 여전히 신문이라 부를 수 있을까? 기술이 비디오와 전화, 기상 속보, 힙합 다운로드 따위를 뒤섞고, 탐냈던 멋진 신상품 부츠가 반값 세일한다는 패션 소식까지도 뒤섞는다면, 이런 것을 계속 뉴스라고 말할 수 있을까?

미래는 우리의 기술, 취향, 관심의 영역을 극적으로 바꿔놓을 것이다. 그러나 '뉴스-오-트론 3000'(News-O-Tron 3000) 같은 상상 속의 장치가 세상을 뒤집어놓을 일은 아직 없다. 꿈꾸고 원한다고 해서 모두 실현되는 것은 아니다. 신문을 퇴물로 만들 하드웨어 장치를 완성하기까지는 한참 더 시간이 걸릴 것이다.

수백만 독자들이 종이신문의 친근한 느낌을 사랑한다는 점도 기억하라. 그들은 신문과 잡지의 단순성을 좋아한다. 종이가 다루기 편하다는 점도 좋아한다. 비디오는 쿨하고 블로그는 트렌디할지 모르나, 때로는 종이에 찍힌 잉크 한 칼럼이 배터리 다 닳은 첨단 멀티미디어 장치보다 큰 파괴력을 가질 수 있다.

1 편집 디자인의 기초

앞에서 서문을 읽으며 당신은 아마 지면 디자인의 미스터리들을 해결하고 싶어 안달이 났을 것이다. 그러나 지면 디자인으로 상을 받으려면 사전에 몇 가지 기초 원리부터 이해해야 한다.

전문용어들을 배워야 하고 작업도구에 익숙해져야 한다. 그리고 무엇보다도 헤드라인, 본문, 사진, 사진설명과 같은 지면 디자인의 기본 요소들을 터득해야 한다.

바쁘다면 이 장을 건너뛰어도 된다. 대강 훑어보거나 요점만 포착해도 된다. 따라서 당장 모든 걸 숙지해야 한다는 강박관념을 가질 필요는 없다. 하지만 이 기초 사항을 지금 잘 이해할수록, 나중에 활용하기 쉬울 것이다.

이 책을 편리하게 활용하도록 각 장의 시작 페이지에 자세한 목차를 반복해 실었다. 또 페이지 오른쪽 상단에 있는 **'더 알아보기'** 가이드를 통해 책 속 각각의 항목을 교차 참조하도록 했다. 각 주제를 공부하는 동안 책 여기저기를 넘나들며 관련 지식을 확장할 수 있다.

1장 목차

명칭

디자인 업계에서 성공하려면 전문용어를 쓸 줄 알아야 한다. 전형적인 뉴스룸에서 예컨대 고정 컷(bugs), 변배(bastards), 가편집 레이아웃(dummies), 1면 관련기사 안내(refer)나 심지어 단간(gutter)에 남겨진 과부글자(widow) 따위의 용어를 접할 것이다. 1면에서 자주 쓰이는 요소를 살펴보자.

기사 안내(teasers) 안쪽 지면의 가장 재미있는 기사를 홍보하는 것. 프로모(promos) 또는 스카이박스(skyboxes)라고도 한다.

제호(flag) 신문의 이름. 네임플레이트(nameplate)라고도 한다.

인포그래픽(infographic) 정보를 그림으로 전달하는 도해, 도표, 지도, 목록.

부제목(Deck) 주제목 아래 덧붙이는 소제목. 여기 있는 것은 기사를 요약한 부제목이다.

장식제목(display head) 스페셜 기사가 더 돋보이도록 극적인 효과를 더해 다채롭게 꾸민 헤드라인.

점프라인(jump line) 기사가 어느 면으로 이어지는지 안내하는 것.

로고(logo) 스페셜 기사나 연재물을 알리기 위한 작은 박스 장식물.

사진설명(cutline) 사진이나 일러스트에 대한 설명. 캡션이라고도 한다.

반전 활자(reverse type) 검은 바탕에 쓴 흰 글자.

헤드라인(headline) 기사의 타이틀이나 요약을 기사의 위나 옆에 큰 글씨로 쓴 것.

1면 관련기사 안내 다른 지면에 실린 관련기사를 간략히 안내.

인물사진(mug shot) 작은 사진. 보통 기사 속 인물의 얼굴사진.

바이라인(byline) 취재기자의 이름. 종종 주요 직책이 따라붙는다.

이니셜 캡(initial cap) 피처기사의 첫 단락 첫 글자를 대문자로 크게 뽑아낸 것. 드롭 캡(drop cap)이라고도 한다.

머리문패(standing head) 그래픽, 티저, 요약안내, 칼럼 등 특별한 요소들을 한 데 묶어주는 제목.

지면 안내(index) 항목별 지면 안내.

명칭

이미 본 대로, 1면에는 잠재적인 독자를 유인하기 위한 장치를 많이 쓴다. 그러나 안쪽 지면 그래픽 요소는 눈에 덜 띄고 장식이 적다. 그것은 독자에게 정보를 제공하고 안내하려는 것이지, 신문을 판촉하는 것은 아니다.

안쪽 지면에 쓰이는 몇 가지 전형적인 디자인 요소를 살펴보자.

더 알아보기 ▶

◆**용어:** 신문 디자인 관련 전문용어 모음은 **284쪽**

F12 THE SUNDAY OREGONIAN, JUNE 12, 1988

A BIG YEN FOR BASEBALL

Japan: Clubs hope when money talks, U.S. players listen

■Continued from Page F1

"$5 million can only buy a small condominium in the Tokyo area, so it doesn't seem like much money to us." Masaki Nagino, Central League planner

Power shortage

Bridge between cultures

A nondescript player in the U.S. major leagues, Randy Bass became a superstar with the Hanshin Tigers. Associated Press

WARREN CROMARTIE Ex-Expo now a Japanese veteran

BILL MADLOCK Worth more than $1 million

BILL GULLICKSON Packing 'em in in Tokyo

Bass is a big fish

Not everyone likes Japan's best-loved team

By MICHIO YOSHIDA The Associated Press

Is expansion in the works?

Drysdale's streak was highlight of 1968 — season of the pitcher

By LARRY BORTSTEIN Knight-Ridder News Service

FOR THE RECORD

Don Drysdale (left) and Bob Gibson, shown during a joint appearance at a baseball camp, dominated National League pitching in 1968. Drysdale pitched 58 consecutive scoreless innings, a major league record. Associated Press

면 머리(folio) 면수, 날짜, 신문 이름 등을 보여주는 라인.

점프라인(jump line) 이 기사가 어느 면에서 이어졌는지 밝힘.

기사인용제목(liftout quote) 기사에서 따온 문구를 그래픽으로 강조. 풀 쿼트(pull quote), 브레이크아웃(breakout)이라고도 한다.

중간제목(subhead) 기사를 정리하고 빽빽한 텍스트 중간에 숨통을 틀 때 쓰는 굵은 글씨의 한 줄 제목.

단간(gutter) 지면 위 요소들을 수직으로 가르는 하얀 여백.

변배(bastard measure) 표준 칼럼과 폭이 다른 본문 칼럼.

고정 컷(sig) 주제, 타이틀, 필자 이름 등을 강조해 기사에 붙인 돋보이는 표지. 버그(bug)나 로고(logo)라고도 한다.

머리문패(standing head) 스페셜 기사나 피처 꾸러미를 하나로 묶을 때 쓰는 표지.

점프제목(jump headline) 다른 면에서 넘어온 기사를 받쳐주는 제목.

사진 크레디트(photo credit) 사진기자의 이름. 소속 신문사나 통신사를 밝히기도 한다.

본문(text) 칼럼 안에 배치한, 표준형 서체와 크기를 가진 기사 활자.

부속상자(sidebar) 본 기사에 따라오는 관련기사로 보통 박스 처리한다.

차단선(cutoff rule) 지면 요소들을 분리하는 선.

컷아웃(cutout) 배경을 도려낸 사진. 실루엣이라고도 한다.

편집 도구

과거 지면 디자이너는 박스를 그려 사진 자리를 표시하고 선을 그려 기사 자리를 표시하는 데 많은 시간을 썼다. 또한 그래픽, 박스기사, 로고 자리를 표시하려고 더 많은 박스들을 그렸다.

요즘 디자이너는 대부분 컴퓨터를 활용한다. 그러나 아이디어를 스케치하고 대강의 레이아웃을 잡을 때 여전히 유용한 구식 도구들이 있다. 선을 그리는 연필, 선 길이를 재는 자, 선과 박스의 크기를 산출하는 계산기, 그리고 박스가 커지고 작아짐에 따라 면의 넓이를 계산하는 비율 측정 휠(proportion wheel)이 바로 그것들이다.

당신이 엄청난 컴퓨터 숙련자라 해도, 이 도구와 용어들은 알아야 한다.

더 알아보기 ▶

◆**비율 측정 휠:** 활용 방법에 대한 안내는.......283쪽

◆**용어:** 디자인 용어 전체 모음은............284쪽

연필: 기본 연필과 지우개로 레이아웃 초안을 그린다. 펜으로 그리는 것은 잘난 척이다.

색연필: 사진을 트리밍할 부분을 표시하기 위해 사용한다. 색연필 표시는 나중에 헝겊으로 문지르면 잘 지워진다.

칼: 일부 미술부와 식자실(composing rooms)에서는 지면을 짜 맞출 때 칼로 사진과 기사를 자르거나 요소들을 옮긴다.

계산기: 서둘러 사진 크기를 재거나 요소들의 길이를 계산할 때 디자이너는 계산기를 쓴다.
시험 삼아 해보자.
18인치 길이의 기사를 5개 기사단에 배치하되 두 번째 기사단에 3인치 길이의 지도를 넣어야 한다면, 각 기사단의 길이는 얼마가 돼야 할까?

포인트, 파이카, 인치 : 신문에 쓰이는 측정 단위들

아주 짧거나 얇은 것을 잴 때 인치는 불편하고 부정확하다. 따라서 인쇄업계에서는 정밀한 측정을 위해 파이카와 포인트를 쓴다. 1파이카는 12포인트고 1인치는 6파이카다. 그러므로 1인치는 72포인트다.

이것이 1포인트 굵기의 선으로, 72개 합치면 1인치 굵기가 된다.

이것이 12포인트 굵기의 선으로, 1파이카와 같으며, 이 선을 6개 합치면 1인치 굵기가 된다.

포인트, 파이카, 인치는 쓰임새가 각기 다르다.
각각의 측정 대상은 아래와 같다.

포인트
- ◆선의 굵기
- ◆사진설명, 헤드라인, 본문 등 활자의 크기
- ◆1파이카보다 작은 모든 측정 대상

파이카
- ◆선의 길이
- ◆기사, 사진, 사진설명, 단간 등의 가로 폭

인치
- ◆기사의 세로 길이
- ◆사진, 광고의 세로 길이 (일부 신문은 사진을 잴 때 파이카만 쓰기도 한다)

파이카 자(pica pole): 뉴스룸에서 쓰이는 자로, 한쪽에는 인치 단위, 다른 쪽에는 파이카(1파이카=12포인트) 단위가 새겨져 있다.
6파이카가 1인치와 같음을 알 수 있다.
이 페이지의 맨 아래까지가 42파이카인 것도 알 수 있다.

비율 측정 휠: 비율을 계산할 때 쓰인다. 예를 들어 어떤 사진이 가로 5인치, 세로 7인치인데 같은 비율을 유지하며 가로를 8인치로 늘이면 세로는 얼마가 될까?
이 도구를 쓰면 단번에 알 수 있다.

편집 도구

석기시대(1980년대와 1990년대를 말한다)에는 신문이 컴퓨터 출판기술 분야의 선구자였다. 컴퓨터가 뉴스룸의 구석구석을 서서히 바꿔놓았다. 뉴미디어가 진화함에 따라, 컴퓨터 활용기술을 폭넓게 갖추는 것이 언론 종사자 모두에게 필수가 됐다. 다음과 같은 작업에 꼭 필요하기 때문이다.

◆ **기사 쓰기와 기사 편집.** 대부분의 취재기자와 편집기자는 기사를 쓰고 편집하고 저장하기 위해 네트워크에 연결된 컴퓨터를 이용한다.

◆ **지면 디자인.** 오늘날 모든 출판물은 컴퓨터 출판 소프트웨어를 통해 디지털 방식으로 만든다. 이 책 역시 쿼크익스프레스(QuarkXPress)라는 프로그램으로 만들었다[역서는 인디자인(InDesign)이라는 프로그램으로 만들었다-편집부 주].

◆ **사진 생산과 비디오 제작.** 디지털 카메라와 사진편집 소프트웨어 덕분에 이미지의 모든 측면을 완벽히 통제할 수 있게 됐다. 그 결과 대부분의 뉴스룸에서 암실이 사라졌다. 인쇄용 사진을 만들든 온라인 동영상을 게시하든 디지털 제작기술이 필요하다.

◆ **일러스트레이션과 그래픽 작업.** 일러스트레이션 소프트웨어 덕분에 어떤 스타일의 미술작업도 쉽게 해낼 수 있다. 디자이너가 아니어도 클립아트를 사거나 온라인 서비스를 신청해 고급 그래픽 이미지를 얻을 수 있다.

더 알아보기 ▶

◆ **스캐닝:** 이미지를 스캔해 컴퓨터에서 불러오는 방법은 122쪽
◆ **컬러 인쇄:** 컴퓨터가 색상을 분리해 컬러 지면을 만들어내는 방법은 222쪽
◆ **웹 디자인:** 웹상에서 뉴스를 어떻게 디자인 하는지에 대해 다루는 장은 243쪽

컴퓨터 주변기기

제대로 된 신문을 만들기 위해 많은 첨단기기가 필요한 건 아니다. 모든 뉴스룸에서 필수로 쓰이는 기본 하드웨어를 살펴보자.

저장 미디어: 컴퓨터 내부 메모리는 지면 디자인과 사진 파일로 금방 꽉 찬다. 그래서 한번 인쇄된 이미지와 지면을 CD나 DVD에 구워 저장하는 경우가 많다. 그러나 이 디스크들이 반드시 영구보존 되지는 않는다. 쉽게 분실되거나 손상된다. 그래서 뉴스룸의 모든 컴퓨터에 연결된 한 하드디스크에 파일을 백업해두는 것이 더 편리하고 믿을 만한 자료 보관법이다.

스캐너: 사진이나 아트 작업물을 디지털로 재생산하는 장치다. 암실 없이 컴퓨터 스크린으로 이미지의 크기, 형태, 노출을 조절한 후 사진복사기처럼 스캔한다. 스캔에 대해 더 자세한 설명은 122쪽 참조.

프린터: 컴퓨터상에서 디자인한 지면을 종이로 보여주려면? 대부분의 뉴스룸은 레이저 프린터를 이용한다. 전문가급 품질의 고해상도 활자와 그래픽을 출력해내는 장치다.

활자의 기초

15세기 구텐베르크가 성경을 인쇄한 이래 수백 년 동안 인쇄는 손으로 이루어졌다. 인쇄가게에는 조판실이 있었고, 식자공이 글자를 하나씩 골라 한 줄 한 줄 활판에 꽂았다. 느리고 불편한 공정이었다.

세월이 흘러 인쇄공들은 기계를 사용하기 시작했다. 한 세기 전 자동주조식자기는 쇳물로 행 단위 활자를 주조했다. 1960년대 사진식자기는 필름을 사용해 인쇄물을 찍었다. 요즘은 컴퓨터로 값싸고 간편한 조판이 가능해 누구나 전문가가 만든 것 같은 인쇄물을 만들 수 있다.

헤드라인과 본문을 검토하기 전에 활자 자체에 초점을 맞출 필요가 있다. 무엇보다 당신이 책, 잡지, 신문을 읽는 데 할애한 많은 시간을 생각해보라. 당신은 그 시간에 단락과 단어를 읽었다고 생각하겠지만, 사실은 하나씩 이어지는 일련의 활자를 읽는 것이었다. 음악을 들을 때, 당신은 그것을 통째로 흡수한다. 음계 하나하나를 분석하지 않는다(일부 음악가는 그렇게 하지만 말이다). 글을 읽을 때 역시 하나하나의 글자를 뚫어져라 쳐다보지 않는다. 그러나 어떤 디자이너들은 그렇게 한다. 활자 크기, 여백, 장평, 획의 길이 등을 고민한다. 활자를 한자리에 모아 놓았을 때 보기 좋은 활자가 될 수도 있고, 이렇ㄱ ㅔ 보 ㅇ ㅣ 는글ㅈ ㅏ 가 될 수도 있기 때문이다.

모든 음악은 12음계에서 시작한다. 모든 신문 디자인은 알파벳 26자로 시작한다. 모차르트와 메탈리카의 차이를 이해하려면 "12음계로 각각 어떻게 그 곡을 만들었나"를 물어봐야 한다. 좋은 디자인과 쓰레기의 차이를 알고 싶다면 "알파벳 26자로 각각 어떻게 그것을 만들었나"를 물어봐야 한다. 아래 협박 편지를 보자. 제각기 다른 크기와 모양, 스타일을 가진 활자들이 얼마나 읽는 이를 정신없게 만드는가.

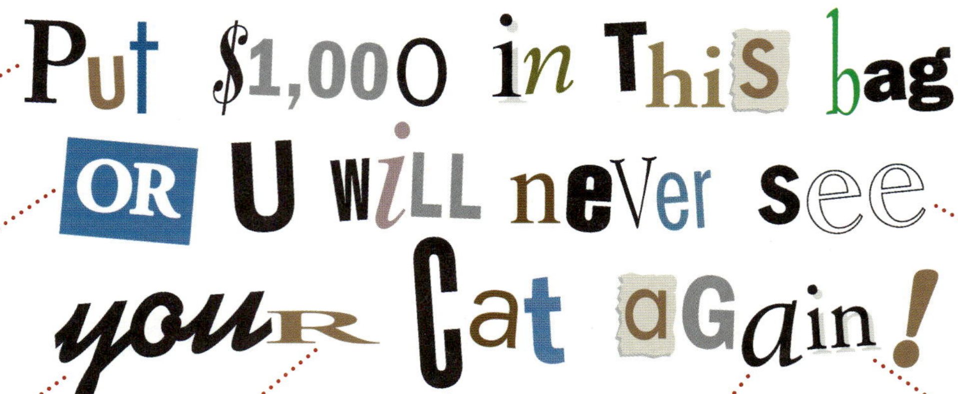

대문자 볼드 세리프, 48포인트

대문자 볼드 세리프, 반전, 28포인트

소문자 산세리프, 29포인트

소문자 세리프 먹테글자, 46포인트

소문자 필기체, 60포인트

대문자 세리프, 평체, 18포인트

대문자 산세리프, 60포인트

소문자 세리프, 이탤릭체, 51포인트

소문자 세리프, 그림자 효과, 36포인트

활자의 기초

활자 폰트와 서체군

헬베티카(Helvetica), 호보(Hobo), 바스커빌(Baskerville), 블리포(Blippo) 같은 이름을 가진 수천 가지 서체가 있다. 컴퓨터 인쇄 시대가 열리기 전에는 활자 주조공장에서 서체별 글자를 다양한 크기로 주조했다. 그리고 크기가 같은 서체 한 벌을 '폰트'라고 불렀다.

더 알아보기 ▶

◆ **장식 헤드라인 :** 피처 헤드라인을 창의적으로 디자인하는 법........ **212쪽**

이것이 폰트다. 같은 크기, 스타일, 서체로 구성된 온전한 활자 한 세트로, 숫자와 구두점도 포함돼 있다. 보다시피 '퓨투라 볼드 장체'는 수십 개 글자들로 이뤄져 있고 퓨투라 서체군의 한 구성원이다.

16포인트 '퓨투라(Futura) 볼드 장체'

ABCDEFGHIJKLMN
OPQRSTUVWXYZ ······ 대문자
abcdefghijklmn ······ 소문자
opqrstuvwxyz
1234567890 ······ 숫자
&.,:;“”?!()•/#¢$%* ······ 특수문자와 구두점

각각의 퓨투라 폰트는 큰 퓨투라 가족의 일부다. 그리고 많은 서체군들은 다양한 굵기(가는 체, 보통, 굵은 체)와 스타일(로만, 이탤릭, 장체)을 갖고 있다.

대부분의 서체군은 세리프와 산세리프라는 두 그룹으로 분류된다.

세리프 서체는 각 글자의 아래와 위에 작은 획(세리프)이 있다. 오른쪽 활자는 타임스(Times) 서체군이다. 아마 오늘날 가장 흔히 쓰이는 세리프 활자일 것이다.

This is18-point Times.
This is18-point Times Italic.
This is18-point Times Bold.
This is18-point Times Bold Italic

세리프 서체는 보통 굵기와 스타일이 다양하다. 그러나 타임스체는 오직 두 가지 굵기(보통과 굵은)와 두 가지 스타일(로만, 이탤릭)만 있다.

산세리프 서체엔 세리프가 없다['산'(sans)은 프랑스어로 '없음'을 뜻한다]. 오른쪽 활자체들은 모두 퓨투라 서체군이다. 오늘날 가장 대중적으로 쓰이는 산세리프체 중 하나다.

This is18-point Futura.
This is18-point Futura Condensed Light Oblique
This is 18-point Futura Heavy Outline.
This is18-point Futura Extra Bold.

반면 퓨투라 서체군은 매우 다양한 굵기(가는 체에서 아주 굵은 체까지)와 스타일(보통체, 사체, 장체)를 보여준다.

세리프나 산세리프로 분류하기엔 너무 개성이 강한 서체도 있다. 예를 들어 필기체는 손글씨를 본뜬 것이다. 노벨티체(Novelty)는 더 변화무쌍하고, 장식적이거나 드라마틱한 개성을 추구한다.

필기체는 손글씨같아 보인다. 글자들이 연결되는 필기체도 있고 그렇지 않은 필기체도 있다. 이것은 18포인트 디너(Diner) 글씨체다.

Dear John —
I'm leaving forever
you slimy weasel.

YIPPEE KI-YAY!
BOING!!

노벨티체는 다양성과 멋을 더했다. 주목도가 높지만 (헤드라인이나 광고, 만화 글자로) 조금만 쓸 때 효과적이다.

활자의 기초

활자 크기 측정

활자 크기는 포인트로 잰다. 즉, 포인트 단위로 계산된 폰트의 높이가 활자의 크기다(포인트는 인쇄 측량에 쓰이는 최소 단위로, 72포인트가 1인치다). 이 측정체계는 18세기 금속 또는 목판활자 시대에 생겨났다. 재미있는 건, 그 옛날 폰트의 포인트 크기는 활자 자체를 잰 게 아니라, 활자가 새겨져 있는 인쇄용 블록의 크기를 쟀다는 점이다.

포인트 크기는 폰트의 높이를 뜻한다. 보다 정확히 말하면, 금속활자 시절 활자가 새겨진 조각의 높이를 가리킨 말이다. 당시 폰트는 규격화된 크기(9, 10, 12, 14, 18, 24, 30, 36, 48, 60, 72포인트)로 만들어졌기 때문에 이 크기들이 지금도 통상적 활자 규격으로 남아 있다.

활자 행 사이의 간격을 조절하기 위해 당시 인쇄공은 활자 열 아래에 가늘고 긴 납(lead) 조각을 끼워 넣었다. 오늘날 활자 행간을 뜻하는 'leading'이란 말은 여기서 비롯됐다.

활자의 크기를 재는 건 애매하다. 포인트 크기가 늘 실제에 부합하지는 않기 때문이다. 예를 들어 120포인트 활자의 키가 정확히 120포인트인 건 아니다. 게다가 120포인트 활자의 실제 크기는 폰트 종류에 따라 달라진다.

거기다 대표적인 소문자 x의 높이를 뜻하는 'x-높이'가 있다. 폰트의 포인트가 서로 같아도 x-높이가 큰 폰트는 짧은 폰트보다 더 커 보인다.

This line of14-point Bookman looks bigger
than this line of 14-point Bernhard Modern.

윗줄 14포인트 '북맨'(Bookman)체는
아랫줄 14포인트 '버나드 모던'(Bernhard Modern)체보다 커 보인다.

이처럼, 폰트 크기 측정에는 복잡한 변수들이 작용한다. 그러나 활자를 구성하는 기본 요소들이 무엇이며, 가독성엔 어떤 영향을 주는지 알게 되면 활자를 한층 더 지적으로 분석할 수 있다.

인쇄활자 용어

활자의 크기를 측정하려면, 어센더(소문자 위로 뻗은 부분)의 최상단부터 디센더(소문자 아래로 뻗은 부분)의 최하단까지 재야 한다. 여기선 72포인트 타임스 이탤릭체를 썼지만 총 높이는 64포인트다.

세리프(serif)
활자의 끝 부분에 덧붙인 획.

어센더(ascender)
글자의 몸통 위로 뻗은 부분.

x-높이
(어센더와 디센더를 제외한 몸통만의 길이)

디센더(descender)
글자의 몸통 아래로 뻗은 부분.

활자 기준선(baseline)
글자들이 정렬하는 가상의 수평기준선.

활자의 기초

컴퓨터에 저장된 서체를 꺼내 바로 쓰는 것은 옷걸이에 걸린 정장을 꺼내 바로 입는 것과 같다. 맞춤옷처럼 손질해야 최적의 모양이 된다. 글자의 형태와 여백을 조정해 정돈하면 효율성과 가독성을 높일 수 있다. 글자의 개성을 확 바꿀 수도 있다.

대부분의 레이아웃 소프트웨어는 글자를 세로, 가로로 조정할 수 있다.

세로로 서체 조정하기

포인트 크기: 포인트 크기가 커질수록 글자의 키도 커진다.

a a a

30포인트 60포인트 90포인트

행간: 글자 행과 행 사이 세로 공간이다. 더 자세히는, 한 행 활자 기준선에서 다음 행 활자 기준선까지의 거리다. 보다시피 행과 행 사이의 공간을 늘려 행간을 느슨하게 할 수 있다. 또 글자 상단(어센더)과 글자 하단(디센더)이 살짝 당거나 아예 겹치도록 행간을 좁힐 수도 있다.

행간도 글자와 마찬가지로 포인트 단위로 잰다.

18
an example of leading
between two lines

24포인트 활자의 행간이 18포인트인 경우. 빽빽.

25
an example of leading
between two lines

24포인트 활자의 행간이 25포인트인 경우. 보통.

42
an example of leading
between two lines

24포인트 활자의 행간이 42포인트인 경우. 느슨.

가로로 서체 조정하기

자간 조정(tracking): 행 사이 세로 공간을 좁히거나 넓힐 수 있는 것처럼, 글자 사이의 가로 공간도 조정할 수 있다. 단, 미세한 자간 변화도 글자의 가독성에 영향을 미칠 수 있다.

tracking

24포인트 활자의 자간이 보통일 때(글자 사이에 별도 여백을 안 준 경우)

t r a c k i n g

24포인트 활자의 자간을 넓혔을 때(글자 사이에 여백을 +40단위 준 경우)

tracking

24포인트 활자의 자간을 좁혔을 때(글자 사이에 여백을 –15단위 준 경우)

장평 조정(set width): 컴퓨터는 글자를 고무로 만든 것처럼 잡아 늘이거나 압축할 수 있다. 좋아 보일지 엉망이 될지는 상황에 따라 다르다. 장평 조정은 주로 글자의 원래 폭을 변형한 비율로 나타낸다.

set width

24포인트 활자의 장평이 보통일 때(100%)

set width

24포인트 활자의 장평을 좁혔을 때(50%)

set width

24포인트 활자의 장평을 늘렸을 때(200%)

4대 기본 요소

신문 지면은 퍼즐과 비슷하다. 퍼즐은 여러 가지 다른 방법으로 맞출 수 있다.

언뜻 지면 디자인이 복잡해 보이지만, 필수적인 기본 요소는 4가지밖에 없다. 네 종류의 퍼즐 조각처럼 말이다. 반복해서 쓰이는 이 네 요소가 전체 편집 공간의 90%를 차지한다. 이 네 가지 기본 블록 쌓기만 터득하면, 지면 디자인에 통달하는 것이다(물론 전적으로 그런 건 아니지만, 이렇게 말하면 일이 참 쉽게 느껴지지 않을까?).

그 4가지 요소는:

◆ **헤드라인:** 각 기사에 붙어 있는 큰 글자들.

◆ **본문:** 스토리 자체.

◆ **사진:** 기사에 딸린 사진.

◆ **사진설명:** 사진에 따라붙는 설명.

아래는 실제 인쇄지면의 모습이다.

더 알아보기 ▶

◆ **헤드라인:** 크기와 서체, 그리고 제목 다는 방법은 27쪽

◆ **본문:** 활자의 종류와 기사단 안에 본문 뿌리기는.................. 30쪽

◆ **사진:** 세로, 가로, 정방형 세 가지 형태에 대해서는.................. 32쪽
사진과 사진 쓰기를 다루는 장은........... 109쪽

◆ **사진설명:** 서체와 처리방법에 대해서는.......... 34쪽

그리고 아래는 그 지면의 네 가지 디자인 요소를 이 책에서 나타내는 방식이다.

앞으로 이 요소들의 세부사항을 간략히 살펴볼 것이다. 지면 디자인 시작을 서두르고 싶다면 이 부분은 일단 대강만 훑어보고, 필요할 때 다시 봐도 된다.

헤드라인

당신이 오른쪽과 같은 지면을 살펴볼 때, 눈에 확 띄어 주의를 잡아끌고, 기어이 당신이 주머니에서 잔돈을 꺼내 신문을 사게끔 하는 한 요소가 있다.

바로 헤드라인이다.

헤드라인은 엄청난 힘이 있다. 사실 헤드라인은 디자인 무기 중 가장 강력하다. 기사? 아름답게 쓸 수 있다. 사진? 생생하고 화려할 수 있다. 그러나 둘 다 헤드라인처럼 10발짝 떨어진 곳에서 눈길을 확 끌지는 못한다.

이 타블로이드 지면처럼 이상하고 조잡한 헤드라인을 달 일은 아마 없을 것이다(굳이 평가하자면 기교는 주목할 만하지만). 만약 당신이 엄격히 디자인 영역 일만 한다면, 헤드라인은 한 줄도 쓸 일이 없을 것이다.

대부분의 헤드라인은 편집자(copy editor)가 달기 때문이다. 그렇다고 해도 헤드라인이 무엇인지, 추세는 어떤지, 어떤 스타일과 크기를 쓸 수 있는지 알아둘 필요가 있다.

Magic words bring you money, love & health!
Say these ancient chants and change your luck forever!
WEEKLY WORLD NEWS
MUMMY NIGHTMARE!
Wife keeps hubby's corpse at home in bed – for 8 years!
Space probe photos look like Dodge City in the 1880s
WILD WEST TOWN FOUND ON VENUS!
'This is like something out of the Twilight Zone,' says scientist
Monster croc chokes to death on bone in a witch doctor's nose!
ZAPPED
Killer electrocuted while sitting on his jail cell toilet seat
INCREDIBLE FROG BOY!
Mom gives birth to human tadpole, say stunned docs
PET ROOSTER PULLS DROWNING CHILD FROM AN ICY POND!
10-year-old girl dies – after eating her own hair, say docs

비록 이 지면은 우리 같은 '진지한' 저널리스트와는 별 상관이 없지만, 저 퓨투라 서체 헤드라인은 주목하지 않을 수 없음을 인정하자.

좋은 헤드라인 달기

이 책은 제목 편집(copy editing)이 아니라 디자인에 관한 책이므로, 다음과 같은 중요한 부분만 짚고 넘어가겠다.

◆ **구어체로.** 사람들이 말하는 방식대로 써라. 현학적 용어, 이상한 동사, 지나친 생략은 삼가라. 〈세인트 피터스버그 타임스〉의 스타일북에 따르면 "제목이 전보 같아선 안 된다".

◆ **현재시제와 능동태로.** "대통령이 세금 법안에 거부권을 행사하다"(President vetoes tax bill)라고 써라. "대통령이 세금 법안에 거부권을 행사했다"(President vetoed tax bill) 또는 "세금 법안이 대통령에 의해 거부됐다"(Tax bill vetoed by president)라고 쓰지 마라.

◆ **행갈이를 제대로.** 연배 많은 편집자들은 이것에 집착한다. 많이 느슨해지긴 했지만, 동사, 형용사, 전치사가 제목 행 끝에 연달아 오는 것은 여전히 피해야 한다.

이렇게 하지 말고: **Sox catch
up with
Yankees**

(삭스가 양키스를 따라잡다)

이렇게 해보라: **Sox catch
Yankees
in playoffs**

(삭스가 양키스를 플레이오프에서 잡다)

무엇보다, 헤드라인은 정확하고 한눈에 이해할 수 있어야 한다. 헤드라인 길이를 줄이거나 크기를 조절해 개선할 수 있다면 그렇게 하라. 헤드라인의 효과가 최우선이다.

헤드라인은 신문에서 네 가지 역할을 한다.

1. 기사 내용을 요약한다.
2. 독자가 기사를 읽도록 이끈다.
3. 큰 기사에 큰 헤드라인을 붙임으로써 기사에 순위를 매긴다.
4. 지면을 구성할 수 있도록 기사 디자인의 중심 역할을 한다.

헤드라인

제목의 유형

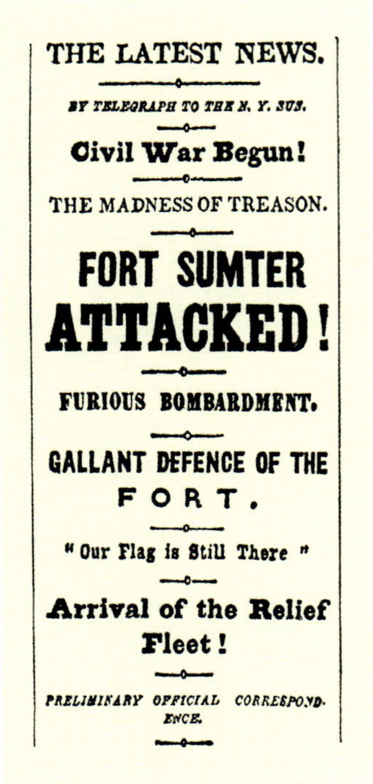
THE LATEST NEWS.

BY TELEGRAPH TO THE N. Y. SUN.

Civil War Begun!

THE MADNESS OF TREASON.

FORT SUMTER ATTACKED!

FURIOUS BOMBARDMENT.

GALLANT DEFENCE OF THE FORT.

"Our Flag is Still There"

Arrival of the Relief Fleet!

PRELIMINARY OFFICIAL CORRESPONDENCE.

1861년 4월 13일 자 〈뉴욕 선〉(*The New York Sun*)지의 헤드라인이다. 이때 신문은 기사가 시작되기 전에 종종 십여 개의 부제목을 달았다. 왜 당시 신문은 옆으로 긴 헤드라인이 없었을까? 이 시절 구식 윤전기는 금속활자를 블록 속에 고정시켜 각 면을 인쇄했기 때문이다. 옆으로 너무 긴 식자는 윤전기가 돌아가는 동안 헐거워져 흩어져버렸기에 쓸 수 없었다.

한 세기 전, 대부분의 신문 헤드라인은

- ◆ 여러 서체를 섞어서 썼다.
- ◆ 모두 대문자만 쓰거나 소문자를 섞어 썼다.
- ◆ (왼쪽 정렬이 아니라) 가운데 정렬을 했다.
- ◆ 폭 좁은 부제목을 층층이 쌓았고, 각 부제목 사이에 선을 그었다.

그와 비교해 오늘날 헤드라인은

- ◆ 소문자로 쓴다(일반적인 대·소문자 용법대로).
- ◆ 왼쪽 정렬을 한다.
- ◆ 보통 폭이 좁지 않고 넓게 쓴다.
- ◆ 아래 예처럼 부제목은 선택적으로 사용한다.

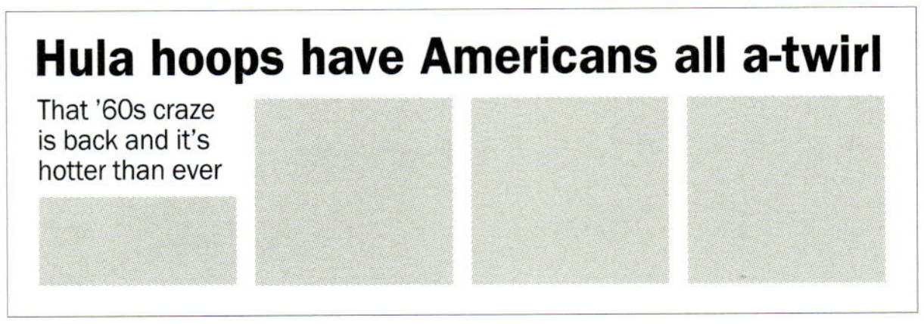

위 헤드라인은 '전단 제목'(banner headline)이라고 불리는데, 뉴스 헤드라인의 표준 형식이다. 그러나 다른 방식도 있다. 아래는 시대에 따라 유행을 탔던 대안적 스타일의 헤드라인들이다(모두 프랭클린 고딕체를 썼다).

어깨 제목(kickers) 주제를 규정하거나 눈길을 끄는 문구 또는 단어로, 큰 헤드라인으로 이끄는 역할을 한다. 보통 메인 헤드라인보다 훨씬 작고, 대비되는 스타일과 굵기의 서체를 쓴다.

해머 제목(hammers) 눈길을 끌기 위해 크고 굵은 제목을 쓰고 아래에 긴 부제목을 덧붙인다. 호소력 면에서 효과가 크지만 보통 스페셜 스토리나 피처를 위해 아껴둔다.

콜론(:) 제목(slammer) 누가 이런 희한한 제목을 생각해냈을까? 두 부분으로 구성돼, 굵은 서체의 단어나 문구를 쓴 한 부분이 가는 서체를 써서 대비되는 메인 제목으로 안내한다. 어떤 신문은 이 형식을 피처기사나 점프기사에만 쓰도록 제한한다.

삼각 제목(tripods) 세 부분으로 이뤄진다. 굵게 쓴 단어나 문구(보통은 모두 대문자), 그리고 옆에 놓인 부제목 두 줄. 다른 기교형 제목처럼, 이것도 경성기사보다는 피처기사에 어울린다.

로 랩 제목(raw wraps) 대부분의 헤드라인은 아래 본문 칼럼을 다 덮는다. 그러나 이 방식은 기사가 헤드라인 옆에 위치하면서 감싸게 한다. 다소 모험적 발상이지만, 뒤에서 이 형태가 어떤 경우에 유용한지 살펴볼 것이다.

옆안장 제목(sidesaddle heads) 헤드라인을 기사 위가 아니라 옆에 쓴다. 박스 기사를 압축해 가로로 얇게 정리하기에 좋다. 제목 정렬은 왼쪽, 가운데, 오른쪽 맞춤 모두 무방하다.

헤드라인

헤드라인 크기 정하기

일반적으로, 작은 헤드라인은 12~24포인트, 중간 크기는 24~48포인트, 큰 것은 48포인트 이상을 가리킨다.

그 이상 자세히 헤드라인 크기를 규격화하기는 어렵다. 어떤 신문은 크고 굵은 것을 좋아하고, 어떤 신문은 작고 우아한 것을 선호한다. 늘 그런 건 아니지만 타블로이드 신문의 헤드라인은 대체로 대판보다 작다. 중요한 기사일수록 큰 헤드라인을 붙이므로, 지면 아래로 내려갈수록 헤드라인은 대체로 작아진다. 여기 몇 가지 예가 있다.

더 알아보기 ▶

◆ **헤드라인 충돌:** 허용되는 경우와 매끄럽게 처리하기..................79쪽
◆ **머리문패:** 헤드라인과 어떻게 다른지........145쪽
◆ **장식 헤드라인:** 피처기사 헤드라인에 그래픽 효과로 다양성과 활력을 더하는 법은...........212쪽

대판 신문의 1면

1. 54~72포인트
2. 30~36포인트
3. 36~42포인트
4. 24~30포인트
5. 30~36포인트

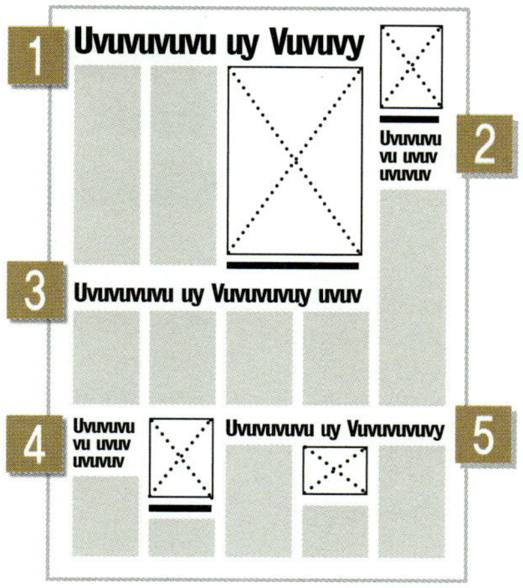

타블로이드 신문의 1면

1. 36~60포인트
2. 18~30포인트
3. 24~36포인트
4. 18~24포인트
5. 24~36포인트

헤드라인 행수

전통적으로 신문에는 헤드라인의 ①칼럼 폭 ②포인트 크기 ③행수를 나타내는 공식이 있다. 3-30-1 헤드라인은 아래와 같은 3칼럼, 30포인트, 한 줄 제목이다.

Rock 'n' roll causes acne, doctor says

보통 뉴스 헤드라인은 본문의 위를 덮는다. 따라서 가로로 넓은 기사는 넓은 제목이 필요하고 폭이 좁은 기사는 좁은 제목이 필요하다. 좁은 폭의 레이아웃으로 가면, 위 제목은 1-30-3(1칼럼, 30포인트, 세 줄)으로 고칠 수 있다.

**Rock 'n' roll
causes acne,
doctor says**

대부분의 헤드라인은 5~10개 단어가 알맞기 때문에, 폭이 좁은 기사는 3~4행의 제목이 필요하다. 폭이 넓은 기사는 한 줄이나 두 줄 헤드라인이 적당하다.

아래 표를 보면 칼럼 폭에 따라 알맞은 헤드라인 행수를 알 수 있다.

몇 줄짜리 헤드라인이 적당할까?

헤드라인 폭(칼럼)	1	2	3	4	5	6
헤드라인 행수	3~4	2~3	1~2	1	1	1

본문

본문은 신문 디자인을 이루는 가장 필수적인 요소다. 정보의 대부분을 실어 나르는 회색 두뇌라고 할 수 있다.

그러나 기사 활자가 칙칙한 회색으로만 보이란 법은 없다. 광범위한 활자조판 요소들을 조정함으로써 본문에 다양성과 개성을 부여할 수 있다.

아래 음악 리뷰를 예로 보자.

BITE ME LIKE A DOG
Toe Jam
(Nosebleed Records) ★★★

Looking for some tunes that'll make your eardrums bleed and suck 50 points off your I.Q.?

Grab yourself some Toe Jam.

On "Bite Me Like a Dog," these five veteran Seattle death-metal-mongers unleash 14 testosterone-drenched blasts of molten sonic fury, from the opening salvo of "Lost My Lunch" to the gut-wrenching closer, "Can't Love You No More ('Cuz I'm Dead)." Lead vocalist Axl Spandex has never sounded more satanic than on the eerie "Sdrawkcab Ti Yalp."

Of course, the big question for every Toe Jam fan will be: Does this record match their 2003 classic, "Suckadelic Lunchbucket"?

Sadly, no. But really, what could?

— Forrest Ranger

THE VILLAGE IDIOTS UNPLUGGED
The Village Idiots
(Doofus Music Group) ★

What awesome potential this band has! You'd have to be living in a cave on some remote planet not to remember how the music biz was abuzz last year when these rock legends joined forces, refugees from such stellar supergroups as:

✦ Nick O. Teen and The Couch Potatoes;
✦ Men With Belts;
✦ Potbelly; and, of course,
✦ Ben Dover and Your Silvery Moonbeams.

What a letdown, then, to hear this dreck. One listening to "The Village Idiots Unplugged" and it's your *stereo* you'll want unplugged.

— Ruby Slippers

HOG KILLIN' TIME
Patsy Alabama
(Big Hair Records) ★★★★

Some still call her "The Memphis Madonna." But Patsy Alabama now swears her days as "The Cuddle-Bunny of Country Music" are over.

IN YOUR EAR

REVIEWS, PREVIEWS & MUSICAL MUSINGS

And with her new record — and her new band, The Rocky Mountain Oysters — she proves it.

Patsy's songwriting is a wonder: sweet, sassy and so doggone *powerful*. In the waltzy weeper "I Love When You Handle My Love Handles," she croons:

Some nights are rainbows
Some are cartoons
And some call you softly
to howl at the moon

© 2007, Millie Moose Music, Inc.

Aw, shucks. That gal will dang near bust your heart. Buy some hankies. Then buy this record.

— Denton Fender

ROCKS IN YOUR SOCKS
Ducks Deluxe
(NSU-Polygraph) ★★

If the idea of a 22-piece accordion orchestra appeals to you — playing such polka-fied rock classics as "American Idiot" fronted by a vocalist named Dinah Sore, whose fingernails-on-the-blackboard screechings make Yoko Ono sound like Barbra Streisand — then friend, this is your lucky day.

For the rest of you, avoid this sonic spewage like the plague.

— C. Spotrun

NEWS & NOTES: The April 14 benefit for **Window-Peekers Anonymous** has been canceled. . . . Rapper **Aaron Tyres** will sign autographs at noon Sunday at The Taco Pit. . . . **The Grim Reapers** are looking for a drummer. Interested? Call 555-6509.

Got a music news nugget? A trivia question? A cure for the common cold? E-mail us at news@inyourear.com.

서체와 크기
이 음반 제목은 9포인트 '퓨투라 장체' 서체를 썼다. 글자를 굵게 하거나 이탤릭체로 하거나 대문자만 쓰는 등 다양한 스타일을 주목하라. 본문은 9포인트 (일반적인 신문 본문 크기) 유토피아 서체를 썼다.

행간
본문 행간은 10포인트를 줬다. 본문 크기가 9포인트 이므로 위쪽 글자 디센더와 아래 글자 어센더 사이 공간은 1포인트다.

자간–장평
자간을 조금(–2) 좁혀서 글씨가 붙을락 말락 한다. 장평도 살짝 장체를(95%) 줬다.

문단 들여쓰기
각 문단의 첫 행은 9포인트 들여 썼다.

들여쓰기 앞맞춤
어떻게 보면 문단 들여쓰기와 정반대다. 첫 행은 왼쪽 맞춤, 다음에 이어지는 행들은 검은 특수문자 끝에 맞춰 들여 썼다.

추가 행간 여백
한 리뷰와 다음 리뷰 사이에 8포인트의 추가 행간 여백을 줬다. 굵은 글씨로 된 제목과 뒤따르는 본문 사이에도 3포인트의 추가 행간 여백을 줬다.

산세리프체
그래픽, 로고, 안내기사 등을 메인기사와 구별하기 위해 산세리프체를 종종 쓴다. 이 퓨투라체 활자는 대문자만 써서 검은 바탕 위 흰 글자로 가운데 맞춤 처리했다.

이탤릭체
강조할 단어(여기선 'powerful')에 쓰인다. 또 편집자 메모, 외국어, 인용문구 등을 나타낼 때도 쓰인다.

애거트(agate)
5~6포인트의 작은 글씨. 스코어나 주식표에 쓰인다.

오른쪽 맞춤
칼럼의 오른쪽 끝에 정렬시킨다.

왼쪽 맞춤
칼럼의 왼쪽 끝에 정렬시킨다. 사진설명이나 요약기사도 오른쪽이 들쭉날쭉하게 왼쪽 정렬시키는 신문이 많다.

양끝 맞춤
(단어나 글자 사이의 간격을 조정해) 기사 좌우 끝을 가지런하게 맞춘다.

굵은 서체
키워드나 이름을 강조할 때 쓴다.

편집자 메모
유토피아체를 썼다. 이탤릭체로 오른쪽 끝을 들쭉날쭉하게 해서 기사 본문과 구분돼 보이게 했다.

본문

신문에선 기사 길이를 인치 단위로 잰다. 단신은 보통 2인치 정도이고, 대형 탐사보도는 200인치에 달한다. 그러나 길이가 1인치로 같아도 칼럼 폭에 따라 기사 양이 달라지므로, 편집자들은 혼란을 피하려 모든 기사가 표준 칼럼 폭(보통 12파이카)이라 가정한다.

칼럼 폭을 바꾸지 않고도 매력적인 지면 디자인을 할 수 있다. 하지만 때로는 칼럼 폭을 넓히거나 좁히기도 한다. 이렇게 표준을 벗어난 칼럼 폭을 변배(bastard measures)라고 한다.

일반적으로 칼럼 폭이 10파이카보다 좁으면 읽기 힘들다. 20파이카보다 넓어도 마찬가지다. 본문 길이는 칼럼 당 2~10인치 정도가 적당하다. 2인치보다 짧으면 너무 얕고 얄팍해 보인다. 10인치보다 길면 빽빽한 회색 더미처럼 보인다(이 가이드라인은 뒤에서 미세 조정할 것이다).

더 알아보기 ▶

◆ **기사 디자인:** 본문만을 사용하는 방법..........48쪽
◆ **기사 흐름:** 최선의 형태로 레이아웃 하는 방법..........53쪽
◆ **지면 디자인:** 본문만을 사용하는 방법..........78쪽

칼럼 안에 기사 넣기

본문은 유연하다. 기사를 디자인할 때 아래 예처럼 가로, 세로, 여러 가지 모양으로 본문을 꺾고, 흐르게 할 수 있다.

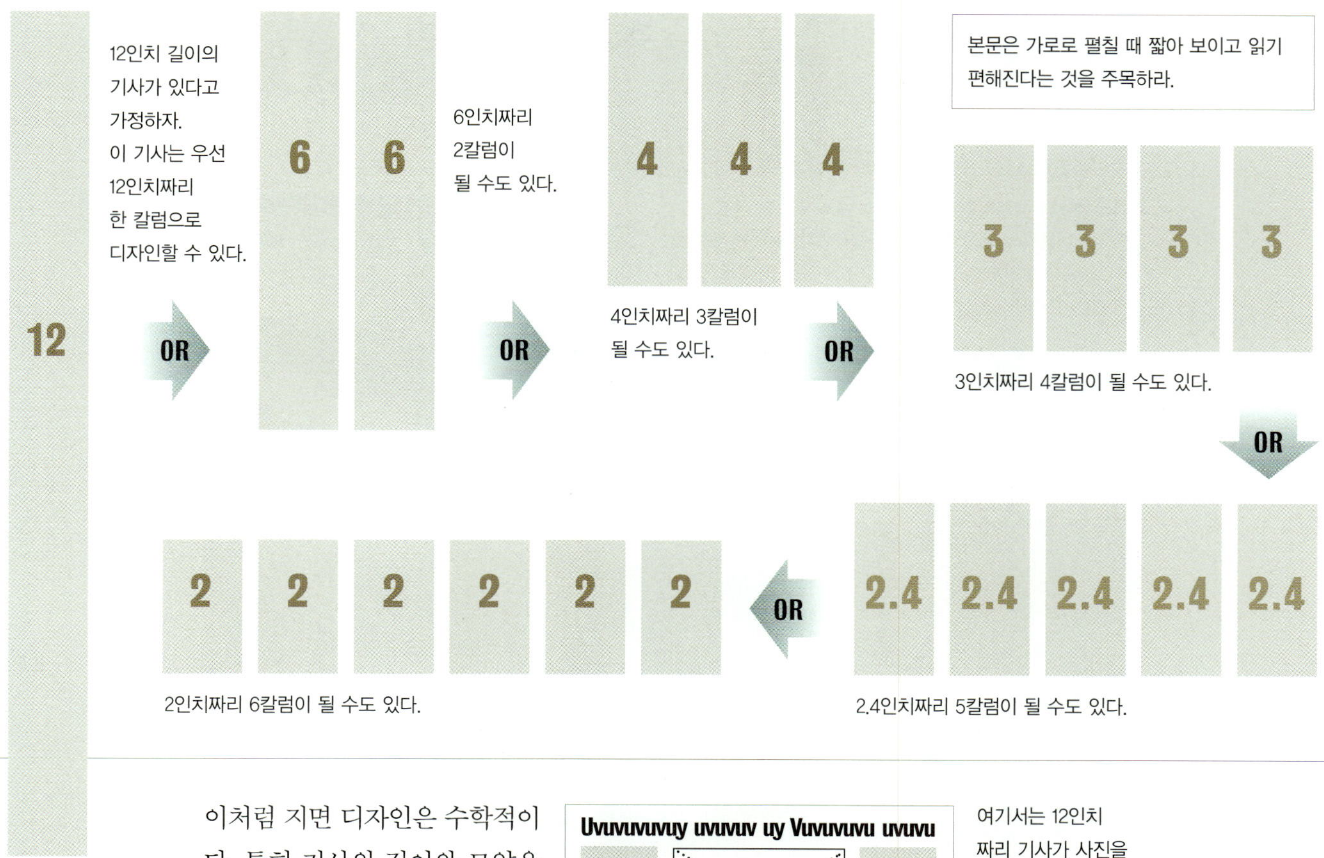

이처럼 지면 디자인은 수학적이다. 특히 기사의 길이와 모양을 계산할 때 그렇다. 한 디자인 요소의 변화가 나머지 요소들에 어떤 영향을 미치는지 이해하려면 기하학과 비율에 관한 감각이 필요하다.

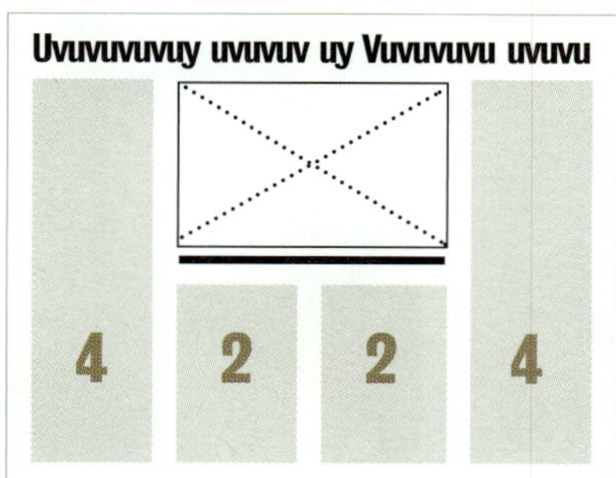

여기서는 12인치짜리 기사가 사진을 에워싸고 있다. 사진의 세로가 길어지면, 기사의 각 칼럼 역시 조금씩 길어져야 한다는 것을 알겠는가.

사진

신문에 역동성과 감정을 불어넣는 데 사진만 한 것은 없다. 과거 지면의 고전적 사진들을 보면 신문 디자인의 중심은 바로 포토저널리즘이라는 사실을 알 수 있다.

위에서부터 시계방향으로: 베이브 루스의 고별 경기, 트루먼 대통령의 당선 환호, 사이공에서 처형당하는 베트콩, 우주왕복선 챌린저호의 폭발, 달 표면을 걷는 버즈 올드린, 잭 루비가 케네디 암살범 리 하비 오스왈드를 쏘는 장면.

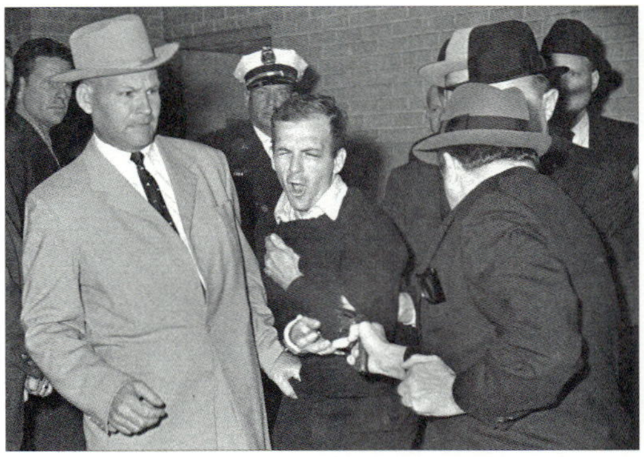

사진

모든 사진은 기사를 말하고, 모든 기사는 자신만의 사진이 있다. 오늘날 독자들은 TV나 잡지에 익숙해 있어 모든 기사에 컬러사진이 있기를 기대한다.

많은 사진을 실을 공간이 없을 수도 있다. 사진을 찍을 사진기자가 모자랄 수도 있고 컬러인쇄가 비용 문제로 불가능할지도 모른다.

그러나 최선을 다하라. 가능한 한 사진을 더 넣어라. 사진 없이는 결코 매력적인 신문을 만들 수 없다.

더 알아보기 ▶

◆ **가로형 사진:** 크기 정하기와 디자인하기..........**54쪽**

◆ **세로형 사진:** 크기 정하기와 디자인하기..........**57쪽**

◆ **그 외:** 사진을 온전히 다루는 장 **109쪽**

사진의 세 가지 기본 형태

당연한 말이지만 보도사진엔 세 가지 기본 형태가 있다. 각각 장단점이 있고 가장 잘 들어맞는 특정 디자인 형태가 있다.

이 세 가지 형태는 모두 사각형이다. 가로형과 세로형, 그리고 정사각형이다.

가로형
가장 흔한 뉴스 사진 형태다. 우리의 눈은 세상을 가로로 본다. 카메라를 눈에 대고 볼 때도 가로로 먼저 본다. 하지만 농구선수나 우주선 발사 장면처럼 세로 구성이 필요할 때도 있다.

세로형
정사각형이나 가로형보다 역동적이지만 디자인하기는 더 어려울 수 있다. 세로가 길다보니 옆의 기사와 관련 있는 것처럼 종종 오해를 일으키기 때문이다

정사각형
정사각형은 셋 중 가장 밋밋한 것으로 여겨지곤 한다. 실제로 어떤 디자이너나 사진기자들은 가급적 이 형태를 피하려고 한다. 하지만 사진의 내용이 형태보다 중요하다는 것을 유념하라. 형태가 어떻든 각 사진만의 표현을 살려 최대한 강한 느낌을 주도록 디자인하라.

사진설명

어느 날 아침 신문을 훑어보던 당신이 아래 사진을 맞닥뜨렸다고 가정하자. 돼지를 보고, 사람들을 보고, 불도저를 보다가 다시 돼지를 본다. 당신은 궁금해진다.

도대체 무슨 장면이지? 웃긴 장면? 잔인한 장면? 괴상한 장면? 돼지 도살 장면인가? 다행히도, 사진 아래 다음과 같은 설명이 있다.

월요일 로이드 센터 부근 84번 도로에서 인부들이 600파운드짜리 암퇘지를 중장비로 들어 올리고 있다. 이 돼지는 도살장으로 운반되던 중 트럭에서 떨어졌다. 이 고집 센 돼지를 치우는 데 두 시간이 걸렸다.

아하, 이제 이해가 간다.

물론 모든 사진은 그 자체로 사연을 전한다. 그러나 그 이면의 이야기를 알려주는 것은 사진설명의 몫이다. 누가 관련됐는지, 무슨 일이 언제 어디서 일어났는지 말이다. 잘 쓴 사진설명은 사진 내용을 바로 이해시키고 왜 그 사진(과 기사)이 중요한지 말해준다.

서체와 스타일

사진설명은 기사 본문과 다르다. 그 차이를 명확히 하기 위해 대부분의 신문은 본문과 다른 서체로 사진설명을 쓴다. 굵은 글씨를 써서 눈에 확 띄게 하거나, 더 우아하게 보이려 이탤릭체를 쓰기도 한다. 또 산세리프체를 써서 세리프체 본문과 대비시키기도 한다(이 책은 사진설명에 '미니언'(Minion)이라는 세리프 이탤릭체를 썼다).

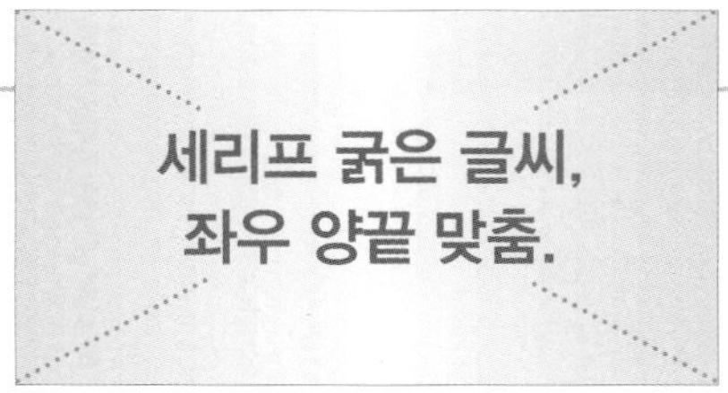

President George W. Bush welcomes Israeli Prime Minister Ehud Olmert to the White House Thursday as the two leaders begin three days of talks.

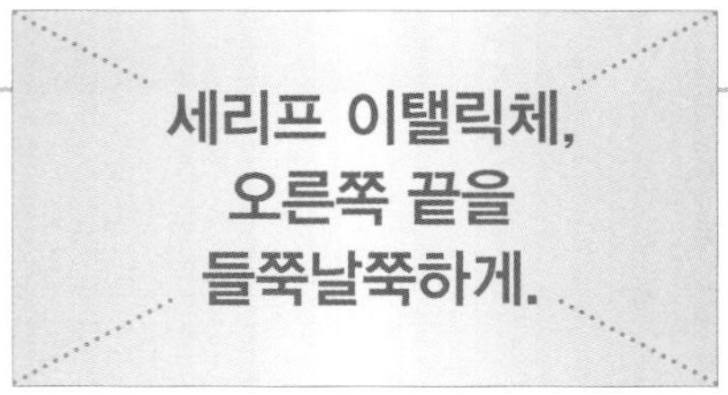

President George W. Bush welcomes Israeli Prime Minister Ehud Olmert to the White House Thursday as the two leaders begin three days of talks.

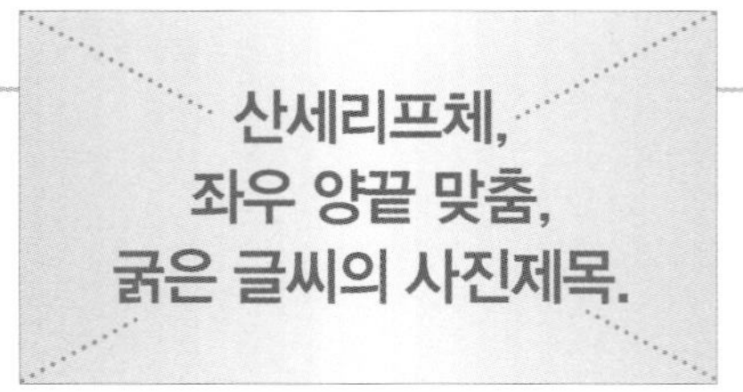

SUMMIT BEGINS — President George W. Bush welcomes Israeli Prime Minister Ehud Olmert to the White House Thursday as the two leaders begin three days of talks.

사진설명

사진설명의 분량은 어느 정도가 적절할까? 사진의 중요한 세부 사항을 빼놓지 않고 간략히 설명하는 정도면 된다. 어떤 사진은 너무 명백해서 긴 설명이 필요 없다. 반면 역사 관련 옛날 사진, 예술작품, 기사와 무관한 사진은 긴 설명이 필요할 수도 있다.

단체사진인 경우에는 모든 인물을 다 밝혀야 할까? 신문마다 가이드라인이 있어 일반화하기는 어렵지만, 독자는 사진설명이 정보를 빨리 전하기를 원한다는 점을 잊지 말라. 그러니 너무 길지 않게 할 것.

사진설명은 어디에 넣어야 할까? 뉴스 면에서는 보통 사진의 아래에 둔다. 그러나 피처기사의 경우에는 변화를 줘 아래처럼 사진 옆이나 사진 사이에 넣을 수도 있다.

더 알아보기 ▶

◆ **인물사진:** 인물사진만의 고유한 사진설명 스타일 50쪽

◆ **화보(photo spreads):** 사진설명 처리와 배치법 127쪽

아래

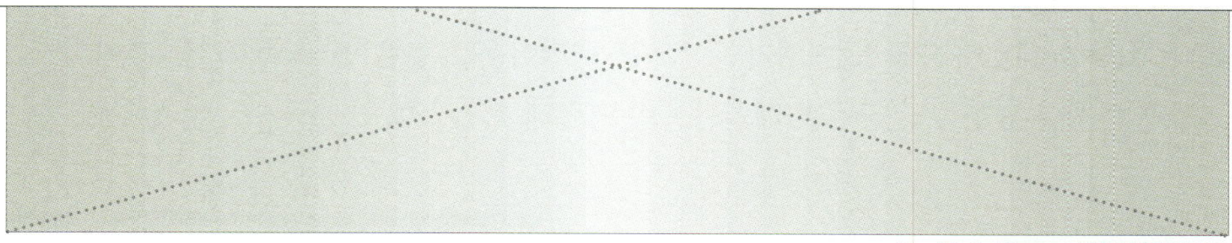

The Bugle-Beacon/PAT MINNIEAR

사진 아래에 두는 사진설명은 보통 사진 좌우 양끝에 맞춰 정렬한다. 사진 양끝을 넘어 흐르면 안 된다. 너무 폭이 길면 읽기 어려우므로 두 칼럼씩 나눠 흘리기도 한다(43쪽 참조). 경험적으로 보면 가로 폭이 긴 사진설명에서 마지막 줄은 칼럼 폭의 절반보다 길어야 보기 좋다. 이 경우는 그 조건을 겨우 맞췄다.

옆

이 사진설명은 사진 가장자리를 따라 **오른쪽 맞춤**으로 배치됐다. 왼쪽 끝이 들쭉날쭉해 다소 가독성이 떨어진다. 사진설명을 사진 옆에 쓰려면 지면 가장자리에 배치하라. 그래야 사진설명이 본문과 충돌해 독자를 헷갈리게 하고 지면을 흉하게 만드는 상황을 막을 수 있다.

왼쪽 맞춤인 이 사진설명은 오른쪽이 들쭉날쭉하다. 사진 밑 선까지 채우느라 폭이 너무 좁아졌다. 사진설명은 폭이 최소 6파이카는 돼야 한다. 폭이 좁다 싶으면 세로 길이를 늘이지 마라.

사이

모든 사진에 각각 설명이 붙어 있는 게 이상적이다. 하지만 이처럼 하나의 설명을 공유할 수도 있다. 단, 설명 내용이 어떤 사진에 대한 것인지 명확해야 한다. 또 설명을 사진의 맨 위 또는 맨 밑에 맞춰 가지런히 배치해야 한다. 어중간하게 중간에 떠 있으면 안 된다(이 사진설명은 사진 상하 모두에 가지런하도록 맞췄다).

가편집 레이아웃 그리기

기사와 사진을 지면 어디에 배치할지, 헤드라인은 얼마나 크게 할지 동료에게 미리 보여주려면 어떻게 해야 할까?

텔레파시로? 천만에! 가편집 레이아웃을 그린다.

과거 신문 제작 과정에서 가편집 레이아웃은 필수였다. 편집자들은 레이아웃을 그리고, 사진, 사진설명, 헤드라인, 본문 등의 요소를 출력했다. 그 다음 레이아웃을 가이드 삼아 식자실에서 그 요소들을 붙여 넣었다. 오늘날에도 일부 디자이너는 레이아웃을 그려 이를 전산작업으로 완성할 조판자에게 넘긴다.

레이아웃은 대충 스케치한 작은 그림일 수도 있고, 아주 정교한 설계도일 수도 있다. 어느 쪽이건 대부분 실제 지면보다 작은 종이에 연필로 그린다. 그러나 비율은 정확해야 한다. 훌쭉한 세로사진을 쓰는 디자인이라면, 레이아웃도 같은 형태라야 하는 것이다.

아래 사례는 전형적인 가편집 레이아웃이 어떻게 지면으로 완성되는지 보여준다.

더 알아보기 ▶

◆**모듈 편집 (modular design):** 이 지면의 요소들을 재배치하면 어떤 지면으로 바뀔까? 결과가 궁금하다면 86쪽

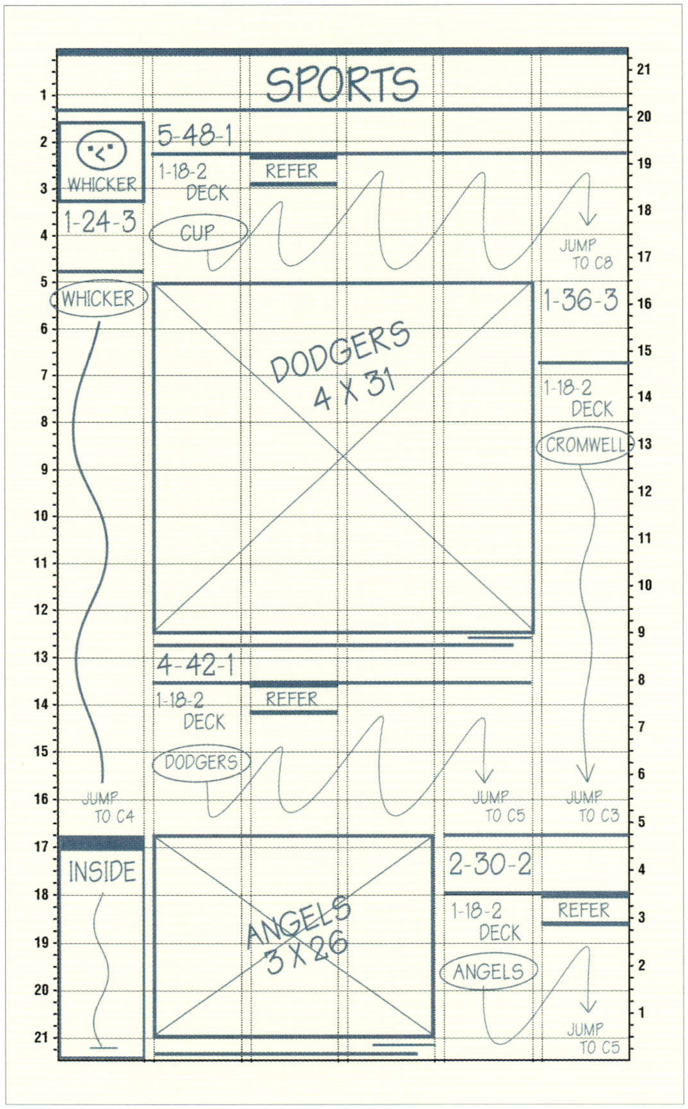

여기서 지면이 시작된다. 편집자나 디자이너가 선과 박스를 그려 사진, 사진설명, 헤드라인, 본문을 어디 배치할지 표시한다. 이 지면은 기사와 부가 요소가 많지 않아 단순한 편이다.

C section · The Orange County Register · Tuesday, July 26, 1988

Sports

America's Cup is on for September

Judge rules US must face New Zealand

MARK WHICKER

Giants nearly let Dodgers off the hook

Safety's wish is granted

Rams give Cromwell release after 11 years

Mitchell's homer sinks Dodgers

Giants break through against Fernando, 3-1

INSIDE

McCaskill, Angels come out on top, 2-1

He throws three-hitter to beat Stewart, A's

레이아웃이 실제 지면으로 바뀐 모습. 모든 기사가 다른 면으로 점프했다는 점을 주목하라. 점프를 활용하면 레이아웃에 맞춰 기사를 잘라 넘기면 되므로 지면을 쉽게 짤 수 있다.

가편집 레이아웃 그리기

좋은 레이아웃의 조건

모든 신문사는 저마다의 레이아웃 체계를 갖고 있다. 사진 크기를 파이카로 잰다든가, 인치로 잰다든가, 둘을 섞어서 잰다든가 하는 식으로. 어떤 신문은 박스, 사진, 본문 등 디자인 요소를 각각 다른 색깔로 표시한다. 어떤 곳은 본문을 물결 모양의 선으로 나타내는가 하면, 어떤 곳은 화살표를 쓰고, 어떤 곳은 아무 표시도 안 한다.

어떤 방식이든, 최대한 완전하고 알기 쉽게 레이아웃을 만들어야 한다. 모든 레이아웃에는 다음과 같은 요소들이 있다.

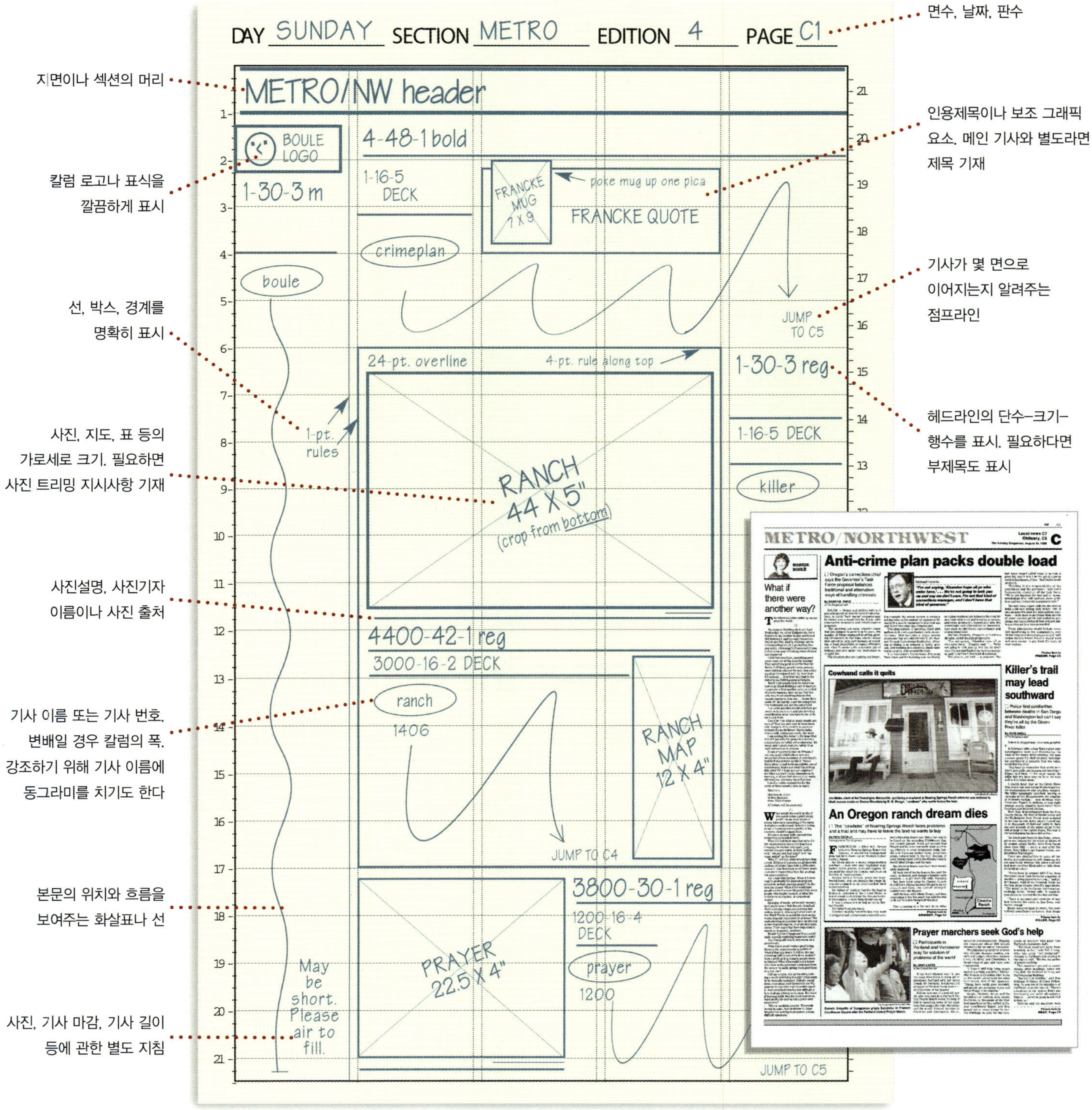

가편집 레이아웃 그리기

레이아웃은 정확한 과학이 아니다. 기사 분량이 늘 원하는 대로 딱 맞아떨어지지는 않는다. 심지어 모든 것을 완벽하게 계획했다고 확신하는 경우에도, 결국에는 여기저기서 계획이 어그러져 임기응변으로 요소들을 맞춰 넣기 일쑤다.

그러니 긴장을 풀자. 지면 미세 조정 때 사진을 잘라 맞출 수 있다. 인용제목을 넣거나 헤드라인 크기를 키울 수도 있다. 부제목을 바꾸고 광고를 옮길 수도 있다. 기사를 1~2인치 자를 수도 있다. 최악의 경우 처음부터 다시 할 수도 있다.

그러나 레이아웃 그리기를 건너뛴 채 컴퓨터 화면을 보며 답을 찾겠다고 몇 시간 동안 골몰하지는 말기를. 그건 시간낭비일 뿐이다. 실제로 요소들을 짜 맞추기 전에 가편집 레이아웃부터 그리는 것이 더 효율적이다.

더 알아보기 ▶

◆ **기사 양 맞추기:** 기사가 너무 짧거나 길 때 쓸 수 있는 옵션 96쪽
◆ **1면 사례 연구:** 1면 디자인 과정 차례차례 살펴보기................. 90쪽

레이아웃이 어떤 역할을 하는지 보여주는 예

최종 지면을 보고 레이아웃을 그려보자. 실전의 역순이다. 그러면 최종 지면을 꾸미기 위해 레이아웃 요소들이 어떻게 조화를 이루는지 알 수 있다.

The Oregonian / KRAIG SCATTARELLA

Highway workers use a loader to lift Mama, a 600-pound sow, onto a truck Monday on Interstate 84 near Lloyd Center. The pig fell from the truck on the way to slaughter.

Freeway closed for two hours as ornery oinker hogs traffic

Westbound traffic on Interstate 84 near the Lloyd Center exit was backed up for nearly two miles early Monday when a 600-pound hog on the way to slaughter fell from the back of a truck.

For nearly two hours, the sow refused to budge.

Fred Mickelson told police that he was taking six sows and a boar from his farm in Lyle, Wash., to a slaughterhouse in Carlton when Mama escaped.

"I heard the tailgate fall off, and I looked back and saw her standing in the road," Mickelson said with a sigh. "I thought: 'Oh, no. We've got some real trouble now.' "

Mickelson said Mama was "pretty lively" when she hit the ground, lumbering between cars and causing havoc on a foggy day. There were no automobile accidents, however.

After about an hour of chasing the pig with the help of police, Mickelson began mulling over his options, which included having a veterinarian tranquilize the hog.

About 10 a.m., a crew of highway workers arrived and decided to use a front-end loader to pick up the sow and load her back into the truck.

가편집 레이아웃 그리기

레이아웃 그리는 순서

1 앞 페이지에 실린 지면을 보면 다음과 같은 요소들을 발견할 것이다.

◆ **본문:** 본문은 두 칼럼이다. 각 칼럼의 폭은 12파이카 2포인트인데 보통 12p2라고 쓴다. 이는 신문의 전형적인 칼럼 폭이다. 각 칼럼의 세로 길이는 2인치다. 따라서 기사 전체는 4인치다.

◆ **헤드라인:** 글자의 세로 크기는 24포인트다. 제목이 두 줄인데, 사이에 약간의 여백을 줬다. 따라서 헤드라인의 총 높이는 대략 48포인트(4파이카) 정도다.

◆ **사진:** 사진의 가로 폭은 보통 칼럼이나 파이카로 나타낸다(이 경우에는 2칼럼, 혹은 25p4이다). 어떤 신문은 세로 길이를 인치로 재기도 하지만, 파이카를 쓰는 것이 더 낫다(이 사진은 세로 18파이카다).

◆ **사진설명:** 이 사진설명의 상하 공간을 주목하라. 사진 맨 밑에서 헤드라인 맨 위까지 대략 0.5인치, 즉 3파이카다.

더 알아보기 ▶

◆ **기본 용어:** 파이카나 포인트 같은 용어의 정의 20쪽

◆ **헤드라인:** 크기를 재고 코드로 표시하는 방법 27쪽

2 이 기사를 지면 맨 위 왼쪽에 배치한다고 가정하자. 빈 레이아웃 용지를 놓고 왼쪽 두 칼럼의 맨 위에서 요소들을 그리기 시작할 것이다. 맨 위에 사진을 표시하는 박스를 가로 2칼럼, 세로 3인치(18파이카)로 그린다. 박스 안에 커다란 X자를 그린다(X자는 이 자리가 광고나 다른 기사 박스가 아니라 사진이라는 것을 표시하는 전통적 방법이다).

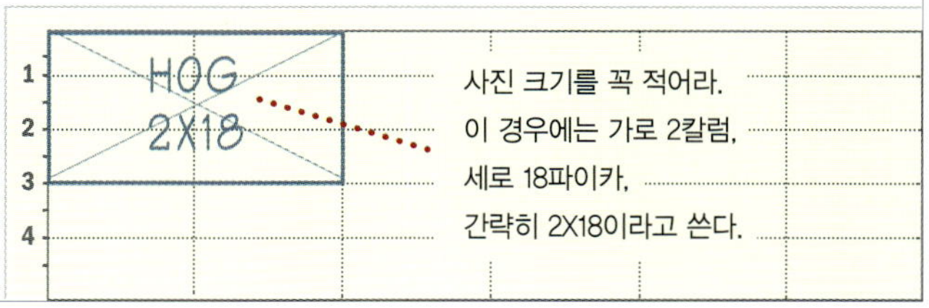

3 다음은 사진설명이다. 레이아웃에서 사진설명을 표시하는 방법은 여러 가지가 있지만, 여기서는 이렇게 하자.

사진설명 행수가 얼마나 될지 계산한다(이 경우는 2행). 사진 아래 여백을 약간 주고, 사진설명의 밑바닥이 될 곳에 선을 하나 긋는다. 이 경우엔 사진으로부터 반 인치쯤 아래다.

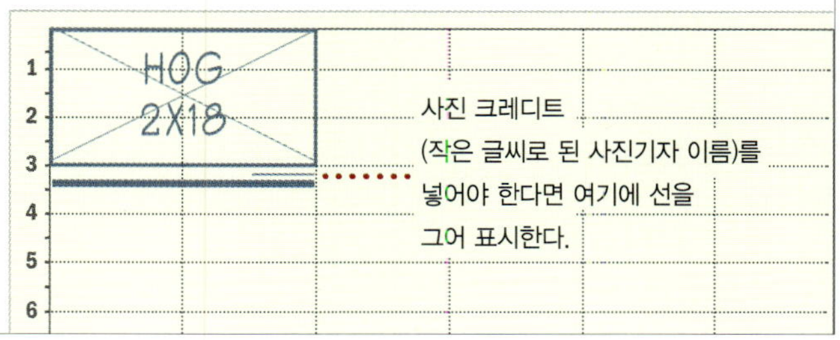

4 이번엔 2칼럼-24포인트-2줄 헤드라인을 표시한다. 대부분의 디자이너는 그냥 수평선을 긋고 헤드라인 코드(2-24-2같은)를 메모한다. 그게 빠르고 쉽다.

하지만 헤드라인 느낌을 살리기 위해 XXXXXXXXXX로 표시하거나, 물결 모양의 가로선을 그려 넣어도 된다. 그땐 시작 부분에 헤드라인 코드를 적는다. 그리고 사진설명과 헤드라인 사이에 아래처럼 몇 파이카 정도 공간을 준다.

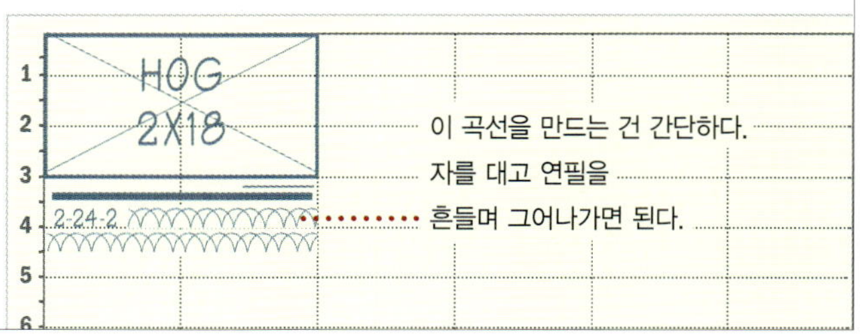

5 마지막으로 본문 자리를 표시한다. 직선, 곡선, 화살표 등 방법은 많다. 아무 표시도 없는 공백으로 두기도 한다.

여기서는 방향선을 사용해보자. 본문이 시작되는 곳에 기사의 이름 또는 번호를 쓴다. 그 아래로 칼럼 한복판을 따라 선을 긋는다. 바닥까지 닿으면 시선을 따라 선을 다음 칼럼의 맨 위로 긋자. 이 선은 본문의 이동 경로를 나타낸다.

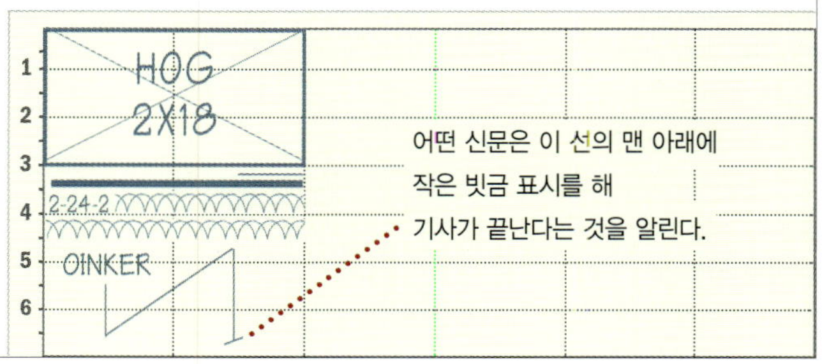

대판용 레이아웃 용지

오른쪽은 대판 신문에서 일반적으로 쓰이는 6칼럼 레이아웃 용지다. 타블로이드는 이 크기의 절반 정도이고 5칼럼을 많이 쓴다 (다음 페이지 참조).

레이아웃 용지의 쓰임새

◆ 왼쪽 가장자리의 숫자는 맨 위에서 바닥까지 길이를 인치단위로 표시한 것이다. 보다시피 전체 지면 높이는 21.5인치다.

◆ 오른쪽 가장자리의 숫자는 아래에서 위로 인치를 표시한 것이다. 광고를 그려 넣는 데 유용하다.

◆ 세로선은 칼럼을 나타낸다. 예를 들어 6칼럼짜리 사진은 지면의 폭을 꽉 채울 것이다.

◆ 각각의 수평선들은 1인치만큼의 높이를 나타낸다. 따라서 1칼럼 1인치짜리 기사가 사각형 한 칸을 차지한다.

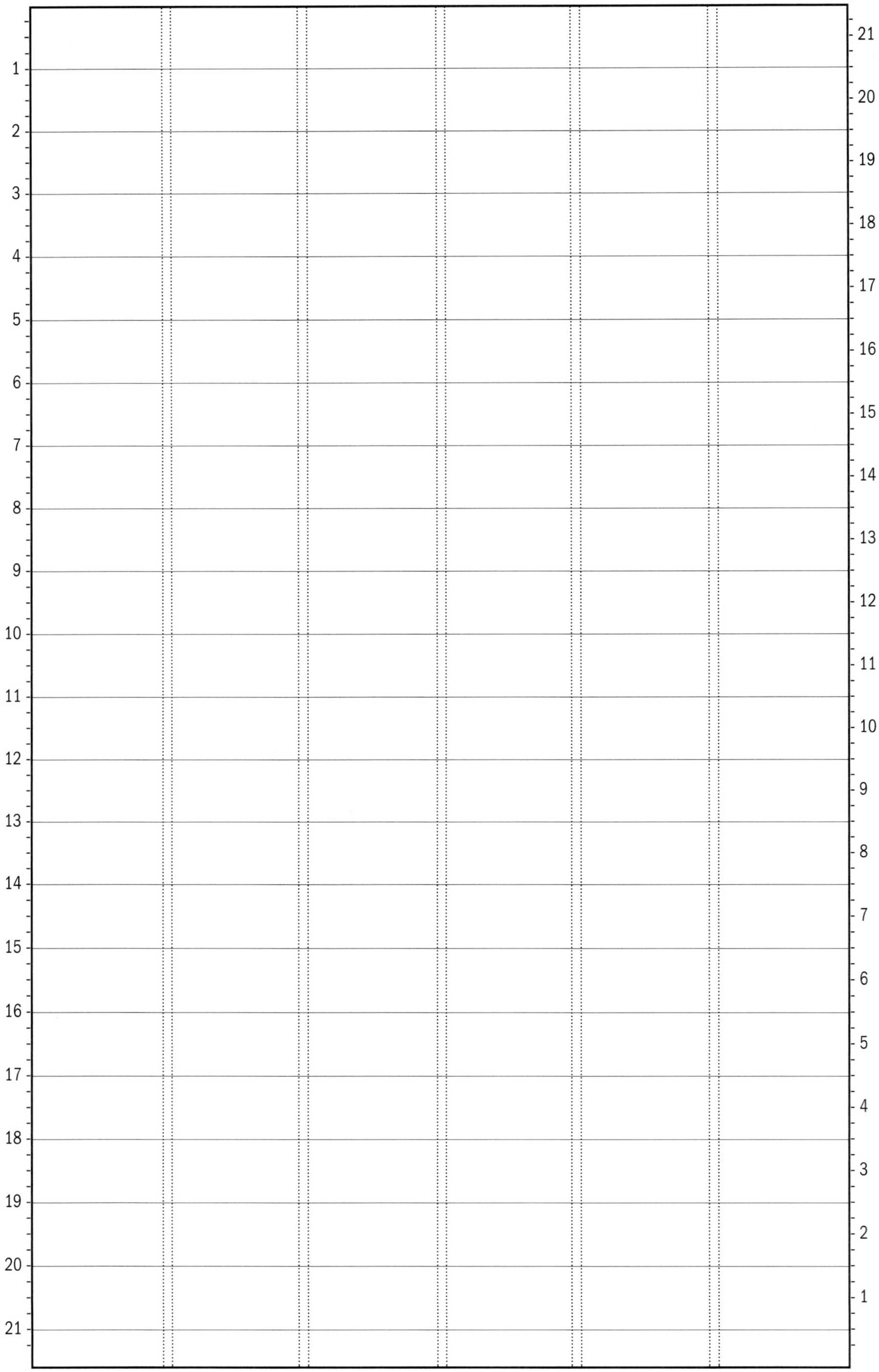

레이아웃 용지가 없다면…

각 장 말미에 있는 연습문제를 풀려면 이런 레이아웃 용지가 많이 필요할 것이다. 연습할 용지가 마땅치 않다면 이 견본을 복사해서 활용해도 좋다.

더 좋은 방법은…

당신 신문을 위한 레이아웃 용지를 맞춤 제작하라.

타블로이드용 레이아웃 용지

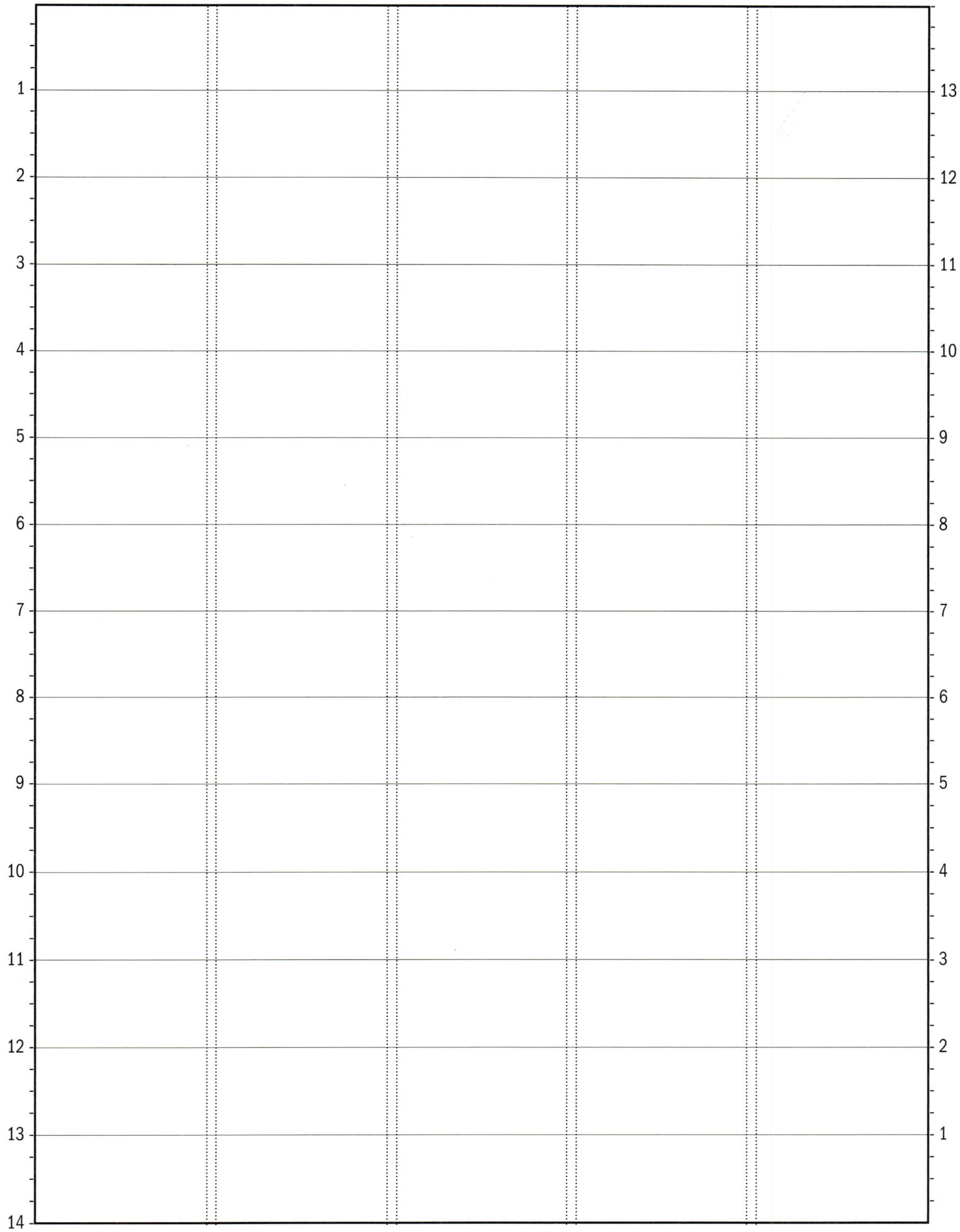

더 알아보기 ▶

◆ **그리드:** 그리드가 원지, 그리고 대판과 타블로이드에서 어떻게 다른지에 대해서는……………… **76쪽**

이런 레이아웃 용지는 기본 그리드의 사용법을 보여준다. 뒤에서 보겠지만, 그리드란 각 면을 칼럼에 맞춰 정리하는 기본 양식이다. 예를 들어 이 레이아웃 용지는 타블로이드 지면을 5칼럼 그리드로 디자인하기 위한 것이다. 그러나 타블로이드에서 쓰는 그리드는 이게 전부가 아니다. 4, 6, 7, 8, 심지어 9칼럼도 쓴다. 하지만 5칼럼 그리드가 가장 일반적이다.

문제 해결

디자인의 기초에 관해 디자이너들이 자주 묻는 질문에 대한 간략한 답

Q 신문은 3가지 글씨체만 써야 한다고 들었는데 사실인가? 아니라면 얼마나 많은 글씨체가 필요한가?

서체 가짓수에 매직넘버는 없다. 사실 서체를 고르는 공식 같은 건 전혀 없다. 요새는 수많은 서체를 즉시 구할 수 있고, 서체를 섞고 짝지어 신문 개성에 맞는 조합을 찾아내기도 쉽다. 예를 들어, 아래 대비되는 두 선택을 살펴보자.

D Sports
SATURDAY, SEPT. 20, 2007
Who let the dogs out?
Damon Robinson leads a big, quick Bulldog team this season.
Page D4
SPORTSCENE
Casey Lytle
It doesn't matter if you win or lose,
Eagles trounce Mudhogs, 54-3
◆ Wigginton scores three touchdowns as Lincoln wins its third blowout this season
By BEN DOVER
The Bugle-Beacon
Just when it looked like the Lincoln Eagles might never win another football game, they came back to life Friday night with a resounding win over hapless North Washington, 34-3.
against this same North Washington Mudhog squad.
"We deserved to win," said a beaming Wigginton. "We opened a big can of whoop-ass on those guys."
"We deserved to win. We opened a big can of whoop-ass on those guys."
— CURT WIGGINTON, Eagles quarterback

D SPORTS
SATURDAY, SEPT. 20, 2007
WHO LET THE DOGS OUT?
Damon Robinson leads a big, quick Bulldog team this season.
Page D4
SPORTSCENE
Casey Lytle
It doesn't matter if you win or lose,
Eagles trounce Mudhogs, 54-3
◆ Wigginton scores three touchdowns as Lincoln wins its third blowout this season
By BEN DOVER
The Bugle-Beacon
against this same North Washington Mudhog squad.
"We deserved to win," said a beaming Wigginton. "We opened a big can of whoop-ass on those guys."
Just when it looked like the Lincoln Eagles might never win another football game, they came back to life Friday night with a resounding win over hapless North Washington, 34-3.
"We deserved to win. We opened a big can of whoop-ass on those guys."
— CURT WIGGINTON, Eagles quarterback

이 지면에는 로고, 인용제목, 헤드라인, 부제목 등 다양한 요소들이 있지만 서체는 버클리 계열만 썼다. 굵은체, 가는체, 이탤릭체, 그리고 반전글자(검은 바탕 흰 글씨)를 섞어 폭넓은 효과를 냈다. 즉, 신문 전체를 한 가지 계열의 서체만으로 얼마든지 디자인할 수 있다.

이번에는 요소별로 폰트를 다르게 했고, 지면 개성이 바뀜을 알 수 있다. 로고는 데코튜라체, 헤드라인은 그리핀체, 그리고 인용제목과 지면 안내와 본문은 버클리체를 썼다. 왼쪽 지면보다 많은 폰트를 썼지만 각각의 서체는 그 나름의 기능을 수행한다.

일부 신문은 몇 가지 서체만 쓰는 게 사실이다. 수십 가지를 쓰는 신문도 있지만 이는 난삽하다. 서체를 처음 고를 때 아래 항목들을 포함해야 한다.

- ◆ 읽기 좋은 본문체. 작아도 읽기 편하고, 예쁘되 너무 별나지 않은 글씨체를 찾아라. 본문 아닌 다른 곳에서까지 쓸 생각은 안 해도 된다.
- ◆ 헤드라인용 서체. 다양한 스타일과 굵기로 헤드라인을 쓰고 싶다면, 여러 변형체를 지닌 유연한 서체를 택하라. 한 계열 아래서 굵기와 스타일을 바꿔 각각 부제목용, 인용제목용, 지면 안내용 등으로 쓸 수 있다.
- ◆ 특별한 작업을 위한 서체. 로고, 섹션 제호 등. 신문 서체의 개성은 주로 이런 곳에서 드러난다. 신문 전체에 걸쳐 퍼져 있는 고정적 디자인 요소 말이다.
- ◆ 특별한 기사를 위한 서체. 부속상자, 그래픽, 점프기사 안내, 사진설명은 기사 본문과 조금 다르게 보일 필요가 있다. 굵은체, 가는체, 이탤릭체 등 다양성을 줄 수 있는 서체를 찾아라. 이상 4가지 서체가 필요하다.

Q 잠깐 다시 본문 서체 문제로 돌아가서, 기사 본문용으로 가장 좋은 서체 크기와 모양은?

서체는 개성과 크기가 무척 다양하다. 9~10포인트로 쓰이는 3가지 본문체를 살펴보자. 독자의 시력은 나이가 들수록 떨어지므로, 신문의 독자 연령층을 고려해야 한다. 폰트의

This is Nimrod. It looks somewhat blocky because of its large x-height, but it's popular and readable. It also seems a bit thicker than other fonts. 이 폰트는 님로드(Nimrod)체다. x-높이(x-height)가 길어 다소 뭉툭해 보이지만 널리 쓰이고 읽기 쉽다. 또 다른 서체들보다 좀 굵어 보인다.	This is Utopia. It has a smaller x-height than Nimrod and appears lighter on the page, but many find it more handsome. It also looks fine condensed a bit, like this. 이것은 유토피아(Utopia)체다. 님로드보다 x-높이가 짧아 더 가벼워 보이지만 되레 멋있다는 의견도 많다. 여기처럼 약간 장체로 쓸 때 보기 좋다.	This is Garamond. Though it's the same size as those other two fonts, its shorter x-height makes it seem much smaller. But it's still an elegant and readable typeface for text. 이것은 가라몬드(Garamond)체다. 앞의 두 글씨체와 같은 크기지만, x-높이가 많이 짧아 훨씬 작아 보인다. 그래도 본문용으로는 우아하고 읽기 쉬운 서체다.

종류와 크기를 실제 신문용지에 테스트하라. 얼마나 매력적인지, 독자가 실제로 잘 읽을 수 있는지 시험해야 한다. 본문 서체 테스트에 관한 자세한 내용은 241쪽 참조.

문제 해결

Q 우리 신문에서는 가로로 긴 사진 아래에 사진설명을 두세 칼럼으로 나눠 담는다. 좋은 생각일까?

사진설명을 읽기 쉬운 길이로 나눠 흘리는 것은 이론적으로는 좋은 생각인 것 같지만, 실제로는 독자가 이 칼럼에서 저 칼럼으로 뛰어 다니다 헷갈릴 수 있다.

일부 신문에서는 사진설명의 폭이 너무 길어지지 않도록 이렇게 몇 칼럼으로 나눠서 배치한다. 그러나 그렇게 하면 대부분 이처럼 글자 사이에 불규칙한 공간이 생기고 단어들이 칼럼을 사이에 두고 서로 충돌한다. 이러면 읽기 너무 혼란스럽다

그보다는 사진설명을 사진 폭을 꽉 채운 한 칼럼으로 쓰는 것을 추천한다. 물론 이렇게 하면 일반적인 본문 칼럼 폭보다 길어진다. 하지만 분량이 너무 많지 않다면 독자는 쉽게 쫓아 읽을 수 있다. 이게 훨씬 덜 혼란스러워 보인다.

Q 우리는 예산이 빠듯한 작은 신문이다. 디자인이 잘 된 지면을 만들려면 어떤 소프트웨어가 필요한가?

물론 서체가 있어야 한다. 백신 프로그램도 필요하다. 시스템을 잘 돌아가게 할 각종 유틸리티도 빼놓을 수 없다. 하지만 완벽한 신문 발행을 위해선 다음과 같은 프로그램들이 반드시 필요하다.

- ◆ 인디자인이나 쿼크익스프레스 같은 조판 프로그램. 기본적인 워드 프로그램으로도 간단한 조판을 할 수 있지만, 원하는 수준의 디자인을 만들어낼 수는 없다.
- ◆ 프리핸드나 일러스트레이터 같은 그리기 프로그램. 표, 지도, 그림을 만드는 데 유용하다. 아티스트가 따로 없어서 클립아트를 쓰더라도, 그 이미지들을 다루려면 이런 프로그램이 필요하다.
- ◆ 디지털 이미지를 다룰 포토샵 같은 사진 편집 프로그램.

이상이 당신에게 꼭 필요한 것들이다. 만약 예산에서 남는 돈이 있다면, 소프트웨어 활용법을 교습 받아라. 그러면 이 프로그램들의 잠재력을 극대화할 수 있을 것이다.

Q 우리 신문에서는 편집자들이 종종 헤드라인을 공간에 맞추기 위해 장체로 압축시킨다. 좋지 않은 생각일까?

이런 헤드라인이 있다면-

Coach admits: Yes, I'm an idiot

-이렇게 쥐어짜는 것을 말하는가?

Coach admits: Yes, I'm an idiot

일부 신문은 그렇게 한다. 심지어 기사 양을 맞추려고 본문체를 찌그러뜨리기도 한다. 이는 매우 아마추어적인 행태다. 제발 그러지 말기를. 헤드라인과 본문 활자의 자간, 행간, 크기 등은 타이포그래픽적으로 훌륭하게 맞춰져 있으므로 망치지 말고 그대로 쓰는 게 좋다. 헤드라인 크기가 지면 공간에 맞지 않는다면 맞게끔 고쳐 써야지 서체를 변형해서는 안 된다.

연습문제

1 아래 글씨는 크기가 대략 얼마일까? ________________

정답은 ▶ 266쪽

1인치 짜리 정사각형

What point size am I?

2 아래 빈칸에 들어갈 올바른 용어는?

3 아래 헤드라인의

굵기는? ________________

포인트 크기는? ________________

Whasssuppp?

4 위 헤드라인이 아래와 같이 바뀌었다면 어떤 세 가지 변화를 준 건지 올바른 용어를 써서 적어보라.

Whasssuppp?

1. ________________

2. ________________

3. ________________

연습문제

5 오른쪽 서체를 보고 5가지 주요한 활자 특징을 적어보라.

Here is another
typographic brain-teaser

1. ______________________
2. ______________________
3. ______________________
4. ______________________
5. ______________________

6 5번 문제의 박스 안 글씨에 어떤 4가지 수정을 했을까?

HERE IS ANOTHER
TYPOGRAPHIC BRAIN-TEASER

1. ______________________
2. ______________________
3. ______________________
4. ______________________

7 5번 문제의 박스는 파이카 치수가 얼마일까? ______________________

8 5번 문제의 박스 선 굵기는 얼마일까? ______________________

9 왼쪽 칼럼과 오른쪽 칼럼의 차이점 4가지는?

Best picture: "The Departed"
Best actor: Forest Whitaker in
"The Last King of Scotland"
Best actress: Helen Mirren in
"The Queen"

- **Best picture:** "The Departed"
- **Best actor:** Forest Whitaker in "The Last King of Scotland"
- **Best actress:** Helen Mirren in "The Queen"

1. ______________________
2. ______________________
3. ______________________
4. ______________________

10 아래 헤드라인은 아주 흔한 서체를 사용했다. 컴퓨터를 쓸 수 있다면 이 헤드라인을 최대한 똑같게 만들어보라. 컴퓨터를 못 쓴다면 이 헤드라인에 있는 활자 요소들을 완벽하게 설명해보라.

larry
MOE
& Curly

연습문제

11 다음과 같은 세 칼럼짜리 기사가 있다. 아래 레이아웃 용지를 사용해 이 지면을 만들기 위한 가편집 레이아웃을 그려보라(헤드라인 코드도 표시하라).

Crazed pig closes freeway again

For the second time, an ornery oinker causes chaos on the highway

The Oregonian / KRAIG SCATTARELLA

Highway workers use a loader to lift Mama, a 600-pound sow, onto a truck Monday on Interstate 84 near Lloyd Center. The pig fell off the truck on the way to slaughter.

Mama is one freedom-loving hog.

Twice in the same day, Mama broke free from her captors and bolted for daylight. Twice in the same day, she created massive traffic jams.

And twice she was dragged, kicking and squealing, back into captivity.

Westbound traffic on Interstate 84 near Lloyd Center was backed up for two miles Monday when Mama, a 600-pound hog on the way to slaughter, fell from the back of a truck.

For nearly two hours, the sow refused to budge.

Fred Mickelson told police that he was taking six sows and a boar from his farm in Lyle, Wash., to a slaughterhouse in Carlton when Mama escaped.

"I heard the tailgate fall off, and I looked back and saw her standing in the road," Mickelson said with a sigh. "I thought: 'Oh, no. We've got some real trouble now.' "

Mickelson said Mama was "pretty lively" when she hit the ground, lumbering between cars and causing havoc on a foggy day. There were no automobile accidents, however.

After about an hour of chasing the pig with the help of police, Mickelson began mulling over his options, which included having a veterinarian tranquilize the hog.

About 10 a.m., a crew of highway workers arrived and decided to use a front-end loader to pick up the sow and load her back into the truck.

정답은 ▶ 266쪽

2 기사 디자인

헤드라인, 본문, 사진, 사진설명. 이들은 거대한 '신문 디자인 퍼즐'을 이루는 기본 조각들이다. 오랫동안 디자이너들은 생각할 수 있는 모든 방법으로 이 퍼즐을 맞춰봤다. 어떤 해법은 통했고, 어떤 것은 그렇지 못했다.

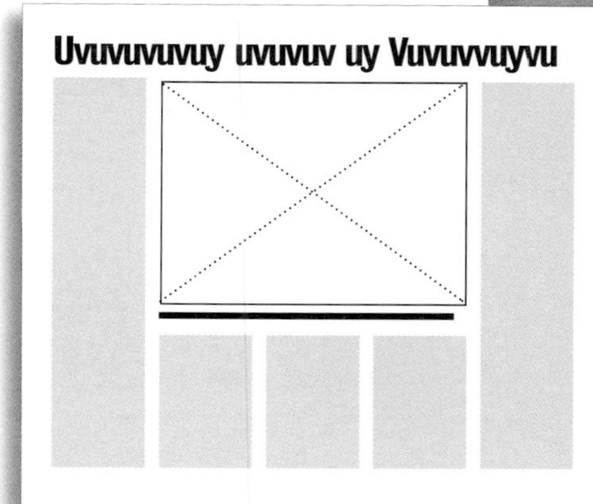

이어질 내용에서 우리는 어떤 것이 효과적이고 어떤 것이 그렇지 않으며 어떤 것이 유사 해법인지 살펴볼 것이다. 당신은 각각의 기사와 지면에 수많은 디자인 조합이 있을 거라고 생각할지도 모른다. 그러나 실제 의지할 만한 기본 포맷은 몇 개 안 되는데, 그 포맷들은 알아두는 게 좋다. 이 장에서 우리는 각각의 기사가 취할 다른 형식들을 볼 것인데 이는 다음과 같다.

- 시각물 없는 기사
- 인물사진이 있는 기사
- 큰 사진이 있는 기사
- 사진이 2장인 기사

이어질 내용에는 많은 정보가 있다. 단번에 흡수하려고 하지 마라. 이 책에 나오는 많은 예시들은 '사용할 수 있게' 디자인돼 있다. 그러므로 당신이 지면 레이아웃을 할 때, 적용할 만한 부분을 찾아보고, 당신의 옵션을 살펴본 뒤 적합한 포맷을 선택하라. 그러면 왜 어떤 레이아웃은 성공하고, 어떤 것은 실패하는지 금방 납득할 수 있을 것이다.

2장 목차

시각물 없는 기사

전통적 신문의 경우(〈뉴욕타임스〉건 지방 주간지건) 기사의 70%는 시각물이 없고 25%는 하나의 시각물(사진이나 지도, 차트)이 있으며, 5%의 기사만 2개 이상의 시각물이 있다.

더 알아보기 ▶

◆ **시각물 없이 지면 디자인하기:** 사진이 없을 때 눈에 띄는 지면을 만들어내는 테크닉은 **78쪽**

Local & State

BRIEFLY

Liquor importation decriminalized

Cumberland Avenue scene

Winfrey shows willpower at eatery

Freeport may get traffic signals

Texan lobbies for James G. Blaine stamp

미국 메인주 지역신문 〈포틀랜드 프레스 헤럴드〉(*Portland Press Herald*)의 전형적인 섹션 1면이다. 지면 중앙에 큰 화재 사진이 있는데 본문은 다음 페이지에 있다. 다른 기사 하나에는 한 장의 사진이 있지만, 단신 모음과 나머지 기사 3개는 모두 헤드라인과 본문밖에 없다. 페이지를 넘기면…

York County employees to take furloughs

Site found to house families of sick kids

Residents escape burning buildings

BLAINE

TRAFFIC

LIQUOR

WINFREY

DAILY BILLBOARD

같은 섹션 2면에는 또 하나의 화재 사진이 이번엔 본문과 함께 있다. 톱기사는 지도와 부속상자(sidebar)를 더했지만 나머지 기사들은 본문만으로 돼 있다. 톱 왼쪽에 있는 기사, 앞면에서 이어진 4개의 점프기사, 그리고 맨 아래 있는 캘린더가 모두 그렇다.

그러니 안심하라. 당신이 디자인해야 할 기사의 대부분은 헤드라인과 본문으로만 구성될 것이다. 시각물 없는 기사 디자인은 몇 가지 방법밖에 없기 때문에 웬만해선 망칠 일도 없다. 기본적으로 헤드라인과 본문의 결합은 수직적이거나 수평적이다.

수직 배열 – 헤드라인이 위에 있고 본문은 아래로 흐른다.

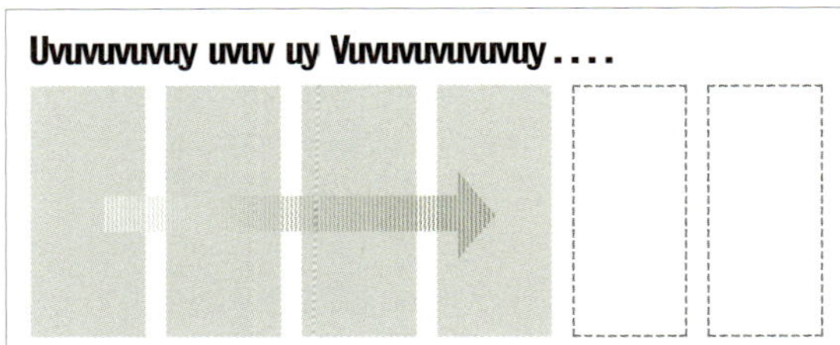

수평 배열 – 여러 칼럼에 걸쳐 본문이 흐르고, 헤드라인도 이에 따라 확장된다.

사각형으로 기사 모양 만들기

기사 디자인 기본 원칙은 **기사를 정사각형이건 수직이건 수평이건 사각형 형태로 만드는 것이다.**

시각물 없는 기사

수직형 기사 디자인 방법

100년 전 신문은 모든 기사를 수직으로 레이아웃 했다. 인쇄공은 단순히 헤드라인 밑으로 본문을 길게 뿌렸고, 지면 바닥에 이르면 본문을 끝내거나 다음 칼럼 맨 위로 넘겼다.

요즘은 그런 것을 형편없는 레이아웃으로 여긴다. 12인치 길이를 넘는 본문 칼럼은 피해야 한다. 본문 칼럼이 길면 단조롭고 우중충하고 읽기가 겁난다. 즉, 기사가 길수록 수평적 배열이 필요하다.

대부분의 뉴스 기사에서 헤드라인은 본문 위에 배치한다(피처기사에서는 종종 규칙이 파괴된다).

수직 기사는 깔끔하고 매력적이다.
헤드라인부터 밑으로 읽어 내려가면 되니 기사를 좇아가기 가장 쉽다.
그러나 몇 가지 단점이 있다.

- ◆수직으로 길어지면 읽기 피곤하다.
- ◆폭이 좁아서 헤드라인 쓰기가 어렵다.
- ◆수직으로만 구성된 지면은 엄청나게 따분해 보인다.

수평형 기사 디자인 방법

수평 형태는 눈에 친숙하며, 기사가 실제보다 짧아 보이는 효과를 낸다.

다시 말하지만, 12인치가 넘게 본문을 흘리지 마라. 그러나 칼럼 높이가 너무 낮아도 안 된다. 대부분의 경우 본문이 최소 2인치는 흘러야 하고 어떤 경우에도 1인치 미만은 피해야 한다.

수평 레이아웃은 왼쪽에서 오른쪽으로 흘러 독자가 읽기 자연스럽다. 본문 높이는 2~10인치가 가장 좋다. 헤드라인은 본문 첫머리에서부터 기사가 흐르는 칼럼 전체를 커버함을 주목하라.

숙고해볼 2가지 변형

아마 99%의 기사는 위와 같을 것이다. 기본적으로 수직 또는 수평 배열로, 본문 위에 위치하는 헤드라인이 마치 우산처럼 전체 기사를 덮어 쓰는 형식이다.

그러나 2가지 예외가 있다. 로 랩(raw wrap)과 옆안장 제목(sidesaddle headline). 이 둘은 헤드라인이 본문 전체를 덮어 쓴다는 법칙을 깬다. 그래서 어색할 수 있다(헤드라인 오른쪽에 흐르는 본문이 그 위에 있는 다른 기사 본문과 충돌하는 경우를 생각해보라).

그러나 적절한 상황에서 이들은 유용하다. 이들을 조심하되, 계속 주목하자.

로 랩: 헤드라인이 본문 왼쪽 칼럼에 위치, 본문은 헤드라인의 윗선과 나란히 오른쪽 옆으로 흐른다.

옆안장 제목: 헤드라인이 본문 왼쪽 칼럼 바깥에 위치(이때 헤드라인은 왼쪽 정렬이나 오른쪽 정렬, 또는 가운데 정렬). 본문은 오른쪽 옆으로 흐른다.

인물사진

시각물 없이도 기사를 디자인할 수 있다. 그러나 지면은 생기 없고 우중충해 보일 것이다.

무엇보다 대부분의 기사는 사람 이야기다. 승자와 패자, 체포된 자와 당선된 자. 독자는 이들이 어떻게 생겼는지 알고 싶다. 그러니 그들을 보여줘라.

인물사진은 독자의 눈길을 끈다는 점을 기억하라. 독자를 유혹하는 게 당신 직업이다.

◆ **크기:** 대체로 인물사진의 폭은 한 칼럼, 세로 길이는 3~4인치다. 칼럼 절반 크기로 본문에 새겨 넣기도 한다.

◆ **트리밍:** 인물사진은 프레임을 꽉 채워야 하지만 너무 타이트해도 안 된다. 가능하면 머리칼 위의 공간을 남겨라. 귀나 이마, 턱이 잘리는 것을 피해라.

◆ **사진설명:** 모든 인물사진은 설명이 필요하다. 보통 두 줄 포맷을 쓴다. 첫째 줄에 인물의 이름, 둘째 줄에는 직함과 설명 등을 쓴다.

오프라 윈프리
자신의 쇼에 북클럽 코너를 새로 만들어 미국도서재단이 수여하는 50주년 기념 메달과 상장을 수여받았다.

수직형 기사 디자인 방법

수직형 디자인에서 인물사진은 기사 맨 위에 배치한다. 즉, 사진-사진설명-헤드라인-본문 순서로 내려간다. 다른 어떤 순서로 배열해도 혼란스럽다.

전형적인 수직 배열. 독자가 스토리를 훑는 순서를 따라간다. 독자는 처음에 사진을 보고, 다음에 헤드라인을 읽은 후 본문과 씨름한다.

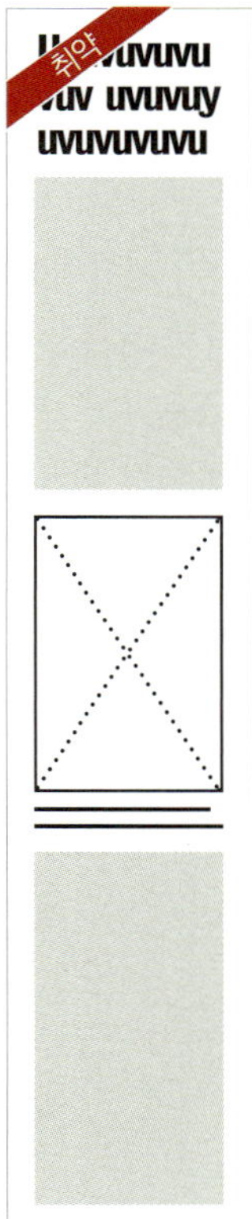

기사 디자인의 기본 원칙을 깨는 레이아웃. 본문의 흐름을 시각물로 방해해선 안 된다. 기사가 중간에 끝나고 사진 아래는 새 기사가 시작되는 것으로 독자가 착각할 수 있다.

기사 위에 있는 다른 사진과 충돌을 피하기 위해 사진을 기사 밑에 배치하는 경우가 종종 있다. 의도는 좋지만 항상 효과적이지는 않다. 독자가 사진을 광고나 다른 기사에 속한 사진으로 착각할 수 있다.

인물사진

수평형 기사 디자인 방법

인물사진은 보통 한 칼럼의 폭을 차지하므로 수평 배열 기사에 적용하기는 쉽다. 헤드라인과 본문 옆에 직사각형으로 놓기만 하면 된다. 이때 간단한 산수가 필요하다. 사진 높이가 3인치, 사진설명이 0.5인치라고 가정하면 총 높이는 3.5인치가 된다.

이렇게 기사가 짧은 경우에는 헤드라인도 작아 높이가 대략 0.5에서 1인치 정도다. 따라서 각각의 본문 칼럼은 대략 3인치 높이가 된다.

이것이 바로 6인치 기사의 전형적인 레이아웃이다.

기사편집이 직사각형을 이루도록 헤드라인은 사진 윗선에 맞춰 정렬하고 본문은 사진설명 밑단에 맞춰 정렬한다. 헤드라인은 5~10단어에 두 줄이 적당하다.

각각의 본문 칼럼이 대략 3인치 높이라면, 칼럼을 계속 늘려감에 따라 9, 12, 15인치짜리 기사를 소화할 수 있다.

헤드라인이 길어지면, 두 줄 대신 한 줄로 한다. 하지만 큰 기사는 헤드라인도 커지기 때문에 본문의 높이는 헤드라인이 한 줄일 때나 두 줄일 때나 결과적으로 비슷하다.

인물사진은 대체로 정면을 바라보기 때문에 기사의 왼쪽과 오른쪽 어느 곳에도 놓을 수 있다.

헤드라인이 사진은 덮지 않고 기사만 덮었다. 그러나 가끔은 헤드라인이 사진 위까지 확장된다. 이때 각 요소들이 보다 잘 결합돼 보인다.

기사가 길어지면 칼럼도 깊어지므로 인물사진 아래로까지 본문이 흐른다. 본문이 한 칼럼 더 감에 따라 헤드라인도 한 칼럼 더 가는 것을 유념하라.

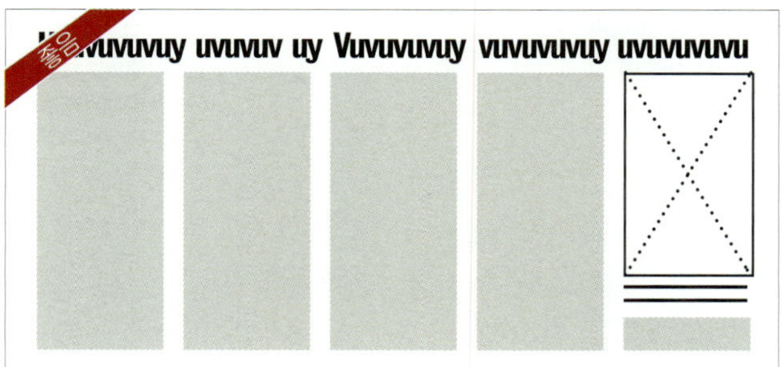

사진 밑으로 본문이 흐르고 사진 위까지 헤드라인이 걸친다면 인물사진은 첫 번째 칼럼만 빼고 아무 칼럼에나 배치해도 된다. 사진설명과 본문 사이에 최소 1파이카의 공간을 둬야 하고, 사진 밑의 본문은 최소 1인치 높이는 돼야 한다.

긴 기사에서 인물사진은 어떤 칼럼에 놓아도 된다(단 첫 번째 칼럼은 빼고. 헤드라인과 본문 첫머리 사이에 아무것도 끼어들면 안 된다). 또는 인물사진 여러 장을 나란히 놓을 수도 있다.

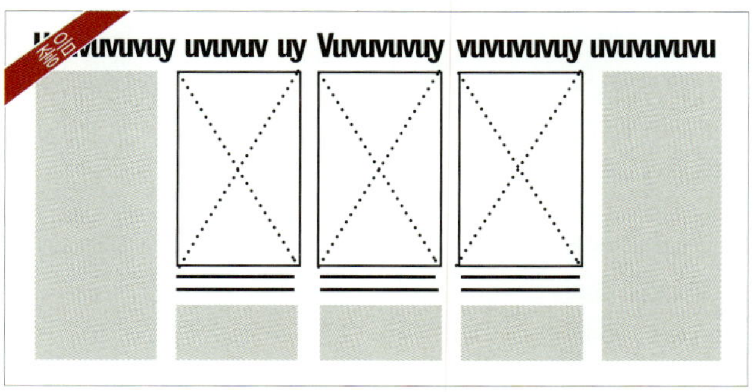

그림처럼 3장의 사진을 나란히 놓는 이유는 2가지다. 첫째, 질서 있고 균형 잡혀 눈이 편하다. 둘째, 한 사람만 강조되지 않고 각각의 인물사진이 동등한 비중을 갖는다.

인물사진

기타 기사 디자인 방법

레이아웃이 순전히 수직 또는 수평형이 돼야 한다고 생각하지는 마라. 우리는 단지 당신이 편집 형태에 대한 감을 잡도록 그런 구분을 했을 뿐이다. 기사가 점점 복잡해지면서 수직 수평 양쪽으로 확장되는 것을 곧 보게 될 것이다. 그럴 때는 규칙을 변형하거나 즉흥적으로 만들 수 있다. 예를 들면:

이 레이아웃은 한 칼럼이 아니라 옆으로 나란한 두 칼럼이므로 순수한 수직형 편집이 아니다. 그런데 전체적으로 가로형이 아닌 세로형 직사각형이니 수평형 편집도 아니다. 하지만 이는 짧은 기사를 사각형으로 만들 때 좋은 해법이다. 칼럼 길이를 잡아 늘여 긴 기사를 소화하기도 쉽다.

이 레이아웃의 규칙을 보자면

- ◆헤드라인이 본문 전체를 덮는다.
- ◆모든 요소가 깔끔하게 정렬돼 있다.
- ◆사진 밑으로 1인치 이상의 본문이 흐른다.
- ◆전체 기사편집이 직사각형 형태다.

우리는 인물사진이 있는 기사의 가장 기본적인 형태를 살펴봤다. 앞선 예들은 인물사진 대신 작은 그래픽(한 칼럼짜리 지도, 차트, 명단 등)이 있는 기사에도 적용된다.

이제 새로운 변형을 살펴보겠다. 아래 넷 중 위쪽의 두 디자인을 보면 헤드라인이 기사 전체를 덮지 않았을 때 어떤 일이 벌어지는지 알 수 있다.

앞서 말했던 로 랩이 또 나왔는데 이번엔 두 번째 칼럼에 인물사진이 있다. 이 디자인은 두 칼럼짜리 레이아웃에 잘 맞는다. 헤드라인이 오른쪽에 있는 다른 기사의 헤드라인과 충돌하는 것을 막아 준다.

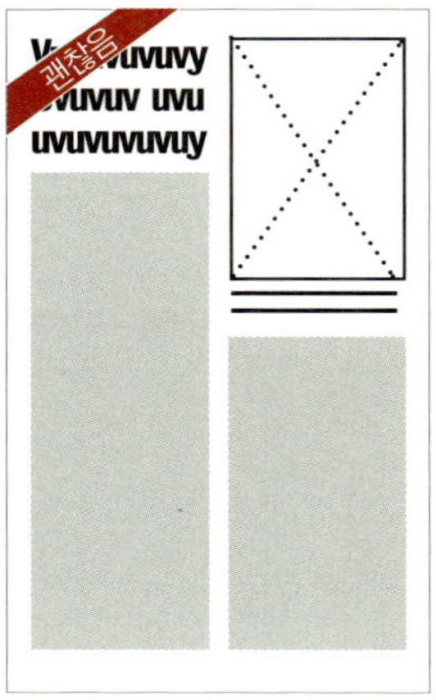

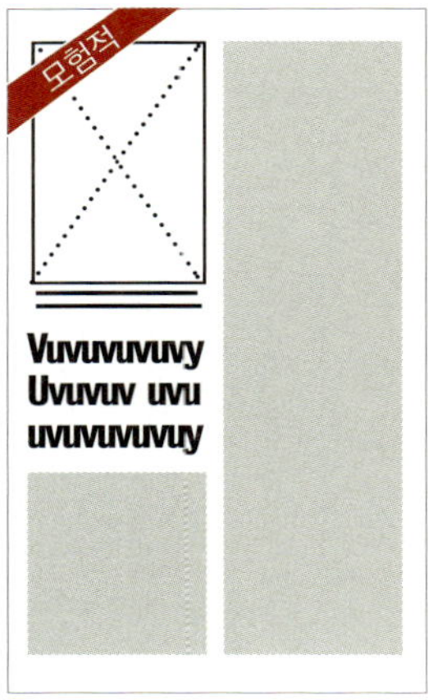

로 랩의 변형인데, 이렇게 하는 신문은 거의 없다. 한 칼럼짜리 수직형 레이아웃의 아래쪽 반을 잘라 다음 칼럼에 배치한 꼴인데, 큰 문제점이 있다. 이 위에 다른 기사가 있다면 어떨 것인가?

인물사진을 반 칼럼만 쓰면 공간 낭비를 막을 수 있다. 이렇게 기사 안에 인물사진을 새겨 넣는 것(랩어라운드)은 칼럼 폭이 넓을 때 효과적이다. 사진이 끼어든 곳의 본문 폭이 최소 1인치는 돼야지, 아니면 너무 좁아져서 읽기 불편하다.

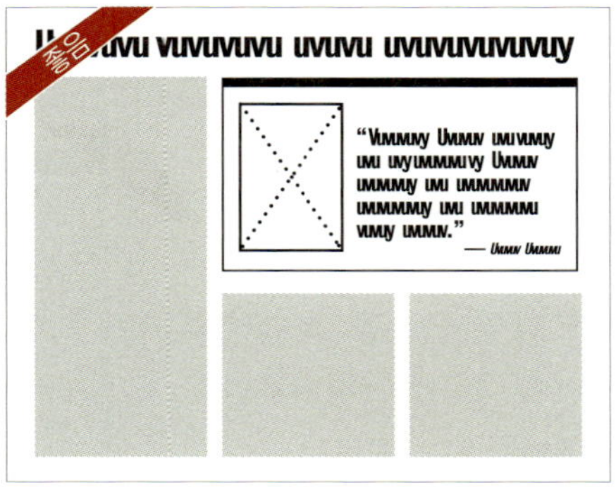

이 포맷은 인물사진과 인용제목을 결합한 것이다. 사진만 쓰는 것보다 눈길을 끌고 정보 전달에도 효과적이다.

더 알아보기 ▶

- ◆**기사 디자인에 인물사진 추가:** 이미 큰 사진이 있는데 추가하는 경우는 **70쪽**
- ◆**로 랩:** 헤드라인 충돌을 막는 방법 **82쪽**
- ◆**인용제목:** 포맷과 가이드라인은 **148쪽**
- ◆**랩어라운드 (wraparounds & skews):** 특수한 본문처리에 대한 팁은 **206쪽**

본문의 형태

반복해 말하지만, 기사편집은 항상 직사각형 형태라야 한다. 이는 기사의 네 꼭지점이 아래처럼 나란히 정렬돼야 한다는 얘기다.

이 기사 편집은 정사각형에 가깝다. 칼럼들의 길이가 일정하고 전체 틀의 네 구석이 나란히 정렬돼 있다. 깔끔하게 잘 정돈된 디자인이다.

한편 이 편집은 기사에 인물사진 2장을 쓰는 법을 보여준다. 아래위로 나란히 놓는 방식인데, 이는 두 사진에 동등한 비중을 주는 균형 잡힌 처리법이다.

초보 디자이너는 편집을 하다가 어색한 형태로 기사를 억지로 짜 맞추곤 한다. 또는 단순한 레이아웃이 보다 효과적인데도 위험하고 산만한 디자인을 선택한다.

당신이 그런 문제에 부딪히면, 편집 중인 기사를 다른 방식으로 바라보라. 즉, 본문 블록의 형태에 초점을 맞춰보라.

본문의 형태: 좋은 놈, 나쁜 놈, 추한 놈

본문 블록의 형태를 놓고 최고에서 최악까지 순위를 매겨본다면 이들과 같을 것이다. 화살표는 독자가 기사를 따라 읽는 흐름을 나타낸다.

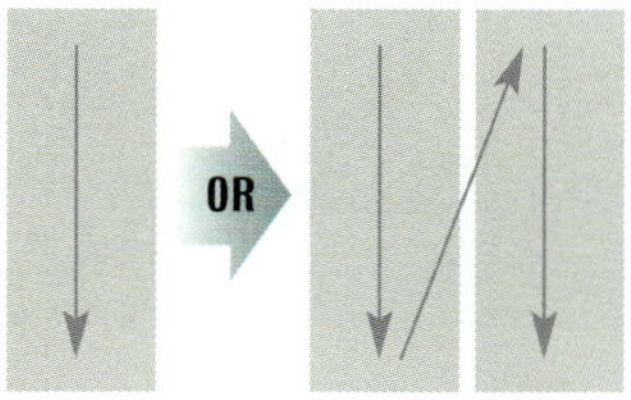

1 가장 안전한 직사각형 형태다. 칼럼이 하나건 여럿이건 가장 깔끔하고 명확하다. 갑작스러운 방향전환이나 확 뛰어오르기, 꺾임이 없다.

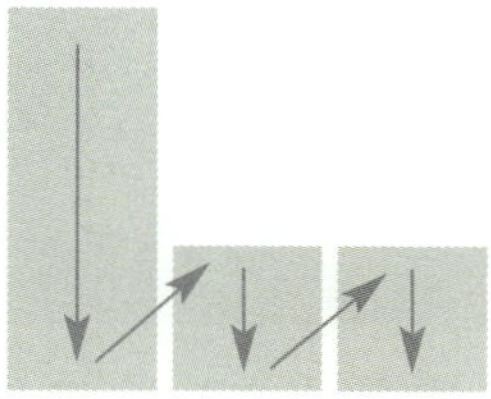

2 본문이 사진 밑으로 흘러가는 L자형. 단정하고 읽기 편하다.

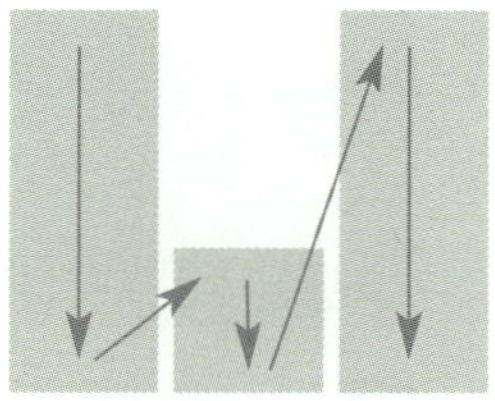

3 U자형은 본문만 쌓여 있는 지루함을 깬다. 그러나 오른쪽 칼럼 위로 올라갈 때 너무 크게 뛰어오르지 않게 주의하라.

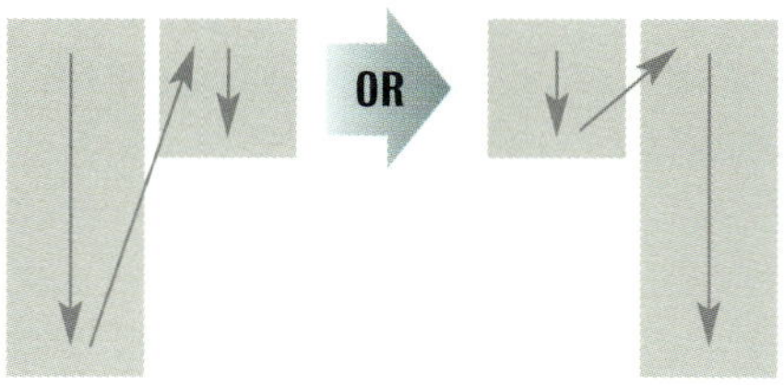

4 속칭 '개다리형'은 돌출광고 때문에 불가피한 경우가 있다. 하지만 웬만하면 피하라. 시각물이 본문 아래에 있으면 광고로 착각될 수 있다.

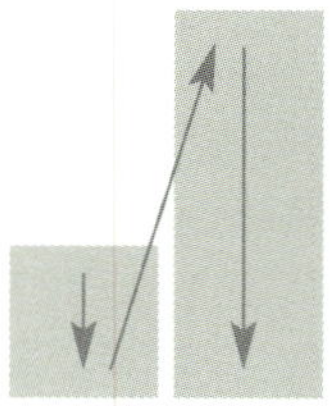

5 역 L자형은 위험하다. 독자는 기사가 두 번째 칼럼에서 시작되는 것으로 착각할 수 있다. 또 두 번째 칼럼은 위에 있는 기사와 부딪치므로 조심해야 한다.

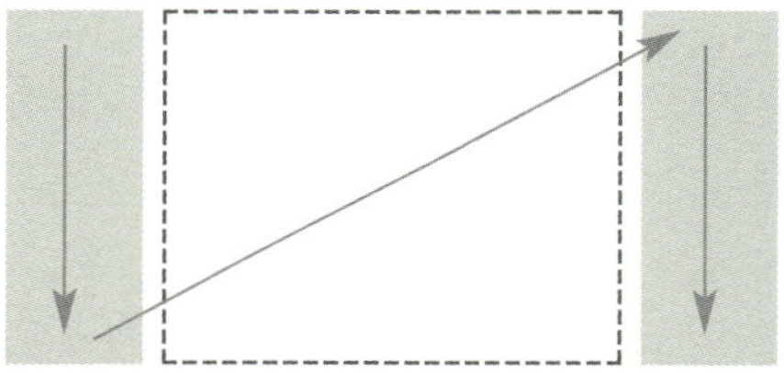

6 독자가 기사를 읽을 때 두 본문칼럼 사이에 있는 시각물을 훌쩍 건너뛰는 수고를 해야 하므로 피하는 게 좋다. 조심스럽게 써볼 수도 있지만 위험하다.

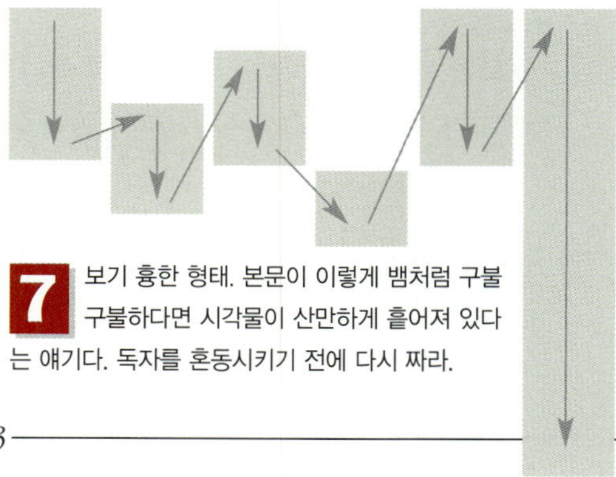

7 보기 흉한 형태. 본문이 이렇게 뱀처럼 구불구불하다면 시각물이 산만하게 흩어져 있다는 얘기다. 독자를 혼동시키기 전에 다시 짜라.

한 장의 가로사진

조금만 해보면 기사 디자인은 예측 가능한 패턴으로 자리 잡는다. 사실, 실제 사진을 보지 않고도 미리 지면에 위치를 잡을 수 있다. 단지 모든 요소들을 깔끔하고 매력적으로 쌓아 놓으면 되는 것이다.

하지만 이러한 방식을 추천하고 싶지는 않다. 모든 사진은 유일무이하고, 모든 이미지는 당신이 편의적으로 공간에 밀어 넣기 전에 특별히 심사숙고할 가치가 있다. 예를 들어 이 사진을 살펴보자. 디자인을 하기 전에 반드시 고려해야 할 사항들과 함께.

더 알아보기 ▶

◆**사진:** 트리밍과 화보, 기타 사진에 관한 것을 온전히 다루는 장은 109쪽

이 사진에 관한 몇 가지 사실

1 1985년 〈버지니안 파일럿〉의 사진기자 루이 번스타인은 길가에서 피투성이로 웅크리고 있는 아이 셋을 마주쳤다. 16세 소녀와 12세 남동생 쌍둥이는 나무를 들이받은 차에서 막 빠져나온 참이었다. 이 사진은 다음날 신문에 게재돼 큰 논란을 불러일으켰다. 아이들의 아버지는 "세 아이가 아직도 병원 침대에 누워 있는데 이런 상처를 주다니"라며 분노했다. 그 가족의 친구는 비극을 상업적으로 이용했다며 신문을 고소했다. 그러나 그 사진은 진실하고 강력했으며 나중에 상도 많이 받았다. 당신이 그날 편집국에 있었다면 이 사진을 게재했겠는가?

2 이 사진은 얼마나 크게 써야 할까? 이 드라마틱한 이미지는 3, 4칼럼 너비로 쓸 때 최대의 효과를 낸다. 위 사진 크기보다 꽤 큰 사이즈다. 그보다 더 크게 쓰면 끔찍한 사고 장면이 일부 독자의 기분을 상하게 할 수 있고, 작게 쓰면 사진의 극적인 요소와 감정이 전달 안 될 것이다.

3 무슨 일이 일어났는지 독자에게 보여주기 위해 여러 장의 사진이 필요할 때가 있다. 이 사진의 경우 사진기자는 찌그러진 차, 충돌한 나무, 현장의 경찰 등을 찍을 수 있었을 것이다. 그러나 추가 사진을 썼다면 이 사진의 효과를 갉아먹지 않았을까? 그 사진들은 필요할까, 군더더기일까?

4 사진의 트리밍을 잘 살펴보라. 오른쪽 끝자락에 차의 범퍼가 살짝 걸쳐 있고 하단에는 도로 가장자리가 보인다. 번스타인은 처음에 이런 트리밍으로 사진을 게재했다. 그러나 그녀는 나중에 아이들의 팔과 얼굴에 보다 집중해서 트리밍 했다. 당신은 어떤 게 나은가?

5 사진에 **방향이** 있다면, 즉 사진 속 행동이 왼쪽이나 오른쪽으로 확실히 향해 있다면 그 방향이 본문 쪽을 바라보도록 디자인해야 한다. 여기서 아이들은 살짝 오른쪽을 향해 있는데 고려할 만한 정도는 아니다. 따라서 본문은 사진 어느 쪽에 와도 상관없다.

6 어떤 디자인 대가들은 사진을 '황금 분할'로 알려진 직사각형으로 잘라내려 노력한다. 그 형태는 기본적으로 3대 5 비율로, 여기 소개된 사진과 비슷하다. 이는 고대 그리스에서 발견해 가장 조화로운 비율로 여겨지며 꽤 멋지다. 그러나 고대 그리스인들이 요새 기사를 디자인하는 건 아니므로, 황금분할은 신경 쓸 필요 없다. 단지 이미지에 가장 어울리는 형태를 사용하면 된다.

인물사진은 표준적인 형태와 크기가 있다. 그러나 온전한 크기의 사진은 꼼꼼히 살펴봐야 한다. 기사를 디자인하기 전에 반드시 고려해야 할 사항은 다음과 같다.

◆**크기:** 사진을 얼마나 크게 써야 할까? 너무 작으면 얼굴과 장소를 판독할 수 없다. 너무 크면 소중한 지면을 독차지한다. 사진이 클수록 임팩트가 있을까? 대형 시각물을 앉힐 만한 공간이 있는가?

◆**내용:** 기사를 이야기하기에 사진 하나면 충분한가? 정보전달이 더 잘되는 둘 이상의 패키지가 있는가? 사진이 무의미하거나 관성적이어서 다른 기사가 그 자리를 차지하는 게 더 나을까?

◆**방향:** 누군가 뛰고, 가리키고, 공 던지고, 총을 쏘는, 사진 안의 행동이 한 방향으로 흐르는가? 그렇다면 그 행동이 기사 본문을 향하도록 사진을 배치하라. 무관한 기사 쪽을 향하면 독자가 헷갈린다.

한 장의 가로사진

수직형 기사 디자인 방법

인물사진 용법에서 본 것처럼, 수직형 레이아웃은 독자가 기사를 훑는 방향과 일치한다. 독자는 사진에 끌려 사진설명과 헤드라인을 읽어 내려간 뒤 흥미가 있다면 본문을 읽는다.

그렇다면 당신의 디자인 목표는 ① 모든 요소를 적절한 순서로 배치하고, ② 길고 시커먼 본문 칼럼을 만들지 말고, ③ 사진 옆에 위치한 다른 기사와 헷갈리지 않게 하는 것이다.

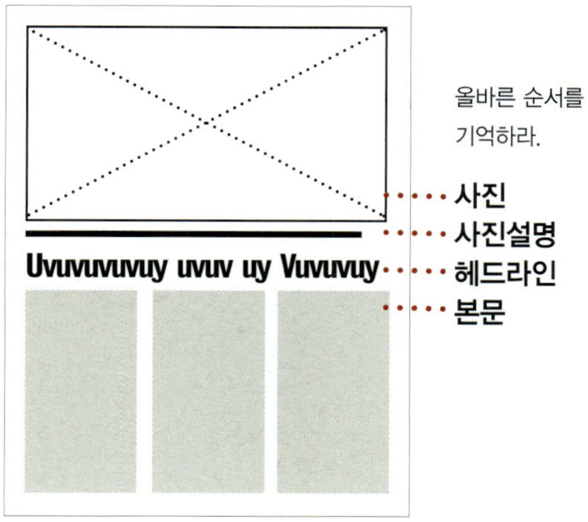

순서만 지켜진다면, 이 디자인은 가로 사진의 너비, 높이, 방향이 어떻든 간에 효과적이다.

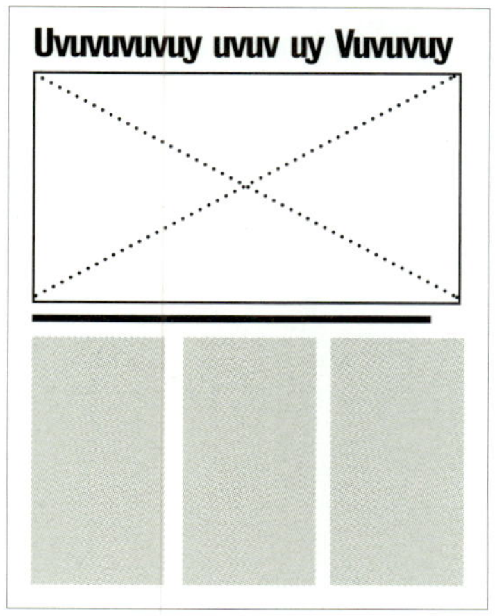

이렇게 헤드라인을 사진 위에 둔 것처럼 순서를 어기면 독자를 헷갈리게 할 수 있다. 뉴스 기사의 헤드라인은 반드시 기사의 첫 머리와 맞닿아 있어야 한다.

수평형 기사 디자인 방법

53쪽에서 본 것처럼, 본문 블록은 직사각형 형태일 때(L자형, U자형, 개다리형과 대조적으로) 가장 좋다. 이 페이지의 수직형과 수평형 예시들은 모두 본문이 직사각형이기 때문에 안전하고 효율적인 해법이 된다.

사진 옆에 본문을 직사각형 꼴로 갖다 붙이려 할 때마다, 당신은 사진 크기와 기사의 길이를 계산하느라 애를 먹을 것이다. 그러나 기억하라. 모든 기사는 자를 수 있다(신중해야 하지만, 사실이다).

사진이 오른쪽을 바라보면: 사진 속 행동이 본문 쪽을 향하므로 잘된 디자인이다. 이 디자인이 더 견고해지려면 사진과 본문 블록이 충분한 너비를 지녀야 한다. 사진이 최소 2칼럼 폭은 돼야 한다.

사진이 왼쪽을 바라보면: 본문을 사진 왼쪽에 놓는다. 최상단에서 하단까지 모든 요소들이 직사각형을 이뤄야 함을 명심하라. 본문이 모자라 꽉 채우지 못하면 이 디자인의 효과는 떨어진다.

겨드랑이(armpit) 레이아웃이란: 이 두 보기는 헤드라인이 본문만 덮으며 사진 옆에 있다. 헤드라인을 그렇게 처리하는 게 이 포맷에선 가장 깔끔하다. 그러나 헤드라인이 사진과 본문 전체를 가로지르며 덮을 수도 있는데, 이것을 겨드랑이 레이아웃이라 한다.

이때 장점은:

◆사진과 본문이 보다 견고하게 결합된다.

◆한 줄짜리 긴 헤드라인이 기사에 힘을 준다.

한 장의 가로사진

기타 기사 디자인 방법

앞의 예시들은 깔끔하게 정렬되고 균형이 잡혀 디자이너의 눈에 어필한다. 그러나 아래 두 디자인은 더 흔하고, 마찬가지로 효과적이다.

그 이유는 뭘까? '기사-사진 패키지'를 만들기 위해 헤드라인과 본문이 어떻게 사진을 감싸는지 살펴보라. 사진이 어느 기사에 물려 있는 것인지 독자가 착각할 여지가 없다.

더 알아보기 ▶

- **로 랩:** 헤드라인 충돌을 막기 위해 활용하는 법은 82쪽
- **피처 디자인:** 스페셜 헤드라인과 사진 처리를 다루는 장은 199쪽

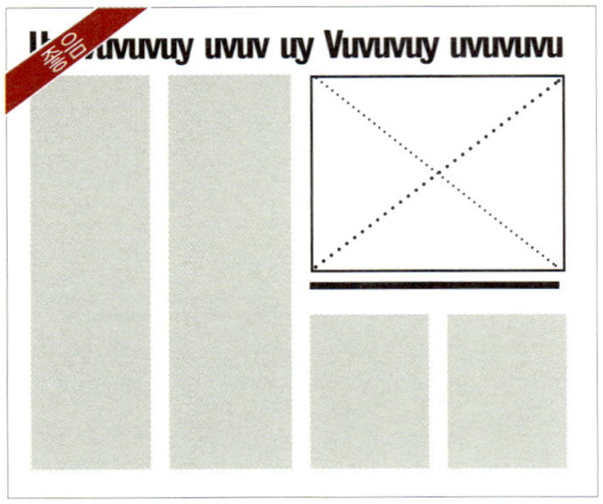

ㄴ자형 본문이 사진 아래로 흘러간다. 사진을 더 크게 쓰고 싶다면 3칼럼 폭으로 키우면 된다. 기사가 길면 본문 칼럼 높이를 키우거나 사진 오른쪽까지 본문 칼럼과 헤드라인을 확장하면 된다.

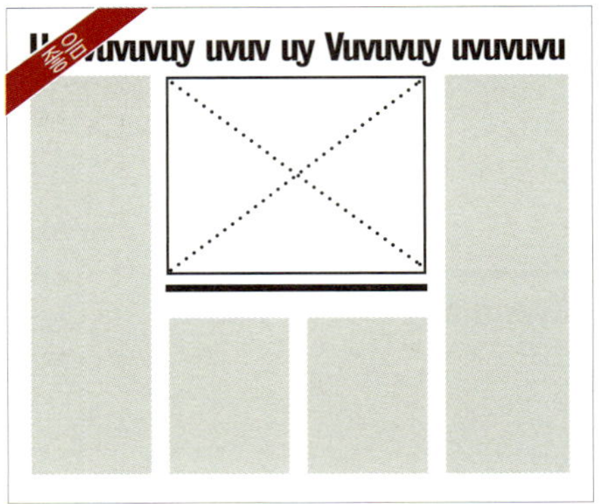

여기선 본문이 사진의 3면을 감싸고 있다. 어떤 편집자는 왼쪽 예시보다 이것을 선호한다. 대칭인 데다 시커먼 본문의 단조로움을 매력적인 방법으로 깨기 때문이다.

다른 옵션들은 위험하거나 어설프다. 여기 고려해볼 만하지만 때로는 피해야 할 몇 가지 샘플이 있다.

기억하겠지만 이건 로 랩이다. 헤드라인이 기사 전체를 덮는 게 아니라 좌측 일부 칼럼만 덮는다. 나쁜 방법은 아니지만, 2개의 기사가 나란히 위치해서 제목의 충돌을 피해야 할 때만 쓰는 게 효과적이다. 로 랩을 활용하면 사진으로 제목 충돌을 막을 수 있다.

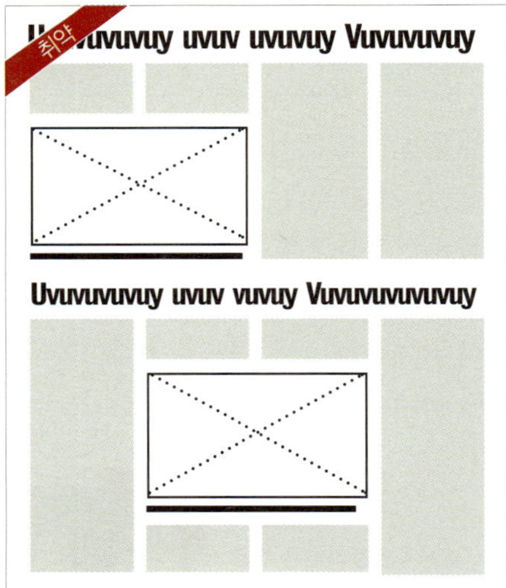

사진을 본문 아래 놓지 마라. 독자가 사진을 광고로 착각하거나, 아래 기사에 속한 사진으로 생각할 위험이 있다. 본문이 시각물 밑이나 옆을 감싸야 한다.

본문으로 시각물을 감싸려고 시각물을 본문 한가운데 놓으면 본문의 흐름을 방해한다. 독자는 본문이 어디로 이어져 가는지 더듬거릴 것이다. 본문 칼럼을 사진으로 끊어선 안 된다.

활용해볼 만한 피처 포맷

이 디자인들은 스페셜 피처기사를 위한 것이다. 장식 헤드라인, 긴 부제목, 본문의 감싸주기가 있을 때 효과적인 것들이 있다.

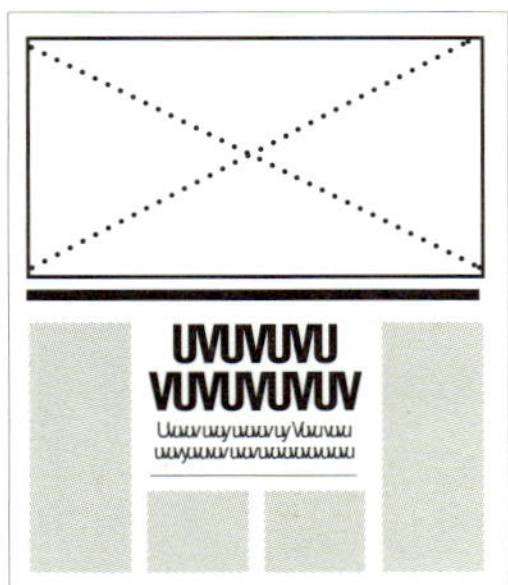

매우 대칭적. 우아한 U자형 본문이 헤드라인과 부제목을 가운데로 몰았다.

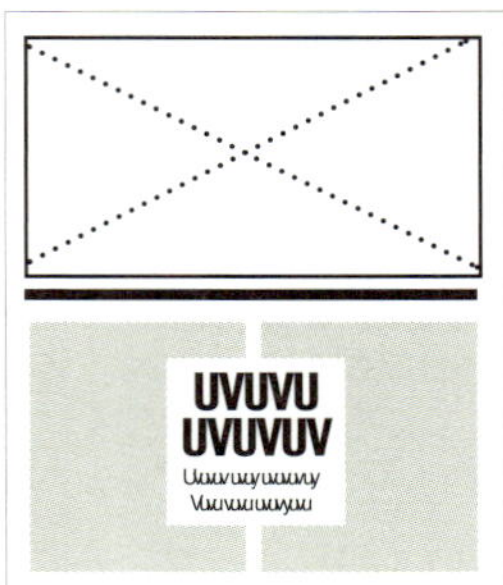

더 대칭적. 본문이 헤드라인을 완전히 에워싸 헤드라인 역시 박스 형태가 됐다.

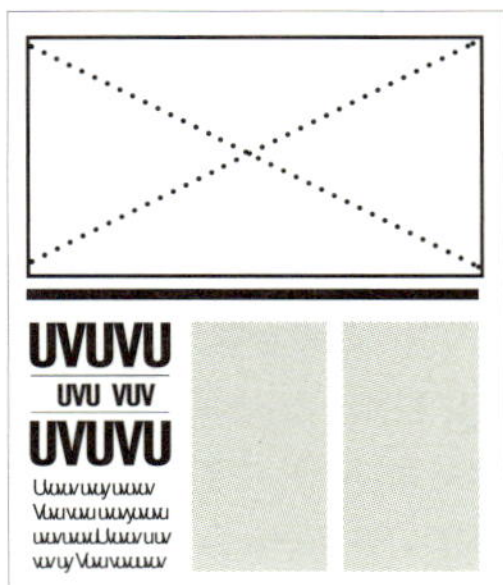

이 옆안장 제목은 긴 부제목을 썼다. 본문이 그 옆에서 정사각형을 이룬다.

좁은 폭으로 쌓은 옆안장 제목. 사진 옆에서 사각형을 이룬다.

한 장의 세로사진

가로사진 디자인 옵션을 이해했다면 세로사진을 다루는 것도 문제없을 것이다. 세로는 가로보다 디자인의 유연성이 적다. 세로사진은 보다 드라마틱한 형태지만, 큰 세로사진 주변이나 옆에 기사 본문을 흘리기는 까다로울 수 있다.

더 알아보기 ▶

◆**사진:** 트리밍, 크기 정하기, 화보 편집 등을 다루는 장은 109쪽

이 사진과 관련한 몇 가지 사실

1 팝스타 브리트니 스피어스의 이 사진은 오리건 주 포틀랜드의 카운티 페어 콘서트에서 조엘 데이비스가 찍은 것이다. 팝 슈퍼스타의 액션 사진을 고화질로 찍는 것은 매우 어려운 일이다. 조명은 빈약한 데다, 사진기자는 멀리 떨어져서 망원렌즈와 거친 고속필름을 써야 한다. 또 촬영은 보통 처음 몇 곡에 한정해서 허용된다. 공연 사진을 망치는 것은 흔한 일이다.

2 일반적으로 디자이너는 사진기자에게 무엇을 찍으라고 말하는 것을 삼간다. 그러나 여기서는, 콘서트 시작 전이라도 당신은 밴드가 아닌 브리트니의 사진을 원할 것임을 안다. 그녀는 가수이므로 당신은 그녀가 노래하는 드라마틱한 클로즈업 샷을 원할 것이다. 그리고 그녀는 피아노나 기타를 연주하지 않기 때문에 사진은 세로일 것으로 짐작할 수 있다. 그러므로 이 사진은 정확히 디자이너와 독자가 예상할 만한 사진이다.

3 당신 같으면 이 사진을 신문에 쓰겠는가? 다소 퇴폐적인 브리트니의 포즈와 착 달라붙는 탑, 그리고 백댄서의 내뻗은 손은 거의 음란한 수준이다. 그러나 당신은 이 사진이야말로 그녀의 음악정신이 잘 드러나는 전형적 정크 팝의 순간을 포착했다고 강변할 수 있다. 또 MTV에선 하루 종일 이보다 더 외설적인 장면이 넘쳐난다고 주장할 수도 있다.

4 이처럼 드라마틱한 사진은 그 자체만으로도 스토리를 전할 수 있다. 그러나 어떤 경우는 기사를 보완하는 추가 사진을 편집자가 원할 수도 있다. 즉, 다른 뮤지션들이나 무대장치, 요란한 복장의 군중, 춤과 기타 부수기 등의 무대 액션 장면이 필요할지도 모른다. 큰 스타일수록 크게 펼칠 가치가 있다.

5 틀림없이 사진기자는 매력적이고 눈길을 사로잡는 이미지를 포착했다(워낙 인기가 좋아서 오리건 주 사진 자료실에서 여러 번 도난당하기도 했다). 그러나 지면이 부족해 신문에 실리지는 못했다. 만약 신문에 싣는다면, 얼마나 크게 써야 할까?

◆**정사각형 사진에 대해 한마디:** 앞에선 가로사진 디자인 옵션을 탐구했다. 그러면 정사각형은 어떤가? 정사각형 사진은 둔탁하고 재미가 없다는 평을 기억할 것이다. 그러나 정사각형은 우리가 제시하는 모든 디자인 옵션에 적용되기 때문에 특별히 따로 다룰 필요가 없다. 지금껏 배운 법칙을 응용하기만 하면 정사각형 사진을 무난히 배치할 수 있다.

한 장의 세로사진

수직형 기사 디자인 방법

올바른 순서를 기억하라.

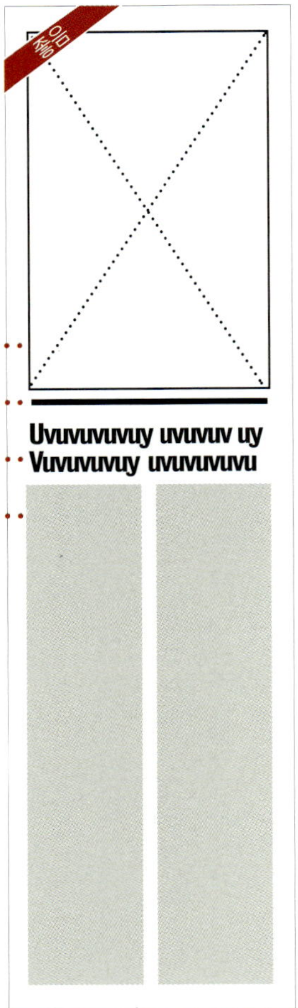

이 레이아웃은 요소들을 수직 배열하는 가장 안정적인 방법으로, 2~3칼럼의 길쭉한 공간에서 잘 먹힌다. 사진과 본문은 보통 가용공간에 맞춰 자른다. 그러나 칼럼 길이가 12인치를 넘으면 지루해 보이므로 조심하라.

메인 세로사진은 보통 2~3칼럼 폭에 5~15인치 길이로 상당히 크다. 그 밑으로 헤드라인과 기사를 따라 붙이면 날렵하고 역동적인 디자인을 얻을 수 있다(그만큼 긴 레이아웃 공간이 있다면). 유일한 단점은 사진의 시작점과 본문의 밑바닥이 너무 멀리 떨어진다는 것이다. 이것저것 가득 찬 지면에서 이 기사가 한 덩어리로 보일까?

잘못된 순서로 요소를 쌓으면 문제가 생긴다. 여기 기본 원칙을 무시한 3가지 예가 있다. ① 헤드라인은 기사의 첫머리와 닿아 있어야 한다. ② 본문의 흐름을 시각물로 가로막아선 안 된다. ③ 시각물을 기사 아래에 깔지 마라.

수평형 기사 디자인 방법

사진과 기사를 옆으로 나란히 놓는 것은 크기를 맞추기 까다롭지만 우아한 디자인을 창출한다. 아래 예시에서 헤드라인이 본문만 덮은 것을 주목하라(본문과 사진을 한꺼번에 덮는 긴 헤드라인은 차선이다. 55쪽 참조).

폭 2칼럼짜리 사진을 쓴 점도 눈여겨보라. 3칼럼 세로사진은 너무 길쭉해져(8~15인치) 기사를 거기에 맞추려면 지나치게 길고 시커멓게 된다.

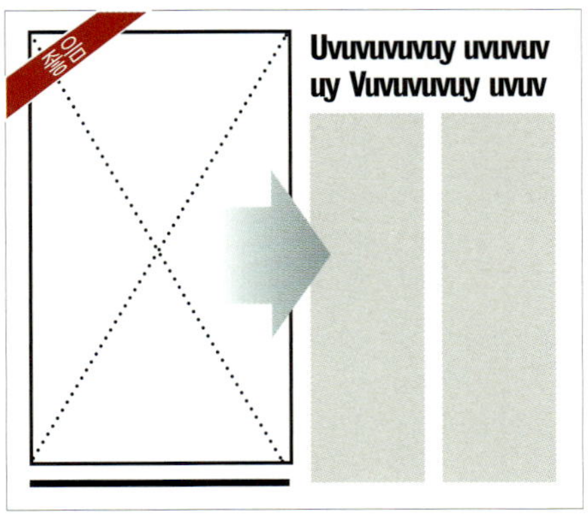

사진에 방향성이 있는 경우: 사진 속 움직임이 기사를 향하도록 기사의 왼쪽이나 오른쪽 중 올바른 자리에 배치하라.

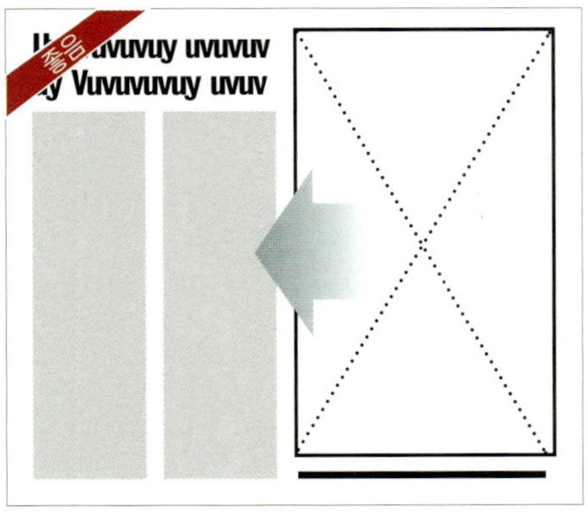

사진에 방향성이 없을 때는 어느 쪽에 놔도 상관없다. 그때는 전체 지면에 잘 어울리는 쪽에 배치하면 된다.

한 장의 세로사진

기타 기사 디자인 방법

L자형 본문 흘림에서 모든 요소는 조화롭다. 그러나 특히 3칼럼 세로사진일 경우 왼쪽 기사 칼럼이 너무 길어지지 않는지 살펴야 한다. 시커먼 본문 덩어리를 만들지 않기 위해 두 번째 칼럼에 인용제목을 넣기도 한다.

U자형 본문 흘림은 긴 본문칼럼 2개가 연달아 흘러 한 덩어리의 시커먼 판이 되는 것을 막아준다. 그러나 ① 사진 아래로 흐르는 칼럼이 너무 작지 않게 해야 하며 ② 세 번째 칼럼 맨 아래에서 네 번째 칼럼 맨 위로 기사가 뛰는 게 너무 멀다는 점을 유의하라.

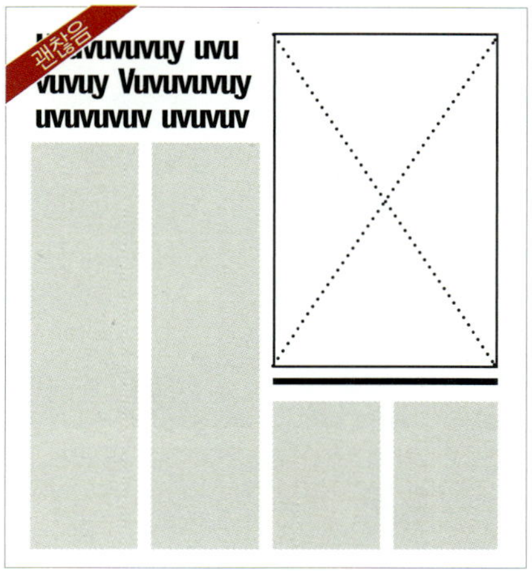

로 랩을 쓰면 옆에 있는 다른 기사의 제목과 부딪치는 것을 피할 수 있다. 그러나 이 레이아웃은 위 두 가지보다 아름답지 않다고 많은 사람이 생각한다. 그리고 헤드라인이 너무 작으면 사진과 본문에 압도당해 묻혀버린다. 하지만 용인할 수 있다.

때때로, 특히 1면에 큰 사진과 큰 헤드라인이 동시에 필요할 때 쓰는 방법이다. 1칼럼 기사 위에 1칼럼으로만 헤드라인을 쓰면 디자인은 더 깔끔할지 모른다. 그러나 여기처럼 헤드라인을 길게 펼치는 것이 더 힘 있어 보인다.

활용해볼 만한 피처 포맷

이 디자인들은 피처기사를 위한 것이다. 긴 부제목, 장식 헤드라인, 박스선 등이 있을 경우 효과적이다.

U자형으로, 중앙에 사진과 헤드라인이 있다. 위에 다른 기사가 있을 경우 박스 선을 둘러야 한다.

왼쪽 레이아웃에서 헤드라인이 사진 위로 올라갔다. 마찬가지로 박스선을 쳐야 한다.

여백을 살린 디자인인데, 요소들의 비율이 잘 맞지 않으면 어색해 보일 수 있다.

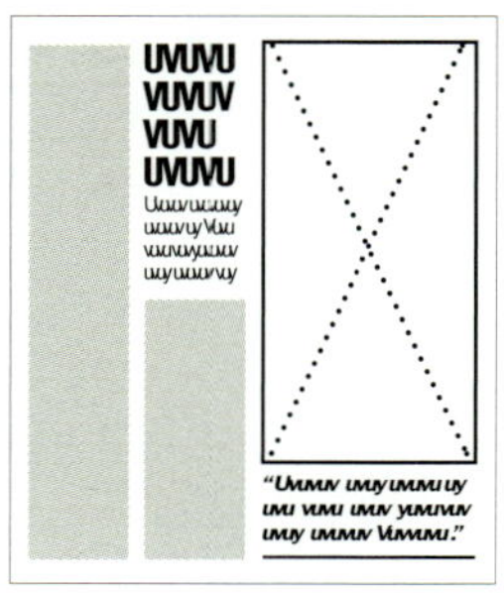

헤드라인의 위치가 좀 불안하지만 박스선을 치면 각 요소들이 유기적으로 묶인다.

메인 사진

편집자와 디자이너는 공정하려고 노력한다. 그러나 어떤 뉴스는 다른 것보다 중요하다. 어떤 기사는 다른 것보다 재미있다. 그리고 어떤 사진은 한 가지 또는 여러 가지 이유에서 다른 것보다 낫다.

어떤 기사가 가장 중요하고 어떤 사진이 최고인지, 독자는 신문이 결정해주기를 바란다. 독자는 편집자가 '편집'을 하기를 원하지, 똑같은 크기의 덩어리들을 지면에 펴 나르기를 바라지 않는다. 평등은 지루하다. 한번 보라.

A scary-looking lamprey eel lunges at a passing angelfish in the zoo's new Coral Life exhibit. This eel, captured off the coast of Grand Bahama Island last month, is one of nearly a dozen different species of eel populating the exhibit.

Dundee, a 3-year-old koala, was a gift from the Sydney International Zoological Gardens in Australia. Dundee spends most days sleeping and most nights eating bamboo shoots. Next year, the zoo will begin an experimental koala breeding program.

WHO'S NEW AT THE ZOO

They're here. After three years of planning, politicking and pleading, more than 100 new critters have settled in at the Minniear Memorial Zoo — and next Monday, the doors swing open to the public to kick off a month-long celebration.

"It's the thrill of a lifetime for me to host this event," says zoo director Krystyna Wolniakowski. "It's the highlight of my career to have assembled such an amazing array of animals."

From koalas to kangaroos, elephants to eels, they're all waiting to meet you beginning 8 a.m. Monday. Admission to the zoo will be free for the day.

For information, call (977)755-2351.

A nosy South Saharan giraffe says hello from the newest zoo exhibit, Beasts of the Serengeti. Still a juvenile, this giraffe will grow to a height of 25 feet.

Dosser pelicans populate America's eastern seabord. This handsome male is one of seven in the zoo's new marine exhibit.

A 2-foot-long gekko scales a glass wall in his cage.

A South American green tree frog peers out from an arcadia bush. The zoo now owns a dozen of these poisonous, yet wonderfully wide-eyed amphibians.

Photos by ROBIN FOX / The Daily Bladder

A nosy South Saharan giraffe says hello from the newest zoo exhibit, Beasts of the Serengeti, opening Monday.

WHO'S NEW AT THE ZOO

They're here. After nearly three years of planning, politicking and pleading, more than 100 new critters have settled in at the Minniear Memorial Zoo — and next Monday, the doors swing open to the public to kick off a month-long celebration.

"It's the thrill of a lifetime for me to host this event," says zoo director Krystyna Wolniakowski. "It's the highlight of my career to have assembled such an amazing array of animals."

From koalas to kangaroos, elephants to eels, they're all waiting to meet you beginning 8 a.m. Monday.

Dundee, left, a 3-year-old koala bear, was a gift from the Sydney International Zoo in Australia. Dundee spends most days sleeping and most nights eating bamboo shoots.

Below, a South American green tree frog peers out from an arcadia bush. The zoo now owns a dozen of these poisonous, wide-eyed amphibians.

Above, a scary-looking lamprey eel lunges at a passing angelfish in the zoo's new Coral Life exhibit. This eel, captured off the coast of Grand Bahama Island last month, is one of nearly a dozen different species of eel now populating the exhibit.

Photos by ROBIN FOX The Daily Bladder

Dosser pelicans, like the one at right, populate America's eastern seabord. This handsome male, one of seven in the zoo's new marine exhibit, likes to dine on sardines and salmon.

A 2-foot-long gekko crawls up a glass wall.

여기, 모든 요소가 지면에서 비슷한 비중일 때 어떤 일이 일어나는지 볼 수 있다. 우선 사진에서 서열이 사라진다. 어느 동물이 가장 흥미로운가? 매력적인가? 드라마틱한가? 디자인도 곤란하기는 마찬가지다. 이 지면은 마치 스크랩북처럼 정적이고 상자 모양이다. 디자인이 시선을 인도하지 못하기 때문에 지면에 운동감이 없다. 이런 문제는 크기가 비슷한 둘 이상의 사진을 가까이 배치할 때마다 발생한다.

이 지면은 가장 좋은 이미지에 우선순위를 두고, 형태와 크기를 다양하게 변주했다. 차이가 느껴지는가? 이 지면에는 움직임, 다양성, 임팩트가 있다. 우리는 어떤 사진(동물)이 다른 것보다 눈에 띄게 드라마틱하고 매력적임을 알 수 있다.

이 법칙은 지면에 사진이 2장이건 10장이건 적용된다. **항상 메인 사진 하나를 만들어라. 경쟁하는 사진보다 상당히 키워야 한다는 말이다.**

메인 사진

메인 사진 선택하기

한 장의 강력한 사진은 기사와 전체 지면의 중심을 단단히 잡아준다. 그러나 비슷한 크기의 사진 2장이 나란히 있으면 서로 반작용을 일으킨다.

복수의 사진이 비슷한 크기일 때 좋은 경우가 있기는 하다(비포&애프터 비교, 줄지은 인물사진, 동작의 연속사진 등). 그러나 보통 당신은 하나의 메인 사진을 선택해야 한다.

어떤 사진이 더 크게 쓸 가치가 있는지 평가하고 결정해야 할 때 다음 사항을 자문하라.

◆ **진정 2장을 써야 하는가?** 사진들이 서로 확연히 다른가? 기사에 부가적인 시각정보가 필요한가? 만일 그렇다면 다음 질문으로.

◆ **하나가 보다 강력한 내용을 담고 있는가?** 극적인 순간을 포착했나? 동작 또는 감정을 보여주나? 기사를 설명하고 강화시키나?

◆ **하나가 가독성이 더 높은가?** 얼굴, 세부사항, 또는 사건을 보여주기 위해 사진이 클 필요가 있나? 아니면 작게 써도 강펀치를 날릴 수 있나?

◆ **하나가 질적으로 우월한가?** 초점, 노출, 구도가 더 좋은가?

◆ **하나가 선호할 만한 형태인가?** 세로, 가로, 정사각형 중 무엇을 선호하는가?

아래 '돼지농장의 휴일'이라는 피처기사의 사진 4장이 있다. 앞으로 우리는 사진들을 서로 다른 방법으로 짝지어볼 것이다. 어느 것이 메인 사진이 돼야 할까?

더 알아보기 ▶

◆ **메인 사진:** 시각물로 지면 디자인의 중심 잡기는..........85쪽
◆ **사진:** 트리밍, 화보 편집 등을 제대로 다루는 장은..........109쪽

위: 남자가 돼지와 코를 비비는 이 사진은 시선을 끄는 즉각적 효과가 있다. 비록 다른 사진보다 농장 풍경을 보여주지 못하지만 오른쪽 아래 가로사진보다는 강력한 게 분명하다.

오른쪽: 4장 중 유일하게 농부의 얼굴이 나온다. 오른쪽 위 세로사진만큼 매력적이지는 않지만, 기사에 이 농부가 일정 부분을 차지한다면 보조 사진으로 좋은 선택이다.

왼쪽: 소녀가 돼지 등에 타고 있는 장면은 매일 볼 수 있는 게 아니다. 분명히 독자의 호기심을 불러일으키고 기억에 남을 만한 이미지다. 농장 풍경도 더 많이 보여주기 때문에 2장의 세로사진 중에선 더 강력해 보인다.

아래: 아기돼지들이 귀엽다. 이 사진은 사람을 빼고 동물만 보여준다. 그러나 작게 쓰면 나머지 사진만큼 읽히지 않을 것이다.

큰 세로사진과 작은 가로사진

기사에 쓸 사진으로 이 2장을 골랐다고 하자. 돼지를 타고 있는 소녀가 메인 사진이고 돼지와 코를 비비고 있는 남자가 보조 사진이다. 두 사진 모두 방향성이 강하지 않기 때문에 배치에 어느 정도 융통성이 있다.

아래 보기에서 뉴스 지면의 가장 일반적인 기사 디자인 방법과, 활용해볼 만한 피처 레이아웃 몇 가지를 제시할 것이다.

기사 디자인 옵션

사진을 수직적으로 배치할 때의 예시들이다.

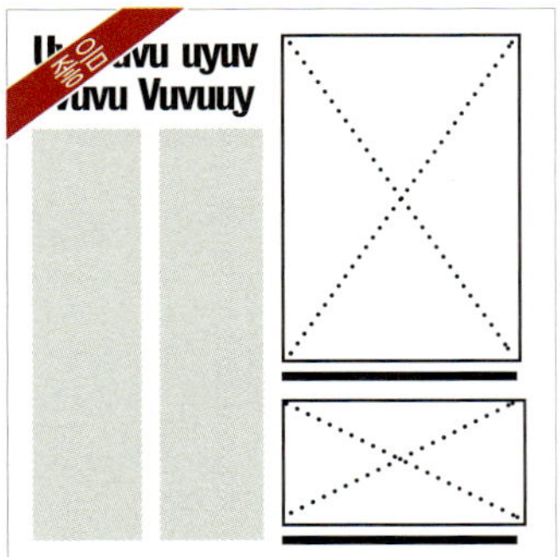

기사가 충분히 길면 메인 사진을 보조 사진 위에 놓는 것이 깔끔하고 좋은 방법이다. 배경 상황에 이어 결정적 순간을 보여주는 식으로 시간적 선후관계를 드러낼 때는 작은 사진을 위에 놓는 것이 효과적이다. 그러나 보통은 임팩트가 강한 사진을 앞세운다.

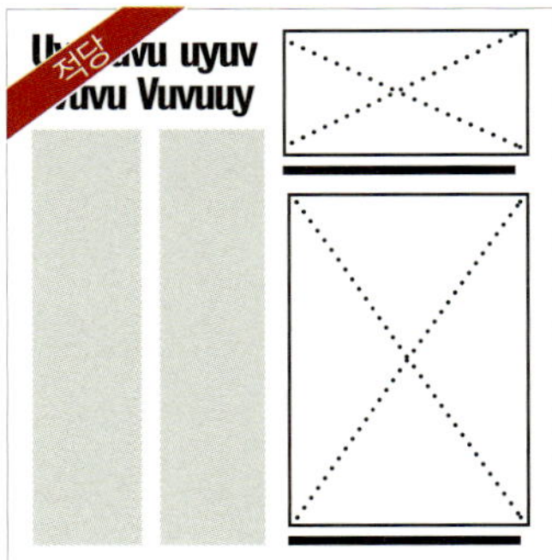

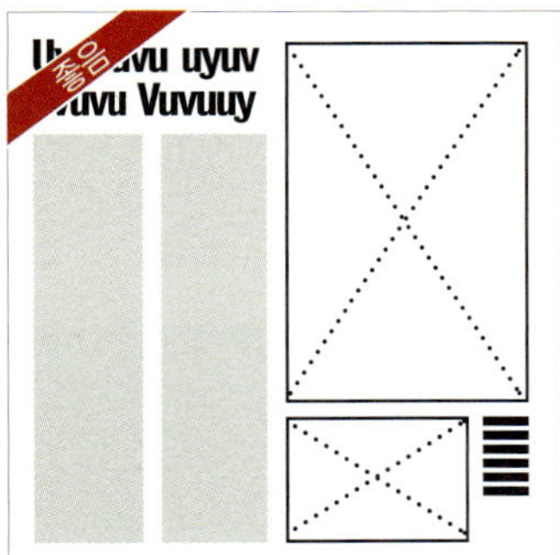

두 사진의 설명을 하나로 묶어 쓰는 이 경우는 위 샘플에 비해 사각형 블록이 좀 깨지고 꽉 찬 느낌이 덜하다. 사진설명을 레이아웃의 안쪽이 아닌 바깥쪽에 둔다는 점에 주목하라.

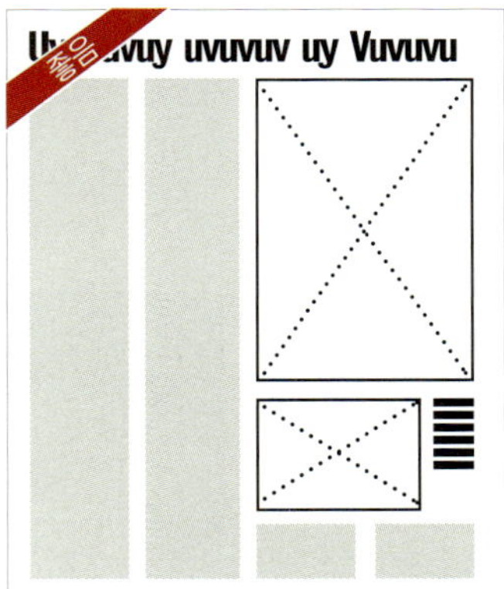

기사가 길면 본문이 사진 밑으로 흐르게 되고 헤드라인은 본문을 따라 확장된다. 여기서 주의할 것은 왼쪽 두 칼럼의 본문이 너무 늘어진다는 점이다. 이 경우 왼쪽에서 두 번째 칼럼에 인용제목을 두면 도움이 될 것이다.

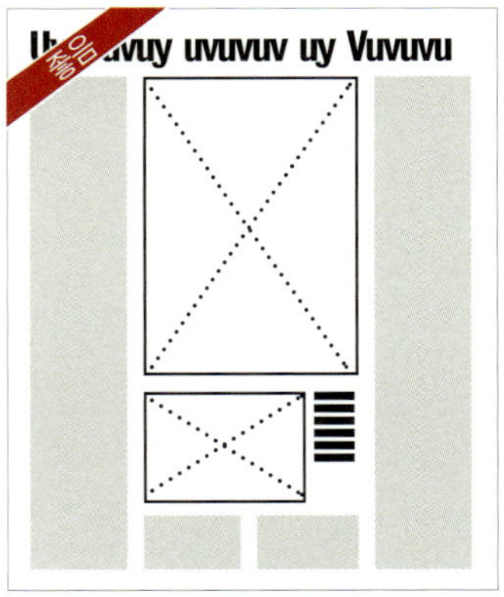

그러나 더 좋은 방법은 사진을 가운데로 보내는 것이다. 그러면 본문이 U자형으로 흘러 그다지 시커멓게 보이지 않게 된다. 그러나 문제는 있다. 마지막 칼럼으로 기사가 너무 높이 뛰어올라 이어지는 건 아닌지?

큰 세로사진과 작은 가로사진

기사 디자인 옵션

사진을 수평적으로 배치할 때의 예시들이다.

앞의 보기에서 가장 큰 문제는 공간이다. 사진 2장을 위아래로 쌓을 수 있는 지면 공간과 거기에 맞출 수 있는 충분한 양의 본문이 있어야 한다.

아래의 레이아웃 보기들은 공간을 가로로 확장해 유연성을 키웠다.

더 알아보기 ▶

◆ **피처 지면 디자인:** 특별한 헤드라인과 사진 처리법을 다루는 장은...... **199쪽**

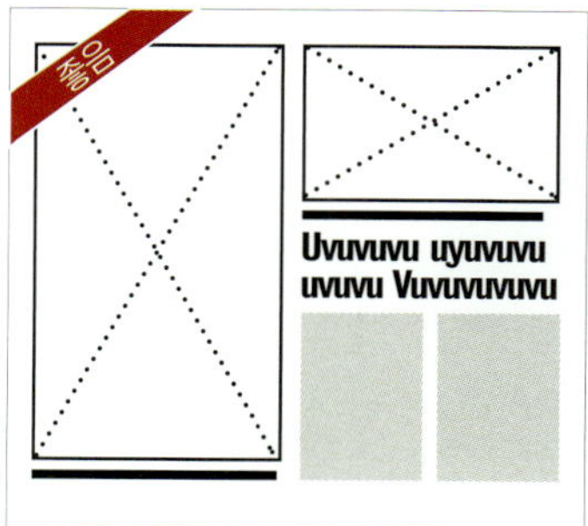

이 레이아웃은 기사가 메인 사진 옆 아래 공간만 메울 만큼 짧을 때 유효하다.
또 다른 옵션: 가로사진을 줄이면 두 사진 사이 공간에 공통의 사진설명을 끼워 넣을 수 있다.

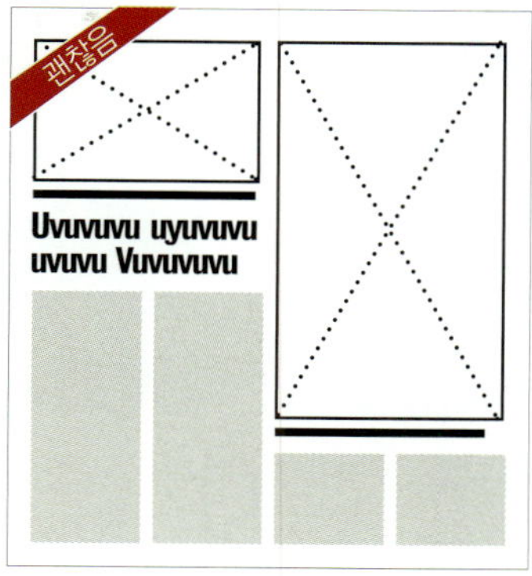

사진을 이렇게 나란히 놓으면 어떨까. '로 랩'이 되는데 나쁘진 않다. 패키지가 단단히 유지되며 본문 길이에도 융통성이 생긴다.

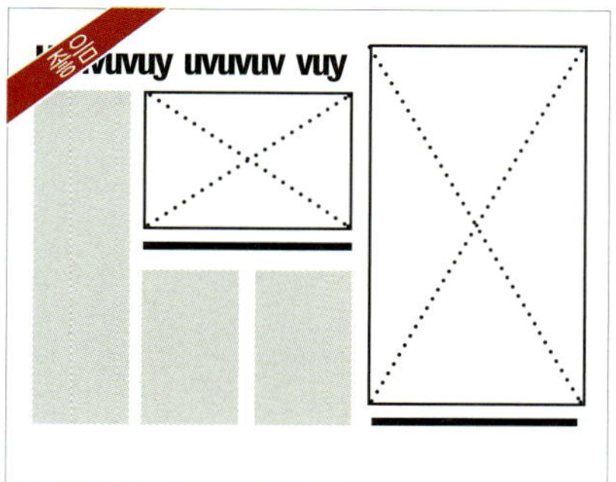

이것이 아마도 큰 세로사진과 작은 가로사진의 조합에서 가장 일반적인 디자인일 것이다. 본문은 L자형으로 흐르고 모든 요소가 메인 사진의 왼쪽에 놓인다.

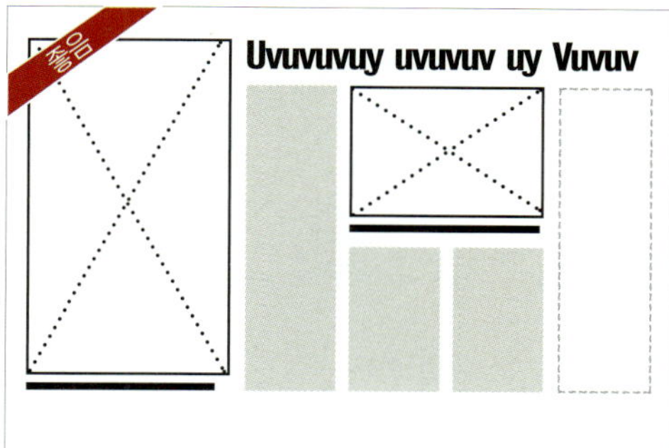

기사가 더 길거나 메인 사진의 시선이 오른쪽을 향할 경우에는 디자인 전체를 확 바꿀 수 있다. 본문 흐름은 여전히 L자형이다. 필요할 경우 본문을 한 칼럼 늘리고 헤드라인도 한 칼럼 확장하면 된다.

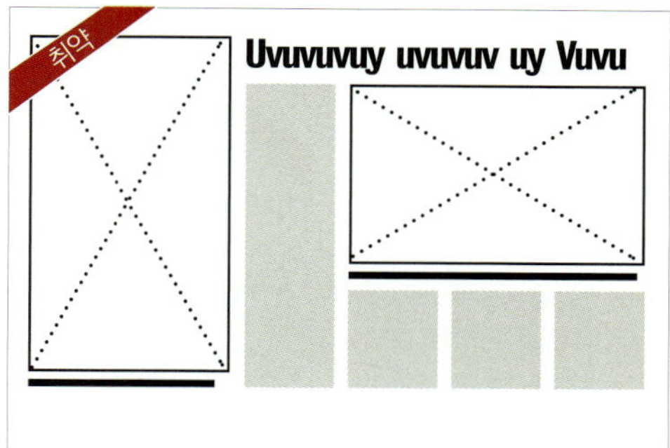

두 사진의 크기는 적절한 강약이 있어야 한다. 여기선 보조 사진이 너무 커서 메인 사진과 맞서고 있다. 이런 종류의 L자형 본문은 사각 블록 형태의 본문만큼 우아하지 않다는 점도 유의하라.

활용해볼 만한 피처 포맷

이 디자인들은 스페셜 피처기사를 위한 것이다. 장식 헤드라인, 긴 부제목, 본문의 감싸주기가 있을 때 효과적인 것들이 있다.

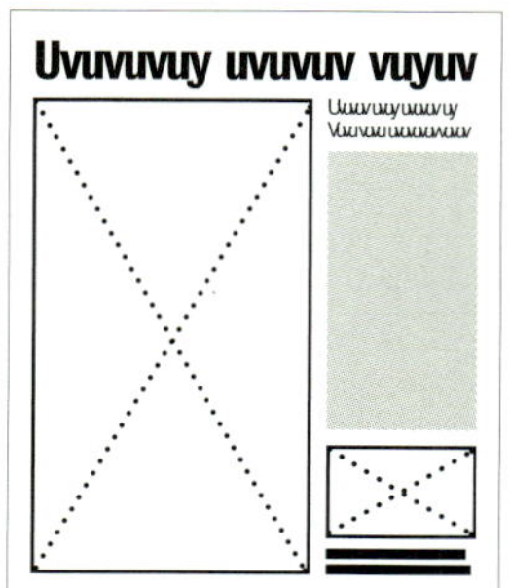

본문의 폭을 여기처럼 넓게 하면 1칼럼짜리 사진도 괜찮다. 기사가 박스이거나 지면 맨 아래쪽에 있는 경우엔 사진이 본문 밑에 가도 무방하다.

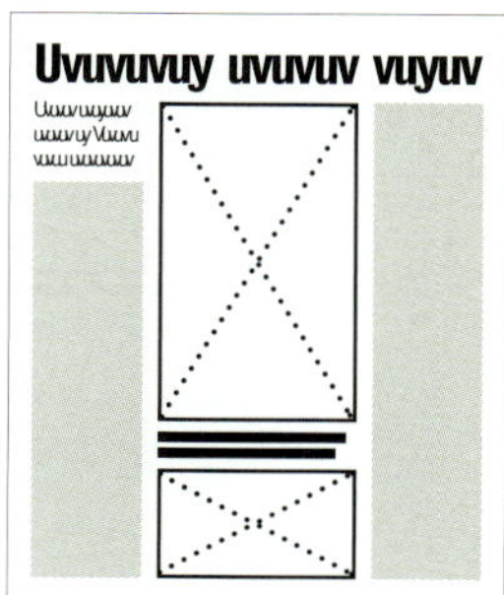

시각물이 본문을 양쪽으로 분리하면 안 된다고 경고한 바 있다. 하지만 기사가 박스이고 디자인이 대칭이라면 가능하지 않을까?

작은 사진을 메인 사진 위 가운데 배치하면 작은 사진 왼쪽에 공통 설명을 둘 공간이 생기고, 오른쪽에 헤드라인과 부제목을 함께 놓을 자리가 확보된다.

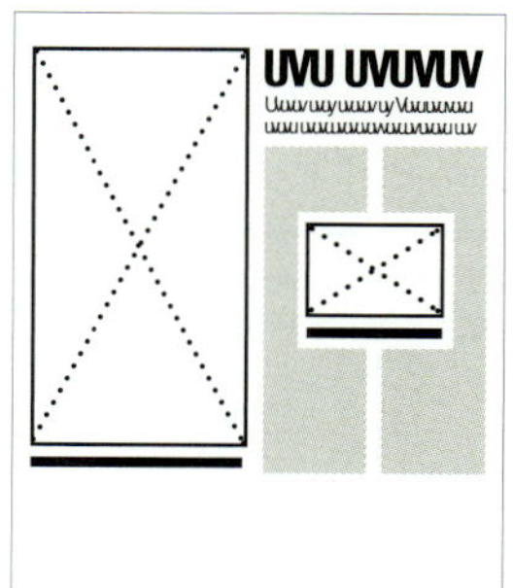

작은 사진은 이렇게 본문 안에 새겨 넣을 수 있다. 하지만 사진을 에워싼 부분의 본문 폭이 읽기 힘들 정도로 좁으면 안 된다.

큰 가로사진과 작은 세로사진

메인 사진을 바꿔보자. 돼지와 코를 비비는 모습을 클로즈업한 사진을 메인으로 삼고 돼지를 타고 있는 소녀를 보조 사진으로 하면 농장보다 인물에 초점을 맞춘 디자인이 된다. 두 사진 모두 특정 방향을 향하지 않아 배치가 자유롭다.

앞 페이지들처럼 아래의 디자인은 두 사진을 결합하는 일반적 방법들을 보여준다. 이들을 공부함으로써 어떤 디자인 방법은 효과가 있고 다른 것은 왜 그렇지 않은지를 알 수 있을 것이다.

기사 디자인 옵션

두 사진을 옆으로 나란히 놓을 수 있다. 아래 본문 칼럼에 맞춰 정확히 3칼럼과 2칼럼의 크기로 배치한 것에 주목하라. 이렇게 해도 되지만 좀 둔탁해보이고 사진설명이 충돌한다.

OR

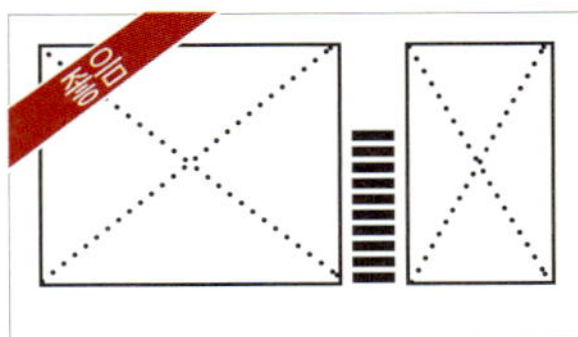

이런 대안은 어떨까? 두 사진의 키는 맞추되 트리밍해서 중간에 얄팍한 공통 사진설명 공간을 마련해보라(사진설명의 폭이 최소 6파이카는 되어야 한다).

OR

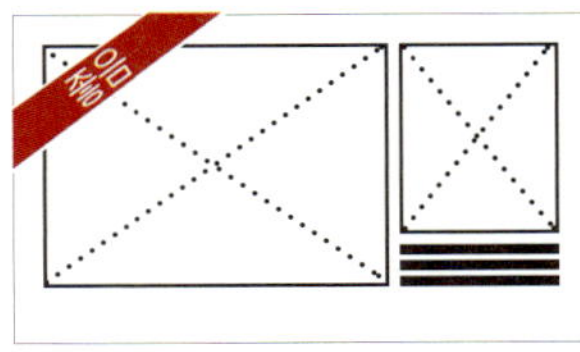

아니면 사진의 키를 맞추지 말고 작은 사진을 더 짧게 해서 그 밑에 공통 사진설명을 흘려보라. 설명의 하단을 큰 사진의 하단에 나란히 맞춰 사각형을 이루는 게 이상적이다.

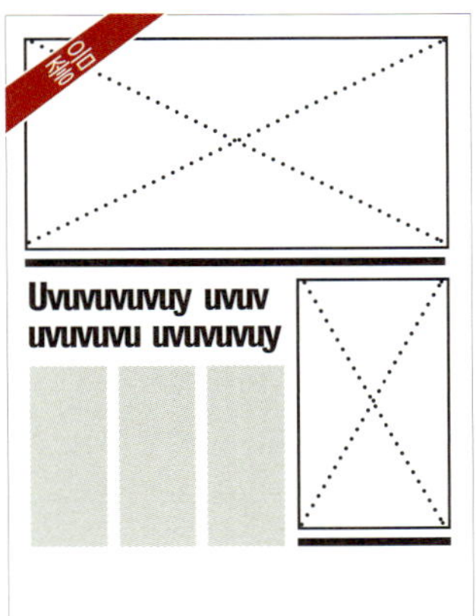

깨끗하고 일반적인 레이아웃이다. 모든 요소가 깔끔하게 합쳐져 사각형을 이룬다. 작은 사진은 좌우 어디든 좋다.

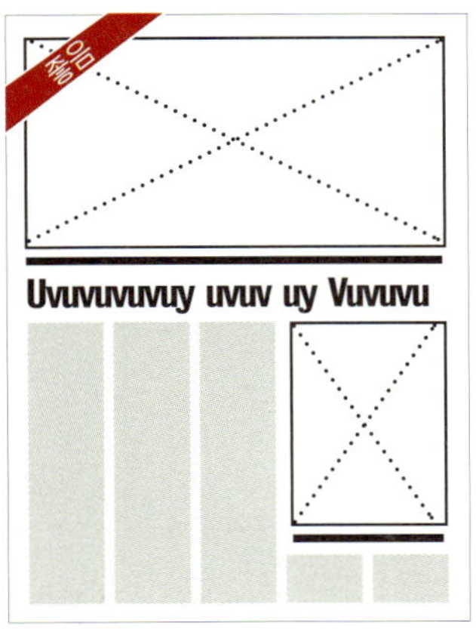

기사가 길 경우 헤드라인의 폭을 늘이고 작은 사진 밑으로 기사를 흘려도 된다. 작은 사진은 가운데에 배치할 수도 있다.

기사 본문이 계단 형태로 흐르고 첫 칼럼은 매우 길다. 기사가 긴 경우라면 이처럼 5칼럼 포맷에서 효과적이다.

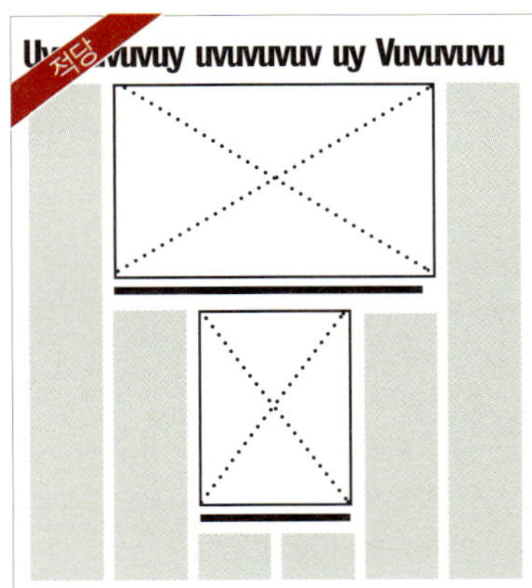

6칼럼 포맷에서는 우아한 좌우대칭 버전을 시도해보라. 하지만 본문이 급경사 계단을 이루고 양쪽 끝 칼럼이 너무 높다.

큰 가로사진과 작은 세로사진

또 다른 대안: 로 랩

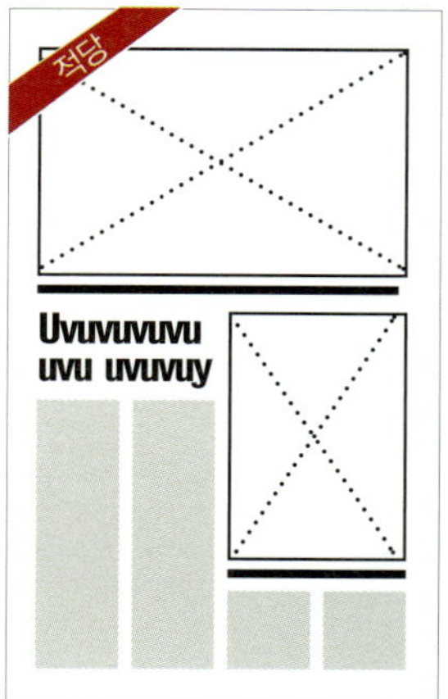

64쪽 맨 아래 가운데 2개와 이 2개의 디자인을 비교해보라. 어떤 게 더 좋은가? 다른 점은 단 하나, 여기의 디자인은 로 랩을 썼다는 점이다. 장식 헤드라인을 쓰고 싶거나 길게 벌린 헤드라인을 피할 필요가 있다면 이게 낫다. 그렇지 않다면 어색한 기사 흐름에 주의해야 한다.

더 알아보기 ▶

◆ **로 랩:** 헤드라인 충돌을 막기 위한 활용법은..................82쪽

◆ **중첩과 삽입:** 사진 겹쳐 쓰기에 대한 가이드라인은........209쪽

1칼럼 사진: 충분한 크기인가?

일반적으로 1칼럼 크기로도 효과적인 사진은 인물사진이 유일하다. 가로사진은 그렇게 작게 쓰면 거의 '읽히지' 않는다. 즉, 디테일을 분명히 보여주지 못한다. 그러나 공간이 협소하거나 시각물을 더 우겨넣고 싶을 땐 세로사진을 2칼럼이 아닌 1칼럼으로 써도 된다.

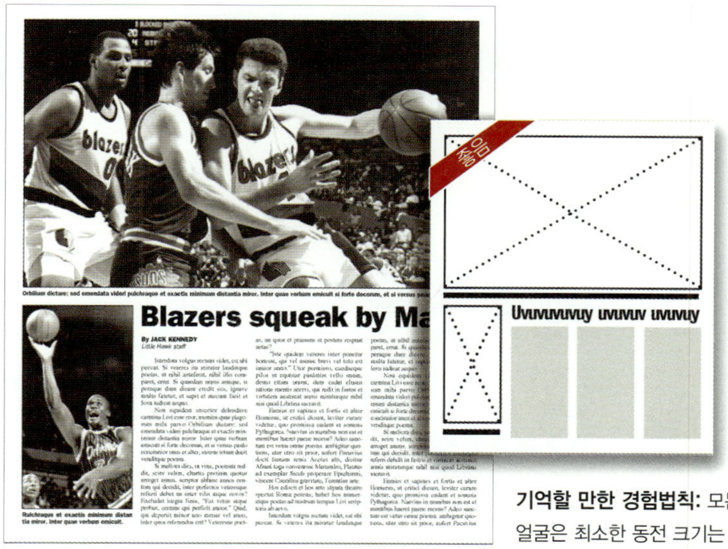

이 레이아웃에서 메인 사진의 폭은 4칼럼이다. 작은 디테일 사진은 세로로 아주 길쭉한데 1칼럼으로 썼다. 이렇게 작아도 잘 보이기만 한다면, 좁은 공간을 비집고 들어가는 추가 사진으로 쓸 수 있다.

기억할 만한 경험법칙: 모든 사진에서 중요한 인물의 얼굴은 최소한 동전 크기는 되어야 한다.

활용해볼 만한 피처 포맷

이 디자인들은 스페셜 피처기사를 위한 것이다. 장식 헤드라인, 긴 부제목, 본문의 감싸주기가 있을 때 효과적인 것들이 있다.

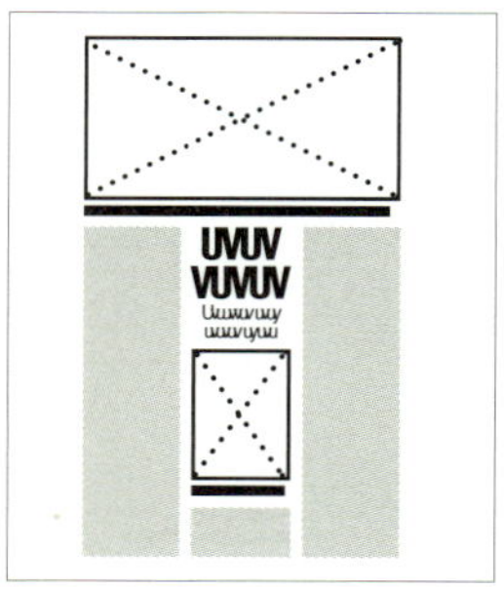

좌우 대칭의 세로 디자인. 폭이 좁은 헤드라인과 부제목은 폭을 넓힌 변배 3칼럼의 중앙에 위치한다.

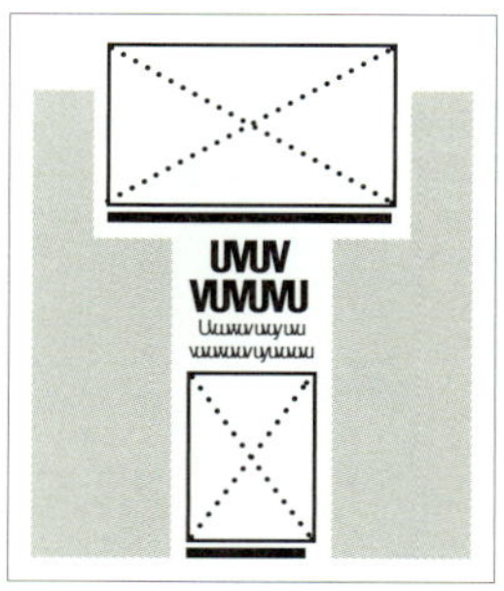

이 레이아웃은 기사 본문이 메인 사진 일부를 감싸고 가운데 칼럼은 건너뛴다. 겉만 번지르르하고 위험한 레이아웃.

부제가 있는 옆안장 제목을 써 산뜻한 디자인이 됐다. 하지만 이 경우 박스를 치거나 다른 기사와 떨어뜨려 놓아야 한다.

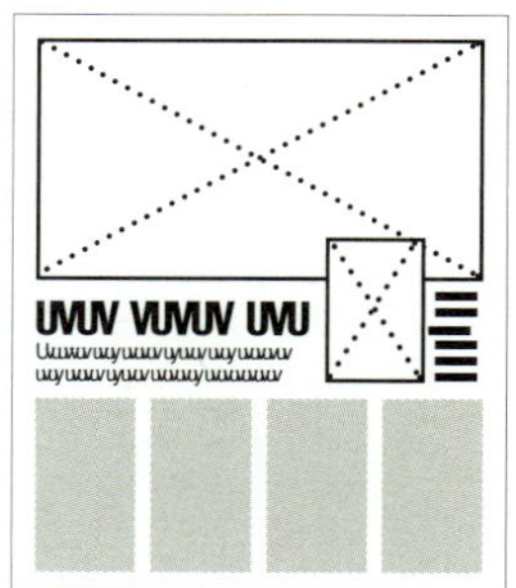

사진 중첩: 작은 사진을 메인 사진에 겹쳐 놓는다. 이때 헤드라인으로 옆을 채워야 한다.

두 장의 세로사진

사용하는 사진의 크기와 모양을 항상 다르게 하라. 세로사진 2장을 함께 배치하는 게 잘못된 건 아니지만 아래에서 보듯 옵션이 제한적이며 때로는 어색하다.

기사 디자인 옵션

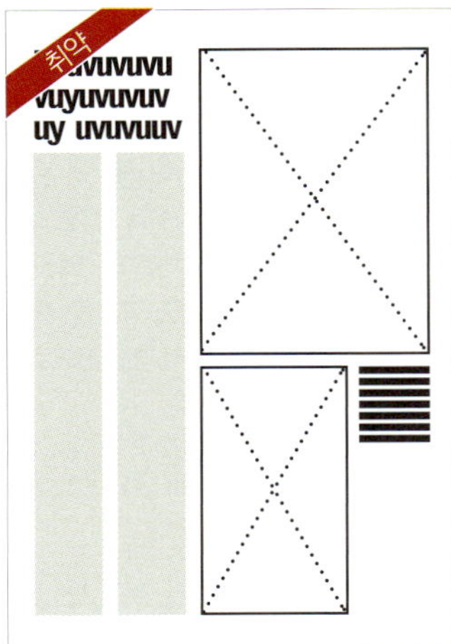

세로사진 2장을 세로로 놓은 것이 문제. 메인 사진을 위에 놓든 아래에 놓든 결국 세로로 너무 길쭉한 디자인이 돼 공간을 많이 잡아먹는다. 또 본문 칼럼이 너무 길어지고 사진설명 밑에 죽은 공간이 너무 많이 생긴다. 앞에서 설명했듯 3칼럼 폭의 세로사진은 다루기 까다롭다.

두 사진을 양옆으로 놓는 것은 매력적인 해결책이다. 깔끔하고 빈틈없다. 이때 유념할 2가지 작은 문제가 있다. 1) 사진과 헤드라인의 크기를 딱 맞춰서 블록화하기가 만만치 않다. 2) 새롭게 변형한 헤드라인의 효과에 주목하라. 정확히 로 랩은 아니지만 본문의 폭만큼 벌리지도 않았다.

기사 분량만 공간에 잘 맞는다면 견고한 방법. 레이아웃을 뒤집어 메인 사진을 작은 사진 오른쪽에 놓아도 된다.

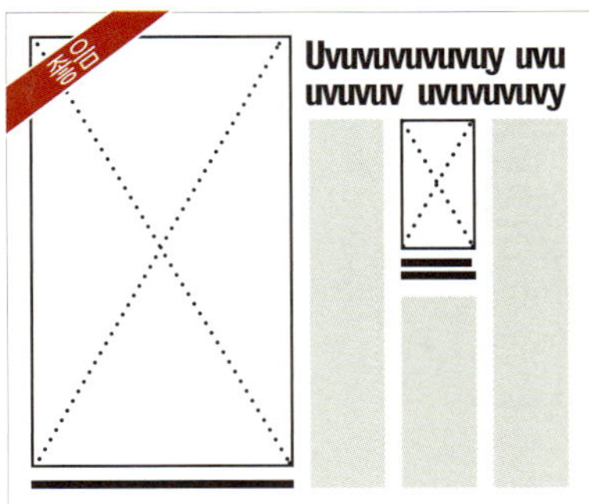

작은 사진을 1칼럼 폭으로 줄일 수도 있다. 다만 이렇게 작아도 잘 보여야 한다. 이때 1칼럼 사진은 오른쪽 두 칼럼 중 아무 데나 배치해도 된다.

두 사진의 위치를 맞바꿔도 된다. 여기서 메인 사진을 3칼럼 대신 2칼럼 폭으로 쓴 것을 주목하라.

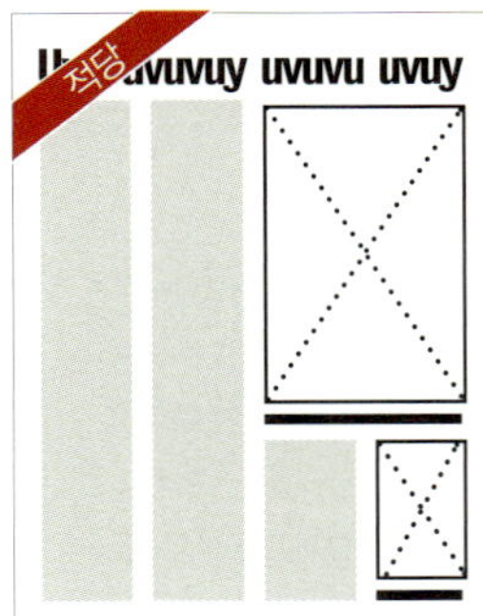

아래위로 두 사진을 놓을 수도 있다. 단 이렇게 하면 본문 칼럼이 길어진다.

두 장의 세로사진

기사가 충돌하면 무슨 일이 생기나

직사각형 모양의 기사 디자인은 모듈이라고 하는 독립된 기사 블록으로 지면을 이루기 때문에 모듈 디자인이라고도 한다. 이 디자인은 규칙만 지킨다면 잘 정리된 지면을 만드는 가장 확실한 방법이다.

그러나 규칙을 따르더라도 요소들의 잘못된 병렬배치 때문에, 특히 아래처럼 큰 세로사진 양옆으로 2개의 기사를 배치함으로 인해 종종 혼란이 생긴다.

더 알아보기 ▶

◆ **박스 기사:** 효과와 최선의 활용법은.................80쪽

◆ **실패한 병렬:** 왜 생기는지, 그리고 어떻게 피하는지는............102쪽

◆ **중첩과 삽입:** 사진 겹쳐 쓰기에 대한 가이드라인은........209쪽

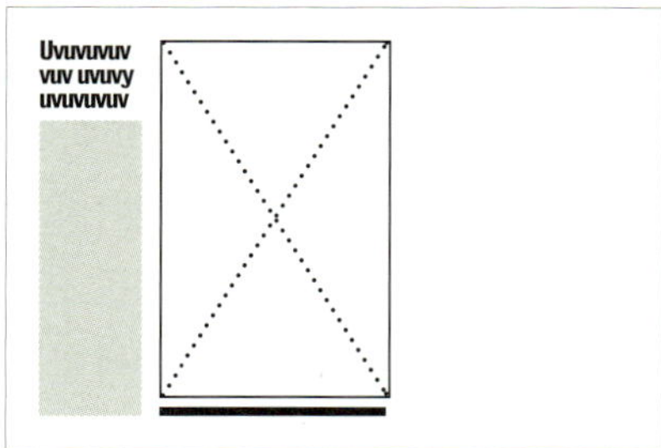

1 단순하고 일반적인 디자인이다. 큰 세로사진과 그 왼편에 세로로 흐르는 본문. 여기까지는 아무런 문제도 혼란도 없다.

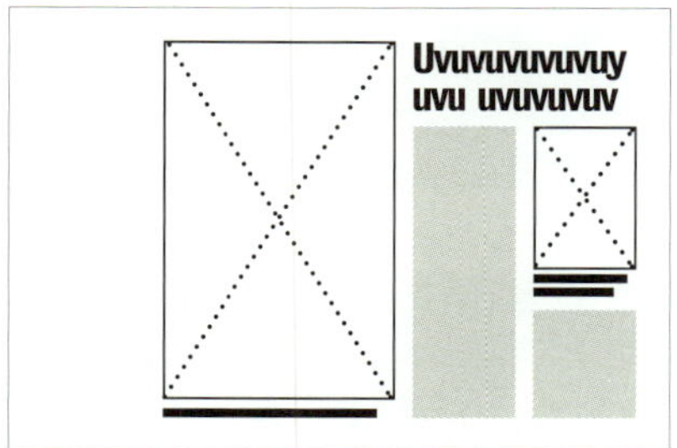

2 흔히 볼 수 있는 또 다른 디자인이다. 이번엔 큰 세로사진 오른편에 본문이 놓여 있다. 깔끔하다. 아직까지도 아무런 문제가 없다.

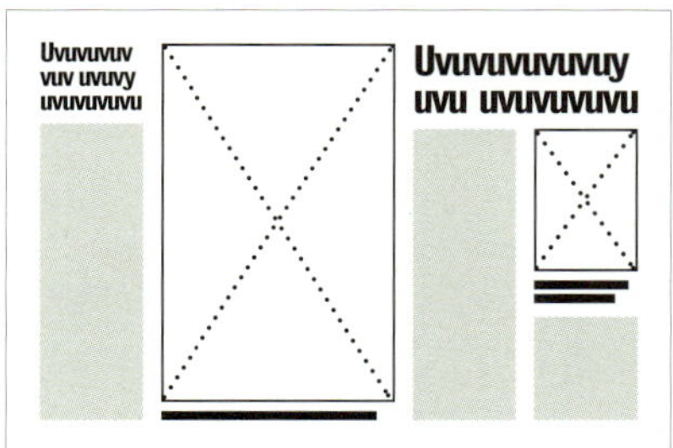

3 그러나 큰 세로사진에 맞물리는 본문이 왼쪽과 오른쪽 중 어떤 것인지 알 수 있겠는가? 두 기사를 훑어보기 전까지는 알 수가 없다.

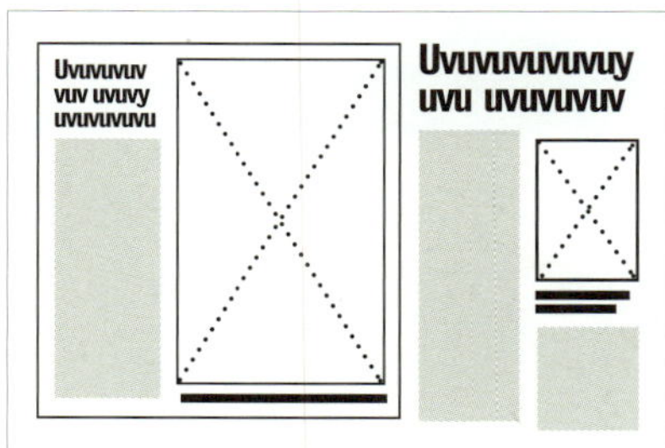

4 해법은? 강조해야 할 기사를 박스로 싸는 것이다. 박스 안의 요소들이 하나의 단위로 묶이게 돼 독자가 헷갈릴 가능성이 줄어든다.

박스 처리의 가이드라인은 나중에 자세히 살펴볼 것이다. 일단 지금은 당신에게는 단순명확하게 보이는 기사 디자인도 독자에게는 모호하고 혼란스러울 수 있다는 사실을 짚고 넘어가기 바란다.

활용해볼 만한 피처 포맷

이 디자인들은 스페셜 피처기사를 위한 것이다. 장식 헤드라인, 긴 부제목, 본문의 감싸주기가 있을 때 효과적인 것들이 있다.

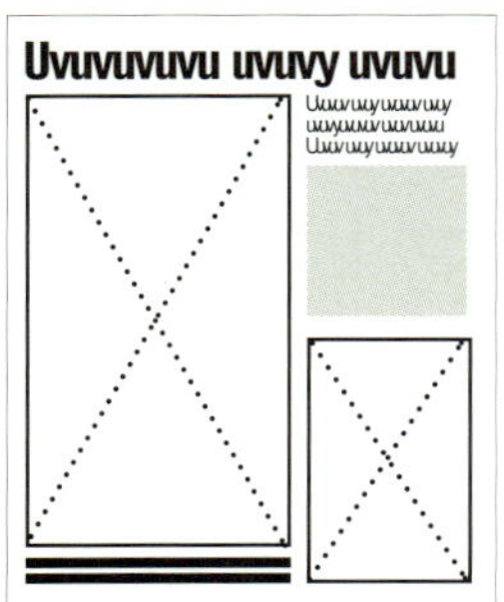

긴 헤드라인과 바닥에 깔린 사진, 그리고 짧은 본문. 이 포맷은 위험하지만 박스로 싸거나 지면 맨 아래에 있을 경우엔 괜찮다.

이 낯선 디자인은 3개의 세로 덩어리를 나란히 놓았다. ① 메인 사진과 사진설명 ② 옆안장 제목과 부제목, 그리고 작은 사진 ③ 본문

1칼럼짜리 보조 사진의 또 다른 용법. 여기선 사진을 두 칼럼 사이에 새겨 넣어 본문으로 에워쌌다.

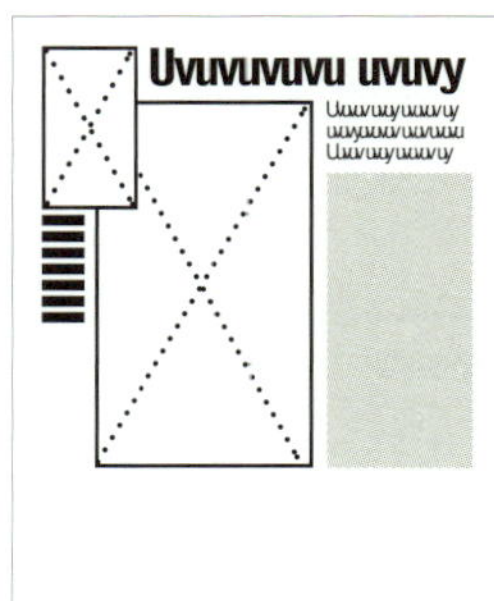

이 디자인은 작은 사진을 메인 사진의 한 귀퉁이에 겹쳐놓고, 그 옆과 아래에 생긴 공간을 다른 요소로 채웠다. 위험한 레이아웃이므로 조심하라.

두 장의 가로사진

가로사진 2장을 짝짓는 것은 세로 사진 2장을 같이 쓰는 것보다 더 흔하고 제한도 적다. 그러나 서로 다른 모양의 사진을 쓰는 게 좋다는 점을 명심하라. 따라서 가로+가로가 아닌 다른 조합이 가능하다면 가로사진 2장을 함께 쓰는 것은 재고해보라.

이 둘 중 어떤 사진이 메인이 돼야 할까? 대부분의 디자이너는 남자가 새끼돼지와 코를 부비는 사진을 선택할 것이다. 더 귀여우니까(돼지에게는 비위생적이지만). 그러나 두 번째 새끼돼지 무리 사진은 너무 작게 쓰면 내용 파악이 안 된다는 것도 고려해야 한다. 이 책에 인쇄된 크기는 대략 1.5칼럼 폭이다. 최소한 2칼럼 폭은 돼야 한다.

기사 디자인 옵션

두 사진을 위아래로 놓는 것은 효과적이다. 공통 사진설명 부분에 신경을 써야 한다. 아래 작은 사진의 폭이 너무 좁거나 설명이 짧으면 여백이 지나치게 커질 위험이 있다.

두 사진을 옆으로 놓는 것도 좋다. 공통 사진설명은 보통 두 사진과 모두 타이트하게 맞붙는다. 설명이 짧아도 괜찮다. 다만 사진설명 공간을 가능한 한 채워야 한다.

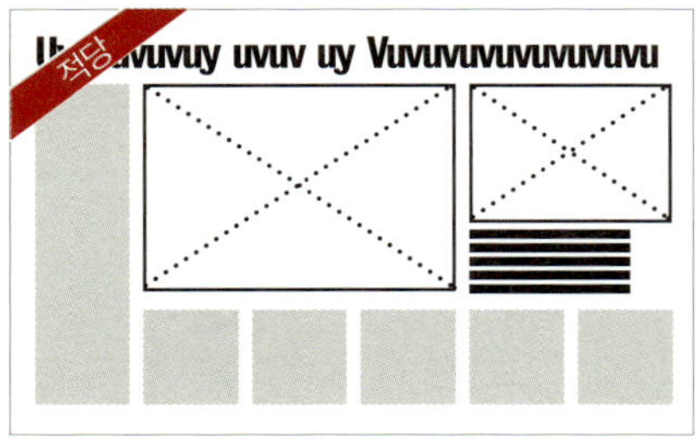

이 경우에도 사진의 수평 배치는 괜찮다. 다만 이 레이아웃은 6칼럼 지면이 필요하다. 사진설명 오른쪽을 반 칼럼 비워 여백을 만든 것을 주목하라.

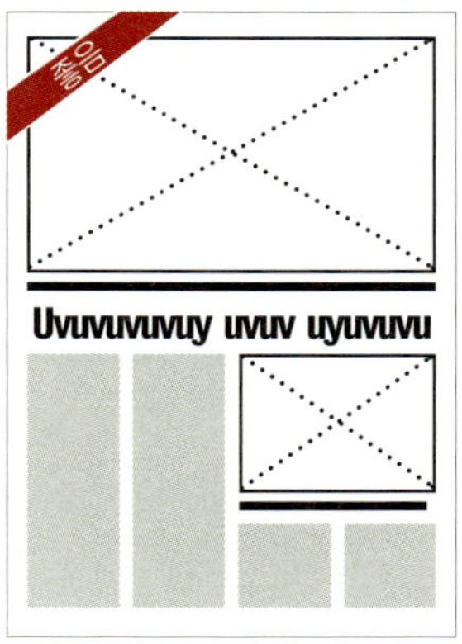

일반적인 방법. 작은 사진을 L자형 본문의 오른쪽 위에 끼워 넣었다.

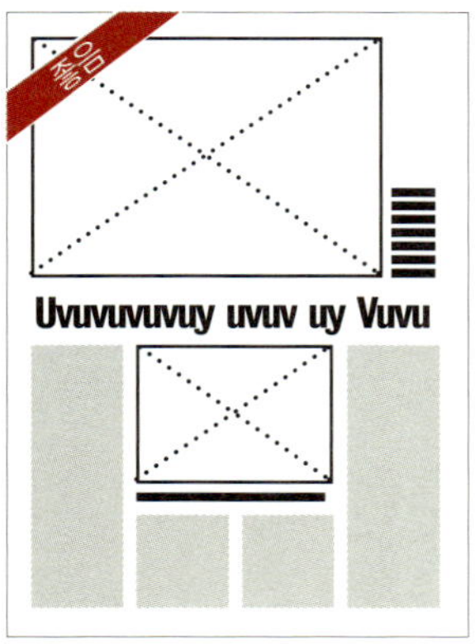

작은 사진을 가운데 배치했다. 메인 사진설명 처리를 눈여겨보라. 보다 유연한 옵션이다.

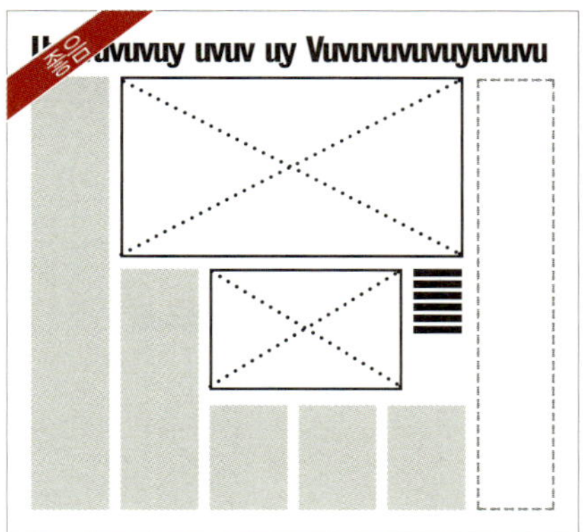

유연한 처리법으로 공통 사진설명을 활용했다. 이 경우엔 작은 사진을 2, 3칼럼 폭으로 쓸 수 있다. 오른쪽 끝에 본문을 1칼럼 더 늘려 흘릴 수도 있다.

이런 로 랩도 허용되지만 그다지 좋은 건 아니다. 가로로 늘어지는 제목을 피할 때 사용하라.

두 장의 가로사진

이상한 옵션들 : 통하지 않는 이유

이 장에서는 전형적인 디자인 상황에서 일반적인 해결책을 살펴봤다. 인쇄하기엔 너무 보기 싫은 디자인 불합격품들로 몇 페이지를 더 채울 수도 있다.

그러나 그 대신, 아슬아슬한 몇몇 레이아웃을 검토해보자. 이 레이아웃들은 의도는 괜찮았지만 결과는 안 하느니만 못할 만큼 잘못됐다.

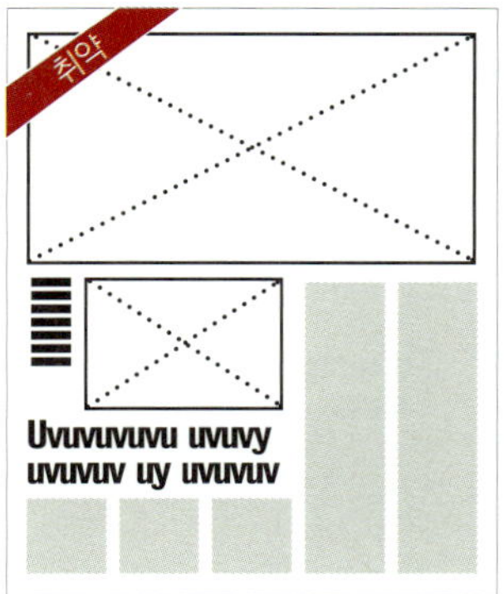

이 레이아웃은 역 L자형 본문 흐름이 가진 근본적 문제를 보여준다. 많은 독자는 기사가 어디서 시작하는지 헷갈릴 것이다. 헤드라인을 두 사진 사이에 길게 벌려 놓는다 해도 우리의 시선은 왼쪽 아래 짧은 본문 칼럼 부분을 놓쳐 버리고 기사가 네 번째 칼럼부터 시작한다고 착각하기 쉽다.

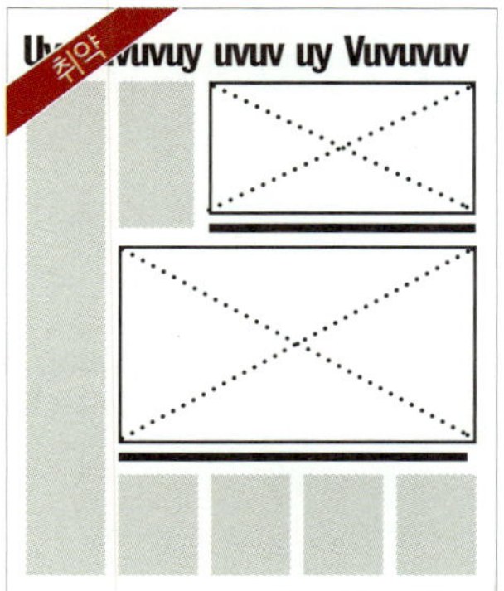

잡지에서 볼 수 있는 레이아웃이다. 그러나 신문에서는 이런 식으로 기사가 사진을 둘러싸는 일은 피하는 게 현명하다. 첫 번째 본문 칼럼 다음에 어디로 시선이 옮겨갈까. 큰 사진 밑으로? 아니면 다시 맨 위로? 시각물이 기사 흐름을 방해하면 이런 위험에 늘 빠질 수 있다.

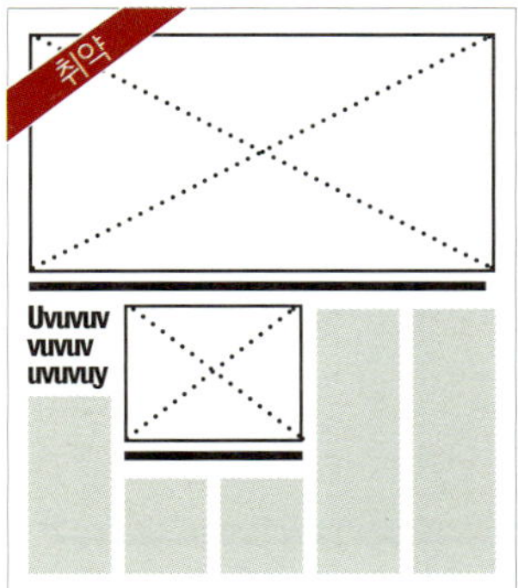

2가지 큰 문제가 있다.

1) 헤드라인이 너무 작고 좁아 변변치 못해 보인다(잘못된 사진 배치 때문에).

2) 많은 독자는 기사가 작은 사진의 오른쪽에서 시작한다고 생각할 것이다.

독자는 종종 가장 긴 기사 칼럼에서부터 기사가 시작한다고 생각한다는 점을 유념하라.

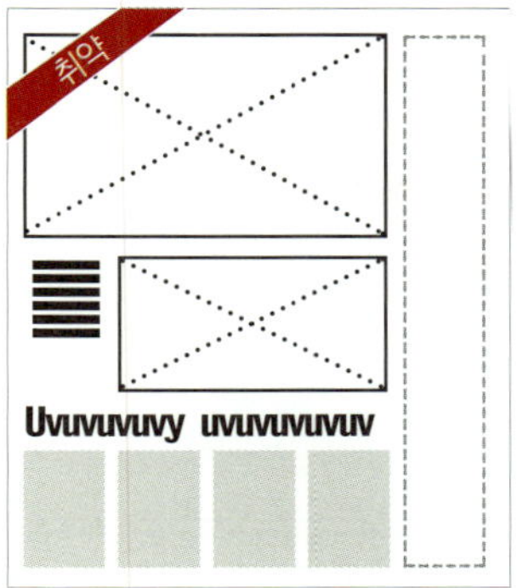

미묘한 결함을 가진 디자인이다. 2개의 완전히 독립된 덩어리가 패키지를 이뤘다. 위쪽의 사진 덩어리와 아래의 기사 덩어리. 기사가 너무 아래쪽에 처져 있다. 바로 오른쪽 옆 칼럼에 다른 기사가 있을 경우 두 사진은 그 기사에 관련된 것으로 오해되기 쉽다.

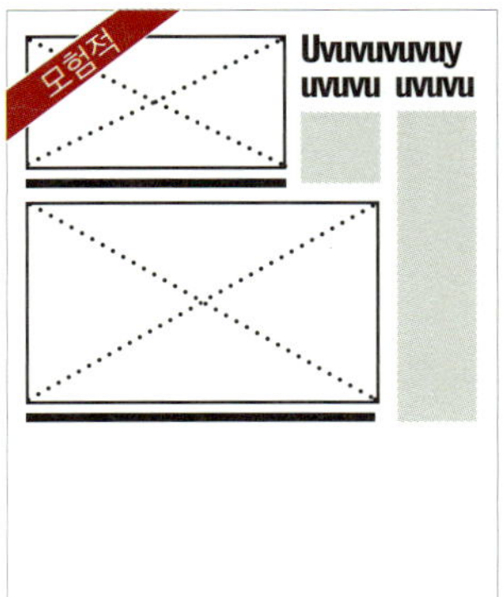

사진이 오른쪽에 있다면 이 디자인은 괜찮을 수도 있다. 그러나 일반적으로 사진을 기사 밑에 놓거나 메인 사진을 작은 사진 밑에 처박는 일은 피해야 한다. 일부 피처기사에선(특히 박스로 쌀 경우) 유효할 수도 있다. 그러나 스트레이트 뉴스 기사에서는 조심해야 한다.

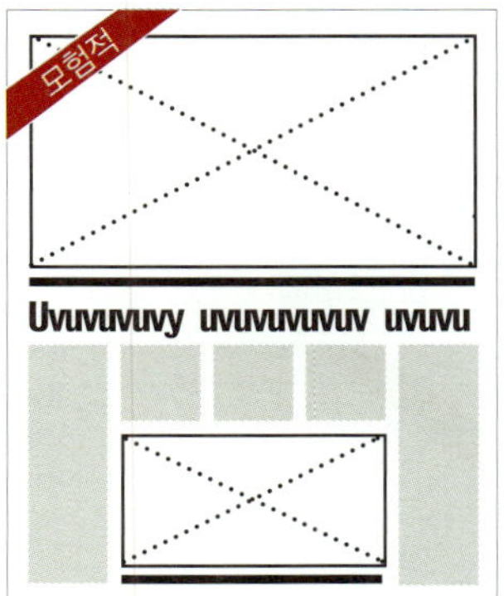

잡지에서 볼 수 있는 또 다른 레이아웃이다. 피처 면의 박스 형태일 경우엔 유효할 수 있다. 그러나 뉴스 기사일 경우 사진을 레이아웃의 맨 밑에 배치하지 마라. 독자는 그곳을 광고 위치로 생각하거나, 그 사진을 아래 기사에 속하는 것으로 여기기 쉽다. 독자를 굳이 혼란에 빠뜨릴 이유가 있을까.

활용해볼 만한 피처 포맷

이 디자인들은 스페셜 피처기사를 위한 것이다.

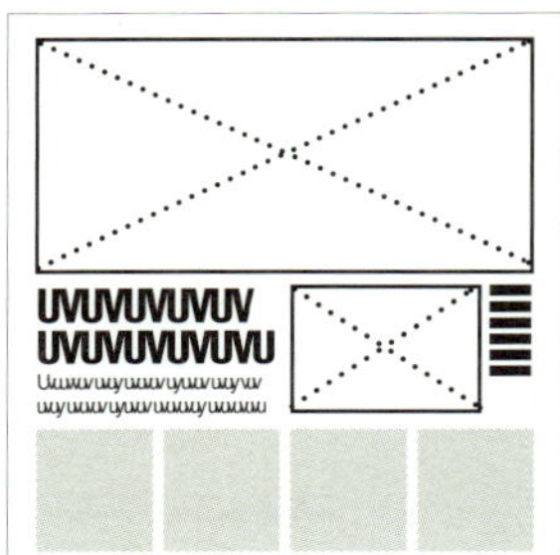

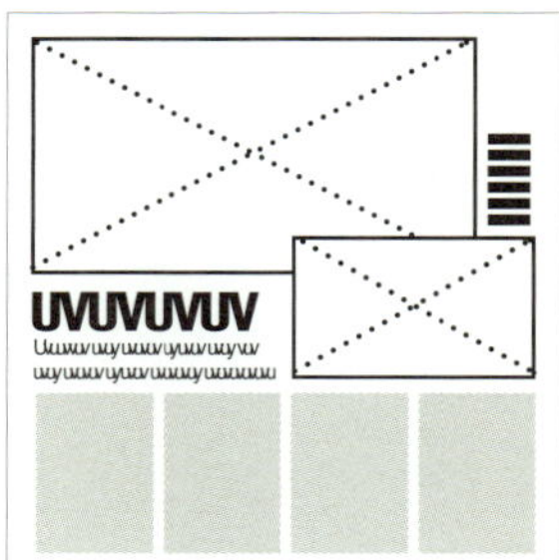

동일한 발상에서 나온 3가지 변형. 메인 사진 밑에 작은 사진을 놓고, 두 사진 중 하나 옆에 헤드라인을 배치해 블록 만들기. 헤드라인 단어 선택과 사진 트리밍만 잘한다면 셋 다 유효하다.

인물사진 추가

당신이 뉴스 기사에 쓰는 사진은 대부분 살아 있는, 즉 연출되지 않은 사진이다. 그에 반해 인물사진은 저장된 것, 즉 임의의 시간과 장소에서 촬영돼 사용하기 전까지 보관되어 있던 것이다. 필요할 경우 인물사진을 기사에 첨가하는 것은 좋은 생각이지만 살아 있는 사진과 저장된 사진을 뒤섞어 독자에게 혼란을 주지 않도록 조심하라. 인물사진을 추가할 때는 뉴스 사진과 약간 떨어뜨려 놓아 독자에게 미묘한 구분신호를 주는 게 좋다.

가능하다면 항상 인물사진에 인용제목을 덧붙여라. 이렇게 인물의 얼굴과 발언을 한 세트로 묶어 놓으면 이 요소들이 기사에 더 단단히 결합되는 데다, 별도의 설명을 제공할 수 있고, 독자의 눈길을 끄는 매력 포인트가 될 수도 있다.

더 알아보기 ▶

◆ **인물사진:** 기사에 맞물려 편집하는 방법은 50쪽

◆ **인용제목:** 효과적으로 디자인하고 레이아웃 하는 법은 148쪽

메인 사진이 세로인 경우 본문은 보통 그 옆으로 흐른다. 인물사진은 첫 번째 본문 칼럼 상단만 아니라면 어떤 본문 칼럼 위쪽에 놓아도 된다. 여기서는 인물사진에 인용제목을 덧붙였다.

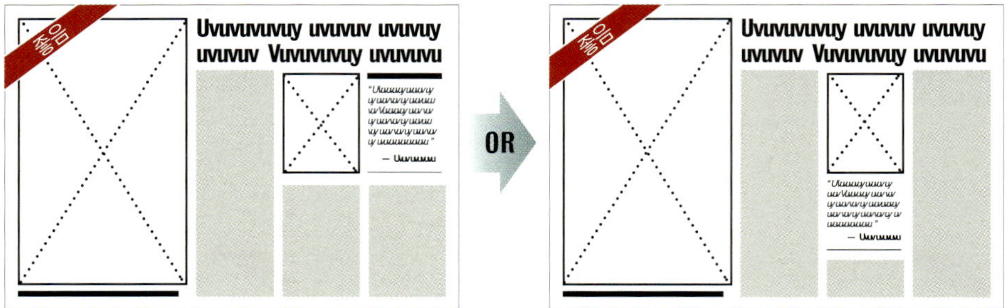

여기선 인용제목이 인물사진 옆이 아니라 아래에 놓였다. 어디에 있든 상관없다. 이 옆에 인용제목을 동반한 또 하나의 인물사진을 둘 수도 있다.

메인 사진이 가로일 경우 본문은 보통 그 밑으로 흐른다. 이때 인물사진은(인용제목을 동반하든 안 하든) 본문 안쪽 칼럼들 중에 배치해 시커먼 본문 활자의 단조로움을 깬다.

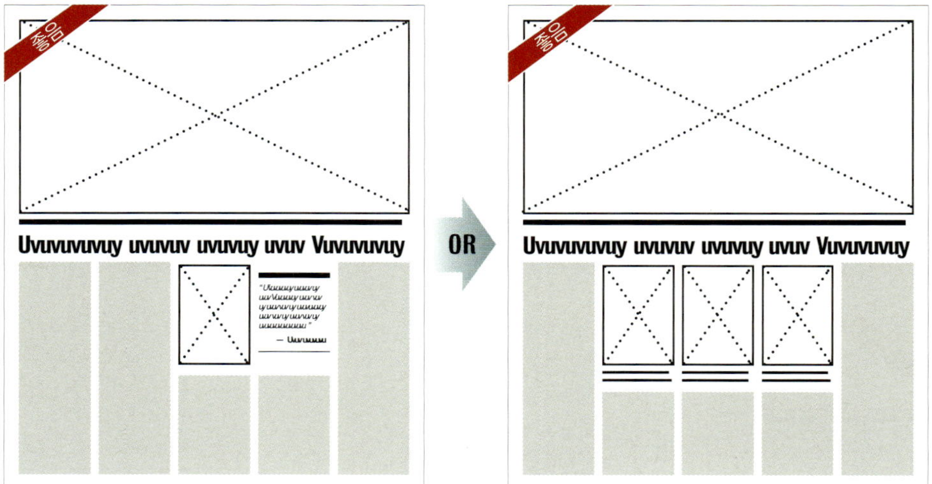

2개 또는 3개의 인물사진이 본문 안쪽 칼럼들 상단에 쭉 늘어설 수도 있다. 크기가 같은 이 인물사진들은 하나의 단위로 작용한다. 헤드라인이 이들과 맨 위의 살아 있는 사진이 충돌하지 않도록 해준다.

세로 메인 사진과 가로 보조 사진이 있을 경우 인물사진은 본문 먼 쪽 칼럼에 배치하면 된다. 이 레이아웃이 인물사진을 어떻게 2개의 살아 있는 사진으로부터 떨어뜨려 놓았는지 주목하라. 요소들이 늘어났음에도 전체 기사 편집은 하나의 단위로 단단히 유지된다.

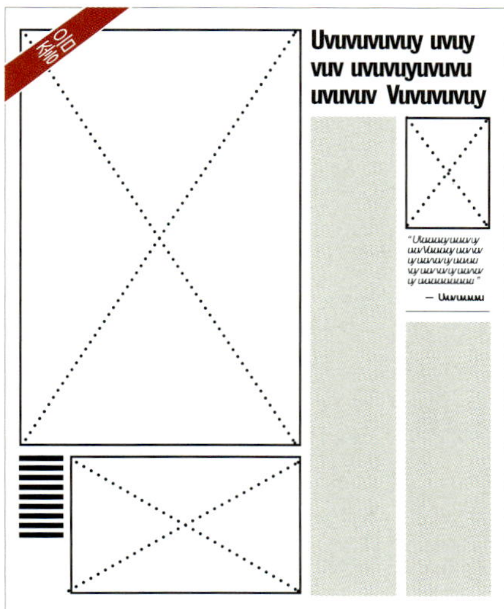

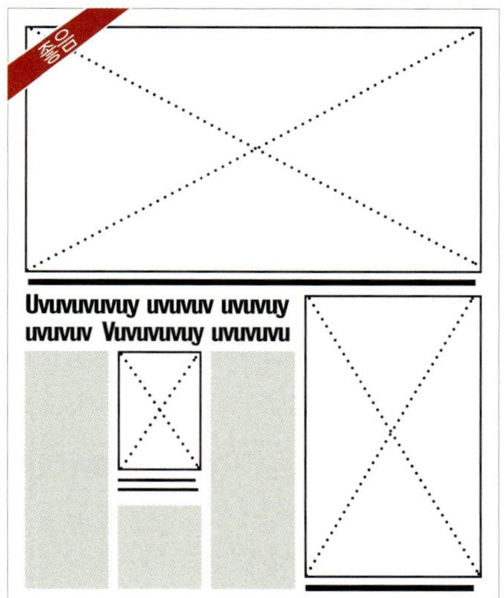

가로 메인 사진과 세로 보조 사진일 경우에도 언제나 인물사진을 본문 가운데 칼럼에 추가할 수 있다. 이 디자인에서도 2개의 살아 있는 사진은 타이트하게 묶여 있으며 인물사진은 헤드라인과 본문 칼럼에 의해 2장의 사진과 격리된다.

문제 해결

디자이너들이 기사 디자인에 대해 자주 묻는 질문에 대한 답변

Q 일부 신문은 일부러 모듈 편집에 어긋나게 기사를 개다리로 흘리는데 이건 잘못된 걸까, 아니면 새로운 트렌드일까?

당신은 모든 기사가 블록 형태로 이루어져야 한다는 디자인의 가이드라인을 금과옥조처럼 여기는데, 오른쪽 지면처럼 그에 반하는 철학을 가진 신문과 마주치게 된다. 〈볼티모어선〉(*Baltimore Sun*)과 〈버지니안 파일럿〉 같은 몇몇 신문이 모듈 편집에 반하는 '복고풍' 레이아웃 스타일을 부추기고 있는데, 그들이 내세우는 이유는 다음과 같다.

◆ 1칼럼짜리 세로로 긴 기사도 제목을 가로로 크게 쓸 수 있다. 특히 1면에선 눈길을 끌 수 있는 좋은 방법이다.

◆ 신문시장의 경쟁 속에서 차별화 포인트를 갖는다.

◆ 일부 독자들이 선호하는 복고풍 향수를 자극한다. 〈뉴욕타임스〉의 1면은 오래도록 그런 식의 디자인을 고수해오고 있다.

잘만 만들면 복고풍 디자인은 독특한 스타일과 에너지를 지닌다. 그러나 엉성하면 혼란일 뿐이다.

MARYLAND
THE SUN
Saturday, May 20, 2000 · Section B
INSIDE
Marine's burial to mark the end of mother's wait
Mahogany tide casting a taint on Chesapeake
GREGORY KANE
All-wrong logic killed off all-male city schools
PLEBES PULL TOGETHER
Homeowners face costly maintenance
A fitting Memorial for stadium's fans

〈볼티모어선〉 뉴스 지면의 '복고풍' 레이아웃. 모든 기사가 의도적으로 개다리 형태로 디자인돼 있다.

Q 사진은 얼마나 커야 할까. 우리 사진 에디터는 항상 우리가 사진을 너무 작게 쓴다고 불만인데….

모든 얼굴은 최소한 동전 크기는 돼야 한다. 여기 두 사진의 폭은 모두 5파이카로 1인치가 안 된다. 왼쪽 여자는 '읽을 수' 있지만 오른쪽 운동선수는 그렇지 않다.

작은 이미지는 다음과 같을 때 가장 효과적이다.

◆ 인물사진이 기사를 파고들거나 인용제목과 결합되는 경우.

◆ 기사 안내에 쓰는 사진. 그 사진을 크게 볼 수 있는 다른 지면으로 독자를 안내하는 경우.

◆ 칼럼니스트 로고.

Q 잡지에서는 기사 본문이 늘 사진이나 일러스트, 인용제목을 건너뛰는데 신문은 왜 그런 자유를 누릴 수 없나?

잡지 디자인은 신문이 하지 못하는 재미를 즐긴다. 지면 전체를 엄청나게 큰 사진으로 채울 수도 있으며, 이미지를 지면 전체에 꽉 채우는 '물림재단'(bleed)을 할 수도 있다. 뿐만 아니라 기사 관련 요소들을 더 위험하게 배치하는 것도 가능하다. 왜 그럴까? 왼쪽의 잡지 지면을 보면 기사가 인용제목들을 건너뛴다. 그러나 한 지면에 단 하나의 기사만 있다면 독자는 길을 잃지 않는다. 오른쪽 신문 지면은 왼쪽 지면보다 교통량이 더 많다. 따라서 혼란을 피하는 것이 보다 중요하다.

이 잡지 레이아웃에서 독자는 인용제목을 건너뛰며 읽어야 한다. 그러나 혼란을 일으키는 다른 기사나 광고가 없기 때문에 이 디자인은 아무 문제가 없다.

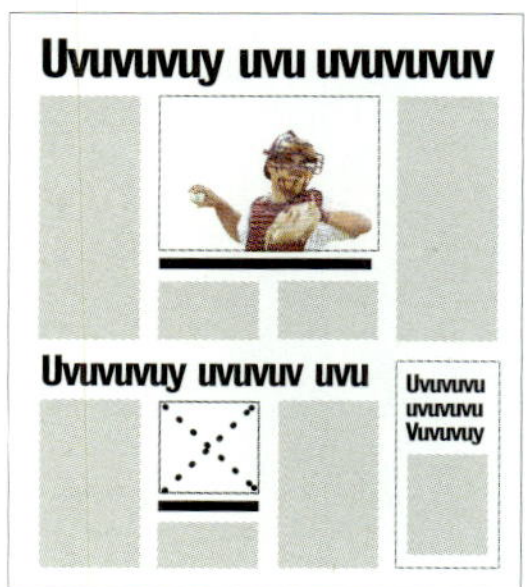

신문 지면은 기사가 많아 복잡하기 때문에, 불필요한 도약이나 헷갈리는 시각을 유발해 독자를 혼란스럽게 해선 안 된다.

문제 해결

Q 수직형 레이아웃을 할 때 당신은 맨 위에 사진을 놓고 그 다음에 사진설명, 그 아래 헤드라인을 두라고 했다. 하지만 맨 위에 헤드라인을 놓는 건 어떨까?

사진-사진설명-헤드라인-기사 순 배치원칙의 가장 대표적 예외가 오른쪽 지면이다. 세상이 끝장날 만한 뉴스에는 거기에 맞는 제목을 단다. 이 지면에서 2가지를 주목하라.

◆ '한밤의 광풍'이란 헤드라인은 어떤 특정 기사의 제목이 아니다. 이것은 지면 전체의 제목이다. '한밤의 광풍'은 통상적인 헤드라인을 넘어서 더 커다란 표제 역할을 한다.

◆ 인쇄된 신문은 절반으로 접힌다는 점을 명심하라. 독자가 1면을 처음 볼 때는 윗부분 절반만 보게 된다. 그래서 편집자들은 아무리 기사가 길고 사진이 크더라도 헤드라인은 반드시 접히는 선 위쪽에 있어야 한다고 강조한다. 그렇지 않으면 독자는 신문 가판대를 그냥 지나치거나 제목 없는 지면을 보느라 눈을 찡그릴 것이다. 오른쪽 지면에서 제호와 사진만 접히는 선 윗부분에 있다면 어떨지 생각해보라.

Lincoln Register-Tribune

FINAL EDITION

A NIGHT OF FURY

Two dead, 15 injured as tornado rips into Lincoln

Local business ruined, hospitals overcrowded as the governor declares a state of emergency

Survivors recall twister 'hit like a nuclear bomb'

Residents of Jefferson Trailer Court remember the roar of a freight train and a huge blast of wind

접히는 선

Q 인물사진은 항상 작게 써야만 하나? 때로는 메인 사진으로 쓰는 것도 가능한가?

기사에 따라 다르고, 인물사진의 품질에 따라서도 달라진다. 당신이 얼마나 간절히 원하는가에 달려 있기도 하다. 물론 인물사진도 메인 사진으로 사용할 수 있다. 특히 왼쪽 아래 사진처럼 개성을 잘 담아낸 인물사진일 경우에는.

메인 사진으로 쓰려면 그 인물이 뉴스메이커로서 사진을 크게 쓸 가치가 있다는 것을 명확히 보여줘라. 더 극적인 느낌을 주도록 트리밍해서 아주 타이트한 세로(왼쪽 인물사진처럼) 또는 가로사진으로 만들어라. 멋진 활자로 된 인용제목을 덧붙여라. 혹은 레이아웃 양쪽 끝에 2개의 인물사진을 배치해 양자 대결 구도를 만들어보라.

Q 사진의 방향성이 얼마나 뚜렷해야 본문을 향하도록 좌우 한쪽에 배치할 수 있는 걸까?

이건 논란거리다. 왼쪽에 있는 사진 속 인물의 얼굴은 측면으로 돌아가 있지만 눈은 똑바로 앞을 보고 있다. 이 사진은 방향성이 있는 사진인가? 어떤 디자이너는 그렇다고 할 것이다. 그래서 지면 오른쪽에 놓아야 한다고 주장할 것이다. 반면 어떤 사람은 그렇지 않다고 할 것이다. 방향성 있는 동작이 없으므로 지면 어느 쪽에 놓아도 상관없다고 할 것이다. 이 야구 사진은 어떨까? 포수가 73쪽 쪽으로 공을 던지려 하고 있다. 이 사진 오른쪽에 전혀 관련 없는 기사가 있다면 좀 문제가 되지 않을까? 포수는 관련된 이 기사를 바라보아야 한다(하나 더, 사진을 반전시켜선 안 된다. 자세한 내용은 138쪽을 참조하라).

연습문제

기사를 디자인하는 것은 뇌수술을 하는 것과 같다. 책만 읽어선 테크닉에 통달할 수 없다. 실제로 해봐야 한다. 이 **연습문제**를 풀면 지금까지 배운 것들을 실습할 수 있다. 레이아웃 용지가 필요하다면 40, 41쪽에 있는 샘플을 베끼거나 복사해서 써라.

정답은 ▶ 268쪽

1 시각물이 없는 5인치 분량의 기사를 레이아웃 할 때 최선의 옵션 2가지는? 1면 톱기사로 편집한다면 각 옵션별로 헤드라인 코드(예컨대 3칼럼-30포인트-1행 헤드라인을 뜻하는 '3-30-1'처럼-번역자 주)를 어떻게 잡겠는가? 안쪽 지면 최하단 기사로 편집한다면 헤드라인 코드는?

2 9인치 분량의 기사와 인물사진 한 장이 있다. 당신의 신문은 인물사진을 3인치 길이로 쓴다고 가정하자. 이 기사를 레이아웃 할 때 최선의 옵션 3가지는? 이 기사는 3칼럼 포맷에 잘 들어맞을까?

3 보기와 같이 인물사진 2장을 쓰는 레이아웃이 있다. 여기엔 몇 가지 문제점이 있는데 얼마나 많이 짚어낼 수 있는가?

4 오늘은 뉴스가 많은 날이다. 그 중 큰 기사로 지역 마약단속에 관한 12인치짜리가 있다. 아래와 같은 관련사진도 있다.

힌트:
여기 인쇄된 이 사진은 가로 29파이카, 세로 20파이카 크기다. 한 칼럼 폭이 12파이카로 돼 있는 레이아웃 용지에 작업한다고 가정하면, 사진 가로 폭(1~6칼럼)에 따라 세로 길이는 다음과 같이 달라진다.

- ◆1칼럼: 8파이카
- ◆2칼럼: 17파이카
- ◆3칼럼: 26파이카
- ◆4칼럼: 35파이카
- ◆5칼럼: 44파이카
- ◆6칼럼: 53파이카

비율 측정 휠을 써 사진 크기를 재는 자세한 방법은 283쪽 참조.

6칼럼 대판 신문에 이 기사를 편집하는 방법은 여러 가지가 있을 것이다. 당신이라면 어떤 디자인 해법을 내놓겠는가?

연습문제

이 실습을 쉽게 하려면 두 사진을 쓸 때 굳이 정확한 치수에 얽매이지 마라. 대강의 모양만 감안해 배치하고, 효율적인 레이아웃을 위해 살짝 트리밍할 수 있다고 가정하라.

5 어젯밤 롤링스톤스 공연을 찍은 사진 중 가장 좋은 2장이다. 당신의 에디터는 2장 다 쓰기를 원한다. 어떤 게 메인 사진이 돼야 할까?

이 공연 리뷰가 예술면의 톱기사다. 기사 디자인은 5칼럼 폭으로 하되 세로 길이는 제한이 없다. 리뷰 기사는 12인치 분량이다. 최선의 해법은 무엇일까?

---

6 아래 각각의 기사 디자인에는 어떤 문제점이 있을까?

A

B

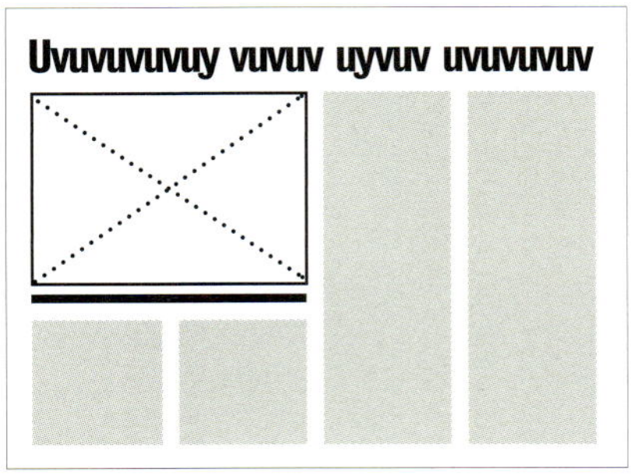

C

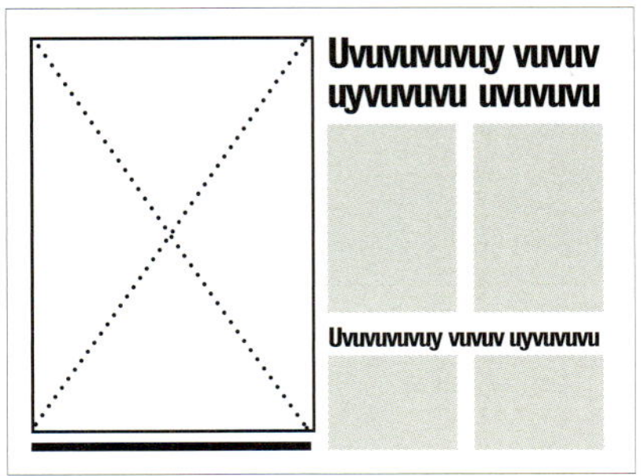

D

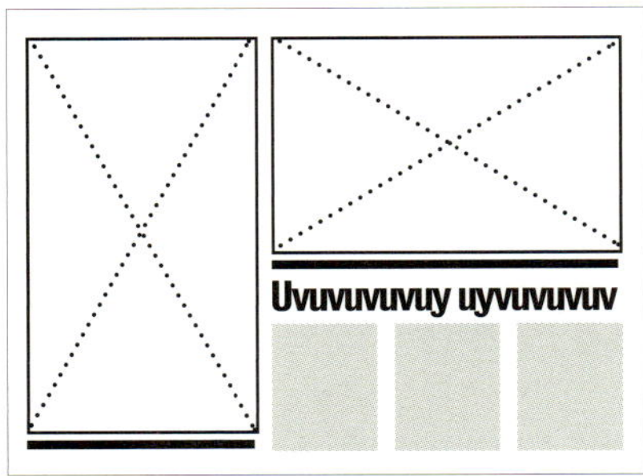

E

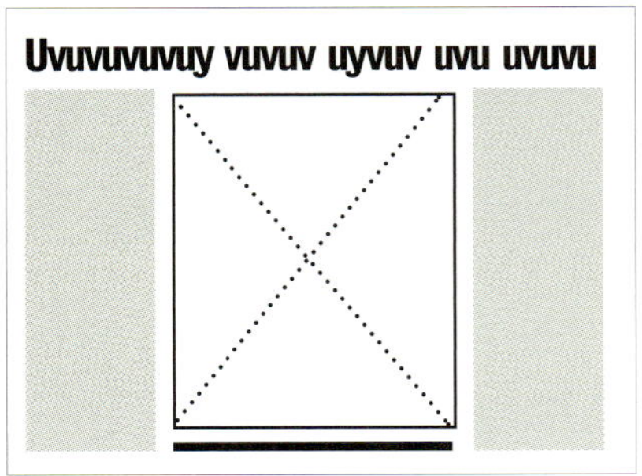

F

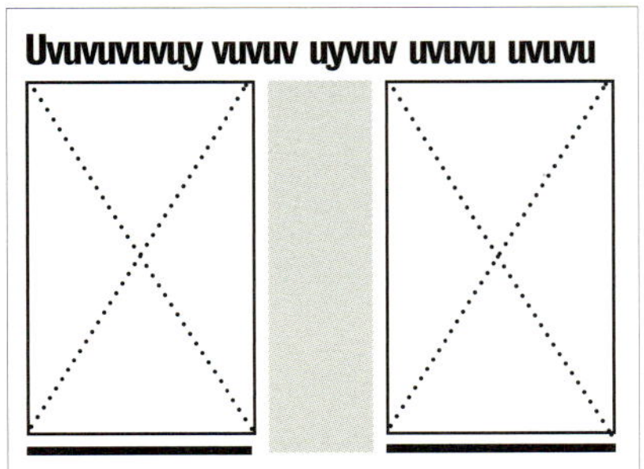

정답은▶ 268쪽

3 지면 디자인

디자인의 유행은 변한다. 지금은 멋있어 보이는 것도 10년이나 20년 뒤엔 아주 어색해 보일 수 있다. 독자의 취향도 변한다. 신문의 철학 또한 변한다.

지면 디자인의 이론도 마찬가지로 변한다. 어떤 디자인 전문가는 지면의 좌측 상단이 핵심 위치라고 주장한다. 그렇다면 당신은 톱기사를 왼쪽 위에 배치해야 한다. 어떤 디자이너는 지면의 우측 상단이 가장 눈에 띄는 곳이라고 말한다. 그러면 또 당신은 톱기사를 오른쪽 위에 놓아야 할 것이다. 다른 디자이너는 독자의 시선이 어디를 향하든 임팩트가 강한 요소들을 (지면 아래 구석과 같은) 눈길이 가지 않는 곳에 배치해야 한다고 조언한다.

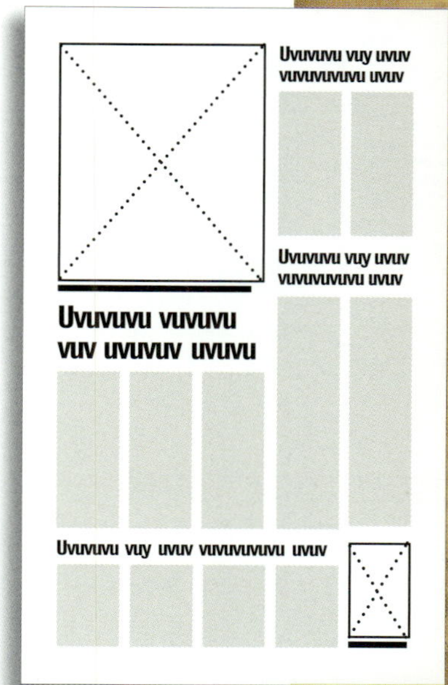

혼란스럽나? 그렇다면 그들이 말하는 것은 잊어라. 한 가지만 기억하라. 독자는 당신이 이끄는 대로 보게 된다. 당신이 지금 하는 작업을 스스로 잘 알고 있다면 질서정연하고 읽기 쉽고 흥미로운 지면을 만들 수 있을 것이다. 당신이 원하는 어느 곳으로든 독자의 시선을 이끌 수 있을 것이다.

이 장에서는 지면 디자인의 최근 원칙들을 분석한다. 그동안 우리는 독립된 단위, 즉 모듈로서의 기사를 공부했으므로 이제 그런 모듈을 어떻게 쌓아야 매력적이고 균형 잡힌 지면을 만들 수 있는지 알아볼 것이다.

3장 목차

그리드

지면을 디자인하기 전 염두에 둘 것이 있다. 어떤 그리드를 쓸 것인가와 칼럼을 나누는 기본 패턴을 어떻게 할 것이냐 하는 점이다. 그리드는 요소들을 정렬하는 체계다.

3칼럼 그리드: 주간지에 종종 쓰인다. 사진과 본문 폭의 선택이 제한적임에 유의하자.

4칼럼 그리드: 보통 타블로이드 판형에 쓰이는 그리드. 3칼럼 그리드보다 유연하다.

5칼럼 그리드: 타블로이드 판형에 많이 사용. 대판 판형의 섹션 프런트에도 많이 쓰인다.

6칼럼 그리드: 대판 판형의 표준 그리드다. 광고가 대부분 이 표준 칼럼에 맞춰 실린다.

7칼럼 그리드: 홀쭉한 칼럼이 작은 부속상자나 사진설명에 얼마나 어울리는지 주목하라.

대판 그리드

신문은 일반적으로 두 가지 크기가 있다. 타블로이드 판형과 대판 판형이 그것인데, 큰 판형일수록 큰 사진과 정교한 디자인을 쓸 여유가 있다. 대부분의 대판 신문은 6칼럼 그리드를 쓴다. 특히 안쪽 지면은 광고가 11~12파이카 크기의 표준 칼럼 폭에 맞춰져 있어 더욱 그렇다. 그러나 프런트 면은 대판 판형에서도 다양한 그리드를 사용한다.

6칼럼: 〈리퍼블리칸 아메리칸〉은 모든 지면 요소를 6칼럼 그리드로 정렬했다. 대다수 대판 판형이 이 그리드를 사용한다. 안쪽 지면은 특히 그렇다.

10칼럼: 최근까지 〈오리거니언〉(*The Oregonian*)은 섹션 프런트에 10칼럼 그리드를 썼다. 폭이 좁은 인용제목, 인물사진, 그래픽의 크기를 통일하는 데 유용하다.

12칼럼: 〈비버 카운티 타임스〉는 보다 다양한 지면 디자인을 만들기 위해 12칼럼을 쓴다. 왼쪽에서 오른쪽까지 칼럼의 폭은 1-3-2-2-2-2이다.

그리드

타블로이드 그리드

발행부수가 많은 일간지는 보통 대판을 사용하지만 주간지, 대학신문, 전문지 등은 타블로이드 판형을 선호한다. 왜 그럴까.

◆ 사이즈가 작아 제작하기 쉽고 인쇄비도 저렴하다.
◆ 기사, 광고가 대판 판형에서보다 훨씬 돋보이므로 편집인과 광고주가 좋아한다.
◆ 휴대가 편하고 부피가 크지 않아 빨리 훑어볼 수 있어 독자에게 인기가 많다.

타블로이드는 대판 판형의 대략 절반 크기다. 대판을 옆으로 놓고 접으면 타블로이드 지면 두 개를 만들 수 있다.

더 알아보기 ▶

◆ **베를리너 판형:** 대판과 타블로이드 사이의 판형. 사이즈를 줄이는 신문 산업의 추세를 반영한다............. 13쪽

◆ **스페셜 그리드:** 추가적인 그래픽 부속상자를 어떻게 배치할지 도와주는 그리드 198쪽

전형적인 타블로이드 지면은 대판의 반 정도 크기다. 정확한 수치는 윤전기마다 다르지만 일반적인 대판과 타블로이드의 지면 크기는 오른쪽과 같다.

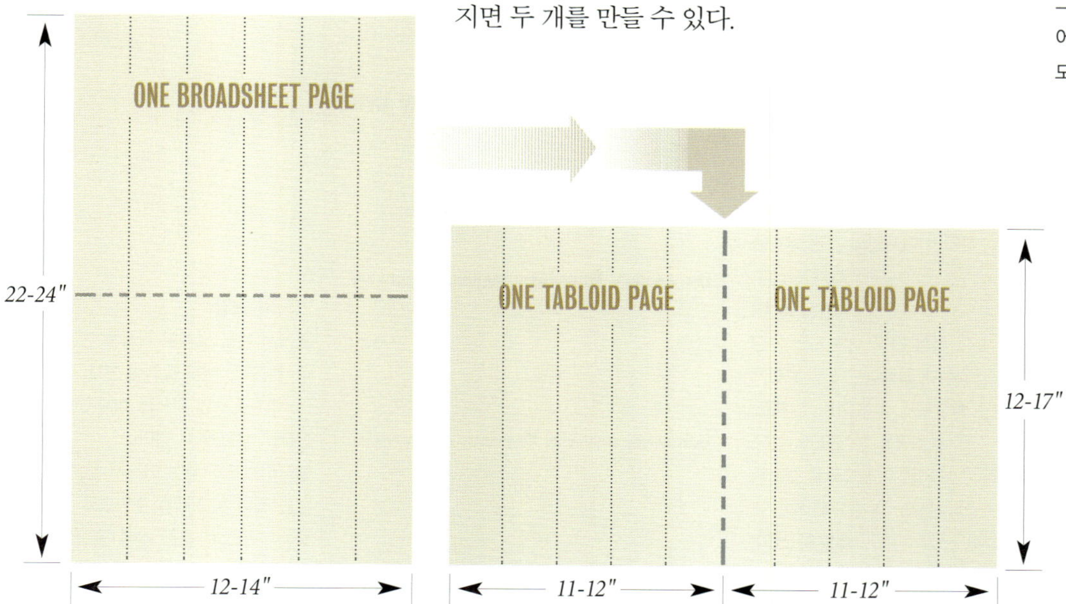

인쇄비용이 오르면서 출판인들은 점진적으로 신문 크기를 줄여왔다. 대판과 타블로이드 판형의 표준 사이즈를 정하기 어려운 것은 그 때문이다.

5칼럼 포맷은 타블로이드에서 가장 일반적이지만 어떤 신문은 7칼럼, 8칼럼, 심지어 9칼럼 그리드까지 성공적으로 써왔다. 왼쪽 아래 신문은 9칼럼 그리드를 썼다. 또 4칼럼처럼 보이는 오른쪽 아래 신문은 실제로는 8칼럼 그리드를 사용했다.

시각물이 없는 지면

지금까지 우리는 기사를 디자인하는 방법들을 알아봤다. 이제부터 지면 디자인을 살펴보자. 지면을 잘 디자인한다는 것은 기사를 깔끔하게 묶는 것이다. 정말 단순하지 않은가? 자, 간단히 시작해보자. 사진은 없고 기사만 있을 땐 어떻게 해야 하는가. 시각물이 있든 없든 가능한 한 지면을 직사각형으로 질서정연하게 만드는 것이 방법이다.

예전에 편집자들은 기사를 세로로 길게 나란히 세웠다. 그러나 요즘 유행은 가로로 바뀌었다. 그래서 아래 보기처럼 가로로 긴 열을 이루게 되었다. 이 지면의 디자인은 단순하지만 일단 제 몫은 하고 있는 것이다.

참고 ▶

이 책을 읽는 누군가는 타블로이드로, 또 누군가는 대판으로 일하고 있을 것이다. 절충해서, 이 장에서 예를 들 때는(아래처럼) 대다수 타블로이드 판형에서 쓰는 5칼럼 체제를 사용할 것이다. 그러나 지면의 모양을 대판이라 추정해도 상관없다.

더 알아보기 ▶

◆ **제목과 제목의 크기:** 대판 판형과 타블로이드 판형에 대한 간단 가이드............29쪽

◆ **시각물이 있는 지면 디자인:** 회색 지면에 사진을 추가하는 방법..........84쪽

◆ **안쪽 지면:** 광고가 있을 때 모듈 디자인 만들기......................98쪽

이 지면의 디자인은 심플하다(사실 약간 단조롭다). 하지만 디자인의 기본 원칙을 지키고 있다.

기사 배치: 가장 긴 기사를 지면 가장 위쪽에 올렸다. '세게' 보이게 함으로써 뉴스 가치, 임팩트, 호소력을 강조할 수 있다. 지면 아래쪽으로 갈수록 기사는 덜 중요해 보인다.

제목의 크기: 기사 배치는 제목의 크기를 결정한다. 메인 기사의 제목이 가장 크다. 지면 아래로 갈수록 제목의 크기는 작아질 수밖에 없다.

기사의 모양: 앞에서 배운 것처럼 기사는 직사각형 형태를 갖춰야 한다. 이 지면을 보면 기사를 직사각형 형태로 묶었을 때 얼마나 깔끔하고 정돈돼 보이는지 알 수 있을 것이다. 기사를 수직으로 묶든 수평으로 묶든 간에, 광고가 없는 지면에는 항상 이 원칙이 적용된다(나중에 광고가 있는 지면을 보면 기사를 사각 형태로 만드는 것이 늘 쉽지만은 않다는 것을 알게 될 것이다).

이 지면의 디자인은 산뜻하다. 그러나 독자들에게 주는 임팩트는 크지 않다. 지면이 기사 일색인 까닭이다. 너무 단조롭고 칙칙하다. 제목만 유일하게 눈에 띌 뿐이다.

완벽한 지면이라면 모든 기사에 시각물을 넣을 수 있을 것이다. 사진, 도표, 지도, 그것도 없으면 눈에 띄는 인용제목이라도 있기 마련이다. 하지만 실전에서 이 모든 시각물을 제작하려면 어마어마한 시간이 필요할 뿐만 아니라 지면이 지저분해질 염려가 있다.

보다 실용적인 방법은 지면의 3분의 1 정도만 시각화하는 것이다. 바꿔 말하면 사진이나 그래픽을 전체 지면의 3분의 1 정도 차지하도록 배치하는 것이다. 물론 어떤 지면은 시각물 면적이 더 넓을 수도 있다(예를 들면 스포츠나 피처 섹션 프런트 면).

하지만 쓸 만한 사진이 없을 때도 있다. 인용할 만한 문구가 없을 수도 있다. 도표나 그래프를 만들 시간, 또는 아티스트가 없을 수도 있다. 그래도 해법은 있다. 위 예시처럼 기사를 차곡차곡 쌓는 게 아니라 다음과 같은 여러 시도로 변화를 줄 수 있다.

◆ **제목 충돌**

◆ **기사의 박스 처리**

◆ **변배 사용**

◆ **로 랩과 대안적 제목 처리**

이제 시각물이 없는 지면을 어떻게 다루는지 살펴보자.

시각물이 없는 지면

제목의 충돌

TOM MIX DIES IN CRASH

Troy Tops Illini 13-7; Texans Beat Bruins 7-0

115,000 to Join Pontifical Mass for Peace Today

Cleric Leaders Aiding Papal Envoy in Coliseum

Western Film Hero Killed in Arizona

KIMBROUGHS DRIVE GAINS EARLY SCORE

Jackie Robinson, Uclan Star, Hurt, Removed From Game; Fumbles Mar Coliseum Fray

By Al Santoro

The powerful Texas Aggies defeated the Bruins of U. C. L. A., 7 to 0, in their intersectional game in Memorial Coliseum yesterday afternoon.

TROY ATTACK IN 3D PERIOD DOWNS ZUPPKE

Robertson Scores Twice for Victors in See-Saw Battle Before 40,000 at Champaign

By Davis J. Walsh

CHAMPAIGN, Ill., Oct. 12.—Southern California's Trojan juggernaut really got rolling this afternoon for the first time this season, the men of

Hitler Warned By Greece; Nazis Seize Bucharest

U-Boats Stage Battle With British Navy

BERLIN, Oct. 12.—(INS)—An unusual sea

Von Wiegand Says:

Europe Conflict Moving to Egypt

Axis Plans Check of British in Mediterranean

Troops March in Triumph to Balkan Capital

ATHENS, Greece, Oct. 12.—(AP)—High Greek authorities, rushing defense measures ... German military

1960년대까지만 해도 대부분의 신문은 단간에 수직선을 긋기만 했다. 제목들이 서로 길게 나란히 놓이면 그것은 마치 묘비처럼 보였다. 오랫동안 지면 디자인의 제1원칙은 '제목 충돌을 피하라'는 것이었다. 부딪힌 제목은 아래와 같은 혼란을 일으킬 수 있다.

그러나 두 기사를 나란히 놓을 필요가 있을 때도 있다. 그땐 어쩔 수 없이 제목이 충돌하게 된다. 문제를 최소화하는 방법은 다음과 같다.

◆ **서체, 활자, 크기를 달리하라.** 제목이 충돌한다면 서로 달라보이게 하라. 한 제목이 고딕체라면, 다른 제목은 명조체나 이탤릭체를 써라. 하나가 한 줄로 된 굵은 가로 제목이라면, 다른 건 작은 세 줄 제목으로 달아라.

◆ **제목을 짧게 뽑아라.** 두 제목 사이에 약간의 공간이 생기게 하라. 그것은 보통 왼쪽 제목을 짧게 하는 것이다. 그게 안전하다.

이처럼 기사들을 넓게 가로로 배열하면 제목이 서로 충돌할 일은 없다. 그러나 단조로움을 깰 세로 모양을 추가해야 하지 않을까?

맨 위의 제목 두 개가 약간 충돌한다. 그러나 왼쪽 제목이 더 크고(적어도 12포인트 정도) 짧다. 또 이 지면은 지루함을 덜어주는 세로 요소도 갖췄다.

여기 두 쌍의 제목 충돌이 있다. 하지만 어떤 사람들은 이 지면이 더 활력 있고 재미있다고 말할 것이다. 규칙에서 벗어남으로써 지면에 다양성을 더했다.

더 알아보기 ▶

◆ **제목:** 서체, 크기, 줄수 29쪽
◆ **충돌하는 제목:** 사진과 로랩을 이용해 충돌을 피하는 법 85쪽

시각물이 없는 지면

기사의 박스 처리

지면의 단조로움을 깨는 또 다른 방법은 기사를 박스로 처리하는 것이다. 67쪽에서 봤듯 박스 처리는 애매한 디자인 때문에 독자가 혼란을 느끼는 것을 막는 방법 중 하나다.

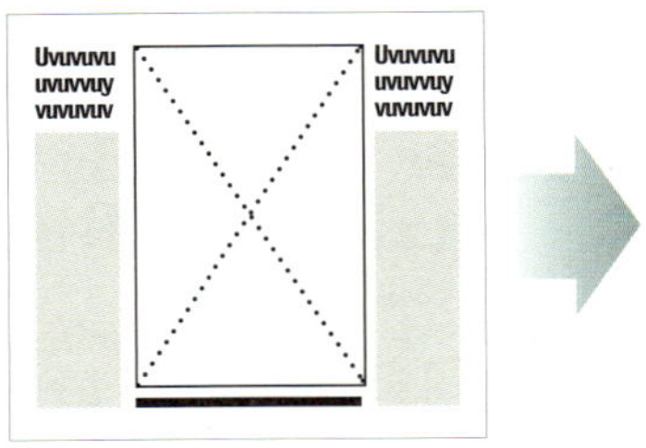

이 사진은 어느 기사에 속한 것일까? 구별하기 어렵다. 구분하려면 본문을 읽고 사진설명도 봐야 한다.

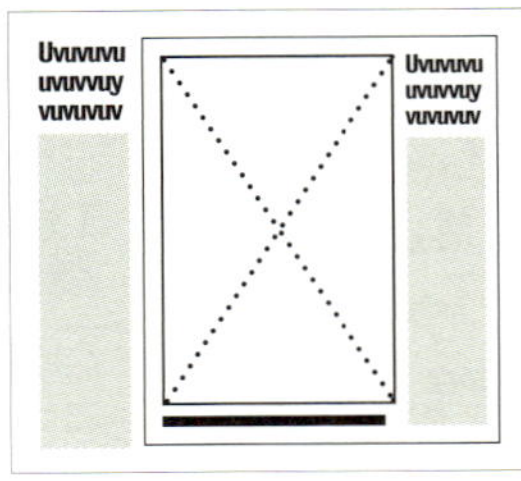

사진과 기사에 박스를 두르면 한 묶음이 되고 독자가 혼란을 느끼는 것을 피할 수 있다.

또한 박스 처리는 시각적 강조 효과가 있다. 하지만 남용은 금물이다. 박스는 아래처럼 특별 대접을 받을 가치가 있는 기사를 위해 남겨둬라.

- 경성기사로 가득 찬 지면의 연성기사.
- 큰 기사에 붙어 있는 작은 부속상자.
- 정기적으로 게재되는 고정 칼럼(단신 모음이나 오피니언 등).
- 복잡한 디자인 때문에 다른 기사와 충돌하거나 독자를 혼란스럽게 하는 기사.

이처럼 세로로 길쭉한 박스는 지면의 단조로움을 없애면서 독자에게 "이 기사는 다릅니다"라고 말한다. 그러므로 반드시 특별한 기사나 칼럼에만 이런 처리를 하라.

한 지면에서 두 개의 기사를 강조했다. 하나는 지면 맨 위에 배치하고 다른 하나는 박스 처리한 것이다. 이런 지면에서 당신의 시선은 어떻게 이동하는가?

지면 상단 톱기사의 부속상자를 박스 처리했다. 두 개의 기사가 하나처럼 묶여 보인다. 아래쪽엔 작은 피처기사를 박스 처리해 그래픽적인 효과를 주었다.

박스 안에서 한 칼럼의 너비 측정

기사를 박스로 감쌀 때 한 칼럼의 너비를 측정하는 방법은 다음과 같다.

1. 먼저 박스의 전체 너비를 잰다(파이카 단위로).
2. 박스 안을 몇 단으로 할지 결정한다.
3. 박스 안 단간마다 1파이카씩(영자신문 기본 단간) 뺀다(박스선과 인접한 단간 두 개 포함).
4. 단수로 나눈다(역자 주: 보통 사용하는 단폭이 12파이카 2포인트. 2칼럼짜리 박스를 만든다면 전체 너비는 25파이카 4포인트이고, 내부 단폭은 거기서 단간 3개를 뺀 뒤 둘로 나눈 11파이카 2포인트가 된다).

더 알아보기 ▶

◆ **실패한 병렬 배치:** 어떻게 발생하며 어떻게 피할 수 있나........................102쪽
◆ **선과 박스:** 언제 이들을 사용하고 언제 사용하지 말아야 하나...........155쪽

시각물이 없는 지면

칼럼의 변형

변형 칼럼(변배)은 디자인에서 아주 중요한 수단이고, 유용하다. 특히 사진의 크기를 다양하게 바꿀 필요가 있을 때 그렇다(나중에 더 자세히 다룰 것이다).

알다시피 대부분의 신문은 각 지면 칼럼 수가 고정돼 있다. 그러나 변형 칼럼은 일반적인 칼럼 폭을 벗어난다.

더 알아보기 ▶

◆ **변형 칼럼:** 사진 크기를 다양하게 조절하는 데 어떤 역할을 하나..... 97쪽

왼쪽 지면은 5칼럼 기본 그리드를 쓴다. 각 칼럼의 폭은 대략 14파이카 5포인트다. 만약 각 기사의 칼럼 수를 바꾼다면 오른쪽과 같이 칼럼의 너비도 바뀌게 된다.

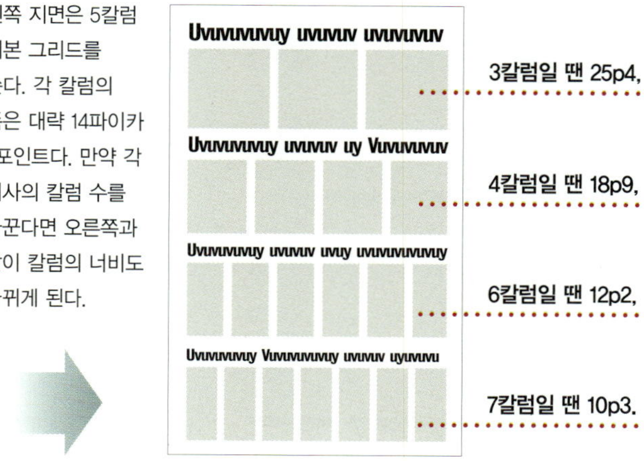

변형 칼럼은 엄격한 지면 그리드에서 탈피함으로써 기사에 그래픽적 강조 효과를 준다(위 왼쪽 예시에서 칼럼과 단간이 얼마나 엄격한 수직 패턴을 이루고 있는지 알겠는가?). 칼럼 폭을 바꾸는 것은 기사가 매우 특별하다는 것을 보여주는 효과적인 방법이다.

좋은 조합이다. 한 개의 변배 박스가 있다. 이는 톱기사를 강조하는 효과가 있다. 지면이 정돈된 느낌을 주고 각 기사의 상대적 뉴스 가치도 명확하다.

넓은 단폭은 기고(오른쪽 칼럼)나 특별한 기사(아래)에 힘을 실어준다. 단 사이의 선이 오른쪽 칼럼과 다른 기사를 어떻게 구분하는지도 눈여겨보라.

변형 칼럼이 너무 많아 혼란스럽다. 톱 바로 아래 기사를 박스와 변배로 강조하는 바람에 톱기사와 경쟁하는 모양이 됐다. 기본 그리드를 너무 무시하지는 마라.

변형 칼럼은 지면의 그리드 패턴을 바꾼다. 단조로움을 줄인다는 점은 좋지만 혼란을 초래할 수 있다는 점에서는 나쁘다. 어떤 신문은 아예 변형 칼럼을 허용하지 않는다. 어떤 신문은 박스에 한해서만 허용한다. 변형 칼럼 사용에는 절제가 있어야 함을 명심하라.

지금까지 분명해진 몇 가지 경고사항: 한 기사 안에서는 칼럼 폭을 바꾸지 말라. 칼럼 폭은 기사와 기사, 페이지와 페이지 사이에선 바뀔 수 있지만, 한 기사는 일정한 칼럼 폭을 계속 유지해야 한다. 예외는 없다.

시각물이 없는 지면

로 랩 활용

로 랩을 활용하면 제목 충돌 없이 두 기사를 나란히 배치할 수 있다. 그러나 사용에 주의가 필요하다. 로 랩은 지면 상단, 박스선 아래, 차단선 아래에서만 사용해야 한다. 그렇지 않으면 다른 기사 칼럼과 충돌해 헷갈린다.

더 알아보기 ▶

◆ **제목의 형태:** 기본적이지 않은 옵션 정리........**28쪽**

◆ **로 랩:** 제목끼리 부딪히지 않게 하기 위해 어떻게 활용하나 **85쪽**

사진이 없는 전형적 지면. 로 랩이 기사 형태에 어떤 다양성을 부여하는지 볼 수 있다. 그러나 로 랩 기사의 두 번째 칼럼이 위 기사 칼럼과 헷갈리지는 않는가? 로 랩을 지면 중간에 사용할 때의 위험성을 보여준다.

훨씬 나은 조합이다. 톱기사를 변형 칼럼으로 박스 처리했다. 강조 효과를 주는 동시에 칼럼을 엇갈리게 배치해 서로 헷갈리지 않게 했다. 물론 톱기사 대신 로 랩 기사를 박스 처리할 수도 있다. 하지만 박스는 특별한 기사를 위해 아껴두어야 함을 기억하라. 디자인 약점을 보완하기 위해 박스를 남용하지 말라.

제목 처리의 다른 사례들

누구도 모든 제목이 똑같아 보여야 한다고 말하지 않는다. 다양한 제목으로 지면 디자인에 특별한 매력을 줄 수 있다. 그러나 남용하지는 마라. 특별한 기사에만 특별한 제목 처리를 하라. 한 지면에 파격적 제목이 너무 많으면 산만하고 지저분한 느낌을 줄 수 있다.

톱기사를 로 랩 처리하면서 박스로 싸고 변형 칼럼을 썼다. 어떤 신문은 지나치게 긴 한 줄짜리 버너 제목을 피하기 위해 지면 톱에 로 랩을 사용한다. 아래쪽 부제가 있는 해머 제목은 분석기사나 피처기사에 임팩트를 준다.

이 지면 톱기사는 옆안장 제목을 사용했다. 칼럼이 세로로 너무 길면 제목이 긴 여백 안에서 둥둥 떠다니는 느낌을 줄 수도 있다는 점을 주의하라. 지면 하단의 인용제목은 회색 지면의 단조로움을 깨고 독자의 시선을 잡는다.

시각물이 없는 지면

더 나은 해법: 패키징

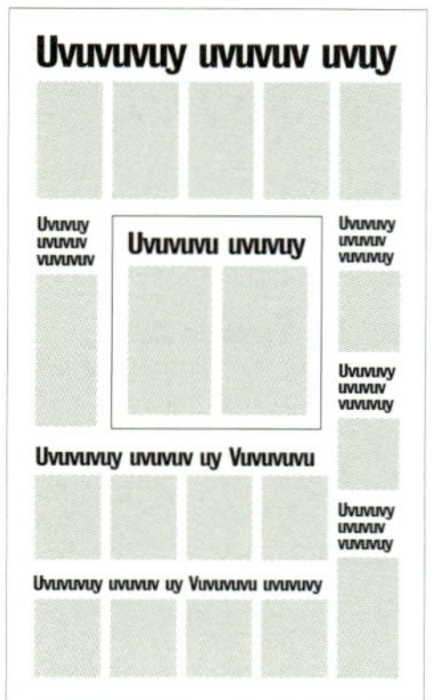

지면이 왼쪽처럼 회색 일색이라면 사진기자가 필요하다. 그러나 당신 또한 짧은 기사들을 주제에 따라 특별한 형식으로 묶어줄 필요가 있다. 패키징의 이점은 다음과 같다.

- ◆ 단신이나 일정표를 산만하게 흩어 놓는 대신 한곳에 모아 집중시킨다. 현명하고 깔끔하다.
- ◆ 작은 기사들을 따로 모아줌으로써 주요 기사에 임팩트를 더 줄 수 있다.
- ◆ 매일 게재되는 고정물을 같은 장소에서 찾는 독자들의 신문 읽기 습관에 부합한다.

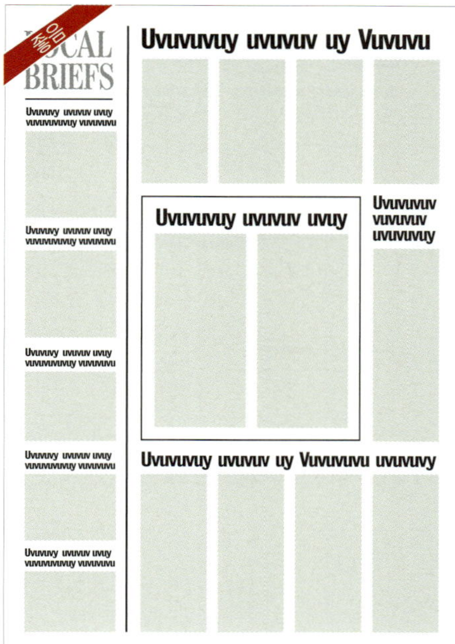

단신 모음은 지면 왼쪽에 흘리는 게 보통이다. 단신을 세로로 처리하면 기사를 지면에 맞춰 빼거나 더하기도 편리하다. 이 지면에서는 칼럼 폭을 얼마나 넓게 처리했는지, 수직선으로 다른 기사와 어떻게 구분하는지 살펴보라. 단신 모음에 박스를 쓰는 것도 가능하다.

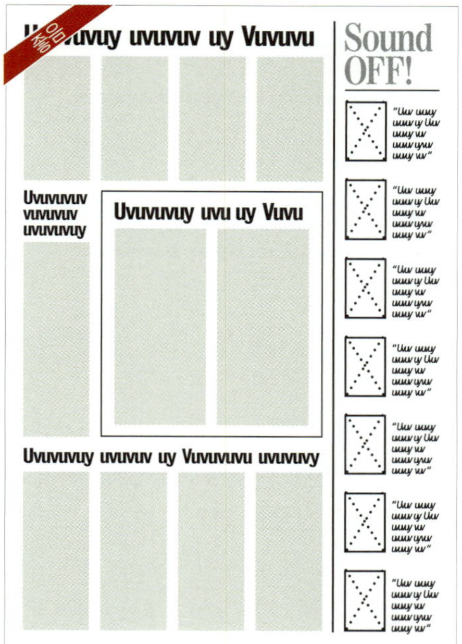

왼쪽 지면 디자인을 좌우로 뒤집으면 이 지면처럼 특수 칼럼이 반대쪽에 놓이게 된다. 여기서는 길거리 인물 인터뷰를 인물사진과 함께 실으면서 인용문을 나란히 정리해 지면에 생기를 불어넣었다.

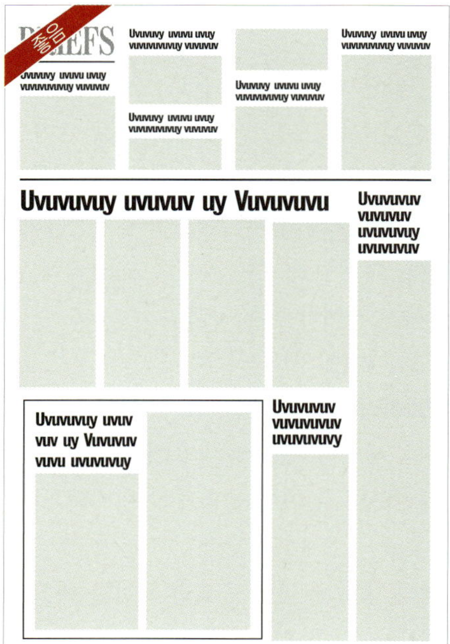

어떤 신문은 본문 흐름이 어색해지더라도 단신 모음을 지면 위쪽에 가로로 배치한다. 지면 하단 로 랩에 주목하라. 로 랩을 변형 칼럼으로 박스 처리했을 때 어떻게 보이는지 알 수 있다. 그런대로 괜찮아 보이지 않는가?

단신 모음을 지면 아래쪽에 다른 기사들과 분리해 배치했다. 다시 말하지만 가장 큰 단점은 짧은 기사가 이쪽 단에서 저쪽 단으로 건너뛰어 흐르는 것이다. 이 지면에서는 검정색 띠가 단신과 나머지 지면을 구분하는 역할을 하고 있다.

시각물이 있는 지면

지면 디자이너의 일은 단순히 선을 긋고 기사를 흘리고 충돌을 막는 것이 아니다. 중요한 것은 독자에게 기사를 파는 것이다. 사람들은 맛있어 보이지 않는 음식을 먹지 않듯이, 맛있어 보이지 않는 뉴스는 삼키려 하지 않는다. 따라서 지면에는 시각물이 있어야 한다.

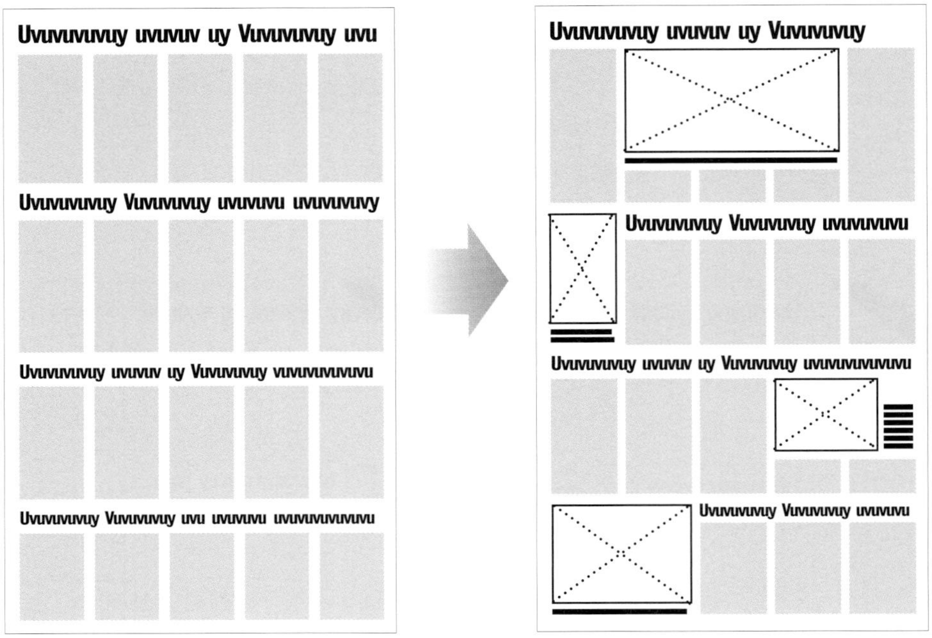

단조로운 지면이다. 물론 깔끔하고 정보를 담고 있기는 하다. 하지만 따분하고 활기가 없다. 시선을 끄는 게 아무것도 없다. 기사 내용이 아무리 훌륭해도 절대 읽히지 않을 것이다.

같은 지면에 시각물을 첨가했다. 공간이 좁아지므로 기사 분량을 줄이거나 다른 면으로 점프시켜야 한다. 하지만 그럴 만한 가치가 있다. 대다수의 독자는 시선을 멈추게 하는 뭔가가 나올 때까지 지면을 훑어본다. 사진, 지도, 그래픽 등을 쓰면 관심을 끌 수 있고, 그래야 정보를 전달할 수 있다.

시각물은 필수다. 단순한 장식이 아니라 정보가 있는 시각물은 신문 디자인에서 중요한 역할을 한다. 지면에 시각물을 덧붙이는 것은 다음과 같은 효과를 준다.

◆ 시각적 정보로 텍스트 정보를 보충할 수 있다.

◆ 텍스트로는 놓치기 쉬운 움직임, 감정, 개성을 더한다.

◆ 단조로운 지면을 읽지 않는 독자에게 호기심을 준다.

◆ 각 지면의 디자인 선택 폭을 넓힌다.

시각물이 있는 지면의 가이드라인

지면에 시각물을 활용하면 호소력은 배가된다. 물론 지면이 어수선하고 지저분해질 위험도 커진다. 따라서 처음에는 조금씩만 써야 한다. 시각물을 넣는 게 편하게 느껴질 때 더 많이 활용하라. 단조로운 지면보다는 과한 느낌이 들더라도 활력 있는 지면이 틀림없이 낫다. 어느 베테랑 신문 디자이너는 "나는 지면을 최대한 혼란스럽게 만든 다음 하나씩 빼는 것을 좋아한다"고 말한 바 있다. 지면을 디자인할 때는 가능성도, 잠재적 위험도 셀 수 없이 많다. 따라서 아래 가이드라인은 꼭 숙지해야 할 것이다.

◆ **모든 기사는 직사각형을 유지하라.** 성공적인 모듈 디자인의 핵심이다.

◆ **기사뿐만 아니라 시각물의 모양과 크기를 다양화하라.** 기사와 시각물 등 모든 요소가 정사각형이 되는 단조로움에 빠지지 않게 조심하라. 세로나 가로 하나의 형태만 있는 것도 좋지 않다. 또 기사가 모두 10인치짜리라도 곤란하다. 독자에게 다양한 형태의 기사와 사진을 선사하라.

◆ **중요한 것을 강조하라.** 큰 기사엔 큰 사진을 써라. 중요한 곳에 중요한 기사를 배치하라. 기사 배치를 통해 독자들이 기사의 중요도를 알고 신문을 읽게 할 수 있다.

시각물이 있는 지면

각 지면마다 톱 이미지를 부여하라

초보 디자이너들은 시각물을 너무 작게 쓴다. 그래서 지면이 약해 보이고 힘이 없다.

대담해져야 한다. 가장 좋은 시각물을 키워라. 한 지면에 사진을 두 장 이상 쓸 경우에는 그 중 하나가 지면을 압도해야 한다. 사진이 한 장만 있을 경우에도 충분한 효과와 흥미를 줄 만큼 크게 써라. 그것이 시각적으로 지면을 살린다.

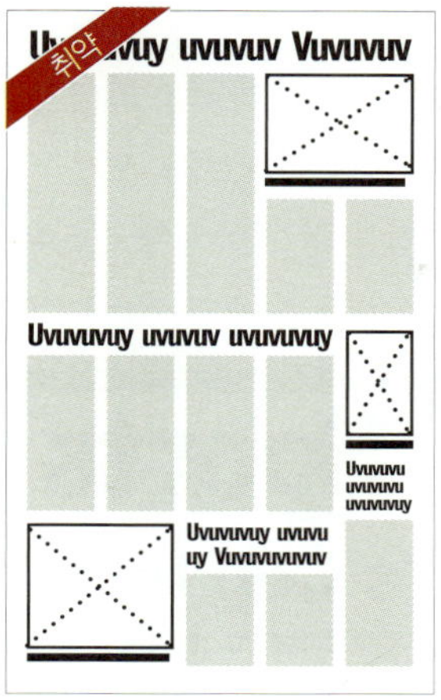

주요 사진이 없다. 텍스트가 지나치게 많고 지면이 밋밋하다.

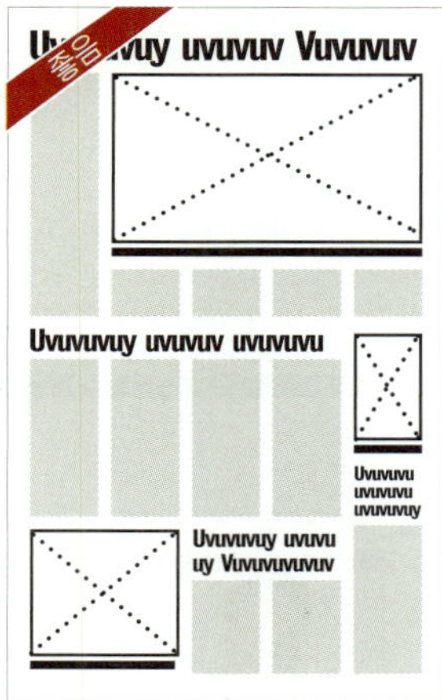

톱 사진을 2칼럼 더 키워 지면에 활력을 불어넣었다.

시각물을 균형 있게 써라

사진으로 지면에 힘을 주되 균형과 분산도 함께 생각하라. 사진을 마구잡이로 놓거나 충돌시키면 지면은 아래와 같이 된다.

◆ **혼란.** 시각물이 연관성이 없으면 산만하고, 관련 없는 기사에 제멋대로 시선이 간다.

◆ **쏠림 현상.** 사진이 한쪽으로 쏠리면 본문도 다른 쪽으로 쏠리기 마련이다.

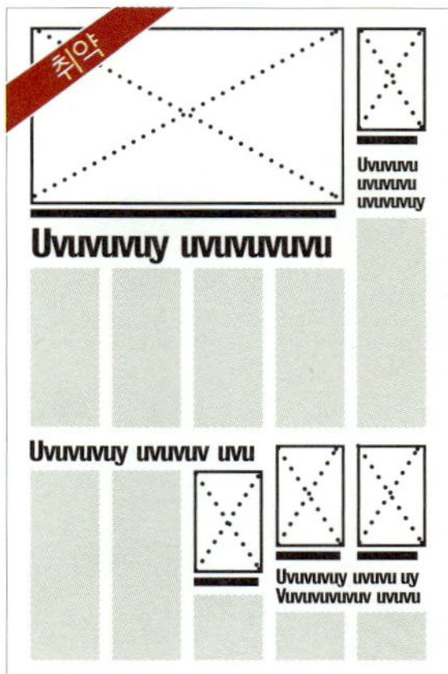

이 레이아웃은 메인 사진과 인물사진이 한 쌍인 것처럼 보인다. 아래 세 인물사진도 마찬가지다. 지면이 혼란스러운 데다 위쪽이 너무 무겁다.

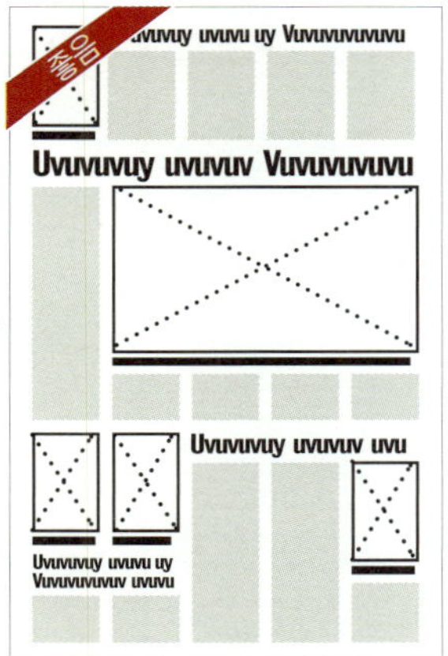

사진 배치에 신경을 쓰면 충돌이나 혼돈을 피할 수 있다. 시각물이 적당히 떨어져 있어서 지면이 훨씬 조화로워 보인다.

제목 충돌에 유의하라

이제까지 우리는 필요할 땐 제목끼리 서로 부딪칠 수 있다고 배웠다. 하지만 잘 디자인된 지면은 제목 충돌이 불필요하다. 어설프고, 독자에게 혼란을 줄 뿐이다.

대신 미리 생각해야 한다. 기사를 구분 짓기 위해 제목 충돌보다 시각물을 사용하라. 많은 경우에 로 랩도 산만한 지면을 피하는 좋은 대안이 된다.

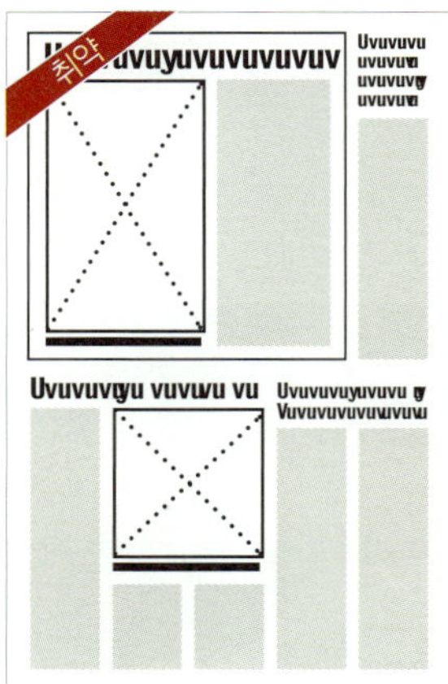

두 곳이나 제목 충돌이 일어나 지면이 볼품없고 혼란스럽다. 만약 사진을 활용해 오른쪽 지면처럼 기사를 분리시켜주면…

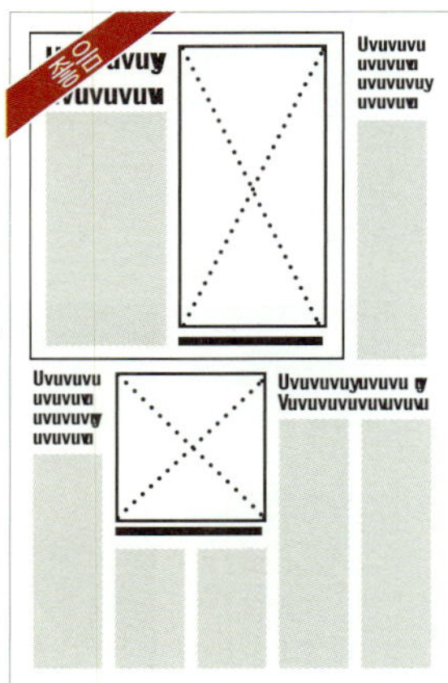

…훨씬 깔끔한 레이아웃이 된다. 왼쪽 아래처럼 두 기사를 나란히 배치할 때 로 랩 처리가 얼마나 유용한지 눈여겨보라.

모듈 지면 디자인

모듈 디자인이란 용어는 많이 언급되어 왔다. 전체 지면을 디자인할 때, 기사를 모듈(별개의 사각형 모양)로 만든다는 개념은 새로운 의미를 갖는다.

시간을 갖고 아래 스포츠 지면을 잘 살펴보자. 모든 기사가 직사각형임을 알 수 있다. 그 다음에는 모듈들이 어떻게 균형을 잡고 어떻게 정리돼 있는지 연구해보자.

C section — The Orange County Register — Tuesday, July 26, 1988

Sports

MARK WHICKER

Giants nearly let Dodgers off the hook

America's Cup is on for September

Judge rules US must face New Zealand

Safety's wish is granted

Rams give Cromwell release after 11 years

Catcher Mike Scioscia stops the Giants' Donell Nixon from scoring with a body block, but the Dodgers couldn't stop San Francisco, losing, 3-1.

Mitchell's homer sinks Dodgers

Giants break through against Fernando, 3-1

McCaskill, Angels come out on top, 2-1

He throws three-hitter to beat Stewart, A's

INSIDE

Irvine boxing: Paul Gonzales scores a unanimous decision over Javier Diaz in a flyweight bout/2

Starting call? Quarterback Jim Plunkett, at age 40, is optimistic about his fate with the Raiders/3

Jets sign Cadigan: Ex-USC lineman Dave Cadigan agrees to a four-year, $2 million deal with New York/3

The AL East: New York overtakes Detroit for first place; Boston, behind Roger Clemens, wins 12th in a row/4

Double duty: Several jockeys will commute between Del Mar and Los Alamitos race courses to ride at both tracks/6

DC Tennis Classic: Jimmy Connors beats Andres Gomez in straight sets, his first singles title since 1984/7

Third baseman Jack Howell fails to stop Jose Canseco's line drive in the Angels' 2-1 victory over Oakland.

모듈 지면 디자인

지면을 다른 식으로 더 낫게 바꿔볼 수 없을까. 모듈을 재배치하면 지면이 어떻게 바뀌는지 살펴보자.

세로로 긴 1칼럼 기사 2개를 나란히 놓아 제목이 거의 충돌한다. 잘못된 배치지만 나머지 부분들은 괜찮다.

메인 사진을 맨 위에 배치했다. 중앙부의 회색 기사 블록이 지면을 지루하게 만든다. 그것만 빼면 만족스럽다.

왼쪽 지면에서 중앙부 기사 겹침을 없애기 위해 아래 사진을 위로 옮겼다. 지면에 균형감이 생겼다.

작은 사진을 지면 꼭대기로 올리면 어떨까. 글쎄, 여기선 아닌 것 같다. 사진이 충돌하고 지면 아래엔 시각물이 없다.

여기서도 작은 사진을 위쪽에 배치했다. 이 디자인도 어색한가. 보통 큰 사진을 위쪽에 배치하는 게 더 좋다.

원래 지면을 좌우로 뒤집은 꼴이다. 별 문제 없다. 다만 전통적으로 기고는 왼쪽에 배치한다.

프런트 지면 디자인

신문의 뉴스 철학은 1면에서 가장 두드러지게 나타난다. 사진, 제목 스타일, 그래픽의 다양성, 기사의 수 등에서 그렇다.

여기 몇몇 대판 신문의 1면 디자인 사례가 있다. 이제껏 우리가 언급했던 디자인 원칙들이 지켜지고 있는가?

더 알아보기 ▶

◆ **1면 디자인:** 최근 추세와 철학 7쪽

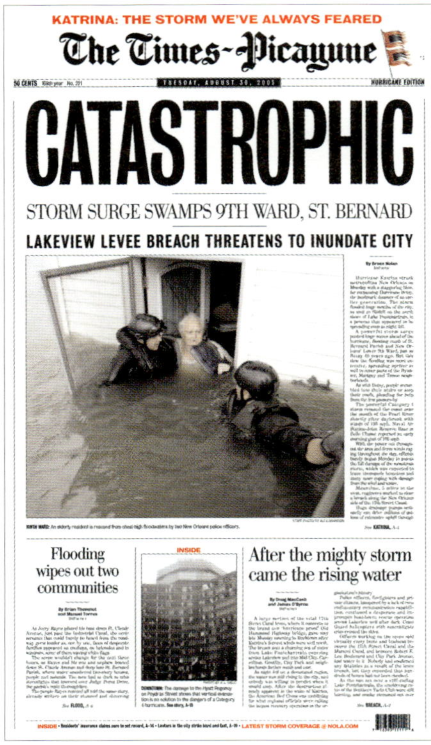

재난이 덮쳤을 때 1면은 주요 기사 하나에만 초점을 맞추고, 큰 제목과 큰 사진으로 그 사건의 규모를 반영한다. 2005년 허리케인 카트리나가 뉴올리언스를 강타했을 당시 〈타임스 피커윤〉(*The Times-Picayune*) 1면 초판이다. 이 지면은 당시 신문사 사무실이 침수되는 바람에 PDF로 만들어져 온라인으로 게재됐다.

왼쪽 허리케인 지면은 급하게 만들어졌다. 레이아웃도 단순하고 눈길을 끄는 장식도 없다. 반면 이 지면은 거의 모든 기사에 시각적 터치를 가미했다. 기사에 컬러 스크린을 사용한 것이나 사진을 트리밍한 방식, 사진 안에 제목을 얹은 것 등을 주목하라. 모든 모듈을 선과 컬러 박스로 구분해 지면을 깔끔히 정리했다. 그런데 컬러를 많이 쓰는 것은 매력인가 과잉인가?

여기 다른 큰 뉴스가 있다. 2005년 런던 지하철 폭탄 테러가 발생했을 때 〈토론토 내셔널 포스트〉(*Toronto's National Post*)는 1면을 이렇게 만들었다. 레이아웃은 완전 대칭이다(심지어 제목까지 중앙에 배치했다). 지하철에 타고 있던 승객이 휴대전화로 찍은 사진은 해상도는 낮지만, 지면에 사실성을 더한다. 검은색 배경은 독자를 어두운 지하철 터널로 이끈다. 그런데 이 검은색 바탕 처리는 영리한 시도였나, 아니면 가독성을 해치고 있나?

우선 6칼럼 그리드가 이 지면에서 어떻게 운용되는지 살펴보라. 4칼럼은 뉴스 기사에, 왼쪽 2칼럼은 단신에 쓰였다. 그러나 단신 칼럼은 톱기사 관련 6단짜리 대형 사진에 의해 둘로 나뉘었다. 모듈 원칙을 벗어난 이런 레이아웃은 신선한 충격을 주는 것인가, 독자를 혼란스럽게 하는 디자인 변칙인가?

프런트 지면 디자인 흐름도

시작:

당신은 기사가 몇 꼭지나 되는지 알고 있는가? 기사의 길이는? 기사들의 상대적 중요도는? 톱기사는 있는가?

NO → 디자인하기 전에 퍼즐조각을 모두 가지고 있는지 확인하라. 완벽한 리스트를 확보하라. 데스크에게 가장 뉴스가치가 큰 것이 무엇인지 물어보라. 자 이제 모두 알고 있는가?

NO → 어이, 나를 괴롭히기로 작정했나? 지면을 디자인할 생각이 있기는 한가? 당신은 스스로를 막다른 코너로 몰았다. 그렇다고 패닉에 빠질 건 없다. 숨을 깊게 들이쉬고 돌아가서 다시 시작하라.

YES → 사진, 인물사진, 도표, 지도 등의 시각물을 모두 다 챙겼는가? 반드시 써야 할 것과 안 써도 될 것이 무엇인지 아는가?

NO → (디자인하기 전에 퍼즐조각을 모두 가지고 있는지 확인하라.)

YES → 메인 시각물을 골랐는가? 사진 한 장이 됐든 여러 개가 뭉쳐 하나의 시각물로 보이든 상관없다.

NO → 이런, 메인 시각물이 있어야 한다. 지면이 회색으로 보이거나 흐리멍덩해 보이길 원하지 않는다면 말이다. 기사에서 그래픽을 뽑아낼 것은 없는지 검토하라. 새로운 사진이나 자료사진은 있는가? 도표나 그래픽을 그릴 수는 있는가?

NO → 독립적으로 쓸 수 있는 사진이 있는가? 분위기 있는 인물사진, 풍경, 스포츠 사진도 괜찮다. 사진기자에게 요청하면 바로 찍을 수 있는 동식물 사진이나 뉴스 사진이 있는가? 다른 지면에서 1면으로 사진을 가져왔을 때 원래 지면의 기사를 독자들이 찾아 읽도록 할 수 있는 사진이 있는가?

NO → (어이, 나를 괴롭히기로 작정했나?)

YES →

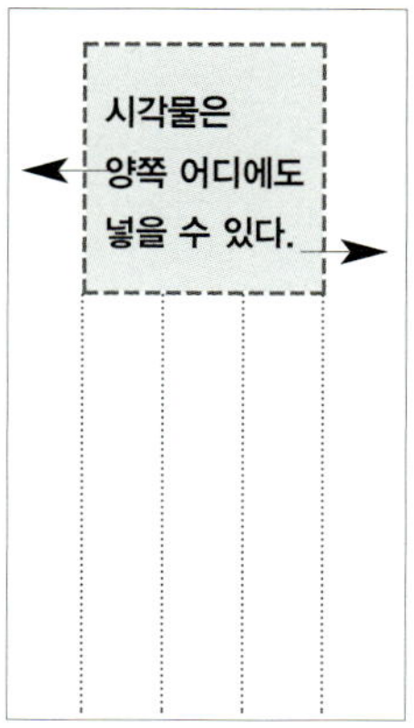

지면 위쪽에 메인 시각물을 배치하라. 크게 써라. 기사가 어디로 갈 것인가를 생각하라. 그리고 제목을 고려하라. 부속사진이나 부속상자도 염두에 둬라. 여러 옵션을 시도하라. 기사가 길면 점프를 할 수도 있다. **만약 기사가 없다면,** 독립 사진을 쓸 수 있다. 하지만 지면 위쪽에 톱기사를 위한 공간을 남겨둬라. 메인 시각물을 아래쪽이나 한쪽으로 밀어서 톱기사가 읽힐 수 있게 하라. 다른 기사들이 지면 아래쪽에 있을 경우를 생각해보라. 이 기사들을 위한 사진이나 시각물은 있는가?

NO → 다른 시각물이 없다면? 끔찍하게 지루한 회색톤 지면이 될 수 있다. 인물사진이나 인용제목을 작은 기사에 덧붙일 수 있는가? 아니면 작은 단독사진을 (지면 아래쪽에) 쓸 수 있는가? (YES라면 다시 전 박스로 돌아가라.) 다른 기사에 시각물이 없다면, 메인 시각물을 최대한 활용해야 한다. 가능한 한 메인 시각물을 지면 중심에 배치한 뒤 나머지 기사들을 위, 아래, 옆에 배치해보라. 모든 요소들이 적절하게 놓일 때까지 계속 시도하라.

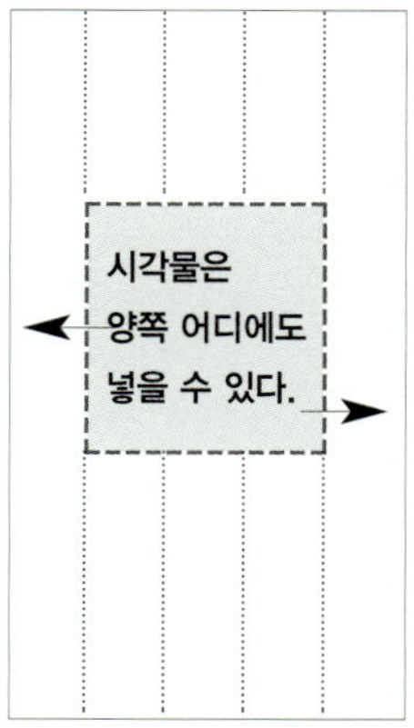

YES, LOTS → 시각물을 지면 가장자리로 분산시켜도 사진끼리 충돌하지 않는다. 메인 시각물이 다른 시각물과 충돌하지 않도록 지면 중앙이나 다른 쪽으로 옮겨보라.

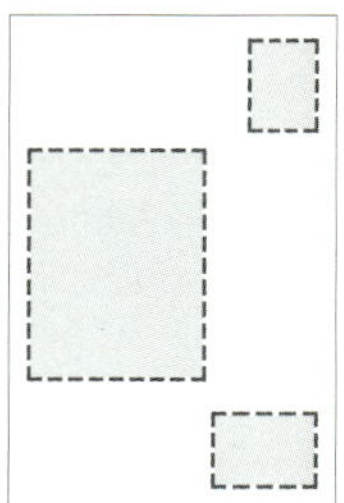

지면의 임시 배치 작업이 모두 끝났다. 만족스러운가?

JUST ONE → 나머지 기사를 메인 시각물과 함께 어떻게 운용할 것인지 결정하라. 만약 중요기사라면 지면 위쪽으로, 메인 시각물보다 위에 배치하라. 그렇지 않다면 아래쪽 코너에 놔둬라.

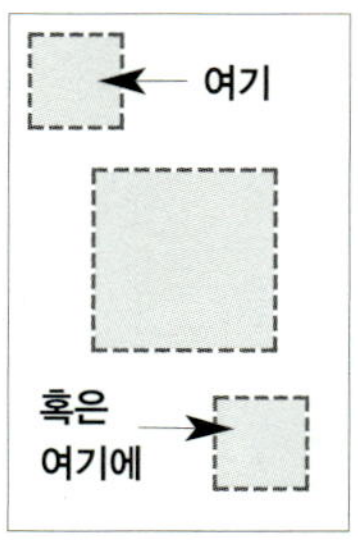

지면의 임시 배치 작업이 모두 끝났다. 만족스러운가?

YES → 스스로에게 물어보라. 모든 기사는 독자 친화적인가?

◆**부속상자?** 키포인트나 행사 리스트를 작성하라. 또는 주제에 관한 유명 전문가의 코멘트를 모아라. 기사에 나오는 주요 인물의 약력을 만들어라.

◆**그래픽?** 기사가 통계나 달러에 관한 것이라면 도표나 그래프로 설명하라. 기사에서 장소가 중요하다면 지도를 덧붙여라.

◆**인용제목?** 좋은 코멘트가 기사에 묻히게 하지 말라. 그것들을 끌어내 강조하라.

YES →

마지막 체크 리스트

◆무엇이 가장 중요한 기사인지 분명한가?

◆뉴스와 피처기사, 경성기사가 적절히 어우러져 있는가?

◆모든 기사는 직사각형 모양을 갖췄는가?

◆제목 충돌은 없는가?

◆정보를 더할 부제목을 필요로 하지 않는가?

◆사진이 주변에 있는 다른 기사와 관련된 것처럼 보이지는 않는가?

◆박스 처리된 기사는 주변 기사와 제대로 분리돼 있고 강조 효과를 갖는가?

1면 디자인: 실제 사례

자, 지금까지 지면을 만들 때 역할을 하는 모든 요소를 살펴봤으니, 이제 지면을 한번 만들어보자. 아니, 그보다 유능한 편집자가 실제로 어떻게 지면을 만드는지 지켜보기로 하자.

버지니아 주 노퍽에 있는 〈버지니안 파일럿〉 신문사에서 근무하는 짐 해그(Jim Haag) 씨에게 비어 있는 지면만큼 두려운 것은 없다. 그는 파격적인 1면을 만드는 것으로 유명한 이 신문에서 이른바 전형적인 지면을 어떻게 창조하는지 그 과정을 보여줄 것이다.

그는 "〈버지니안 파일럿〉 지는 디자이너에게 톱기사를 돋보이게 하는 언론인으로서의 역할을 요구한다. 세상에서 이보다 더 흥미로운 일은 없다"고 말한다. 그럼 뭘 해야 할까.

짐 해그

1

기사를 구성하는 요소를 항목별로 분류하기

톱기사: 이 지역에서 올해 가장 큰 이슈였던, 버지니아 해변에 있는 해군 비행기지 사수 투쟁에 관한 뉴스를 다루고 있다. 기지는 시민을 가장 많이 고용하고 있는 기관인데, 연방정부는 버지니아 해변의 주택과 상업시설이 군 시설을 침범하기 때문에 기지가 이전할 수 있음을 내비쳤다. 한편 기지를 유치하려는 플로리다 주 공무원은 그들이 유치 지역으로 제안한 곳에는 비행기가 추락해도 문제가 될 주택이 없다고 말해왔다.

그러나 〈잭슨빌〉(*Jacksonville*) 신문은 실제로는 비행기 추락 위험지역에 925가구가 거주하고 있다고 보도했다. 이 기사는 플로리다 주가 기지를 유치하는 데 심각한 타격을 주는 반면, 버니지아 주는 수천 명의 고용을 유지하도록 할 수 있다. 이제 우리 이야기를 해보자.

톱사진: 플로리다 주가 기지를 유치하려고 했던 폐쇄된 군사기지 주변에 개발이 진행되고 있는 사진을 〈잭슨빌〉 신문으로부터 얻었다. 버지니아 기지 자료사진도 많지만, 그런 사진은 셀 수 없이 자주 사용해왔다. 따라서 오늘은 실제 상황을 보여주는 사진을 쓰려고 한다.

기타 예정된 기사들:

◆ **미식축구:** 지역에서 전도유망한, 티켓파워가 있는 고교 풋볼선수에 관한 피처기사.

◆ **핏불테리어 속보:** 핏불테리어 개에게 물려 죽은 두 살 아기에 관한 후속기사.

◆ **카트리나 속보:** 허리케인 카트리나로 손상된 뉴올리언스의 예술 작품을 보존하려는 노력을 담은 통신사 기사.

◆ **새 5센트 동전:** 버지니아의 위인 중 한 명인 토마스 제퍼슨을 그려 넣은 새 5센트 동전 디자인에 관한 토론을 다룬 통신사 기사.

◆ **기사 안내:** 야구 플레이오프 소식과 전직 대법관 샌드라 데이 오코너(Sandra Day O'Connor)가 지역 대학에서 자리를 얻었다는 기사 안내, 그리고 주중에 게재될 기사예고 2건.

기지: 잭슨빌 근처 세실 필드(Cecil Field)에 있던 옛 기지는 1999년 폐쇄됐다. 기지를 다시 열고 싶어 하는 플로리다 주정부는 이곳의 비행기 추락 위험지역에는 개발된 시설이 없기 때문에 버지니아 해변보다 낫다고 주장해왔다.

공사 중: 기지 주변에 주택이 건설 중이다. 주정부 공식라인의 주장이 사실과 다름을 보여준다.

거주 가구: 사진에 거주민들이 분명히 보인다.

1면 디자인: 실제 사례

2 예비설계도 그리기

최종 결과물이 설계한 대로 나오는 것은 아니지만 나는 매번 설계도를 그린다. 여기 내가 생각한 오늘의 지면과 비슷한 샘플이 있다.

어떤 날은 머릿속으로 레이아웃을 그리고, 어떤 날은 종이에 직접 그린다. 그러나 그것들은 항상 어디론가 사라지고 나는 언제나 처음에 했던 레이아웃을 바꾼다. 나는 종종 레이아웃을 구상하기 위해 밖에 나가기도 한다.

오늘 주요 지역기사 세 꼭지를 다루는 데 있어서는, 톱기사를 돋보이게 하면서도 나머지 기사를 적절하게 처리하는 기교가 필요하다. 기본 생각은 사진을 가로로 트리밍한 뒤 기사를 그 오른쪽에 배치하는 것이다. 기사는 오른쪽 칼럼 아래로 이어져 개다리 모양이 되는데, 이것이 〈버지니안 파일럿〉 디자인의 전형적인 특징이다. 이 기법은 지면 위쪽 공간을 많이 차지하지 않으면서도 톱기사를 자르지 않고 넣을 수 있게 한다.

아래쪽에는 제퍼슨의 얼굴을 새겨 넣은 새 5센트 동전에 관한 기사를 배치할 것이다. 미식축구 기사는 중앙에 놓을 것이다. 관련 사진은 아직 못 봤지만 관중 모습 1장과 선수 사진 1장으로 총 2장을 쓰려고 한다. 왼쪽에는 아기를 물어 죽인 개에 관한 기사가 들어갈 것이다. 허리케인 기사를 1면에 배치하는 게 적절한지는 아직 판단이 안 선다.

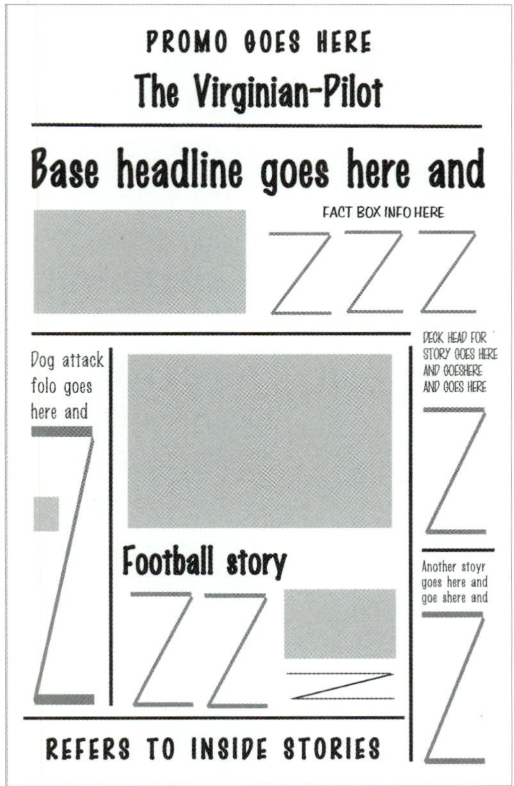

3 자료 조사

나는 제목 작업과 함께 일을 시작한다. 그 단어는 종종 밤을 거쳐 아침까지 지면에 살아남아 나를 쳐다보곤 한다. 카피 편집자가 제목을 더 우아하게 바꾸는 경우도 많다.

제목에 쓰인 단어는 지면의 전체 인상을 좌우하기 때문에 헤드라인을 알고 시작하는 것이 중요하다. "가제목은 이곳에"라는 것만 봐서는 지면의 인상을 가늠할 수 없다.

제목은 지면의 분위기를 정하고 아이디어를 구상하는 데 도움을 준다. 디자인은 종종 단어로부터 나오기도 하는데, 그것이 디자인에 맞춰 제목을 다는 것보다 더 수월하다.

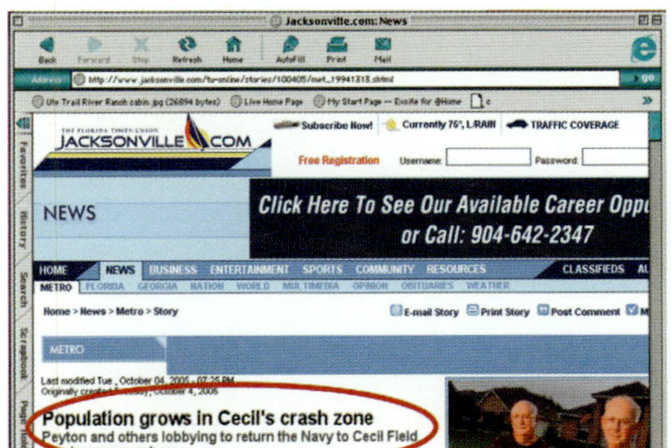

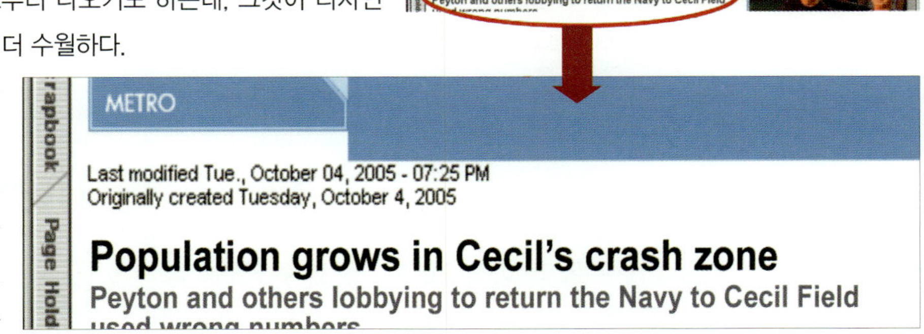

그렇다면 제목에 쓰이는 단어는 어디서 나오는가? 나는 톱기사를 읽는 것에서 시작한다. 만약 통신사 기사라면 대부분 예전에도 보도된 적이 있기 때문에 작업하기 쉽다. 지역기사라면 진행 중인 일이 뭔지 조사한다.

오늘은 기사가 없다. 인터넷으로 〈잭슨빌〉 신문이 그 뉴스를 어떻게 다뤘는지 검색한다. 그리고 무엇을 제목으로 달면 좋을까 생각한다.

나는 헤드라인을 달 때 종종 인터넷을 활용한다. 나는 〈잭슨빌〉 신문 홈페이지를 통해 우리 기사가 어떤 얘기를 해야 할 것인가에 대해 감을 잡을 수 있었다.

1면 디자인: 실제 사례

4 제목 작성과 수정

제목 파트 1: 50분 동안 일했지만 제목 공간이 여전히 비어 있다. 그러나 내게는 실행 가능한 계획과 톱기사를 통해 무엇을 말할 것인지에 대한 생각이 있다. 이제 실질적인 디자인 작업을 시작하려 한다.

제호 위에는 아직 확정되지 않은 기사예고를 위한 공간을 남겨뒀다. 그리고 내 첫 제목을 달았다. 그것은 기사에 대해 얘기하고 있지만 아직 어설프다.

WEDNESDAY
The Virginian-Pilot
Fla. base has crash zone

제목 파트 2: 단어 몇 개로 이 기사를 얘기하기는 어렵다. 헤드라인의 압박을 덜기 위해 레이블을 추가로 달았다. 그리고 다시 헤드라인을 손질한다.

바꾼 제목이 훨씬 힘이 있다. 그러나 'lied'라는 단어가 걱정된다. 기사가 그 단어를 뒷받침해줄 것인가? 아니면 편집 데스크를 곤란한 지경에 몰아넣을 것인가?

WEDNESDAY
OCTOBER 5, 2005
The Virginian-Pilot
THE BRAC COMMISSION | OCEANA
Fla. lied about crash zone

제목 파트 3: 기사의 내용이 복잡하기 때문에 유도형 제목(lead-in, 앞으로 얘기할 기사의 톤을 전하는 짧은 글)을 쓰기로 했다. 이런 접근은 단어 네댓 개로 기사를 요약할 수 없을 때 효과가 있다.

유도형 제목을 쓴 뒤 내가 좋아하는 큰 활자로 "They were wrong"이라는 헤드라인을 달았다. 힘있는 이 제목은 최종 제목으로 결정됐다.

WEDNESDAY
OCTOBER 5, 2005
The Virginian-Pilot
BRAC RECOMMENDATIONS | SOMETHING GOES HERE
Advocates pushing for the reopening of Cecil Field insisted that no one lived in crash zones around the Florida base.
They were wrong.

톱사진 추가: 나는 지면에 이미지를 배치하고 사진 에디터와 트리밍에 대해 논의했다. 가로로 넓게 트리밍하자니, 사진 위쪽에 있는 기지와 아래쪽의 주민 등 중요한 정보를 다 살리기가 불가능했다. 따라서 내 첫 계획은 접어야 했다.

그렇다면 세로 사진을 어떻게 처리할 수 있을까. 사진은 독자들이 중요한 부분을 볼 수 있도록 최소 폭 2칼럼 사이즈로 충분히 큼직하게 써야 한다. 만약 유도형 제목과 6칼럼 폭의 헤드라인을 쓴다면 톱기사는 지면의 거의 절반을 잡아먹게 될 것이다. 다른 기사들을 버리지 않고 그만한 공간을 할애할 수 있을지 확신이 서지 않는다.

WEDNESDAY
OCTOBER 5, 2005
The Virginian-Pilot
BRAC RECOMMENDATIONS | SOMETHING GOES HERE
Advocates pushing for the reopening of Cecil Field insisted that no one lived in crash zones around the Florida base.
They were wrong.

1면 디자인: 실제 사례

5 톱기사 패키지 꾸미기

사진을 위로 올리고 메인 제목을 오른쪽으로 옮겨 톱기사 패키지는 형태를 갖췄다. 2칼럼 크기 사진은 가독성 면에서 최선은 아니지만, 주요 요소들은 알아볼 수 있다.

기사에 사람 냄새가 나도록 하기 위해 본문 중간에 인물사진을 위한 공간을 비워뒀다. 여기에는 시장이나 플로리다 공무원 같은 관료의 얼굴을 쓸 수 있을 것이다. 일단은 기다려봐야 할 것이다. 기사 오른쪽에는 기사에 대한 부연설명을 하기 위해 팩트박스 두 개를 배치했다. 각각 "The Report"와 "What It Means"라 이름 붙이고 기사가 완전히 출고된 다음 그것들을 썼다. 악센트를 주기 위해 레이블과 팩트박스의 키워드는 붉은 글자로 처리했다.

WEDNESDAY
OCTOBER 5, 2005
140TH YEAR • NO. 319
50 CENTS

The Virginian-Pilot

Partly cloudy today, high in the mid-70
Details, 8X

SERVING HAMPTON ROADS AND NORTHEASTERN NORTH CAROLINA

BRAC RECOMMENDATIONS | THE BATTLE OVER OCEANA

Advocates pushing to reopen Cecil Field insisted no one lived in crash zones around the former Navy air base near Jacksonville, Fla.

They were wrong.

BEACH OFFICIALS SAY REPORT BOLSTERS THEIR CASE

WASHINGTON - ONE inch here. This ONE goes out to the ONE I love. (File under fire) This ONE goes out to the one I left behind. A simple prop to occupy my.

TWO inches here. It was the best of times, it was the worst of times. A Tale of TWO Cities. It is a far, far better thing that I do, than I have ever done before. And I go to some sort of resting place.

THREE inches here. Commander, tear this ship apart until youve found those plans, and bring me the passengers; I want them alive. Apology accepted Captain Need. You can tell him yourself. Is this graf short, too, like the one before?

FOUR inches here. Happiness is a warm gun. Ive got blisters on my fingers. You say you want a revolution. The fad FOUR. In an octopus garden. Paul is dead. John. Paul. George.

FIVE inches here. Point to point point observation. Children carry reservations. Standing on the shoulders of giants . . . leaves me cold. A hundred million birds fly away. FIVE. I am the king of all I see.

SIX inches here. Spackle. Super model. Spaghetti. Syringe. Serum. Salad. Satchel. Smock. Sun-dried. Soup. Simplistic. Statistics. Sandwich. Sorry. Spider. Sinkhole. Serrated. Sample.

SEVEN inches here. Ant-

REACTION Some copy goes right here for this fact box. Copy here which is ITC Franklin Gothic Book Condensed.

THE BASE Some copy goes right here for this fact box. Copy here which is ITC Franklin Gothic Book Condensed, 9.5 pt on 11 pt ledding Some copy goes right here for this fact box. Copy here which is ITC Franklin Gothic Book Condensed.

THE REPORT
Some copy goes right here for this fact box. Copy here which is ITC Franklin Gothic Book Condensed, 9.5 pt on 11 pt ledding Some copy goes right here for this thic Book Condensed, 9.5 pt on 11 pt ledding Some copy goes right here for this

WHAT IT MEANS
Some copy goes right here for this fact box. Copy here which is ITC Franklin Gothic Book Condensed, 9.5 pt on 11 pt ledding Some ledding Some copy goes right here for this

6 나머지 기사와 관련된 사진 평가

사진 에디터는 미식축구 기획기사 사진 두 장을 내밀었다. 하나는 팬 두 명이 믿을 수 없는 광경을 봤다는 표정을 하고 있는 사진이고, 다른 하나는 역동적인 포즈의 선수 사진이다. 기사 내용은 관중에 초점이 맞춰져 있으므로 팬 사진을 쓰는 것이 최선의 선택임에 틀림없다. 얼굴 표정이 살아 있는 이 사진은 충분한 효과를 주려면 크게 써야 한다. 멋진 플레이를 한 선수 역시 보여줄 필요가 있지만 보조 사진으로 쓰는 데 만족해야 할 것 같다.

개에게 물려 숨진 아이의 인물사진도 싣기로 했는데, 그리 크게 쓸 필요는 없어 보인다.

통신사 사진 중에 새 5센트짜리 동전 디자인도 있는데 이 사진은 원형으로 오려내 쓰는 게 나을 듯하다.

현재로서는 허리케인 기사와 사진은 내 관심 밖이다.

1면 디자인: 실제 사례

7 나머지 요소들 디자인하기

톱기사 디자인을 끝냈으므로 내 관심은 이제 지면 아래로 옮겨간다. 풋볼 기사에 적당한 공간을 주고 싶지만, 다른 두 기사와 안내성 자료 꾸러미까지 남아 있다. 한 가지 다행인 점은, 5센트짜리 새 동전 기사를 작은 아이템으로 확 줄여 다른 기사를 위한 공간을 벌 수 있다는 것이다. 자, 이제 진행해보자.

The Virginian-Pilot

BRAC RECOMMENDATIONS · THE BATTLE OVER OCEANA

Advocates pushing to reopen Cecil Field insisted that no one lived in crash zones around the former Navy air base near Jacksonville, Fla.

They were wrong.

BEACH OFFICIALS SAY REPORT BOLSTERS THEIR CASE

The big draw

GET THE BOOT!

The Virginian-Pilot

They were wrong.

An about-face for Jefferson

The big draw

GET THE BOOT!

The Virginian-Pilot

They were wrong.

An about-face for Jefferson

The big draw

풋볼 선수 기사부터 시작하자. 팬 사진을 크게 잡고, 레이아웃의 숨통을 트기 위해 둘레에 여백을 줬다. 사진설명에 따르면 이 팬들은 풋볼 스타를 보기 위해 다른 주에서 차를 몰고 왔는데, 이 사실이 사진의 스토리텔링 가치를 높여주고 있다. 선수 사진은 작게 잡았는데, 왜 그가 그렇게 대단한지 사진설명에 썼다. 사진 속 장면을 설명하면서 "The big draw"(엄청난 베팅)라는 초벌 제목을 쓰고 싶어 큰 사진 위에 기사 인용문을 뽑아내 배치했다.

톱기사 패키지에도 추가로 살짝 손을 봤다. 기사에 나오는 버지니아 비치의 시장 인물사진을 넣었다. 또한 제트기 사진을 조그맣게 오려서 레이블에 앉혔다. 제트기가 기사의 핵심과 관련 있고 사진을 쓰는 게 세련돼 보이기 때문이다.

풋볼 기사로 되돌아와서, 사진 위치를 바꿔 선수 사진을 위로 올려봤다. 나는 두 사진 간의 이런 관계가 마음에 든다. 작은 사진 옆에 기사 인용문을 둬 보니, 작은 활자가 큰 활자를 리드하는 형식이 톱기사와 똑같은 식으로 반복되는 느낌이 들어 찜찜했다. 더 생각해봐야 할 것 같다.

이제 나머지 기사들로 지면을 마저 채운다. 개에 물린 아기 이야기는 왼쪽에 배치했다. 지면 오른쪽엔 새 동전 기사를 배치했는데, 동전 사진을 톱기사 쪽으로 살짝 넘어가게 맞물려 올려놨다. 이런 모양새가 보기 좋아서다. 동전 기사 아래로는 기사 안내 두 꼭지와 주중 게재될 기사 안내 두 꼭지를 배치했다.

그 다음 제호 위 기사 안내를 작업했다. 몇 가지 이유로 오늘은 예전에 써본 적이 없는 분홍색 활자를 사용했다.

애초의 풋볼 기사 디자인으로 되돌아간 이 지면을 오후 6시 30분 회의 때 제시했다. 간부들은 이때 처음으로 지면에 대해 논평한다. 그들은 톱기사 프레젠테이션은 마음에 들어 했지만 지면 하단부엔 이견이 있었다. 그들은 풋볼 선수 사진을 기사 맨 위에 배치하길 원했다.

내가 왜 사진을 그렇게 배치했는지 근거를 설명했지만 그들은 받아들이지 않았다.

간부들은 또 개의 공격 기사를 지면 오른쪽에 두길 원했다. 그들은 오른쪽 공간이 화제성 있는 기사에 더 적합하다고 생각했다. 나는 독자는 편집자가 안내하는 대로 본다고 생각한다. 이 경우에는 동전 사진이 아기 사진보다 시각적인 측면에서 더 흥미롭기 때문에 동전 기사가 위치에 상관없이 개 공격 기사보다 많은 주목을 끌 거라고 생각한다.

1면 디자인: 실제 사례

8

최종 지면 평가

나는 권고사항들을 받아들여 수정했다. 하지만 지면에 유도형 제목이 너무 많아지는 문제를 피하려 풋볼 기사 위쪽에는 큰 제목을 달았다. 톱기사의 제목은 최초의 안이 유지됐다. 전반적으로는 만족스럽다. 그러나 만약 전체를 다시 고칠 수 있다면:

GET THE BOOT!
THE WESTERN TREND IS BACK. HOW TO GET THE PERFECT FIT. | THE DAILY BREAK

WEDNESDAY
OCTOBER 5, 2005
140TH YEAR • NO. 319
50 CENTS

The Virginian-Pilot

Chance of rain today. High near 80. Details, D6

SERVING HAMPTON ROADS AND NORTHEASTERN NORTH CAROLINA

BRAC RECOMMENDATIONS — THE BATTLE OVER OCEANA

Advocates pushing to relocate jets from Oceana Naval Air Station in Virginia Beach to Cecil Field insisted that no one lived in crash zones around the Florida facility.

They were wrong.

VA. OFFICIALS SAY REPORT BOLSTERS THEIR CASE

BY LOUIS HANSEN AND DALE EISMAN
THE VIRGINIAN-PILOT

Florida officials acknowledged this week that they grossly understated the number of homes in high-risk zones around the former Cecil Field Naval Air Station during testimony in August before federal military base-closing officials.

Despite sworn testimony in August stating that "no one lives in the accident-potential zones," Jacksonville, Fla., city officials now say that as many as 925 homes around Cecil Field would be in high-risk areas should the facility reopen as a Navy fighter jet base, according to a published report.

U.S. Sen. John W. Warner, R-Va., said if the reports are true, "they add another chapter of ineptitude and lack of due diligence to the saga of this commission's work, with which the Navy, Virginia and Florida unfortunately are having to contend."

The independent Defense Base Realignment and

Please see Jets, Page A8

REACTION U.S. Sen. John W. Warner, R-Va., said the reports, if true, show further ineptitude on the part of the BRAC panel.

THE REPORT
Officials in Jacksonville, Fla., have acknowledged that as many as 925 homes are in accident-potential zones around Cecil Field, according to a report in Monday's edition of The Florida Times-Union.

WHAT IT MEANS
The report counters the argument made by Florida officials that the lack of suburban development around Cecil Field makes it an enticing alternate site for jets from Oceana Naval Air Station in Virginia Beach.

THE BASE This aerial view looking toward Cecil Field in Florida shows residential development near the former base, which ceased military operations in 1999. Officials had argued that no homes were in the base's potential crash zones.

Different look for Jefferson
After nearly 100 years of depicting leaders in somber profiles on the nation's coins, the Mint is trying something different: The new nickel will feature Thomas Jefferson, facing forward, with the hint of a smile. The coin will go into circulation early next year.

INSIDE
Defending champs Red Sox lose Game 1
Baseball's playoffs start, with the White Sox defeating Matt Clement and Boston. The Cardinals and Yankees also picked up victories. Sports

O'Connor gets post at William and Mary
Retiring Supreme Court Justice Sandra Day O'Connor will serve as chancellor for the Williamsburg school. Hampton Roads

COMING THIS WEEK
Homearama preview
ON THURSDAY A special section offers the lowdown on this year's event, which starts Saturday.

Fuel-efficient cars
ON FRIDAY Learn which cars will get you there on the least fuel.

LANDSTOWN HIGH STAR PERCY HARVIN

The big attraction

Mark Ihnat, left, and Jon Waugh drove from Chapel Hill, N.C., to see Percy Harvin take the field against Cox High School.

Football fans seek early glimpse of greatness

BY TONY GERMANOTTA
THE VIRGINIAN-PILOT

VIRGINIA BEACH — Two hours before the kickoff, and 100 people were already standing in line outside Landstown High School's football field, hoping to snag a ticket.

Sure, the Eagles were the reigning state champions, and tonight's opponent, Kempsville, was ranked No. 3 in South Hampton Roads. But for many, the real draw was a chance to see the three-sport phenomenon, Percy Harvin, before he becomes a staple on "SportsCenter."

Harvin is the latest in a line of can't-miss gridiron prospects to come out of Hampton Roads, a lineage that runs from Lawrence Taylor, Ronald Curry and Michael Vick on the Peninsula to Bruce Smith, D.J. Dozier, Plaxico Burress and DeAngelo Hall in the south.

Wil Jones, the former Norfolk State basketball coach, stood on the sidelines before the Kempsville game determined to get a glimpse of Harvin so he could say he saw the latest superstar "to come out of here."

Please see Harvin, Page A6

THE HARVIN TOUCH
In five games this season, Percy Harvin has caught 29 passes for 590 yards, rushed 11 times for 157 yards and scored 20 touchdowns – nine receiving, six rushing, two on interception returns, two on kickoffs and one on a punt.

Parents mourn boy who died by mauling

Toddler was fearless, full of life, father says

BY LINDA McNATT
THE VIRGINIAN-PILOT

SUFFOLK — Early Monday morning, Jonathan Martin told his parents he had to go potty.

The family's bedrooms were upstairs in their old, two-story farmhouse just north of Whaleyville, but the only bathroom was downstairs. When the independent nearly 3-year-old boy woke up, he trotted down by himself.

"The next thing I knew, I heard a loud thump," said the boy's father, James J. "Jon" Martin, 29. He said he told the child's mother to go downstairs and check on Jonathan.

Heather Frango, 25, started screaming when she got to the bottom of the stairs, Jon Martin said, and he ran down after her.

"I remember picking him up and holding him," said Martin as he shook and sobbed Tuesday outside the family's house. "I think he knew I was holding him."

Jonathan Martin was attacked and mauled to death by one or both of the family's pit bull-mix dogs. The child, described by his father as fearless and full of life, was airlifted to Sentara Norfolk General Hospital, where he died.

After an autopsy on Tuesday, the medical examiner

Please see Boy, Page A8

Jonathan Martin was mauled to death by one or both of the family's pit bull mix dogs on Monday.

PILOT VIDEO Watch Ox, the pit bull thought to be involved in the attack, at the Suffolk Animal Control at pilotonline.com.

이 사진을 그냥 쓰지 않고 내용과 의미를 설명하는 정보를 담아 그래픽 요소로 가공했다면 톱기사 패키지는 보다 강력해졌을 것이다. 전체 기사 내용을 이런 식으로 보여주면 지면이 더 통일된 느낌을 줬을텐데, 그 기회를 놓쳐버렸다.

이것은 그 자체로 하나의 짧은 기사라기보다는 마치 안쪽 면 기사에 대한 안내처럼 보인다. 확실히 기사처럼 보이도록 본문과 제목에 본문활자를 쓰는 게 나을 뻔했다. 그리고 간부들의 고집에도 불구하고, 난 여전히 이 짧은 아이템 칼럼을 지면 오른쪽으로 옮기는 게 좋다고 생각한다. 그랬다면 좀더 균형 잡힌 지면이 됐을 것이다.

이 기사 안내들은 복잡하고 과하게 보인다. 이렇게 바글바글한 텍스트를 누가 읽을까? 아이템 중 하나는 뺐어야 했다. 그랬다면 위에 있는 동전 기사를 더 크게 쓸 수 있었을 것이고, 첫 번째 기사 안내 아이템을 더 강조해서 비중 있게 처리할 수 있었을 것이다.

도대체 무슨 생각을 하고 있었던 것일까? 윗부분이 잘린 부츠들이 공중에 붕 떠 있는 것처럼 보이는 것만으로도 몹시 안 좋다. 거기다 활자 색깔마저 도움이 되지 않는다. 다시는 절대로 분홍색 활자는 쓰지 않으리라 다짐한다.

여기 너무 많은 단어들이 있는 것 같지 않은가? 기사를 큰 활자로 말해주는 건 중요하지만, 이 경우는 좀 과잉으로 보인다. 텍스트 위에 있는 레이블이나 부제목을 없애야 했다. 또 유도형 제목이 너무 크다. 다음엔 2포인트 줄이는 게 낫겠다.

지면을 장악하는 메인 패키지가 있는가? 독자는 어느 것을 먼저 주목할까? 반반일 것 같다. 톱기사는 굵은 서체의 헤드라인이 받쳐주지만, 가장 큰 이미지는 풋볼 기사에 있다. 톱기사를 세로로 1인치 늘렸어야 했다. 또 사진을 그래픽 처리했다면 그날 가장 중요한 기사가 뭔지 의문의 여지를 안 남겼을 것이다.

독자에게 그 풋볼스타의 다음 경기 시간과 장소를 알려줄 기회였다. 앞날을 내다보고 유용한 정보를 제공할 수 있었는데, 선수의 과거 성취에만 초점을 두는 바람에 기회를 날려버렸다. 하지만 늘 내일이 있으니까…

*이 사례 연구는 SND(the Society for News Design)에서 발간하는 〈업데이트〉(*Update*) 지에 처음 실렸다.

기사 분량 맞추기

아무리 열심히 노력하고 신중하게 계획을 짜도, 레이아웃이 너무 쉽고 뻔해 보여도 기사는 종종 모자라거나 넘치기 마련이다. 그럴 때 어떻게 하겠는가?

어떤 점이 잘못됐는지 찾아내라. 스스로에게 아래와 같은 질문을 던져라:

◆ **계획상의 문제인가?** 누군가 기사 분량을 바꿨는가? 누군가 사진을 바꾸거나 다시 잘라냈는가? 광고가 잘못된 크기로 앉혀졌거나 일부 잘리거나 아예 빠졌는가?

◆ **제작상의 문제인가?** 본문과 사진이 제대로 앉혀졌는가? 제목의 크기가 제대로 돼 있는가? 바이라인, 사진설명, 기사 안내, 로고, 인용문 등 모든 요소들이 있어야 할 곳에 배치돼 있는가?

기사 분량이 몇 인치의 오차 범위에서 대충 맞춰졌다면, 지면을 디자인하는 과정이나 조판 이후에 다음 옵션들을 써보라.

더 알아보기 ▶

◆ **기사인용문:** 몇몇 기본 스타일과 가이드라인............148쪽
◆ **부제목:** 크기 조정 및 가편집을 위한 스타일과 가이드라인............150쪽

기사량이 너무 긴 경우

◆ **텍스트를 잘라라.** 대체로 기사는 전체 분량의 10%까지 잘라도 무난하다. 예를 들면, 10인치 분량의 기사는 1인치 정도는 잘라도 내용상 큰 손실이 없다. 30인치 분량의 기사는 몇 인치 정도 잘라낼 수 있다(독자는 되레 당신에게 고마워할 것이다).

◆ **사진을 잘라내라.** 이미지상 무리가 없다면 위나 아래쪽을 몇 파이카 정도 잘라내라. 필요하다면 사진을 좀더 타이트하게 트리밍해 크기를 재조정하라.

◆ **인접한 기사를 줄여라.** 기사를 더 이상 잘라낼 수 없다면, 위나 아래 기사를 줄여라.

◆ **헤드라인에서 한 줄을 덜어내라.** 그러나 신중해라. 의미가 안 통하는 짧은 헤드라인은 전체 기사를 망칠 수 있다(29쪽 차트 참조).

◆ **광고를 옮겨보라.** 다른 칼럼으로도 좋고 다른 페이지로도 좋다.

기사 분량이 너무 짧은 경우

◆ **텍스트를 추가하라.** 기사에서 잘린 게 있다면 되살려라. 시간이 되면, 독자에게 부가 정보를 어디서 얻을 수 있는지 알려주거나 키포인트를 설명하는 부속상자를 만들어라.

◆ **사진을 키워라.** 길이를 더 늘이거나 한 칼럼 크게 조정하라.

◆ **인물사진을 추가하라.** 그러나 기사와 관련 있는 사람이어야 한다.

◆ **인용제목을 추가하라.** 독자를 유혹할 만한 의미 있는 표현을 찾아라. 오른쪽에 있는 우리의 조언대로 해보라.

◆ **헤드라인을 한 줄 더 달아라.** 혹은 기사 분량이 길거나 어중간한 경우에는 부제목을 추가하는 게 나을 수도 있다.

◆ **기사 단락 사이에 더 많은 여백을 줘라.** 이 전통적인 기법을 쓰면 1~4포인트 정도의 추가 공간을 줄 수 있다. 그러나 적당히 해라. 지나치면 그 단락들이 따로 떨어져 있는 것처럼 보인다.

◆ **보충 기사를 추가해라.** 1~2인치 분량의 추가 기사를 준비해뒀다가 필요할 때 써라.

◆ **자사 광고를 추가하라.** 당신 신문을 위한 작은 광고를 만들어라. 가로용과 세로용 등 다양한 형태로 만들어둬라.

◆ **광고를 옮겨와라.** 가능하다면, 다른 페이지에서 가져와라.

> “인용제목을 추가하려면 도발적이고 유혹하는 문구를 기사에서 찾아라.
> 더 큰 공백을 메우기 위해 (우리가 지금 하고 있는 것처럼) 아래쪽 여백을 더 둘 수도 있다.”

이런 빠른 조정법 말고도 두 가지 테크닉이 더 있다. 바로 변형 칼럼과 기사 점프인데, 이것들은 조금 복잡하다.

기사 분량 맞추기

변형 칼럼

대부분 사진은 기본 칼럼 폭에 맞게 쓴다. 그러나 한 칼럼에 쓰면 너무 작고 두 칼럼까지 쓰면 너무 큰 경우가 있다.

이럴 때 변형 칼럼이 해법이 될 수 있다. 특히 사진이 주가 되는 피처 면에서 더 그렇다.

당신이 지금 읽고 있는 본문의 폭은 9파이카다.

이책의 대부분은 29파이카지만 오른쪽 일러스트를 적당한 크기로 싣기 위해 본문의 폭을 변형시켰다.

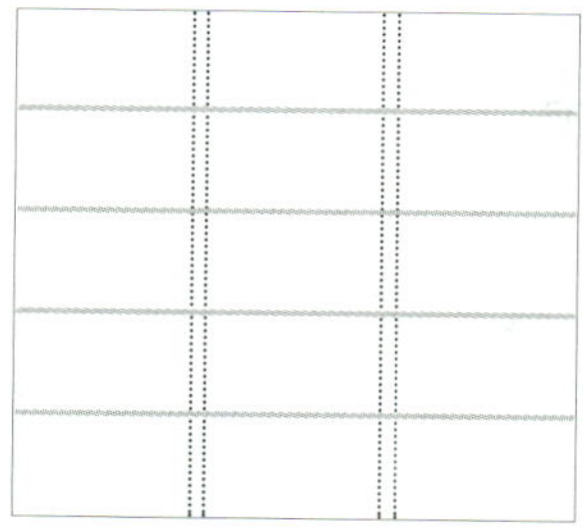

1 6인치 분량 본문과 인물사진 하나로 가편집 한다고 가정하자. 가로 3칼럼, 세로 5인치만큼의 공간을 채워야 하는 상황이라면 어떤 선택이 최선일까?

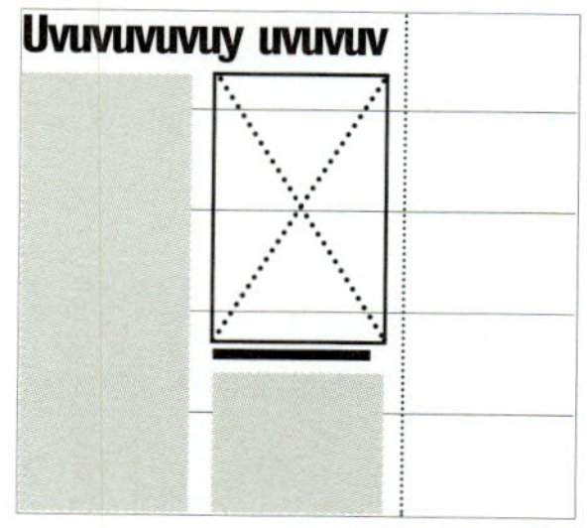

2 인물사진을 1칼럼만 쓴다면 2칼럼을 채우게 되고 오른쪽 1칼럼은 온전히 남는다(제목을 2줄로 달면 본문이 세 번째 칼럼으로 넘어가겠지만 다 채우진 못한다).

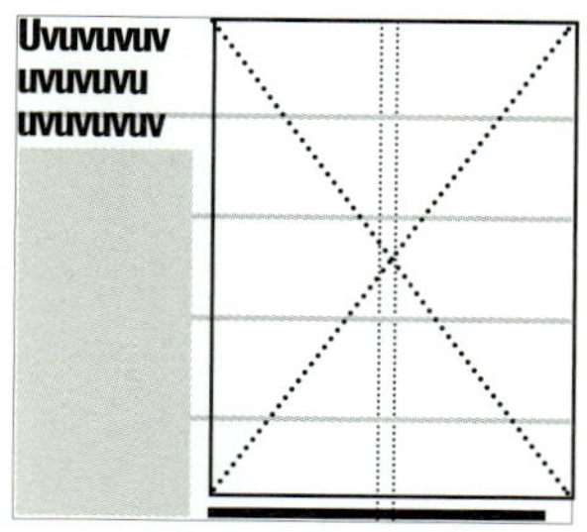

3 인물사진을 2칼럼 폭으로 넓히면 많은 공간을 낭비하게 된다. 이때 본문은 왼쪽 칼럼에 3.5인치밖에 못 들어갈 것이다.

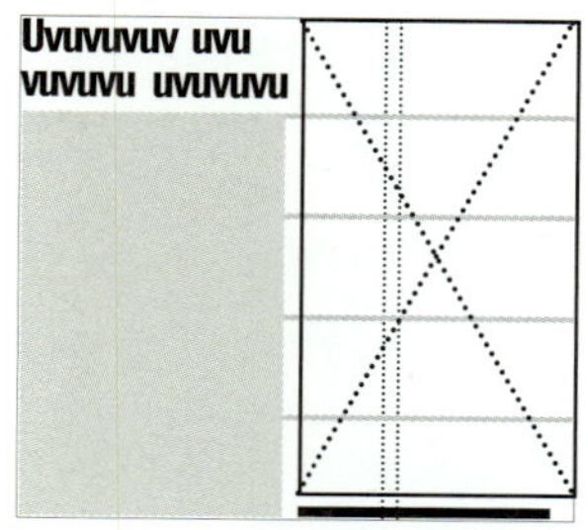

4 그렇다면 해법은? 일반적인 3칼럼 대신 변배를 써 2칼럼으로 나누는 것이다. 이렇게 하면 텍스트 세로는 4인치지만, 딱 들어맞게 된다.

더 알아보기 ▶

◆ **점프 제목:** 기사를 효율적으로 점프시키는 가이드라인 **158쪽**

◆ **페이지 그리드:** 사진의 크기를 다양하게 쓰려면 어떤 그리드가 더 나은가 **104쪽**

기사 점프

30인치 기사를 10인치 공간에 소화해야 하는 상황이 있을 것이다. 이럴 때는:

◆ 기사에서 20인치를 잘라내거나(행운을 빌 수밖에)

◆ 한 페이지에서 시작한 기사를 다른 페이지에서 끝맺는 것이다.

이처럼 한 페이지에서 넘쳐 다른 페이지로 흐르는 기사를 점프기사라고 한다. 점프는 논란이 많다. 많은 편집자는 그것을 싫어한다. 많은 독자들 역시 싫어하거나 심지어 쳐다보지도 않는다. 그러나 디자이너는 선호하는데, 왜냐하면 점프가 기사를 자유롭게 펼치거나 자를 수 있게 해주기 때문이다.

기사를 점프시킬 때는:

◆ **독자가 수고한 보람이 있게 하라.** 기사 뒤 단지 몇 단락을 점프하는 것은 효과도 없고 독자를 짜증나게 한다. 기사를 나누기 힘들거나 다른 옵션이 없는 경우가 아니라면, 최소한 본문 6인치 정도는 점프해야 한다.

◆ **기사의 시작을 견고하게 하라.** 점프에 앞서 기사가 적어도 4인치는 돼야 한다. 그렇지 않으면, 가독성을 저해하면서까지 기사를 나눈 것 치고 덜 중요해 보일 수 있다.

◆ **항상 일정한 곳에 점프시켜라.** 독자가 이어지는 기사를 찾을 때 2페이지 위나 3페이지 아래처럼 늘 일정한 곳으로 넘기는 습관이 들면 점프에 대해 더 관대해질 것이다.

◆ **점프는 한 번만 하라.** 정말로 딱 한 번만 해야 한다. 만약 2페이지로 몇 인치를 점프시키고 나서 3, 4페이지로 또다시 텍스트를 흐르게 만든다면 많은 독자는 혼란을 느끼고

158면으로 이어짐 ▶

안쪽 지면

광고: 위협인가 골칫거리인가

기사는 독자들에게 정보를 주기 위해 존재한다. 광고는 신문업자에게 수익을 주기 위해 존재한다. 어떤 게 더 중요하다고 생각되는가?

맞다. 광고다.

안쪽 지면이 프런트 면과 크게 다른 점은 바닥에서부터 위로 쌓인 요란한 광고 더미들이 있다는 것이다. 어떤 광고 더미들은 다른 것보다 쌓인 모양이 좋다. 그러나 어떤 포맷으로 쌓든지, 광고는 기사보다 먼저 자리를 잡기 때문에 뉴스 공간을 결정하게 된다.

광고 가편집 때 다음 세 가지 포맷이 가장 흔하게 사용된다.

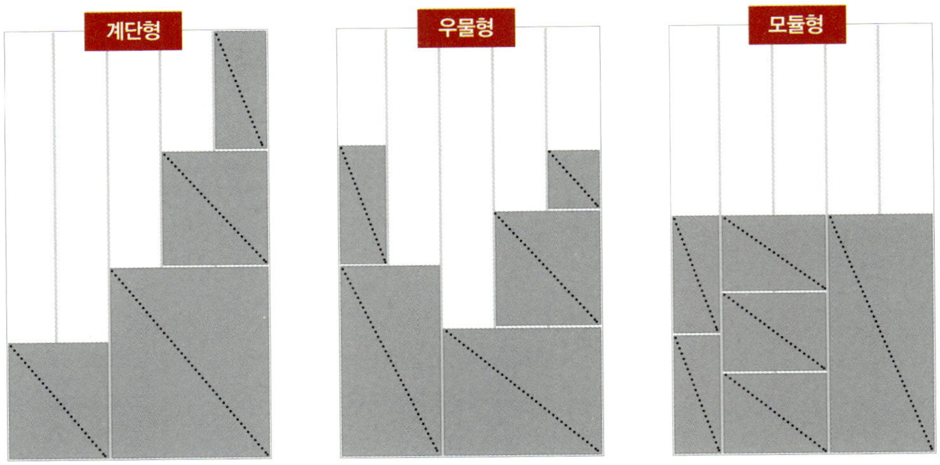

이 전통적 포맷에선 모든 광고가 뉴스 기사와 맞닿는데, 이는 광고주에겐 매우 중요하다. 그러나 편집자가 보기엔 흉하다.

광고들이 지면 양쪽으로 쌓여, 가운데 우물 모양이 형성된다. 계단형과 마찬가지로 우물형도 모양이 그리 좋지 않다.

훨씬 보기 좋지 않은가? 모듈러 블록으로 광고를 배치하면 지면이 깔끔하게 정돈돼 보이고 실제로 가독성도 향상된다.

지면 가편집 때 광고를 표시하기 위해 디자이너는 종종, 여기서 보는 것처럼, 각각의 광고 왼쪽 위에서 오른쪽 아래로 대각선을 긋는다.

충분히 상상할 수 있듯이, 두 낡은 광고 형태(계단형과 우물형)는 지면 디자이너에게 쉽지 않은 시험대다. 기사를 저 이상한 형태의 공간에 밀어 넣는 가장 효과적인 방법은 무엇일까? 여기 몇 가지 조언이 있다.

광고 배치를 위한 가이드라인

많은 지면이 디자인을 시작하기도 전에 이미 흉한 결과물로 운명지어진다. 광고 스태프와 편집국이 의사소통을 하지 않기 때문이다. 그 결과 광고 배치가 통제 불능으로 치닫고, 불필요한 방해물을 극복하려 소중한 시간을 낭비하게 된다.

이런 골머리를 앓지 않으려면 광고 스태프와 다음 일들을 협력하라:

◆ **모듈러형 광고 포맷을 사용하라.** 계단형으로 쌓인 광고 사이로 기사를 구불구불 흘리는 것은 독자와 광고주 모두를 괴롭힌다. 가능하면 광고 전체를 묶어 사각형으로 만들라.

◆ **자사 광고를 활용하라.** 작고 흉한 공백을 매끈하게 메워줄 수 있다.

◆ **핵심 지면을 위한 가이드라인을 설정해두라.** 뉴스 공간이 가장 필요한 지면을 우선 협상하라. 예를 들면, 2면은 항상 비워두거나 3면 왼쪽 칼럼은 광고 금지구역으로 합의해보라.

◆ **제한선을 설정하라.** 지면 꼭대기에서 1인치밖에 안 떨어질 정도로 광고가 높이 쌓여 있다면 가장 간단한 헤드라인과 기사를 넣는 것조차 불가능하다. 광고는 지면 최상단을 모두 채우던지, 아니면 최상단에서 적어도 2인치는 떨어진 곳에서 시작하는 게 좋다.

◆ **광고 이동을 허락받아라.** 광고 위치는 돌에 새긴 것처럼 고정불변의 것이 아니다. 필요하다면 광고를 옮길 권리를 확보하라. 다만 그 권한을 너무 남용해서는 곤란하다.

안쪽 지면

안쪽 지면 디자인을 위한 가이드라인

◆ **광고를 쌓아 놓고 작업하라.** 기사는 직사각형으로 편집하는 게 가장 좋지만 광고가 바글대는 지면에서는 불가능하다. 안쪽 면에서는 개다리처럼 'ㄱ'자로 꺾여서 흐르는 경우가 흔하다. 그리고 그게 유일한 방법인 경우도 종종 있다.

가편집을 하기 전에, 지면을 어떻게 세분하는 게 좋을지 연구하라. 깔끔하게 모듈러형으로 묶을 수 있게 작업하라. 필요하다면 맨 아래부터 시작하라. 또는 순서를 바꿔 어색한 코너부터 시작하라. 울퉁불퉁한 광고더미 위로 하나의 긴 기사를 펼침으로써 문제를 해결할 수도 있다. 하지만 가능하다면 광고 모서리를 따라 기사를 직사각형으로 매듭짓는 게 좋다.

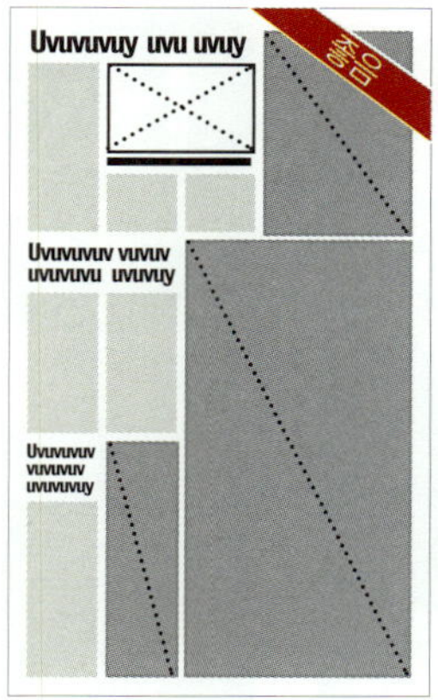

이 지면에선 광고들이 계단식으로 내려감에 따라 각각의 기사가 그에 맞춰 직사각형 모양을 이루고 있다. 이 모듈러 모양을 만들려면 본문 일부를 잘라내야 할 수도 있지만 'ㄱ'자형 기사로 이루어진 지면보다는 가독성이 높다.

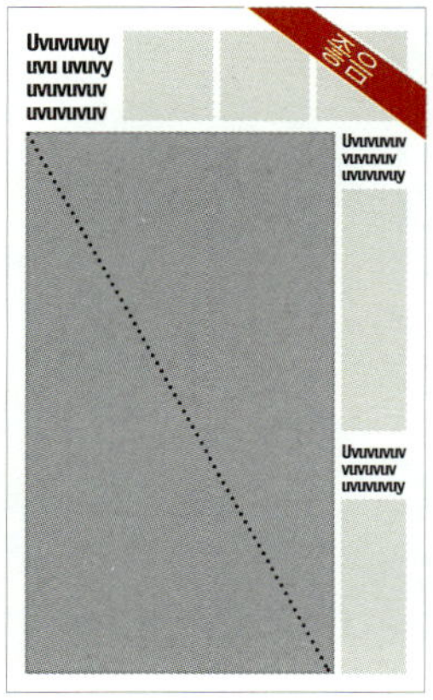

전단 제목을 썼다면 톱기사가 너무 얇고 어색해 보였을 것이다. 그러나 옆안장 제목을 씀으로써 요소들이 적절히 조화를 이뤘다. 변형 칼럼을 쓰거나 톱기사를 박스로 두르는 것도 가능하다.

◆ **대안 제목을 활용하라.** 광고가 지면 맨 위쪽까지 치고 올라온 지면에선 한 줄 제목이나 기사 1인치를 위한 공간조차도 확보 못하는 경우가 많다. 이럴 땐 옆안장 제목을 쓰면 편리하다(왼쪽 예시를 보라).

◆ **모든 지면에 하나의 지배적 요소를 두라.** 뉴스 공간이 자잘해 복잡한 지면에서 이것은 불가능할 수도 있다. 또 빡빡한 지면에서는 작은 사진 공간 하나 짜내는 것조차 어려울 수 있다. 그러나 강력한 이미지나 도드라진 기사로 각 지면을 튼실하게 하려는 노력을 게을리해선 안 된다. 고만고만한 덩어리들을 어수선하게 흩어 놓아선 안 된다 (오른쪽 예시를 보라).

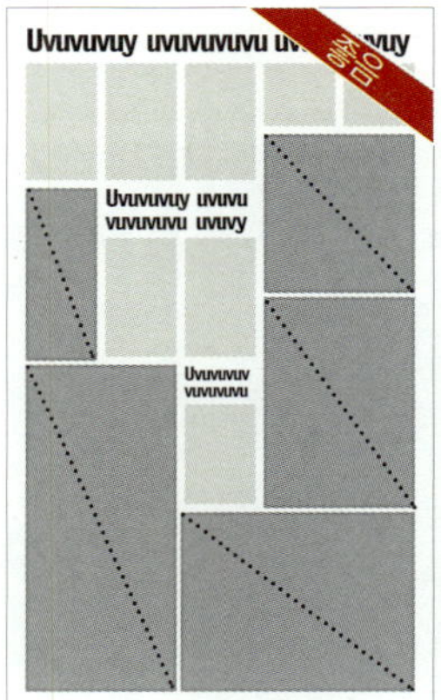

지면이 많은 요소들로 붐빌수록 사진을 추가할 필요성도 적고 추가하기도 어렵다. 이 지면이 어떻게 하나의 지배적인 기사를 만들어냈는지, 그리고 광고들과 인접해 불규칙하게 흐르는 'ㄱ'자형 기사들이 어떻게 처리됐는지 유념해서 보라.

◆ **광고 옆에 사진이나 박스기사를 두는 것을 피해라.** 광고도 박스다. 사진도 박스다. 그리고 독자는 하나의 박스를 다른 박스와 잘 구분하지 못한다. 따라서 사진이나 작은 부속상자를 광고로 착각하는 일이 없게 하려면, 광고와 그것들 사이에 늘 작은 기사라도 두도록 하라(아래 예시를 보라).

헤드라인 역시 광고와 떨어져 있어야 한다. 물론 쉽지는 않다. 그러나 기사 헤드라인이 광고 헤드라인과 부딪치는 것은 기사 헤드라인끼리 부딪치는 것만큼이나 서툰 편집이다.

◆ **모양 좋은 뉴스공간이 있는 지면에 좋은 기사를 배치하라.** 지저분한 광고더미들 주변은 좋은 기사와 사진 대신에, 스케줄 목록이나 단신 또는 부고처럼 덜 중요한 재료들로 메우는 게 어떨까? 많은 신문은 광고가 가장 흉한 지면에 텍스트 위주의 기사들을 싣는다. 훤히 트인 지면과 빼곡한 지면을 번갈아 쓰는 광고 편집 전략을 고려하라. 혹은 신문 전체에 걸쳐 주요 지면에는 합리적 수준의 넉넉한 뉴스 공간을 주는 전략도 고려하라. 그러면 당신은 매 지면마다 광고와 씨름할 필요가 없다. 당신은 매력적인 지면을 디자인할 공간을 확보하면서도, 힘 있는 뉴스 옆에 광고가 배치되기를 원하는 광고주도 만족시킬 수 있다.

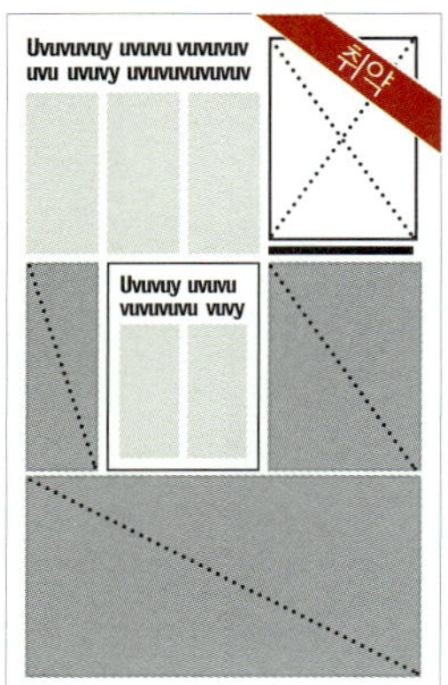

이 지면엔 두 가지 문제점이 있다. 우선 톱 사진이 광고 바로 위에 있어 광고로 착각될 수 있다. 지면 중앙에는 박스로 싸인 기사가 광고들 사이에 끼어 있어, 앞서 사진과 마찬가지로 또 하나의 광고로 보일 소지가 있다.

통면 편집

The Philadelphia Inquirer

Space

The Mission Continues

As John Glenn returns to orbit, let's examine the history and future of space exploration. Where will we go and how will we get there?

Called by stars, bound by reality

〈필라델피아 인콰이어러〉는 훌륭한 통면 편집 디자인을 지속적으로 해오고 있다. 이 페이지와 다음 페이지에 걸쳐 세 가지 사례를 살펴보자. 1998년 우주비행사 존 글렌(John Glenn)의 귀환을 기념하기 위해 이 신문은 과거와 미래 미션을 다룬 특집 섹션을 만들어 가이드가 될 만한 책과 박물관을 소개하고, 태양계에 대한 이 양면 가이드를 제공했다.

Exploring Our Solar System

Mercury

Venus

Earth

Mars

Jupiter

Saturn

Uranus & Neptune

Pluto

The Sun

The Philadelphia Inquirer

Who's Who

at the Philadelphia Zoo's new primate house

Text by Sandy Bauers
Photographs by Tom Gralish

Western Lowland Gorilla

Golden Lion Tamarin

Black-and-White Colobus Monkey

Pygmy Marmoset

Sumatran Orangutan

Ring-Tailed Lemur

Blue-Eyed Lemur

Squirrel Monkey

Spectacled Langur

Ruffed Lemur

White-Handed Gibbon

1995년 필라델피아 동물원 화재로 영장류 23마리가 죽었다. 1999년 이 동물원이 영장류 우리를 새로 열었을 때, 〈필라델피아 인콰이어러〉는 원숭이 이야기, 웹사이트 안내, 새 동물원 지도, 인간과 유인원 비교를 담은 특별 섹션을 만들었다. 그리고 이 양면 지면에서는 동물원의 새 영장류 식구 11마리의 프로필을 소개했다.

The Philadelphia Inquirer

Going Ape!

Inside this section: A guide to the Philadelphia Zoo's new primate house

Exploring our passion for primates

통면 편집

〈필라델피아 인콰이어러〉의 이 통면 편집은 학교 문제를 다룬 스페셜 리포트의 한 부분이다. 디자인이 어떻게 양면 가운데 단간을 가로질렀는지 보라. 그래픽과 텍스트가 얼마나 균형감과 비례감 있게 배치됐는지도 주목하라. 이 전체 패키지가 얼마나 잘 구상됐는지를 가장 중점적으로 보라. 광범위한 정보를 제공하기 위해 20인치짜리 기사 서너 개를 쓰는 대신 차트, 그래프, 짧은 표들을 활용했다.

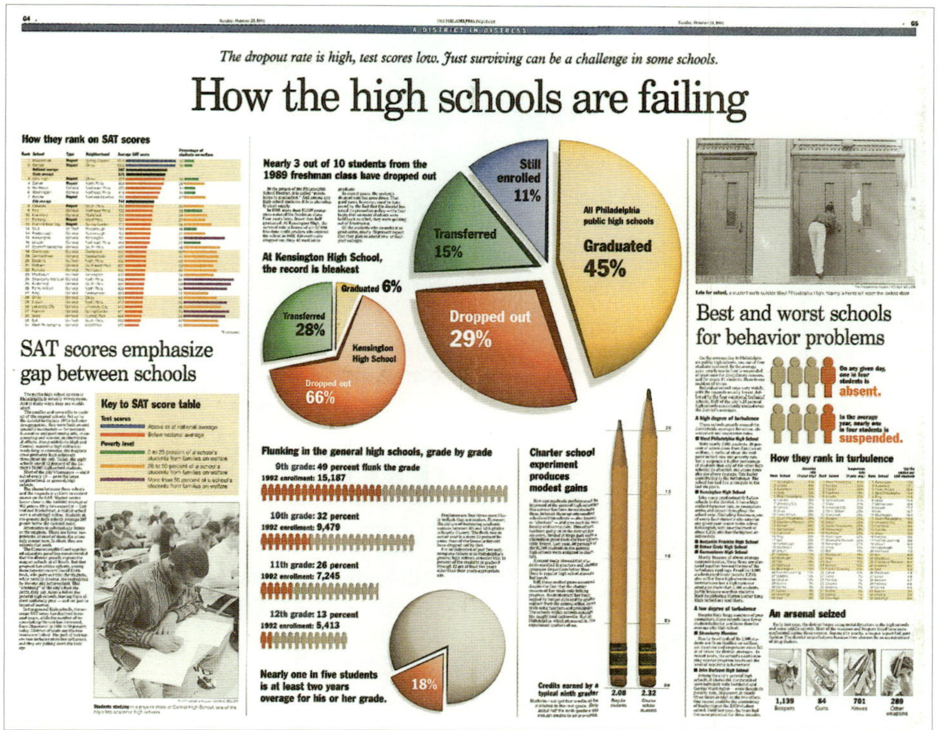
The dropout rate is high, test scores low. Just surviving can be a challenge in some schools.

How the high schools are failing

How they rank on SAT scores

Nearly 3 out of 10 students from the 1989 freshman class have dropped out

Still enrolled 11%

Transferred 15%

All Philadelphia public high schools

Graduated 45%

Dropped out 29%

At Kensington High School, the record is bleakest

Graduated 6%

Transferred 28%

Kensington High School

Dropped out 66%

SAT scores emphasize gap between schools

Key to SAT score table

Flunking in the general high schools, grade by grade

9th grade: 49 percent flunk the grade

10th grade: 32 percent

11th grade: 26 percent

12th grade: 13 percent

Nearly one in five students is at least two years overage for his or her grade.

18%

Charter school experiment produces modest gains

Best and worst schools for behavior problems

How they rank in turbulence

An arsenal seized

마주한 두 지면이 양면 중앙의 단간을 가로질러 한 장의 신문용지에 인쇄될 때, 섹션의 가운데 있는 두 페이지를 가리켜 통면 편집(double truck)이라고 한다. 이 편집을 효과적으로 하려면 다음을 참고하라.

◆ **모든 광고를 없애라.** 하나의 큰 모듈러 편집 블록을 만들어라. 이 지면에서는 어떤 광고라도 끼어들면 묻히거나 편집 요소로 착각될 소지가 많다.

◆ **두 개의 면을 하나의 가로 공간으로 취급하라.** 양면 안쪽 가운데의 단간은 무시하라. 본문의 흐름은 깔끔하게, 굵은 헤드라인과 임팩트 강한 사진으로 지면을 견고하게 하라.

◆ **특별한 경우를 위해 아껴두라.** 독자들은 이 면이 특별하기를 기대한다. 따라서 가치를 희석시키지 말라. 통면 편집은 피처기사, 인포그래픽, 화보, 대형 사건을 위해 아껴두라.

더 알아보기 ▶

◆ **통면 편집 디자인:** 학교신문은 지저분하고 진부한 지면을 어떻게 피하는가................104쪽

마주하는 두 페이지 디자인하기

신문 어디에서든, 마주 보는 두 지면을 특별히 처리할 수 있다. 이 경우 통면 편집과 마찬가지로, 마주 보는 두 지면을 하나의 와이드 공간으로 대하는 것이 중요하다. 신중히 잘만 한다면, 양면 안쪽 가운데 단간을 가로지르며 요소들을 배치할 수 있다. 다만 이때 헤드라인이나 본문보다 사진이나 일러스트레이션을 정렬하는 게 더 성공적이다(오른쪽 예시를 보라). 독자는 대체로 이를 받아들일 만큼 인내심이 있긴 하지만 과신하지는 마라.

THE JENKINS ESTATE

When you visit this historic home in the foothills of Cooper Mountain, you can tour the grounds, picnic in the garden, and glimpse the luxury of an earlier era

Mrs. Jenkins was no pauper, and no expense was spared in the development of the estate

〈타임스〉[*The Times*(Beaverton Ore.)] 속 이 사진은 두 페이지에 걸쳐 있지만 진정한 의미의 통면 편집은 아니다. 독자들에게 보이는 지면 모습 그대로 여기에 인쇄해 실었다. 정렬이 살짝 맞지 않는 데다가, 양면 안쪽 가운데 단간이 톱기사 사진과 헤드라인 중간을 가르며 지나간다. 문제이긴 하지만, 텍스트의 칼럼만 신중하게 처리했다면 심각한 수준은 아니다.

실패한 병렬 배치

신문 디자이너 필 네즈빗(Phil Nesbitt)은 “사람과 개 모두 신문을 제대로 읽으려면 훈련받아야 한다”고 말했다.

옛날 독자는 신문을 세로로 읽도록 훈련받았다. 그리고 모든 지면의 모든 기사가 세로로 흘렀기에 독자는 어떤 사진이 어떤 기사에 매치되는지 헷갈릴 일이 거의 없었다.

그러나 지금은 기사가 지면에 따라 세로 또는 가로로 흐른다. 모든 지면의 모든 기사에서 우리는 어떤 사진이 어떤 기사와 관련된 것인지 독자가 즉각 추론하기를 기대한다.

Ax-wielding lunatic escapes from asylum

By ROBIN FOX
Special writer, The Bugle Beacon

Non equidem insector delendave carmin Livi esse reor, memini.

Vice president Cheney visits new grandchild

By ROBIN FOX
Special writer, The Bugle Beacon

Gorilla mom gives birth at city zoo

Non equidem insector dele ndave carmina Livi ess mundi.

Killer gorilla goes bananas, trashes tire store

By ROBIN FOX
Special writer, The Bugle Beacon

우리가 늘 독자가 선택하기 쉽도록 만들어 내놓는 건 아니다(오른쪽 예시에서 체니가 탈출한 정신이상자인가? 저 고릴라 사진이 체니의 새 손자 얼굴인가?). 따라서 모든 지면 디자인을 가능한 한 객관적으로 따져봐야 한다. 다음과 같은 일들이 생기지 않았는지 확인하라.

- ◆ 하나의 사진이 두 기사가 만나는 지점에 놓여 있어 독자를 혼란스럽게 하는가.
- ◆ 두 기사나 그 헤드라인들이 한 지면에 부적절하게 함께 있는 것처럼 보이지는 않는가(예시 속 두 유인원 기사는 서로 관련된 것처럼 보일 것이며, 따라서 잘못된 연결을 만들어내고 있는 것이다).
- ◆ 광고가 옆에 있는 기사에 대한 코멘트처럼 보이지는 않는가. 편집을 모호하게 하면 당신 자신과 독자들과 기사의 주제(유인원과 사람 이야기 모두)까지 혼란스럽게 만들기 십상이다. 의심스러울 때엔 기사를 옮기거나 박스를 싸 처리하라. 디자인을 명쾌하게 만들기 위해서라면 뭐든지 하라.

중복 모듈 문제

위 예시와 같은 실수를 범하지 않으려면 겹쳐 보이는 모듈을 조심하라. 수평으로(사진의 좌우 양쪽으로) 겹칠 수도 있고 수직과 수평 모두(사진의 옆과 아래로) 겹칠 수도 있다.

가운데 사진이 양쪽 기사중 어디에 속하는지 헷갈린다면...

◆두 기사 중 하나를 박스 선으로 싸거나 스크린을 입혀라.

◆세로 구분선으로 분리.

◆사진과 관련 기사의 상단을 덮는 긴 제목을 달아라.

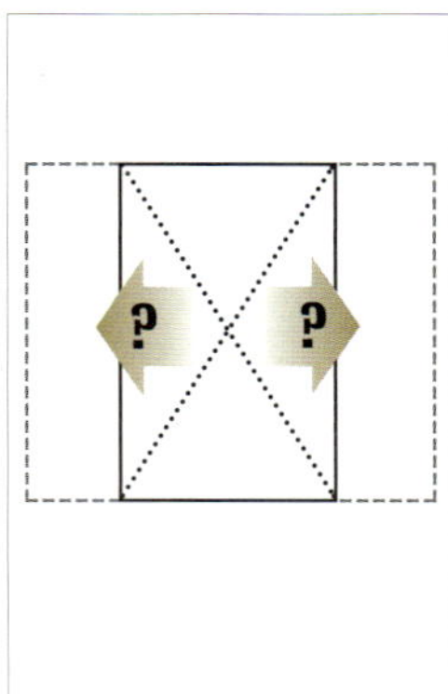

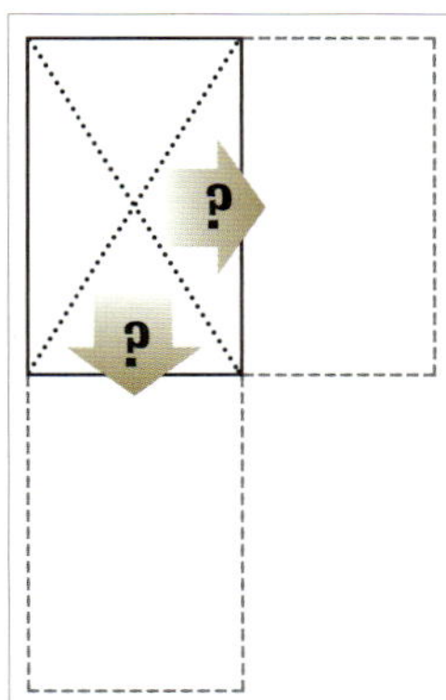

교차하는 곳에 사진을 배치하는 것은 위험하다.

◆두 기사 중 하나를 박스 선으로 싸거나 스크린을 입혀라.

◆사진 아래에 관련 없는 기사를 놓을 때엔 기사 폭을 사진 폭과 다르게 하라.

실무 원칙

이 페이지에는 책에서 제시된 디자인 핵심 원칙들을 모아봤다. 이 목록을 퀵 가이드로 활용하라. 오른쪽 숫자는 더 많은 정보를 찾아볼 수 있는 페이지를 가리킨다.

레이아웃과 디자인

- 모든 기사는 사각으로 처리해야 한다. 지면은 사각형들이 쌓여 이루어진다. [48]
- 본문의 중간에 그래픽 요소를 배치하지 말라. [50, 149]
- 본문 칼럼 맨 아래에 시각물을 배치하지 말라. [50]
- 사진 아래로 흐르는 기사는 최소한 1인치 높이는 돼야 한다. [51]
- 수직 레이아웃에서는 사진, 사진설명, 제목, 기사 순으로 배치하라. [50]
- 모든 면에는 하나의 메인 시각물이 있어야 한다. [60]
- 잘 디자인된 지면은 보통 3분의 1 이상이 시각물로 채워져 있다. [78]
- 광고 바로 위에 사진을 배치하지 말라. [99]
- 단지 제목끼리 부딪치는 것을 피하기 위해 박스를 남용하지 말라. 기사가 특별하고 색다를 때 박스로 처리하는 것이 이상적이다. [80]

본문

- 본문 칼럼의 적절한 세로 길이는 2~10인치이다. [31]
- 본문 칼럼의 폭이 20파이카보다 넓거나 10파이카보다 좁아서는 안 된다. [31]
- 작은 공간에서는 이탤릭체, 볼드체, 반전 글자(어두운 바탕에 흰 글자) 등의 특수효과를 사용하라. [211]
- 8포인트보다 작은 글자는 읽기 어렵다. 작은 활자는 가급적 쓰지 말되, 스크린 안에서는 더욱 피하라. [211]

제목

- 모든 기사에는 제목이 있어야 한다. [29]
- 제목은 지면 아래쪽으로 갈수록 작아진다. 작은 기사일수록 작은 제목을 단다. [29]
- 제목은 5~10개의 단어가 적절하다. [29]
- 시각물을 제목과 본문 시작 부분 사이에 배치하지 말라. [55]
- 제목끼리 맞세우지 말라. 불가피한 경우라면 왼쪽 제목을 더 짧게 처리하고, 두 제목의 크기나 행수를 다르게 하라. [79]
- 제목을 쓸 때는 지나치게 격식을 차린 단어, 은어, 동사 생략, 어색한 행갈이 등을 삼가고 현재 시제로 써라. [27]

사진

- 실제 사람들이 실제 활동을 하는 사진을 찍어라. [110, 117]
- 방향성이 있는 사진은 해당 기사를 바라보게 배치하라. [54, 55]
- 확신이 없을 땐 작은 사진 두 장을 쓰는 것보다 차라리 큰 사진 한 장을 써라. [61]
- 두 장 이상의 사진을 쓸 땐 한 장을 나머지 사진보다 훨씬 크게 처리해 돋보이도록 하라. [61, 85]
- 한 지면에 쓰인 모든 사진의 모양과 크기를 다양하게 하라. [84]

사진설명

- 혼란을 피하기 위해 사진 한 장당 하나의 사진설명만 써라. 각 사진설명은 해당 사진과 붙어 있어야 한다. [35, 131]
- 사진설명이 사진 옆쪽에 올 때엔 폭이 최소한 6파이카는 되어야 한다. [35]
- 사진설명이 사진 아래쪽에 올 때엔 사진의 가로 폭과 똑같은 너비의 사각형으로 처리하라. 사진설명이 사진의 좌우 가장자리를 넘어선 안 된다. [35]
- 한 줄을 넘는 사진설명에서는 마지막 행에 한 글자만 있는 과부 꼴을 만들지 말라. [35]

기사점프

- 기사를 점프시키기 전 최소한 4인치는 소화하라. [97]
- 기사는 최소 6인치 분량은 점프시켜라(독자가 수고한 보람이 있게 하려면). [97]
- 기사는 딱 한 번만 점프시켜라. 가능하다면 매번 같은 곳으로 보내라. [97]

문제 해결

지면 디자인과 관련해 디자이너들이 자주 묻는 질문에 대한 답을 제시한다.

Q 신문에 쓰기 가장 좋은 그리드는 무엇인가? 특정 그리드를 선택했다면 모든 지면에 사용해야 하는가, 아니면 지면에 따라 바꿔도 되는가?

오랫동안 신문에선 단조로운 같은 그리드를 사용해왔다. 대판에서는 6칼럼 그리드, 타블로이드판에서는 5칼럼 그리드를 썼다. 이는 한 칼럼의 표준 광고가 대략 가로 2인치였고, 기사 칼럼의 사이즈는 광고 편의에 맞춰 정해졌기 때문이다. 따라서 광고가 있는 지면은 이 그리드가 적절했다. 그러나 광고가 없는 오픈된 지면이나 하단광고를 가진 안쪽 지면처럼 광고가 변수가 되지 않는 경우에는 어떨까? 좀더 유연하게 칼럼 폭에 대한 옵션을 갖는 게 좋지 않을까(왼쪽 예시를 보라)?

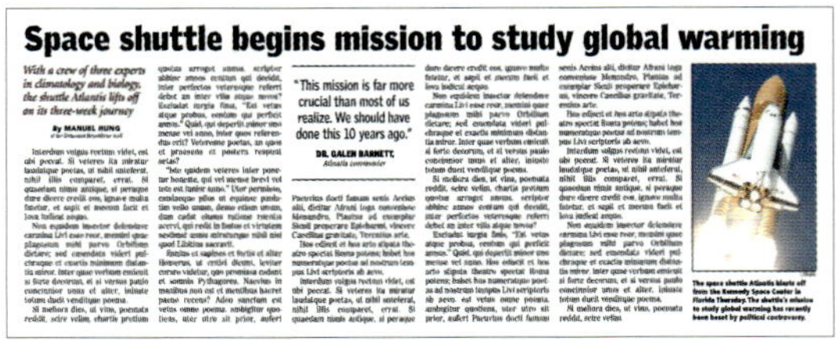

Space shuttle begins mission to study global warming

"This mission is far more crucial than most of us realize. We should have done this 10 years ago."

여기 6칼럼 그리드의 전형적인 지면이 있다. 그러나 지면이 얼마나 활자로 빽빽한지, 한 칼럼짜리 사진이 얼마나 작은지 보라. 당신이 더 유연하고 많은 디자인 옵션을 원한다면 어떻게 해야 할까?

Space shuttle begins mission to study global warming

"This mission is far more crucial than most of us realize. We should have done this 10 years ago."

사진을 두 칼럼 너비로 처리하면 너무 많은 공간을 차지하고 사진 비례가 맞지 않는 경우도 있다. 사진을 1.5칼럼 폭으로 쓰면 어떨까?

Space shuttle begins mission to study global warming

"This mission is far more crucial than most of us realize. We should have done this 10 years ago."

6칼럼 대신 12칼럼 그리드를 쓰면 사진 크기, 부제목, 사진설명에 대해 2배 더 많은 옵션을 갖게 된다(인용제목을 주목하라. 효과적인 위치에 자리 잡았는가?).

새 그리드 옵션을 실험하고 싶은가? 최근 당신 신문의 전형적인 지면을 택해 그리드를 바꿔 다시 편집해보라. 타블로이드판이라면 7, 8, 9칼럼, 대판이라면 9, 10, 11, 12칼럼을 시도해보라. 시각물 크기를 바꾸고, 기사를 다시 흘리고, 사진설명과 제목을 다시 달아보라. 그리고 다른 그리드로 재편집하는 게 시각적, 저널리즘적인 측면에서 어떤 이점이 있는지 살펴보라. 그러나 두 가지 주의할 점이 있다.

◆ 자주 인용되는 타이포그래피 격언이 있다. "표준 본문 칼럼의 이상적인 폭은 알파벳이 한 순배 돌고 다시 절반까지 들어가는 크기다."

abcdefghijklmnopqrstuvwxyzabcdefghijklm

여기 보이는 것처럼 9포인트 님로드체를 썼을 때 이상적인 칼럼 폭은 15파이카 6포인트이다.

물론 사진설명, 인용제목, 부제목을 위해 더 좁은 칼럼을 쓸 수도 있다. 그러나 5파이카보다 좁은 칼럼은 활자들을 집어넣기에 적합하지 않다. 그리고 칼럼 폭이 좁아질수록 더 작고 홀쭉한 서체가 필요하다는 것도 기억하라.

◆ 타블로이드판을 디자인한다면 6칼럼 그리드를 피하고 싶을 것이다. 대판을 디자인할 때는 7칼럼 그리드를 주의하라. 이 두 체제는 기사 폭을 불편할 정도로 좁게 만들어 지면을 지저분하고 세로 줄무늬가 있는 것처럼 보이게 한다. 또한 당신은 한 신문 안에서 여러 그리드를 섞어 쓸 수도 있다.

Q 학교신문을 만들 때 매번 스페셜 통면 편집을 디자인한다. 어떻게 해야 더 좋아질까?

◆ 그리드를 개선하라. 칼럼이 많아질수록 디자인 옵션도 많아진다는 것을 기억하라. 대부분의 통면 편집에서 가장 큰 문제점은 결국 오른쪽 사례처럼 돼버린다는 것이다. 하나의 큰 헤드라인, 각 코너로 밀고 들어간 4개의 15인치짜리 기사, 마구 흩뿌려진 시각물…

◆ 패키지를 계획하라. 독자들에게 어필할 수 있는 부속상자를 갖춘 패키지를 만들려면 기사 작성과 디자인 실력을 모두 업그레이드하라. 여기에 관한 더 많은 정보는 188쪽을 보라.

It's time for GRADUATION

Class of 2001 looks back on years of struggle, reward, fun

Graduating ceremonies keep some traditions but offer new changes

Last year's graduating class offers words of wisdom for college-bound seniors

Departing seniors look back on memories of friends, laughter and sad emotions

문제 해결

Q 큰 메인 사진 없이도 지면을 디자인하는 게 가능할까?

물론이다. '모든 면에는 메인 사진이 있어야 한다'는 오래된 룰은 자잘한 사진들이 넘치던 예전의 지저분한 지면들 때문에 나온 것이다. 아무도 어지러운 지면 디자인을 좋아하지 않는다. 자신이 찍은 좋은 사진이 큰 기사를 돋보이게 하길 원하는 사진가는 특히 그렇다(사실 사진이 너무 커지면 기사 꼭지 수가 줄어들고 지면이 둔해 보인다).

그러나 당신이 신중하고 현명하게 접근한다면, 큰 사진 없이도 혼란을 피하면서 성공적인 지면을 디자인할 수 있다. 작은 사진들을 묶어 중심부로 놓을 수 있다. 인포그래픽 패키지로 지면에 중심을 잡아줄 수도 있다(왼쪽 예시와 같이). 큰 제목을 지배적인 시각물로 쓸 수도 있다(오른쪽 예시처럼). 하지만 기본적 원칙은 여전히 유효하다. 중심을 잡아줄 만한 것이 없이 복잡한 지면은 쉽게 지저분해진다는 것이다.

Q 우리는 1면에 늘 기사 다섯 꼭지를 쓴다. 전형적인 프런트 면에 몇 건의 기사를 실어야 하는지 룰이 있는가?

그것은 시대에 따라 변한다. 대부분의 대판 신문은 1면에 기사를 4, 5건 또는 6건 싣는다. 50년 전만 해도 그들은 12건을 실었다(왼쪽 예시를 보라). 뉴스 중심의 타블로이드 신문은 보통 서너 건의 커버 기사를 싣지만, 어떤 타블로이드 신문은 잡지처럼 한 주제의 기사만 싣기도 한다.

그렇다면 당신 신문의 성격은 어떤가? 뉴스 중심의 신문인가? 아니면 극적인 사진과 큰 활자를 쓰는 스타일리시한 신문인가?

가장 좋은 답은, 유연성을 갖는 것이다. 기사의 가치를 날마다 지면마다 다양하게 변주하라. 편집국의 관습이 아닌 뉴스에 의해 페이스가 정해져야 한다.

Q 많은 신문이 기사 사이에 구분선을 쓴다. 좋은 생각인가? 편법인가?

수 세기 동안 신문은 기사를 분리하기 위해 구분선(가로선과 세로선)을 썼다. 1960년대와 1970년대에는 선 없는 단간이 유행이었지만 요즘엔 다시 구분선을 쓴다. 디자인이 좋은 신문 대부분은 선을 쓰고 있다.

장점: 구분선은 기사들과 지면을 깔끔하게 묶어준다. 제목끼리 부딪치거나 시각물이 충돌하는 것도 어느 정도 해결해줄 수 있다(오른쪽 예시를 보라).

단점: 좁은 단간에 선을 지르면 빡빡해 보인다. 구분선은 단간이 넓을 때 효과적이다.

연습문제

정답은 ▶ 271쪽

1 가로 40파이카 박스 안에 기사를 가편집해야 한다. 4칼럼으로 할 때 한 칼럼의 폭은 얼마나 돼야 할까? 3칼럼으로 할 때엔? 2칼럼으로 할 때엔?

2 5칼럼 포맷으로 안쪽 지면을 레이아웃하려 한다. 광고가 꽤 높이 올라와서 뉴스 공간은 세로 6인치, 가로 전단(5칼럼)이다. 이 공간에 기사 2개를 편집해야 한다. 하나는 세로 15인치 분량이고 다른 하나는 세로 10인치 분량이다. 둘 다 시각물은 없다. 최고의 디자인 옵션은 무엇일까?

3 다음 세 개의 지면 디자인 모두 몇 가지 문제점이 있다. 어떤 점들이 잘못됐는가?

A

B

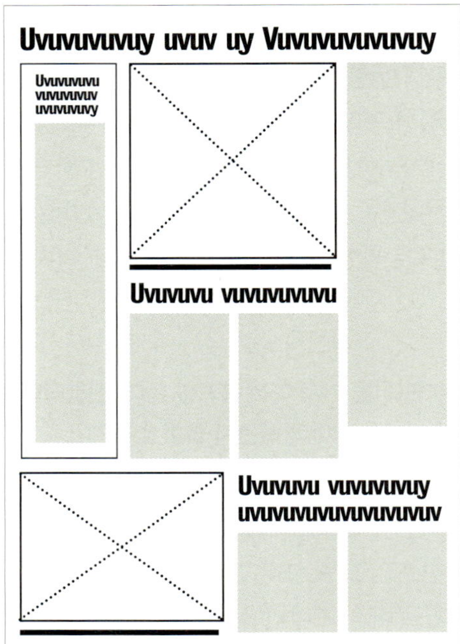

C

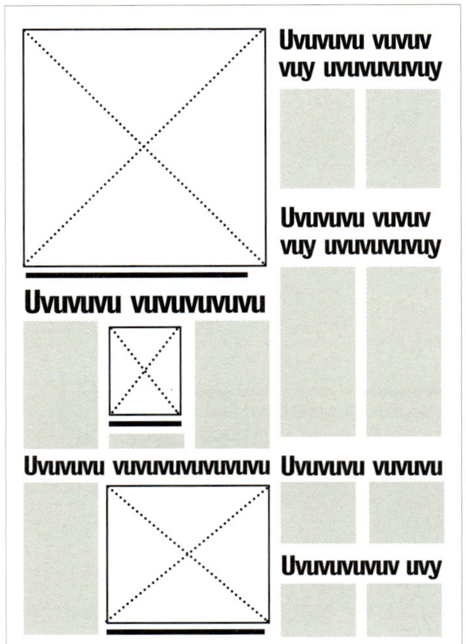

4 다음 네 가지 레이아웃은 모두 같은 기사 요소들을 사용한다. 넷 중 어떤 것이 가장 좋은가? 그 이유는?

A

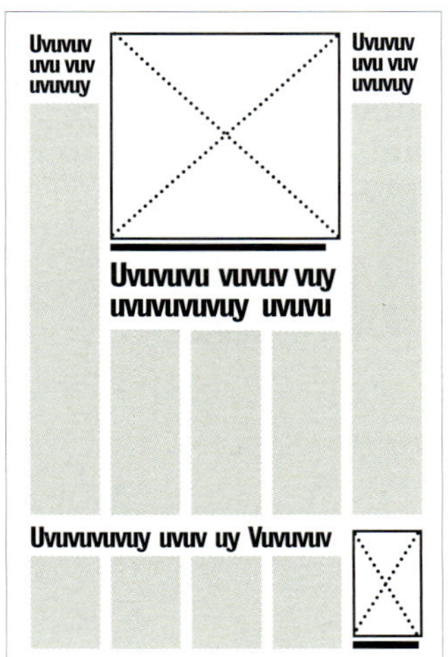

B

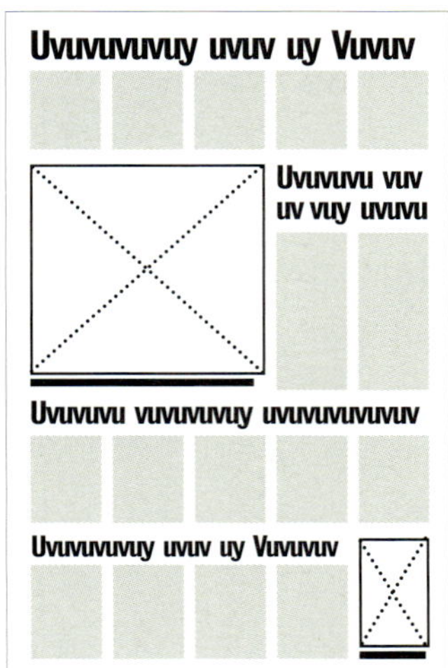

C

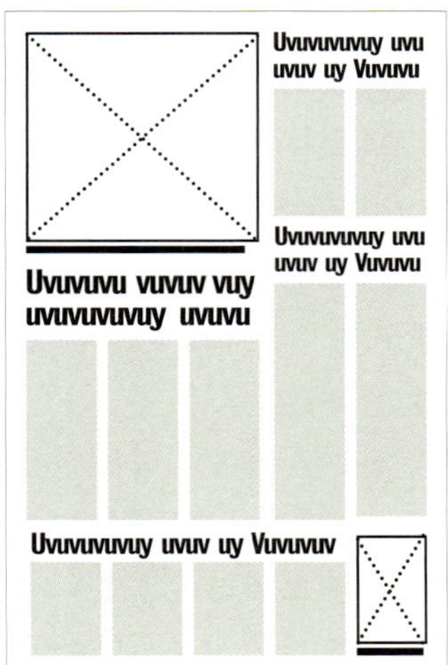

D

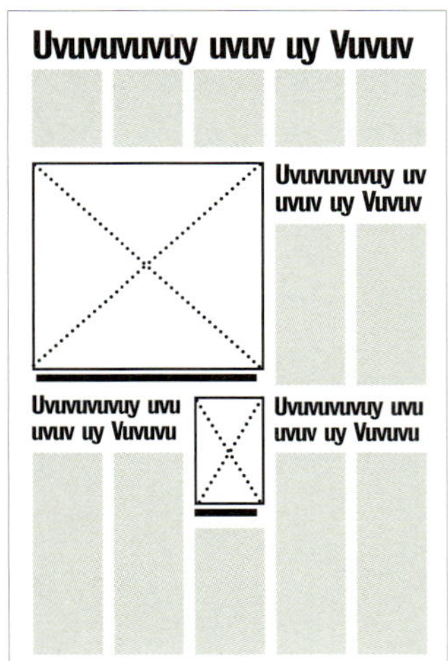

연습문제

cowboys ready for four days of rodeo competition, although some events were held Tuesday. Because of extreme fire danger, officials decided against the traditional fireworks, but the National Guard helped fill the void by firing a 75mm howitzer. Page C1

Soviet women feel left out

Articles by Soviet women in recent editions of the daily Pravda and weekly New Times have complained that women have been left out of Mikhail S. Gorbachev's reforms and have been taken for granted in a male-dominated society. Lack of birth control, high infant mortality rates and lack of political power are specific areas addressed in the articles. Page A6

Reagan's aptitude questioned

Most high-level White House aides believed that President Reagan was so depressed, inept and inattentive after disclosures about the Iran-Contra scandal that the possibility of invoking the 25th Amendment to remove him from office was raised in a March 1987 memo from former White House aide James Cannon to Howard H. Baker Jr., then Reagan's chief of staff. Page A14

Stock market rises to 2,100.64

Riding upbeat trade news, the Dow Jones average climbed 17.60 points. Page D12

FBI disciplines six employees

FBI Director William Sessions suspended three employees and censured three others Wednesday for their part in an "unnecessarily broad" terrorism probe of a group that opposed Reagan administration policy in Central America. Sessions vowed to institute changes that would ensure against such investigations in the future. Page A10

SESSIONS

INDEX

SECTION A		SECTION D	
News in brief	3	Sports	1-9
Foreign	4-8	Business	10-16
Nation	9-19	Classified	18-30
SECTION B		Funerals	17
Living	1-8	Obituary	17
Crossword	9	**SECTION E**	
Lively Arts	12	Science	1-3
Movies	12	Comics	6,7
Radio, TV	10,11	Local news	4
SECTION C		Metro/NW	3-5
Metro/NW	1-8	Forum	5,7
Editorial	6		

Five sections — 80 pages

Classified advertising 221-8000
Circulation hot line 221-8240

Copyright © 1988, Oregonian Publishing Co. Vol. 137 — No. 45,896

1 Minimal:	2 Moderate:	3 Extensive:	4 Extreme:	5 Catastrophic:
74-95 mph winds, 4-5 foot waves.	96-110 mph winds, 6-8 foot waves.	111-130 mph winds, 9-12 foot waves.	131-155 mph winds, 13-18 foot waves.	156 mph and higher winds, 18 foot and higher waves.

SOURCE: The Associated Press, Orange County Register — JEFF GOERTZEN/Knight-Ridder Graphics Network

cun said Gilbert knocked down a radio and television communications tower, uprooted trees and blew the roofs off buildings.

Floods prevented officials from reaching the hotel zone in Cancun

Officials were checking low-lying areas of Cancun for stranded residents. There was heavy damage visi-

Please turn to GILBERT, Page A17

Hyundai picks Portland as principal port

☐ The South Korean automaker will be funneling up to 250,000 cars a year through its planned dock near Kelley Point Park

By BILL MacKENZIE
of The Oregonian staff

The Port of Portland has won the competition to become the principal U.S. port of entry for Hyundai automobiles, with an announcement scheduled Thursday morning at Port offices.

The decision means the South Korean automaker will be funneling up to 250,000 cars a year through the Port. The company now ships 65,000 cars a year through Portland.

S.I. Lee, manager for North American markets for Hyundai, confirmed Wednesday in a telephone conversation from South Korea that a decision had been made to choose Portland as the company's auto import center, but he declined to provide additional details.

"Hyundai Motor decided to locate it in Portland," Lee said. "They know better than us why."

Neither officials of Hyundai Motor America in Garden Grove, Calif., nor the Port of Portland returned phone calls Wednesday. A Portland labor union office worker would only confirm that an announcement was scheduled for Thursday.

"All I have is that tomorrow morning there is going to be a press conference concerning Hyundai at the Lloyd Building," Dorothy Petrina, an office worker at Local 8 of the International Longshoremen's & Warehousemen's Union in Portland, said Wednesday.

The Lloyd Building is the site of the Port's offices. The announcement is set for 9:30 a.m. Gov. Neil Goldschmidt's schedule indicates he will be present.

The Thursday announcement is expected to confirm that a letter of intent has been signed for Hyundai's choice of the Port of Portland as its U.S. import center. Donald Grigg, general manager of the distribution group at the Port of Portland, said in February the Port planned to build a $12 million auto dock for Hyundai on 75 acres of Port property near Kelley Point Park.

Construction of that dock is expected to proceed with the announcement of Hyundai's decision, with Hyundai repaying the Port over a period of time.

Hyundai's search for a primary port of entry has gone on for several years. About 22 ports initially were examined before the choice was narrowed in 1987 to three — the Port of Portland and the Ports of Kalama and Tacoma in Washington.

The Port of Seattle, which is mainly a container port, did not make the final list. Seattle suffered from the lack of sufficient land to accommodate the planned level of auto imports.

The Port of Portland already serves as an import point for about 400,000 cars, including autos manufactured by Hyundai, Toyota, Honda, Subaru and BMW. The Port has estimated these imports bring about $5 million each year to Port coffers and $80 million to the local economy.

CAMPAIGN '88

CAMPAIGN 88

■ **DUKAKIS:** In his most detailed explanation of his defense policies, Democratic presidential nominee Michael S. Dukakis pledged support Wednesday for an array of major weapons programs but failed to offer an alternative to proposed land-based strategic missile systems. Page A12

■ **BUSH:** Republican presidential nominee George Bush wooed voters Wednesday with a pitch on patriotism and a declaration that "only one man can carry America's peace and prosperity into the 1990s." Said Bush: "I am here to tell you that I am that man." Page A12

■ **ENVIRONMENT:** Both Bush and Dukakis have sinned in the eyes of environmentalists, but both men promise cleaner skies, waters and lands in coming years. Dukakis says the Reagan administration leaves a "sad legacy," while Bush says, "I will do more." Page A13

■ **ON THE TRAIL:** Highlights of Tuesday's appearances by the presidential and vice presidential candidates. Page A12

3 hijackers, 1 hostage die in shootout after pope's visit

☐ Rebels holding a church bus full of children and nuns launch a gunbattle with South African commandos

LA Times-Washington Post Service

MASERU, Lesotho — Minutes after Pope John Paul II rode through this African capital Wednesday night, rebels holding a church bus full of children and nuns rammed the vehicle into the British Embassy's front gate and launched a gunbattle with the South African commandos surrounding them.

Three of the hijackers and a young woman hostage died, the South African police said in a statement issued in Pretoria. In addition, 11 of the 69 hostages were injured, four seriously, "by the wild firing of the hijackers," police said.

The brief but bloody shootout, which echoed across this small town, ended a two-day ordeal that began when four men, carrying a rifle, a 9mm pistol and two hand grenades, commandeered a bus with 71 people on board. The passengers, most of them teen-agers, were making the 250-mile journey from their homes in remote southeastern Lesotho to see the pope.

The hijackers forced the bus driver to crash through two roadblocks en route to Maseru, where the cream-colored bus stopped in front of the British High Commission on a quiet, tree-lined lane near downtown, and the men asked permission to enter the compound. It was refused, and a 26-hour wait began.

The men told passengers they were members of the Lesotho Liberation Army, a rebel group seeking to oust the country's military junta and replace it with a constitutional monarchy. A man claiming to speak for the group denied involvement by the rebel group, however, and some Western diplomats speculated that the men were part of a splinter group.

Please turn to BLOODBATH, Page A4

'Human mouse' portends breakthroughs in medicine

☐ Scientists give mice human immune systems that make them promising stand-ins for drug research

The Associated Press

LOS ANGELES — Scientists have transplanted the human immune system into mice by injecting the rodents with human blood or by implanting them with tissue from aborted human fetuses, according to studies released Wednesday.

The results were hailed as major accomplishments because they gave the mice human characteristics that should make them excellent stand-ins for people, allowing researchers to more rapidly develop and test new drugs and vaccines against AIDS, cancer, hepatitis, herpes, mononucleosis and other diseases.

The researchers succeeded in "making a human mouse," said Dr. David Katz, president of the Medical Biology Institute, a research center in La Jolla.

"It is not human in the real sense because the mouse is walking around and behaving like a mouse, only it is protected by a human immune system," he said during a telephone interview.

Dr. Donald E. Mosier and colleagues at the institute and Veterans Administration are publishing a study Thursday in the British journal Nature outlining their success in reconstituting a fully functioning human immune system in mice suffering from severe combined immune deficiency, an inherited absence of immunity.

Such mice normally would die quickly from infections, but they have been kept alive up to eight months after being injected with certain white blood cells — called peripheral blood leukocytes — from

Please turn to MICE, Page A20

5 위 레이아웃대로 신문이 나왔을 때, 일부 에디터는 "캠페인 88" 지면 안내 박스의 위치가 안 좋다고 불평했다. 마치 왼쪽 옆에 있는 현대자동차 기사의 일부인 것처럼 보인다. 그런 문제점을 개선하기 위해 박스 크기를 유지하면서 리디자인한다면 어떻게 하겠는가?

6 왼쪽 지면은 전형적인 타블로이드판의 1면이다. 5칼럼 포맷을 채택했고, 왼쪽 회색 칼럼은 뉴스 단신을 위한 자리다.

다음 세 가지 요소들을 넣어 지면을 디자인하라.

- ◆ 훌륭한 가로 사진이 있는 10인치 분량의 톱기사
- ◆ 가로 사진이 있는 8인치 분량의 기사
- ◆ 4인치짜리 경쾌한 기사(발랄하면서도 색다른 피처)

연습문제

7 타블로이드 신문의 안쪽 지면이다. 오른쪽 한 칼럼은 뉴스 단신이다. 다음 요소들로 지면을 어떻게 디자인할 건지 가편집 레이아웃을 그려보라.

- ◆ 세로로 긴, 힘 있는 사진이 있는 톱기사(약 15인치 분량으로 2인치 정도는 자를 수 있다)
- ◆ 인물사진이 있는 두 번째 기사(약 12인치 분량이지만 자를 수 있다)
- ◆ 짧고도 경쾌한 피처기사(약 4인치 분량)

참고: 이 지면에 적합하지만 서로 다른 두 가지 해법이 있다. 두 가지 옵션을 모두 찾아낼 수 있도록 최선을 다하라.

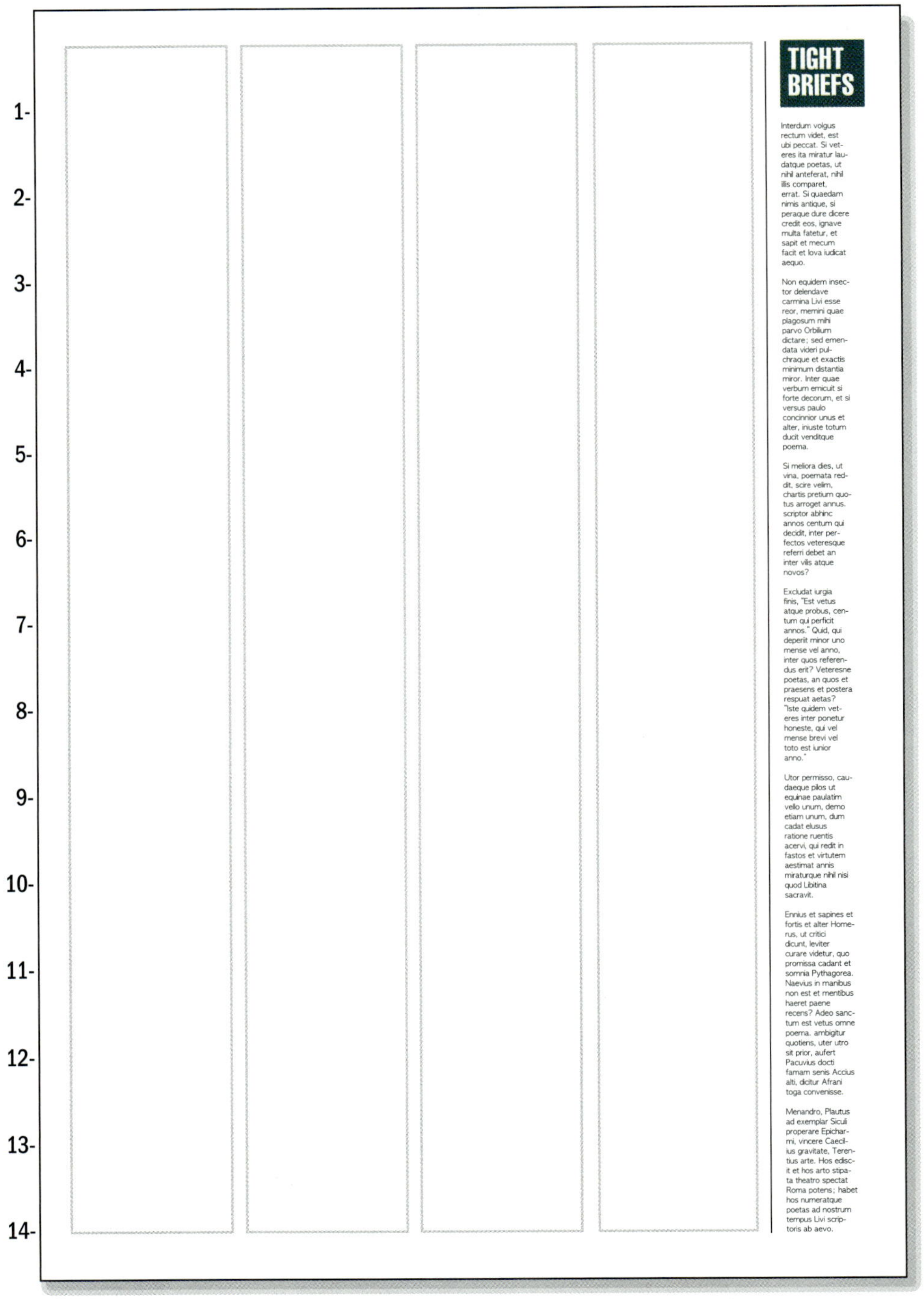

정답은▶ 271쪽

4 사진과 시각물

1880년 3월 4일 〈뉴욕 데일리 그래픽〉(*New York Daily Graphic*)은 사상 최초로 신문에 사진을 실었다. 그날부터 지금까지 사진기자들은 "우리가 존경받을 날이 오기는 하겠느냐"며 늘 불평해왔다. 하지만 사진기자들이 피해망상에 젖어 있다고 비난할 수만은 없다. 결국 편집국은 '뉴스=텍스트'이고 '사진=장식물'이라고 믿는 기자 출신 에디터들이 지배한다. 지면이 부족해 기사와 사진 중 하나를 빼야 할 때 그들이 무엇을 선택할 것인지는 자명하다.

문제는 그 에디터들이 치명적인 오류를 범하고 있다는 점이다. 우리 문화는 굉장히 시각적으로 변하고 있다. 당신이 정보를 전달하고자 한다면 사진은 텍스트만큼이나 가치가 있다. 스쳐 지나가는 독자의 시선을 낚아채고 싶다면 사진이 기사보다 훨씬 더 유용할 것이다.

지금까지 이 책은 사진을 지면의 한 요소로만 다뤘다. 그러나 사진은 그보다 훨씬 더 큰 의미를 지닌다. 사진은 좋은 디자인을 위해 반드시 필요하고, 좋은 디자인은 사진을 위해 또 반드시 필요하다.

이 장에서는 시각물과 포토저널리즘에 대해 구체적으로 살펴보고자 한다.

4장 목차

사진 가이드라인

이미지를 찍고 지면에 맞게 배열하고 인쇄용 하프톤으로 변환하는 등 사진을 다루려면 많은 것을 배워야 한다. 그러나 그에 앞서 보도사진에 대해 알아야 할 몇 가지 가이드라인이 있다.

이 사진은 향수에 젖어 경례를 하고 있는 늙은 참전용사라는 주제를 깔끔하고 명료하게 드러내고 있다. 어수선하고 산만한 배경이 없는 강렬한 이미지다. 또 인공적으로 설정하지 않고 인물 그대로를 정직하게 카메라에 담은 것으로 보인다.

◆ **명료하면서도 흥미로운 주제가 드러나야 한다.** 좋은 사진은 좋은 기사와 마찬가지로 '읽기' 쉬워야 한다. 많은 것을 잡다하게 담지 말고 집중력을 흐리지 않아야 한다. 모든 사진은 가장 중요한 주제를 한눈에 알아볼 수 있어야 한다.

◆ **자연스러워야 한다.** 아마추어가 찍은 스냅사진을 보면 사람들은 경직된 자세로 카메라를 보며 웃고 있다. 반면 전문가의 카메라에 담긴 사람들은 솔직하고 자연스러우며 자기 일에 몰두해 있다. 가능한 한 언제 어디서든 '진짜 사람'이 '진짜 일'을 하고 있는 모습을 찍어야 한다. 멍하니 뭔가를 응시하거나 바쁜 척하는 모습을 담아선 안 된다.

◆ **사진설명을 붙여야 한다.** 놀랍게도 편집자들은 종종 이렇게 생각한다. "이 사람이 누구인지는 독자들도 다 알겠지. 아무렴, 밀라드 필모어(Millard Fillmore, 미국의 13대 대통령)인데!" 그러나 독자는 당신이 생각하는 만큼 똑똑하지 않으니 착각하지 말라. 또 독자가 기사를 읽을 것이라고 가정하지도 말라. 얼굴, 장소, 동작 그 무엇이든 친절하게 설명해야 한다.

스케이트 보더들의 공중 묘기를 찍은 이 사진은 눈을 뗄 수 없게 만든다. 하지만 하얀 구름이 지면의 흰 여백과 어떻게 섞였는지 주목하라. 사진을 구분하는 테두리가 없다면 독자는 사진이 어디서 시작해서 어디서 끝나는지 알기 어렵다.

◆ **경계가 분명해야 한다.** 사진의 밝은 부분이 지면의 흰 여백에 묻히게 하지 마라. 이미지를 단순하고 가는 선으로 둘러싸라(보통 1포인트 이하 선을 쓴다. 이 책에서는 0.5포인트 선을 썼다). 그렇다고 오버하지도 마라. 지나치게 두꺼운 테두리도 사진을 망친다. 너무 굵은 선은 관련 기사인데도 기사와 사진을 별개로 보이게 한다.

◆ **주제와 관련이 있어야 한다.** 독자는 하찮은 기사로 낭비할 시간이 없다. 사진도 마찬가지다. 오늘 뉴스의 주체와 객체는 누구인지, 승자와 패자는 누구인지, 직접 관련이 있는 사진을 보여줘야 한다(공원에서 놀고 있는 다람쥐는 절대 아니다). 사진은 정보를 제공하는 수단이지 장식물이 아니다.

◆ **얼굴 크기가 동전 정도는 되어야 한다.** 사진에 임팩트를 주고 싶다면 군중이 아닌 개인에 초점을 맞춰라.

1992년 빌 클린턴의 선거 유세 사진은 매우 흥미롭지만 훨씬 더 크게 게재했어야 했다. 지금은 사진이 작아서 임팩트가 없다. 군중의 얼굴은 뭉개졌고 클린턴도 배경에 묻혔다.

좋은 사진

그렇다면 좋은 사진은? 5명의 사진기자가 자신의 수상작에 대해 이야기했다.

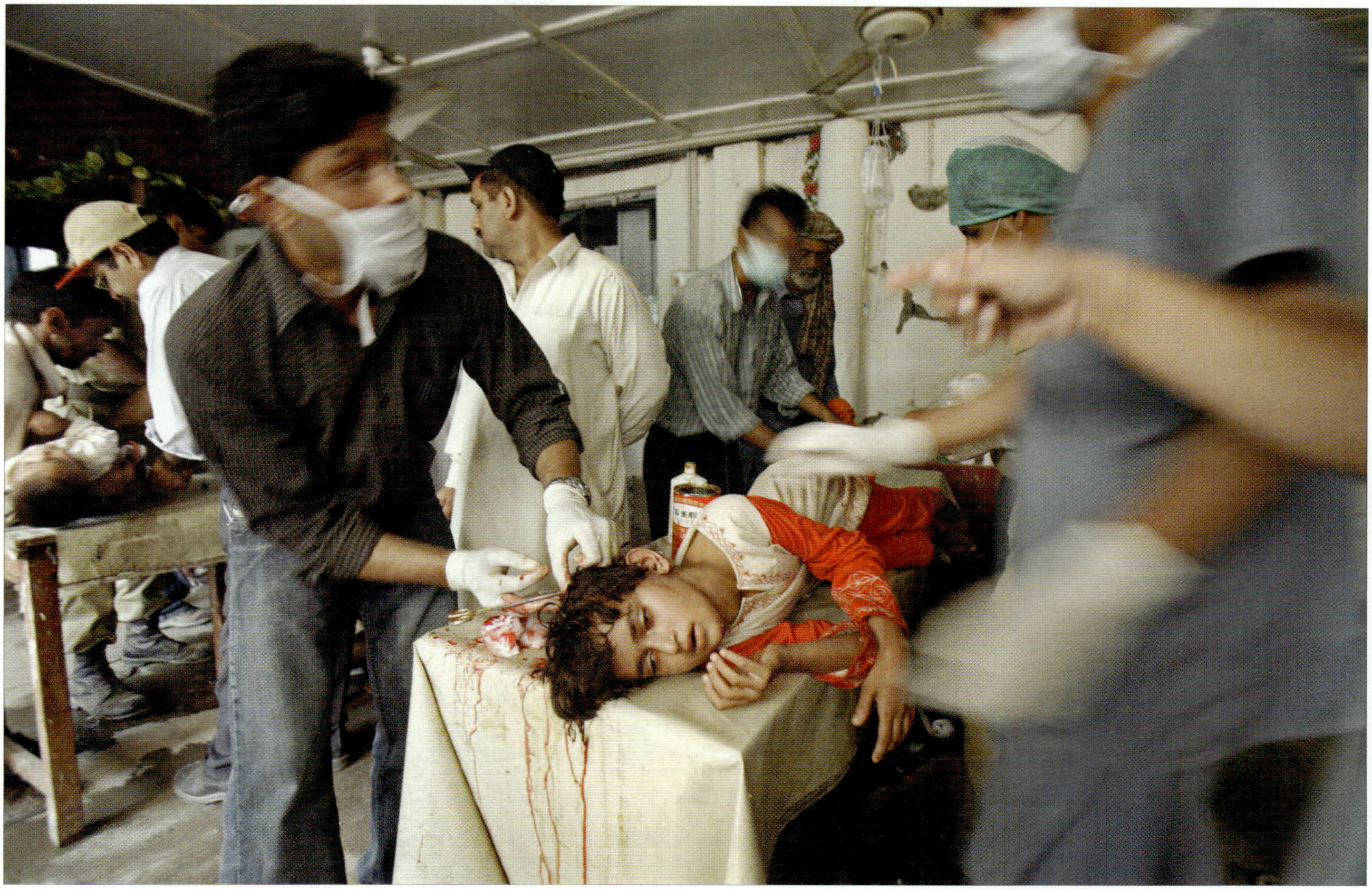

◆ **댄 정(Dan Chung),** 〈가디언〉(*The Guardian*, London):

파키스탄 무자파라바드(Muzaffarabad)에 차려진 임시병원에 막 들어서마자 저는 뭔가 썩는 냄새에 깜짝 놀랐습니다.

그곳에 현대적인 의학 시설이라고 할 만한 것은 아무것도 없었습니다. '병원'이라는 곳은 운동장 한편에 있는 창고 건물이었고 제 앞에는 테이블 세 개가 놓여 있었어요. 그 위에 누워 있는 어린이들이 보였습니다. 사진 속 어린 소녀는 의식이 온전하지 않은 상태였고, 의사들은 원시적 도구로 아이의 머리를 꿰매며 어떻게든 살리려고 애를 쓰고 있었습니다.

무자파라바드는 파키스탄을 초토화시킨 대지진의 진원지였습니다. 다른 아이들도 그 소녀와 나란히 테이블에 멍한 상태로 누워 있었습니다. 어른들은 아이들의 상처를 돌보는 데 최선을 다하고 있었어요. 어떤 아이는 눈에 8인치 정도 되는 상처를 입었고, 어떤 아이는 두개골이 으스러졌고, 또 다른 아이는 팔다리에 골절이 있었죠. 그곳에서 소독 기기나 제대로 된 진통제라곤 찾아볼 수 없었어요. 병원 밖에는 여자와 아이들이 긴 줄을 서 있었습니다. 피와 먼지로 뒤덮인 이들은 고통에 신음하며 치료를 기다리고 있었어요.

저는 테이블 위에 누워 있는 이 소녀의 이름도 나이도 모릅니다. 내가 그 아이를 봤을 때 아이는 테이블에 누워 있었고, 사람들은 그녀의 머리카락을 자르고 상처를 막 봉합하고 있었습니다. 나는 그녀가 살아 있기를 바랍니다. 그녀가 살았는지는 알 수 없지만 말입니다.

좋은 사진

◆ **브루스 엘리(Bruce Ely),** 〈오리거니언〉:

고등학교 스포츠 경기에서 아주 유명한 학교나 뛰어난 선수를 찾아가야지만 멋진 순간을 포착할 수 있는 건 아닙니다. 사진 속 인물들은 오리건 주 비버톤(Beaverton) 레크리에이션 센터 싱크로나이즈드 스위밍 선수들입니다. 여느 때와 마찬가지로 플로리다에서 열릴 국내대회 연습에 한창이었어요. 우리는 물속에서 카메라를 보호하는 비닐 방수팩을 갖고 있었습니다. 저는 수영복을 챙겨 입었습니다. 곧장 물속으로 뛰어들었고 숨을 참은 채 최선을 다해 잠수했습니다. 곧 수영을 멈추자 몸이 떠오르기 시작했습니다. 그 순간이 바로 사진을 찍을 수 있는 시간입니다. 물 밑에서는 이런 광경이 눈앞에 펼쳐졌습니다. 순간 6, 7장의 비슷한 사진을 찍었고 '와, 이거 진짜 괜찮은걸' 하고 생각했습니다.

저는 이 사진이 서로 다른 곳에서 벌어지고 있는 여러 장면을 한번에 포착했기 때문에 성공적이라고 생각합니다. 독자는 오른쪽 소녀에게 눈길을 줄 수도 있고 뒤에 있는 소녀에게 시선을 빼앗길 수도 있습니다. 이들이 무엇을 하고 있는지도 궁금해지고요. 왼쪽에 있는 소녀는 질문을 하고 있는 것처럼 보이기도 합니다. 또 가운데 있는 소녀들은 일상적인 연습을 하고 있지요. 한 소녀가 물 위에 올라서 있고 나머지 아이들이 그녀를 떠받치고 있습니다.

아마도 사진 속 순간은 아이들의 삶에 있어 가장 중요한 것 중 하나일 겁니다. 그들은 생활의 대부분을 이 수영장에서 보내니까요. 그것이 그들의 삶이죠. 제 삶은 사진입니다. 그들이 하고 있는 일의 가장 흥미로운 모습을 보여주는 것, 그것이 포토저널리즘입니다.

좋은 사진

◆ **브랜트 샌덜린(Brant Sanderlin),** 〈애틀랜타 저널 컨스티튜션〉(*Atlanta Journal Constitution*):

2005년 마스터스 대회 마지막 날 오거스타 내셔널 클럽 16번 홀 그린의 상황입니다. 타이거 우즈는 칩샷으로 공을 낮고 짧게 쳐올렸고 공은 굴러 내려갔습니다. 공은 구르고 또 굴러갔습니다. 우즈는 서서 공을 쳐다봤어요. 공은 홀에 걸리는가 싶더니 이내 빨려 들어갔습니다.

마스터스 대회는 사진기자라고 특별히 대우하지 않습니다. 좋은 자리를 차지하기 위해 갤러리와의 싸움은 필수죠. 그날 전 우즈가 첫 번째 샷을 칠 때 좋은 자리를 찾지 못했어요. 그래서 작은 틈새를 찾을 때까지 계속 앞으로 나아갔습니다. 덕분에 그가 다시 그린에 올라섰을 때 저는 가장 완벽한 장소에 있었습니다. 아무도 저만큼 좋은 위치를 잡지 못했죠.

이 사진을 만든 건 바로 사람입니다. 사람이 없거나 배경이 깨끗했더라면 이런 재미있는 사진은 나오지 못했을 겁니다.

사진을 보다 특별하게 만드는 것은 바로 '군중'입니다.

좋은 사진

◆ **크레이그 스캐터렐라(Kraig Scattarella):**

화재 현장에 달려온 할머니가 손자가 죽은 것을 알고 오열하는 장면을 찍은 것입니다. 북받치는 슬픔에 할머니는 저 안으로 들어가 손자의 죽음을 확인하고 싶어할 뿐입니다. 한 소방관이 나서서 할머니를 안고 위로합니다.

에디터는 절대로 이 사진을 신문에 낼 수 없다고 했습니다(그러나 결국 들어갔죠). 그는 사진 속 인물의 프라이버시를 침해하는 것이라 생각했고, 사실 그러했습니다. 그러나 제가 이 사진을 써야 한다고 설득했던 이유는 사고가 난 집에 연기 감지기가 없었다는 점 때문이었습니다. 이들은 그 집으로 하루 이틀 전에 이사 왔다고 합니다. 사진을 보는 독자는 자신이 그 상황에 처했을 경우를 가정하고 '내게는 이런 일이 닥치지 않았으면…'하고 생각할 겁니다.

이것은 당신이 꿈꾸는 사진이며 모든 사진기자들이 찍고자 하는 사진입니다. 모든 요소가 완벽하게 딱 맞아떨어지면 기사 한 줄 없이 모든 상황을 충분히 설명할 수 있는 완벽한 사진이 됩니다. 이런 순간을 찍을 수 있다면 당신이 할 일을 100% 다 해낸 것입니다.

좋은 사진

◆ **토드 하이슬러(Todd Heisler),** 〈록키 마운틴 뉴스〉(*Rocky Mountain News*):

이 사진은 이라크에서 전사한 짐 캐시 장병이 네바다 주 리노에 있는 가족 곁으로 돌아오던 날 찍은 것입니다. 비행기가 착륙하자 조종사는 승객들에게 잠시 좌석에 앉아 대기해 달라고 부탁했습니다. 의장대가 유족들과 함께 관을 무사히 내릴 수 있도록 말이죠. 조종사의 방송에 승객들은 그들의 발밑에서 무슨 일이 일어나고 있는지를 알 수 있었습니다.

이 사진에서 제 눈을 잡아끈 것은 '콘텐츠'였습니다. 사진이 이야기를 하고 있었습니다. 무엇이 일어나고 있는지 명확히 알 수 있었어요. 한편으로 복잡한 시선도 있습니다. 왼쪽 하단에는 관이 있고 상단에 있는 사람들은 각기 다른 표정을 하고 있습니다. 이 사진은 좋은 보도사진이 가져야 할 기본요소를 많이 갖추고 있습니다. 무엇보다 사진 위쪽이 분위기가 있습니다. 흐릿한 조명이 사진의 전체 분위기를 살리고 있습니다. 사람들은 '저들은 뭘 보고 있는 거지?'라는 의문이 들 겁니다. 그들은 아직 관을 볼 수 없습니다. 관이 발 아래에 있기 때문입니다. 그래서 우리는 이 사진에 호기심을 갖게 되고 묘한 신비로움을 느끼게 됩니다.

사진에 대한 반응은 폭발적이었습니다. 정치적 이념에 관계없이 사람들은 이 안에서 서로 다른 무언가를 보았습니다. 이 사진은 매우 많은 이들을 감동시켰습니다. 결국 퓰리처상을 포함해 숱한 상을 받았죠. 그 모든 것을 가능하게 한 건 바로 이 한 장의 사진이었습니다.

나쁜 사진

나쁜 사진이 되는 이유는 상상할 수 없을 정도로 많다. 너무 어둡거나, 너무 밝거나, 너무 흐릿하거나, 너무 밋밋하거나, 너무 무의미하거나 혹은 신문에 싣기에는 너무 늦어버렸거나 등등. 나쁜 사진이란 위 사진처럼 머리에서 가로등이 자라나고 있는 뚱뚱한 남자를 찍은, 아무 쓸모도 없는 흐릿한 얼룩 덩어리가 될 수도 있는 것이다.

그러므로 사진기자가 당신에게 명확하고 극적이고 티 하나 없이 말끔한 사진을 건네줬을 땐 고맙게 여겨야 한다. 또 사진을 어정쩡하게 트리밍하거나 너무 작게 써서 좋은 사진을 나쁜 사진으로 만들어서도 안 된다. 다른 사진과 충돌을 일으키게 잘못 배치하거나 상관없는 기사에 사진을 잘못 끼워 넣어서도 안 된다. 그러므로 신중하라.

나쁜 사진으로 좋은 편집을 하려면

◆ **공격적으로 트리밍하라.** 본질적인 정보에 집중하고 나머지는 과감하게 지워라.

◆ **좀더 주의를 기울여라.** 수많은 사진 중에서 다른 사진보다 많은 것을 보여주는 성공적인 사진이 하나는 있지 않겠는가.

◆ **실수를 보정하라.** 사진 편집 프로그램을 이용하면 지저분한 배경을 흐릿하게 만들 수도 있고, 잘못된 노출을 바로잡고 색의 균형도 맞출 수 있다. 하지만 사진 속 정보를 바꾸거나 조작하는 것은 비윤리적 행위임을 기억하라.

◆ **연속장면으로 만들어라.** 종종 작은 사진 두 장이 크고 약한 사진 한 장보다 나을 때가 있다. 서로 보완할 수 있는 사진끼리 묶는 것을 고려하라.

◆ **다시 찍어라.** 시간과 사진기자의 의지가 있는가? 다시 찍을 대상이 아직 있는가?

◆ **다른 출처의 사진을 찾아라.** 그 장면을 찍은 다른 사진기자는 없는가? 적절한 자료사진이 있지는 않은가?

◆ **대안을 찾아라.** 기사를 일러스트로 표현할 방법은 없는가? 사진을 대신할 그래프나 지도는? 잘 디자인된 인물사진이나 인용제목은? 부속상자는?

◆ **잘 안 보이게 써라.** 사진을 작게 써서 사진의 결점을 축소시킬 수 있다. 혹은 지면 아래쪽에 배치해 눈에 덜 띄게 만들 수도 있다.

◆ **없는 셈 쳐라.** 나쁜 사진은 안 쓰느니만 못하다는 것을 기억하라.

나쁜 사진

상투적인 보도사진은 오랫동안 편집자를 괴롭혀왔다. 물론 '우스꽝스러운 모자를 쓴 시장' 같은 사진은 웃기거나 사소한 복수를 할 수 있다는 장점을 가지고 있을지도 모른다. 하지만 어떤 사진은 아래 사례처럼 가치가 거의 없다. 사진 속 인물들의 친구나 친척, 직원을 빼곤 말이다. 이런 공간을 낭비할 사진을 찍는 게 불가피하다면 찍어라. 그러나 기회가 올 때마다 '진짜 인간이 진짜 일을 하고 있는' 대안을 찾아야 한다.

상장 마주 잡고 미소(THE "GRIP & GRIN")

주요 희생자: 모임의 회장, 시민 영웅, 우수 학생, 학교 경영자, 은퇴한 관료.

범행 장소: 시청, 호텔 연회장, 학교 사무실 등 시민의식을 가진 사람들이 다니며 리본을 자르거나 자격증을 받는 곳은 어디든지.

어떻게 피할까: 계획을 미리 세워라. 누군가 상을 받을 만한 일을 했다면 그가 '장한 일'을 하고 있는 장면을 찍어라. 아니면 인물사진만으로 충분하다.

새벽의 처형(THE EXECUTION AT DAWN)

주요 희생자: 클럽 회원, 스포츠 팀, 대회 수상자 등 나란히 벽에 기대서 사진 찍히기를 기다리는 무리들.

범행 장소: 무대나 복도가 있는 사교 파티장이나 공공 회의실, 기금 마련 행사장에서 주로 발생. 스포츠 시즌 전의 체육관에서도 종종 일어난다.

어떻게 피할까: 첫 번째 경우와 마찬가지. 이들을 흥미롭게 만드는 일을 실제로 하고 있는 세계로 들어가라.

책상 앞의 남자(THE GUY AT HIS DESK)

주요 희생자: 관리자, 관료, 시민단체 등 주변 사람들을 지배하는 이들.

범행 장소: 사무실 책상 뒤.

변형 양상: 전화기나 컴퓨터, 출입구 앞에서 포즈를 취하기도 한다. 또는 건물 앞 회사 간판에 기대어 찍기도 한다.

어떻게 피할까: 그가 일하는 모습을 살펴라. 아니면 인물을 바짝 당겨 찍어라.

지루한 회의(THE BORED MEETING)

주요 희생자: 정치인, 교육 공무원, 관료 등 회의를 자주 갖는 사람들.

범행 장소: 특징 없는 방에 놓인 긴 테이블.

어떻게 피할까: 주요 참가자의 인물사진과 인용제목을 활용하라. 아니면, 먼저 회의의 주제를 파악하고 지루한 토의 대신 주제를 드러낼 수 있는 장면을 찍는 게 좋다.

카메라에서 지면까지

당신은 디자이너로서 지면에 사진을 배치한다. 하지만 이런 사진들은 어디서 온 것일까? 어떻게 사진기자의 카메라에서 당신의 모니터로 옮겨진 것일까?

두 가지 방법이 있다. 하나는 필름이나 인화지를 스캔하는 것이고(122쪽 참고) 또 다른 하나는 아래 그림처럼 디지털화 과정을 밟는 것이다.

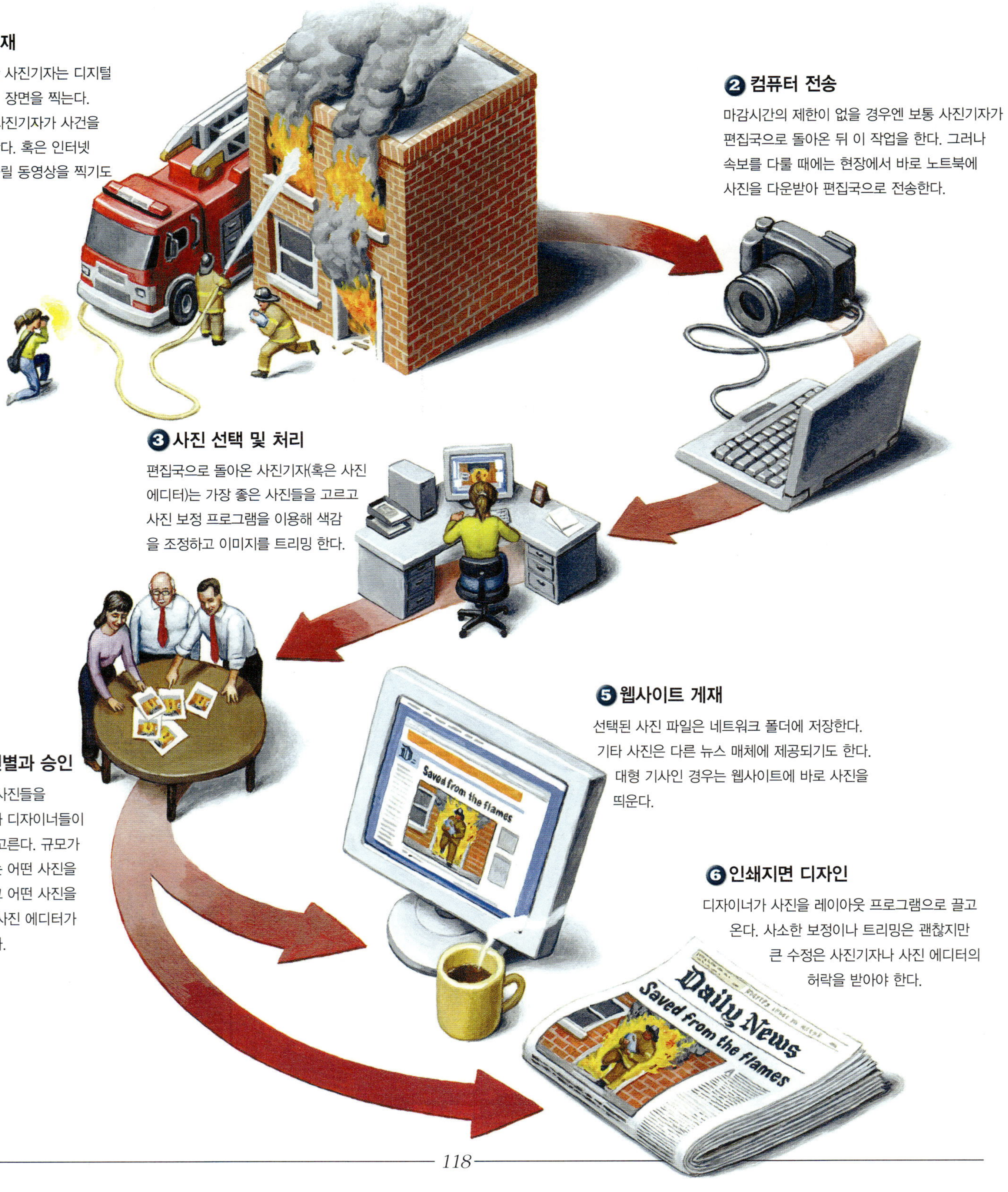

❶ 현장 취재

현장에 도착한 사진기자는 디지털 카메라로 여러 장면을 찍는다. 매체에 따라 사진기자가 사건을 취재하기도 한다. 혹은 인터넷 웹사이트에 올릴 동영상을 찍기도 한다.

❷ 컴퓨터 전송

마감시간의 제한이 없을 경우엔 보통 사진기자가 편집국으로 돌아온 뒤 이 작업을 한다. 그러나 속보를 다룰 때에는 현장에서 바로 노트북에 사진을 다운받아 편집국으로 전송한다.

❸ 사진 선택 및 처리

편집국으로 돌아온 사진기자(혹은 사진 에디터)는 가장 좋은 사진들을 고르고 사진 보정 프로그램을 이용해 색감을 조정하고 이미지를 트리밍 한다.

❹ 사진 선별과 승인

대충 추려진 사진들을 놓고 에디터와 디자이너들이 품평을 하고 고른다. 규모가 큰 매체에서는 어떤 사진을 메인으로 쓰고 어떤 사진을 서브로 쓸지 사진 에디터가 최종 결정한다.

❺ 웹사이트 게재

선택된 사진 파일은 네트워크 폴더에 저장한다. 기타 사진은 다른 뉴스 매체에 제공되기도 한다. 대형 기사인 경우는 웹사이트에 바로 사진을 띄운다.

❻ 인쇄지면 디자인

디자이너가 사진을 레이아웃 프로그램으로 끌고 온다. 사소한 보정이나 트리밍은 괜찮지만 큰 수정은 사진기자나 사진 에디터의 허락을 받아야 한다.

디지털 사진 처리

규모가 큰 언론사에서는 사진기자와 사진 에디터가 모든 사진작업을 담당한다. 하지만 소규모 언론사에서는 종종 지면 디자이너들이 사진작업까지 혼자 도맡아 하기도 한다. 여기 당신이 알면 도움이 될 몇 가지 핵심 용어를 소개한다.

명도(BRIGHTNESS)
이미지 편집 프로그램을 이용하면 사진의 밝기를 정교하게 조정할 수 있다. 명도가 너무 높을 땐**(위)** 사진의 밝은 부분이 하얗게 나타나고 색이 바랜 것처럼 보인다. 사진의 명도를 너무 낮추면**(아래)** 어두운 부분의 디테일이 안 보이고 색감이 어둡고 탁해 보인다.

대비(CONTRAST)
사진의 콘트라스트는 밝기와 관련이 있으며 이 두 가지는 서로 조화를 이뤄야 한다. 콘트라스트를 너무 낮추면**(위)** 사진은 제 색을 잃고 흑백사진처럼 보인다. 또 콘트라스트를 너무 높이면**(아래)** 사진의 중간 톤이 사라지고 검정색과 흰색, 그리고 과도한 색감만이 남게 된다.

색의 균형 (COLOR BALANCE)
실내조명은 사진 속 색감에 아주 큰 영향을 미친다. 푸른 조명을 썼을 땐 **(위)** 빨간색을 더해서 색감을 조정할 수 있고, 붉은 빛이 많을 땐**(아래)** 파란색과 노란색을 늘리면 된다. 종종 윤전기를 보완하기 위해 아주 미묘한 색감까지도 맞춰야 할 것이다.

채도 (COLOR SATURATION)
채도란 사진 속 색감의 강도를 의미한다. 채도가 낮은 사진**(위)**은 색이 빠져 흑백이나 모노톤으로 보일 수 있다. 반면 채도가 오버된 사진**(아래)**은 콘트라스트도 함께 높아져 비현실적으로 강렬하고 생생해 보인다.

보도사진의 윤리

모든 기자는 정확한 사실을 전달하는 데 전념한다. 사진기자도 마찬가지로 '눈에 보이는 사실'을 전달하고자 노력한다. 만약 사진 속 팩트를 조작한다면 진실을 왜곡하는 것이다. 그것은 비윤리적이다. 모든 언론사에서는 이를 금지하고 있다.

그러나 기획 사진은 편집 프로그램을 이용해 특별한 효과를 주는 것이 가능하다. 각 언론사는 어디까지 허용되는지 각각의 가이드라인에서 명시한다. 하지만 어떤 뉴스 사진에서도 기본적인 사실을 조작하는 것은 '절대로' 용납되지 않는다.

실제 사진
사진기자가 찍은 원래의 이미지. 불그스름한 배경과 개의 시선을 주목하라. 색감과 소녀, 개의 위치는 절대 조작해서는 안 될 이 사진의 '팩트'다.

조작된 사진
디지털 편집 프로그램을 이용해 개의 머리를 소녀 쪽으로 돌리고 배경을 좀더 매력적인 색으로 바꿨다. 하지만 디지털 소프트웨어를 이용해 사진의 팩트를 바꿈으로써 사진을 '거짓'으로 만들었다. 저널리즘에서, 또 포토저널리즘에 있어서 거짓은 결코 용납될 수 없다.

사진 크기 조절

◀ **100%** – 모든 디테일이 살아 있는 최대 사이즈의 실제 사진. 앞으로 언급할 크기 변화는 이 사진 크기를 기준으로 한다.

▶ **200%** – 원본 사진의 2배. 픽셀이 눈에 보일 정도로 커져 들쭉날쭉하고 사진도 흐릿하다.

▼ **50%** – 원본 사진의 절반 크기. 사진이 작아진 탓에 디테일이 잘 안 보인다.

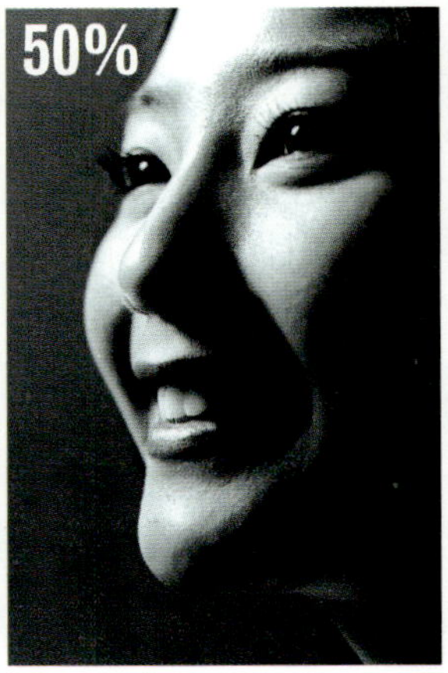

사진을 트리밍하는 것은 새로운 형상을 창조하는 방법 중 하나다. 또 우리는 사진을 확대하거나 축소함으로써 사진의 크기를 재조정할 수 있다.

사진의 크기를 조정할 때는 원본을 기준으로 새로운 크기를 가늠할 수 있다. 여기서 '원본'의 크기란 보통 두 가지 중 하나를 의미한다. 하나는 카메라로 사진을 찍었을 때의 실제 크기를 말하고, 또 다른 하나는 편집과 처리 작업을 거친 사진 파일의 사이즈를 말한다.

뭐가 됐든 원본 사진의 크기를 절반으로 줄이는 것은 '50% 축소', 사진 크기를 2배로 늘리는 것은 '200% 확대'라고 한다. 이런 퍼센티지는 지면 레이아웃 프로그램으로 사진을 옮겼을 때 자동으로 계산된다.

항상 눈을 크게 뜨고 사진의 크기를 주시하라. 디지털 사진을 너무 키우면 픽셀이 깨져 맨눈으로도 픽셀을 볼 수 있게 되고 그러면 이미지가 흐릿해진다. 사진의 높이나 폭 중 한 가지만 조정하면 이미지 변형을 초래한다. 항상 조심하라. 사진의 제 비율을 왜곡하면 사진의 진실성마저 해칠 수 있다.

아래는 원본을 세로로 **30%**, 가로로 **60%** 줄인 사진이다. 디지털 작업으로 사진을 찌그러뜨리거나 늘리는 것은 매우 쉽지만 이는 사진의 진실성을 왜곡하게 된다.

하프톤과 스크린

사진 한 장이 지면에 인쇄되기 위해서는 많은 과정을 거쳐야 한다. 디지털 작업으로 콘트라스트, 색감, 선명도를 보정한다. 사진을 잘라내 새로운 형태로 만들기도 한다.

그러나 사진을 마지막 레이아웃 프로그램으로 옮겼다고 해서 작업이 끝나는 것은 아니다. 인쇄되기 전 또 한 번의 작업을 거쳐야 한다. 왜 그럴까?

윤전기는 회색이 아닌 검정 잉크를 사용하기 때문이다. 사진을 하프톤(망점)이라는 점의 집합체로 바꿔 회색 착시를 일으키는 것이다. 하프톤은 특수 스크린을 통해 사진을 다시 찍어 만들 수도 있고, 디지털 재처리 작업을 통해 만들 수도 있다. 점은 보통 (왼쪽 그림처럼) 대각선이나 선으로 나타난다. 하프톤의 밀집도는 1인치당 선이 몇 개 있는지를 측정한다.

더 알아보기 ▶

◆ **스크린과 반전:** 하프톤 스크린은 활자와 함께 어떻게 사용되는가 210쪽

◆ **컬러 인쇄:** 4색 스크린은 어떻게 컬러를 만들어내는가 222쪽

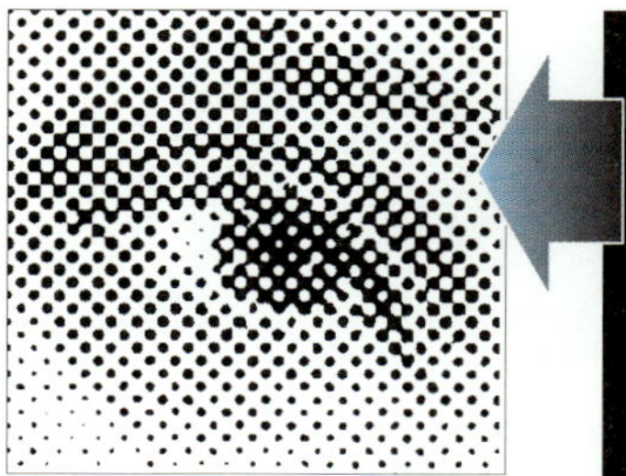

오른쪽 사진은 원본을 133개 라인 스크린(133lpi) 하프톤으로 변환한 것이다. 위 확대 사진을 보면 피사체의 눈동자가 회색 점으로 이루어진 것을 알 수 있다.

이 사진은 책과 잡지에서 흔히 쓰는 133개 라인 스크린을 이용했다. 잉크가 고품질의 인쇄기로 부드러운 종이에 인쇄됐기 때문에 점들이 뭉개지지 않고 디테일도 또렷해질 것이다.

스크린 하프톤이 작아질수록 점도 점점 더 작아진다. 점이 작아질수록 눈에 잘 띄지 않는다. 점이 안 보일수록 사진은 더욱 선명해진다.

따라서 선명한 사진을 얻으려면 신문이 다룰 수 있는 가장 작은 하프톤 스크린을 사용해야 한다. 그러나 불행하게도 신문은 훨씬 거친 하프톤을 쓴다. 신문 사진이 책이나 잡지에 비해 깨끗해 보이지 않는 이유이기도 하다.

65 라인 스크린: 65lpi의 매우 거친 스크린이다. 점이 눈에 잘 띄기는 하지만 고속 윤전기를 통해 거칠게 인쇄된 것치고는 잉크가 많이 번지지 않았다. 그러나 제작 과정에 어려움이 없다면 이런 거친 스크린은 피하는 것이 좋다.

85 라인 스크린: 윤전기의 한계 때문에 신문에서 가장 많이 쓰는 스크린이다. 최첨단 윤전기를 보유한 신문사 중에는 100이나 120 라인 스크린을 사용해 성공한 곳도 있다. 스크린이 너무 미세하면 점이 뭉개져서 얼룩덜룩하고 지저분한 결과물이 나올 수도 있다.

가로선 라인 스크린: 대부분의 하프톤은 일렬로 죽 늘어선 점을 사용한다. 그러나 이처럼 스크린에 변형을 줘서 사진을 보다 드라마틱하게 만들 수도 있다. 정형화되지 않은 하프톤 패턴은 마치 동판화처럼 보이기도 한다. 하프톤 대신 50lpi의 선으로 새로운 효과를 냈다.

이미지 스캔하기

사진이나 그림을 컴퓨터로 어떻게 옮길까? 간단하다. 이미지를 컴퓨터로 캡처해 디지털로 바꾸는 '스캐너'를 이용하면 된다. 그러면 사진을 자유롭게 활용하고 옮기고 저장하고 인쇄할 수 있다. 일반인에게는 스캐너가 마치 복사기처럼 보일 수도 있을 것이다. 스캐닝 과정은 어떻게 이뤄지는지 알아보자.

1 스캔 준비 사진이나 그림과 같은 이미지를 준비한다. 스캐너 유리 위에 이미지를 뒤집어 놓는다. 스캐닝 프로그램을 통해 당신이 원하는 대로 사진을 자르고 크기를 조절하고 심지어 형태를 조정할 수도 있다.

2 이미지 스캔 스캐너는 복사기처럼 불을 켜고 사진을 컴퓨터로 복사한 뒤 미세한 하프톤이나 픽셀로 자동 변환시킨다. 스캐너의 하프톤이 많을수록 해상도는 더 선명해진다.

3 사진 전송 사진이 스캔되면 사진 편집 프로그램으로 디지털 이미지를 잘라내고 크기도 조정한다. 그러면 인쇄를 할 수도, 인터넷에 올릴 수도, 지면 편집에 이용할 수도 있다.

스캐닝 용어

스캐닝 프로그램은 사용자 친화적이기 때문에 누구나 쉽게 배울 수 있다. 그러나 몇몇 기본 용어는 알아두는 게 좋다.

그레이스케일(grayscale): 흑백톤을 사용하는 사진이나 그림을 스캔한 것(더 정확히 말하자면, 256개의 서로 다른 회색 톤으로 이뤄져 있다).

라인 아트(line art): 검정색과 흰색으로 이뤄진 이미지. 그레이 톤과는 다르다.

이미지 사이즈(image size): 최종적으로 스캔된 사진의 물리적 크기. 파일 사이즈로 써도 무방한데, 디지털 이미지를 만드는 데 필요한 전자 픽셀의 개수를 말하며 보통 단위는 킬로바이트를 쓴다. 픽셀 수가 많을수록 이미지는 더 디테일해진다.

dpi(dots per inch): 프린터가 출력할 수 있는, 혹은 이미지가 가진 1인치 당 점의 개수. dpi가 높을수록 이미지의 해상도는 더 높아진다. 어느 정도까지는 그렇다.

lpi(lines per inch): 하프톤 스크린에 사용된 1인치당 인쇄하는 행의 수. lpi가 높을수록 인쇄된 이미지는 훨씬 더 정교하다.

해상도(resolution): dpi에 따라 좌우되는 디지털 이미지의 디테일 수준.

TIFF: 디지털 이미지를 저장하고 인쇄하는 데 사용되는 파일 형식. Tagged Image File Format의 줄임말.

JPEG: 이미지를 압축해 이메일로 보내거나 인터넷에 올릴 때 많이 쓰는 파일 형식. Joint Photographic Experts Group의 약자.

무아레 패턴(moire pattern): 인쇄한 사진을 다시 복사했을 때 생기는 이상하고 눈에 거슬리는 점무늬. 새로운 하프톤 스크린으로 다시 인쇄해야 한다.

그레이스케일 이미지는 회색의 농담 차이를 활용한다.

라인 아트 이미지는 순수한 검정색만을 활용한다.

저해상도 이미지는 적은 수의 점을 사용하며, 덜 정교하다.

이미지 스캔하기

스캐닝 노하우

◆ **신중하게 파일명을 정하고 저장하라.** 이렇게 생각해보자. 이미지를 레이아웃 프로그램으로 옮겼을 때, 당신은 모니터상에서 보이는 사진이 스캔 원본이라고 생각할 수 있다. 하지만 그렇지 않다. 당신이 보고 있는 것은 원본을 변환한 해상도가 낮은 사진이다(사실 이것은 매우 영리한 생각이다. 화면을 가득 채우는 큰 스캔은 수백만 메가의 메모리를 필요로 하고 이는 시스템 과부하를 초래하고 작업 속도를 늦추기 때문이다).

당신이 최종적으로 그 지면을 인쇄해야겠다고 결정했을 때, 컴퓨터는 원본 사진의 경로를 찾아 인쇄에 필요한 정보를 활용한다. 이것은 두 가지 의미가 있다. 첫째, 당신은 최종 인쇄 때까지 모든 스캔 이미지를 저장해야 한다는 것이다. 둘째는 이미지를 저장하되 컴퓨터가 인쇄할 때 쉽게 인식할 수 있도록 일관된 곳에 저장해야 한다는 것이다.

◆ **도트 게인(인쇄물의 하프톤과 필름 원판과의 차이-역자 주)을 고려하라.** 이미지는 종종 모니터에 보이는 것보다 어둡게 인쇄된다. 종이에 인쇄될 때 사진이 어떻게 나타나는지를 인쇄 직원에게 물어보고, 스캔할 때마다 이를 계속적으로 보완하는 법을 배워라.

◆ **스캔과 동시에 이미지를 자르고 크기를 조정하라.** 사진 전체를 스캔하지 않고 신문에 쓸 부분만 스캔하면 컴퓨터 메모리를 절약할 수 있다. 이것 역시 기억하라. 만약 이미지를 확대해서 쓰고자 한다면 높은 해상도로 사진을 스캔 받아야 한다. 이미지를 축소해서 쓸 거라면 낮은 해상도로 스캔해도 괜찮다.

◆ **큰 작업을 위해 낮은 해상도를 쓸 수도 있다.** 컴퓨터 속도가 느린 편이라면 복잡한 이미지를 두 번 스캔함으로써 시간을 아낄 수 있다. 지면 작업을 할 땐 낮은 해상도의 사진을 쓰고, 인쇄 직전 높은 해상도의 사진으로 교체하면 작업 속도를 떨어뜨리지 않을 수 있다.

◆ **가능한 한 파일을 작게 저장하라.** 불필요하게 큰 사진은 메모리를 낭비할 뿐 아니라 프로그램 속도를 떨어뜨리고 인쇄 시간도 오래 걸린다. 게다가 파일이 크다고 인쇄 결과가 항상 좋은 것도 아니다. 경험에 따르면 흑백사진의 dpi(스캔시 해상도)는 lpi(인쇄시 해상도)의 2배면 충분했다. 즉, 100lpi로 출력한다면 200dpi로 스캔하면 된다.

	입력물		결과물	

	그레이스케일 혹은 컬러사진(dpi)	라인 아트 이미지(dpi)	사진을 위한 하프톤 스크린(lpi)	프린터(윤전기) 해상도(dpi)
높은 해상도 (잡지, 책)	300	1200	133~150	1200~2400
중간 해상도 (신문)	200	800	85~100	600~1200
낮은 해상도 (웹 게재용)	72	72	웹 이미지는 인쇄할 필요가 없음	

차트 활용법:
예를 들어 평범한 신문 사진을 인쇄하고자 한다면, 200dpi의 그레이스케일로 스캔해 최소 600dpi 사양을 갖춘 윤전기로 85~100lpi의 하프톤 스크린을 사용해 인쇄하면 된다. 하나라도 주어진 숫자보다 낮은 사양이면 결과물의 질이 떨어진다. 차트를 활용하는 또 다른 방법이 있다. 만약 당신이 600dpi 사양의 프린터로 출력하려고 한다면 그레이스케일 이미지를 200dpi이상으로 스캔할 필요가 없다. 이 프린터는 더 높은 해상도로 스캔된 이미지의 디테일을 구현할 능력이 없기 때문이다.

사진 트리밍

사실 카메라가 만들어내는 이미지는 왼쪽 아래 사진과 같기 마련이다. 하지만 모든 사진을 있는 그대로 써야 한다는 법은 없다. 또 반드시 사진기자가 찍어온 이미지 전체를 다 써야 할 의무가 있는 것도 아니다.

편집자는 중요한 부분을 강조하거나 쓸데없는 부분을 삭제해 사진을 더 강하고 새로운 이미지로 재구성할 필요가 있다.

최상의 사진을 얻기 위해 당신은 사진을 잘라야(트리밍) 한다.

같은 사진을 3가지 방법으로 트리밍해보면:

◀풀 프레임(왼쪽)은 사진의 전체 이미지를 보여준다. 이 앵글에서는 기타리스트 에디 반 헤일런(Eddie Van Halen)이 매우 극적으로 점프하는 모습을 볼 수 있다. 하지만 빈 공간이 너무 많아 사진의 효과를 반감시키고 있지는 않은지?

▲적절하게 트리밍된 사진(위)은 반 헤일런에게 집중하고 있다. 불필요한 배경을 지워버렸다.

▼피사체를 극도로 키운 사진(아래)은 생생한 인물사진이 됐다. 또 이미지를 회전시켜 인물의 상체를 수직으로 세웠다. 이런 트리밍이 원본의 진실성을 훼손시키는 건 아닌지 생각해볼 일이다.

사진 트리밍

그렇다. 사진이란 건 원본의 형태가 어떻든 간에 어떤 공간에도 다 맞춰서 잘라낼 수 있다. 그러나 그렇게 하는 디자이너는 무심하고 막돼먹은 편집자다. 20인치의 긴 이야기를 10인치 공간에 쑤셔 넣는 것과 다를 바 없기 때문이다. 이는 현명한 행동이 아니다.

기사를 앉히기 전에 먼저 사진을 편집하고 잘라내라. 가능한 한 가장 인상적인 사진을 만든 뒤에 레이아웃을 하고 사진을 효과적이고 매력적으로 배치해 레이아웃을 디자인하라.

이 모든 것을 하기 위해서는 먼저 어디서 잘라내고 끝내야 하는지 배워야 한다.

사진기자가 찍어온 풀 프레임의 원본 사진. 중앙의 피사체를 둘러싼 빈 공간이 너무 많다는 점에 주목하라.

적당하게 잘라낸 사진이다. 어떻게 배경을 지우고 피사체의 액션에 초점을 맞췄는지, 골대나 공, 발은 어떻게 트리밍 했는지 눈여겨보라.

나쁜 트리밍의 예. 너무 바짝 잘라버렸다. 공의 윗부분과 선수들의 발이 잘렸으며 피사체의 역동적인 모습이 프레임의 가장자리에 갇혔다.

좋은 트리밍

◆ **불필요한 것을 제거하라.** 배경에 있는 하늘, 땅, 어수선한 잡동사니를 치워라.

◆ **임팩트를 더해라.** 편집자의 목표는 사진의 핵심을 극명하게 드러내서 주제를 가능한 한 강하게 표현하는 것이다. 이 뉴스룸 격언을 기억하라. "사진이 비명을 지를 때까지 잘라내라."

◆ **필요한 여백은 놔둬라.** 사진에서 고독, 공포 등의 분위기가 드러나야 한다면 여백을 둬서 그런 느낌을 더할 수 있다. 또 역동적인 사진도 여백을 살리면 피사체의 동작이 프레임 가장자리에 빽빽하게 들어차는 것을 막을 수 있다.

나쁜 트리밍

◆ **신체 일부를 자르는 것.** 특히 손목이나 발목, 손가락 등을 자르거나 야구 배트, 골프 클럽, 악기 등의 일부를 잘라내는 경우가 그렇다.

◆ 이미 정해진 공간에 **사진을 억지로 끼워 넣어** 꼴사나운 이미지로 만드는 것.

◆ 정보를 지움으로써 **사진의 의미를 바꾸는 것.** 고의든 우연이든 뉴스 사진의 중요한 인물이나 사물을 트리밍하면 본래 의미를 왜곡할 수 있다.

◆ 그림, 일러스트, 예술사진 등을 잘라내 **작품을 망치는 것.** 이들은 있는 그대로 전부 다 인쇄해야 한다. 만약 그럴 수 없다면 '부분'이라고 명시해야 한다.

평범한 사진을 드라마틱하게 잘라냄으로써 어떤 효과를 얻는지 보라.

독립 사진

왼쪽 지면에서 당신은 제목을 읽고, 옆에 있는 사진이 쥐에게 공격당하는 시애틀 소녀의 모습이라고 생각할 것이다. 하지만 이 사진은 기사와 아무 상관 없는 독립 사진이다. 오른쪽에서는 이것이 전혀 다른 요소임을 보여주기 위해 사진을 박스 처리했다(전혀 다른 두 아이템을 나란히 놓은 것 자체가 나쁘지만, 적절한 설명을 위해 예로 들었다).

핵심은 이렇다. 사진들은 종종 독립적으로 작용한다. 사진이 주는 이미지가 강할 땐 사진을 받쳐주는 본문이나 뉴스 가치가 있는 문구가 굳이 없어도 된다. 형태가 자유롭고 예측 불가능하기 때문에 '와일드'(wild) 아트라고도 불리는 이런 사진은 기사가 단조로운 지면에 활력을 불어넣을 수 있다. 독립 사진은 장려되어야 한다. 다만 독자에게 이것이 독립 사진임을 바로 알려줄 수 있는 일관된 스타일로 만들어야 한다.

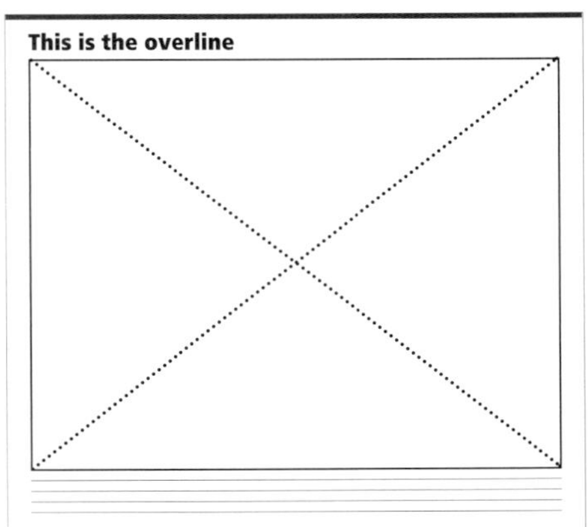

일부 신문은 오버라인(사진 위 제목)을 사용하여 독립 사진 스타일을 만든다. 아래쪽 텍스트는 일반적인 사진설명보다 큰 활자를 쓴다.

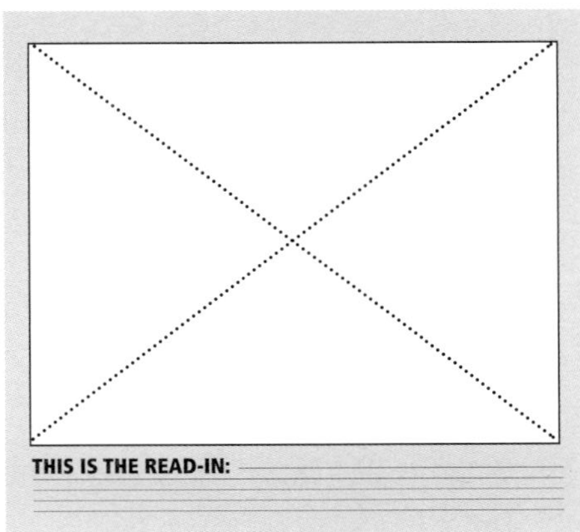

일부는 박스의 배경에 색깔 처리를 한다. 그리고 오버라인을 쓰는 대신, 사진설명을 굵고 진한 서체나 캡션 도입부(read-in)로 시작한다.

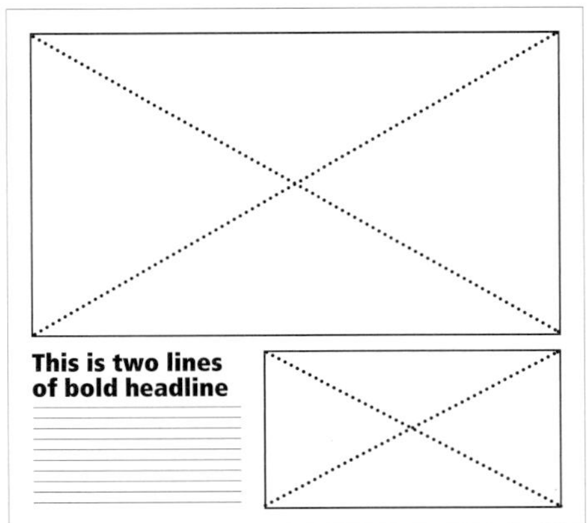

독립 박스는 사진이 두 장 이상일 때 활용한다. 그러나 이러한 박스가 더 커지게 될 땐 화보 가이드라인을 따를 필요가 있다.

사진 화보

B12 Sunday, July 11, 1993 The Citizen, Auburn, New York

Cowboys find relief during intermission from the hot hazy summer night's air before preparing for the next series of events recently at the Cayuga County Fair.

Cowboys

Professional rodeo comes to Cayuga County

ABOVE: Joe Farrelly of Auburn wrestles a steer to the ground.

ABOVE RIGHT: Cowboy J. Bell Jr. watches the action.

FAR RIGHT: Todd's Champ shakes Clem McClements lose during the bareback riding competition.

RIGHT: Ward Mitchell readies his lariat before the team roping event.

Photography by Kevin Rivoli

LIVING

The Oregonian, Thursday, October 31, 1985 Section C

Arts & Leisure, Crossword, Television

PUMPKINS WITH PIZAZZ

We asked local artists to do some clever carving, and here are the results

— SIOBHAN LOUGHRAN

Photos by RANDY L. RASMUSSEN The Oregonian

뉴욕 〈시티즌 인 오번〉(*The Citizen in Auburn*)에 실린 이 화보(왼쪽)는 로데오 카우보이에 관한 이야기다. 형태와 사이즈의 다양성에 주목하라. 또 레이아웃의 균형과 흐름에 주목하라. 이 신문의 사진 에디터는 이렇게 말했다. "강렬하고 임팩트가 강한 이미지는 독자들이 스토리를 이해하도록 할 뿐 아니라 마음으로 느끼도록 도와줍니다."

〈오리거니언〉의 핼러윈 화보(오른쪽)는 맞춤형 호박 모형과 그 제작자들을 보여준다. 여기에는 스토리텔링이 없기 때문에 극적인 시작, 전개, 결말도 없다. 따라서 디자인은 질서정연하고 매력적으로 모든 사진을 지면에 잘 배치하는 데 중점을 두고 있다.

사진과 기사가 공간을 두고 경쟁하는 일반 지면과 달리, 화보는 특별한 사진들에게 크고 눈에 띄는 역할을 부여하는 자립적인 레이아웃이다. 보통 다음과 같이 사용된다.

◆ **주요 사건 보도.** 여러 작가가 찍은 재난, 선거, 빅게임 등 다양한 앵글의 사진을 쓴다.

◆ **화제 또는 트렌드 추적.** 노숙자, 네오나치, 스케이트보드 열풍 등 독자들이 보지 못했던 사람이나 장소와 만날 수 있게 한다.

◆ **유명인에 대한 정보.** 운동선수, 정치인 등 한 인간의 감정, 활동, 환경을 포착한다.

◆ **스토리텔링.** 시작, 전개, 결말이 분명한 아기의 탄생, 해병대 신병훈련소의 시련, 창작활동 중인 예술가 등을 다룰 수 있다.

◆ **상품이나 장소 보여주기.** 신축빌딩 탐사, 가을 패션 등을 사진으로 보여준다.

사진 화보는 뉴스 레이아웃과 다르다. 규칙을 비틀고 부순다. 제목으로 장난을 쳐도 되고 사진설명이나 본문의 폭을 색다르게 써도 된다. 사실 화보 지면에서 기사는 마이너 요소가 된다. 따라서 대체로 짧은 기사를 배치한다. 긴 스토리가 있는 경우에도, 대부분 화보 효과를 극대화하기 위해 기사는 다음 지면으로 점프시킨다.

사진 화보

어떤 신문사에서는 사진기자가 특정한 주제를 찍은 뒤 스스로 사진 지면을 디자인한다. 그러나 대부분의 신문사에서는 편집자나 디자이너가 사진을 건네받아 레이아웃을 한다. 이들이 제목을 달고 텍스트를 넣을 공간을 만든다. 여기 그러한 작업의 전형적인 예가 있다.

디자인 연습: 화보

4장의 사진을 이용하여 타블로이드 판형의 화보를 디자인하라. 사진은 민속음악 축제에서 찍었다. 따라서 제목은 간단히 '민속 축제'로 달려고 한다. 현장을 설명하는 3~4인치의 짧은 기사를 쓸 것이라 가정하자.

이 장면은 사진기자가 가장 좋아하는 사진이다. 그는 이 사진이 지면의 메인 이미지가 되길 원한다. 그리고 그가 좋아하는 방식대로 사진을 잘랐다. 당신은 레이아웃에 맞춰 트리밍에 약간 변화를 줄 수 있지만, 사진기자가 제안하는 구도를 존중해야 한다.

이 장면은 민속 축제에 참여하는 보통 사람의 모습을 보여주는 사진이다. 연주 장면의 매력적인 대안이 된다. 게다가 세로 사진이다. 가로 사진 세 장이 있는 레이아웃에서 세로 사진이 최소한 한 장은 필요하다.

또 다른 좋은 사진이다. 이 어린 소녀는 관객을 정말 즐겁게 만들고 있다. 따라서 독자들이 그녀를 볼 수 있을 만한 사이즈로 써야 한다.

이것은 무대 전체를 보여주는 (종종 '설정 샷'이라 불리는) 전경 사진이다. 이 4장의 사진으로 화보를 만들 때 좋은 레이아웃은 전체 스토리를 아우를 수 있도록 클로즈업과 중간 앵글, 와이드 앵글 사진을 적절히 섞어 쓰는 것이다.

사진 화보

자, 여기 앞의 사진 4장을 이용한 레이아웃 6개가 있다.

지면이 두 가지 형태의 외부 여백에 의해 어떻게 구획 정리됐는지 주목하라. ① 좁은 여백이 지면 전체를 감싸고 있고 ② 기사와 세로 사진 옆에 넓게 들여쓰기를 했다. 균형 잡힌 두 세트의 들여쓰기는 사진의 크기를 조정하는 데 더 많은 유연성을 제공하며 지면이 빡빡해지는 것을 막는다.

왼쪽 지면을 뒤집은 뒤 약간의 변화를 줬다. 기사를 두 칼럼으로 흘렸고 사진을 두 장씩 묶어 사진설명을 처리했다. 여기 6개의 레이아웃 중에서 이 지면이 가장 빽빽하다. 나머지 레이아웃은 외부 여백을 더 많이 주었다.

이 레이아웃은 제목을 정확하게 지면 가운데 놓고 그 아래 사진 두 장을 나란히 배치해 제목을 확실히 독립적인 요소로 처리했다. 그리고 기사는 제목 옆으로 흐르게 처리했다. 이런 배치는 기본적인 뉴스 기사엔 적합하지 않지만 이 지면에는 산뜻하게 어울린다. 지면 왼쪽 가장자리에 여백이 있다는 점에 주목하라.

이 지면에선 본문을 아래쪽 구석으로 옮겼다. 지면의 빈 공간을 채우기에 기사 분량이 충분하지 않기 때문에 기사를 들여쓰기 했고(지면 오른쪽에 있는 사진 들여쓰기와 일치시키려는 목적도 있다) 남은 공간은 사진기자 바이라인으로 채웠다. 주의할 점은, 사진설명을 위쪽 코너에 배치하는 건 때때로 우스꽝스럽게 보일 수 있다는 것이다. 그러나 이 지면에선 아래쪽 코너의 사진설명과 조화를 이루고 있다.

이 디자인은 바로 위 레이아웃을 변형한 것이다. 제목과 기사를 지면 한가운데 배치해 사진을 두 그룹으로 분리시켰다. 그게 문제라고? 그럼에도 불구하고 이 지면은 조화롭고 호소력이 있다.

이러한 접근은 오래 선호된 방식이다. 지면 위 제목 옆에 전체 무대를 보여주는 설정 샷을 배치한 뒤, 큼직한 메인 사진으로 독자에게 한 방 날린다. 기사는 메인 사진 밑에서 시작한다. 이것은 제목과 기사를 붙여 써야 한다는 일반적 규칙에 반하는 것이다. 하지만 여기선 괜찮다. 메인 사진의 위와 아래에 있는 요소들이 서로 정렬하는 방식에 주목하라. 전부 지면의 가장자리를 따라 동일하게 들여쓰기 했다.

화보 가이드라인

다음 가이드라인은 화보뿐 아니라 피처 섹션이나 특보 편집에도 적용된다. 사진을 쓰든, 일러스트레이션이나 차트, 지도를 쓰든 이 원칙들은 대부분 유효하다.

포토 가이드라인

◆ **사진기자(그리고 취재기자)에게 말하라.** 사진에 우선순위를 매길 수 있도록 스토리에 대해 먼저 알아둬라. 어떤 것이 메인이고 어떤 것이 서브인지, 어떤 것을 버려도 되는지 찾아내라. 지면이 재료를 공정하고 정확하게 보여준다는 것을 확실히 하라.

◆ **재료들을 섞어라.** 다른 형태, 다른 크기, 다른 시각을 사용하라. 수평과 수직, 꽉 찬 클로즈업과 폭넓은 앵글 설정 등 다양한 비주얼 요소를 가지고 스토리를 말하라.

왼쪽 레이아웃은 사진들의 형태나 크기가 비슷하기 때문에 정적이고 단조롭다. 눈길을 확 끄는 게 없다. 오른쪽 지면은 형태-크기를 혼합했고, 그 결과 재미있고 매력적으로 보인다.

◆ **양이 아닌 질을 디자인하라.** 당신은 다양함을 원한다. 그러나 좋은 사진 한 장이 약한 사진 두 장보다 가치가 있다. 그것을 섞어 쓰되, 확고한 판단이 필요하다. 지면이 너무 복잡하면 모든 사진이 임팩트를 상실한다.

◆ **사진을 신중하게 배치하라.** 사진의 방향성이 너무 강한가? (사진이 지면과 충돌하거나 대치하지 않도록 하라.) 사진이 연속적이거나 연대기적인가? (지면에 시작과 끝, 설정과 한방 터뜨리는 것 같은 질서를 부여하라.)

◆ **사진 한 장을 돋보이게 하라.** 크게 다뤄라. 영향력을 부여하라. 한 장을 확실하게 고정시킨 후 다른 사진들을 배치하라. 또 메인 사진은 보통 지면의 위쪽 절반에서 가장 큰 효과를 발휘한다는 것을 명심하라.

왼쪽 레이아웃은 아래가 무겁고 균형이 안 잡힌 것처럼 보인다. 오른쪽 지면과 효과를 비교해보라. 똑같은 요소를 사용했지만 메인 사진을 톱 자리에 놓았다.

제목 가이드라인

◆ **제목을 먼저 달아라.** 디자인을 시작하기 전에 제목을 먼저 달면 지면이 더 좋아 보이고 더 쉽게 조화를 이루게 된다. 나중에 채울 생각으로 제목 공간을 남겨 놓는다면, 지면에 어울리지 않는 단조로운 제목을 얻게 될 것이다.

◆ **장식 헤드라인(부제목과 함께)을 활용하라.** 전형적인 전단 제목에 얽매이지 마라. 설명적인 부제목을 갖춘 재기 넘치고 힘찬, 개성 있는 뭔가를 시도하라. 대담하게 만들어라.

화보 가이드라인

기사 가이드라인

◆ **너무 많거나 너무 적은 기사를 게재하지 마라.** 사진 화보는 대부분 그들의 존재 이유를 설명하는 기사가 필요하다. 그러나 3인치 이하 기사는 그냥 묻혀버릴 것이다. 반면 너무 큰 기사블록은 지면을 칙칙하고 복잡하게 만든다.

◆ **기사블록을 모듈화하라.** 사진의 미로 사이로 본문이 구불구불 흐르면 안 된다. 기사는 늘 직사각형을 유지하라. 있어야 할 장소에 깔끔하게 배치하라.

사진설명 가이드라인

◆ **모든 사진에 설명을 달아라.** 여러 사진의 설명을 한꺼번에 달 수도 있다. 그러나 혼란을 초래해서는 안 된다. 각각의 설명이 어디 있는지 즉시 알아볼 수 있도록 배치하라.

◆ **사진 옆이나 사이로 사진설명을 흘려 유연성을 더하라.** 설명이 느슨하게 떠돌면 안 된다. 그들이 묘사하는 사진을 향하도록 배치하라. 사진설명을 한쪽만 정렬할 경우엔 들쑥날쑥한 쪽이 사진에 붙지 않도록 한다.

◆ **사진설명을 바깥쪽으로 밀어라.** 나쁜 디자인은 사진설명이 제목 또는 기사와 충돌한다. 좋은 디자인은 사진설명이 다른 활자요소와 충돌하지 않도록 지면 바깥쪽에 자리 잡는다.

왼쪽 레이아웃에서 사진설명 하나가 제목과 충돌한다. 다른 설명은 기사칼럼의 아랫부분과 부딪친다. 오른쪽 레이아웃은 설명을 바깥쪽으로 옮겨 두 문제를 한꺼번에 해결했다.

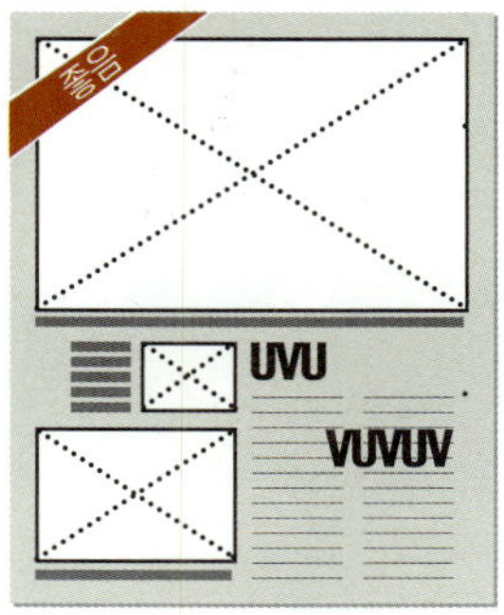

◆ **사진 출처를 제대로 배치하라.** 지면 가장자리에 출처를 배치하거나 각각의 사진에 기자이름을 붙이면 된다(모든 사진이 동일한 사람의 작품이라면 메인 사진에만 붙여도 된다).

기타 디자인 조언

◆ **약간의 여백을 더하라.** 기사와 사진이 '흰 공간', '여백'과 함께 숨 쉬도록 하라. 그러나 요소 사이에 죽은 공간을 넣지는 마라. 그것들은 지면 가장자리로 밀어내라.

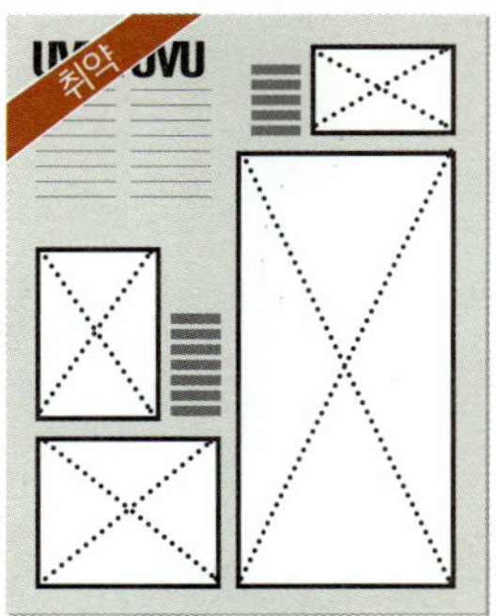

왼쪽 지면에서 죽은 공간들이 어떻게 흩어져 있는지 주목하라. 오른쪽은 여분의 공간이 가장자리로 밀려났다. 그 결과 요소들이 더 깔끔하게 정돈됐다.

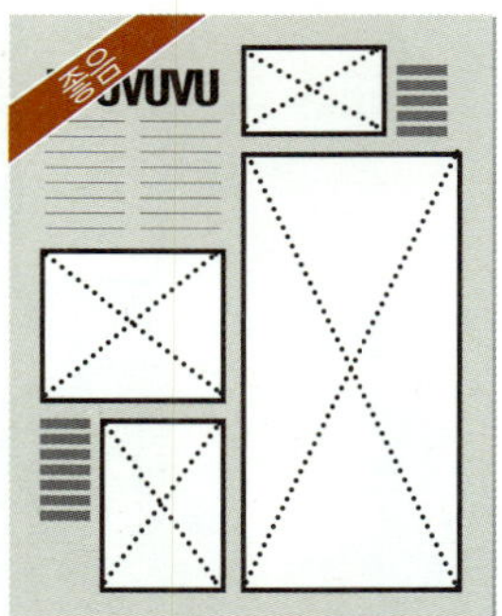

◆ **기본 그리드를 사용하라.** 아무렇게나 요소들을 흩어 놓지 마라. 좋은 그리드는 요소들을 가지런하게 정렬하고 지면 전체에 일관된 여백을 유지한다.

◆ **바탕색은 아껴서 사용하라.** 바탕색을 입히는 스크린은 레이아웃을 정돈하고 효과를 높이는 데 좋다. 그렇다고 해서 남용하면 다른 사진들까지 지저분해진다.

더 알아보기 ▶

◆ **사진설명:** 크기와 위치에 관한 기본 가이드라인.............. 34쪽
◆ **메인 사진:** 필요한 이유와 고르는 방법............ 60쪽
◆ **사진출처:** 스타일과 위치 조건........................ 153쪽
◆ **스크린:** 무엇이며 어떻게 사용하는가............ 210쪽
◆ **제목 배치:** 디자인하는 방법에 관한 조언... 212쪽

스튜디오 사진

포토저널리즘은 정직한 기술이다. 설정이나 소품 없이 실제 상황에서 실제 인물을 기록한다. 그러나 화끈한 새 비키니, 콩 통조림, 상 받은 푸들 사진이 필요하다고 가정해보자. 그 사진들은 진짜이며 정직한 포토저널리즘일까? 아니다. 그것은 스튜디오 사진일 것이다. 사진기자가 사건을 있는 그대로 기록하는 뉴스 사진과 달리 스튜디오 촬영은 사진기자가 대상을 정하고 모델의 포즈를 잡아주고 소품을 만들고 빛을 조절할 수 있다.

스튜디오 사진(또는 스튜디오 안에서 찍었든 밖에서 찍었든 설정된 사진)은 기획특집 혹은 다음과 같은 경우에 주로 사용된다.

◆ **패션.** 옷은 그 자체만으로는 따분하다. 웃거나 움직이는 모델이 입은 옷은 독자를 지면으로 끌어당긴다.

◆ **음식.** 두 칼럼짜리 흑백사진에 담긴 맛깔스러운 조리 장면은 당신이 생각하는 것보다 훨씬 강렬하다. 그러나 이것은 반드시 음식기사와 함께 써야 한다.

◆ **인물.** 특별한 얼굴은 특별히 처리할 가치가 있다. 극적인 조명 또는 어두운 배경(글자를 반전 처리할 수 있는)의 스튜디오 사진은 인물을 매력적으로 만든다.

◆ **문화적 대상.** 피처기사와 리뷰에서 언급된 CD 표지, 책 표지, 새 상품을 독자에게 보여주는 것이 중요하다는 것을 잊지 마라. 말만 하지 말고 보여줘라.

더 알아보기 ▶

◆**사진 도려내기:** 스튜디오 사진을 왼쪽 패션모델처럼 컷아웃 처리하는 방법 208쪽

문화에 따라 노출에 대한 태도가 다르다. 예를 들어 유럽에선 신문이 종종 누드를 특집으로 다룬다. 영국과 캐나다 타블로이드 신문은 노출이 심한 이른바 "page 3 girls"를 3면에 판촉용으로 싣는다. 미국에선 많은 신문의 백화점 속옷 광고에서 이보다 더 섹시한 모델을 볼 수 있다. 그러면 이 비키니 모델 사진은 당신 신문에 싣기에 너무 섹시하고 도발적인가?

스튜디오 사진은 비키니와 햄버거 사진처럼 패션과 음식 표현의 이상적 해법을 제시한다. 스튜디오 사진은 생각(왼쪽 '컴퓨터 사용자의 복수 판타지' 사진)을 전할 수 있다. 또 인물의 분위기를 극적으로 포착할 수도 있다.

포토 일러스트레이션

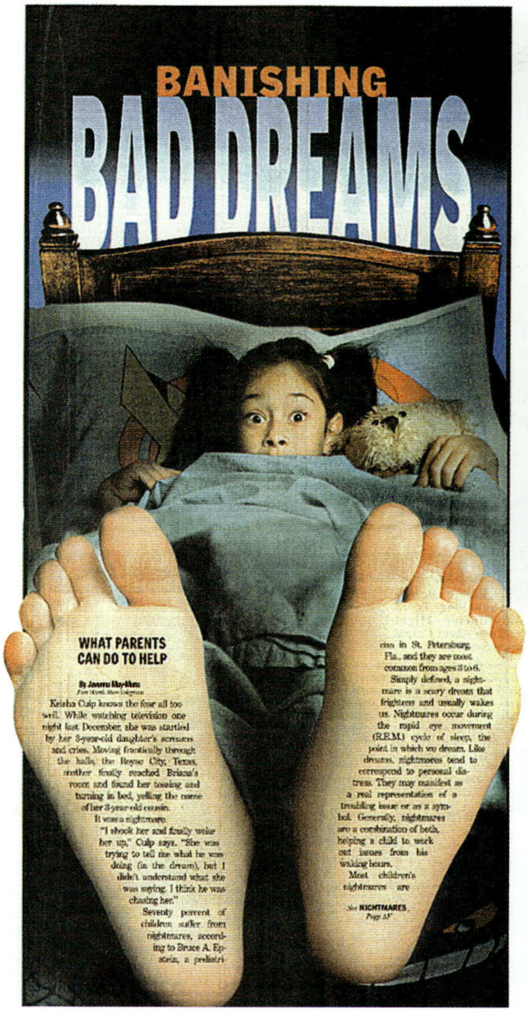

〈새너제이 머큐리 뉴스〉에서 제목과 텍스트를 만화 같은 포토 일러스트레이션과 멋지게 결합시켰다. 극적이고 익살스럽게 기사의 주제를 전달, 코믹하고 사랑스럽다.

〈그랜드 래피드 프레스〉(*The Grand Rapids Press*)의 해밀턴(T. J. Hamilton)이 찍은 이 사진 수상작은 초보 부모들이 직면하는 문제에 관한 특집기사를 묘사했다. 귀엽고 설득력이 있다. 그리고 "조심해서 다루세요"라는 제목과 어우러져 완벽한 상호보완을 이룬다.

때때로 기사를 설명하는 가장 좋은 방법은 그림을 그리는 것처럼 배우와 소품이 포즈를 취한 사진을 찍는 것이다. 그 결과물을 포토 일러스트레이션이라 부른다.

포토 일러스트레이션은 보통 스튜디오 사진을 일컫는다. 그러나 포토 일러스트레이션은 패션사진이나 인물사진처럼 단순한 이미지만 보여주는 것이 아니다. 아이디어를 표현하고, 분위기를 포착하고, 개념을 형상화하며, 시각적 웃음을 얘기한다.

포토 일러스트레이션은 종종 사내 커플, 10대의 자살, 정크푸드 등 주제가 추상적인 특집 기사, 다시 말하면 실제 인물사진을 발견하기 힘들거나 인쇄하기에 너무 단조로운 상황에서 좋은 해법이다. 그러나 다음과 같은 조건을 충족해야 한다.

◆ **무엇에 관한 기사인지 즉각 전달하라.** 포토 일러스트레이션은 독자에게 혼란을 주거나 어지럽혀선 안 된다. 추측할 필요도 없고 오해할 일도 없이 깔끔하고 명확하게 주제를 표현해야 한다. 그리고 기사 내용과 논조와도 일치해야 한다.

◆ **현실로 오해돼선 안 된다.** 신문 사진은 정직하다. 실제로 뭔가를 하는 진짜 인물을 보여준다. 독자도 그것을 기대한다. 그러므로 규칙을 바꿔 환상적인 뭔가를 만들려 한다면 확실하게 하라. 앵글을 뒤틀고, 크기를 과장하고, 이상하게 생긴 모델(오른쪽처럼)을 써라. 독자에게 이것이 진짜가 아님을 분명히 알려라. 위장한 사진(누군가 약물에 중독된 척하는 것처럼)을 가지고 실제 상황인 양 만드는 것은 정직하지 못하다. 사진설명으로 알린다 해도 그것만으로는 불충분하다.

◆ **제목을 달고 작업하라.** 사진과 제목은 기사의 주제를 전달할 수 있어야 한다.

◆ **영감을 가지고 일하라.** 좋은 포토 일러스트레이션은 카메라 앵글과 조명, 특수효과, 포즈와 소품을 통해 사진작가의 기술과 영리함을 보여준다. 신문 그래픽이 화려한 TV, 잡지 광고와 경쟁하는 세상에서 당신은 승자도 패자도 될 수 있다. 포토 일러스트레이션이 모호하거나 지루하다면 당신이 진 것이다.

일러스트레이션

출판물은 일러스트레이션을 많이 사용한다. 예를 들어 만화와 같은 것은 즐거움을 주는 목적을 갖는다. 어떤 것은 타이어와 TV 광고에서 볼 수 있다. 어떤 것은 기사를 홍보하는 기사 안내에서 이용한다. 어떤 것은 그래픽과 로고를 매력적으로 만든다.

그리고 (사진처럼) 더 많은 공간, 작가와 편집자, 디자이너 간의 더 많은 협력, 더 많은 예산을 요구하는 야심찬 일러스트레이션도 있다.

신문 일러스트레이션의 일반적 유형을 살펴보자.

논평과 캐리커처

미국 신문에서 처음으로 인쇄된 일러스트레이션은 〈펜실베이니아 가제트〉(*Pennsylvania Gazette*)에 게재된 벤 프랭클린(Ben Franklin)의 시사만평으로, 13개 식민지를 상징하는 도막난 뱀을 그렸다. 제목은 "합치거나 죽거나"(JOIN or DIE)였다.

〈뉴스데이〉(*Newsday*)에 실린 월트 핸델스먼(Walt Handelsman)의 시사만평은 유행에 민감한 드로잉 스타일과 산뜻한 손글씨, 짓궂은 풍자 감각을 담았다.

그 이후 시사만평은 훨씬 재미있어졌다. 사람들은 시사만평이 신중하기보다 익살스럽고, 우아하기보다 자극적이고, 직설적이기보다 에둘러 말하는 것을 선호한다. 이것이 시사만평이 저널리즘에서 가장 힘든 직업 중에 하나인 이유며, 성공한 시사만평가가 드문 이유다.

일러스트레이션과 유사한 '논평 드로잉'(commentary drawing)은 최근 일어난 사건을 해석한다. 시사만평처럼 논평 드로잉도 대개 오피니언 면에 실린다. 시사만평과 달리 논평 드로잉은 독립적으로 실리기보다 기사와 분석을 동반한다. 논평 드로잉은 재미있게 하려고 애쓰지는 않지만 사건과 인물 비평을 위해 상징과 캐리커처를 사용한다.

코미디언 데이비드 레터맨(David Letterman)의 우스꽝스러운 캐리커처. 아티스트 론 코딩턴(Ron Coddington)은 웃을 때 드러나는 벌어진 앞니를 극단적으로 강조했다(데이브의 팔 아래쪽에는 밴드 리더 폴 셰퍼가 끼어 있다).

캐리커처는 오피니언 면에 한정되지 않고, 스포츠나 오락 면에서도 유명인사의 정보와 함께 사용된다. 좋은 캐리커처는 코믹한 효과를 내기 위해 대상의 가장 두드러진 특징을 과장한다. 이는 시사만평처럼 어려운 기술이며, 다음과 같은 경우에는 피해야 한다.

- 대상의 얼굴이 사람들에게 잘 알려져 있지 않은 경우.
- 기사가 매우 민감하거나 침울한 내용인 경우.
- 만평작가의 능력이 의심스러운 경우.

일러스트레이션

Try 'em with salmon, vegetarian, poultry or lamb patties, and you won't ask: Where's the beef?

Burgers, no bull!

Personhood: When does it begin... or end?

One day you could be defined out of existence.

The new generation of speedy pressure cookers takes the heat off of harried cooks

Under pressure

3개의 일러스트레이션, 3개의 다른 스타일, 그리고 한 명의 아티스트. 〈오리거니언〉의 스티브 카우덴(Steve Cowden)은 프리핸드 소프트웨어를 갖춘 매킨토시로 이 지면을 만들었다.

풍자 드로잉

피처기사는 종종 약물, 다이어트, 우울증, 꿈 등 추상적인 개념에 초점을 맞춘다. 그러한 개념 중 많은 부분이 사진으로 담기엔 모호하고 표현하기 어렵다.

그럴 땐 일러스트레이션이 효과적이다. 풍자 드로잉(주제의 논조를 해석하는 드로잉)은 지면에 개성을 더해 기사 임팩트를 높여준다.

일러스트레이션은 재능과 연습을 필요로 한다(편집자가 난감해지는 경우도 있다. 많은 아마추어 일러스트레이션은 비전문적이고 서투르다. 그때 동료에게 "당신 드로잉은 역겹다"고 말하기는 정말 어려운 일이다).

풍자 드로잉은 소박하거나 진지하거나, 컬러 또는 흑백일 수도 있다. 지면을 지배할 수도 있고 분위기 전환을 위해 본문 칼럼에 간단히 집어넣을 수도 있다.

그러나 천박함으로 지면을 채우지 않도록 주의하라. 독자는 정보를 원하지 장식을 원하지 않는다. 당신 스스로를 만족시킬 수 있을 때 독자도 감동을 받는다.

클립아트

당신이 아티스트를 고용하거나 프리랜서에게 지불할 예산이 있다면 일러스트레이션은 엄청난 효과를 발휘한다. 그러나 그렇지 않을 땐 어떻게 하나?

신문광고는 수년간 그러한 문제를 가지고 있었다. 보통 사람의 이미지와 광고를 돋보이게 할 물건이 필요할 때 종종 저작권이 싼 만화나 드로잉과 같은 클립아트를 쓴다.

클립아트는 풍부하고 저렴하다. 싼 가격에 경축일 이미지(산타, 칠면조, 호박, 밸런타인 등) 수천 개를 제공하는 카탈로그, CD, 웹사이트 서비스를 구매할 수 있다.

좀더 세련되게 보이고 싶다면, 오른쪽과 같이 저작권이 면제된 옛날 판화를 스캔할 수도 있다.

그러나 조심해서 골라라. 클립아트는 종종 품격이 떨어져 보인다. 최악의 경우 완전 싸구려가 된다. 그러므로 시각물에 절망했다는 이유만으로 뉴스를 쓰레기로 만들지 마라.

피처 시각물 체크리스트

피처 면은 좋은 시각물을 요구한다. 좋은 시각물을 만들려면 좋은 아이디어가 필요하다. 그리고 좋은 아이디어는 기사를 쓰기 전에, 사진을 찍기 전에, 지면 디자인을 시작하기 전에 필요하다. 마감시간에 쫓겨 대충 때워야 하는 상황이 오기 전에 아이디어를 탐색하라.

지면을 어떻게 그릴 것인지 난감한가? 다음 체크리스트는 피처기사 그래픽의 핵심으로 이끄는 데 도움이 될 것이다.

사진 해법

우리가 사진을 찍을 수 있나?

이 기사를 포토저널리즘처럼, 실제 상황에서 실제 인물을 보여주듯이 묘사할 수 있나? 다음을 찾아보라.

액션

어떤 사건이나 액션이 이 기사와 관련이 있는가? 주요 인물이 흥미로운 뭔가를 하고 있는가? (주의: 책상에 앉아서 말하고 생각하는 것은 흥미롭지 않다.) 독자들이 기사를 다 읽고 어떤 행동을 취할 수 있는가?

사람들

누가 핵심 인물인가? 여러 명인가? 어떤 유형의 인물 이미지가 그들에 관해 가장 많은 것을 보여줄 수 있는가? 이 기사에서 그들은 어떤 감정을 경험하는가? 하나의 분위기로 이뤄진 초상이 아이디어를 전달할 수 있는가? 감정과 행동이 교차하는 상황이 있는가?

장소

야외촬영과 세팅은 기사를 전달하는 데 도움이 되는가?

- 주인공이 극적인 장소에서 포즈를 잡을 때
- 여러 인물들이 작업하거나 서로 영향을 줄 때
- 사람 없이 빌딩이나 풍경에 집중할 때

대상

어떤 아이템들이 기사에 필수적인가? 예를 들어

- 기계
- 도구-장비
- 예술작품
- 운송수단
- 의복

이런 아이템들이 주요 시각물로 사용될 수 있는가? 도표로 확장될 수 있는가?

외부 소스로부터 사진을 얻을 수 있나?

- 통신사 서비스?
- 미디어 웹사이트 (TV 네트워크, 영화 스튜디오, 전문가 혹은 학교신문)?
- 기관(기사에서 언급된 정부기관, 박물관, 클럽, 가게, 회사)?
- 사내 도서관? 지역 도서관?
- 기사 속 인물의 개인 자료실?
- 책 또는 잡지(발행인 또는 저작권 보유자의 승인을 받은)?
- 사진 서비스 전문업체?

사진이 기사의 내용을 잘 전달하지 못한다면 다음과 같은 것들을 고려해야 한다.

시각물 해법/ 포토 일러스트레이션

기사가 추상적인 주제에 초점을 두고 있는가?

강한 이미지 하나로 주제를 잡고 지면을 장악할 수 있는가? 또는 여러 개의 작은 이미지가 필요한가?

다음을 만들어야만 하는가?

- 드로잉? (아티스트는 있는가? 또는 사실적인 사진을 선호하는가?)
- 포토 일러스트레이션? (사진작가는 있는가? 또는 더 자유롭고 매력적인 해법을 원하나?)

기사에서 강한 이미지를 끌어내려면 스스로에게 다음을 물어보라.

제목을 달 수 있나?

영리한 제목은 그래픽 영감을 줄 것이다. 스토리를 누비며 핵심단어와 구절을 찾아라. 긴장을 풀고 둘러보라.

언어유희. Give Peas a Chance. The Noel Prizes. Art and Sole.

두운과 각운. FAX Facts. High-Tech Home Ec.

TV 영화 또는 가요 제목. *Born to Run. The Right Stuff. All in the Family. Rebel Without a Clue. Running on Empty. Home Alone.*

유명한 인용문, 격언 또는 속어 표현.

기사 본문에서 길어 올린 구절의 인용.

핵심 단어 : 이름(Skipper). 장소(Gilligan's Island). 감정(The Crying Game). 소리나 느낌(Yum!).

피처 시각물 체크리스트

제목이 아직 안됐나? 개념이 아직도 모호한가?

이미지 브레인스토밍. 화제를 다시 한 번 훑어보라. 이번엔 개념, 상징, 상투적인 비주얼의 목록을 만들어라. 다음과 같은 아이템별로 기사를 분석하라:

who. 어떤 인물 유형이 개입됐나? 어떻게 그들의 개성을 강조할 수 있나? 희생자는? 악당은? 기사 속 인물을 대신할 심벌이나 소품을 사용할 수 있나?

what. 어떤 대상, 감정, 행동이 포함되었나? 상투적인 문구나 심벌이 떠오르나? 그들을 분리하라. 그리고 그들을 섞어서 어울리게 하라.

when. 언제 액션이 발생하나? 화제가 가장 극적이거나 웃기는 순간이 있는가? 화제가 시작되거나 끝나는 시점은 언제인가? 이번 화제의 역사는 어떻게 되나?

where. 이번 주제는 어디에서 발생했나? 어디에서 시작해서 어디에서 끝나나? 만일 영화촬영을 한다면, 어떤 극적인 앵글 또는 클로즈업을 사용할 것인가?

why. 기사는 무엇을 의미하나? 최종결과, 궁극적 효과는 무엇인가? 사람들이 그것을 행하고 두려워하며 사랑하는 까닭은 무엇인가? 왜 관심을 가져야 하나?

이미지 리스트를 작성했다면 그것들을 다른 방식으로 결합하라.
다른 앵글로 그들을 바라보라. 또는 다음과 같은 접근을 시도하라.

- **패러디.** 재활용되길 기다리는 상징과 상투적 문구가 있다. 계란(깨지기 쉬운, 재탄생), 전구(창의성), 시험관(연구), 총(위험), 사과(교육) 같은 것은 보편적이다. 국기, 달러, 도로표지판, 게임보드를 가지고도 장난칠 수 있다. 또는 자유의 여신상, 생각하는 사람, 엉클 샘 등 문화적 아이콘을 패러디할 수도 있다.
- **결합.** 두 개의 이미지는 신선한 새 아이디어를 만들기 위해 결합할 수 있다. 신용카드로 난처한 상황에 처한 사람에 대한 기사라면 신용카드 덫을 만들어라. 시청의 어떤 문제에 대한 기사라면 시청사 조각그림 맞추기를 만들어라.
- **과장.** 사이즈, 속도, 감정, 반복을 변형하라. 큰 문제가 떠오르나? 뭔가 움츠러드나? 사라지나? 극단적으로 처리된 대상은 어떻게 보일까? 영향 받은 사람들은 어떻게 볼까?
- **몽타주.** 이미지 스크랩북을 정리하라. 사진, 공예품, 도록에 나온 옛날 판화. 규칙, 상호작용, 관점을 만들려고 노력하라.

다른 그래픽 해법

현재까지 정말로 특별하게 보이는 해법을 발견했을지 모른다. 그러나 아이디어가 항상 현실로 옮겨지는 것은 아니다. 해법은 독자에게 즉각적으로 작용해야 한다. 그러므로 일을 진행하기 전에 동료에게 스케치를 돌려 반응을 테스트하라. 뜨지 않는다면 버려라.
이것 또한 기억하라. 보통 정보가 담긴 시각물이 장식용 시각물보다 낫다. 일러스트레이션이 정보를 전달할 것인가? 단순한 만화에 그칠 것인가? 주장을 밝힐 것인가? 혼란스러운 감정만 전달하는가? 지면을 채우기 위해 단순히 크기만 키운 것은 아닌가?
당신의 아이디어를 지킬 방법은 있다. 그러나 다음을 사용하는 것을 고려하라.

인포그래픽. 메인 시각물 혹은 두 번째 시각물로 차트, 그래프, 지도, 도표를 만들어라. 그것이 무엇을 의미하며 어디를 지향하는지 독자에게 보여줘라. 정보를 전달하기 위한 디자인을 하라.

부속상자(시각물이 있건 없건). 리스트, 용어설명, 입문서, 여론조사를 만들 수 있다(165쪽 리스트 참조). 인물사진, 도표, 책표지 등 시각물을 첨가하면 부속상자가 전체 페이지를 이끌게 할 수 있다.

크고 굵은 활자. 매우 공격적인 제목 배치는 종종 지면의 메인 요소로 작용한다. 심지어 제목을 시각물로 쓸 수도 있다. 또는 대문자 머리글자로 기사를 시작하는 것을 시도하라.

인물사진과 인용제목. 지면이 칙칙한 곳에 배치하라. 구분선과 바탕색, 그림자를 첨가해 그들이 메인 요소로 작용하도록 하라. 또는 대담하고 컬러풀한 방식으로 인물사진과 인용제목을 묶어라.

좀더 꾸미고 싶다면 박스, 바탕색, 벽지 효과를 결합할 수 있다. 그러나 이것은 시각물의 결함을 감추기 위해 독자의 시선을 분산시키는 화려한 기술일 뿐이다.

마지막 경고: 여기까지 와서도 여전히 확고한 해법이 없다면 기사에 대해 다시 생각하라. 당신에게 애매하다면 독자에게도 애매할 것이다.

위험한 시도

최상의 페이지 디자인을 위해 이런 효과들을 시도하고 싶을지 모른다. 그러나 그 전에 다음을 읽어라.

도용(STEALING) ▶

외부 출처로부터 이미지를 빌려오기 전에 저작권법을 위반하지 않도록 하라. 〈모나리자〉 같은 고미술은 대개 안전하다. 현재 저작권이 보호된 그림은 리뷰 기사와 함께, 또는 기사의 일부로 쓰일 때 사용할 수 있다. 그러나 저작권법은 너무 복잡하기 때문에 잘 모르는 영역에 대해선 조언을 구하라.

◀ 액자틀(FRAMING)

매력적 틀로 가득 찬 클립아트 책과 장식용 선이 담긴 컴퓨터 프로그램이 있다. 그리고 어느 날 당신은 유혹에 굴복할지 모른다. 우아한 이미지를 번지르르하고 현란한 액자로 둘러쌀 것이다. 그래선 안 된다. 예술작품과 사진은 가늘고 단순한 선으로 구분되어야 한다. 화려하고 과도한 장식의 프레임은 독자의 관심을 중요한 것으로부터 빗나가게 한다.

반전(FLOPPING) ▶

거울에 비친 이미지처럼 사진을 거꾸로 인쇄하는 것을 '반전'이라고 한다. 보통 디자이너가 레이아웃에 맞추기 위해 사진이 반대방향을 바라보도록 할 때 사용한다. 그러나 이는 정직하지 못하고 위험하며, 이미지의 진실을 왜곡한다. 뉴스 사진은 절대 반전시키지 말라. 피처사진과 스튜디오 사진도 더 이상 다른 방법을 찾을 수 없을 때에만 반전하라.

◀ 모양 개조(RESHAPING)

배운 바에 따르면 사진은 직사각형일 때 가장 효과가 크다. 다른 '창의적인' 형태로 사진을 자르는 것은 의미를 왜곡하고 지면을 어지럽히며 독자를 혼동시킨다. 단순하게 생각해라. 사진을 도려내는 것은 아마추어의 상징이다. 그렇게 할 만한 확실한 이유를 찾기는 어렵다. 그러므로 그러한 아이디어는 당장 지워버려라.

기울임(TILTING) ▶

때때로 거칠고 기묘한 사진이 있어도 당신은 똑같이 딱딱한 레이아웃을 그릴 것이다. 좋다, 그러나 명심하라. 적당한 시각물이 없다고 오른쪽처럼 사진을 기울이거나 형태를 왜곡시킨다면 어리석게 보일 것이다. 프로들이 한번쯤은 시도(200, 201쪽 참조)한다 할지라도 그것이 정말로 필요할 때까지 아껴라.

◀ 실루엣(SILHOUETTING)

사진이 지저분한 배경 때문에 약해 보이거나 극적인 효과를 높일 필요가 있다면 메인 이미지를 도려낼 수 있다. 이 작업은 어떤 사진에는 괜찮고 어떤 것에는 어울리지 않는다. 그러나 뉴스 사진에선 피해야 한다.

문제 해결

사진과 시각물에 관해 디자이너들이 자주 하는 질문과 답변을 싣는다.

Q 프런트 면에서 메인 시각물로 독립 사진을 쓰면 안 되는가?

독자에게 프런트 면에서 원하는 것이 무엇인지 물어보면 대부분 '재미있는 소식'이라고 말할 것이다. 독자는 데이터, 요약, 스토리를 원한다. 신문은 종종 이를 잊어버린다. 게으르고 상투적인 것에 빠져 프런트 면에 석양과 귀여운 어린이 대형사진을 싣는다. 이는 에디터들이 흥미를 끌 만한 사진이 없는 회의나 재테크 기사에 몰두하기 때문이다. 그래서 마지막 순간 패닉에 빠져 "사진이 필요해, 공원에 가서 다람쥐 사진이라도 찍어와!"라고 소리친다. 그 결과가 오른쪽 지면이다. 상투적 사진으로 프런트 면을 만드는 최악의 상습범은 다음과 같다:

열기구

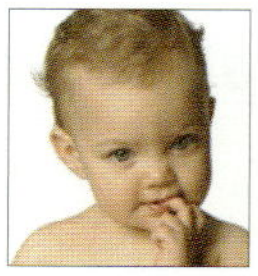
귀여운 어린이

꽃

다람쥐

광대

적지 않은 신문들이 독립 사진을 메인 시각물로 게재해선 안 된다는 금언을 고수한다. 다시 말해서, 메인 시각물로 소프트한 독립 사진을 계속 게재한다면, 그것은 당신이 보도사진이나 기사 계획을 충분히 하지 않고 있다는 신호다.

Q 에디터가 정치인의 악수사진을 게재하길 주장한다. 그는 독자들이 지역인사의 얼굴을 보길 원한다고 말한다. 그가 옳은 것인가?

신문이 어떤 것에 최선을 다해야 하는지 알고 있는가? 두 가지다. 알려주는 것과 스토리텔링이다. 어떤 면에선 사람들에게 더 나은 삶을 사는 데 필요한 정보를 제공하는 것과 삶의 드라마를 포착하는 것이 우리의 임무다. 잘 알려주는 것은 정보를 전달하고, 좋은 스토리텔링은 드라마를 전달한다.

트로피를 들고 있는 남자 사진은 우리에게 아무것도 알려주지 않는다. 그것은 스토리를 말하지도 않는다. 어린이를 돕거나 공원을 만들거나 하는, 그 남자가 그 상을 받게 해준 일을 하는 사진은 더 많은 정보와 드라마를 전달할 것이다. 그것이 훨씬 우월한 이미지다.

왼쪽 사진이 담고 있는 모든 정보를 고려해보자. 누가 무엇을 어디서 어떻게 했는지 알 수 있다. 이번엔 담고 있는 드라마를 고려해보자. 당신의 눈앞에서 벌어진 실제 살인이다.

위와 동일한 기준을 신문의 모든 사진에 적용하라. 왜 정치인 악수 사진이 저널리즘적으로 약한지 깨닫게 될 것이다. 그렇게 어색한 사람들은 언제 어디서나 볼 수 있다. 단지 그들의 가족과 친구만이 그 사진을 주의 깊게 볼 것이다. 항상 스토리 뒤에 있는 진정한 사진을 찾아라. 거짓된 의식이 아닌 진짜 액션 말이다. 그래도 에디터가 계속 '치즈 사진'을 게재하길 고집한다면, 오른쪽 지면처럼 트로피와 행사 사진에 공간을 제공하는 지면을 새로 만드는 것을 고려하라.

〈베인브리지 아일랜드 리뷰〉(*Bainbridge Island Review*)는 지역 수상자의 영광의 순간을 게재하였다.

문제 해결

Q 예산이 부족해 아티스트를 고용하기 어렵다. 최상의 클립아트 소스는 무엇인가?

좋은 소식은 입수 가능한 수많은 클립아트가 있다는 점이다. 나쁜 소식은 그것의 대부분이 쓰레기란 사실이다. 12만 5천 개의 이미지를 담고 있는 '아트 익스플로전'(Art Explosion)을 구입한다면 '교육'이란 제목 아래 다음과 같은 샘플을 찾아볼 수 있다.

이미지 중 어떤 것이 유용하며 어떤 것이 쓰레기인가? 그것은 하루하루 당신이 찾고자 하는 것에 달려 있다. 위와 같은 속성 이미지뿐 아니라 개인적으로 살 수 있는 것보다 더 크고 더 좋은 일러스트레이션을 제공하는 아트파츠(Art Parts), 아이와이어(EyeWire)와 같은 회사 사이트를 방문하라.

Q 작은 신문사다. 사진 전문 직원은 존재하지도 않는다. 신문에 더 좋은 사진을 게재하려면 어떻게 해야 하는가?

◆ 이미지 구매를 고려하라. 클립아트 일러스트레이션처럼, 오른쪽 같은 스토리를 위한 일반적 시각물이 필요할 때 유료사진은 매우 도움이 된다. 포토디스크(PhotoDisc), 아이와이어, 코비스(Corbis) 웹페이지를 방문하라. 이미지를 빠르고 값싸게 다운로드 받을 수 있다.

◆ 쓰기 쉬운 디지털카메라를 구입하라.

◆ 눈높이에서 모든 사진을 찍는 것을 중단하라. 테이블 위에 올라서라. 마루에 쪼그리고 앉아라. 줌을 활용하라. 신선한 앵글을 찾아라.

◆ 인물사진을 위한 배경으로 사용할 블랙시트를 가지고 다녀라.

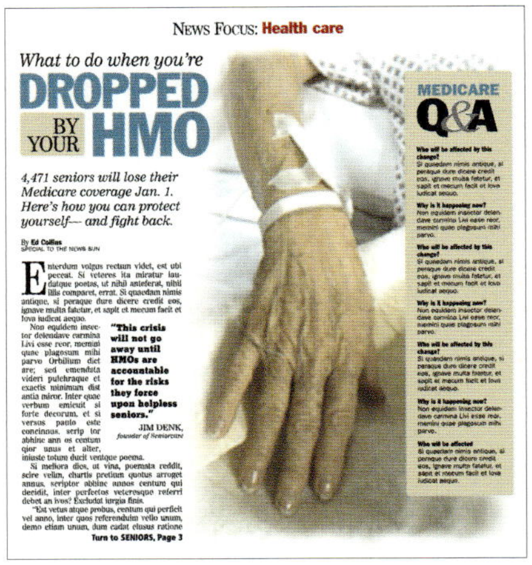
News Focus: Health care

What to do when you're DROPPED BY YOUR HMO

4,471 seniors will lose their Medicare coverage Jan. 1. Here's how you can protect yourself— and fight back.

MEDICARE Q&A

"This crisis will not go away until HMOs are accountable for the risks they force upon helpless seniors."

JIM DENK

Turn to SENIORS, Page 3

Q 사진 에디터는 이미지를 훼손한다는 이유로 사진 속에 제목을 넣거나 사진을 도려내는 것을 허용하지 않는다. 정말 그런가?

색깔을 반전시켜 사진 위에 제목을 겹쳐 놓은 뉴스 잡지는 뉴스를 보다 드라마틱하게 보이게 한다.

오랫동안 사진 도려내기와 제목 겹쳐놓기는 금기시됐다. 그러나 〈타임〉(*TIME*)과 〈뉴스위크〉(*Newsweek*) 같은 잡지를 보라. 곳곳에 어두운 사진과 화려한 반전 제목을 게재한다. 이미지를 꾸미는 데 있어 신문은 유행에 뒤처진다. 당신은 양쪽 다 주장할 수 있지만 혼자 결정할 문제는 아니다. 그러므로 무엇이 효과가 있고 무엇이 그렇지 않은지 토론하라. 기준을 어디까지로 정할 것인지 합의하라. 변칙이 허용되는 특정 지면(피처, 스포츠, 판촉용 프런트 면)을 지정하라.

같은 기사를 신문에서 다룬다면, 제목과 기사, 사진 모두 직사각형으로 디자인될 것이다.

연습문제

정답은 ▶ 274쪽

1 여성 기수에 관한 기사와 4장의 사진이 있다. 4장을 모두 사용하여 "On the Fast Track"이라는 제목(부제목을 첨가해야 할 것이다)으로 대판 신문 피처 섹션 한 페이지 전체에 화보를 만들어라. 기사는 매우 길며 필요한 만큼 점프시킬 수 있다고 가정한다.

여기 사진작가가 추천하는 트리밍 사진이 있다. 그러나 디자인하기 전에 '어떤 사진을 메인으로 쓸 것인지' 스스로에게 질문하라.

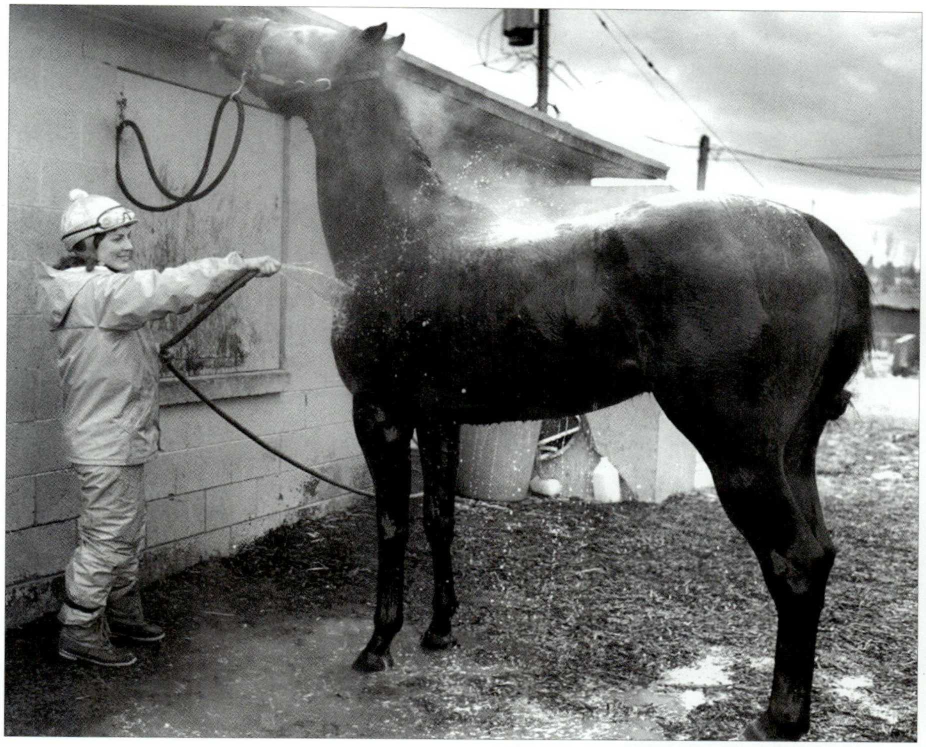

연습문제

2 여성 기수 화보를 만들기 위한 사진은 내용과 기술적인 품질 면에서 모두 좋다. 그러나 만일 당신이 그 페이지의 사진 에디터이고 시간을 되돌려 더 많은 사진을 찍을 수 있다면 무엇을 요청할 것인가? 무엇을 놓친 것인가?

3 기수 사진을 가지고 만든 레이아웃 3개가 있다. 각각의 지면 레이아웃에서 잘못된 것을 최소 3가지 찾을 수 있나?

4 왼쪽은 골프대회에 출전한 타이거 우즈 사진이다. 이날 사진작가가 찍은 최고의 작품이다(유감스럽게도 극적인 클로즈업 또는 타이거의 반응 사진은 찍지 못했다).

스포츠 편집자는 이 사진을 메인 사진으로 쓰자고 한다. 어떻게 트리밍할 것인가?

정답은▶ 274쪽

5 지면의 기본 요소들

콘플레이크처럼 신문도 하나의 상품이다. 둘 다 사람에게 이롭고 미국인의 오래된 아침 습관이기도 하다. 콘플레이크는 상품 이름을 구별하기가 쉽지 않은데 신문도 그런 것 같다.

자 그럼, 당신 회사의 콘플레이크 브랜드를 소비자에게 강하게 각인시키려면 어떻게 해야 할까? 화려한 상자로 포장하는 것도 방법이다. 멋진 로고를 붙일 수도 있다. '호루라기 증정'과 같은 판촉행사를 벌일 수도 있다. 또 '자연 옥수수의 고섬유질 영양식품'식의 선전문구로 쇼핑객의 눈길을 잡을 수도 있다.

마침내 당신은 재료, 제조일, 회사 주소 등 필요한 모든 추가 요소를 최대한 깔끔하고도 드러나지 않게 끼워 넣는다.

이런 모든 과정은 신문을 만들 때도 적용된다. 이 장에서는 신문을 구성하는 그래픽의 기본요소를 살펴보자. 로고, 제호, 바이라인, 부제목, 기사 안내, 인용제목 등이 대상이다.

앞장에서는 개별기사를 포장하는 방법을 알아봤다. 이 장에서는 관련기사들을 분류하고 연결시키는 법을 살펴본다. 긴 기사를 어떻게 처리하는지, 가독성을 높이기 위해 그래픽을 어떻게 배치하는지도 검토한다.

쉽게 말해, 콘플레이크가 더 맛있어 보이게 포장하는 법을 배워보자.

5장 목차

제호

신문 1면의 맨 윗부분에서부터 출발해보자. 저널리즘의 오랜 전통대로 제호가 있을 것이다. 신문들은 제호를 박스에 싸서 구석에 배치하거나, 한쪽으로 밀어내거나, 약간 아래로 내리려고 시도하곤 했다. 하지만 대다수 신문들의 선택은 가장 간단했다. 제호를 1면 중앙에 배치해 면에 위엄을 부여하는 것이다.

(덧붙이자면, 제호는 종종 마스트헤드로 잘못 불리고 있다. 마스트헤드는 간부 이름 등 간행물의 정보를 담은 것으로 대개 사설 면에 실린다.)

학생신문은 몇 년마다 제호를 바꾸곤 한다. 그러나 크고 유서 깊은 신문의 편집인은 제호를 잘 바꾸지 않는다. 그들은 제호가 전통, 신뢰, 근엄함을 불러일으킨다고 여긴다. 실제로 옛 영문체로 된 제호의 존재감은 확실히 종교 수준이다. 그러나 제호는 기업 로고와 같은 것이라는 주장도 있다. 신선하고 혁신적이며 확 드러나고 세련되게 만들어야 한다는 것이다. 아래 제호 사례들을 살펴보자. 그 신문의 개성에 관해 어떤 힌트를 주는가?

◀전통적 제호 현대적 제호▶

어떤 신문은 제호 주변에 여백을 줘 눈에 띄게 한다. 어떤 신문은 제호 양옆에 텍스트나 그래픽 요소를 배치해 공간을 메운다. 날씨, 슬로건('인쇄할 수 있는 모든 뉴스' 같은), 기사 안내가 제호 주변을 채우는 아이템이다.

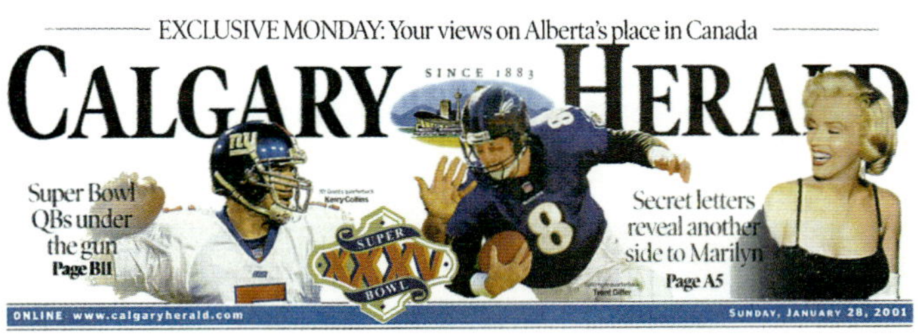

제호 부분에서 가장 중요한 것은 무엇일까. 신문의 이름이다. 신문이 속한 도시, 학교, 조직도 반영해야 한다. 날짜, 가격, 판수(여러 판을 발행하는 신문에는 초판, 지방판, 조간판 등이 있다)도 필요하다. 발행호수를 표시하는 신문도 있는데, 도서관 사서에게는 필요할지 모르나 독자들은 이에 관심이 없다.

로고와 고정 컷

머리문패와 섹션 로고

신문 속을 여행하다 보면 당신이 어디에 있는지 알려주는 이정표를 지나게 된다. **"생활면에 오셨습니다"** 같은 큰 표지판도 있고 "영화 리뷰는 이쪽으로" 식의 작은 안내판도 있다.

신문은 일관적인 길잡이 체계를 갖춰야 한다. 머리문패(standing heads)나 섹션 로고(section logos)같은 것들이다. 고속도로 표지판이 풍경과 떨어져 잘 보이는 곳에 세워져 있듯, 이들은 지면에서 확 드러나게 만든다. 따라서 선을 두르거나 장식 서체를 쓰거나 스크린을 사용해 제작할 수 있다. 단 중요한 것은 본문, 제목, 사진설명과 확실히 구분되게 만들어야 한다는 점이다. 예를 들어, 아래 두 가지 섹션 로고를 비교해보라.

이 섹션 로고는 메인 제목과 서체가 같다. 글씨 크기와 두께도 비슷하다. 로고와 오늘의 뉴스 부분이 차이가 없어 로고가 확 드러나지 않는다.

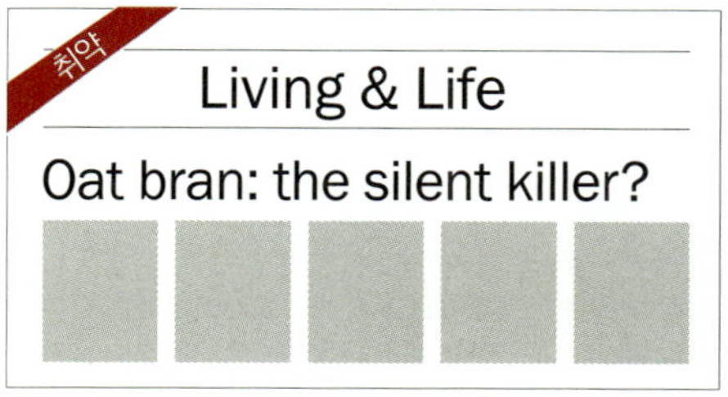

로고가 아래 메인 제목과 완전히 다르다. 글씨는 대문자 세리프체이고, 그림자와 함께 연한 스크린을 깔았다. 두꺼운 선으로 로고와 기사 부분을 구분했다.

로고는 그래픽을 활용해 주문제작한 일종의 제목이자 이름이다. 로고는 글자만으로 만들 수도 있고 선, 사진 그리고 다른 아트 요소를 활용할 수도 있다.

위의 예와 같이 섹션 로고는 신문을 여러 부문으로 나누는 역할을 한다. 작은 타블로이드 신문은 로고를 지면 맨 위에 배치해 주제가 바뀌었음을 알린다(예를 들면, 기획 면에서 오피니언 면으로). 어떤 신문은 모든 면에 머리문패를 배치해 지면 주제를 구분 짓는다. 또 다른 신문은 특집(슈퍼볼 리뷰)이나 탐사보도(특별취재: 교내 총기 실태) 면에만 머리문패를 사용하기도 한다.

어느 쪽이든 상관없다. 일관성 있고 기사 부분과 잘 구분되는 그래픽 이정표들은 독자들이 효율적으로 지면을 여행하게 해준다. 아래의 〈솔트레이크 트리뷴〉(*The Salt Lake Tribune*) 지면들은 이를 잘 보여준다.

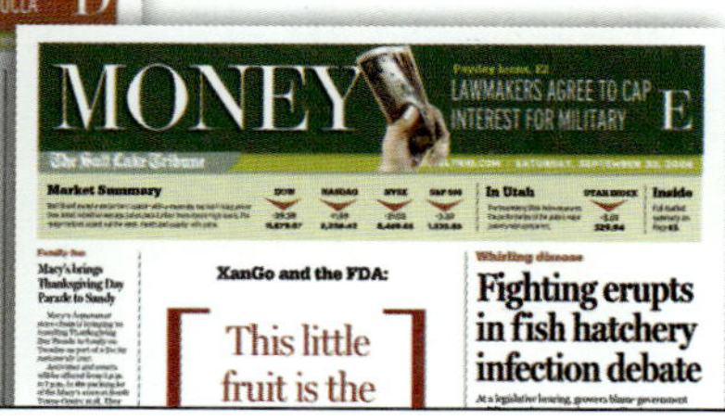

로고와 고정 컷

지금까지 살펴본 대로, 섹션 로고와 머리문패는 섹션과 페이지들을 구별하는 데 사용된다. 이러한 구별은 특별한 기사에도 필요하다. 기사에 붙이는 레이블을 로고, 고정 컷(sigs) 또는 벌레(bugs)로 부른다. 기사 고정 컷은 대개 본문 한 칼럼 정도 크기면 충분하다. 크기가 어떻든 간에 고정 컷은 아래와 같은 특징을 지녀야 한다.

- ◆ 본문, 메인 제목과 구별되는 그래픽적인 개성
- ◆ 신문 전체를 관통하는 일관성
- ◆ 어떠한 디자인 맥락에서도 잘 어울리는 다양한 크기

레이아웃에 혼란을 주지 않는 위치에 고정 컷을 배치하는 것이 중요하다. 고정 컷이 기사의 흐름을 방해하거나 다른 요소와 충돌해서는 안 된다는 것이다.

고정 컷을 기사에 배치하는 일반적인 방법 몇 가지를 살펴보자.

3칼럼 이상의 레이아웃일 경우, 고정 컷은 대개 두 번째 칼럼 맨 위에 자리를 잡는다. 기사 흐름을 방해하지 않기 위해서다. 인물사진 등을 둘째 칼럼에 배치하는 것도 피해야 한다. 고정 컷이 다른 시각물의 위나 아래에 있으면 어색하기 때문이다. 두 개의 이미지가 독자의 주의를 분산시킬 것이다.

세로로 뻗은 한 칼럼 레이아웃의 경우, 고정 컷을 제목 위에 두거나 본문 중간에 새겨 넣는다. 고정 컷을 새겨 넣는 것은 쉽지 않다. 고정 컷 옆으로 본문이 최소 1인치 폭으로는 흘러야 하기 때문에, 고정 컷에 긴 낱말을 넣을 여지가 없다.

고정 컷을 본문 근처로 내리지 않고 머리문패처럼 메인 제목 위에 두기도 한다. 이런 고정 컷의 길이는 기사의 칼럼 전체에 맞춘다. 특집 기사에 레이블을 붙이는 깔끔한 방법이긴 하나 다른 형식보다 많은 공간을 차지한다. 그리고 지루한 기사 흐름에 변화를 주진 못한다.

칼럼 로고

칼럼 로고는 특별한 필자를 구별하는 방법이다. 그들은 정기적으로 글을 게재하고, 이름과 얼굴을 돋보이게 꾸며줄 만한 명사들이다. 이런 로고(사진 컷이라고도 불림)는 주관적이고 개성이 강하고 유머 넘치는 칼럼을 쓰는 필자에 사용하면 좋다. 그들의 칼럼은 고정 독자층을 확보하곤 한다(그런 독자들을 위해, 매번 같은 형태, 같은 위치에 칼럼을 배치하는 것이 중요하다).

칼럼 로고에 들어가는 요소는 대개 아래의 것들이다.

- ◆ 필자 이름
- ◆ 필자 인물사진 또는 캐리커처
- ◆ 인상적인 칼럼 제목: "Dear Abby", "그 영화 그 장면", "번화가에서의 (하품)"

로고와 고정 컷

문패와 컷 (SIGS & BUGS)

칼럼 로고는 필자의 개성을 돋보이게 한다. 반면 문패(컷)는 기사의 주제를 부각시킨다. 문패는 실용적이면서 장식적인 글자로 만들며, 아래와 같은 요소들에 사용된다.

- ◆ 단신 및 특정 뉴스 묶음들("비즈니스 노트", "사람들", "세계는 지금")
- ◆ 뉴스 기사와 구별해야 할 의견 기사("뉴스 분석", "영화 리뷰")
- ◆ 정기적인 특집기사나 연재물("미식축구 노트북", "전화상담실", "독자의 편지")

어떤 신문은 더 많은 기사들을 주제별(의약, 테니스 등)로 분류하려는 경향이 있다. 그런 식으로 신문 전체를 일관성 있게 만들기는 쉽지 않다. 두 기류가 충돌하는 기사를 순식간에 한쪽으로 분류해야 할 테니. 그러나 제대로 만들기만 한다면 바쁜 독자들에게 유용한 길잡이가 된다.

어떤 신문은 다른 면에 있는 관련기사를 알려주거나 요약 정보(오른쪽 아래 영화리뷰 문패처럼)를 보여주기 위해 문패를 사용한다.

문패는 독자의 눈길을 끌기 위해 선, 스크린, 그래픽을 써서 다양한 크기와 형태로 만들 수 있다. 하지만 각각의 신문은 그들의 모든 로고를 일관성 있게 만들어야 한다.

MOVIE REVIEW

Dreamgirls
★★★

Starring: Eddie Murphy, Jamie Foxx, Beyoncé Knowles
Director: Bill Condon
Rating: PG-13 for language, sexuality and drug content

더 알아보기 ▶

◆ **요약 정보 박스:** 아래의 영화리뷰 박스처럼 정보를 요약하는 방법...166쪽

시리즈 로고

시리즈 로고는 특별한 연재기사(학내 인종차별에 관한 5회 시리즈)나 장기간 이어질 기사("선택 2012" 또는 "중국 폭동")를 처리하는 방법이다.

시리즈 로고(아이콘이라고 부르기도 함)는 대개 아래 요소로 이뤄져 있다.

- ◆ 독자에게 친근함을 주는 인상적인 문구
- ◆ 기사 주제를 그래픽화한 사진이나 삽화
- ◆ 다른 페이지 또는 내일 자 기사 알림(필요하다면)

시리즈 로고는 대개 폭이 한 칼럼이고 본문에 새겨 넣을 수도 있다. 여기 〈디트로이트 프리 프레스〉의 사례처럼 시리즈 로고의 형태는 다양하다.

인용제목

"If I repent of anything, it is very likely to be my good behavior. What demon possessed me that I behaved so well?"

— Henry David Thoreau

WOODY ALLEN

"I don't want to achieve immortality through my work. I want to achieve it through not dying."

"We are healthy only to the extent that our ideas are humane."

— KURT VONNEGUT JR.

"Sara grew up to be a copy editor, a profession she compares to walking behind an elephant in a parade and scooping up what it has left on the road.

— **Anne Fadiman,** in her memoir, "Ex Libris""

"어떤 사람을 바보로 만드는 가장 확실한 방법은 그를 인용하는 것이다." 로버트 벤칠리(Robert Benchley, 미국 연극비평가, 배우-역자 주)는 이렇게 말했다. 기사에 대한 호기심을 불러일으키는 확실한 방법은 재치 있고 논쟁적인 인용구를 보여주는 것이다.

위의 예들이 보여주듯, 인용제목의 형태는 다양하다. 선, 박스, 스크린, 반전 처리 등으로 돋보이게 할 수 있다. 인용제목은 명칭도 다양해 pull quotes, breakouts 등으로도 불린다. 그러나 형태가 어떻든 간에 인용제목은 다음과 같은 가이드라인을 따라야 한다.

◆ **인용문이어야 한다.** 기사 본문에서 뽑은 의역, 부제목, 서술문은 안 된다. 기사 속 누군가가 말한 그대로의 완전한 문장이어야 한다.

◆ **화자를 확실히 밝혀야 한다.** 수수께끼 같은 인용은 금물! 도대체 누가 한 말인지 찾으려고 독자들이 본문을 뒤지게 하면 되겠는가. 누가 한 말인지 명확히 밝혀라.

◆ **본문보다 크고 굵은 글씨여야 한다.** 과감하라. 독자의 눈길을 잡으려면 지면에서 튀어야 한다. 제목들과 혼동되지 않게 독특하게 만들라.

◆ **세로 1~2인치 길이면 좋다.** 이보다 짧으면 너무 간단하고 중요하지 않게 보인다. 이보다 길면 지루하고 장황해 보인다.

인용문과 인물사진 결합

지혜가 담긴 말은 매력적이다. 말한 사람의 얼굴이 더해지면 더 매력적이다. 인용문에 인물사진을 더하는 것이 독자의 관심을 끄는 최선책 중의 하나인 이유다.

인용과 얼굴의 결합법은 다양하다. 박스 처리하거나 배경 색을 줄 수 있고, 그러지 않아도 상관없다. 단 인용제목이 가로로 넓은 스타일일 때는 2~3칼럼, 세로로 긴 스타일일 때는 1칼럼(본문 속에 새길 수도 있음) 사이즈로 만들어라. 긴 단어를 하이픈 없이 처리하려면 제목 영역이 넉넉해야 하고 글씨는 작고 장체여야 한다.

"I'm like a dung beetle, pushing this ball of dung up a mountain."

BETTE MIDLER, on working on her TV sitcom, "Bette"

"People have got to know whether or not their president is a crook. Well, I am not a crook."

— RICHARD NIXON

인용제목

인용제목 배치 가이드라인

◆ **인용할 만한 가치가 있는 문장을 먼저 찾아라.** 훌륭한 인용문이 자동으로 나온다고 기대하지 마라. 인용할 만한 문구가 없는 기사도 있다. 먼저 기사를 읽어라. 취재기자와 상의할 수도 있다. 좋은 인용문을 대접해주다 보면, 취재기자는 더 좋은 인용 문구를 찾으려 애쓰게 된다. 결과적으로 기사도 좋아지고 독자들이 얻는 것도 많아진다.

◆ **공간을 메우기 위해 인용제목을 남발하지 마라.**

위의 인용제목 배치는 너무 산만하다. 인용제목의 효과를 극대화하고 지면에 균형감을 주려면 대칭으로 배치해보라(아래 왼쪽). 두 장의 인물사진을 써서 대조 효과를 줄 수도 있다(아래 가운데). 여러 개의 인용제목을 한쪽에 모아 눈길을 끌 수도 있다(아래 오른쪽).

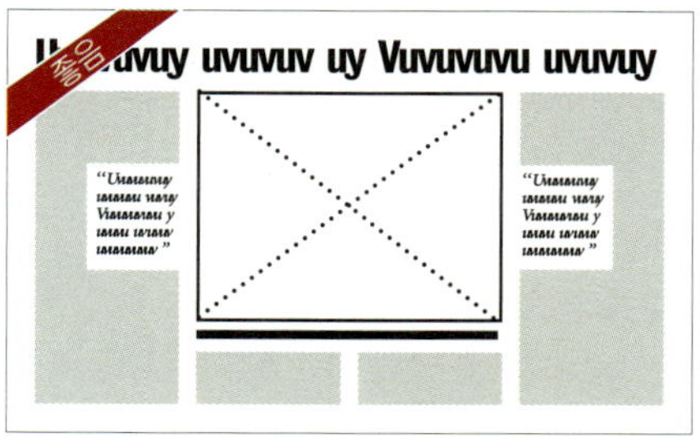

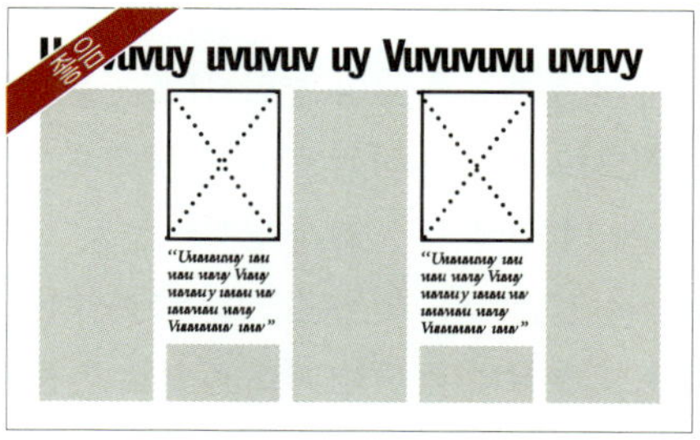

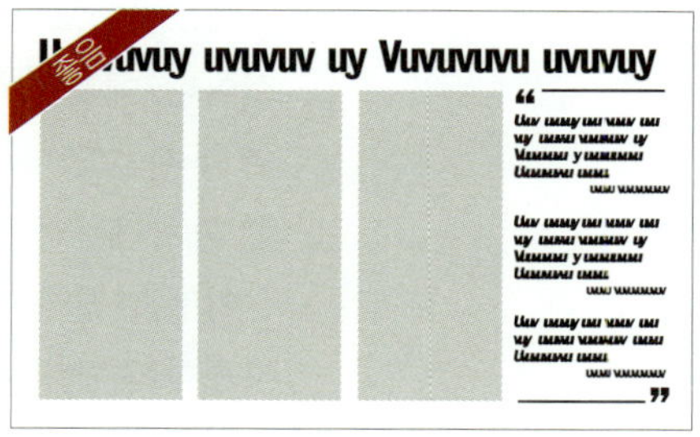

◆ **독자의 읽기 흐름을 방해하는 2~3칼럼 크기의 장애물은 금물.** 본문을 이리저리 건너뛰며 읽어야 한다면 독자는 혼란스럽다(아래 왼쪽). 2칼럼 길이의 인용제목은 본문 맨 위쪽에만 배치하라(아래 중간). 1칼럼 인용제목은 혼란을 주지 않는다. 하지만 다른 형태도 있는데, 본문 속에 창문처럼 새겨 넣은 후 빙 둘러 기사가 흐르는 식이다(아래 오른쪽).

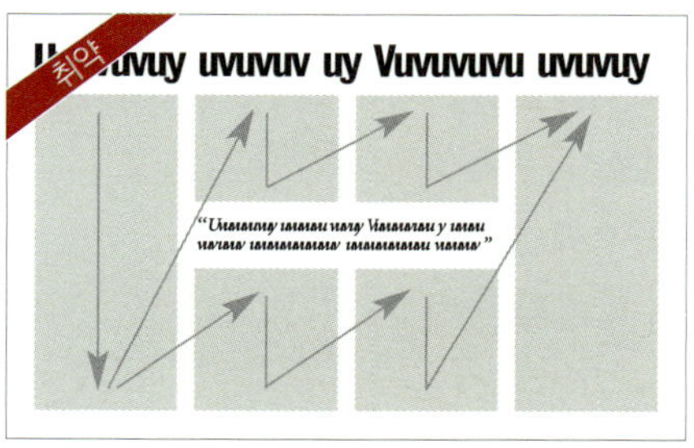

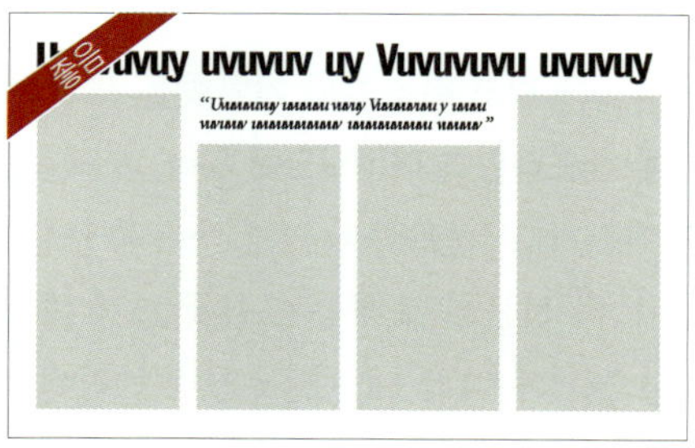

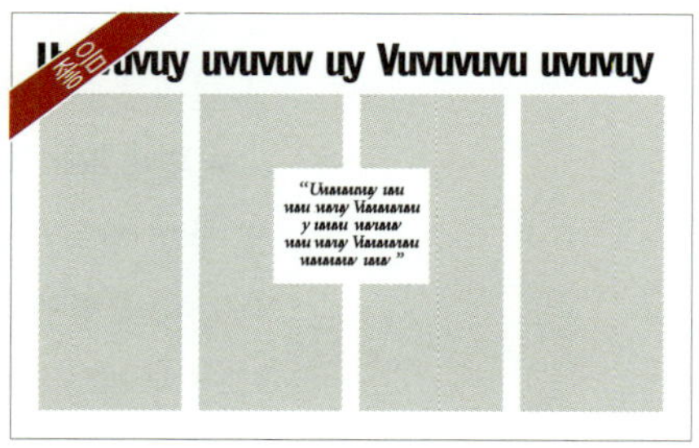

◆ **인용제목의 활자들을 최대한 깔끔하게 처리하라.** 반쪽 인용, 괄호, 하이픈, 말줄임표, 과부 꼴을 피하라. 아래 인용제목은 한 학생신문에 실린 것이다. 편집자는 정확하게 인용했다고 생각했겠지만 산만한 활자들이 인용문의 가독성을 방해하고 있다.

***". . . possible enhancements (such as) . . .
an essay as a direct measurement of writ-
ing skill . . ."***

더 알아보기 ▶
◆ **기사량 맞추기:** 인용제목 활용법 96쪽
◆ **인용문 패키지:** 독특한 인용 모음 처리법 175쪽
◆ **랩어라운드와 새기기:** 특수효과 가이드라인 206쪽

부제목과 요약

편집자의 오래된 고민 중 하나는 헤드라인을 이해하기 힘들 때가 있다는 것이다.

학교 법안 무산

편집자가 신은 아니므로 위와 같은 헤드라인을 종종 뽑게 된다. 하지만 헤드라인을 이해하기 쉽게 만드는 방법이 있다. 헤드라인 밑에 부가 설명을 해주는 부제목을 다는 것이다. 중요한 기사에서 특히 효과적이다.

학교 법안 무산

담배세 걷어 학교지원
법안 상원 통과 실패

위 헤드라인은 36포인트 굵은체이고 부제목은 15포인트(원문은 18포인트) 가는체다. 부제목은 메인 제목과 대비될 수 있게 가는체나 이탤릭체로 만들어야 가장 효과적이다. 뉴스 기사의 부제목은 대개 해당 기사 첫 번째 칼럼에 왼쪽 맞춤으로 배치한다.

헤드라인보다 부제목이 이해가 잘 되는 경우가 아주 많다. 부제목의 가치를 보여주는 것이다. 예전 신문은 여러 개의 부제목을 쌓아 놓았다(28쪽을 보라). 지금은 기사당 하나의 부제목만 다는 게 일반적이다. 뉴스기사의 부제목은 대개 3~4줄(10~15개 단어)이고 피처기사의 부제목은 대개 더 길다(15~30개 단어).

어떤 편집자는 부제목이 지면 낭비라 여긴다. 그들은 기사량이 부족할 때만 부제목을 사용한다. 잘못된 생각이다. 대부분의 독자는 제목만으로 신문을 훑어본다. 따라서 주·부제목을 조합해야 의미를 쉽게 알 수 있고, 이는 독자를 늘리는 길이기도 하다.

기본적인 부제목 가이드라인

◆ **길고 중요한 모든 기사에 부제목을 달아라.** 명심하라. 독자들은 기사 내용을 먼저 알게 되면 주저 없이 텍스트의 바다 속에 몸을 던질 것이다.

◆ **헤드라인이 해머형 또는 장식형(hammer or display headline)일 때는 예외 없이 부제목을 달아라.** "헤비 멘탈"같은 헤드라인은 놀랄 만큼 기발하다. 하지만 부제목으로 그 의미를 설명해주지 않으면, 독자들은 결코 편집자의 기발함을 해독하지 못할 것이다.

◆ **부제목의 크기와 두께를 헤드라인과 대비되도록 하라.** 부제목을 헤드라인보다 눈에 띄게 작게 처리하면 제목 달기도 쉽고 정보량도 늘며 우아해 보이기까지 한다(오래전에 잡지들이 증명했듯이). 대부분의 신문이 부제목 크기에 관한 자체 기준을 가지고 있긴 하지만, 부제목은 헤드라인의 크기에 따라 12~24포인트 범위에 있다.

대비 효과를 더 주기 위해 '로만체 헤드라인, 이탤릭체 부제목' 또는 '보통 또는 굵은 헤드라인, 가는 부제목'으로 조합하기도 한다. 어떤 스타일을 따르든 간에, 부제목의 여백과 서체를 달리해 헤드라인 및 본문과 구별되게 하는 것이 중요하다.

◆ **부제목은 기사 시작 부분에 둬라.** 부제목을 본문 속에 묻어놔서는 안 된다. 부제목은 장식이 아닌 기능의 문제다. 독자를 본문으로 이끌 수 있는 곳에 두어야 하는데, 대개 기사 첫머리 부분이다(가로로 넓은 레이아웃에선 2칼럼 부제목이 효과적이다).

화려한 피처기사의 부제목은 더 창의적으로 처리할 수도 있다. 이는 나중에 다룬다.

부제목과 요약

기사요약 부제목

몇몇 신문은 기사요약 부제목을 그냥 요약문이라고 부른다. 요약문은 단순히 부제목의 크기를 줄인 것 이상의 효과가 있다. 기사요약 부제목은 "바빠 죽겠는데 그 기사를 왜 봐야 하지?"라고 말하는 독자에 대한 대응이다. 〈오리거니언〉은 1987년 미국 일간지 사상 최초로 섹션 1면의 모든 주요 기사에 요약문을 붙였다. 현재 수백 개의 신문이 모든 기사 내용을 20~30개 단어로 줄여 기사요약 부제목을 달고 있다.

더 알아보기 ▶

◆ **헤드라인:** 다양한 형태의 헤드라인. 헤드라인 크기 조정하는 법............. **28쪽**

◆ **장식 헤드라인:** 피처기사의 헤드라인을 더 눈에 띄게 처리하는 법....... **213쪽**

◆ **요약 박스:** 바쁜 독자들을 위해 기사를 요약하는 법........... **166쪽**

이 헤드라인과 부제목의 조합을 앞 페이지의 조합과 비교해보라. 어느 쪽이 첫눈에 더 많은 정보를 제공하고 있는가? 이 부제목은 11포인트(원문은 13포인트)다. 또 부제목 맨 앞에 강조 기호를 붙여 독자의 눈길을 끌고, 이어지는 본문과 구별되게 했다.

학교 법안 무산

■ 오하이오 주 상원은 올해 담배 한 갑당 10센트의 세금을 걸어 학교예산을 지원하는 법안을 반대 78표 찬성 12표로 부결했다

요약문을 작성하는 가장 간단한 방법은 보통 부제목보다 작은 글씨체로 더 길게 쓰는 것이다. 하지만 더 창의적으로 정보를 강조하고 글씨를 다양하게 구사하는 신문도 있다.

이 요약문은 도입부의 핵심어를 강조하기 위해 굵은 볼드체를 썼다. 이어지는 상세한 요약문은 가는 이탤릭체를 사용해 대비시켰다.

세금 법안 부결: *오하이오 주 상원은 올해 담배 한 갑당 10센트의 세금을 걸어 학교예산을 지원하는 법안을 반대 78표 찬성 12표로 부결했다*

요약

배경: 300만 달러의 예산부족을 메워주기 위해, 오하이오 주 상원은 담배가 한 갑 팔릴 때마다 10센트의 세금을 걸어 학교를 지원하는 법안을 논의했다.

의미: 법안이 부결됨에 따라, 오하이오 내 학교들엔 예산 삭감 칼바람이 불 전망이다.

이 요약문은 검은 띠에 '요약'이란 흰 글씨를 넣었다. 이어 핵심어를 굵은 볼드체로 처리해 상세한 요약문을 풀어나갔다. 요약문은 9포인트로 부제목보다 조금 작다.

기사요약 부제목 가이드라인

◆ **헤드라인과 기사 리드를 재탕하지 마라.** 메인 제목, 기사요약 부제목, 기사 첫머리(리드)는 독자의 전반적인 이해를 위해 각기 뭔가 다른 내용을 보여줘야 한다. 단어나 구절을 반복해서는 안 된다. 더 중요한 것은 위의 세 요소가 논리적으로 자연스럽게 이어져야 한다는 점이다. 그래야 독자를 본문으로 잘 인도할 수 있다.

많은 취재기자가 헤드라인과 기사요약 부제목 작성에 기여하고 있다. 이는 제목의 오류를 방지하고 중복을 피하는 훌륭한 방법이다.

◆ **구어체를 사용하라.** 기사요약 부제목은 현재 시제로 된 완전한 서술문이어야 한다. 전통적인 부제목과 달리, 요약문은 친숙한 구어체로 돼 있다. 위의 예들이 보여주듯 관사, 관계대명사, 축약어를 생략하지 않고 써도 된다.

◆ **행갈이가 어색해도 상관없다.** 헤드라인에 관한 전통적 규칙은 잊어라. 주어가 한 줄이 되고 동사가 다음 줄에 가도 상관없다. 부정사가 두 행에 걸쳐 있다 해도 신경 쓰지 않는다. 다만 하이픈과 과부 꼴은 피하라.

◆ **형식에 구애받지 말고 맘껏 변용하라.** 많은 신문들은 기사요약 부제목에 인용문과 인물사진을 가미해 그래픽처럼 보이게 만든다. 당신의 신문은 어디까지 달려볼 용의가 있으신지.

바이라인

기자들에게 바이라인은 전체 지면에서 가장 중요한 그래픽 요소다. 그런데 헤드라인을 읽은 독자의 시선이 기자 이름을 그냥 지나쳐 기사의 첫머리로 휙 옮겨간다면 얼마나 민망하겠는가.

그래도 기자 이름이 있어야 할 곳엔(특히 독자들이 기사에 대해 불만이나 의문을 가진 경우) 반드시 있어야 한다. 신문마다 바이라인 원칙은 다르지만 대부분의 출판물은 중요한 기사에 기자 이름을 밝힌다. 길이 6인치가 넘는 모든 기사가 해당된다.

바이라인은 대개 기사의 첫 부분에 배치한다. 기사와 구분이 가야 하기 때문에 볼드체나 이탤릭체 및 한두 줄의 선을 이용해 만든다. 바이라인의 첫 줄은 기자 이름이다. 두 번째 줄에서는 필자가 외부 조직(AP 같은)에 속해 있는지, 자유기고가인지(종종 특별기고가나 통신원으로 적음), 내부 직원인지(신문명이나 필자 직책을 병기)를 밝힌다.

모든 신문은 바이라인 원칙을 세워야 한다. 몇 가지 예를 살펴보자

학생신문들은 종종 바이라인을 눈길을 확 끌게 유별나게 쓴다. 기자들을 쉽게 모집하기 위한 수단인 것 같다. 바이라인 글씨에 스크린을 주거나, 반전 글자로 쓰거나, 기사 중간에 새기는 등의 시도는 흥미롭지만 기자 이름이 지나친 관심을 끌게 된다. 조심해야 한다.

짧은 부속상자나 단신 모음 칼럼의 크레디트(출처)는 본문 맨 끝에 오른쪽 맞춤으로 둔다. 바이라인처럼 크레디트도 여백과 서체를 활용해 기사와 구별되게 만들어야 한다.

어떤 신문은 모든 바이라인을 기사의 끝에 두며 기자의 전화번호나 이메일 주소를 함께 밝힌다. 기사 첫머리에 바이라인을 두면 당연히 헤드라인과 부제목 부근의 어수선함이 심해진다. 기자 이름이 그렇게 시급한 것은 아니니 기사 끝에 둘 수도 있는 것이다.

Story by
STAN LAUREL

Photos by
OLIVER HARDY

화보나 특집기사는 바이라인을 더 돋보이게 처리해 필자나 사진기자를 띄워주곤 한다(유감스럽게도 지면 디자이너의 이름은 잘 신지 않는다). 이렇게 특별한 크레디트는 디자인 가장자리에 두거나 오른쪽 로렐과 하디의 사례처럼 폭이 넓은 본문 속에 새겨서 배치하기도 한다.

크레디트라인

기사와 마찬가지로 이미지도 내부 직원, 프리랜서, 통신사, 자료실 등 크레디트를 명기해야 한다. 크레디트라인의 스타일에 따라 기능도 달라진다.

◆ 사진과 일러스트레이션의 경우, 크레디트라인은 사진작가 또는 아티스트의 이름과 소속을 보여준다.

◆ 오래된 역사적 사진이나 지도의 경우, 크레디트라인은 문서의 출처(예를 들면 '보조빌 역사학회')를 알려준다. 옛 사진이 현재의 것으로 오인될 가능성이 있다면 반드시 촬영일을 표시해야 한다.

◆ 도표나 도해의 경우 '소스 라인'이 추가되는데, 이는 그래픽의 데이터를 어디서 얻었는지 알려준다. 자료 출처를 밝히는 일은 취재기자뿐 아니라 아티스트에게도 중요하다.

◆ 저작권이 있는 자료일 경우, 법적 제한사항을 알려줘야 한다(아무개 허락하에 전재 가능, ©2007 식으로).

모든 사진에 크레디트를 표기하는 것은 아니다. 대부분의 출판물은 평범한 인물사진에 크레디트를 넣지 않는다. 영화 스틸사진, 패션사진, 화려한 연예인사진 등 홍보물도 대개 크레디트를 밝히지 않는다.

대부분의 신문은 7포인트 이하의 작은 글씨로 크레디트를 처리한다. 근처에 있는 사진설명과 구분하기 위해서다. 어떤 신문은 아래와 같이 사진설명 끝에 크레디트를 표기한다.

고질라가 도시를 파괴한 공포의 금요일, 도쿄 시민들이 비명을 지르고 있다. (사진기자 댄 구스타프슨.)

하지만 이런 크레디트 스타일은 그다지 효과적이지 않다. 기사 본문과 바이라인을 구분하는 것처럼 사진설명과 크레디트라인도 구분하는 것이 이상적이다.

대부분의 신문은 크레디트라인을 시각물의 약간 아래, 사진설명의 약간 위에 오른쪽 맞춤으로 배치한다. 왼쪽 맞춤을 하는 신문도 있고 사진 위에 놓는 신문도 있다. 심지어 오른쪽 모서리를 따라 배치하는 신문도 있는데, 이 경우 읽기 힘들 뿐만 아니라 인접한 기사와 충돌해 혼잡해 보인다(그래픽에 소스라인과 크레디트라인을 모두 쓸 경우 혼동을 막기 위해 서로 떨어뜨려 배치해야 한다).

아래 사례를 통해 크레디트라인의 위치에 따른 효과를 알 수 있다.

더 알아보기 ▶

◆ **화보면:** 화보면 디자인과 크레디트 배치 팁 130쪽
◆ **크레디트라인:** 일반적이지 않은 크레디트 가이드라인 160쪽

어떤 신문은 크레디트를 사진 위쪽에 오른쪽 맞춤한다. 하지만 많은 독자들은 습관적으로 아래쪽 사진설명 부근에서 크레디트를 찾는다.

The Oregonian/JOEL DAVIS

The Oregonian/JOEL DAVIS

많은 잡지는 크레디트를 사진 옆쪽에 표기한다. 하지만 작은 글씨로 처리하더라도 인접 기사 본문과 헷갈릴 위험이 있다.

사진 밑 왼쪽에 크레디트를 쓰는 신문은 많지 않다. 일반적으로 그 자리는 **소스라인**이 차지한다. 즉, 도표, 지도, 도해에 사용된 데이터의 출처를 밝히는 곳이다. 자료 출처를 그 자리(또는 박스 안)에 두면 크레디트라인과 구별이 된다.

Source: Department of Redundancy Department

The Oregonian/JOEL DAVIS

많은 신문은 크레디트를 사진 약간 밑에 오른쪽 맞춤한다. 어떤 위치에 배치하든 일관성을 유지해야 한다. 한번 위치를 잡으면 모든 크레디트를 같은 자리에 둬야 한다.

이것은 사진설명이다. 보통 크레디트라인 아래 있으며 크레디트보다 굵고 큰 서체를 쓴다.

여백

모든 신문은 여백에 관한 가이드라인을 마련해야 한다. 아래 사례를 통해 지면의 다양한 여백에 대해 알아보자.

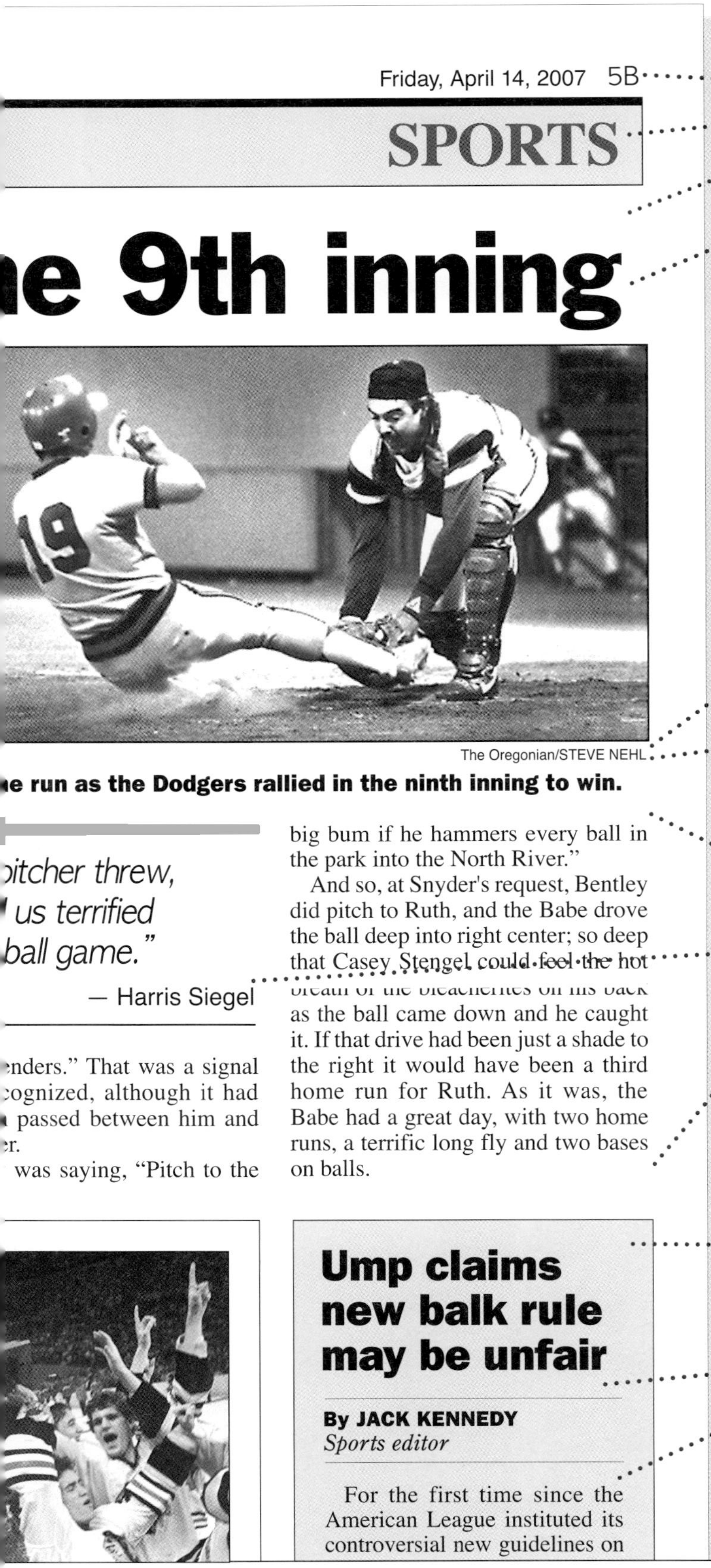

Friday, April 14, 2007 5B

SPORTS

e 9th inning

The Oregonian/STEVE NEHL

e run as the Dodgers rallied in the ninth inning to win.

pitcher threw,
' us terrified
ball game."
— Harris Siegel

nders." That was a signal cognized, although it had passed between him and r.
was saying, "Pitch to the big bum if he hammers every ball in the park into the North River."

And so, at Snyder's request, Bentley did pitch to Ruth, and the Babe drove the ball deep into right center; so deep that Casey Stengel could feel the hot breath of the bleacherites on his back as the ball came down and he caught it. If that drive had been just a shade to the right it would have been a third home run for Ruth. As it was, the Babe had a great day, with two home runs, a terrific long fly and two bases on balls.

Ump claims new balk rule may be unfair

By JACK KENNEDY
Sports editor

For the first time since the American League instituted its controversial new guidelines on

섹션 로고와 머리문패(header)

위: 로고와 면 머리(folio line) 사이는 3포인트.

내부: 로고 활자와 박스 끝 부분의 간격은 8포인트.

아래: 로고와 헤드라인 또는 사진과의 간격은 18포인트.

헤드라인

위: 헤드라인 글자 상단과 로고 또는 다른 기사(서로 무관한 기사) 사이 간격은 18포인트.

아래: 헤드라인 글자의 하단과 본문 또는 사진과의 간격은 6포인트.

단신: 제목이 12~14포인트인 단신을 여럿 묶어 편집할 때는 여백을 더 좁게 한다. 제목 위로 12포인트(1파이카), 아래로 6포인트가 적당.

사진

크레디트라인: 사진과 크레디트라인 사이는 3포인트.

사진설명: 크레디트라인과 사진설명 사이는 3포인트. 크레디트라인이 없는 경우에는 사진과 사진설명 사이가 3포인트.

본문

위: 사진설명과 그 밑의 본문 사이는 12포인트.

단간: 모든 세로 단간 12포인트.

그래픽 요소: 인용제목, 관련기사 표시 등 모든 그래픽 요소와 본문 사이는 12포인트.

아래: 서로 관련 없는 기사 사이는 18포인트.

박스기사와 그래픽

박스 여백: 박스 선과 제목/기사/사진 사이는 12포인트.

바이라인

위: 제목 하단과 바이라인 사이는 9포인트.

아래: 바이라인과 본문 사이는 9포인트.

선과 박스

신문에서 선은 두 가지 역할을 한다. 아래 고정 컷과 바이라인처럼 요소들을 결합 또는 분리하는 기능적인 역할과, 요소 간 대비효과나 멋을 내기 위한 장식적인 역할이다.

NFL ROUNDUP

By ROBIN FOX
Bugle-Beacon staff writer

글자 크기처럼 선 굵기도 포인트 단위로 나타낸다. 'NFL ROUNDUP' 고정 컷의 윗선은 4포인트, 아래는 1포인트이다. 반면 바이라인에 사용된 선은 머리카락선(hairline: 사용할 수 있는 가장 가는 선)이다. 사용할 수 있는 선의 굵기는 다양하지만, 대부분의 신문은 한두 가지 사이즈만 사용한다. 1포인트와 4포인트처럼 하나는 가늘게 다른 하나는 굵게.

선은 대부분 아래와 같은 용도로 사용된다.

- 로고, 바이라인, 고정물을 만들 때
- 도표나 그래프를 만들 때
- 기사나 다른 요소들을 서로 구분할 때
- 기사, 그래픽, 광고 등의 박스를 만들 때
- 특집기사나 장식 헤드라인을 꾸밀 때
- 사진의 외곽을 둘러쌀 때

Fast-spreading fire kills 2 young sisters
Mother, 3-year-old daughter escape 2-story home in Stallings
Neighbors report hearing an explosion; officials say cause still under investigation
COULD HURT BARRY BONDS
Ruling boosts steroids probe in baseball
Names, urine samples of 100 MLB players might lead to source
FORMER N.C. SENATOR
2nd bid for presidency raises heat on Edwards
Recognition helps, but failure in South detracts
STAMP OF APPRECIATION
Kindred stranger seeks to honor soldier
Postal worker inspired by slain Guardsman rallies others to deliver

위 〈샬럿 옵서버〉(*The Charlotte Observer*) 지면은 단간선과 차단선이 지면 구성에 어떤 도움을 주는지 보여준다. 윗부분 두 제목 간의 충돌도 막아주고 있다.

수십 년 전 신문들은 모든 기사를 선을 그어 분리했다. 어떤 신문은 칼럼과 칼럼 사이에 수직으로 단간선(column rules)을 그었다. 다른 신문은 기사 아래에 수평으로 차단선(cutoff rules)을 질렀다. 이러한 경향은 1960년대 사라졌으나 최근 부활하고 있다. 런던의 〈선데이 타임스〉(*The Sunday Times*) 편집자 헤럴드 에번스 씨는 말했다. "칼럼을 분명히 구분하고 기사를 분리하는 데 효과적인 단간선과 차단선을 폐기한 것은 자유라는 기치 아래 행해진 가장 퇴보적인 일이었다."

기사 사이에 선을 그으면 혼잡한 지면을 효과적이고 매력적으로 정리할 수 있다. 그러나 많은 신문들은 여전히 기사에 선이나 박스를 쓰지 않고, 대형 기사묶음, 부속상자, 단독사진 등만 박스로 싼다. 전에도 말했듯이, 기사가 특별하거나 제목 충돌 및 잘못된 사진 배치를 막기 위해 기사들을 구분할 필요가 있을 때는 박스 처리하는 게 최선이다.

특별한 효과를 주려고 장식형 선이나 테두리를 사용하고픈 유혹에 빠질 때가 있다. 그러나 독자를 현혹하는 다른 그래픽과 마찬가지로, 장식형 선과 테두리는 어색하거나 과하게 보이기 십상이다. 단순하게 가자.

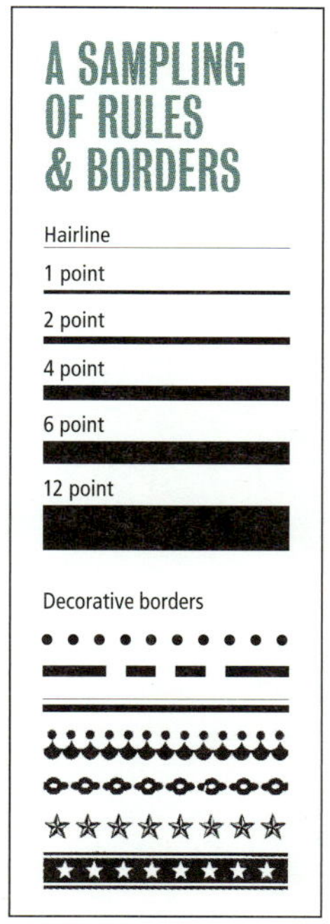

위 박스의 선은 0.5포인트이다

두꺼운 테두리와 그림자는 굉장히 요란하고 어수선해 보이니 피하라. 박스와 사진 테두리는 가는 선이 적합하다.

밑줄 표시

어떤 디자이너는 헤드라인을 돋보이게 하고 싶은 마음에 밑줄을 긋는다. 어깨 제목이나 장식 헤드라인에서는 효과가 있다(212쪽을 보라). 그러나 대개는 효과가 없다. 웹사이트에서는 밑줄 쳐진 낱말을 누르면 링크 페이지로 이동한다.

박스의 코너를 둥글게 하거나 장식형 테두리 선을 사용하는 것은 30년 전에는 멋져 보였다. 지금은 진부하고 구식으로 비쳐진다. 이런 기교는 기교 자체만 부각될 뿐이다.

관련기사 표시, 기사 안내

관련기사 표시

이 책 곳곳에는 내용을 서로 참조하도록 돕는 장치가 있다. 다수의 페이지 상단에 있는 '더 알아보기'(MORE ON)인데, 관련 정보의 위치를 알려주는 편리한 수단이다.

신문에도 기사를 서로 참조하도록 돕는 장치가 필요하다. '관련기사 표시'(refers) 또는 '참조'라 불리는 한 줄 문장, 단락 또는 박스가 이에 해당한다(아래 예를 보라).

어떤 참조는 단순하다. 사진을 넣는 등 더 공을 들인 참조도 있다. 스타일은 다를지라도 참조의 필수 요건은 아래와 같다.

◆ 주위의 본문보다 글씨체가 두드러져 보여야 한다. 그래서 대개 선, 약물, 볼드체 또는 이탤릭체를 활용한다.

◆ 구체적이어야 한다. 참조는 TV 면, 오피니언 면 등 어느 면에 관련 정보가 있는지 안내해야 한다. "관련기사는 안쪽 면에"식으로만 쓰면 안 된다.

◆ 핵심만을 짧게 써라. 참조는 이정표다. 요점만 담아야지 장황해서는 안 된다.

◆ 바이라인 위, 한 칼럼의 맨 위, 기사 끝 등 참조의 위치는 일관성이 있어야 한다. 가장 어울리면서도 불필요한 관심을 끌지 않는 곳이 좋다.

문장형

▫ **오바마는 세금안을 어떻게 보고 있나,** 5쪽

단락형

해군 경계태세: 이란이 첫 핵잠수함을 발진하자 터키는 구축함들에 적색경보를 발령했다. **4A**

박스형(사진 첨부)

인사이드

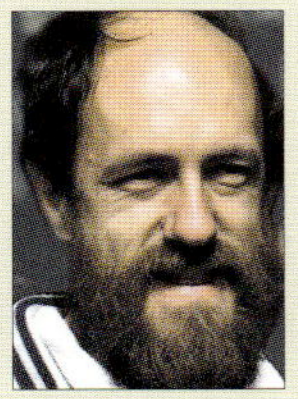

▶머피 씨는 왜 사퇴해야만 했나.......**A5**

▶다른 이사회 멤버들의 반응............**A6**

▶머피 씨의 파란만장 인생................**A7**

기사 안내

관련기사가 신문 안쪽에 있는 기사로 독자를 이끄는 이정표라면, 기사 안내는 또 다른 종류의 이정표다. 사실 기사 안내는 광고판 쪽에 가깝다. 참조가 '알림'이라면 기사 안내는 광고다. 즉 기사 안내는 **"사세요, 재미있는 기사가 안에 가득 있어요"**라고 외치는 식이다.

대부분의 타블로이드 신문(supermarket tabloid)들은 1면에 자극적인 기사 안내를 잔뜩 싣는다. 이와 달리 일반 신문들은 훨씬 차분한 스타일의 기사 안내(프로모, 스카이라인, 박스카라고도 불린다)를 싣는다. 어떤 것은 굵은 글씨체에 단순한 내용으로 돼 있다. 이처럼 텍스트만으로 된 기사 안내에 독자가 눈길이나 줄지 의문이다. 그보다 나은 방법은 인상적인 제목, 짧은 안내문, 시각물을 결합하는 것이다. 공격적이고 성공적인 아래 두 가지 기사 안내를 보라.

SPOONER'S GRAND SLAM WINS IT FOR DODGERS / D1

영국의 신문 가판대 경쟁은 어마어마하다. 신문들은 생존하기 위해 아래 〈스코틀랜드 선데이 헤럴드〉(*Scotland's Sunday Herald*)처럼 1면에 요란하고 선동적인 기사 안내를 넣는다.

휘황찬란한 기사 안내는 1면용만은 아니다. 많은 일간지는 섹션 프런트 면에도 인상적인 티저를 싣는다. 아래 〈애즈버리 파크 프레스〉의 연예 면이 좋은 사례다.

기사 분할

긴 기사를 읽는 일은 피곤하고 따분하다. 중간제목, 이니셜 캡, 강조 기호를 활용해 긴 기사를 끊어준다면 효율적으로 지면을 만들 수 있고 독자의 눈은 휴식을 취할 수 있다.

중간제목

중간제목은 긴 기사(30인치가 넘는 피처기사나 뉴스 분석기사)를 분할하는 가장 일반적인 방법이다. 중간제목은 대개 8~10인치마다 넣는데, 화제가 바뀌거나 논리 전개가 마무리되는 곳이 적당하다. 무작위로 또는 칼럼의 바닥 부분에 넣는 것은 피해야 한다. 중간제목의 형태는 다양하며 대개 기사 본문보다는 굵게 처리한다.

without first having his wife brought to see him; and they had sent an escort for her, which had occasioned the delay.

Under the guillotine

He immediately kneeled down, below the knife. His neck fitting into a hole, made for the purpose, in a cross plank, was shut down, by

뉴스 중간제목의 전형적인 스타일. 본문보다 약간 큰 글씨를 굵게 처리하고 중간 맞춤했다.

Sutherland's trip at 7 p.m. Thursday at Pioneer Courthouse Square. The program is free.

■ **Africa preview:** A slide presentation on Kenya and Tanzania will be shown at 10:30 a.m. Wednesday at Weststar Tour and Travel, 19888 S.E. Stark. The show is a preview of a February trip

이 형태는 짧은 정보들을 모아 만든 기사에서 화제를 전환할 때 사용한다.

$50 for Oslo, but a seven-day second-class rail pass can be bought for about $70 at rail stations.

WHERE TO STAY

The Fjord Pass program offers discounts on rates at 200 hotels. The pass costs $10 and comes with a list of hotels offering discounts for

반전 처리된 중간제목은 카탈로그형 기사를 주제별로 깔끔하게 분류하는 데 좋다.

이니셜 캡 (첫머리 대문자)

이니셜 캡은 피처기사, 칼럼, 특별한 뉴스 기사의 서두를 여는 세련된 방법이다. 또 긴 본문을 분할할 때 중간제목 대신 쓸 수 있으며 정보기능은 없지만 장식기능은 갖췄다.

기사 속에 새겨 넣든 위로 돌출시켜 처리하든, 깔끔하게 정렬되도록 하라.

본문 속에 완전히 들어가게 한 이니셜 캡의 사례다. 보통 기사 3~4행에 걸쳐 새겨 넣는다.

돌출형 이니셜 캡은 기사의 첫 줄에만 새기고 위로 튀어나오게 배치한다.

작은 그래픽이나 부속상자에서도 텍스트 활자를 돋보이게 하기 위해 이니셜 캡을 쓸 수 있다. 하지만 남발하면 산만해진다.

강조 기호

강조 기호(dingbat)는 아래와 같이 다양한 특수기호를 통칭하는 말이다.

✔ ❏ ◗ ■ ❍ ▲ ❄ ● ✛ ◆ ❁ ♥ ♣ ↔ ⧫ ☞ ✣ ★ ✃ ✪

대부분의 강조 기호는 심각한 뉴스를 다루는 출판물에 사용하기에는 너무 유치해 보인다. 하지만 몇몇은 긴 본문의 단조로움을 줄이는 데 유용하다(오른쪽 샘플을 보라). 총알기호(●)와 사각형(■)은 본문을 항목별로 정리하는 데 도움을 준다.

◆ 총알기호나 사각형은 항목이 3개 이상 될 때 사용하라. 그보다 적으면 어색해 보인다.

◆ 총알기호 항목은 짧고 간명하게 하라. 이 문장처럼.

◆ 남발은 금물. 총알기호는 강조의 목적으로만 사용하라.

had left it in that instant. It was dull, cold, livid, wax. The body also.

❖

There was a great deal of blood. When we left the window, and went close up to the scaffold, it was very dirty; one of the two men who were throwing water

점프

97면에서 이어짐

떠날 것이다.

◆ **점프되는 문장을 '고아'로 만들지 말라.** 고아 문장(과부로 불리기도 함)은 새로운 칼럼이나 페이지의 맨 위로 넘어간 짧은 단어나 구절을 뜻한다. 이 페이지 맨 윗줄의 "떠날 것이다"같은 것이다. 고아 문장은 마치 인쇄상의 실수인 것처럼 어설프게 보인다. 어떤 칼럼의 맨 끝줄까지 읽었는데 158페이지로 이어진다고 한다. 그 페이지를 찾으려 더듬거리다 마침내 펼쳤는데 "떠날 것이다"같은 암호문이 웬 말인가. 게다가 그 전 문장이 생각이 안 나 다시 97페이지로 돌아가야 한다면? 다들 경험했겠지만 이 얼마나 짜증나는 일인가.

그래서 독자들은 점프를 싫어한다.

◆ **점프 표시를 명확하게 하라.** 점프는 인기가 없다. 그래서 더 쉽게 꾸며야 한다.

1) 넘김 표시(기사가 몇 면으로 넘어가는지 알려주는 부분)는 오른쪽 맞춤하라. 칼럼 맨 끝에서 독자의 눈길이 멈추는 곳은 오른쪽 끝이기 때문이다. 넘어옴 표시(기사가 몇 면에서 넘어왔는지 알려주는 부분)는 왼쪽 맞춤하라. 기사 첫 줄에서 독자의 눈길이 시작되는 곳은 왼쪽이기 때문이다.

2) 점프 표시에 핵심 단어나 구절을 넣고, 눈에 띄는 서체로 처리하라.

예를 들어 귀리 시리얼에 대한 기사를 뒤로 넘긴다고 가정해보자. 단순히 **"6면으로 이어집니다"**라고 넘김 표시를 할 수도 있다. 하지만 이건 너무 불친절하고 정보도 담겨 있지 않다. 독자들이 6면을 넘겼을 때 어떻게 점프 부분을 단박에 찾을 수 있겠는가?

"'귀리 시리얼' 6면으로 이어집니다"라고 알려주는 게 더 현명하다. 그리고 독자가 6면에 도착했을 땐 아래와 같은 점프 제목을 볼 수 있으면 된다.

대중적인 점프제목 처리법이다. 핵심 단어나 구절을 볼드체로 맨 앞에 놓고, 표준 스타일의 가는체 제목이 이어진다. 핵심 단어가 굵기 때문에 독자가 새 면에 왔을 때 금방 점프기사를 찾을 수 있다. 점프라인을 별도 서체로, 별도 공간에 처리해 본문과 구분했다.

점프제목의 또 다른 보편적 형태다. 독자를 눈길을 잡는 핵심단어나 구절만 썼다. 그리고 선을 그어 강조했고 본문을 위의 기사와 구분했다. 단 이런 점프기사를 처음 본 독자는 무엇에 관한 기사인지 모를 것이라는 게 문제다. 점프제목이 "스미스 씨" 같은 식이기 때문이다.

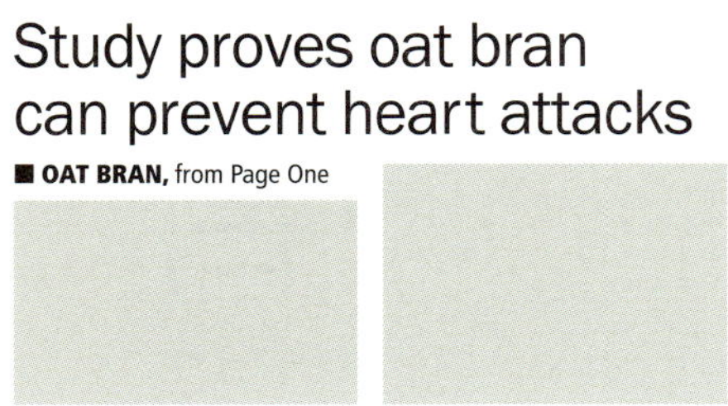

일반 제목 식의 점프제목을 두고, 점프라인 앞에 굵은 서체로 핵심 단어를 넣는다. 하지만 독자들이 찾는 기사임을 알려주기에 이 정도로 충분할까? 핵심단어나 구절을 점프제목에서 명확히 표시하지 않으면 많은 독자가 길을 잃을 것이라는 주장도 있다.

◆ **점프기사의 디자인에 신경 써라.** 점프기사도 다른 기사처럼 매력적으로 꾸며야 한다. 많은 신문이 점프기사를 훌륭한 지면에서 넘어온 자투리마냥 마지못해 넣는 천덕꾸러기 취급한다. 마감시간이 촉박할 땐 점프기사의 디자인에 신경 못 쓰겠지만, 시간이 넉넉하면 사진을 넣어라. '인물사진+인용제목'을 활용하라. 도표나 지도를 꺼내 들어라.

요약: 점프는 독자들에게 친숙해지기 힘들다. 하지만 점프 부분을 명쾌하고 일관성 있게 꾸민다면, 독자는 그것을 큰 바리케이드가 아닌 작은 우회로로 여길 것이다. 그리고 편집상의 혜택(핵심 지면에 기사 꼭지를 더 넣을 수 있고 레이아웃 방법도 늘어남)이 독자의 불편보다 더 커지게 된다.

더 알아보기 ▶

◆ **점프:** 점프란 무엇이고 어떻게 배치하는가......97쪽

문제 해결

Q 우리 신문은 1면 제호를 다시 만들고 있다. 크기와 색상을 어떻게 하면 좋을까.

왼쪽의 따분한 사례부터 오른쪽 요란한 사례까지 활용할 수 있는 서체는 광범위하다. 대부분의 소도시 신문은 따분한 쪽을 택하는 실수를 하고 있다. 독자들이 자신들보다 고지식하다고 여기는 탓이다. 반면 많은 학교신문들은 미친 듯이 요란한 제호를 사용하고 있다. 그런 제호는 제호 자체에 지나치게 관심이 쏠리게 해서 기사를 삼켜버리게 된다.

The Bozoville Bladder

Senate debates property tax hike

Smith wages war with county sheriff

Crime rate rising, and council is concerned

The Bozoville BLADDER

STRIKE THREE

BOUGH WOW!

DAVE'S COMING TO TOWN!

Senate debates property tax hike

Smith wages war with county sheriff

Crime rate rising, and council is concerned

최선의 선택: 다양한 형태와 크기의 시안을 만들어 편집자, 취재기자, 특히 독자에게 선택의 기회를 주라.

Q 12면 이하의 페이지를 발행하는 작은 신문사다. 지면 안내가 필요할까.

신문시장 조사원에게 물어보라. 독자들은 기사 안내, 뉴스 요약, 초점 같은 것을 좋아한다. 신문에서 얻을 게 뭔지, 그것이 어디에 숨어 있는지 알려주기 때문이다. 레스토랑에서처럼 독자는 신문의 메뉴를 보기 원한다. 적은 페이지를 발행한다 할지라도 독자에게 신문 안에 무엇이 있는지 알려주는 게 좋다. 당신의 신문이 15인치 길이의 기사들을 무작위로 실었기 때문에 지면 안내 편집이 쉽지 않다고? 그 말은 오히려 주제들을 체계적으로 정리하고 요약, 목록, 일정표, 고정물을 더 잘 제공해야 함을 의미한다.

Q 우리 신문은 1면 맨 위쪽에 매일 작은 기사 안내를 싣고 있다.
독자들은 실제로 이런 기사 안내를 보고 있을까?

아마 보지 않을 것이다. 왜 그럴까? 이건 흔한 문제점이다. 날이면 날마다, 이슈면 이슈마다 신문은 오른쪽과 같은 작은 우표 크기의 기사 안내를 싣는다. 이런 프로모는 대개 아무도 관심이 없는 기사들을 홍보한다. 또 작고 알아보기 힘든 이미지와 짧고 이해하기 힘든 제목으로 돼 있다. 결국 독자들은 그런 프로모나 스카이박스를 무시하기 십상이다.

Watching waste
Page 4

해결책: 틀에 박힌 판을 깨라. 세 개나 두 개 또는 단 하나의 역동적인 사진을 실을 수 있게 새롭게 디자인하라. 컷아웃 사진을 쓰고 반전 활자를 활용해보라.

기억하라: 당신이 프로모를 신경 쓰지 않으면 독자도 신경 쓰지 않는다.

NEWS
Unz Drops Out Of Senate Race
Campbell entry scares off Republican/1B

SPORTS
Women's Soccer And Recruiting
With scholarship limits, players must negotiate/1D

SILICON VALLEY LIFE
Get Your Claws Around Crab
La Niña has made for larger, tastier crabs/1E

San Jose Mercury News

FINAL EDITION FC
35 CENTS

Serving Northern California Since 1851

WEDNESDAY
DECEMBER 1, 1999

WWW.MERCURYCENTER.COM

문제 해결

Q 사진기자가 찍은 사진이 아닌 경우, 즉 등장인물의 가족이 찍은 사진, 옛날 자료사진, 컴퓨터 합성사진 등의 크레디트는 어떻게 처리하나?

기사와 사진의 크레디트에 관한 통일된 해법은 없다. (예를 들어 통신사 제공 기사를 당신 회사의 기자 2명이 내용을 덧붙여 다시 썼다면 바이라인은 어떻게 적어야 할까?)

훌륭한 디자인 스타일북이 얼마나 필수적인지를 8장에서 다룰 것이다. 스타일북엔 오른쪽과 같은 내용이 포함돼 있어야 한다. 이것은 〈리치몬드 타임스 디스패치〉(*The Richmond Times Dispatch*) 1996년 스타일북의 일부인데, 사진과 그래픽 크레디트의 모든 사례를 예상해 밝혀두고 있다.

당신의 신문이 다양한 출처의 이미지와 기사를 싣고 있다면, 오른쪽처럼 유용한 크레디트와 바이라인 지침이 있어야 할 것이다. 이 문제를 미리 해결하면 마감을 앞두고 소중한 시간을 아낄 수 있다.

GUIDELINES for CREDIT LINES

Staff photos:	BENJAMIN BRINK/THE OREGONIAN Photo illustration by TOM TREICK/THE OREGONIAN
Special event staff photos:	JOEL DAVIS/THE OREGONIAN, January 1998
Former staff photos:	THE OREGONIAN
Reporter photos:	KRISTI TURNQUIST/THE OREGONIAN
Freelance photos:	JOE SMITH/SPECIAL TO THE OREGONIAN
Syndicated material:	©WARNER BROS. RECORDS
Agencies/miscellaneous:	NATIONAL ARCHIVES BBC PHOTOGRAPH LIBRARY ©1995 CAROL PRATT PHOTOGRAPHY
Family photo with date:	1993 FAMILY PHOTO
Family photo without date:	FAMILY PHOTO
File photos:	File photo, 1995
Wire photos:	THE ASSOCIATED PRESS
Wire graphics:	THE ASSOCIATED PRESS N.Y. TIMES NEWS SERVICE
Graphics staff:	STEVE COWDEN/THE OREGONIAN
More than one artist:	DAN AGUAYO, MOLLY SWISHER/THE OREGONIAN
File graphic:	THE OREGONIAN
Shared credit:	Graphic by MIKE MODE, Research by WALLY BENSON/ THE OREGONIAN
Digitally altered images:	Illustration by RENE EISENBART/THE OREGONIAN, source material by SUSAN UNDERHILL
Special staff project:	BY THE OREGONIAN STAFF: STEVE COWDEN, artist; RICHARD HILL, writer; MIKE MODE and WERNER BITTNER, contributing artists

Q 독자들은 점프된 기사를 실제로 보기는 하는지?

먼저 나쁜 소식. 점프기사를 보는 독자는 거의 없다. 사실 점프를 했건 말건 기사를 첫 번째 몇 줄 이상 읽는 독자는 아주 드물다.

그럼 왜 안 읽을까? 독자는 참을성이 없고 산만하며 지루한 것을 못 견딘다. 독자는 기사 첫 3인치가 재미없다면 끝까지 재미없으리라는 것을 체험적으로 알고 있다. 그러나 좋은 소식도 있다. 독자는 한번 기사에 빠지면 그것이 어디에 있든 끝까지 찾아 읽는 법이다. 그래서 기사는 최대한 압축적으로, 하지만 필요한 만큼은 길게 써야 하는 것이다.

Q 잡지들은 로고나 인용제목을 신문보다 작은 글씨로 만들고 있다. 얼마나 작아도 되나?

많은 잡지들이 축소의 한계에 도전하고 있다. 잡지는 아주 깨끗하게 인쇄하기 때문에 신문들은 꿈도 못 꿀 아주 작은 크기의 글씨와 사진을 문제없이 싣는다. 당신이 기교가 뛰어나고 신중하다면, 신문의 디자인 요소도 작게 만들 수 있다. 특이한 그리드(예를 들면 18칼럼 체제의 대판 신문)를 사용하는 신문은 오른쪽처럼 4파이카(12포인트 글자 네 자 넓이) 폭에 '인물사진+인용제목'을 써야 할 때도 있다. 하지만 사진을 트리밍하고 글씨를 장체로 쓰면 매력적이고 가독성 있게 처리할 수 있다.

기억하라: 연령대가 높은 독자일수록 시력이 약하다. 학교신문은 일반 신문보다 성공적으로 로고나 인용제목을 축소할 수 있을 것이다.

"How is it that George Washington slept in so many places but never told a lie?"

— BUD CLARK

6 그래픽과 보조요소들

바야흐로 비주얼 시대다. 우리는 정보를 원할 때 “말로 하지 말고 보여줘”라고 말한다. 이미지는 강력하고 매혹적이다. 글은 공을 들여야 이해된다. 그래서 대부분의 사람은 글보다 이미지를 선호한다. 우리는 이 페이지의 글을 읽기보다 한눈에 그림을 훑어보는 편을 택한다. 이것이 저널리스트들에게 던지는 메시지는 무엇인가? 인포그래픽의 시대라는 사실이다. 신문은 일러스트레이션과 정보를 결합해 화려하고 이해하기 쉬운 인포그래픽을 만들 수 있다.

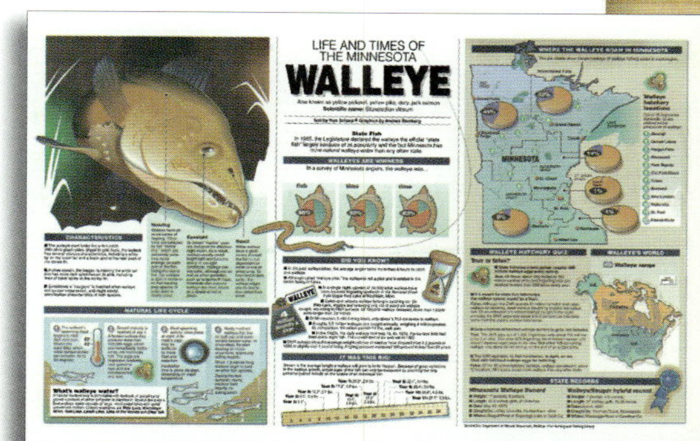

인포그래픽은 지도일 수도 있고 도표 도해 목록일 수도 있다. 아주 작게 만들 수도 있고 한 면을 통째로 채울 수도 있다.

인포그래픽이 저널리즘을 망가뜨리고 있을까? TV나 〈유에스에이 투데이〉(*USA Today*)를 비판하는 일부 인사들은 그렇다고 한다. 그들은 만화 같은 도표와 우스꽝스러운 그래프가 뉴스를 하찮은 것으로 전락시킨다고 말한다.

그러나 진정한 저널리즘은 ‘알려주는 것’임을 명심하라. 당신은 정보를 갖고 있고 독자는 그것을 필요로 한다. 당신은 최대한 빠르고 명확하게 정보를 가르쳐줘야 한다. 때로는 글이 최선책이다. 반면 말이 아닌 시각적으로 보여줄 때 정보가 가장 잘 전달되는 경우도 있다. 디자이너의 의무는 가장 효과적인 방법을 찾는 것이다. 이 장은 당신에게 최선책을 보여줄 것이다.

6장 목차

읽지 않는 독자들을 위한 글쓰기

새 학기 첫날. 고급 생물학이라는 어려운 수업을 시작하려 한다. 당신은 이번 학기에 쓸 교재를 보고 있다. 표지에 귀여운 개구리 사진이 있다. 그러나 책을 펼치자 페이지마다 글만 가득하다.

맥이 빠지고 속이 뒤틀린다. 마침내 짧은 신음을 내뱉는다. 텍스트의 사막에서 잠시 쉬어갈 약간의 시각물이 있으면 좋을 텐데.

우리는 고전적 출판 디자인의 잔인한 규칙들과 수없이 마주쳤다.

TOO MUCH TEXT LOOKS REALLY DULL.

누구나 기억 깊숙한 곳 어린 시절을 돌이켜보면 텍스트 공포증이 도사리고 있다. 수학 불안감과 유사한 '텍스트 불안감'이다. 텍스트의 양이 적다면 견딜 만하다. 하지만 산더미 같은 양이라면 진저리가 난다. 더 끔찍한 것은 그런 글을 쓰는 일이다.

하지만 우리는 서로 소통하고 정보를 공유하며 생각을 표현할 필요가 있다. 이는 시대를 거쳐 진화해온 원시적인 욕구다. 옛날 선사시대에 유인원을 닮은 우리 선조들은 아래와 같은 원초적인 서술로 뜻을 전달하려 애썼다.

> 나 배고파! 사슴을 죽여! 고기 먹자!

수 세기가 흘러 초기 인류는 표현력을 다듬었다. 그들은 능숙한 이야기꾼이 됐다.

> 그때 말이야, 죽음의 동굴에 갇혀 있었거든. 눈앞에서 몽고인들이 턱에 침을 흘리고 있었고, 그 순간 하늘에서 사슴이...

이런 서술 형태는 로맨스 소설의 탄생으로 전성기를 맞이한다.

> 관능적인 사슴 여왕 헬가는 천천히 그녀의 가운을 벗었다. 탄탄한 근육질의 레그나가 구릿빛 팔로 껴안자 그녀는 신음을 내뱉었다. "나의 전사여, 부드럽게." 그의 혀가 그녀의 몸 위를 달리자 헬가는 깊은 한숨을 쉬었다. "예이!!!!!!" 그는 짐승처럼 으르렁거렸다. 레그나의 굶주린 키스가 더 격렬해지자 헬가는 욕망을 이기지 못하고 가슴을 치켜세웠다. "예스!" 그녀가 울부짖었다. "예스!!!"

읽지 않는 독자들을 위한 글쓰기

굉장하지 않은가. 독자를 '감정적으로' 이리저리 이끄는 스토리텔링이다. 이런 종류의 서술에 맞는 최선의 단어를 사용한 것 같다. 아래의 서술은 대조적이다.

> 9세기 초반 30년 동안 사슴고기 소비량이 급격히 줄었다. 사냥감을 찾아다니는 바이킹들은 그 기간 1인당 한 달 평균 14.3파운드의 사슴고기를 먹었다. 반면 성직자들의 동계 월간 소비량은 남성 22.8파운드, 여성 16.3파운드로 치솟았다. 이는 하계 월간 소비량인 15.5파운드보다 늘어난 수치다.

"에이." 레그나라면 이랬을 서술문이다. 일반적으로 서술문에서 데이터 수치는 너무 지겹다. 눈은 게슴츠레해지고 가슴이 답답해진다. 그건 통계라는 괴물이 턱에 침을 흘리고 있는 것을 바라보는 느낌이다.

그런 데이터는 그래프로 만들면 훨씬 효과적이다.

〈바이킹의 사슴고기 소비〉

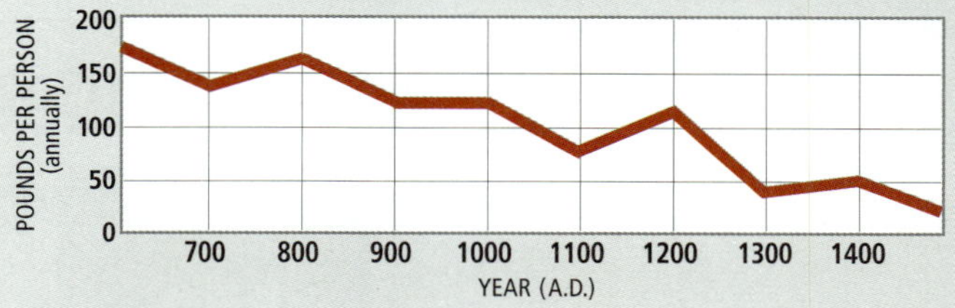

그래프는 매체와 의미의 훌륭한 만남이다. 빠르고 시각적이며 정확하다. 무엇보다 좋은 사실은, 재미있고 상호작용을 한다는 것이다.

그래프는 글로 된 텍스트가 아니며 비(非)서술 형태이다. 요즘 읽지 않는 세대에게 딱 맞지 않는가.

지금 이런 비서술 형태는 기업 보고서, 정부 통계, 피처기사 등에 두루 쓰인다. 그러나 그래프가 언제나 효과적인 건 아니다. 사슴 여왕 헬가의 경우를 보자. 그녀의 러브신을 아래처럼 만든다면, 뭔가 중요한 게 빠진 것 같지 않은가.

〈레그나가 키스했을 때 헬가의 생각〉

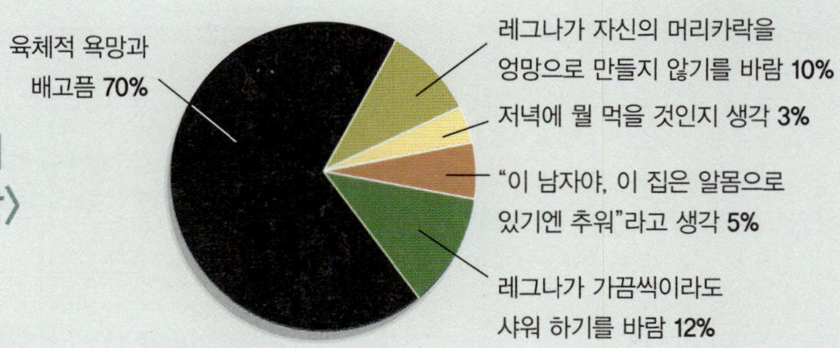

명백히 어떤 종류의 정보는 서술할 때 가장 잘 표현된다. 서술은 대체로 효과적이다.

그러나 잠깐 멈춰 지난 두 페이지에서 정보를 어떻게 시각적으로 처리했는지 눈여겨보라. 일반적인 서술 형식으로 모든 정보를 표현했다면 흥미를 유발할 수 있었겠는가?

읽지 않는 독자들을 위한 글쓰기

이것이 신문에 던지는 메시지는 무엇인가? 편집자, 취재기자, 디자이너는 요즘 독자들이 시각적이고, 참을성이 없고, 쉽게 지루해 한다는 사실을 알아야 한다. 그들은 기사, 사진, 그래프, 지도, 도표 등 다양한 형식으로 정보를 얻고 있다. 그들은 '정보 모자이크' 같은 뉴스 패키지를 원한다. 텍스트, 수치, 이미지를 결합해 복잡한 이슈를 신선한 시각으로 표현해주길 바란다. 예전에는 큰 사건이 터지면 취재기자만 보내 장문의 기사를 쓰게 했다(그때는 그게 읽혔다). 지금은 취재기자, 사진기자에 그래픽 아티스트까지 보내 기사와 사진 둘 다 이용해 이해하기 쉬운 개념을 잡도록 한다.

예를 들어 1937년 비행선 힌덴부르크호 대참사 때 대부분의 신문은 사진 한두 장을 제외하면 지면 전체를 비극을 묘사하는 텍스트로 채웠다. 그런 참사가 요즘 일어난다면 아래 오른쪽과 같은 지면을 보게 될 것이다. 어느 쪽이 좋은가?

위: 1937년 5월 7일 자 〈뉴욕타임스〉 지면이다. 1면의 8개 기사 중 5개가 비행선 사고를 다루고 있는데 모두 텍스트로만 되어 있다. 드라마틱한 한 장의 사진을 크게 실었다. 추가 관련사진은 안쪽 지면에 실었다.

오른쪽: 요즘 신문이 이 사건을 싣는다면 지도, 비행선 분석 그래픽, 대형사고 일지 그리고 비극적인 라디오 생방송 상황을 글로 옮긴 부속상자로 지면을 꾸밀 것이다. 사진은 아마도 컬러일 것이다.

부속상자와 인포그래픽

부속상자(sidebar)는 긴 기사에 뒤따르는 짧은 부속물이다. 인포그래픽(인포메이션+그래픽의 준말)은 텍스트와 이미지를 결합해 정보를 시각적으로 전달한다. 그래프, 지도, 도표로 팩트를 그려낸다. 예전에는 부속상자와 인포그래픽을 선택사항으로 여겼지만, 지금은 출판 디자인의 필수요소가 됐다. 왜 그럴까.

◆ 복잡한 현상을 한눈에 보이는 작은 덩어리로 나눠준다.

◆ 칙칙한 본문을 대신할 매력적인 방법이다.

◆ 핵심적 배경정보, 해설, 인용구를 본문 속에 묻어두지 않고, 눈에 잘 띄게 해준다.

◆ 요약적이고 명쾌하고 재미있기 때문에 독자들을 기사로 끌어들인다. 사실 부속상자와 인포그래픽이 메인 기사보다 가독성이 높은 경우도 많다.

부속상자는 대개 박스나 스크린으로 메인 기사와 구분 짓는다. 실제로 그런지 사례를 통해 살펴보자. 아래 비주얼한 지면 안내는 앞으로 살펴볼 모든 부속상자와 인포그래픽의 형태를 담고 있다.

부속상자와 인포그래픽 주요 범주

핵심요약 박스
'누가, 무엇을, 언제, 어디서, 왜'를 빨리 알 수 있게 돕는 발췌문.

Q&A
질문에 대한 답 또는 인터뷰 문답을 그대로 뽑아낸 글.

표
데이터를 행과 열로 정렬해 서로 비교해볼 수 있게 한 것.

약력
사람, 장소, 상품, 단체의 간단한 프로필. 핵심적인 특징을 항목별로 정리.

여론조사
이슈에 대한 의견을 표본조사. 핵심 범주와 통계를 수집 분석.

평점
사람이나 상품(스포츠 팀, 영화 등)에 대한 비평가들의 전망이나 점수 목록.

리스트
명단, 팁, 성분, 일지 등 기사를 보충해주는 것을 일목요연하게 정리.

발언록
주제에 대한 전문가, 독자 또는 행인의 멘트를 모은 것.

연대표
사람, 장소, 사건의 역사에서 핵심적 순간을 시간 순으로 정리한 것.

용어해설
특수 용어의 뜻과 발음을 밝힌 목록. 복잡한 주제를 명확히 이해하게 도움.

선그래프
통계자료 수치를 그래프로 만들어 시간대별 양적 변화를 보여줌.

단계별 가이드
복잡한 과정을 한 번에 한 단계씩 짧게 설명.

체크리스트
의문사항이나 가이드라인의 목록. 독자가 필요한 것을 챙기도록 도움.

막대그래프
두 개 이상의 아이템을 기둥 높이로 나타내 시각적으로 비교하는 방법.

도해
어떤 물체나 과정의 핵심 요소나 작동 방식을 보여주기 위해 디자인된 그림.

퀴즈
주제에 대한 독자의 이해 정도를 테스트, 기사와 소통할 수 있게 돕는 질문리스트.

파이그래프
각 요소가 전체에서 차지하는 비중을 비교. 보통 돈이나 인구의 퍼센티지를 보여주는 데 사용.

지도
기사 속 특정 지역의 위치를 보여주는 지리적 정보.

핵심 요약

THE KLAMATH FALLS QUAKE

- **MAGNITUDE:** 5.4 on the Richter scale
- **TIME:** 8:29 p.m. Monday
- **EPICENTER:** About 15 miles northwest of Klamath Falls, Ore.
- **DEATHS:** One person died when boulders crushed his car on U.S. 97 near Chiloquin
- **AFTERSHOCKS:** 5.2 and 4.5

오리건 주 지진 기사의 부속상자인 핵심요약 박스. 핵심 정보를 한눈에 알 수 있게 담았다.

SUPER BOWL XLI

TEAMS: Chicago Bears (NFC) vs. Indianapolis Colts (AFC)

SITE: Dolphins Stadium, Miami.

WHEN: 3 p.m. Sunday, Feb. 4

ON TV: KOIN-TV (CBS/6)

ON RADIO: KFXX (1080 AM)

ON THE WEB: Superbowl.com

BETTING LINE: Colts by 7

위와 같은 박스는 스포츠, 연예, 정치 기사의 부속상자로 적합하며 이미지를 가미할 수 있다.

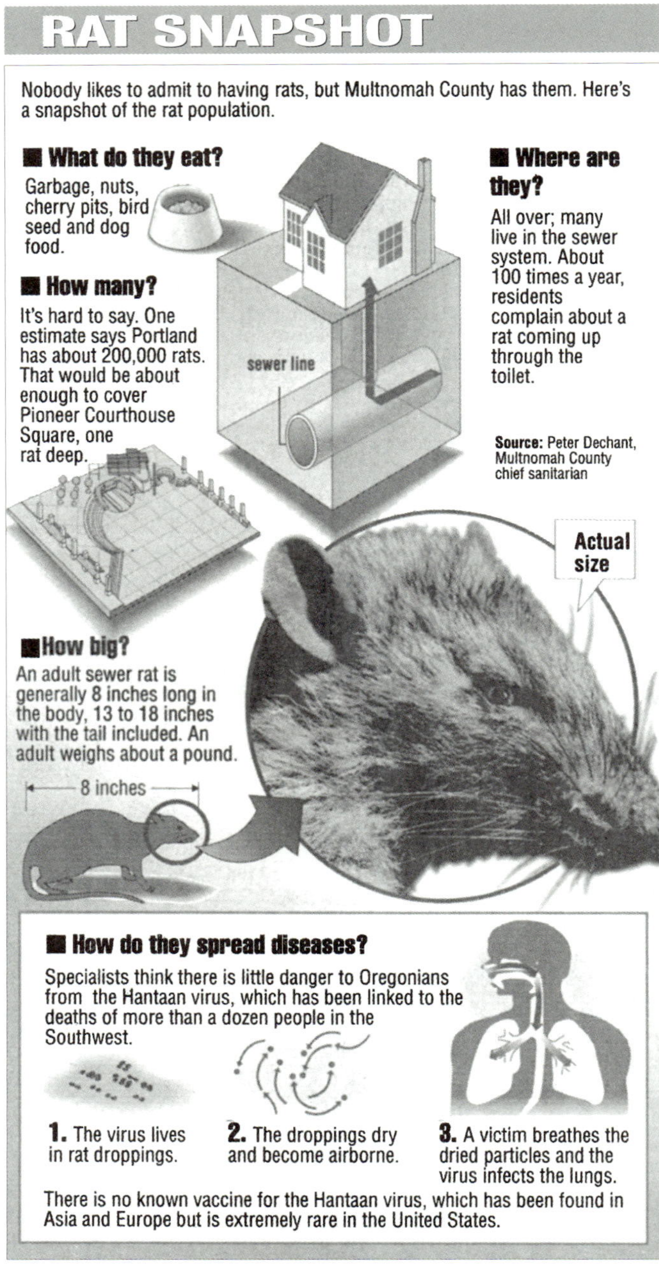

뉴스를 신속하게 전달하는 최선책 중 하나는 6하 원칙에 따른 요점만 보여주는 것이다. 핵심요약 박스는 지면의 그래픽 요소로 다양하게 활용할 수 있다. 또 본문을 오래 읽을 필요 없이 기본 팩트를 전달할 수 있고 기사를 읽지 않는 사람들에게 재미있는 데이터를 제공할 수 있다.

대졸 흑인 여성의 평균임금은 고교 중퇴 백인 여성보다 적다.

핵심요약 박스는 통계, 역사, 개념, 일정, 상식 등을 전달할 수 있다. 현재 일어나고 있는 일, 또는 다음에 생길 일을 설명한다.

핵심요약 박스는 왼쪽과 같이 그 자체만으로 흥밋거리 정보를 주기도 하는데 이는 인용제목과 같은 방식으로 독자를 유인하는 방법이다.

WORM FARMING AT A GLANCE

Want to start your own worm farm? It's easy. Just dig these earthy facts:

- An earthworm can eat half its weight in food each day.
- People are either boys or girls, but earthworms are both male and female.
- An earthworm matures to breeding age in 60-90 days given proper food, care and environmental quality.
- A mature breeding worm can produce an egg capsule every 7-10 days.
- An egg capsule will hatch in 7-14 days.
- An egg capsule contains 2-20 baby earthworms, with an average of 7 per capsule.
- One breeder can produce 1,200-1,500 worms per year; 2,000 breeders can produce 1 billion worms in two years.

FOR MORE INFO:

- *Worm Digest* is the world's top source for earthworm information. To view articles online, visit their Web site at wormdigest.org.
- For tips on building a wormbox, call Metro Recycling Information at 503-234-4000.

위의 핵심요약 박스는 도시 쥐에 대한 모든 정보, 즉 좋아하는 음식, 크기, 서식지 등을 제공한다. 내용이 얼마나 함축적인지 눈여겨보라. 왼쪽 벌레 사육에 관한 부속상자는 벌레에 대한 다양한 상식을 제공한다. 추가정보가 있는 곳을 알려주는 유용한 박스를 곁들였다.

약력

19세기 철학자 칼 마르크스(Karl Marx)는 '고백'이라는 빅토리아 시대 실내게임을 하면서 자신의 정체를 흥미롭게 드러냈다.

가장 좋아하는 남자의 덕목: 강함
가장 좋아하는 여자의 덕목: 가냘픔
행복은: 싸우는 것
불행은: 굴복하는 것
가장 좋아하는 소일거리: 독서
가장 좋아하는 시인: 셰익스피어, 아이스킬로스, 괴테
가장 좋아하는 영웅: 스파르타쿠스
가장 좋아하는 색: 빨간색
가장 좋아하는 경구: 모든 것을 의심하라.

우리는 이런 인물 정보의 조각들을 통해 놀라운 통찰을 얻을 수 있다. 약력박스에 팩트를 나열함으로써 어떤 사람, 장소, 물체에 대한 거의 모든 것을 빠르게 알려줄 수 있다.

in your face

Joe Spooner
Cartoonist

Age: 48
Hometown: Portland
Bats: Right
Writes: Left
Occupation: Cartoonist, writer, dishwasher
Heroes: Michael Moore and Jon Stewart
Ambition: To have someone else pay my health-insurance premiums
Motto: "Je n'ai pas m'empecher de rire — ha-ha-ha!" *(I cannot stop myself from laughing.)*
Forms of exercise: Running and limping
Favorite spouse: Patti
Favorite child: Nice try. I love both my children.
Favorite food: Turkey pie with cranberry sauce
Favorite drink: Guinness Stout
Favorite dessert: Gobi
Worst subjects in school: Spelling and geography.
Favorite movies: *Pride* and *Prejudice*
Favorite book: It must be the first 10 or 15 pages of James Joyce's *Ulysses.* I've read them 20 times.
Person whose lifestyle I'd most like to emulate: Ernest Hemingway, except for that part about the shotgun
Proudest feat: Getting through five years of flying in the Air Force without killing myself
Last words: "Oh . . . . I get it."

약력은 요약적이고 의미 있는 정보여야 한다. 위의 부속상자가 보여주듯 대상자의 진정한 개성을 담기 위해 유머를 동원할 수도 있다.

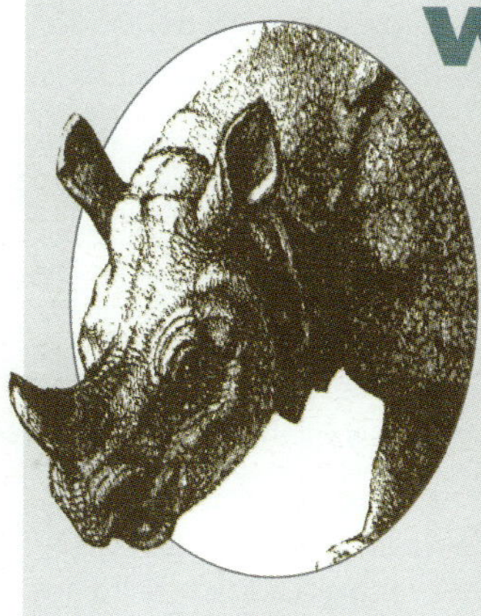

Wildlife Watch

Black Rhinoceros
Diceros bicornis

◆ **Weight:** 2,000-3,000 lbs. A newborn calf weighs 55-90 lbs.
◆ **Length:** 10-12 ft.
◆ **Color:** Dark gray
◆ **Longevity:** 50 years
◆ **Population:** About 4,000, down from 65,000 in 1970. About 150 black rhinos live in zoos.
◆ **Distribution:** Small areas in southern Africa
◆ **Habitat:** Rugged, hilly terrain and deep bush
◆ **Diet:** Leaves, twigs, fruits, herbs
◆ **Behavior:** Rhinos are shy animals. Though their eyesight is poor, they have keen senses of smell and hearing. These three-toed animals are generally slow-moving but when angered can charge at speeds up to 31 mph.

Source: "Rhinos: Endangered Species"

약력박스에서는 동물도 사람처럼 다룰 수 있다. 위의 "이번 주의 동물"은 동물왕국의 한 명사에 대해 함축적으로 알려주고 있다.

ESTONIA: FACTS AND FIGURES

■ **AREA:** At 45,000 square kilometers (about the size of New Hampshire and Vermont combined), Estonia is one of the smallest states in Europe.

■ **HISTORY:** Estonia was dominated by Germans since the 13th century and by Swedes in the 16th-18th centuries. Later ruled by Russia, Estonia became independent after 1917 and was forcibly annexed by the Soviet Union in 1940. It won independence from the Soviet Union in 1991.

■ **POPULATION:** About 30 percent of Estonia's 1.5 million people are ethnic Russians, many of whom moved to Estonia after its annexation by the Soviets.

■ **RUSSIAN TROOPS:** 2,400 Russian soldiers remained in Estonia as of December.

■ **ECONOMY:** Estonian currency, the kroon, has held relatively steady since its introduction in 1992. The GNP rose 3 percent in 1992, making the Estonian economy one of the fastest-growing in Europe.

Source: The Associated Press

위와 같은 핵심 요약은 연감이나 백과사전에서 봐왔던 것으로 국가 정보(누가, 무엇을, 언제, 어디서)를 요약해 보여준다. 뉴스 기사에서 이런 부속상자는 독자들이 한눈에 배경 데이터를 알 수 있게 해준다.

리스트

가장 인기 있는 영화는? 가장 큰 패스트푸드 체인은? 가장 많이 팔린 크리스마스 장난감은? 가장 권위 있는 대학은?

점수 매기기는 하나의 문화가 됐다. 누가 가장 부자인지, 가장 큰지, 가장 빠른지, 최고인지를 알고 싶어 죽을 지경이다. 이런 정보를 가장 빨리 잘 전달하는 방법은 리스트를 만드는 것이다.

팁, 트렌드, 경기 결과, 경고 등을 항목별로 적으면 리스트가 된다. 구약성서 십계명도 리스트라 할 수 있다. 데이비드 레터맨이 보여줬듯이, 리스트는 한밤 토크쇼에서 코미디처럼 웃음의 소재가 되기도 한다.

GOT ANY BANANA PUDDING, ELVIS?

These items were to be kept at Graceland "for Elvis — AT ALL TIMES — EVERY DAY":

- Fresh ground round
- One case of Pepsi
- One case orange drink
- Six cans of biscuits
- Hamburger buns, rolls
- Pickles
- Potatoes and onions
- Assorted fresh fruit
- Cans of sauerkraut
- Wieners
- Milk, half and half
- Lean bacon
- Mustard
- Peanut butter
- Banana pudding
- Ingredients for meat loaf
- Brownies
- Chocolate ice cream
- Fudge cookies
- Gum (Spearmint, Juicy Fruit, Doublemint — three packs each)
- Cigarettes
- Dristan
- Super Anahist
- Contac
- Sucrets
- Feenamint gum

Source: The Associated Press

무작위 리스트: 위 아이템들은 특별한 규칙 없이 나열됐다. 하지만 열을 맞춰 쌓아둠으로써 기사 중간에 나열했을 때보다 훨씬 흥미롭고 쉽게 읽힌다.

HOW TO STAY YOUNG
by Leroy "Satchel" Paige

Satchel Paige, the first black pitcher in major-league baseball, was 59 when he played his final game. Here are his tips for staying youthful:

◆ Avoid fried meats, which angry up the blood.
◆ If your stomach disputes you, lie down and pacify it with cool thoughts.
◆ Keep the juices flowing by jangling around gently as you move.
◆ Go very lightly on the vices, such as carrying on in society. The social ramble ain't restful.
◆ Avoid running at all times.
◆ Don't look back. Something may be gaining on you.

Source: The People's Almanac

기호를 이용해 분류한 리스트: 항목별로 분리하려고 기호를 사용해 들여쓰기 했으며 항목별 행간을 더 줬다. 도입부를 작은 이탤릭체로 쓴 것도 눈여겨보라.

AND THE OSCAR GOES TO...

BEST PICTURE
The Departed

BEST ACTOR
Forest Whitaker,
The Last King of Scotland

BEST ACTRESS
Helen Mirren, *The Queen*

BEST SUPPORTING ACTOR
Alan Arkin, *Little Miss Sunshine*

BEST SUPPORTING ACTRESS
Jennifer Hudson, *Dreamgirls*

BEST DIRECTOR
Martin Scorsese, *The Departed*

주제별로 정렬한 리스트: 서체에 주목하라. 굵은 대문자, 이탤릭체를 썼고 항목별 행간도 더 줬다. 이런 리스트는 대개 왼쪽 맞춤보다는 가운데 맞춤 처리한다.

THE ESSENTIAL CYBERPUNK LIBRARY

***Cyberpunk:** Think "Blade Runner." To get familiar with this futuristic literary genre, we recommend:*

AMY THOMSON, *"Virtual Girl":* A lovely woman from a Virtual Reality landscape is forced to survive in an alien environment.

K.W. JETER, *"Farewell Horizontal":* A rebel in a horizontal world seeks to attain status by achieving a vertical existence.

ORSON SCOTT CORD, *"Ender's Game":* A civilization under siege breeds a race of military geniuses to battle invading aliens.

WILLIAM GIBSON/BRUCE STERLING, *"The Difference Engine":* The 19th-century Victorian world is moved by a steam-powered computer.

— Paul Pintarich

해설 달린 리스트: 팝 음악이나 대통령 순위 같은 주관적인 톱 10 리스트에는 각 항목을 분석하거나 독자에게 조언을 하는 짧은 평가를 덧붙이면 좋다.

MOST COMMON LAST NAMES IN THE U.S.

1. Smith
2. Johnson
3. Williams
4. Jones
5. Brown
6. Miller
7. Davis
8. Anderson
9. Wilson
10. Thompson

톱 10 리스트: 숫자의 굵기에 주목하라. 숫자 뒤의 점이 수직 정렬된 것도 눈여겨보라.

THE WORLD'S DEADLIEST DISEASES
(with annual deaths)

1	**Cardiovascular diseases**	12 million
2	**Diarrheal diseases**	5 million
3	**Cancer**	4.8 million
4	**Pneumonia**	4.8 million
5	**Tuberculosis**	3 million
6	**HIV/AIDS**	2.8 million
7	**Chronic lung disease**	2.7 million
8	**Measles**	1.5 million
9	**Hepatitis B**	1.2 million
10	**Malaria**	1.2 million

Source: World Health Organization

데이터가 있는 톱 10 리스트: 순위만으로 부족한 경우에는 통계 정보를 활용한다. 위는 질병별 사망자 수를 오른쪽 맞춤했다. 선과 반전된 숫자가 그래픽 효과를 더하고 있다.

리스트

09.11.01
THE WEEK IN NUMBERS
549 | 4,972 | 4,300

9·11테러 5일 후인 2001년 9월 16일. 〈새너제이 머큐리 뉴스〉는 그 주의 잔혹한 수치를 한 페이지에 실었다. 내용은 아래와 같다.

549: 사망

4,972: 실종

4,300: 부상

266: 4대의 비행기에서 확인된 사망자

345(마일): 쌍둥이 빌딩에 부딪힌 비행기의 시속

8: 무역센터를 다시 세우는 데 걸리는 햇수

50,000: 무역센터에서 근무했던 사람 수

19,000: 대피명령이 떨어진 주민의 수

30,000: 뉴욕시가 보유하고 있는 시신 담는 백의 수

7: 파괴된 오피스 빌딩의 수

250,000: 건물 잔해의 톤 수

43,600: 쌍둥이 빌딩의 창문 수

200억 달러: 무역센터가 받을 손해보험액

15: 화요일 이후 뉴스 앵커가 생중계하는 하루 평균 시간

1억 달러: 재난방송 취재에 따른 방송사의 하루 광고수입 감소액

4: 월스트리트가 휴장한 날의 수

100억 달러: 운항 금지에 따른 항공사 손실액

2,403: 진주만 희생자 수

하퍼스 목록

1984년으로 가 보자. 문예평론지 〈하퍼스〉는 첫 면을 중독성 있는 기발한 페이지로 꾸미기 시작했다. 편집인 루이스 래프햄 씨가 말했듯, 하퍼스 목록은 사회현상의 흐름을 어떻게든 측정해 숫자로 보여줬다. 전형적인 하퍼스 목록의 아이템은 아래와 같다.

아침에 코카콜라를 마시는 미국인의 수: **965,000**
오염된 탓에 수영하기가 적당치 않은 미국 호수의 비율: **40**
알래스카 수컷 곰의 평균 몸무게: **250파운드**
펜실베이니아 수컷 곰의 평균 몸무게: **487파운드**
뉴욕에서 신생아 1,000명당 낙태 건수: **852**
아이들이 하루에 웃는 평균 횟수: **400**
성인이 하루에 웃는 평균 횟수: **15**
1960년 이후 백색증 악당을 다룬 영화의 수: **55**

위를 보면 알겠지만 기본 형식은 똑같다. 화두를 던지면 예상 밖의 수치가 이어진다(오른쪽처럼 어떤 출판물은 숫자를 앞에 둔다). 이러한 매력적인 리스트는 무작위로 추출한 흥밋거리를 기묘하고 놀랍게 결합시킨 결과이다. 이렇게 배열된 우스꽝스러운 통계들이 심각한 문화적 화두를 던지는 경우도 있다.

대부분의 부속상자처럼 리스트도 팩트가 신선할수록 효과가 크다.

용어해설과 사전

사전을 방대한 리스트라고 생각해보자. 보통 사전은 일상에서 쓰이는 낱말을 발음과 의미에 따라 나열한 알파벳 리스트이다. 이와 달리 전문 사전, 즉 용어해설은 친숙하지 않은 대상을 집중적으로 다룬다. 스케이트 보더에서 소방관, 신문 디자이너에 이르기까지 모든 하위문화에는 그들만의 용어가 있다. 새롭고 낯선 낱말을 모아 보여주면, 독자는 복잡한 주제를 잘 이해할 수 있고 어휘력도 키울 수 있다.

MOUNTAIN BIKE SLANG

Auger: to take soil samples, usually with your face, during a crash. See *eat mud.*
Bacon: scabs.
Bomb: to ride with wild disregard for personal safety.
Cob clearer: the lead rider who clears out all the spider webs for following riders.
Cranial disharmony: how your head feels after augering.
Eat mud: to hit the ground face first. Synonyms: *auger, hunt moles, taste the trail, go turf surfing, use your face brake.*
Gravity check: a fall.
Gutter bunny: a bicycling commuter.
Mud-ectomy: a shower after a ride on a muddy trail.
POD: Potential Organ Donor.
Potato chip: a wheel that has been bent badly, but not taco'd.
Prang: to hit the ground hard, usually bending or breaking something.
Prune: to use your bike or helmet to remove leaves and branches from the surrounding flora. Usually unintentional.
Snowmine: a rock or log that's hidden by snow on the trail.
Steed: your bike, the reason for your existence.
Winky: a reflector.

Compiled by Doug Landauer

위 용어해설은 문외한(대부분의 평범한 사람들)이 산악자전거 전문용어를 한눈에 볼 수 있게 해준다. 대다수 은어는 수명이 짧고 일부 지역에서만 사용되지만 주류 문화로 편입되는 것도 있다. 이런 용어들은 확실히 문화의 색채를 풍성하게 한다.

FAKING FRENCH

A quick guide to common words and phrases

bon appetit (*BOH* nap-uh-teet): good appetite; a toast before eating.
carte blanche (kart *BLAHNSH*): full discretionary power.
c'est la vie (say la *VEE*): that's life.
déja vu (*DAY*-jah *VOO*): the sensation that something has happened before.
faux pas (fowe *PAW*): a social blunder.
je ne sais quoi (zhu nu say *KWAH*): I don't know what; the little something that eludes description.
joie de vivre (zhwah duh *VEEV*-ruh): love of life.
raison d'etre (*RAY*-zone *DET*-ruh): reason for being.
vis-à-vis (vee-zuh-*VEE*): compared to.

Source: The World Almanac

뉴스 기사는 종종 독자에게 외국 단어, 이름, 구절을 소개한다. 러시아 정치인 기사든 중국 운동선수 기사든, 발음을 알려주면 독자의 어휘력이 풍부해진다.

체크리스트

HOW YOU CAN HELP THE EARTH

It's never too late to change your habits and begin making Earth-saving choices every day. Ordinary people CAN make a difference. And here are a few ways you can help.

WHEN YOU DRIVE

- ❑ Save gas by avoiding sudden stops and starts. If idling for more than a minute, turn off your engine.
- ❑ Avoid jackrabbit starts. Better yet, don't speed at all.
- ❑ Avoid air conditioning. The largest source of ozone-depleting CFC emissions in this country is car air-conditioning.
- ❑ Buy a fuel-efficient car. Increasing fuel-efficiency standards by a single mile per gallon would save 5.9 billion gallons of gas a year.
- ❑ Try to get there *without* driving: walk, bicycle, take the bus. Carpool.

WHEN YOU SHOP

- ❑ Bring your own reusable shopping bag.
- ❑ Buy organically grown food and favor locally grown products.
- ❑ Buy in bulk. Repackage in smaller portions with reusable storage containers for pantry or freezer.
- ❑ Look for unbleached paper versions of coffee filters, milk cartons, toilet paper and paper towels.
- ❑ Avoid products using excessive packaging. Tell store managers how you feel about over-packaging.
- ❑ Avoid products made from endangered species or taken illegally from the wild. Before buying a pet or plant, ask the store owner where it came from.
- ❑ Instead of buying them, rent or borrow items you don't use often, and maintain and repair the things you own to make them last longer.

WHEN YOU DO LAUNDRY

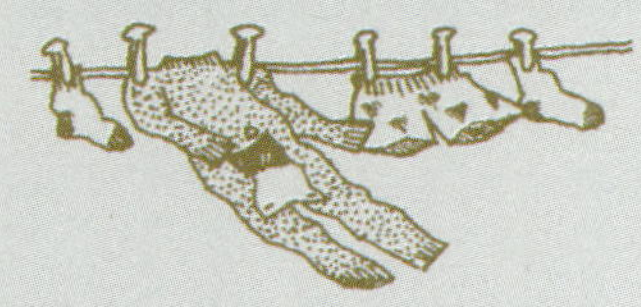

- ❑ Use detergents without phosphates. Better yet, use soap flakes.
- ❑ Use chlorine bleach sparingly. Or switch to a non-chlorine bleach.
- ❑ Only run full loads. Set up a rack to dry small loads (socks or underwear). Consider drying with solar power on an outdoor clothesline.
- ❑ Keep your dryer's lint trap clean.
- ❑ When buying a new washing machine, consider a front-loading washer. They use 40 percent less water. When buying a new dryer, consider an energy-efficient gas model, or an electric model with energy-saving features.

대부분의 리스트는 수동적이다. 즉, 정보들을 간결하게 나열할 뿐 독자에게 행동을 요구하지는 않는다. 하지만 독자들이 더 적극적이길 바란다면? 그들이 펜을 들고 소통하도록 만든다면? 그것은 역동적인 저널리즘이고 이제 우리가 탐구할 영역이다.

예를 들면 체크리스트는 즉시 소통하게 만든다. 이는 아래 마카로니와 치즈 성분 체크리스트처럼 간단할 수도 있다.

□ 마카로니 **□ 치즈**

체크리스트를 복잡하게 만들거나 장식을 할 수도 있다. 정보를 제시하고 질문을 해서 응답을 요구하는 식이다. 정보를 최대한 이해하기 쉽고 타당성 있게 만들어 독자들이 따라오게 하는 것이 중요하다.

CHILD-CARE CHECKLIST

Not sure what to look for at day-care centers? Here are questions to ask.

- ■ **How long has this center been operating?**
- ■ **What kind of training have staff members had?**
- ■ **What is the child-to-teacher ratio?** Experts say it should be no more than 4:1 for infants, 10:1 for toddlers.
- ■ **Are meals provided?** If so, what's on the menu?
- ■ **Are facilities clean and well-maintained?** Are child-safety precautions observed: heat covers on radiators, safety seals on electrical outlets, etc.?
- ■ **Is there plenty of room for children to work and play?** Are play materials available and appropriate for different age levels?
- ■ **Are there facilities for taking care of sick children?**
- ■ **Most important: Do the children look happy and occupied?** Trust your instincts.

IS YOUR HOME BURGLAR-PROOF?

	YES	NO
1. Are exterior doors able to withstand excessive force?	□	□
2. Are exterior doors secured with deadbolt locks?	□	□
3. Do all exterior doors fit snugly in their frames?	□	□
4. Are door hinges pinned to prevent their removal?	□	□
5. Are garage doors and windows secured with locks?	□	□
6. Does your basement door have extra protection?	□	□
7. Is there a wide-angle viewer on the entrance door?	□	□
8. Are sliding-glass doors secure against forcing?	□	□
9. Are double-hung windows secured with extra locks?	□	□
10. Do basement windows have metal screens or locks?	□	□
11. Are trees & shrubs trimmed from doors & windows?	□	□
12. Are all entrances well-lighted at night?	□	□

이 페이지에 있는 세 개의 체크리스트는 독자 친화적인 팁을 제공하고, 일련의 질문을 던지거나 독자가 스스로에게 질문하고 답을 쓰게 함으로써 소통에 노력하고 있다.

질문과 답변

Q: 여기서 다루는 내용은 무엇인가? 이 문장은 왜 굵은 서체로 썼나? 이 문장옆에 놓인 "Q"는 뭘 뜻하나?

A: 좋은 질문이다. 신문 기법상, 우리는 접근법을 바꿨다. 독백하듯 서술하는 일반적인 정보전달 방식을 벗어나 대화록 그대로를 보여주고자 한다. 이 페이지의 애초 계획은 유명한 록 스타와의 흥미로운 Q&A를 꾸미는 것이었지만 법적 문제가 있어 포기했다. 그래서 당신은 대타인 나와 여기서 어울리고 있는 것이다.

Q: 유명한 록 스타? 정말? 누군데?

A: 그 대목은 잊어버리시길. 그럴 일은 없을 테니. 시도는 했었다. 그러나 다시 쓸 일도 없는 오래된 소재를 공유하려는 편집자가 있다면 정말 멍청한 사람이다.

Q: 그 인터뷰에 흥미로운 뭔가가 있었을 것 같은데, 우리와 공유할 생각이 없는지.

A: 없다. 마돈나와 함께 자는 것에 대한 내용이었는데. 이제 인포그래픽 논의로 돌아가자. Q&A를 실을 땐 각각의 목소리에 적당한 여백과 행간을 줘야 하고…

Q: 마돈나? 진짜? 마돈나와 잔 게 누군데?

A: 이봐, 지금 논하고 싶지 않다니까. Q&A에 대해 얘기하자. 그거 있잖아, 인터뷰의 핵심을 어떻게 효과적으로 포착할 것인가, 누군가의 대화를 실제 엿듣는 기분으로…

Q: 스팅이야? 짐 캐리? 아니, 그들은 록 스타가 아니지. 아 알겠다. 후티&블로우피시 (Hootie & the Blowfish, 미국 4인조 밴드–역자 주)로구나!

A: 뭐라고???

THE STRAIGHT POOP

BY WALT POOPUS

Does Coca-Cola contain actual cocaine? Was there ever a time when it did?
— Pat Minniear, Boulder, Colo.

When druggist John Pemberton brewed his first batch of "French Wine Coca (Ideal Nerve and Tonic Stimulant)" back in 1885, it contained both wine and cocaine. A year later the wine was removed, caffeine and cola nuts were added — and Coca-Cola was born. The original Coke contained (and presumably still contains) three parts coca leaves to one part cola nut. It was advertised as a medicine that would cure headaches, hysteria and melancholy.

Over the years, Coca-Cola quietly switched from fresh to "spent" coca leaves (minus the actual cocaine). Coke's true formula, however, remains a mystery — and its secret ingredient 7X is known to only a handful of Coke employees.

피처기사를 독립적으로 처리한 대중적 스타일의 Q&A. 질문을 한 독자의 이름을 굵게 표시했다.

AHOY, VEY!

An allegedly true radio conversation, from the Chief of Naval Operations:

VOICE 1: Please divert your course 15 degrees to the north to avoid a collision.

VOICE 2: Recommend you divert YOUR course 15 degrees south to avoid a collision.

VOICE 1: This is the captain of a U.S. Navy ship. I say again, divert your course.

VOICE 2: No. I say again, you divert YOUR course.

VOICE 1: *THIS IS THE AIRCRAFT CARRIER ENTERPRISE. WE ARE A LARGE WARSHIP OF THE U.S. NAVY. DIVERT YOUR COURSE NOW!*

VOICE 2: This is a lighthouse. Your call.

Q&A는 아니다. 그러나 대화록으로 효과적인 부속상자를 만들 수 있다.

Q&A: INDIVIDUAL RETIREMENT ARRANGEMENTS

What is an IRA?

An "individual retirement arrangement" allows you to save up to $5,000 annually in a special account for your later years. You can postpone paying taxes on your earnings until you begin making withdrawals at age 59½.

What are its tax advantages?

You can fully deduct those $5,000 contributions from your income on your tax return if you aren't covered by a retirement plan at work. If you *are* covered and earn less than $35,000 for single or $50,000 for married taxpayers, you may be able to deduct all or part of your contribution.

What if I can't deduct any of my contribution?

They still are tax-advantaged; earnings on your money accumulate on a tax-deferred basis. That means faster accumulation and more money in the pot at the end.

위의 '해설' 부속상자는 독자들이 던질 수 있는 전형적인 질문을 다루고 있다. 복잡한 주제를 이해시킬 수 있는 효과적인 방법이다.

퀴즈

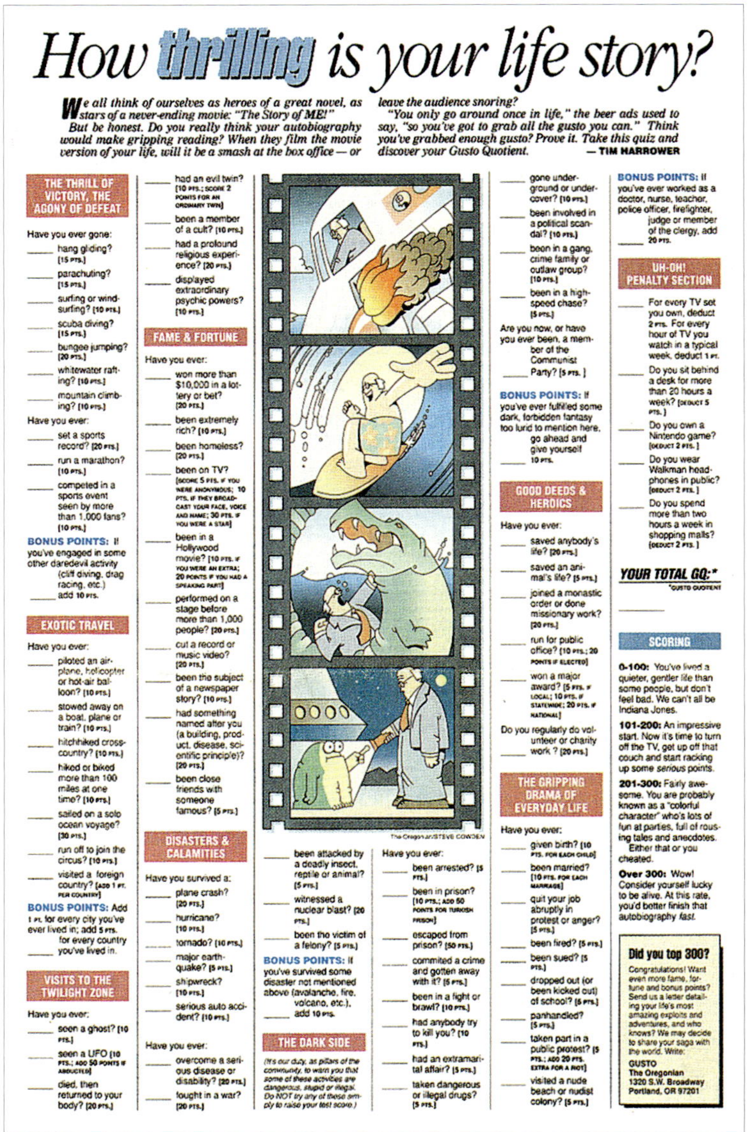

오른쪽: 〈오리거니언〉에 실렸던 위 퀴즈는 간이식당에서 쓰는 용어에 대한 테스트이다. 종업원이 "잔디밭 출입 금지"라고 요리사에게 말했다. 채소를 넣지 말라는 의미일까? 아니면 양상추? 양배추 샐러드?

왼쪽: 한 면 전체에 실은 이 퀴즈는 "당신의 삶은 얼마나 스릴 넘칩니까?"라고 묻고 있다. 귀신을 봤거나 비행기 사고에서 살아남았거나 수감 경험이 있다면 포인트가 올라간다. 포인트를 집계하면 당신의 '열정 지수'를 알 수 있다. 이런 피처는 매우 이채롭고 소통 지향적이기 때문에 독자들이 아주 좋아한다.

대부분의 기사는 3인칭 과거시제다. "저기 저 사내가 그때 돌아와 그것을 했다"처럼. 그래서 독자는 기사 내용과 자신은 아무 상관이 없다는 소외감을 느낀다.

이게 바로 퀴즈가 필요한 이유다. 주제가 건강이든("당신은 심장마비 위험이 없나요") 스포츠든("슈퍼볼 상식 테스트") 심각한 뉴스든("당신은 지진에 대비하고 있나요? 진단해보세요") 퀴즈는 독자를 참여시킨다. 퀴즈도 결국 일종의 게임인데, 독자는 게임을 좋아한다. 사실 피처 면은 종종 게임을 패러디해("다이어트 게임 이기는 법") 문화 트렌드를 탐구하고 풍자한다.

퀴즈의 답은 대체로 같은 면이나 근처에 둔다. 하지만 맞추기 대회나 독자 여론조사를 할 때는 수신용 주소와 웹사이트를 알리고 많은 참가자를 처리할 수 있는 시스템을 마련해야 한다. 결과를 담은 후속기사 계획도 세워야 한다.

학생들은 다 아는 사실이지만, 테스트와 퀴즈는 형식이 다양하다. OX형, 다지선다형, 짝 연결하기 등. 다음 페이지에서 출판물에서 가장 대중적인 퀴즈 형태들을 살펴보자.

퀴즈

단답형 테스트

1. How many Elvis albums reached No. 1 on the music charts?

2. What was Elvis' major in high school?

3. What famous actor made his film debut at age 10, kicking Elvis in the shin in the movie *It Happened at the World's Fair*?

4. What was Elvis' middle name?

5. What was Elvis' ironclad rule during concerts?

6. Who was Elvis' favorite movie actor as a teenager?

7. Which of Elvis' records was his own favorite?

8. What was the name of Elvis' flamboyant manager?

9. How much did Elvis weigh when he died?

10. What was Elvis doing when he died?

ANSWERS

1) None. 2) Shop. 3) Kurt Russell. 4) Aron. 5) He never took requests. 6) Tony Curtis. 7) *It's Now or Never.* 8) Col. Tom Parker. 9) 255 pounds. 10) He was on the toilet reading a book on the Shroud of Turin.

짧은 상식 테스트의 전형적인 형태다. 문항 번호를 굵게 처리하고 들여쓰기 했으며 항목 사이 여백을 더 줬다. 공간을 아끼기 위해 문항마다 별행을 잡아 정답을 달지 않고 따로 정답란을 뒀다. 쉽게 읽히는가?

다지선다형 테스트

1. Which uses the most energy?
a) Stove
b) Refrigerator
c) Washing machine

2. Which form of energy is most environmentally friendly?
a) Nuclear power
b) Natural gas
c) Coal

3. What percentage of tropical rain forests still exist?
a) 80
b) 50
c) 20

4. How long does it take an aluminum can to decompose?
a) 50 years
b) 150 years
c) 500 years

5. What state has the highest level of carbon dioxide emissions?
a) California
b) New Jersey
c) Texas

6. Which consumes the most water?
a) Washing machine
b) Dishwasher
c) Toilet

ANSWERS

1. (a) But gas stoves are more efficient than electric models.
2. (b)
3. (b) They originally covered 12 percent of the earth; today they cover 6 percent.
4. (c)
5. (c)
6. (c)

또 다른 친숙한 퀴즈 스타일이다. 문제를 굵게 처리했고 모든 요소를 왼쪽 맞춤했다. 독자가 답을 엿보는 것을 방지하기 위해 정답 박스를 뒤집어 놓았다. 많은 독자는 답을 훔쳐볼 수 있게 배치하는 걸 원하지 않는다.

자가진단형 테스트

Is your job burning you out? For each "yes" answer, give yourself the number of points shown, then add your total.

	SYMPTOM POINTS
1. My job consists of boring, repetitive tasks	2
2. It's not likely that I'll be promoted anytime soon	2
3. When I'm overloaded with work, there's no one to help me	3
4. I have more work to do than I could possibly finish	3
5. My boss and colleagues are extremely critical of my work	4
6. I've been getting sick more frequently lately	4
7. I'm using more alcohol/tranquilizers than I probably should	5
8. I've lost all sense of commitment and dedication to my job	5
9. I act depressed and irritable around friends and family	5
10. I fantasize acts of violence against my boss	7

SCORING YOURSELF

0-10 points: Your job stress is relatively normal.
10-20: Moderate stress. Cultivate healthy habits to keep yourself optimistic.
20-30: Stress is affecting your life negatively. Time to consider a change.
30-40: Get some relief before your job seriously undermines your health.

위 퀴즈들과 달리 자가진단형 테스트는 맞고 틀리는 답이 없다. 이런 테스트는 독자가 자신의 행동을 평가할 수 있게 하는 체크리스트라 할 수 있다. 대중심리학에서의 연습문제처럼 이런 테스트는 독자가 미처 알지 못했던 자신의 문제를 가르쳐준다.

빈칸 채우기형 설문조사와 맞추기 대회

1. Favorite TV comedy ____________________

2. Favorite TV drama ____________________

3. Favorite TV actress ____________________

4. Favorite TV actor ____________________

5. Favorite TV theme song ____________________

6. Favorite TV news anchor ____________________

7. Favorite TV talk-show host ____________________

8. Favorite TV commercial ____________________

MAIL TO:
Television Survey
The Bugle-Beacon
P.O. Box 1162
Portland, OR 97207

FAX TO:
(503) 221-8069

Entries must be received by noon Monday, April 14. One entry per family, please.

퀴즈 답을 적을 공란을 꼭 둘 필요는 없다. 공간을 너무 많이 차지하기 때문이다. 하지만 독자가 뭔가 하길 원한다면(점수를 합산하거나, 설문조사에 참여하거나, 대회에 참가하는 등) 이런 형태가 유용하다. 독자가 반응하길 원한다면 답을 쓸 충분한 공간을 둬야 한다.

설문조사와 여론조사

WHERE DO YOU STAND ON FAMILY VALUES?

Test your own views with this cross section of questions from our family values poll, then see how your answers compare to the 400 statewide residents we surveyed last week.

Do you agree or disagree with the following statements:

1. In general, fathers do not make children as much of a priority as mothers do.
☐ **Agree** ☐ **Disagree**

2. Businesses should offer flexible work schedules to accommodate the needs of families.
☐ **Agree** ☐ **Disagree**

3. Families where Dad works and Mom stays home with kids just aren't realistic anymore.
☐ **Agree** ☐ **Disagree**

4. One of the biggest causes of teen problems is that parents don't spend time with their kids.
☐ **Agree** ☐ **Disagree**

5. One family arrangement is as good as another, as long as children are loved and cared for.
☐ **Agree** ☐ **Disagree**

6. Two-income families tend to place material needs ahead of family values.
☐ **Agree** ☐ **Disagree**

7. Two-parent families are the best environment in which to raise children.
☐ **Agree** ☐ **Disagree**

8. When parents can't get along, they should stay together for the sake of the children.
☐ **Agree** ☐ **Disagree**

9. A parent should stay home with preschool children even if it means financial sacrifice.
☐ **Agree** ☐ **Disagree**

10. I've seen just as many problems in two-parent families as in single-parent families.
☐ **Agree** ☐ **Disagree**

STATEWIDE RESULTS

1. 58% agree.
2. 77% agree.
3. 63% agree.
4. 84% agree.
5. 76% agree.
6. 48% agree.
7. 79% agree.
8. 25% agree.
9. 67% agree.
10. 67% agree.

Source: The Oregonian

체크리스트와 퀴즈는 독자에게 질문을 던진다. 만일 독자의 답을 분석하고 싶다면 여론조사를 한다. 대중의 생각을 진단하는 것은 매력적이고 깜짝 놀랄 만하며 많은 시간을 필요로 한다. 예문처럼 간단히 한 문제를 묻든, 아래 도표처럼 일련의 질문을 던지든, 설문조사는 꼭 필요한 일이다.

If you had $100 million to spare, would you feed the poor or buy a pro baseball team?

Feed the poor....... **69%**
Buy a team **31%**

보다시피 텍스트부터 로고 장식, 사진, 그래픽까지 다양한 디자인 요소가 쓰인다. 중요한 것은 많은 샘플을 조사하고, 편견과 오해의 소지가 없는 질문으로 정확한 데이터를 얻는 일이다.

ELECTION 08

CONGRESS: FIRST DISTRICT

If the primary election were held today, who would you vote for?

DEMOCRATS

Gary Conkling... 28%
Elizabeth Furse. 39%
Undecided......... 33%

REPUBLICANS

Tony Meeker..... 58%
Rick Rolf............ 19%
Undecided......... 23%

CHEATING: HOW COMMON IS IT?

A majority of high-school high achievers (students who maintain an A or B average) admit they cheat. Most say they've copied someone else's homework, but a surprising 40% confess to cheating on a test or quiz.

Q: *How common is cheating?*

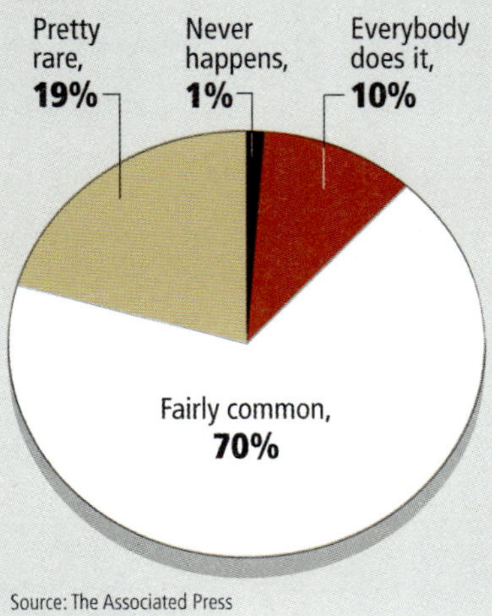

Q: *Which of the following have you done?*

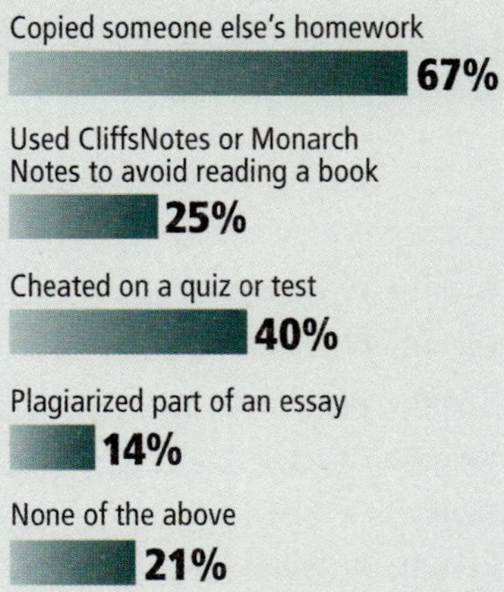

Source: The Associated Press

WHO WOULD YOU RATHER BE?

GEORGE BUSH
13%

BILL CLINTON
22%

GEORGE CLINTON
65%

왼쪽 사례는 선거 로고를 사용해 이 조사가 시리즈의 한 부분임을 알리고 있다. 위에선 파이그래프와 막대그래프가 조사 결과를 수량화했다. 오른쪽의 경우 인물사진들이 독자의 즉각적 이해를 돕는다.

인용문 모음

STREET TALK: DO YOU SUPPORT THE PRESIDENT'S NEW TAX PLAN?

"The president's plan sounds fair to me. It's time for people to stop whining and start paying their fair share."

Mike Morger
Wilsonville

"No. Enough is enough. I don't think I should be penalized for running an honest, profitable business."

Kris Wolniakowski
Lake Oswego

"I don't mind being a bread-winner, but why do those pinhead politicians chew such big slices?"

Snooky Spackle
Eugene

"대중의 의견을 모을 때는 세 가지 종류만 필요하다. 찬성 의견, 반대 의견 그리고 재미있는 의견." ABC뉴스 전 사장인 론 알리지 씨의 말이다.

위는 길거리에서 모은 인용문을 그의 명언처럼 구현한 것이다. 알리지 씨의 말에 동의하든 말든, 화자의 얼굴이 크게 실린 인용문은 시각적 호소력이 있고 매력적임을 인정해야 한다. 독자는 신문에서 자신의 목소리를 듣는 것을 좋아한다는 말이다.

인물사진이 있든 없든 인용 모음은 재미와 정보를 함께 준다. 인용 모음은 일반적으로 다음 두 가지 형태를 따르고 있다. 하나의 주제에 대한 다양한 목소리를 모은 경우(아래 왼쪽)와 다양한 주제에 대한 한 사람의 의견을 모은 경우(아래 오른쪽)다.

두 방법 모두 인용문을 잘 선택하면 주제에 대한 접근성을 높인다.

FAMOUS LAST WORDS

Some fond farewells and deathbed wisdom from historical figures as they made their final exits:

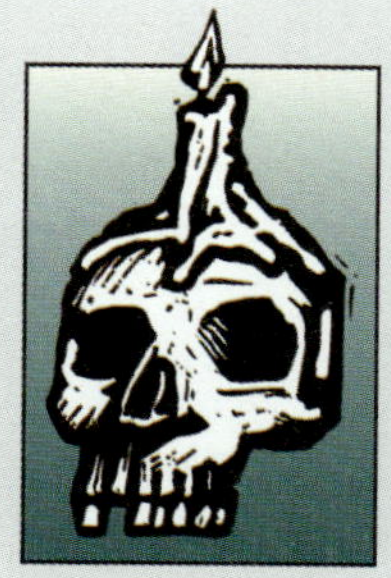

"I wonder why he shot me?"
Huey Long, Louisiana governor (1935)

"My fun days are over."
James Dean, actor (1955)

"The earth is suffocating. Swear to make them cut me open, so I won't be buried alive."
Frederic Chopin, composer (1849)

"Who the hell tipped you off? I'm Floyd, all right. You got me this time."
Charles "Pretty Boy" Floyd, gangster (1934)

"I have a terrific headache."
Franklin Delano Roosevelt, U.S. president (1945)

"I am dying like a poisoned rat in a hole. I am what I am!"
Jonathan Swift, satirist (1745)

"I love you, Sarah. For all eternity, I love you."
James Polk, U.S. president (1849)

"I've had 18 straight whiskeys. I think that's the record."
Dylan Thomas, poet (1953)

위의 인용문 모음은 다양한 역사적 장면에서 따온 것이긴 하지만 '유명한 유언들'이라는 하나의 주제에 집중하고 있다.

THE WIT & WISDOM OF MARK TWAIN

Wry observations from the writings of American humorist Samuel Clemens (1835-1910):

"When I was a boy of 14, my father was so ignorant I could hardly stand to have the old man around. But when I got to be 21, I was astonished at how much he had learned in seven years."

"To cease smoking is the easiest thing I ever did. I ought to know because I've done it a thousand times."

"Life would be infinitely happier if we could only be born at the age of 80 and gradually approach 18."

"Golf is a good walk spoiled."

"When your friends begin to flatter you on how young you look, it's a sure sign you're getting old."

"It is easier to stay out than to get out."

"There is no sadder sight than a young pessimist."

"It ain't those parts of the Bible that I can't understand that bother me; it's the parts that I do understand."

"Let us endeavor so to live that when we die, even the undertaker will be sorry."

위의 인용은 다양한 주제를 거론하고 있지만 모두 한 사람이 한 말이다. 위의 두 가지 모두 긴 피처기사의 효과적인 부속상자이다.

도표와 그래프

달러, 부채, 범죄 통계, 예산 백분율, 선거 결과 등 뉴스는 숫자로 가득 차 있다. 숫자가 복잡할수록 독자는 혼란스럽다. 예를 들어, 아래의 인정사정없는 텍스트 덩어리를 읽어보라.

> 1986년에 34,500개를 수입했다. 이는 국가 전체 수량의 16%에 해당한다. 1996년 수입량은 77,400개로 늘었고 2006년에는 한 달 수입량이 17,000개를 넘어섰다. 이는 수입을 시작한 1981년보다 591% 늘어난 양이다.

헉! 문제가 확실히 보인다. 숫자가 많으면 도표와 그래프가 도움이 된다. 도표와 그래프는 숫자를 단순화해 시각적으로 보여준다. 단순할수록 좋은 그래프다. 이제 숫자그래프의 세 가지 기본 형태를 살펴볼 것이다. 꺾은선그래프, 막대그래프 그리고 파이그래프다.

대부분의 막대그래프에서 막대는 수직 방향이지만 여기서처럼 수평 방향으로 그려도 마찬가지로 효과적이다. 막대의 모양과 크기는 전체 그래프의 모양에 따라 달라진다. 위 그래프는 최적의 모양을 보여주고 있다.

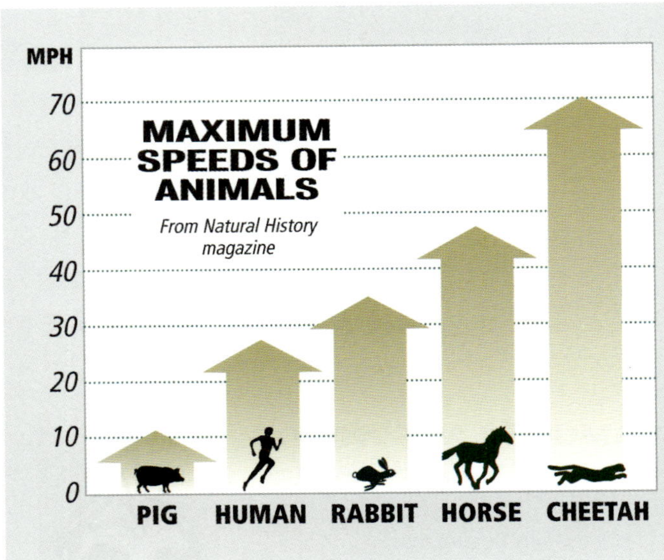

몇 개의 그래픽 요소를 추가한 막대그래프. 점선이 동물의 속도를 비교하는 것을 돕는다. 막대 위쪽을 화살표 모양으로 만들어 움직임에 관한 것임을 표현했다. 막대 속 스크린에 그러데이션 효과를 준 것도 같은 이유다.

막대그래프

막대그래프는 나란히 배열한 막대들의 크기로 두 가지 이상의 항목을 비교한다. 막대그래프의 기본 요소는 아래 두 가지다.

1) 데이터를 가로 또는 세로로 정렬한 척도.

2) 측정된 항목의 값을 보여주며 같은 방향으로 뻗은 막대들.

막대의 순서는 알파벳 순, 연대 순, 크기 순(큰 순서대로) 등 대개 일정한 기준이 있다.

간단한 막대그래프에서는 항목의 이름을 막대 안 또는 끝에 둔다. 막대는 스크린 색으로 꾸밀 수 있고 입체 효과를 줄 수도 있다. 단 이러한 효과들이 데이터를 왜곡시키면 안 된다.

같은 항목들을 시점이나 상황별로 각각 비교하는 더 복잡한 막대그래프는 항목들에 다른 색이나 스크린을 입히고 범례를 만들어 설명해야 한다.

수치를 쉽게 파악할 수 있도록 바탕에 격자 선을 표시할 수 있다. 이 같은 배경 그리드는 선그래프에서는 필수지만 막대그래프에서는 필요할 때 사용하면 된다.

도표와 그래프

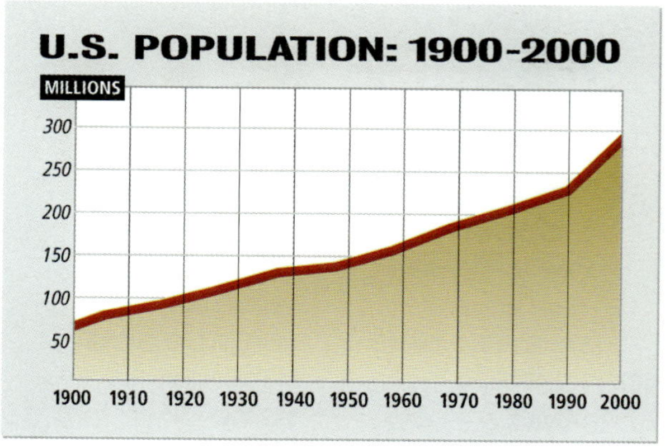

꺾은선그래프는 하나의 단순한 통계를 시간대별로 보여줄 때 가장 효과적이다. 10년 기준 인구증가를 다룬 왼쪽 그래프가 이를 잘 보여준다. 선 아래 그림자는 선택사항이다. 오른쪽처럼 또 다른 추세를 보여주는 선을 추가해 비교할 수도 있다. 이 경우 어느 추세가 어느 선인지 명확히 표시해야 한다.

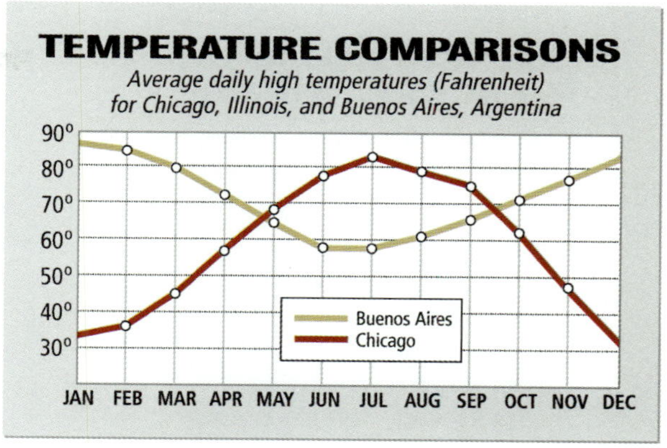

꺾은선그래프

꺾은선그래프는 시간에 따른 수량 변화를 보여주는데, 아래의 세 가지 기본요소로 돼 있다.

1) 관측된 수량을 표시하는 세로축.

2) 시간을 표시하는 가로축.

3) 증감 추세를 보여주는, 점들을 연결한 들쭉날쭉한 선.

먼저 좌표를 나타내는 점들을 찍고 그것들을 이어서 꺾은선그래프를 만든다(독자가 수치 변화를 쉽게 추적하도록 배경에 그리드를 종종 표시한다). 드라마틱하게 굽이치는 선이 변화를 보여주는데 이것이 독자에게 깊은 인상을 주는 것은 확실하다.

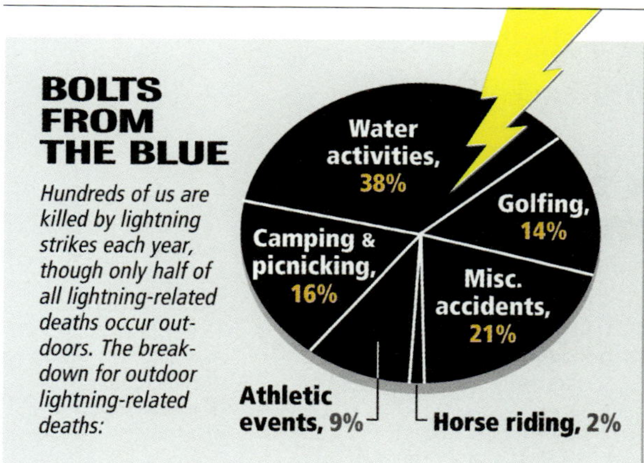

왼쪽 파이그래프는 검은 원에 흰 글씨로 반전을 줬다. 흔한 디자인은 아니지만 주제와 잘 어울리고 번개 표시는 압권이다. 오른쪽은 달러 지폐를 조각내 예산 분배를 백분율로 표현한 것이다.

파이그래프

파이그래프는 전체를 구성하는 각 부분들을 비교한다. 대개 아래 요소로 구성된다.

1) 어떤 대상의 전체, 즉 100%를 상징하는 원.

2) 원이 백분율들로 나뉜 몇 개의 쐐기(파이 조각 같은). 파이의 각 조각은 비율이 정확해야 한다. 전체의 25%를 의미하는 조각은 파이의 4분의 1이어야 한다는 뜻이다.

각 조각에 해당하는 숫자는 조각 내부(여백이 있다면)에 두거나, 외부에 숫자를 정렬하고 파이 조각과 선으로 연결한다. 조각들에 그림자를 주거나 컬러 처리해 서로 명확히 구분하고 중요한 조각을 강조하기도 한다. 경험에 의하면 조각은 8개 이하여야 좋다. 그보다 많으면 조각들이 짜증날 정도로 가늘어진다.

사진이나 그림을 활용하면 임팩트가 훨씬 큰 파이그래프를 만들 수 있다. 예를 들어 세금 사용처를 보여주기 위해 달러 지폐를 조각내 각 부분을 표시하거나, 기름 1배럴당 이윤을 분석할 때 드럼통 모양의 원으로 표현할 수 있다.

표

CELEBRITIES AND THEIR REAL NAMES

Woody Allen	Allen Konigsberg
Tom Cruise	Thomas Mapother
Sting	Gordon Sumner
Whoopi Goldberg	Caryn Johnson
Cary Grant	Archibald Leach
Adolf Hitler	Adolf Schicklgruber
Harry Houdini	Ehrich Weiss
Boris Karloff	Willam Pratt
Jon Stewart	Jonathan Leibowitz
Snoop Dogg	Calvin Broadus
Shania Twain	Eileen Edwards

텍스트만으로 만든 표: 한 줄에 있는 두 칸에 가명과 본명을 나란히 적어 빨리 비교할 수 있게 했다. 별도 설명이 필요 없다.

THE U.S. & CANADA: HOW THEY COMPARE

AREA	3,787,319 sq. miles	3,851,800 sq. miles
POPULATION	298,444,215 (2006 est.)	33,098,932 (2006 est.)
POPULATION DENSITY	76 per sq. mile	8 per sq. mile
LARGEST CITY	New York (8.1 million)	Toronto (2.48 million)
GROSS DOMESTIC PRODUCT	$12.49 trillion	$1.035 trillion
PER CAPITA INCOME	$41,600	$33,900
LIFE EXPECTANCY (at birth)	75 male, 81 female	77 male, 83 female
LITERACY RATE	99%	99%

Source: The CIA World Factbook

텍스트와 숫자로 된 표: 미국과 캐나다의 국가 약력을 나란히 둔 간단한 표로, 통계를 쉽게 비교할 수 있다. 국기의 왼쪽 가장자리와 숫자를 맞춤 정렬한 것에 주목하라. 국가명 대신 국기를 사용한 것도 눈여겨볼 것.

표는 반은 텍스트, 반은 그래프로 된 오래된 그래픽 기법이다. 다른 그래프들과 달리 표는 막대나 파이를 사용하지 않는다. 대신 표는 낱말과 숫자를 나란히 정렬해 독자가 한눈에 비교할 수 있게 한다.

표의 구성 요소는 대개 다음과 같다. ① 표의 윗부분에 가로로 걸쳐 있는 제목 ② 왼쪽에 세로 방향으로 표시한 항목들 ③ 가로 세로 양방향으로 읽을 수 있는 빈칸 속의 리스트.

표를 이용해 한 주제의 두 가지 면을 비교하거나 다양한 항목을 분석할 수 있다.

WORLD RECORDS: TRACK AND FIELD

EVENT	RECORD	HOLDER	COUNTRY	DATE
100 meters	9.77 seconds	Asafa Powell	Jamaica	June 14, 2005
1 mile	3:43.13	Hicham El Guerrouj	Morocco	July 7, 1999
High jump	8 ft., 1/2 in.	Javier Sotomayor	Cuba	July 27, 1993
Long jump	29 ft., 4 1/2 in.	Mike Powell	U.S.A.	Aug. 30, 1991
Pole vault	20 ft., 1 3/4 in.	Sergei Bubka	Ukraine	July 31, 1994

가능한 한 깔끔하게 표를 만들고 가로 세로 모두 세심하게 정렬하라. 대개 텍스트는 왼쪽 맞춤하는 게 최선이고 숫자는 오른쪽 맞춤하는 게 좋다.

AMAZING BIBLE FACTS

Dr. Thomas Hartwell Horne (1780-1862), a student of the King James Version of the Bible, published these statistics in his book, *Introduction to the Study of the Scriptures:*

	OLD TESTAMENT	NEW TESTAMENT	TOTAL
Books	39	27	66
Chapters	929	260	1,189
Verses	23,214	7,959	31,173
Words	593,493	181,253	774,746
Letters	2,728,100	838,380	3,566,480

작은 표는 행 사이에 가는 선을 그으면 잘 정렬된다. 큰 표는 선이 많으면 어지러워 보일 수 있다. 따라서 다섯줄마다 선을 긋거나 스크린 처리하면 훨씬 깔끔하다(이 페이지 맨 위의 표를 참고하라). 모든 설명은 산뜻하고 간결해야 한다.

평가

CAST AWAY *(PG-13)* Tom Hanks shines as a workaholic who survives a plane crash and tries to survive on a barely habitable South Pacific island. For more than an hour, the film abondons virtually every common movie convention: music, dialogue, plot. But the rest of the film is a real downer, given the brilliance of the middle. ★★★

영화, 음반, TV 쇼, 레스토랑을 평가하는 가장 일반적인 방법은 하나(나쁨)에서 넷 또는 다섯(아주 좋음)까지 별을 주는 것이다.

CAST AWAY *(PG-13)* Tom Hanks shines as a workaholic who survives a plane crash and tries to survive on a barely habitable South Pacific island. For more than an hour, the film abondons every common movie convention: music, dialogue, plot. But the rest is a real downer, given the brilliance of the middle.

GRADE B+

많은 신문[〈엔터테인먼트 위클리〉(*Entertainment Weekly*) 같은 잡지들도]은 학점식의 등급을 매겼는데, 학창시절을 거친 사람이면 누구든 금방 이해할 수 있을 것이다.

CAST AWAY *(PG-13)* Tom Hanks shines as a workaholic who survives a plane crash and tries to survive on a South Pacific island. For more than an hour, the film abondons every common movie convention: music, dialogue, plot. But the rest of the film is a real downer, given the brilliance of the middle.

〈샌프란시스코 크로니클〉(*The San Francisco Chronicle*)처럼 어떤 신문은 일련의 아이콘을 활용한다. 영화가 좋으면 사람이 박수를 치고 나쁘면 잠을 자는 식으로.

공정, 불편부당, 객관적. 저널리스트들을 교육할 때 나오는 말들이다. 물론 그건 세상을 보는 훌륭한 방법이다. 하지만 단조롭고 불편부당한 기사는 독자를 잠들게 할 수 있다는 점도 알아야 한다. 게다가 독자가 진정 원하는 것은 세상을 항해하는 데 도움이 될 가이드북 같은 것이다. 좋은 것, 나쁜 것, 최악인 것에 대한 팁으로 가득 차 있는 사용자 설명서를 원한다는 말이다. 예를 들면 사설이나 연예면 같은 의견과 리뷰가 있는 지면이다. 하지만 평가는 정치인, 하이킹 코스, 주식, 채권 등 거의 모든 분야에 적용할 수 있다.

THUMBS

◆ To the courage of the Magic Man.

◆ To Louisiana's voters, for having the sense to choose a scoundrel over a Nazi.

◆ To the continued dominance of the CHS cross country teams.

◆ To the cast of "Charlotte's Web" for an excellent performance.

◆ To the natural high gained from outwitting the hall monitor.

◆ To people in spandex.

◆ To people who say that a *Terminator* costume promotes violence. They should be shot.

◆ To vandals who can't spell.

◆ To the clumps of freshmen that clog the 3rd floor hallway. Sort of like hairballs in a drain.

◆ To *Lord of the Rings* action figures. Good thing plastic melts in the microwave.

이 표는 〈리틀 호크〉(*The Little Hawk*)의 사설면에 실리는 것인데 편집자는 공개적으로 비판하거나 꽃다발을 바칠 수 있다.

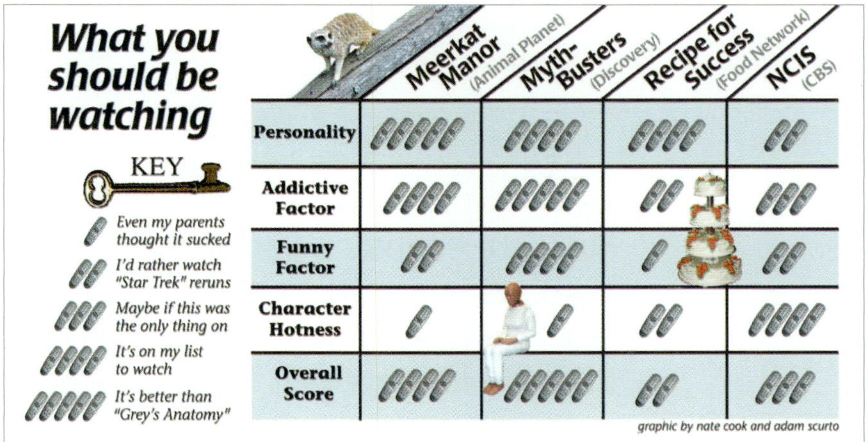

콜로라도 고교 신문인 〈락〉(*The Rock*)에 실린 이 표는 5개의 기준으로 4개의 TV 쇼를 평가한다. 리모컨 수로 점수를 나타냈다.

PIGSKIN PICKS

Our proud panel of prognosticators predicts this weekend's scores

	MADISON at LINCOLN 7:30 p.m. Friday	WILSON at JEFFERSON 2 p.m. Saturday	MONROE at ADAMS 1 p.m. Saturday	FILLMORE at JOHNSON 7 p.m. Friday
Bud Werner Sports editor, *The Times*	MADISON 21-14	WILSON 45-0	ADAMS 21-20	JOHNSON 7-0
Nick Kennedy Commentator, KXX Radio	LINCOLN 35-7	JEFFERSON 28-21	ADAMS 14-3	FILLMORE 21-14
Wally Benson Former Mudhog coach	MADISON 21-3	WILSON 45-7	ADAMS 35-7	FILLMORE 10-7

스포츠 전문가들이 곧 열릴 풋볼 게임의 승자와 스코어를 전망했다. 이런 표는 한번 만들어두면 매주 재사용할 수 있다.

연대표

MAJOR CALIFORNIA QUAKES SINCE 1900

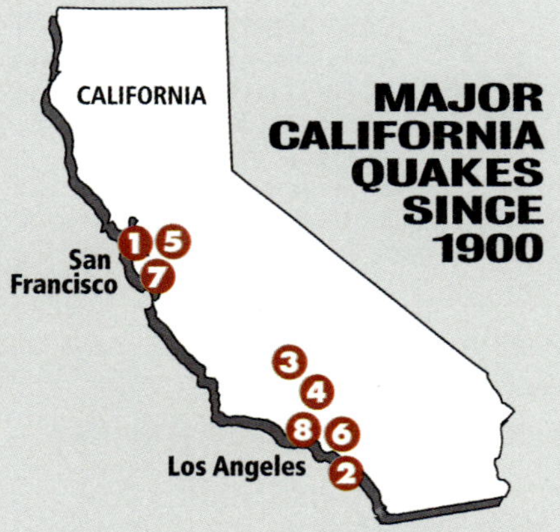

1906: An earthquake estimated at 8.3 on the Richter scale kills 700 in San Francisco ❶

1933: A 6.3 quake in Long Beach kills 115 ❷

1952: A 7.7 quake near Bakersfield kills 12 ❸

1971: A 6.5 quake in San Fernando kills 65 ❹

1980: A 5.8 quake in Livermore damages a nuclear weapons laboratory ❺

1987: A 5.9 quake in Whittier kills 8 ❻

1989: A 7.1 quake in the S.F. Bay Area kills 63 ❼

1994: A 7.5 quake in Los Angeles kills 61 ❽

THE ROAD TO KYRGYSTAN'S POPULAR UPRISING

Anti-government protests gained momentum throughout the country, following disputed parliamentary elections on Feb. 27 and March 13. Fractious opposition unified around calls for more democracy, an end to poverty and corruption and a desire to oust President Askar Akayev.

1991 Akayev elected president shortly after parliament declared independence from Soviet Union

2002 Government began cracking down on opposition groups and independent media

Feb. 27 First round of parliamentary elections; protests followed because election was seen as flawed

March 22 Larger demonstrations erupted

'91 '95 '00 '02 '05 January February March

1995 and 2000 Akayev re-elected in internationally criticized votes

Feb. 22-24, 2005 Opposition groups blocked highways and briefly took control of local government buildings after candidates denied slots on ballot for the parliamentary election

March 13 Second round of elections gave Akayev a compliant parliament dominated by supporters

March 24 Protesters stormed main government building in Bishkek; Akayev reportedly fled

Azimbek Beknazarov, an opposition leader

AP

위: 이 연대표는 현재 진행형인 뉴스의 과거 핵심적 순간들을 요약해 보여준다. 연도 표시 중 2005년이 짙게 바뀐 것은 사건 서술의 기준이 연도별에서 월별로 변했기 때문이다.

왼쪽: 지도를 활용한 캘리포니아 지진 연대표. 독자들은 연대표를 먼저 읽은 후 지도를 볼 수도 있고 지도를 훑어본 후 연대표에서 정보를 찾아볼 수도 있다.

오른쪽: 범죄 기사를 쓸 때 사건을 재구성하면 도움이 된다. 당시 상황을 시시각각 상세히 나열해 독자에게 실감나게 전했다.

A CHRONOLOGY OF THE BEATING

Here's how events unfolded in Friday's beating of Tony Hewlitt at Lloyd Center:

9:05 p.m. Vice Principal Ted Brooks calls school police to report 40 to 50 "unwanteds" trying to get into a dance at Adams High School.

9:08 p.m. Lt. Steve Hodges of the school police arrives and requests backup from Portland police. Units are sent from North precinct.

9:35 p.m. The dance is shut down.

9:40 p.m. A number of youths drift toward Lloyd Center as police disperse the crowd from the dance.

10 p.m. The crowd of youths arrives at Lloyd Center as Hewlitt and his fiancée, Tara White, wait for their ride. Hewlitt is beaten by two youths. Police arrive minutes later.

소설은 스토리를 연대기적으로 구성한다. "소년은 소녀를 봄에 만났다. 소년은 여름에 소녀와 결혼했다. 소년은 가을에 교통사고를 당했다"는 식이다. 하지만 신문기사는 과거, 현재, 미래를 넘나들기 마련이다. "어제 회의에서는 돔 구장을 지원하기 위한 1999년 세금의 2009년 폐지 여부를 두고 내일 벌어지는 투표에 대해 토의했다"는 식이다. 텍스트에 시간들이 얽히고설켜 있다. 이게 바로 연대표가 효과적인 이유다. 연대표는 사건이 어떻게 흘러왔는지 차근차근 표현함으로써 주제를 전체적으로 볼 수 있게 해준다.

그래픽적으로 가장 야심찬 연대표는 이미지와 텍스트를 결합해 과거의 일을 사진이 있는 요약 형태로 보여주는 것이라 할 수 있다. 옆 연대표는 가수의 인물사진이 그 해의 음악계 하이라이트를 재구성하는 것을 돕는다(사진 속 얼굴은 최소한 10센트 동전 크기는 돼야 한다. 이 연대표도 이 페이지의 다른 그래픽처럼 실제 지면에 실린 것보다 약간 작다).

PORTLAND: THE YEAR IN ROCK

From Eminem to Tom Petty, 2007 was a stellar year for local music-lovers. Here are a few selected highlights:

April 14: Despite constant rain and thunder, 120,000 gather in Hebb Park for the Spring Fling Wingding featuring Toejam and Ducks Deluxe.

Aug. 10: The Rolling Stones play a surprise gig at Mummy's Cabaret Lounge. Opening the show is controversial rapper Eminem.

Oct. 27: Reggae legend Banana Spliff wows the crowd at the City College Ballroom during the Halloween Hash Bash.

JAN. | FEB. | MARCH | APRIL | MAY | JUNE | JULY | AUG. | SEPT. | OCT. | NOV. | DEC.

Feb. 17: Melissa Etheridge plays an unplugged set of acoustic blues during the annual Rose City Folk Festival at Civic Auditorium.

May 20: Beck causes a near-riot when he incites fans to storm the Memorial Coliseum stage; four are injured, 22 arrested in the stampede.

Sept. 3: Tom Petty and the Heartbreakers headline a benefit performance for Greenpeace in Pioneer Courthouse Square.

Nov. 25: Local rock legend Elvis King stuns fans by announcing he's retiring from the stage to pursue a career in interior decorating.

단계별 가이드

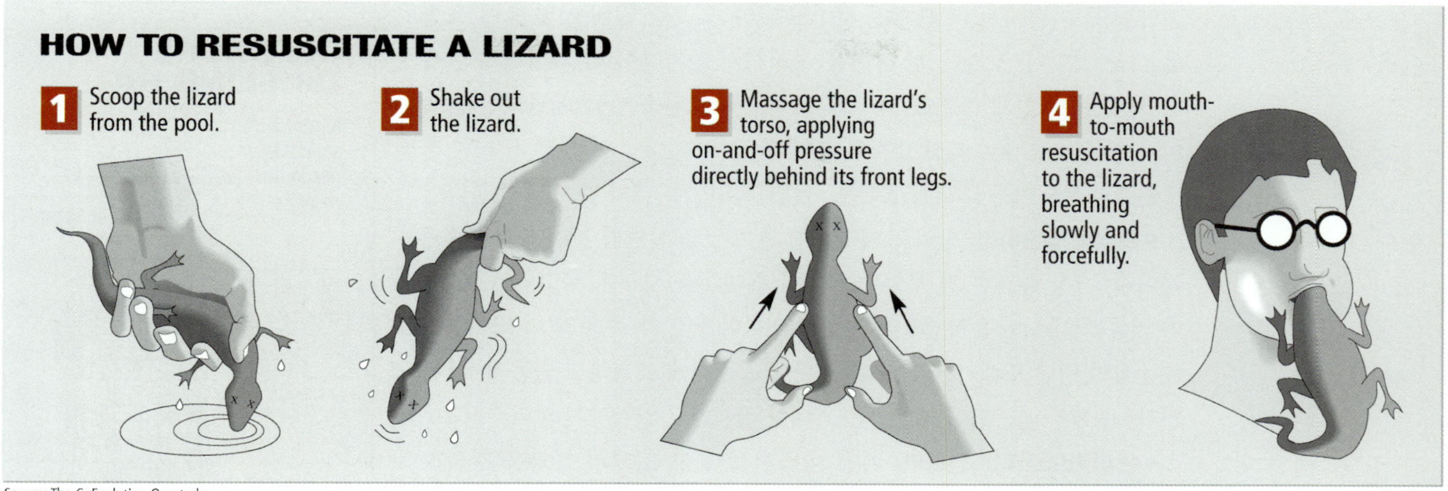

Source: The CoEvolution Quarterly
David Sun

타이어 교체부터 빵 굽기까지 우리 삶은 복잡한 과정의 연속이다. 도마뱀을 소생시키는 일도 마찬가지다. 독자를 일련의 설명으로 인도하는 가장 명쾌한 방법은 번호를 매겨가며 논리적으로 과정을 배열하는 것이다. 그것이 단계별 가이드다.

크리스마스 장난감을 조립하거나 세금 환급 문제와 씨름한 경험이 있다면 나쁜 설명이 얼마나 독자를 혼란스럽게 하는지 알 수 있을 것이다. 따라서 단계별 가이드는 최대한 명쾌하고 정확하며 사용자 친화적이어야 한다. 가능하면 그림이나 사진을 덧붙여 핵심 단계를 표현해야 한다. 이 페이지의 사례들처럼, 말로만 설명하는 것보다 훨씬 효과적이다.

HOW TO MAKE A HOLIDAY WREATH

What you'll need:

- ◆ Fresh greens (you can cut homegrown evergreens or purchase them from a nursery. It takes about 7 pounds of branches to make a 12-inch wreath).
- ◆ Wire frame (these come in a variety of sizes; a 12-inch frame costs about $1.50).
- ◆ Preservative (this will keep greens fresh for about a month).
- ◆ Pruning shears.
- ◆ Wire clippers.
- ◆ Paddle wire.

What to do:

- ☐ Clip the greens into hand-sized pieces. Save the fluffy ones; discard woody branches.
- ☐ Layer 3-4 pieces of greens into a bundle.
- ☐ Attach each bundle to the wire frame. Pull the wire away from the wreath's center to tighten it.
- ☐ Continue to attach bundles, overlapping stems with greens, until the frame is completely covered with evergreens. Alternate bundles of cedar (or other greens) with bundles of fir.
- ☐ Add pine cones. Loop wire around the bottom of the cone, then attach the wire to the wreath.
- ☐ For special trim, place dried or silk flowers amid the greens.
- ☐ Attach pearl or other garlands with wire.
- ☐ Finally, add the bow. Make your own or buy one ready-made.

왼쪽: 이 단계별 가이드는 완성된 화환만 사진으로 보여주고 만드는 과정은 텍스트로만 설명했다. 시간과 공간의 여유가 없어 그랬겠지만 모든 단계에 이미지를 썼다면 훨씬 효과적이었을 것이다.

오른쪽: 이 컬러 지면은 자세, 보폭, 스윙 등 야구 타격 방법을 담고 있다. 타격코치 켄 그리피 주니어의 모습에 전문가의 조언을 붙였다. 맨 밑에서 타격 과정을 연속동작 그림으로 보여주고 있다.

도해

지도는 '어디에서'에 관련된 것이고 도해는 '무슨 일이 어떻게'에 초점을 맞춘 것이다. 도해는 한 장면을 정지시켜 독자들이 더 가까이서 상세히 살펴볼 수 있게 하는데, 내부가 보이도록 그림을 만들고 단계별 분석이나 항목별 묘사로 핵심 요소를 표현한다.

주제가 무엇이든 도해의 효과를 극대화하려면 아래와 같이 해야 한다.

◆ **핵심에 집중하라.** 작업을 시작하기 전 무엇을 설명할 것인지 정확하게 짚어라. 가장 중요한 건 무엇이고 가장 흥미로운 사실은 무엇인가? 도해가 역동적(대상의 움직임을 입체적으로 보여줌)인가, 수동적(이 페이지의 수동적인 평면 도해가 각 요소를 얼마나 단순하게 표현하고 있는지 보라)인가? 주제와 접근법이 어떠하든 최대한 깔끔하고 간결해야 한다.

◆ **논리적으로 디자인하라.** 메인 이미지를 보고 도해의 모양을 정하라(예를 들어 석유 굴착장치는 세로로 길게). 연속 이미지를 만들 때는 각 단계를 가장 논리적 순서로 보여줄 수 있는 시선의 방향을 찾아라.

◆ **이름표는 깔끔하게.** 박스든, 그림자 효과든, 선이나 화살표든 모든 그래픽 세부설명(callouts)은 일관성 있게 처리해 어수선함을 피하라.

◆ **세심하게 조사하라.** 독자는 당신의 정확함에 의존한다. 따라서 열심히 조사해야 한다. 참고자료를 재차 검토하고 기사를 읽고 사진을 꼼꼼히 살피며 전문가에게 문의하라.

한마디로 '그래픽 리포터'가 돼야 한다.

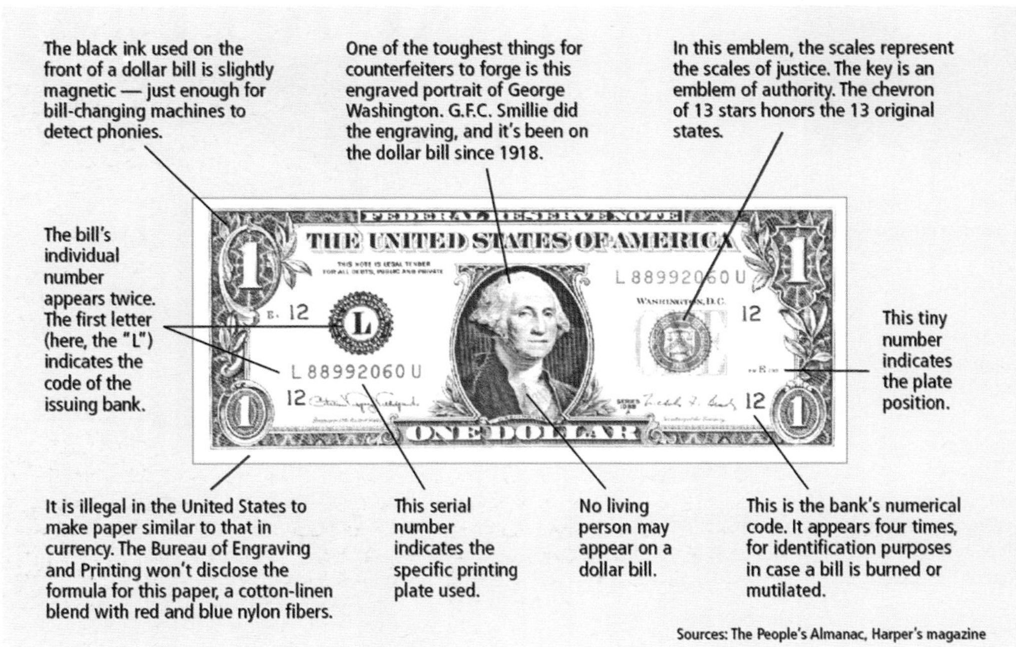

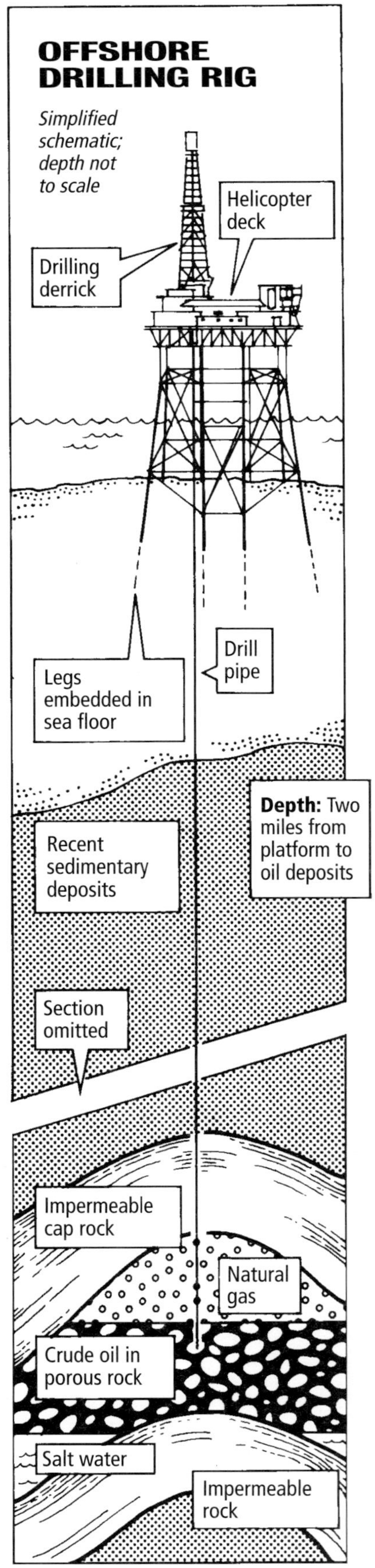

달러 지폐 속 요소들을 탐구하고 싶은가? 위 도해는 역사와 각종 지식을 결합해 독자들에게 빠르고 시각적인 달러 여행을 제공한다. 텍스트만으로는 힘든 일이다. 좀더 전통적인 오른쪽 도해는 지각의 내부 이미지로 해양 석유 시추과정을 쉽게 표현했다.

도해

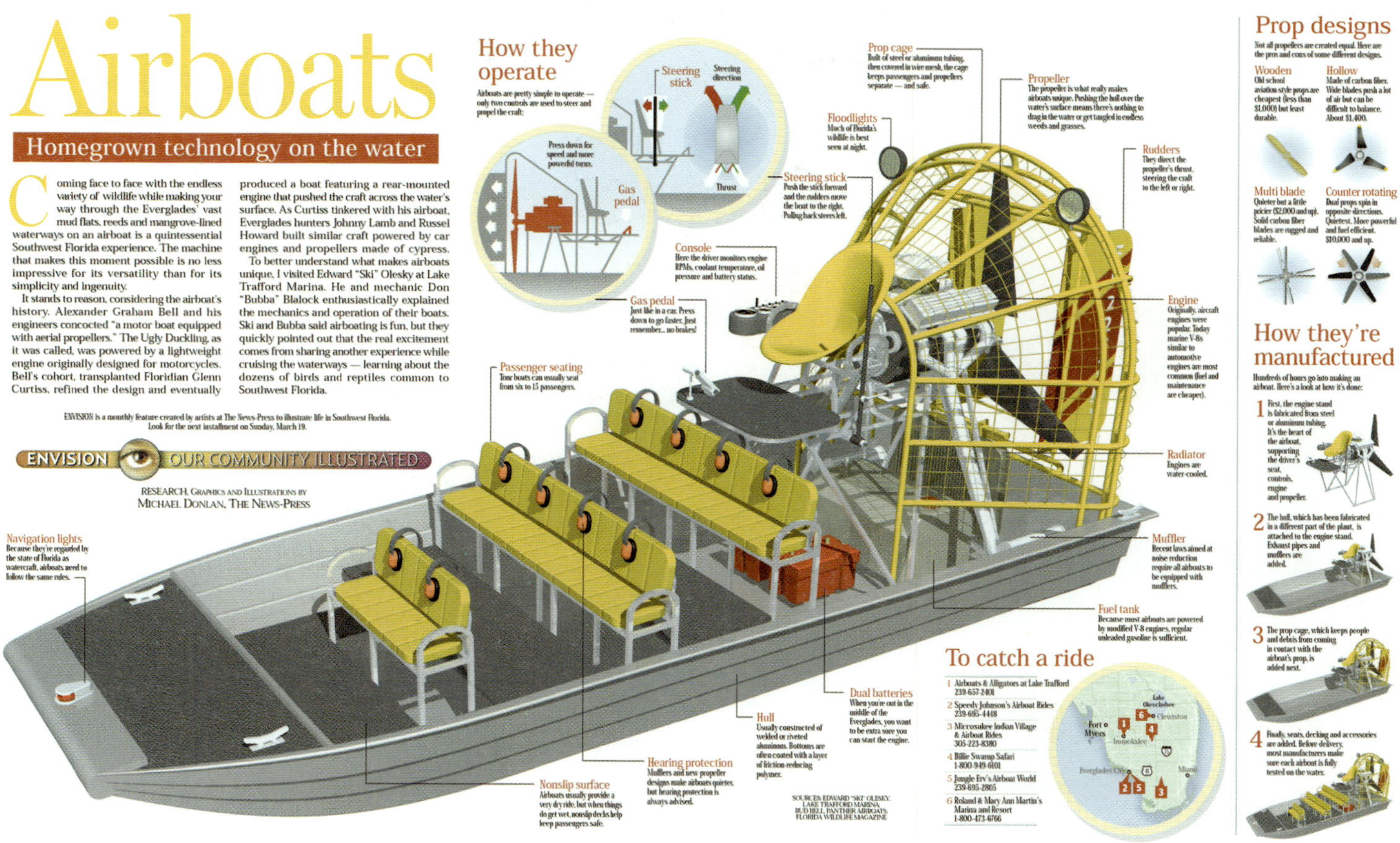

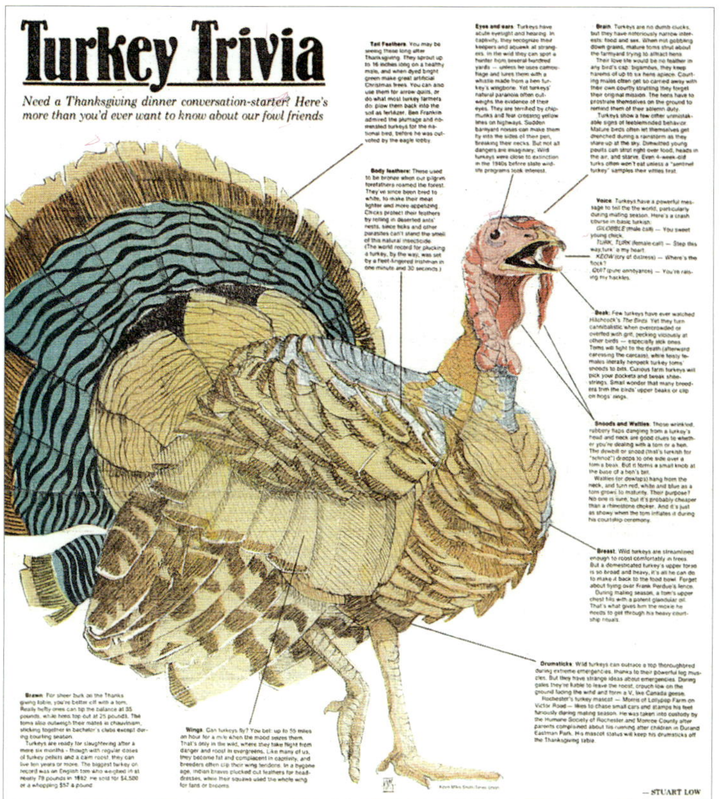

위: 〈포트 마이어스 뉴스 프레스〉(*Fort Myers News-Press*)에 실렸던 도해다. 낚시, 산악자전거, 셔플보드, 카누 등 지역의 트렌드와 화제를 상세한 시각물로 전하는 "상상"이라는 월간 시리즈의 일부분이다. 아이디어, 자료 조사, 짧은 기사 작성과 이미지 작업까지 아티스트가 도맡아 만들었다.

왼쪽: 〈로체스터 타임 유니언〉(*Rochester Time-Union*)의 추수감사절 특집기사에 실렸던 도해다. 울음소리, 부리, 뇌, 머리 등 잘 알려지지 않은 칠면조의 해부학적 구조에 대한 역사, 통계, 사실을 보여준다.

궁합이 맞는 주제와 어울리면 도해는 부속 그래픽을 넘어 재미와 정보를 주는 메인 이미지가 될 수 있다. 이 페이지에 있는 크고 복합적인 두 가지 도해는 컬러 이미지와 세부설명을 결합해 피처면의 주인공으로 빛나고 있다(이 칠면조 페이지에는 전통적인 의미의 기사가 전혀 없다).

이 도해들은 일러스트레이션을 사용하고 있지만 사진을 써도 효과는 변함이 없다. 힘 있는 이미지, 깔끔한 글씨, 논리적인 구성, 폭넓은 자료 조사가 어우러지면 전문가 수준의 작품이 탄생한다.

지도

위치안내 지도의 세 가지 모델. 왼쪽은 꼭 필요한 부분만 표시한 지도로 오리건 주 프라미스(Promise) 시의 위치를 알려준다. 아래는 시가도, 오른쪽은 거리, 도시, 주를 단계적으로 표시한 3단계 안내 지도.

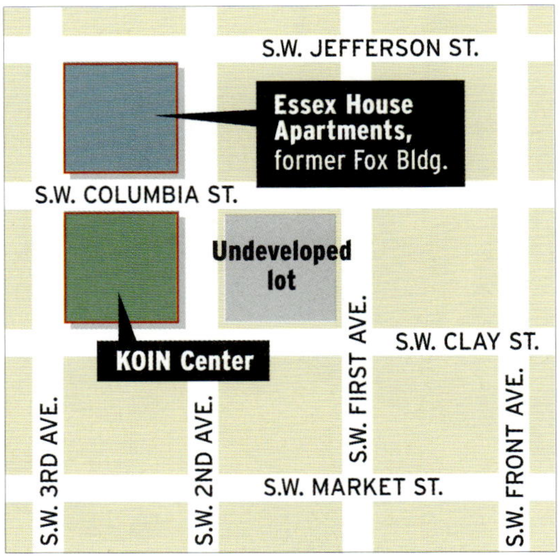

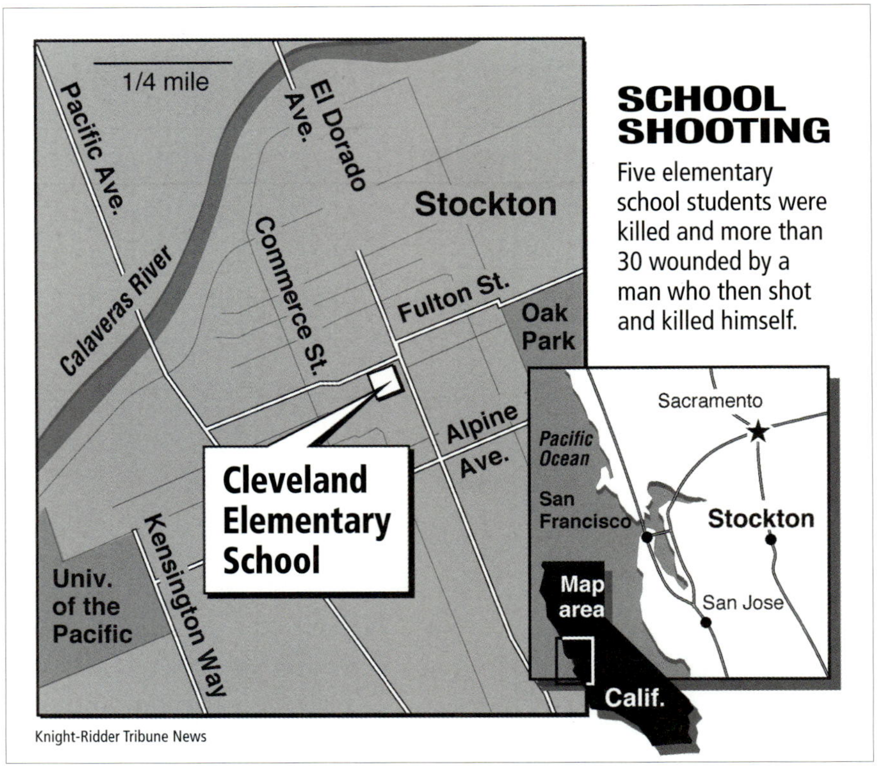

미국인 대부분은 지리에 약하다. 뉴욕 같은 대도시의 위치조차 쉽게 떠올리지 못한다. 화산이 폭발한 피지, 폭동이 일어난 레소토, 열차사고가 난 알투나를 독자들이 금방 머릿속에 떠올릴 수 있게 하려면 어떻게 해야 할까.

지도를 그려주면 된다. 지도는 거의 모든 뉴스 기사의 가치를 높일 수 있다. 의욕적으로 만들면 아래와 같은 기사에서는 빼놓을 수 없는 요소가 된다.

□ 기름 유출, 국경 분쟁, 비행기 사고 등 사건 발생 장소가 중요한 의미를 갖는 기사들.

□ 퍼레이드, 공원 개장 등 독자가 참여할 수 있는 지역 행사 기사들.

세계지도, 시가도, 입체지도, 날씨지도 등 지도의 크기와 형식은 다양하다. 뉴스 웹사이트에서는 동영상 지도도 더는 특별한 것이 아니다. 하지만 편집국에서 가장 많이 만드는 지도는 아래와 같다.

◆ **위치안내 지도:** 중요한 장소나 뉴스가 발생한 장소를 최대한 간단하게 보여준다.

◆ **설명형 지도:** 사건의 흐름을 표현하기 위해 스토리텔링 기법을 사용한다. 한 단계 한 단계 나아가면서 지도는 역동적(수동적인 위치안내 지도에 비해)인 시각물로 변해간다.

◆ **데이터 지도:** 이 지도는 데이터의 지역별 분포를 보여준다. 인구 분포, 정치 성향, 기후 등을 전달하는 그래프와 효과가 비슷하다.

지도는 어떻게 만드나? 대부분 베낀다. 지도책 속의 지도를 그대로 신문에 실을 수는 없다(저작권 위반이다). 하지만 지도책의 핵심 부분을 베껴 다시 그린 뒤 당신만의 상세한 설명을 채워 넣으면 된다.

신문사는 다양한 척도의 세계지도와 지역지도를 갖춘 '지도 도서관'을 마련해야 한다. 세계 지도책을 사라. 국가별 고속도로 지도, 도시나 주 지도와 심지어 지방 상공회의소에 있는 안내지도(쇼핑몰 지역, 공원들, 하이킹 명소 등을 알려주는)까지 모아라.

더 알아보기 ▶

◆ **지도 제작:** 외부 자료로 지도를 만드는 단계별 가이드 197쪽

지도

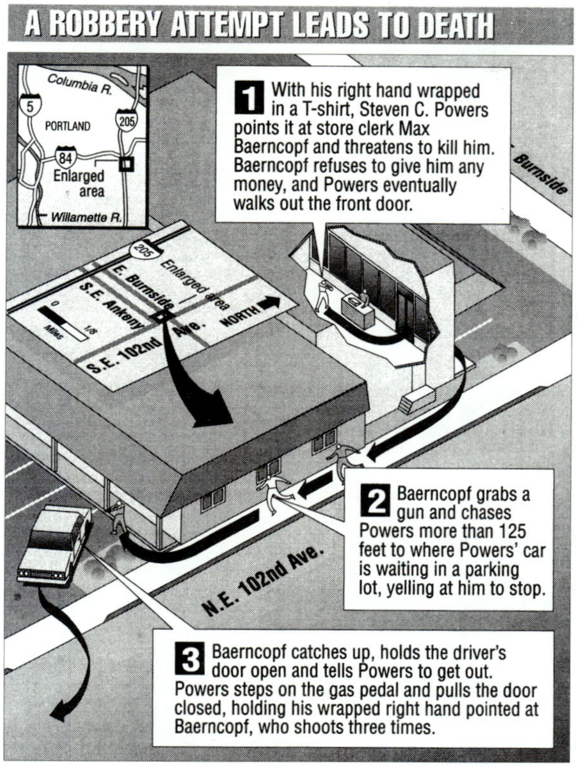

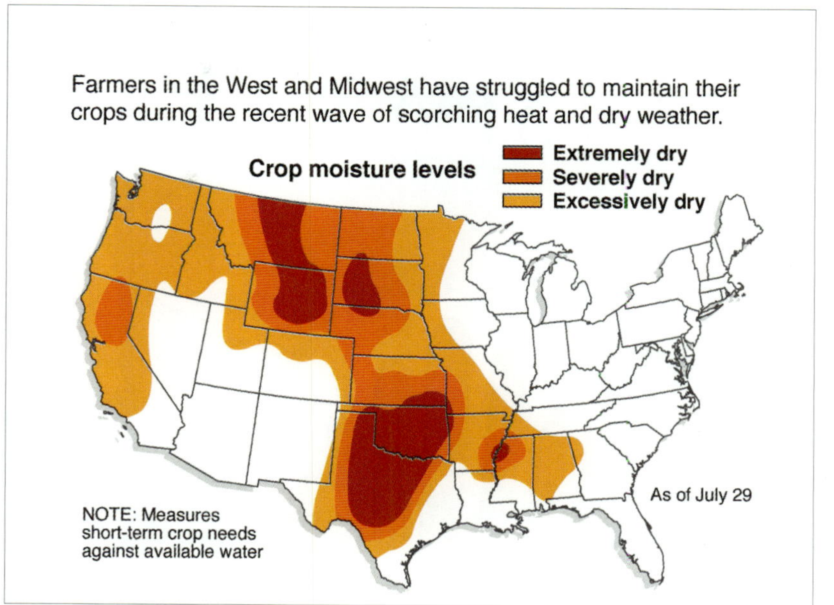

위: 미국 지도는 선거 결과부터 날씨까지 모든 종류의 데이터를 전달할 수 있다. 위 데이터 지도는 여름의 고온과 가뭄이 미국에 끼친 영향을 한눈에 보여준다.

왼쪽: 사건의 흐름을 단계별로 보여주는 설명형 지도. 입체로 표현한 빌딩, 내부가 보이도록 만든 도해, 화살표들의 쓰임새에 주목하라. 이런 요소들로 단 두 칼럼 크기 박스에 사건의 복잡한 과정을 담았다.

가이드라인

◆ **모든 지도에 적용할 디자인 가이드라인을 만들라.** 약어, 스크린, 선 두께, 상징기호 등의 명확한 기준을 정해두면 시간을 아낄 수 있고 일관된 모습의 지도를 만들 수 있다.

◆ **서체는 일관적으로.** 지정된 크기의 지정된 폰트를 사용하라(배경을 스크린 처리한다면 일반적으로 산세리프체가 가장 효과적이다). 12포인트가 넘는 너무 큰 글씨와 7포인트 미만의 너무 작은 글씨는 피하라. 어떤 요소에 대문자를 쓸 건지(국가명? 주 이름?), 이탤릭체로 표시할 건지(수역들?), 굵게 처리할 건지(핵심 부분만?) 정해두라.

◆ **항상 간단하게.** 핵심을 명확히 하라. 불필요한 부분은 죄다 버려라. 지도의 의미를 향상시키지 못하는 요소는 독자의 관심을 분산시킨다.

◆ **역동적으로 만들어라.** 따분한 도로 지도를 그대로 재현하지 말라. 그림자, 스크린, 3D, 원근법 효과를 활용하라. 단 지도의 정확성과 통일성을 해쳐서는 안 된다.

◆ **북쪽이 위로 가게 하라.** 지도의 위쪽이 북쪽이 아니라면 방위를 표시하라. 위쪽이 북쪽이면 표시할 필요가 없다.

◆ **가급적 축척을 표시하라.** 독자들에게 거리에 대한 감각을 준다.

◆ **기사와 손발을 맞춰라.** 기사 속에 거론된 중요한 곳은 모두 지도에 표시해야 한다.

◆ **효율적으로 디자인하라.** 지도의 짜임새를 유지하라. 죽은 공간이 생기면 축척, 해설 박스, 작은 위치안내 지도, 사진, 일러스트레이션 등 유용한 추가 요소로 메울 수 있다.

◆ **독자가 길을 잃었다고 가정하라.** 그들이 어느 곳에 있는지 알게 하려면 지도에 제목을 달거나 안내 구절을 넣을 수도 있다. 또 메인 지도를 더 명쾌하게 해줄 위치안내 지도를 추가해야 할 경우도 있다(예를 들어, 상세한 시가도를 그렸다면, 그곳이 도시의 어느 부분인지 보여줘야 한다). 무엇보다도 독자에게 방향감을 줄 도시, 강, 고속도로, 쇼핑몰 같은 랜드마크는 꼭 챙겨야 한다.

그래픽 패키지

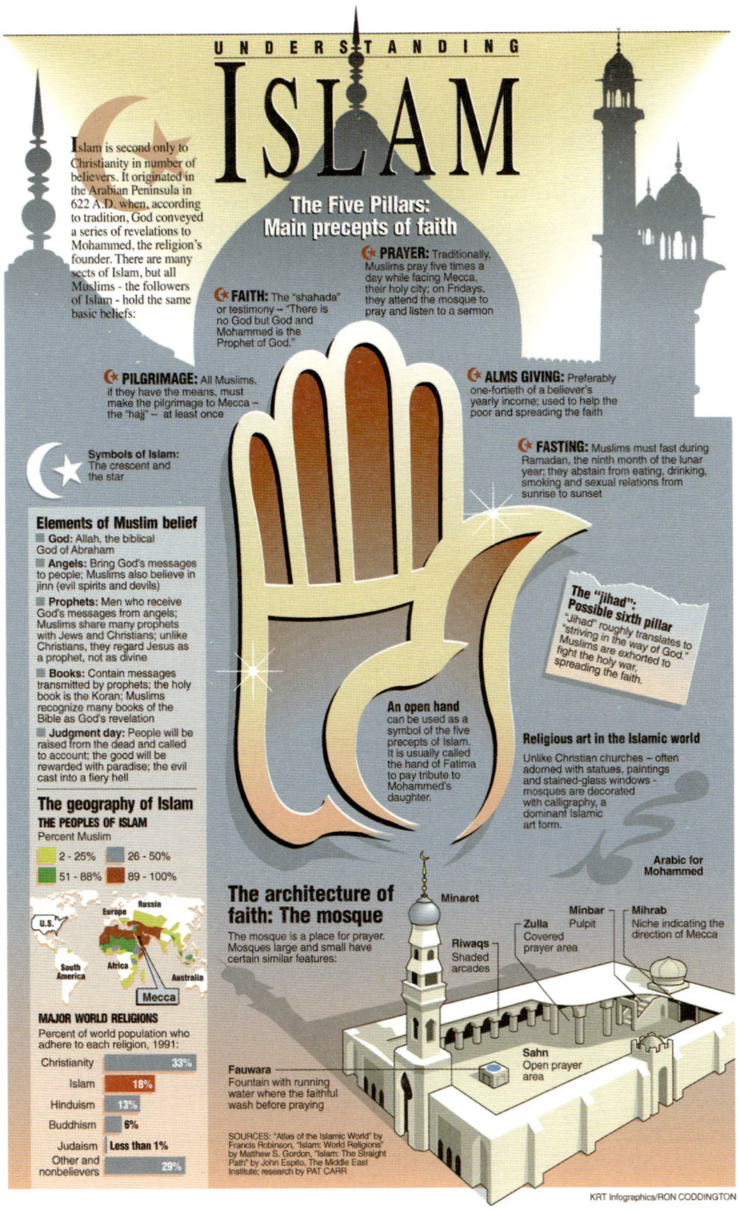

<table>
<tr>
<td>이슬람교는 지구촌 뉴스의 중심 중 하나이지만 많은 미국인은 아직도 이 영향력 있는 종교를 제대로 이해하지 못하고 있다. 언제 실어도 눈길을 끌 〈나이트 리더 트리뷴〉(Knight Ridder Tribune)의 대형 그래픽은 이슬람의 역사, 신앙, 지리정보, 건축술을 설명하고 있다. 이미지와 텍스트의 격조 높은 어울림을 보라. 지도, 도해, 그래프, 리스트를 잘 혼합했다.</td>
<td>위 전면 그래픽은 스키와 스노보드 초보자를 위한 가이드이다. 디자인이 너무 어수선하고 정신없나? 〈애즈버리 파크 프레스〉에 실렸던 이 지면은 젊은 독자를 겨냥하고 있음을 기억하라. 유용한 팁, 용어해설, 도해, 리스트가 어우러진 이 면의 시끌벅적하고 자유로운 서체는 주제와 젊은 독자에게 잘 어울린다.</td>
</tr>
</table>

잘 만들어진 그래픽 패키지는 어떤 기사보다도 많은 정보를 전달한다. 물론 훌륭한 그래픽 패키지가 저절로 만들어지는 건 아니다. 아래와 같은 요소가 필요하다.

◆ **시간.** 대형 그래픽을 만들려면 며칠은 준비해야 한다. 몇 주가 필요한 경우도 자주 있다. 서두르면 우울한 결과가 나올 뿐이다.

◆ **팀워크.** 한 사람의 노력으로 될 일이 아니다. 자료 조사, 취재, 이미지 생산, 레이아웃까지 함께 고민하고 협조해야 부드럽게 진행된다.

◆ **전문성.** 이런 그래픽을 만들어내는 건 매우 어려운 작업이다. 말하기 미안하지만, 평소 기술을 갈고 닦지 않았다면 이 까다로운 작업에 덤비지 말라.

◆ **확실한 공간 확보.** 전면 그래픽을 막판에 두 칼럼 크기로 줄여서는 안 된다. 필요한 공간을 확실히 보장받아라.

무엇보다도 너무 많은 것을 담아서는 안 된다. 독자들을 정보 과잉의 부담 속으로 내몰게 된다. 독자가 얼마나 많은 데이터를 소화할 수 있을지 스스로 질문해보라.

그래픽 패키지

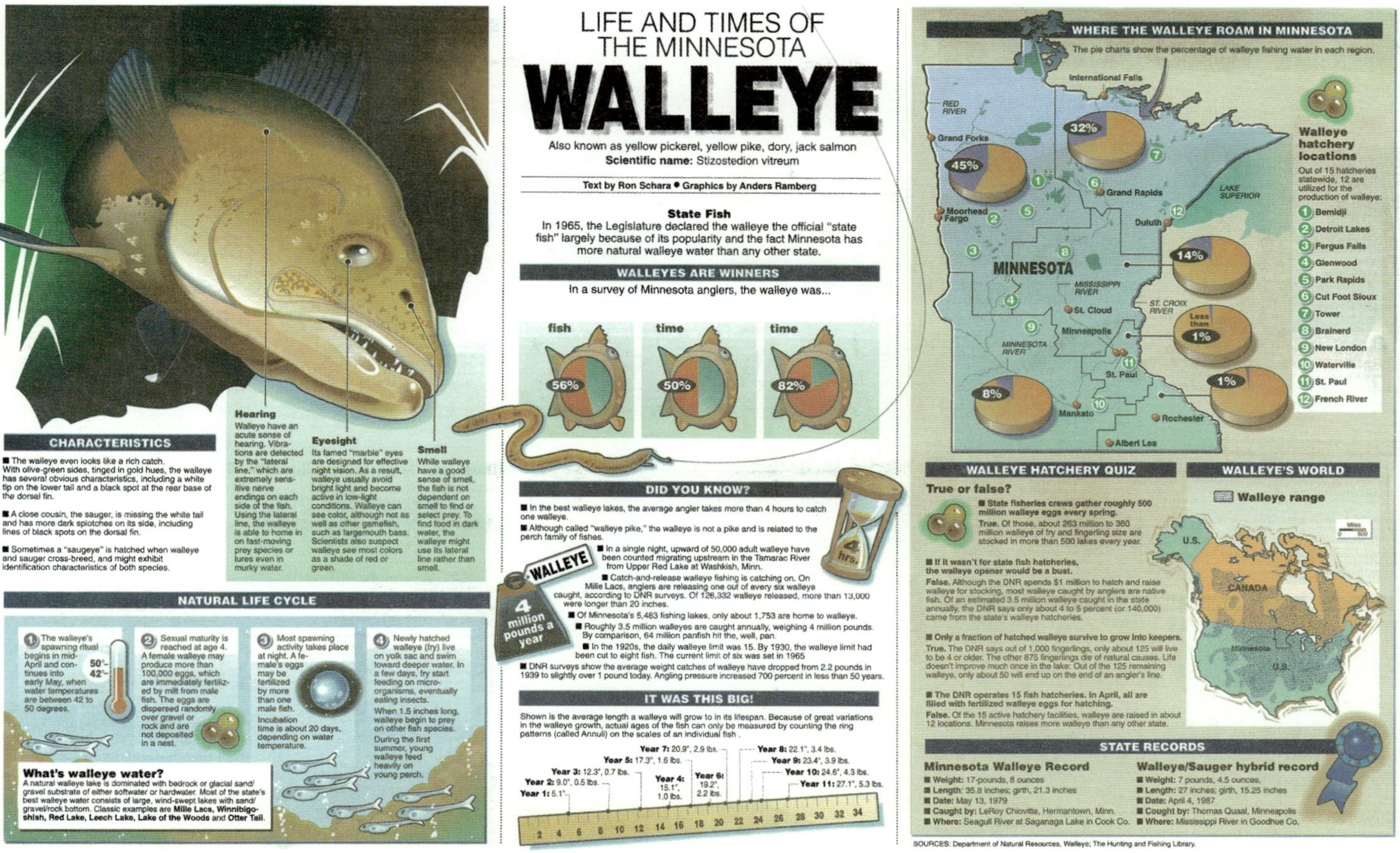

위: 타블로이드 신문 〈미니애폴리스 스타 트리뷴〉(*Minneapolis Star Tribune*)에 양면에 걸쳐 실렸던 화려한 그래픽. '미네소타 큰눈 물고기'에 관한 모든 것을 다뤘다. 매력적이고 포괄적인 이 작품은 지도, 그래프, 리스트, 도해, 퀴즈, 연대표를 잘 엮었다. 정리가 잘 돼 있지만 압도적인 느낌은 아니다.

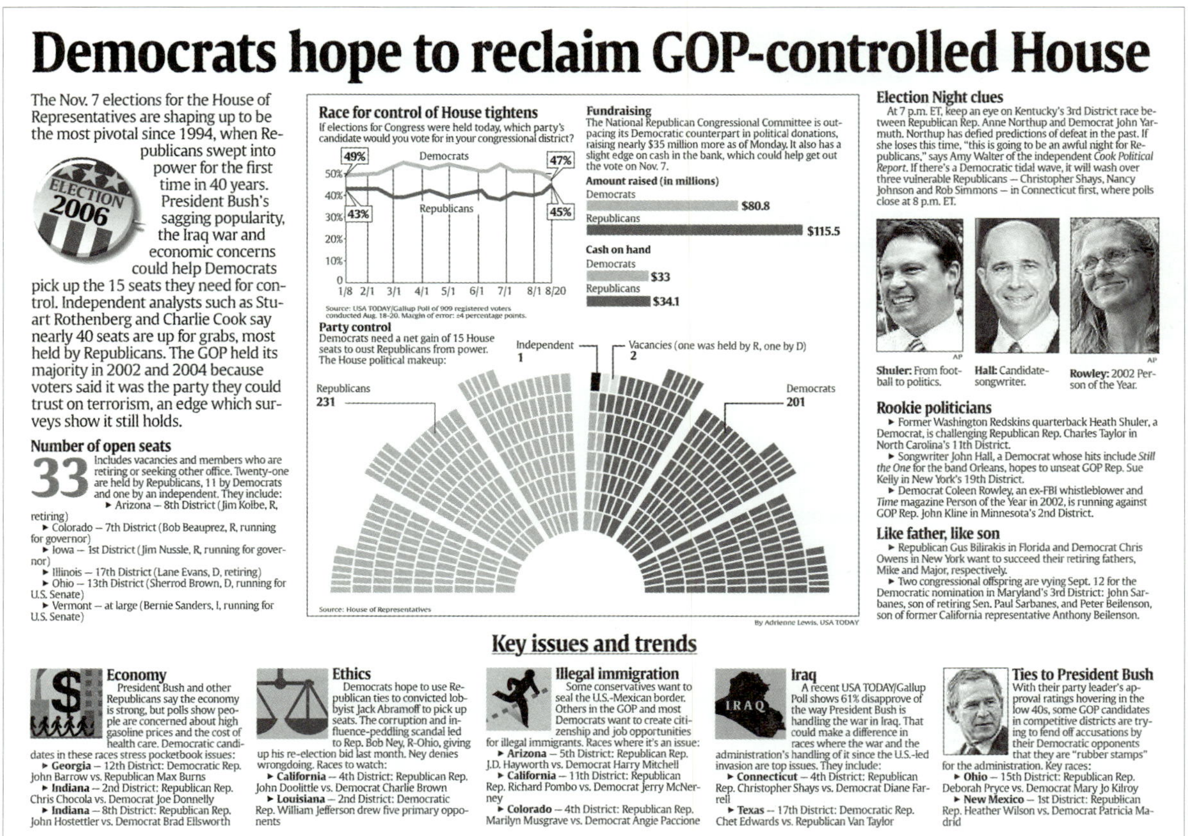

오른쪽: 그래픽 패키지에 컬러와 정교한 일러스트레이션이 꼭 필요한 것은 아니다. 오른쪽은 2006년 의회선거 두 달 전 〈유에스에이 투데이〉 한 면의 절반을 차지했던 그래픽이다. 리스트, 그래프, 단신을 간결하게 묶었다. 핵심 이슈와 대결을 압축해 독자가 이해하기 쉽게 요약했다.

패키지 계획

더 알아보기 ▶

◆ **온라인 디자인:** 웹사이트에서 그래픽 패키지 만드는 법 254쪽

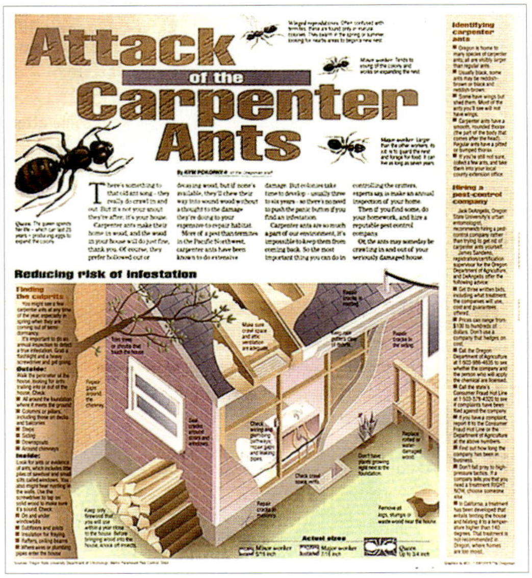

뉴스룸은 대부분 공장 조립라인과 유사하다. 취재기자는 기사를 쓰고 사진기자는 사진을 찍고 편집기자는 편집을 한다. 마지막으로 디자이너가 지면을 디자인한다.

이런 조립라인은 소시지를 생산하는 일이라면 효과적이겠지만, 상을 받을 만한 지면을 지속적으로 만들어내진 못할 것이다. 마감시간에 매여서 휘황찬란한 레이아웃을 해본들 성공을 기대하기 힘들다.

뉴스룸을 어떻게 개편해야 오른쪽과 같은 페이지를 만들 수 있을까? 미리 계획해야 한다. 기사를 쓰기 전에 서로 토의해서 기사의 틀을 짜는 브레인스토밍을 거쳐야 한다.

수년 전 켄터키대학 벅 라이언 교수(언론학)는 취재, 편집, 아트, 디자인을 통합하는 방법으로 '지휘자'라는 개념을 개발했다. 라이언 교수는 뉴스룸이 비주얼 담당 저널리스트를 지휘자로 지명할 것을 제안했다. 지휘자는 핵심멤버들의 협업을 조율한다. 이 과정을 잘 따르기 위해 팀원들은 다음 페이지와 같은 기사 계획서를 사용하게 될 것이다.

한 취재기자가 어떤 큰 정보를 취재했다고 가정하자. 기사 작성 전 짧은 회의를 연다. 취재기자, 편집기자, 사진기자, 디자이너가 지휘자의 도움을 받아 기사를 어떻게 꾸밀 것인지 아래의 예와 같이 분석한다. 그 결과 위와 같은 지면이 만들어진다.

기사 아이디어: 기사를 25단어 이하로 요약할 수 있는가? 핵심을 잘 잡고 있는지 아니면 애매모호한 콘셉트와 아직도 싸우고 있는지 가늠할 수 있는 좋은 테스트다.

독자가 던질 수 있는 질문들: "그게 나하고 무슨 상관인데?" 모든 독자가 기사에 던지는 첫 번째 질문이다. 헤드라인, 사진, 부속상자 모두 고도의 비주얼 전략으로 이 질문에 답하려 애써야 한다. 독자가 품을 수 있는 다른 질문은 무엇인가? 그래픽으로 답해줄 수 있는가? 활용 가능한 부속상자를 나열한 목록은 취재나 디자인에 많은 아이디어를 준다.

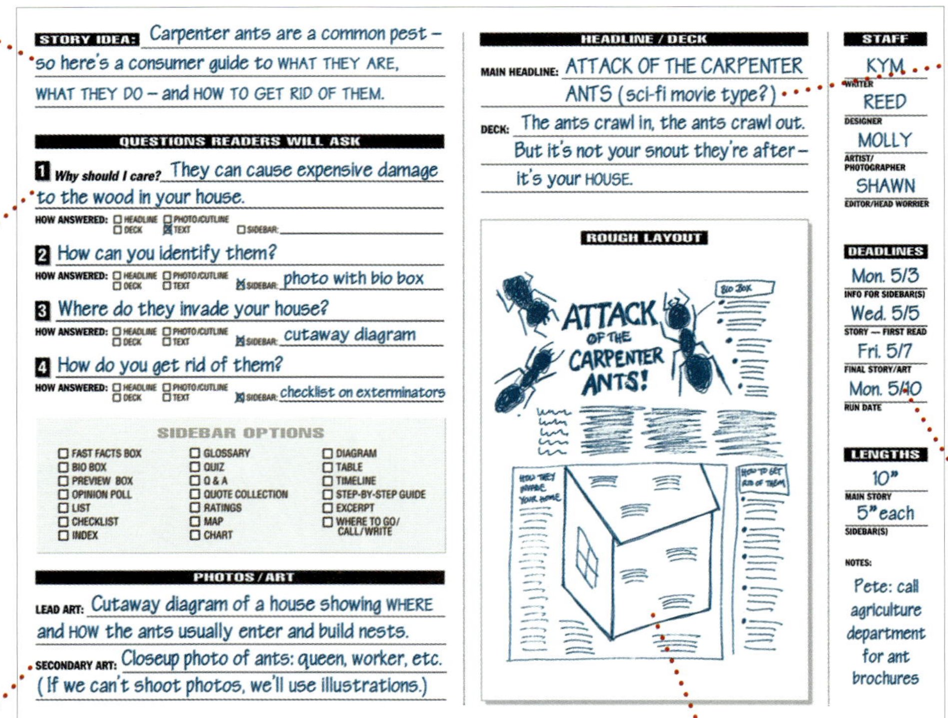
STORY IDEA: Carpenter ants are a common pest – so here's a consumer guide to WHAT THEY ARE, WHAT THEY DO – and HOW TO GET RID OF THEM.

QUESTIONS READERS WILL ASK

1 Why should I care? They can cause expensive damage to the wood in your house.
HOW ANSWERED: ☐ HEADLINE ☐ DECK ☐ PHOTO/CUTLINE ☒ TEXT ☐ SIDEBAR:

2 How can you identify them?
HOW ANSWERED: ☐ HEADLINE ☐ DECK ☐ PHOTO/CUTLINE ☐ TEXT ☒ SIDEBAR: photo with bio box

3 Where do they invade your house?
HOW ANSWERED: ☐ HEADLINE ☐ DECK ☐ PHOTO/CUTLINE ☐ TEXT ☒ SIDEBAR: cutaway diagram

4 How do you get rid of them?
HOW ANSWERED: ☐ HEADLINE ☐ DECK ☐ PHOTO/CUTLINE ☐ TEXT ☒ SIDEBAR: checklist on exterminators

SIDEBAR OPTIONS

☐ FAST FACTS BOX	☐ GLOSSARY	☐ DIAGRAM
☐ BIO BOX	☐ QUIZ	☐ TABLE
☐ PREVIEW BOX	☐ Q & A	☐ TIMELINE
☐ OPINION POLL	☐ QUOTE COLLECTION	☐ STEP-BY-STEP GUIDE
☐ LIST	☐ RATINGS	☐ EXCERPT
☐ CHECKLIST	☐ MAP	☐ WHERE TO GO/ CALL/WRITE
☐ INDEX	☐ CHART	

PHOTOS / ART

LEAD ART: Cutaway diagram of a house showing WHERE and HOW the ants usually enter and build nests.

SECONDARY ART: Closeup photo of ants: queen, worker, etc. (If we can't shoot photos, we'll use illustrations.)

HEADLINE / DECK

MAIN HEADLINE: ATTACK OF THE CARPENTER ANTS (sci-fi movie type?)

DECK: The ants crawl in, the ants crawl out. But it's not your snout they're after – it's your HOUSE.

ROUGH LAYOUT

ATTACK OF THE CARPENTER ANTS!
BIO BOX
HOW THEY INVADE YOUR HOME
HOW TO GET RID OF THEM

STAFF

KYM — WRITER
REED — DESIGNER
MOLLY — ARTIST/PHOTOGRAPHER
SHAWN — EDITOR/HEAD WORRIER

DEADLINES

Mon. 5/3 — INFO FOR SIDEBAR(S)
Wed. 5/5 — STORY — FIRST READ
Fri. 5/7 — FINAL STORY/ART
Mon. 5/10 — RUN DATE

LENGTHS

10" — MAIN STORY
5" each — SIDEBAR(S)

NOTES: Pete: call agriculture department for ant brochures

헤드라인과 부제목: 금쪽같은 시간이 흐르는데 제목을 뽑기 위해 기사가 올 때까지 기다릴 수만은 없는 노릇이다. 아마 당신은 당장 헤드라인을 대충 뽑을 만큼의 정보를 가지고 있을 것이다. 아니면 최소한 핵심 단어를 뽑아 두었다가 나중에 재정리할 수도 있다. 또 지금 부제목을 뽑아 두는 것은 팀원들이 기사의 방향을 명확히 인식하게 해준다.

담당자, 마감시간, 분량: 지면 각 요소의 마감시간, 크기나 분량 그리고 가장 중요한 담당 책임자 선정에 모두가 동의했음을 확인시켜줄 마지막 기회.

사진 또는 일러스트레이션: 사진기자는 기사 계획 회의에서 제외되기 일쑤다. 그래서 기사 내용을 거의 알지 못한 채 현장으로 가곤 한다. 하지만 사진기자가 예비회의에 참가하면 사진과 취재의 방향을 미리 체득하고 사진 아이디어를 제시할 수 있다. 기사가 일러스트레이션과 잘 어울린다면 그쪽 비중을 늘리면 된다.

대강의 레이아웃: 사진, 부속상자, 헤드라인을 위한 아이디어 작업이 진행되는 동안 디자이너는 예정된 크기와 모양의 핵심 요소를 통합해 레이아웃을 한다. 물론 모든 것은 바뀔 수 있다. 하지만 회의를 끝내기 전에 모든 팀원들이 예비 지면계획서(위와 같은)에 동의해야 한다. 명심하라. 아직 출발선에 서 있을 뿐이다. 실제 지면은 계획보다 훨씬 나아져야 한다. 회의 후 이날 도출한 지면 계획서를 복사해 다음에 참고할 수 있게 보관해야 한다.

기사 아이디어 ____________________

독자들이 던질 수 있는 질문들

1 왜 이 기사를 봐야 하는가? ____________________

어느 부분에서 반영할 것인가 ☐ 메인 제목 ☐ 사진/사진설명 ☐ 부제목 ☐ 텍스트 ☐ 부속물 ____________

2 ____________________

어느 부분에서 반영할 것인가 ☐ 메인 제목 ☐ 사진/사진설명 ☐ 부제목 ☐ 텍스트 ☐ 부속물 ____________

3 ____________________

어느 부분에서 반영할 것인가 ☐ 메인 제목 ☐ 사진/사진설명 ☐ 부제목 ☐ 텍스트 ☐ 부속물 ____________

4 ____________________

어느 부분에서 반영할 것인가 ☐ 메인 제목 ☐ 사진/사진설명 ☐ 부제목 ☐ 텍스트 ☐ 부속물 ____________

부속물 선택

☐ 핵심 요약상자	☐ 용어해설	☐ 도해
☐ 약력	☐ 퀴즈	☐ 표
☐ 리뷰	☐ Q&A	☐ 연대표
☐ 인용문 모음	☐ 평가	☐ 단계별 가이드
☐ 리스트	☐ 여론조사	☐ 발췌문
☐ 체크리스트	☐ 지도	☐ 가야할 곳
☐ 인덱스	☐ 그래프	☐ 웹사이트 링크

사진/이미지

메인 이미지 ____________________

보조 이미지 ____________________

주제목/부제목

주제목 ____________________

부제목 ____________________

1차 레이아웃

담당자

취재디자이너

아티스트/사진기자

편집자

주제목

마감일

부속물 정보

초고

최종 기사/이미지

게재일

분량

메인 기사

부속물

기타 사항:

그래픽 전시관

2006년 10월 18일 미국 인구가 마침내 3억 명을 넘어섰다. 마침 큰 뉴스가 없는 날이라서 신문들은 인구 통계를 심층적으로 다룬 대형 그래픽을 1면에 배치할 기회를 갖게 됐다.

여기, 4개 페이지에서 9개 신문의 그래픽을 볼 수 있다. 같은 데이터를 다른 방식으로 표현한 그래픽들을 비교해보라. 어떤 그래픽이 가장 효과적인가?

〈텔레그래프〉(*The Telegraph*, Macon, Ga.): 디자이너 카렌 루드윅은 애초 시간과 주요 사건을 결합한 시계로 그래픽을 만들 계획이었지만, 그 아이디어는 성공적이지 못했고 결국 폐기됐다. 루드윅은 "나의 목표는 단순함을 유지하는 것이었다. 메인 그래픽에서 미국의 인구 증가를 보여주고 싶었다. 나는 지면 맨 위에 나열한 수치들이 지도와 '3억 명 그리고 하나, 둘…'이란 제목을 소개하고 보충하는 좋은 장치라고 생각했다. 또 메인 그래픽을 효과적으로 보충하는 그래픽을 맨 아래에 배치해 지면을 완성했다"고 말했다.

〈모닝 콜〉(*The Morning Call*, Allentown, Pa.): 지면 디자이너 게리 비스게티스는 다음과 같이 설명했다. "이건 인구에 대한 이야기이다. 처음 딱 보았을 때 상징적인 어떤 것을 써야겠다고 생각했다. 사람들의 성별과 민족의 기원에 관한 것이 자연스럽게 논의됐다. 편집자들은 다양한 민족이 사는 앨런타운의 도심을 보여주는 항공사진으로 결정했다. 그래픽이 주로 숫자를 다루고 있기 때문에, 딱딱한 통계에 상징적인 삽화 아이콘을 추가했다.

그래픽 전시관

And baby makes ...

300,000,000

one birth every **7** seconds

one death every **13** seconds

new citizen every **31** seconds

THOMAS WELLS

Matt Harris and Anna Grigg are the proud parents of JohnZ Grigg, a six-pound, 18-inch baby boy, who was born at 7:48 a.m. on Tuesday. According to the Census Bureau, JohnZ is the 300,000,531st U.S. citizen.

Oxford baby misses milestone by an hour

BY MICHAELA GIBSON MORRIS
Daily Journal

The American family officially has expanded.

On Tuesday, according to U.S. Census Bureau estimates, the U.S. population hit 300 million people at about 7:46 a.m. EDT.

In Northeast Mississippi, JohnZ Kylin Grigg was born not long after that mark, arriving at Baptist Memorial Hospital-North Mississippi in Oxford at 7:48 a.m. CDT. His parents, Anna Grigg and Matt Harris of Oxford, were caught off guard by his arrival.

"We didn't expect to have him today," said Grigg, 17, who was due Nov. 2. "It was kind of a shock."

That Baby Grigg was so close to the theoretical 300 million mark was intriguing to his mom, but other numbers were more important on Tuesday.

"He has all his toes and all his fingers," said Grigg, whose son was born 6 pounds and 18 inches.

Hard to know

It's impossible to know exactly when the the 300 million population mark was hit – some experts think that if illegal immigration were taken into account, it likely happened months ago.

The United States adds about 2.8 million people a year, for a growth rate of less than 1 percent. About 40 percent of the growth

Turn to **CENSUS** *on* **Page 7A**

HOW TIMES HAVE CHANGED

	1915	1967	2006
Population	100 million	200 million	300 million
Gas prices	.25 equal to $5.01 today	.33 equal to $2.00 today	$3.07 As of Aug. 7
New homes	$3,200 $64,158 today	$24,600 $149,147 today	$225,000 August
Life expectancy	54.5 years	70.5 years	77.8 years
Vehicle registration	2.5 million	98.9 million	237.2 million

SOURCE: LA TIMES/U.S. CENSUS BUREAU

〈데일리 저널〉(*Daily Journal*, Tupelo, Miss.): 자료 이미지와 이 지역의 현장 사진을 결합해 3시간 만에 레이아웃을 완성했다. 지면 디자이너 조시 한나는 "우리 모두 이 작품에 만족했다"며 "지면을 텍스트로 답답하게 만들지 않으면서도 많은 정보를 주고 있다. 군더더기도 거의 없고 독자들의 요구에 잘 부응했다"고 말했다.

WELCOME TO THE
UNITED STATES OF AMERICA
Pop. 300 million

By Ilene Lelchuk
SAN FRANCISCO CHRONICLE

The 300 millionth American arrived today, but in a break with tradition, that landmark resident wasn't necessarily a newborn. She or he may have been an adult immigrant.

All the U.S. Census Bureau knows for sure is that, on average, a baby is born somewhere in the country every 7 seconds, a new immigrant arrives every 31 seconds and someone dies every 13 seconds, for a net average gain of one resident every 11 seconds.

Based on those averages, the Census Bureau projected that we would hit 300 million at 4:46 a.m. PDT. The bureau's population clock, ticking away in cyberspace at www.census.gov, put the U.S. population at 299,996,716 at 6:30 p.m. Monday.

A lot has changed since 1967, the year that

POPULATION/A9

HOW DID THEY GET THAT NUMBER?

1 baby is born every 7 SECONDS − 1 person dies every 13 SECONDS + 1 immigrant arrives every 31 SECONDS = 1 resident every 11 SECONDS

	1915	1967	2006
UNITED STATES	100 million	200 million	300 million

SOURCE: URBAN EDUCATION PARTNERSHIP

	1915	1967	2006
L.A. COUNTY	815,000	6.85 million	10.25 million

SOURCE: LOS ANGELES ALMANAC

	1920	1970	2000
EL SEGUNDO	1,563	15,620	16,033
MANHATTAN BEACH	859	35,352	33,852
REDONDO BEACH	4,913	57,451	63,261

SOURCE: LOS ANGELES ALMANAC

〈데일리 브리즈〉(*Daily Breeze*, Torrance, Calif.): "도로안내판 모양을 활용한 인구 안내판에 정보를 넣어 그래픽을 만들었다. 기사의 핵심을 잘 전달하고 독자가 즉시 알아볼 수 있기 때문이다." 지면 디자이너 제니퍼 펠츠는 "사람들은 도시를 알려주는 안내판을 항상 보며 살아왔다. 인구 안내판도 친숙하게 보일 것이다. 이 디자인은 눈길을 끌기에 좋고 그 안에 담긴 내용은 쉽게 이해된다"고 강조했다.

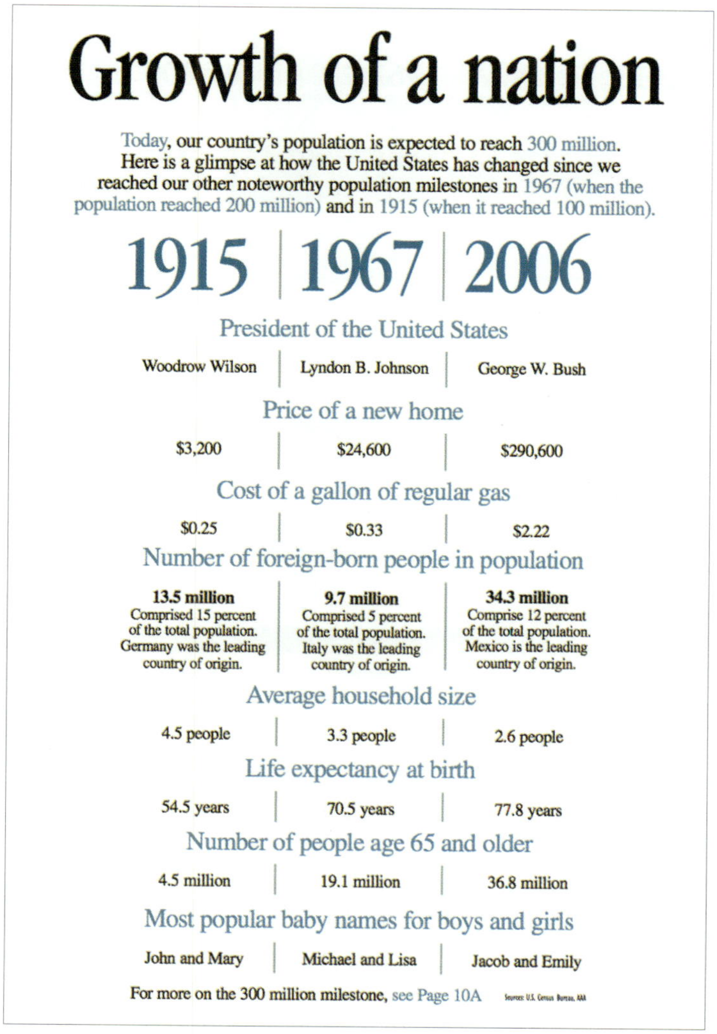

Growth of a nation

Today, our country's population is expected to reach 300 million. Here is a glimpse at how the United States has changed since we reached our other noteworthy population milestones in 1967 (when the population reached 200 million) and in 1915 (when it reached 100 million).

	1915	1967	2006
President of the United States	Woodrow Wilson	Lyndon B. Johnson	George W. Bush
Price of a new home	$3,200	$24,600	$290,600
Cost of a gallon of regular gas	$0.25	$0.33	$2.22
Number of foreign-born people in population	**13.5 million** Comprised 15 percent of the total population. Germany was the leading country of origin.	**9.7 million** Comprised 5 percent of the total population. Italy was the leading country of origin.	**34.3 million** Comprise 12 percent of the total population. Mexico is the leading country of origin.
Average household size	4.5 people	3.3 people	2.6 people
Life expectancy at birth	54.5 years	70.5 years	77.8 years
Number of people age 65 and older	4.5 million	19.1 million	36.8 million
Most popular baby names for boys and girls	John and Mary	Michael and Lisa	Jacob and Emily

For more on the 300 million milestone, see Page 10A

Sources: U.S. Census Bureau, AAA

〈그위닛 데일리 포스트〉(*Gwinnett*(Ga.) *Daily Post*): 그래픽 편집자 니콜 푸켓은 사진을 사용하려 했다고 밝혔다. 그녀는 "그런데 당장 쓸 만한 사진이 없었다. 고민한 결과, 색깔을 약간 활용하고 내용을 촘촘하게 채운 그래픽을 만든다면 사진을 사용하는 것보다 독자의 관심을 더 끌 것 같았다"고 말했다.

그래픽 전시관

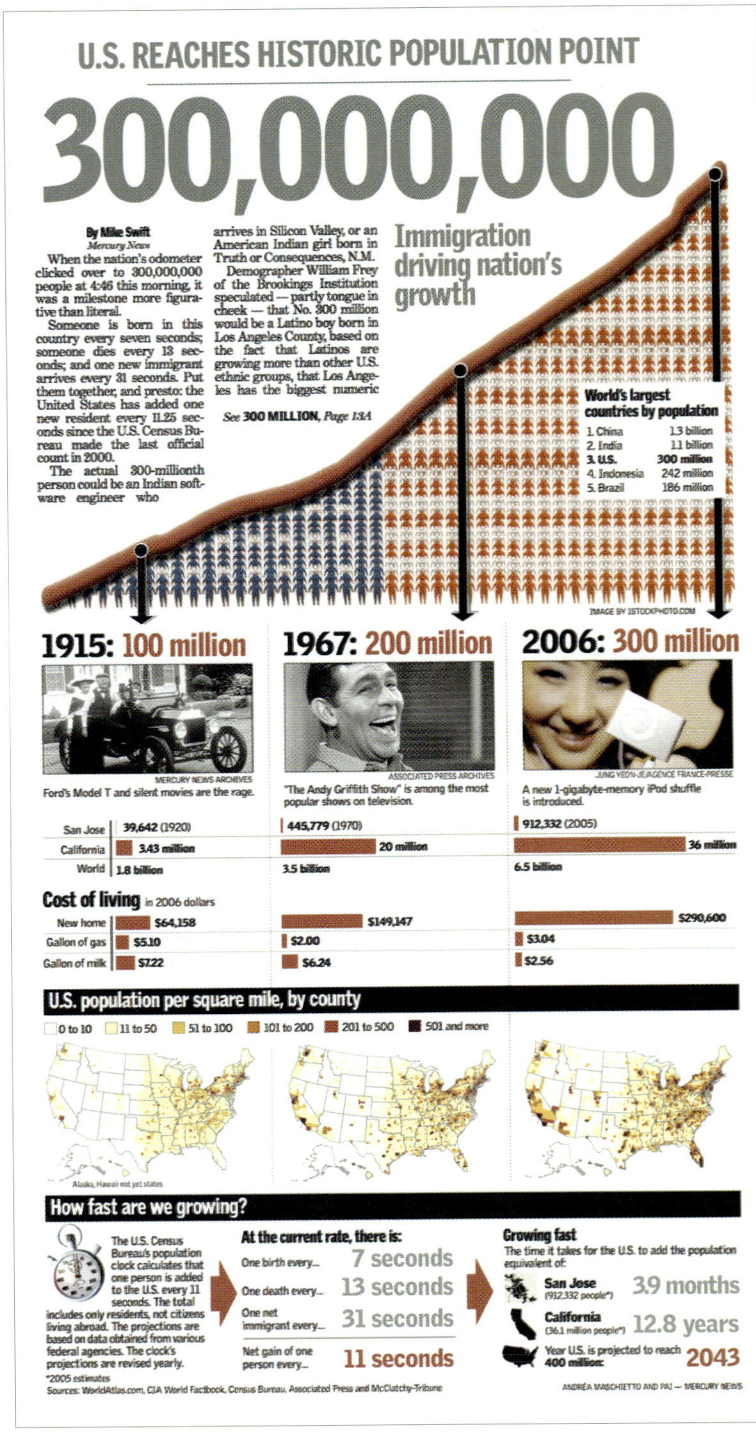

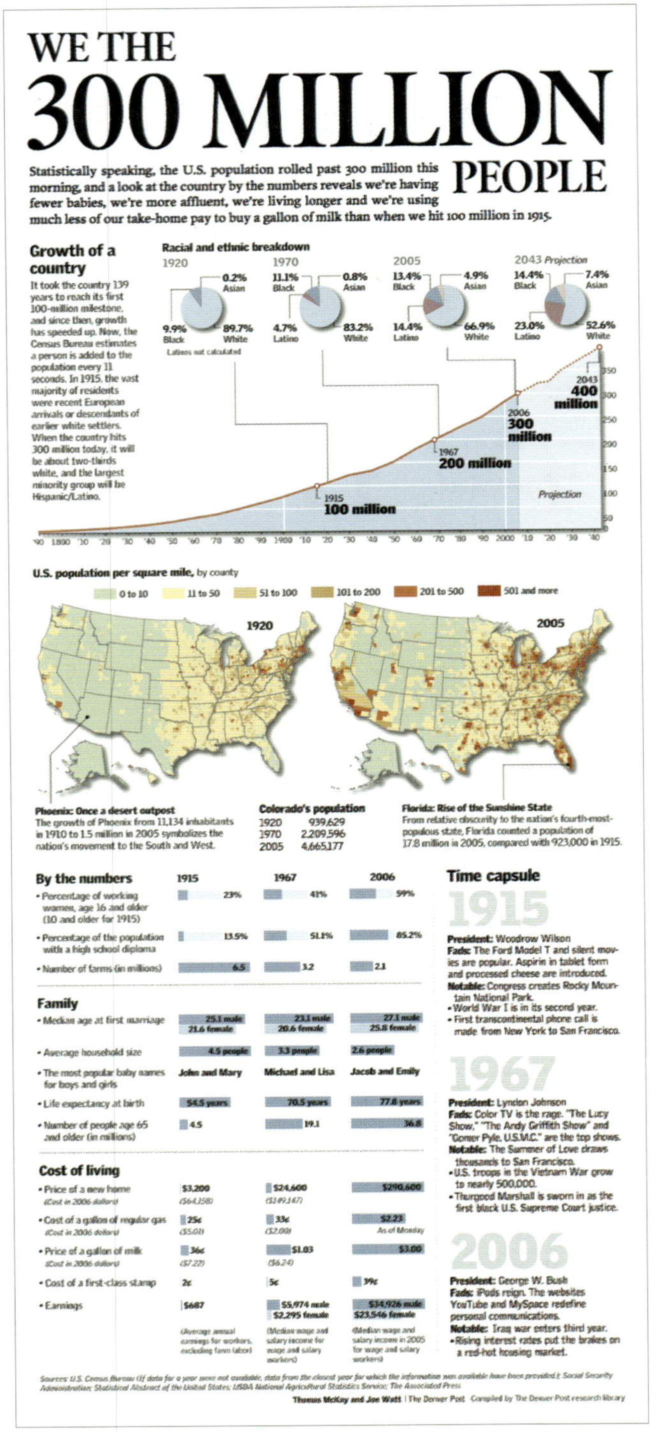

〈**새너제이 머큐리 뉴스**〉: 이 그래픽은 뭘 보여주고자 한 것일까? 그래픽–디자인 파트 선임 편집자인 조나단 베르린은 이렇게 설명했다. "나는 인구가 3억 명에 이르게 된 시대별 과정, 현재와 과거의 차이점 그리고 3억 명의 인구를 어떻게 산정했는지를 보여주고 싶었다."

독자들은 이 기사에 관심이 많았다. 그날 내부 기자가 쓴 기사 중 홈페이지에서 4번째로 많이 읽힐 정도였다. 베르린은 "이 기사의 주제는 어떤 면에서 최고로 관심을 끌 만한 것이었고, 시간을 보내기에도 적당한 읽을거리였다"고 말했다. 하지만 그는 이 지면을 다시 만들게 된다면 정보, 타이포그래피, 디자인을 좀더 효과적으로 통합할 것이라고 밝혔다. 그는 "모든 부분이 이해하기 좋게 단순했지만 정보 측면이나 시각적인 면에서 개선의 여지도 없지 않다"고 말했다.

〈**덴버 포스트**〉(*The Denver Post*): 그래픽 편집자 조 와트는 화요일 자 지면을 월요일 아침부터 계획하기 시작했다고 회상했다. "우리는 그래픽의 전체 윤곽을 논의했다. 인구가 1억 명, 2억 명, 3억 명이 된 때와 4억 명 시대는 언제 될지를 꺾은선그래프로 보여주기로 했다. 그러나 인구에 대한 그래프 외에 세상이 어떻게 변해가는지도 보여주고 싶었다. 그래서 민족이나 인종 비율의 변화, 생활상을 담은 그래프를 추가했다. 독자가 이 그래픽을 세세히 보려면 시간이 걸리겠지만 모든 그래픽의 모든 단계에 흥미로운 정보를 담아 보상하고자 했다."

그래픽 전시관

300 million ... and counting

GRACE BEAHM/STAFF

Yes, there really are people everywhere, in Charleston and throughout the nation.

The growth of the United States

	1915	1967	2006
U.S. Population	100 million	200 million	300 million
World Population	1.8 billion	3.5 billion	6.6 billion
Foreign-born people living in America; leading country of origin	13.5 million, 15% of the population; Germany	9.7 million, 5% of the population; Italy	34.3 million, 12% of the population; Mexico
President	Woodrow Wilson	Lyndon B. Johnson	George W. Bush
Cost for a gallon of regular gas	$0.25 ($5.00 in '06 dollars)	$0.33 ($2.00 in '06 dollars)	$2.23
Price of a gallon of milk	$0.36 ($7.22 in '06 dollars)	$1.03 ($6.24 in '06 dollars)	$3.00
Pop culture	The "Model T" and silent movies are the rage. Raggedy Ann, aspirin in tablet form and processed cheese are introduced.	Color TV is the rage. "The Lucy Show," "Andy Griffith" and "Gomer Pyle" are the top-rated television shows.	iPods, cell phones and "American Idol" reign supreme.
Average household size	4.5 people	3.3 people	2.6 people
Median age	24.1 years	29.5 years	36.2 years
Life expectancy	54.5 years	70.5 years	77.8 years
Median income for male and female wage and salary workers, respectively	$687 (Constant dollar figure not available)	$5,974 and $2,295 ($29,589 and $11,367 in 2005 dollars)	$34,926 and $23,546
Popular baby names	John and Mary	Michael and Lisa	Jacob and Emily
Median age at first marriage for men and women, respectively	25.1 and 21.6	23.1 and 20.6	27.1 and 25.8

SOURCE: U.S. CENSUS BUREAU

Newborn or immigrant, nation set to hit milestone today

BY BRIAN HICKS
The Post and Courier

And you thought it was crowded on Highway 17.

The Census Bureau predicts that just before 8 a.m. today, the U.S. population will hit the 300 million threshold, and you know what that means: Now you are never going to get through the line at Starbucks.

Basically, the United States has a net gain of one person every 11 seconds. Sixty percent of this population explosion comes from births, and 40 percent comes from immigration.

The Census Bureau bases its calculations on a somewhat simple formula. Someone is born every 7 seconds, someone dies every 13 seconds, and every 30 minutes a TV station somewhere airs a "Gilligan's Island" rerun.

The idea that this country is getting more crowded is not lost on anyone in Charleston. Byron and Lisa Moore, navigating downtown Friday, felt like they had run into just about every one of those 300 million.

"It's crowded today, that's for sure," Byron Moore said.

Lisa Moore, a real estate agent in Columbia, said South Carolina is filling up from Florida's overflow.

"All those people are sick of living in Florida, and they are moving up here," she said.

So that's who all those new houses are for.

Please see **POPULATION**, Page 9A

〈포스트 앤드 쿠리어〉(*The Post and Courier*, Charleston, S.C.): "우리는 인구가 3억 명을 돌파하기 전에 이미 광범위한 뉴스와 정보를 담은 대형 그래픽을 내보냈다." 그래픽 팀장 매트 윈터는 이렇게 말했다. "그래서 3억 명을 돌파한 날에는 우리 지역 위주의 정보를 보여주기로 했다. 독자가 지면을 보며 느낄 부담감은 줄이고, 더 이해하기 쉽고 지역의 실생활과 가까운 그래픽을 구상한 셈이다. 우리는 인구 뉴스 속에서 삶의 모습을 찾으려 했다. 누구나 관련 있는 우유와 기름 가격, 골프채, 아이팟 그리고 아기 이름 같은 것들 말이다."

300 MILLION AMERICANS

U.S. gobbles up goods on its way to today's population milestone

From wire services

WASHINGTON — America's population is on track to hit 300 million this morning, and it's causing a stir among environmentalists.

People in the United States are consuming more than ever – more food, more energy, more natural resources. Open spaces are shrinking and traffic in many areas is dreadful.

Three hundred million is still small potatoes compared to billion-plus giants India and China, which already had more than 300 million people a century ago.

But at least the United States, which is home to just under 1 in 20 of the 6.6 billion people worldwide, is still growing.

Fueled by economic growth and abundant immigration, America should add an additional 100 million people by the middle of the century.

That will be enough to keep the U.S. in the No. 3 slot on the world's population chart as Indonesia, the No. 4 nation, plays catchup, according to the International Institute for Applied Systems Analysis, a nongovernmental research organization.

At the other end of the scale is tiny Vatican City, which has a population of just 770.

SEE **POPULATION** PAGE **A5**

Circle of life*

Deaths in Maine: 1 every 43 minutes
Births in Maine: 1 every 38 minutes

Maine population

1971: 1,016,000 (broke 1 million)
2005: 1,283,673
2030: 1,411,097 (projected)

* Based on average number of births and deaths the last six years
Source: U.S. Census, Maine Office of Data, Research and Vital Statistics

Maine decades from 2 million people, A5

EQUALS 1 MILLION AMERICANS

〈선 저널〉(*Sun Journal*, Lewiston, Maine): 위 그래픽의 콘셉트를 만든 비주얼 담당 국장 닉 마수다의 모토는 '바보야, 더 단순하게!'다. 그는 "우리는 독자가 더 쉽게 이해할 수 있는 그래픽을 원했다"며 "나는 더 심층적인 것, 더 많은 통계를 확보하고 싶었다. 그러나 그 순간 한발 물러서서 '이건 우리 메인 주의 모습에 관한 이야기야. 우리의 숫자들은 캘리포니아 주만큼 의미 있는 것은 아니잖아'라고 말했다"고 밝혔다.

자, 어느 그래픽이 가장 효과적인가?

위 9가지 그래픽을 다시 살펴보자. 어떤 게 가장 마음에 드는가?
어떤 작품이 가장 효과적, 매력적으로 정보를 전달하고 있는가?
어떤 그래픽이 가장 효과 없어 보이는가?
우리는 저명한 12명의 그래픽 편집자와 디자이너에게 같은 질문을 던졌다.
그들이 가장 좋은 점수를 준 작품을 알고 싶다면 278페이지를 보라.

그래픽 가이드라인

뛰어난 그래픽은 가장 적은 잉크로 가장 작은 공간에서
가장 짧은 시간에 가장 많은 아이디어를 독자에게 보여준다.

에드워드 투프테(Edward R. Tufte)

그래픽 작업을 시작하기 전, 스스로 자문하라.

◆ **빠뜨린 요소는 없는가?** 독자를 위한 완벽한 작품을 위해 뭘 보충해야 할까? 매력적인 그래픽이 아니면 독자가 그 페이지를 휙 넘겨버릴 것이다.

◆ **무엇이 텍스트를 교착상태에 빠뜨리나?** 일련의 숫자들? 섬세하지 못한 요소들? 날짜들? 선명도? 서로 비교한 부분? 정보들은 잘 보이고 제 역할을 하고 있는가?

◆ **내용을 명확히 보여주기 위해 어떤 데이터가 필요한가?** 통계? 지리 정보? 역사? 정보의 수준이 독자의 수준보다 너무 높진 않은가?

◆ **시간은 얼마나 있으며 공간은 어느 정도인가?** 지면 안내 속에 쥐어짜 넣을 수 있는 작은 시각물? 작은 지도? 아니면 비주얼 페이지의 대형 그래픽? 이 경우 한 면을 통째로 확보했나?

◆ **이 부속상자나 그래픽의 핵심은 무엇인가?** 강조하려고 하는 하나의 명확한 콘셉트가 있는가? 아니면 통계 더미를 그냥 옮겨놓는 수준인가?

그래픽 자료 수집 및 편집

◆ **세심하게 데이터를 수집하라.** 믿을 만한 정보를 이용하라. 가능한 한 최신 정보로. 빠뜨린 데이터는 없는지, 추정치나 전망치는 아닌지 점검하라. 정보가 불확실하거나 검증되지 않은 것이라면 독자에게 솔직히 알려야 한다. 아래 꺾은선그래프는 독자의 오해를 막기 위해 두 군데를 끊어 처리했다. 효과가 있어 보이는가?

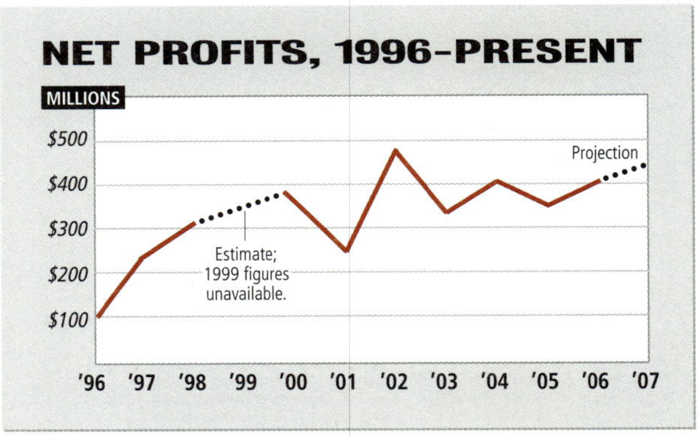

이 꺾은선 그래프는 1999년 추정 통계와 2007년 전망치를 점선으로 표현했다. 성공적인 작업일까, 아니면 뭔가 잘못된 그래픽처럼 보이지는 않는가?

◆ **조심스럽게 편집하라.** 모든 그래픽과 부속상자는 편집 과정을 거쳐야 한다. 총합, 퍼센트, 연도 같은 모든 숫자를 점검하라. 철자와 문법도 살펴라. 부속상자 속의 모든 요소가 본문과 일치하는지 하나하나 대조하라. 마지막으로 문장들이 데이터를 공정하고 객관적으로 표현하고 있는지 맞춰보라.

◆ **독자들이 알 수 있는 수치 단위로 바꿔라.** 외국 화폐는 자국 화폐 단위로 환산하라. 독자를 혼란에 빠뜨리는 애매모호한 용어, 전문어, 약어는 피하라.

PACIFIC OCEAN RECORD DEPTHS

NAME	DEPTH IN METERS	DEPTH IN FATHOMS
Mariana Trench	10,924	5,973
Tonga Trench	10,800	5,906
Philippine Trench	10,057	5,499
Kermadec Trench	10,047	5,494
Bonin Trench	9,994	5,464
Kuril Trench	9,750	5,331

이 표는 바다의 깊이를 미터와 패덤(수심 측정 단위, 6피트) 단위로 표시했다. 패덤이란 단위를 독자가 알까? 이해도를 높이려면 패덤을 피트로 환산해 표기해야 한다.

◆ **단순화 또 단순화.** 보여주고 싶은 핵심이 무엇인가. 그것을 항상 명확히 하라. 굳건하고 적절한 하나의 아이디어를 묘사하라. 추상적이고 별 의미 없고 모호한 것이 아닌 독자가 공감할 수 있는 콘셉트에 집중하라는 얘기다. 중요하지 않은 말과 정보를 모두 덜어내 혼란을 피하고 핵심 하나만 집중 공략해야 한다.

그래픽 가이드라인

◆ **단순함을 유지하라.** 그래픽과 부속상자는 이해하기 쉬워야 한다. 아니면 독자를 겁줘 쫓아버린다. 파이그래프를 12조각으로 나누지 말라. 비슷한 항목을 묶어서 처리하지 않으면 줄무늬와 물방울무늬로 가득 차 내용을 읽기조차 쉽지 않다. 최근의 추세를 보여주는 게 목적이라면 꺾은선그래프에 너무 많은 연도를 넣지 마라.

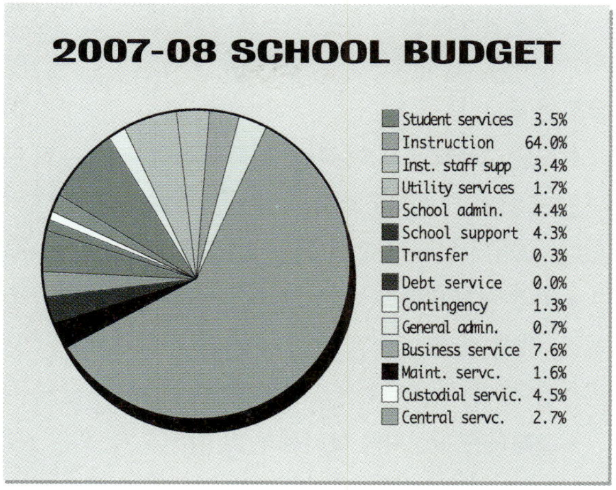

무엇이 이 파이그래프를 혼란스럽게 하나? 조각이 너무 많아서일까? (어쨌든, 정확하게 조각이 몇 개나 되는 걸까?) 줄무늬와 물방울무늬를 판별하기 힘든 범례 때문일까? 백분율을 각각의 조각에 적거나 지시선을 이용해 표시하지 않고 독립적으로 처리한 게 문제일까?

다시 말해, 그래프를 혹사시켜선 안 된다. 몇 개의 다른 내용을 표현하고 싶다면 차라리 몇 개의 다른 그래프를 만드는 것이 훨씬 효과적이다.

◆ **항상 정확하라.** 앞에서도 말했지만 믿을 만한 출처를 이용해야 한다. 그리고 그래프 밑에 출처를 밝혀야 한다.

통계의 거짓말: 막대그래프는 막대를 써서 수치를 시각화한다. 긴 막대는 큰 숫자이고 짧은 막대는 작은 숫자다. 옆의 막대보다 두 배 긴 막대의 실제 값은 옆의 두 배여야 한다. 오른쪽에 있는 막대그래프를 보자. 막대 길이로 보면 어떤 학교가 2007~2008년에 쓴 비용은 2005~2006년의 절반쯤이다. 실제로 그런가?

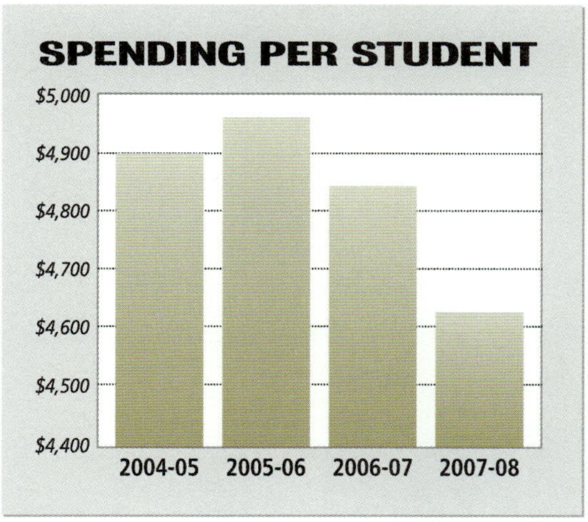

수치를 그래프로 만들 때 면적 비율이 적절한지 확인하라. 파이그래프의 각 조각은 수학적으로 면적 배분이 정확해야 한다. 꺾은선그래프에서 시간 표시 부분의 공간은 균등해야 한다. 막대그래프의 막대 길이도 비율이 정확해야 한다. 여기 그래프의 막대는 정보를 왜곡하고 있는데, 막대가 0을 기준점으로 하고 있지 않기 때문이다.

◆ **명확하게 명칭을 부여하라.** 선, 숫자, 원, 막대와 같은 중요한 요소는 항상 쉽게 이해할 수 있어야 함을 명심하라. 필요하다면 범례를 추가하라. 아니면 지금 보고 있는 것이 무엇인지 독자들에게 알려주기 위해 그래프 맨 위에 안내문을 넣어라.

◆ **더 멋있게 꾸며보자.** 스크린, 입체효과, 사진, 일러스트레이션, 색깔을 활용해보자. 단 장식용이 아니라 데이터를 더 잘 구성하고 분류하기 위한 목적으로 사용하라. 독자의 관심을 확 끌기 위해 일러스트레이션을 쓰는 것은 확실히 좋은 방법이다("이 그래프는 배에 관한 것이다. 저 보트를 봐라, 알겠지?" 이런 식으로 말하는 것처럼). 그러나 많은 신문은 잡동사니 삽화로 어설픈 그래픽을 매일 쏟아내고 있다. 막무가내로 사용하면 특별한 효과가 되레 정보를 왜곡하고 독자의 집중력을 방해하게 된다. 재치 있고 맵시 있게 사용하면 건조한 통계가 신선하고 매력적인 것으로 바뀐다(오른쪽 그래프처럼).

그래픽 가이드라인

타이포그래피와 레이아웃

◆ **그래픽 스타일의 가이드라인을 개발하라.** 글씨 크기, 스크린 농도, 출처 및 크레디트라인, 기호 등에 대한 확고한 기준을 만들어두면 혼란을 피하고 시간을 절약하며 일관된 모습을 유지할 수 있다.

◆ **모든 그래픽과 부속상자에 제목을 붙여라.** 독자가 지도나 부속상자의 의미를 추측하게 만들지 마라. '그들의 소득' 같은 짧은 제목만으로도 그래픽의 의미를 명확히 표시할 수 있다. 그러나 위에서도 언급했지만 글씨체와 크기, 처리법은 일관성을 유지해야 한다.

◆ **읽기 쉽게 만들라.** 8포인트(출처나 크레디트는 제외·영문기준)보다 작은 글씨는 피해라. 핵심 단어는 굵은 글씨로 써라. 모든 글씨는 가로쓰기를 하라(지도상의 강이나 도로명은 예외). 다른 요소와 충돌하거나 붐비지 않게 선과 적절한 여백을 활용하라.

◆ **그래픽은 사진처럼 배치하라.** 일반적으로 작은 그래픽은 다른 아트 요소처럼 배치하면 된다.

더 알아보기 ▶

◆ **스타일북:** 텍스트와 그래픽을 다룬 가이드라인을 책으로 만들려면 235쪽
◆ **그리드:** 대안이 될 만한 지면 형태에 대한 다양한 시도들 76쪽

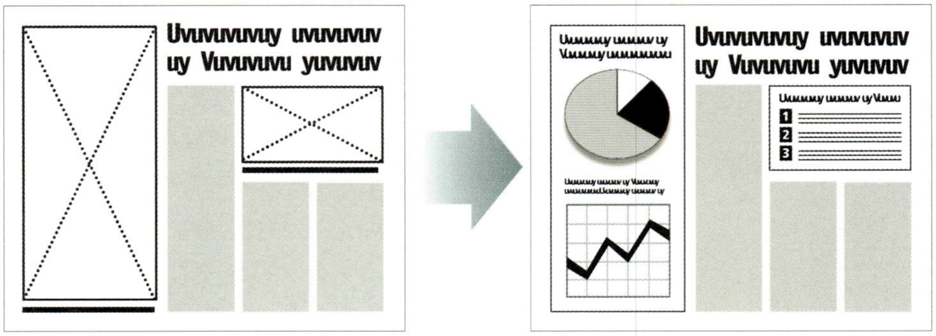

이 다섯 칼럼 디자인에는 두 개의 그래픽 요소가 있다. 큰 세로 사진이 두 칼럼을 차지했고 작은 가로 사진은 기사 속에 배치됐다.

똑같은 다섯 칼럼 디자인에서 세로 모양 메인 그래픽을 두 칼럼에 배치하고 박스 처리한 목록을 기사 칼럼 맨 위에 배치했다.

더 야심찬 지면을 원하는가? 그래픽을 메인 기사 아래나 양옆, 또는 두 곳 모두에 철도 레일처럼 길게 배치하는 걸 고려하라. 아래 〈볼 스테이트 데일리 뉴스〉(*Ball State Daily News*)의 눈에 띄는 두 페이지가 이런 지면을 잘 보여준다.

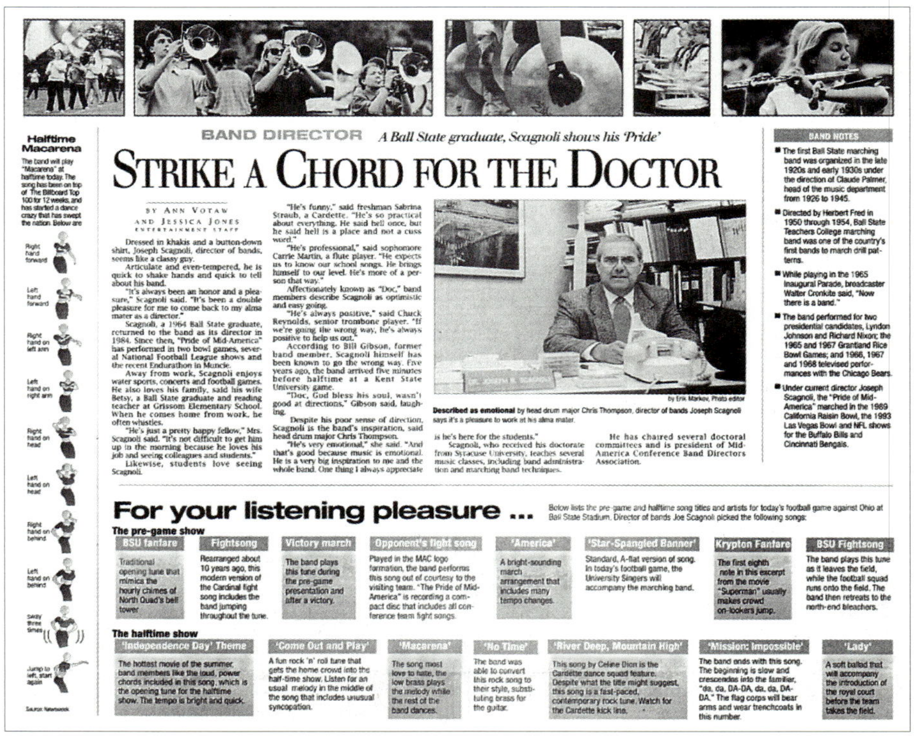

BAND DIRECTOR *A Ball State graduate, Scagnoli shows his 'Pride'*

STRIKE A CHORD FOR THE DOCTOR

Halftime Macarena

BAND NOTES

For your listening pleasure ...

The pre-game show: BSU fanfare | Fightsong | Victory march | Opponent's fight song | 'America' | 'Star-Spangled Banner' | Krypton Fanfare | BSU Fightsong

The halftime show: 'Independence Day' Theme | 'Come Out and Play' | 'Macarena' | 'No Time' | 'River Deep, Mountain High' | 'Mission: Impossible' | 'Lady'

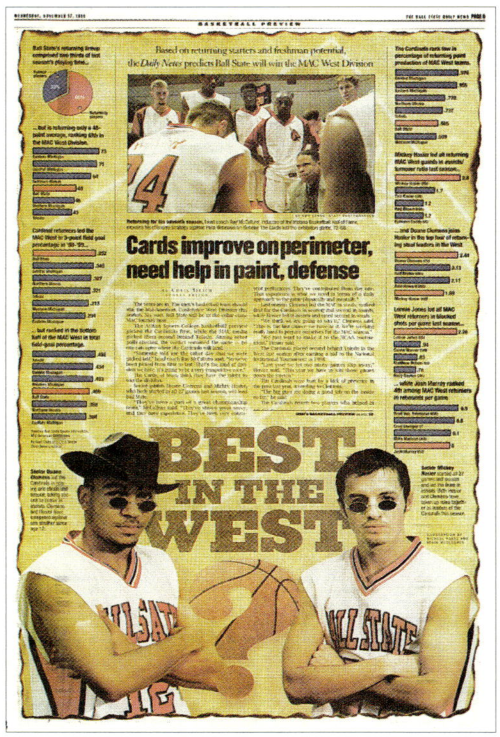

Based on returning starters and freshman potential, the *Daily News* predicts Ball State will win the MAC West Division

Cards improve on perimeter, need help in paint, defense

BEST IN THE WEST

문제 해결

문제 해결–그래픽과 부속상자 때문에 고민하는 디자이너가 자주 던지는 질문에 대한 응급 처방

Q 지도를 만드는 가장 좋은 방법은 무엇인가? 특별한 소프트웨어가 필요한가? 기존 지도나 도로 지도책을 그대로 써도 괜찮을까?

전문적인 지도 제작자처럼 하지 않아도 된다. 특별한 소프트웨어는 필요 없고 정확한 지도를 만들기 위해 저작권법을 어길 필요도 없다. 어떻게 공원에 찾아가는지 독자에게 알려준다고 가정하자. 요요 축제가 곧 열릴 '투아라틴 공원'이라 해두자. 현재 가지고 있는 자료로 당신만의 지도를 제작하는 가장 빠른 방법은 아래와 같다.

1 최근의 믿을 만한 지도 자료를 찾아라. 여행안내서, 정부 제공 지도, 상업적 지도책, 웹사이트에서 구할 수 있다. 그 지도를 스캔하거나 복사해 컴퓨터에 저장하라. 선명하게 스캔할 수 없다면 도시, 도로, 명소 등 핵심 요소들만 베낀 뒤 스캔하라.

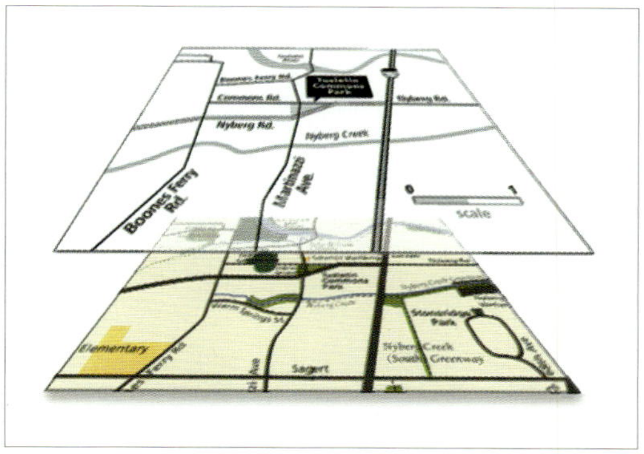

2 그림, 사진, 레이아웃 기능이 있는 소프트웨어를 실행하라. 구불구불한 선을 그릴 수 있고 글자를 넣을 수 있으면 된다. 스캔 받은 그림을 활용해 주요 도로, 도시, 명소를 모사하라. 중요하지 않은 거리 등 불필요한 요소는 지워라. 독자가 목적지를 찾는 데 도움이 되는 도로, 강, 지역 상징물은 꼭 표시해야 한다.

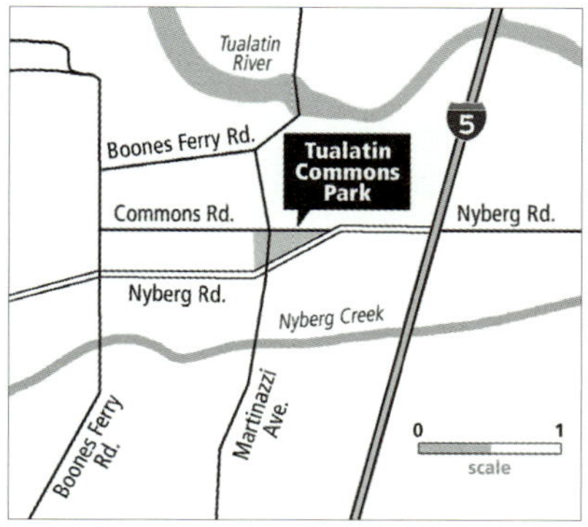

3 당신의 신문사 그래픽 가이드에 맞춰 지도를 완성하라[위 그림에서 길거리 명칭은 프루티거 장체(Frutiger Condensed), 강 명칭은 얇은 이탤릭체다]. 이제 출처, 축적, 방위를 적절하게 덧붙여라. 그러면 아마 1시간 안에 지도를 만들 수 있을 것이다.

국가나 주(州)의 지도가 필요한가? 클립아트 모음집에 있는 다양한 스타일의 지도를 활용할 수 있다(왼쪽 샘플처럼). 모음집은 한번 사두면 그 속의 지도를 인쇄하거나 변용해서 사용할 수 있다. 그러나 명심하라. 다른 사람이 만든 지도를 그대로 신문에 쓰면 안 된다. 대부분의 전문 지도는 저작권이 있어서 허락받지 않고 쓰는 것은 훔치는 것과 같기 때문이다.

Q 당신은 위 지도를 한 시간 안에 만들 수 있다고 했다. 그래픽 제작시간은 대개 얼마나 걸리나?

주제의 복잡한 정도와 제작자의 숙련도에 달린 문제다. 단순한 그래프는 20분이면 만들 수 있다. 일러스트레이션이 가미된 중간 정도 그래픽은 몇 시간 걸린다. 대형 컬러 그래픽은 하루를 몽땅 투자해야 만들 수 있다. 몇 페이지 전에 봤던 복잡하고 철두철미하게 취재한 초대형 그래픽은 준비하고 만들고 다듬어 신문에 싣기까지 몇 주가 걸릴 수도 있다. 이런 그래픽은 아티스트, 취재기자, 편집기자가 팀을 이뤄 손발을 맞춰야 한다.

MAYOR BOGART'S GOALS FOR 2008

- Begin construction of a new Central Point library.
- Establish a pension plan for police and fire department employees.
- Expand Hebb Park to include river access, boat launch and hiking trails.
- Install traffic signals at three main Advance Road intersections.

그러나 이런 초대형 그래픽은 매우 예외적인 경우다. 기억하라! 오른쪽과 같은 작은 부속상자, 요약상자, 목록으로도 기사를 빛낼 수 있다. 이들은 효과가 크지만 많은 시간과 특별한 기술을 필요로 하지 않는다. 굳이 그래픽 아티스트의 손을 거칠 필요가 없다.

문제 해결

Q 그래픽에 잘 어울리는 글씨체, 글씨 크기, 컬러를 어떻게 정하나?

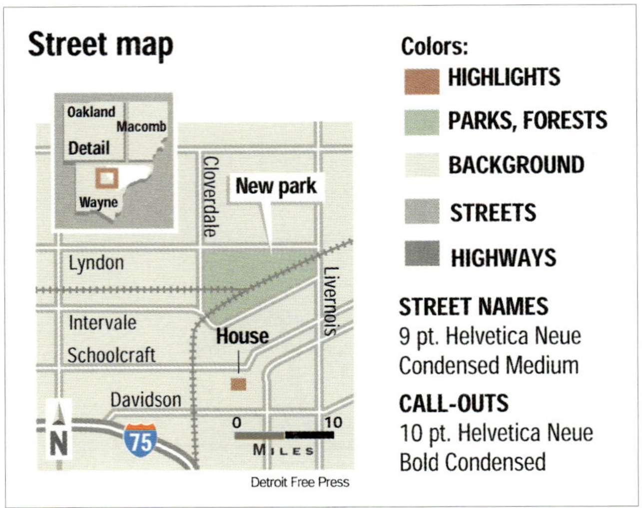

〈디트로이트 프리 프레스〉의 그래픽 스타일북에 있는 위 지도는 이 신문이 지도상의 글씨, 색상 그리고 그래픽 설명을 어떻게 처리하는지 잘 보여준다.

그래프, 차트, 지도를 제작할 때마다 틀을 다시 만든다면 시간과 에너지를 낭비하게 된다. 그래서 유력한 신문들은 헤드라인부터 바이라인, 약력박스까지 모든 것을 정한 디자인 스타일북을 마련해둔다(상세한 정보는 235쪽에).

유용한 스타일북을 갖고 싶다면, 모든 종류의 그래픽이 담긴 텍스트북 표본부터 만들라. 그 후 최대한 상세하게 분류하라.

- ◆ 모든 종류의 글씨체 및 글씨 크기
- ◆ 스크린 농도와 색깔
- ◆ 선의 종류와 두께
- ◆ 여백과 공간(자간, 행간, 어간)
- ◆ 그래픽 설명문과 화살표의 스타일
- ◆ 정보 제공자와 출처 표시 가이드라인
- ◆ 방위, 축척, 그림자 등 기타 그래픽 요소의 스타일

최고의 스타일북은 교본과 같다. 좋은 예와 나쁜 예를 통해 제작 팁을 제공하고 철학을 심어준다. 스타일북을 만들려면 몇 주가 걸리지만 장기적으로는 마감시간에 혼란을 덜어주기 때문에 시간을 아낄 수 있다.

Q 우리는 그래픽 팀도 없는 작은 신문사다. 그래픽을 더 많이 활용할 수 있는 방법이 없을까?

다시 말하지만 초대형 그래픽을 만들 필요가 없다. 하지만 작고 독자 친화적인 부속상자나 요약상자는 더 많은 기사에 더 자주 넣어야 한다. 아래와 같이 해보라.

26 The Little Hawk • December 17, 1993 Culture

A dynasty in one room

Art students, parents and perspective buyers look over the variety of art at the student Art Show and Sale first tri. 627 students will take art classes at CHS this school year. Photo courtesy of the Art Department

Step into the art room and enter a world of creativity

FYI

Art by Katherine Doherty

"Artists almost never work with one art material or in just one way."
— Art teacher Polly Brotherton

Allowing students to discover the artists in themselves

Helping students discover their voices through art

◆ 큰 기사를 지휘하라. 기사와 그래픽의 훌륭한 결합은, 미리 계획하고 편집자가 독려해야 이뤄진다. 모든 주요 기사는 반드시 사전에 지휘 과정을 거쳐야 함을 편집국의 룰로 삼아라(이 작업을 어떻게 하는지 188쪽을 보며 되새기길). 기자들이 큰 기사에 들어가는 부속상자를 한번 만들어보면 작은 기사도 더 자주 그렇게 처리할 것이다.

◆ 취재기자들이 그래픽을 더 챙기게 만들라. 좋은 부속상자는 삽화, 색, 예술적 재능을 필요로 하지 않는다. 사실 매우 뛰어난 부속상자 대부분은 표, 리스트, Q&A와 같이 텍스트만으로 돼 있다. 대다수 취재기자는 중요한 숫자를 기사 속에 묻어두고 있다. 그들이 핵심 데이터를 뽑아내 유용한 요약상자를 만들어내게 훈련시켜라.

◆ 쉬워서 누구나 이용할 수 있는 그래픽 포맷을 만들어라. 단순한 차트, 그래프, 부속상자의 쉬운 견본을 만들어두라. 기자들이 일상 작업으로 그것을 이용하도록 교육시켜라.

7 특수효과

Beauty & THE BEAST

얼마 전까지만 해도 신문 지면들이 점잖고 심각하게 보일 때가 있었다. 종이는 하얗고 잉크는 검다. 모든 것이 경직된 회색 칼럼 속에 갇혀 있었다.

오늘날에는 모든 것이 바뀌었다. 지면은 어느 때보다 활기차다. 빨간색 헤드라인에 바탕은 강렬한 파란색, 사진들은 눈이 휘둥그레질 만큼 선명하게 인쇄된다. 특집면도 화려하다. 뉴스면도 화려하다. 심지어 경제면까지도. 이해가 안 될 정도다.

요즘 디자이너는 가방에 그래픽 기교를 가득 채워 넣고 다닌다. 이 기교들은 한편으로 기사에 정보력을 더해주고, 지면을 더 생동감 있게 해주지만, 대부분은 독자의 시선을 끌고자 하는 세상사에 맞춰져 있다.

컴퓨터 그래픽의 발달 덕분에 디자인 수준은 모든 정보매체들 사이에서 꾸준히 향상되고 있다. 텔레비전 뉴스를 보라. 〈타임〉이나 〈뉴스위크〉 같은 시사 잡지를 읽어보거나 그럴듯한 웹사이트를 서핑해보라. 이들이 보여주는 것은 활기차고, 그래픽은 줌으로 당겨서 보는 듯 자세하다. 만일 당신이 점잖고 진지한 신문을 고집해 경직된 회색 칼럼에 갇혀 있다면, 시대의 흐름에 뒤처진 것이다. 당신은 독자들과 함께 깊은 잠에 빠지게 될 것이다.

이 장에서는 지면에 활력을 주는 그래픽 기법들에 대해 알아볼 것이다. 이 기법들은 꼭 필요한 것은 아니지만, 취향과 기법이 잘 결합되면 특수효과가 모든 지면에 제대로 녹아들 수 있다.

7장 목차

파격 지면

알다시피 모든 신문들은 깔끔하고 일관된 디자인 규칙을 가지고 있다. 그러나 때로는 그 규칙을 파괴함으로써 지금 보고 있는 것과 같이 스타일 넘치는 페이지를 만들 수 있다.

당신은 어느 정도로 파격을 시도할 수 있는가? 지금 보고 있는 지면을 좀더 가까이 보라. 시각물을 비스듬히 놓았다. 본문을 가장자리로 튕겨내 기울였다. 파격적이다. 우리는 일상적인 디자인 포맷에서 얼마나 벗어날 수 있을까? 당신이 어릿광대처럼 재주부리는 것에 대해 독자들이 지겨워하기 전에 어떻게 독자를 끌어올 수 있는가?

이 4개의 페이지는 모두 〈애즈버리 파크 프레스〉의 지면이다. 이 신문은 스포츠와 피처면 디자인의 최신 유행을 선도하는 것으로 유명하다.

REALLY IS
T JUST
BADU, QUEEN LATIFAH, JILL S
Exit 116, Garden State
MOTHERHOOD & MUS
BY ED CONDRAN | CORRESPONDENT
ERYKAH BADU
HAS HER PRIORITIES STRAIGHT
WILLIE NELSON
ON THE PHONE AGAIN
WILLIE NELSON
8 p.m. Thursday
State Theatre,
19 Livingston Avenue,
New Brunswick
(732) 246-7469
George Strazza of Aberdeen painted "Willie," shown on today's Jersey Alive cover.
BY ED KAZ

존 스튜어트 편집 사례

신문 디자인은 창의적 작업이다. 특히 피처면이 그렇다. 당신은 레이아웃의 기본 규칙에서 시작해서, 당신의 시간과 상상력과 취향(sense of taste)이 허용하는 만큼 그 규칙을 슬쩍 건드리고 확장시키게 된다.

이 연습문제는 디자이너가 선택할 수 있는 옵션의 범위를 보여주는 사례다. 당신이 이 생활 면을 짜는 디자이너라고 가정해보자. 오늘의 생활 면커버 전면은 한 유명인의 기사로 채워질 것이다. 다시 말해 당신은 이 공간을 그 내용으로 다 채워야 한다.

C The Bugle Beacon Friday, April 14, 2008

LIVING

INSIDE: Letterman asks "What about me?" Page C2

그 스토리는 존 스튜어트에 관한 기사다. 그는 〈데일리 쇼〉를 진행한 지 곧 10주년을 맞는다. 다른 면으로 기사를 점프해도 된다. 그러나 사용할 수 있는 사진은 한 장뿐이다(왼쪽).

이 사진을 어떻게 트리밍할 것인가? 본문은 어떻게 배열할 것인가? 어떤 헤드라인을 쓰고 어떻게 배치할 것인가? 당신만의 해법을 잠시 생각해보라. 그리고 다음 3개 페이지에 걸쳐 우리는 12개의 스튜어트 지면을 보게 될 것이다.

투표해봅시다 ▶

12개의 스튜어트 편집 사례를 다음 3개 페이지에 걸쳐 볼 수 있을 것이다. 어떤 지면을 선호하는가? 각 사례를 분석하는 데 도움이 될 수 있도록 다음과 같은 채점판을 활용해보자.

당신의 채점

헤드라인 .... B

사진처리 .... C+

스타일 & 안목 .... A-

종합 평점 .... B

각 사례를 자세히 살펴보고 적당한 등급을 매겨보라.

존 스튜어트 편집 사례

1 이 간단명료한 접근법은 사진을 3단 체제 레이아웃에서 2단 상단에 배치했다. 안 되는 건 아니지만 밋밋하다. 지면이 본문 속에서 허우적대는 꼴이다.

한 줄짜리 전단 헤드라인 "스튜어트의 〈데일리 쇼〉 10주년"은 평범하고 생동감이 없다. 뉴스 기사에는 적당할지 모르지만 피처기사 제목으로는 단조롭다.

이 지면의 장점은 매우 빨리 만들 수 있다는 점이다. 단점은 재미가 없다는 것이다. 독자의 눈길을 잡는 요소가 전혀 없다.

당신의 채점

헤드라인.......................................

사진처리.......................................

스타일 & 안목.................................

종합 평점.......................................

2 이번에는 사진을 세로로 더 길게 써서 보다 다이내믹한 형태가 됐다. 4개 칼럼의 가운데 두 칼럼에 사진을 배치해 중심을 잡고 대칭편집을 했다. 헤드라인("그는 조랑말이다, 그러나 그는 재미있다." phony와 funny의 운율을 맞춤)은 더 굵은 서체로 재미있게 처리했다. 하지만 여전히 가로로 긴 전단제목이다. 두 개의 인용제목과 〈데일리 쇼〉 프로그램을 소개해주는 상자를 본문에 새겨 처리했다.

전체적으로 이 지면은 보수적이고 본문 비중이 크다.

당신의 채점

헤드라인.......................................

사진처리.......................................

스타일 & 안목.................................

종합 평점.......................................

3 헤드라인 ("헤드라인과 펀치라인". 펀치라인은 급소를 찌르는 우스갯소리를 뜻한다. 오락성을 가미한 시사토크쇼의 특성을 나타내는 제목)을 더 대담하게 바꿨다. 대문자만 쓰면서 빨간색을 넣고 그림자 처리도 했다.

이 헤드라인 하나만으로도 지면이 훨씬 활기차졌다.

사진은 지면의 절반을 차지했다. 뉴스 면에서는 너무 클지 몰라도 피처 면에서는 괜찮지 않을까?

전체적으로 이 지면은 앞선 두 개의 지면보다 대담하다.

당신의 채점

헤드라인.......................................

사진처리.......................................

스타일 & 안목.................................

종합 평점.......................................

4 사진을 다시 2번 사례처럼 지면 중앙에 배치해 대칭편집을 시도했다. 헤드라인["…그리고 지금, (짝퉁)뉴스"]은 사진 위에 두 줄 중간 맞춤으로 처리했고 일부에는 컬러를 입혔다.

사진은 인물의 표정을 살리기 위해 바싹 트리밍했다.

주목할 점은 사진이 본문의 흐름을 끊었다는 것.

독자의 시선이 어떻게 사진을 건너뛰어 본문으로 다시 이어질 수 있을지 생각해봐야 한다.

이 편집은 잘못된 것일까, 괜찮은 것일까?

당신의 채점

헤드라인.......................................

사진처리.......................................

스타일 & 안목.................................

종합 평점.......................................

존 스튜어트 편집 사례

5 헤드라인의 위치를 내려봤다. 인물사진에서 '죽은 공간'이라는 가슴 부분에 헤드라인("뉴스, 뉴스수다")을 박스 형태로 처리했다.

그런데 사진에 죽은 공간이라는 게 정말 있을까? 이 지면에서 주목할 점은 사진과 이미지를 중앙에 배치하면서 본문에 새겨 처리한 것이다. 본문이 계단처럼 흘러가는 게 괜찮을까?

또 사진 아래 본문 한 줄의 길이는 너무 길다. 특히 파고든 이미지 아래로 몇 줄 흘러가는 것도 어색하지 않은지.

당신의 채점

헤드라인.............................

사진처리.............................

스타일 & 안목.............................

종합 평점.............................

6 헤드라인('인쇄할 가치가 있는 모든 뉴스'라는 뉴욕타임스의 모토를 장난스럽게 변형한 제목임–역자 주)을 지면의 맨 아래 두는 것은 프런트 면에서 금기다. 하지만 이 지면에서는 어떤가? 독자들이 왼쪽 상단에서부터 기사를 읽도록 유도하는 데 어려움이 없는가? 기사 첫 글자를 이니셜 캡으로 처리한 것은 그 때문이다. 또 주목할 것은 인물 머리 부분의 배경을 날리고 윤곽을 돌출시킨 점이다. 좀더 과감하게 돌출시키는 것은 어떤가?

당신의 채점

헤드라인.............................

사진처리.............................

스타일 & 안목.............................

종합 평점.............................

7 6번 사례는 인물의 머리 부분만 컷아웃 처리했다. 이제 인물 전체의 윤곽을 따내보자. 어떤가? 그리고 이 사진을 지면 하단에 배치하는 것은 어떤가? 이것은 위험할 수도 있다. 큰 사진을 본문 아래에 둘 경우, 광고처럼 보이거나 다른 기사를 침범하곤 한다. 하지만 여기서는 인물의 얼굴 부분이 본문을 치고 들어가, 지면의 중심을 잡는 닻이 된다(헤드라인 내용은 "저널리즘에 변기를 놓다"인데 굵은 글자로는 "화장실 저널리즘"이 된다–역자 주).

당신의 채점

헤드라인.............................

사진처리.............................

스타일 & 안목.............................

종합 평점.............................

8 이번에는 몇 가지 기교를 부려보았다. 사진을 트리밍해 오른쪽으로 밀고, 인물의 왼쪽 어두운 배경에 헤드라인("데일리 얼간이". Schmo라는 단어로 Daily Show와 운을 맞춘 제목–역자 주)을 반전시켜 배치했다.

지면 맨 아래에는 사진 속에 상자처리를 해서 기사를 배치했다.

맵시 있는 헤드라인으로 잡지에서나 볼 수 있는 지면을 만들었다.

당신의 채점

헤드라인.............................

사진처리.............................

스타일 & 안목.............................

종합 평점.............................

존 스튜어트 편집 사례

9 지면의 콘셉트를 생각해보자. 스튜어트의 10주년을 축하하는 일이므로, 10이라는 숫자에 주목하면 어떨까. 이 지면은 10이라는 숫자를 헤드라인과 부속상자 제목에 포함시켜 강조했다.

첫 번째 부속상자는 스튜어트의 조크를 모은 글이고 두 번째 부속상자는 스튜어트의 책과 동영상을 소개해 주는 기사다.

헤드라인 내용은 "수다 10년", 부속상자 제목은 "스튜어트의 말말말 10선", "스튜어트의 코믹 상품 10선".

10 특수효과를 어느 정도까지 사용할 생각인가? 스튜어트는 코미디언이다. 그래서 규칙을 약간 깨는 것도 괜찮다고 생각한다. 하지만 이 지면의 헤드라인("굿 나이트 그리고 굿 수다") 서체는 너무 진부하게 웃기려 하지 않는가? 텔레비전 밖으로 튀어나올 듯이 처리한 인물의 모습은 좀 괴상하지 않은가? 위험한 디자인이긴 하지만 공격적인 자세의 산물이다. 당신의 목적은 독자의 시선을 붙잡고 기사를 읽도록 유인하는 것이다.

당신의 채점

헤드라인..............................

사진처리..............................

스타일 & 안목..............................

종합 평점..............................

당신의 채점

헤드라인..............................

사진처리..............................

스타일 & 안목..............................

종합 평점..............................

11 그래픽 효과를 통해 콘셉트를 살린 지면을 하나 더 보자. slant(삐딱함)라는 단어와 함께 헤드라인("풍자적 비틀기가 있는 뉴스")을 비스듬하게 처리했다. 이 지면의 모든 요소를 기울인 것은 코믹효과를 주기 위함이다. 스튜어트가 풍자를 위해 뉴스를 비틀듯이 말이다. 이 기법을 쓰기 주저하는 에디터가 있다면 아주 좋은 설득 근거가 있다. 디자인은 기사 내용에 따라 움직여야 한다는 점이다. 이 지면이 그저 괴팍한 레이아웃은 아니다.

12 기사 내용에 따라 디자인한 다른 사례를 보자. 스튜어트 팬들은 그가 철저히 비주류이긴 하지만 열정적 애국자임을 안다. 지면의 빨강, 하양, 파랑의 3색은 성조기를 연상케 하는 디자인이며 그의 책 《미국》(*America*)에서 사용된 패러디 스타일이다. 그러나 앞선 사례들과 비교해보면, 이 지면에는 기사량이 적다. 이게 문제가 될까?

헤드라인은 "존 스튜어트, 미국의 앵커".

당신의 채점

헤드라인..............................

사진처리..............................

스타일 & 안목..............................

종합 평점..............................

당신의 채점

헤드라인..............................

사진처리..............................

스타일 & 안목..............................

종합 평점..............................

랩어라운드와 새기기

스튜어트 지면과 2장 피처면 포맷에서 봤듯이, 기사가 늘 경직된 회색 칼럼에 갇혀 있는 것은 아니다. 인용제목, 사진, 로고와 작은 컷(bugs)들이 파고들어올 수 있다. 이런 형태의 본문 칼럼을 랩어라운드(Wraparounds, 감싸기) 또는 런어라운드라고 부른다. 또 본문이 시각물 윤곽을 따라 뱀처럼 구불구불 흐르도록 하는 것을 새기기(skews)라고 한다.

랩어라운드는 다양한 그래픽 요소들과 함께 사용된다.

더 알아보기 ▶

◆ **인용제목:** 랩어라운드와 함께 사용하기........148쪽

◆ **사진 컷아웃 처리:** 랩어라운드와 새기기 함께 사용하기.......208쪽

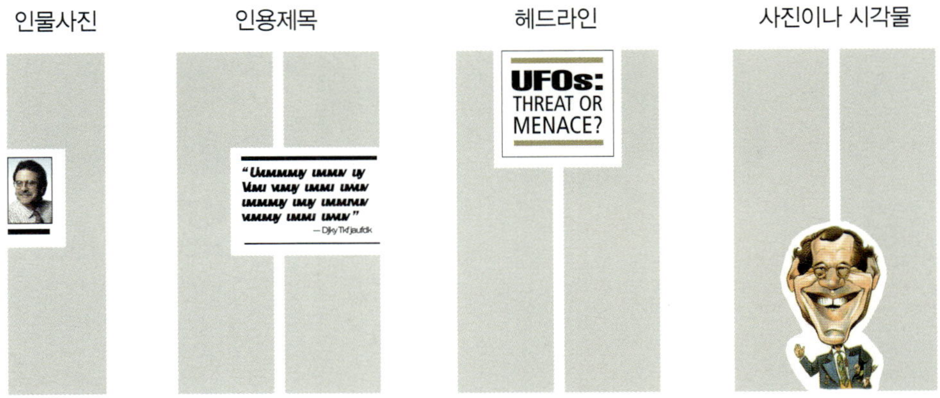

랩어라운드는 과거에 책이나 잡지에서 흔히 볼 수 있었지만 신문에서는 보기 힘들었다. 신문에서 랩어라운드를 하려면 많은 시간과 노력, 정교한 식자과정이 필요했다. 그러나 지면 레이아웃 소프트웨어의 발달에 따라 랩어라운드는 피처기사는 물론이고 경성뉴스 면에서도 유용한 기술이 됐다.

이 기법은 다음 3가지 방식으로 기사 디자인에 맵시와 유연성을 준다.

◆ 본문의 흐름을 방해하지 않고 그래픽 요소를 기사 중앙에 배치할 수 있도록 해준다.

◆ 기사 관련 시각물을 기사 가까이에 배치할 수 있어 두 요소가 긴밀히 연결된다.

◆ 무엇보다도, 그래픽 요소를 적합한 크기로 쓸 수 있게 해준다. 칼럼 폭에 맞추려다 그래픽이 너무 작아지거나 불필요하게 커지는 부작용을 막을 수 있는 것이다.

아래 그림에서 보듯 랩어라운드는 사진과 기사를 긴밀히 연관 지음으로써 공간을 더욱 효과적으로 사용할 수 있게 해준다.

왼쪽 레이아웃에서 사진의 가장자리를 잘라냈다. 그러나 인물의 다리를 자르지 않는다면 불필요한 여백이 많이 생길 수밖에 없다. 반면 오른쪽 레이아웃은 왼쪽보다 훨씬 많은 기사를 넣을 수 있다. 어떻게? 사진 테두리를 없애고 컷아웃을 본문에 새겨, 본문이 흘러갈 수 있게 했다.

랩어라운드와 새기기

랩어라운드와 새기기의 가이드라인

◆ **남용하지 말라:** 어떤 그래픽 기교든지 너무 자주 쓰이면 독자를 피곤하게 만든다. 랩어라운드는 매우 기교적이다. 따라서 크고 극적인 랩어라운드는 중심적인 특별한 대상에만 사용하는 게 좋다.

이렇게 생각해보자. 기사의 본문은 독자들이 여행하는 길이다. 랩어라운드는 길 위에 있는 웅덩이 같은 존재다. 웅덩이 하나를 돌아가는 것은 참을 만하다. 하지만 웅덩이가 잔뜩 있다면 누가 가고 싶겠는가.

◆ **최대한 견고하게 본문 영역을 고정시켜라.** 그리고 본문에 주의 깊게 시각물을 끼워 넣기 시작하라. 시각물이 본문을 압도하기 시작한다면 물러서라. 이 페이지를 보라. 몇 개의 랩어라운드가 사용됐지만, 이들은 견고한 본문 칼럼을 따라 적절히 배치되어 있다.

다시 말해, 랩어라운드가 혼란을 줘서는 안 된다. 먼저 지면 그리드에 본문 칼럼을 단단히 정렬한 뒤, 최대한 매력적으로 조심스럽게 새겨라.

◆ **본문을 읽기 쉽게 하라.** 과도한 끼워 넣기와 엉성한 공간은 당신의 디자인을 망친다. 오른쪽 상자를 참조하라.

◆ **본문 영역과 삽입된 대상물이 쉽게 구분되도록 하라.** 여기서도 보듯이, 오른쪽 부속상자는 스크린을 깔고 그림자 효과를 줬다(set off). 또 부속상자 속의 그림을 부속상자 본문과 기사 본문 영역 사이 완충지대로 적절히 활용했다.

> ■ 일러스트나 사진을 끼워 넣을 때, 삽입된 시각물의 위와 아래로 최소한 본문 3줄은 흐르게 하라.
>
> 
>
> ■ 시각물과 본문 사이의 간격은 1파이카를 띄운다.
>
> ■ 시각물이 새겨지더라도 본문은 최소한 6파이카 넓이(이 본문 폭이 딱 그 6파이카)를 유지한다. 마치 장승처럼 길고 좁은 본문이 얼마나 읽기 힘든지를 항상 기억하라. 새기기로 인해 폭이 좁아진 본문은 세로 2~3인치를 넘지 않도록 하라.

◆ **만일 이미지의 의미나 원형이 손상된다면, 사진을 오려내는 컷아웃 처리를 하지 말라.** 이것은 사진기자들을 매우 화나게 하는 일이다.

◆ **새기기를 최소화하라.** 본문 폭이 갑자기 변하는 것은 어설퍼 보이고 읽기에도 불편하다.

◆ **어느 쪽을 새길지 결정하라.** 사람에 따라 다르지만, 본문 오른쪽을 새기는 게 왼쪽보다 선호된다.

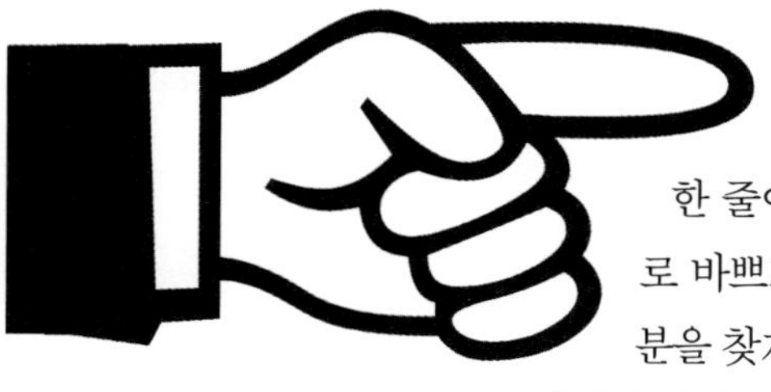

여기 본문 왼쪽 새기기가 있다. 매력적으로 보이지만, 한 줄이 끝날 때마다 시선을 앞뒤로 바쁘게 움직여 다음 줄의 시작부분을 찾게 된다. 이는 독자를 매우 성가시게 하며 결국은 읽지 않게 만든다.

이에 비해 오른쪽 새기기는 본문을 읽는 데 덜 지장을 준다. 비록 각 줄의 끝은 다르지만, 줄의 시작이 똑같기 때문에 다음 줄의 첫 부분을 찾기 쉽다. 왼쪽 맞춤과 비슷해 익숙하기도 하다.

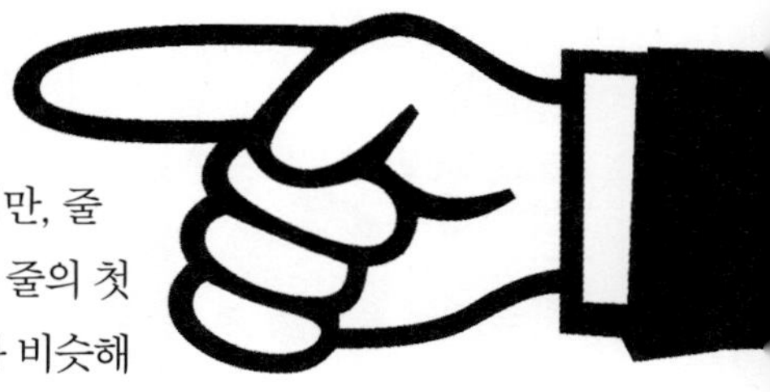

◆ 결국 앞에서도 여러 차례 강조했지만, 독자의 시선이 그래픽 요소를 건너 앞뒤로 점프하도록 해서는 안 된다. 당신에게 아무리 단순한 레이아웃이라도 독자는 혼란을 느끼고 짜증이 날 수 있는 것이다. 이런 위험을 무릅쓸 가치가 있을까?

이 지면의 사례를 봐라. 이것은 디자이너인 내게 분명해 보인다. 각 라인의 앞에서 읽기 시작하고 중간에 있는 이미지는 그냥 건너뛰면서 읽으면 된다. 그러나 대부분의 독자는 칼럼이 나눠진 것으로 간주해 읽다가 혼란스러워 포기해버릴 것이다.

사진 컷아웃

앞서 사진처리에는 세 가지 기본 방식이 있다고 밝혔다. 가로, 세로, 정사각형이다. 그러나 때때로 사각형의 틀을 깨기도 한다.

이 샤킬 오닐 사진은 배경을 그대로 살려 표준적인 사각 형태로 트리밍했다.

오닐의 사진에서 머리와 손 부분을 오려내 사각형 밖으로 돌출시켰다.

이번에는 샤킬 오닐의 배경을 모두 날려 처리했다.

많은 사진기자와 에디터는 이런 방식을 싫어한다. 사진 원형을 손상시킨다는 것이다. 심지어 '판박이 시각물'(cookie-cutter art)이라고 부르기도 한다. 하지만 디자이너는 이를 피처 면과 기사 안내에 쓸 이미지를 만드는 유용한 기법으로 생각한다. 그들은 이 기법을 컷아웃(cutouts) 또는 실루엣(silhouettes)이라고 부른다.

ARTS SPACE

Smack that bass, boy!

Rockabilly kicks up some dust in Texas

Arts Vibe

State of confusion

Pussy for the people

Texas Pioneer, Trail Driver, and Ranger's Museum

Lezbo comic du jour

See page 18

이 타블로이드판 문화면은 컷아웃 사진 2장으로 톱기사와 아래 기사를 처리했다.

컷아웃은 대개 극적인 효과를 주기 위해 사용한다. 사각형 같은 틀에 갇힌 이미지는 밋밋하고 평면적이다. 그에 반해 컷아웃은 입체적이다. 지면에서 튀어나오는 것처럼 보이기 때문이다. 불필요하게 시선을 분산시키는 배경을 제거하는 효과도 있다. 또 본문과 사진이 떨어지지 않고, 본문이 사진의 중심 이미지를 품을 수 있어 지면이 더 탄탄해진다.

컷아웃을 어떻게 만들까? 원본 사진을 직접 오리지 않아도 된다. 포토샵 같은 프로그램을 이용하면 손쉽게 처리할 수 있다.

컷아웃 처리의 주의점을 정리해보자.

◆ **사진과 사진기자를 존중하라.** 잘못된 트리밍은 사진의 의미를 왜곡할 수 있다. 서툰 컷아웃은 사진을 망칠 위험이 크다. 따라서 가능하다면 미리 사진기자의 의견을 구하는 게 좋다. 자신이 없다면 잘라내지 마라.

◆ **피처면에 사용하라.** 뉴스면에서는 사용을 제한해야 한다. 유명인 사진이나 패션사진으로 좋은 것이 뉴스 이미지로는 산만할 수 있다. 명확한 가이드라인을 정해둬야 마감에 임박해 불필요한 논쟁을 피할 수 있다.

◆ **또렷한 외곽선이 있는 이미지를 사용하라.** 밝은 피부와 흰 옷은 유령처럼 희미해 보일 것이니 주의해야 한다. 특히 얼굴, 손가락, 곱슬머리를 트리밍할 때 주의하라.

시각물 중첩과 삽입

본문 블록, 삽화, 사진이 다른 것과 겹쳐지는 것을 '중첩'(mortises)이라 부른다. 한 이미지가 다른 이미지 안에 놓이는 것을 '삽입'(insets)라고 한다. 지금 이 페이지에서는 사진 위에 지도, 사진 위에 다른 사진, 본문 위에 사진, 그리고 사진 위에 본문 등 4가지 형태의 중첩과 삽입을 볼 수 있다.

이 기법의 주의점은 다음과 같다.

◆ 불필요한 공간이나 시선이 분산되는 곳에 겹쳐라. 중요한 부분을 덮거나 복잡하게 만들지 마라.

◆ 중첩되는 사진은 서로 다른 크기여야 한다. 하나의 크고 이상한 형태의 사진이 아닌, 두개의 겹쳐진 요소라는 사실을 독자가 보면서 알 수 있어야 한다.

◆ 겹쳐진 요소 간에 구분이 분명해야 한다. 밝은 것 위에 어두운 것 등. 색조가 비슷한 사진이라면, 삽입된 사진 테두리에 여백이나 그림자를 줘라.

참고: 나는 몇몇 히스테리컬한 동료들의 항의에도 불구하고 이 기법을 수록했다. 그들은 중첩을 죄악이라고 여긴다.
게다가 한 사람은 내게 이런 편지를 써 보냈다.

The president said today that the new
School board officials met to protest taxes

본문은 절대 겹쳐 쓰지 않으면서 사진은 왜 겹쳐 쓰냐는 항변인 셈이다.

내 답은: 좋아, 네가 좋아하지 않는다면, 그냥 하지 마. NYAAAH!!!

스크린과 글자 반전

잉크는 검다. 지면은 희다. 그럼 어떻게 회색을 만들 수 있을까? 착시를 일으키면 된다. 회색 잉크를 사용하는 대신, 하프톤 스크린에 작고 검은 하프톤을 줄지어 인쇄하면 회색 효과를 낼 수 있다. 하프톤이 많을수록 짙은 회색이 된다. 121쪽에서 하프톤을 소개했다. 여기서는 어떻게 하프톤 스크린이 회색의 농담을 결정하는지 살펴보자.

예시에서 보듯이 스크린의 농도는 백분율로 표시된다. 50% 스크린은 검은 하프톤이 절반 정도 채워진 것이다. 100% 스크린은 완전 검은색이다. 검은색뿐 아니라 다른 어떤 색으로도 스크린을 만들 수 있다. 확대경을 통해 신문의 컬러사진을 들여다보면, 실제로는 청, 적, 황, 먹 점의 집합으로 이루어졌음을 알 수 있다(217쪽 참조).

스크린은 회색 활자를 인쇄하는 데 쓰인다.

또는 회색 선, 띠, 상자를 만들 수 있다.

또는 문자 배경에 깔아서 쓸 수도 있다.

문자 배경으로 스크린을 사용할 때, 활자를 읽기 어렵게 할 수 있다. 10% 스크린 위의 활자를 읽는 것은 별 어려움이 없다. 그러나 농도가 짙어질수록 읽기 불편하다. 어두운 스크린에서는 활자를 반전하지 않으면 못 읽을 수도 있다.

흰색 바탕에 10포인트 활자는 기사가 아무리 길어도 읽는 데 전혀 불편함이 없다.	10% 검정 스크린 바탕에 10포인트 활자는 그다지 읽기 힘들지 않지만, 기사가 짧을 때 어울린다.	완전 100% 검정 바탕에 10포인트 활자를 반전 시킨 것은 읽기 쉽지만, 짧은 기사일 때만 사용해야 한다.

스크린과 반전은 흑백 지면에서 대비 효과를 준다. 눈에 확 띄기 때문에 머리문패(header), 로고, 헤드라인과 부속상자를 강조하는 데 큰 효과가 있다.

또한 아래 예에서 보듯 더 타이트하고 눈길을 끄는 패키지를 만들기 위해 사진과 삽화에 사용할 수도 있다.

피처 지면에서 사진이 본문과 옆안장 헤드라인 위에 있다. 그러나 사진에 뭔가 활용할 수 있을 것 같은 여백이 눈에 들어오기에…

…그래서 반전시킨 흰색 헤드라인과 검은색 부제목을 사진 위에 배치했다. 이로써 사진과 제목을 더 밀접하게 연결시키고 본문기사도 더 많이 실을 수 있다.

스크린과 글자 반전

스크린 사용을 위한 가이드라인

◆ **남용하지 말라.** 스크린을 여기저기 마구 쓰고 아무 때나 반전을 하면 지면이 싸구려 서커스 홍보물처럼 보일 것이다. 피처기사의 헤드라인, 칼럼 로고, 인포그래픽처럼 특별한 요소를 강조하기 위해서만 이 특수효과를 사용하라. 독자들은 이 효과를 장식물로 생각하기 때문에 경성뉴스 면에서는 가급적 피해야 한다.

◆ **본문을 읽는 데 불편을 줘서는 안 된다.** 스크린과 반전은 읽는 속도를 늦춘다. 따라서 작은 영역에서만 써야 한다. 자칫하면 도무지 읽기 어려운 상황을 부를 수도 있다.

읽기 어려움:	이 8포인트 세리프는 너무 작다. 세리프는 회색 스크린에 인쇄될 때 읽기 힘들다.	당신이 밝은 스크린을 요구해도 때로는 이것처럼 인쇄되는 경우가 있다. 너무 어두워서 읽을 수 없다.	하프톤이 거친 스크린에서 활자를 반전시키면 하프톤이 글자를 깨뜨리게 된다.
읽기 쉬움:	이것은 9포인트 산세리프다. 이 서체는 **특히 굵게** 쓰면 스크린에서도 읽기 쉽다. 9포인트 이상이 좋다.	이것은 10% 스크린이다. 읽기 쉽다. 회색이든 컬러든 짙은 스크린은 읽기 어렵다.	완전히 검은 스크린에서 활자를 반전시키면 문자의 꼴이 뚜렷하다. **서체가 굵을수록 읽기 편하다.**

더 알아보기 ▶

◆ **하프톤:** 사진을 재창조하기 위해 하프톤 스크린을 어떻게 사용하는가..............121쪽

◆ **장식 헤드라인:** 스크린을 사용한 다양한 사례........................212쪽

◆ **컬러:** 언제 컬러 색조(tints)를 사용하는가............216쪽

◆ **본문은 스크린 글자로 쓰지 마라.** 이 문장의 글씨처럼 깨져 보이게 될 것이다. 회색 헤드라인은 괜찮지만 활자가 충분히 크고 굵어야 한다. 스크린이 글자 테두리를 살짝 울퉁불퉁하게 보이게 할 수 있기 때문이다.

◆ **활자를 제대로 배치하라.** 반전시킨 헤드라인이나 사진설명을 사진 안에 서툴게 배치해 좋은 사진을 망치지 않도록 하라. 사진과 함께 쓰는 활자는 이미지를 보완해야지, 이미지와 경쟁해선 안 된다.

반전 헤드라인이 어정쩡하게 공간을 채우고 있다. 이미지와 너무 붙었고, 제목의 위아래 부분에 어둡고 죽은 공간이 너무 많다.

헤드라인의 단어를 다시 배열해 이미지가 숨 쉴 틈을 주고, 공간을 고르게 사용했다. 요소 간에 균형감이 좋아졌다.

◆ **어지러운 배경 위에 활자를 인쇄하지 마라.** 아래 사진처럼 얼룩덜룩하고 불규칙한 배경을 보라. 이 경우 활자에 그림자를 넣으면 그나마 낫겠지만, 주의해야 한다. 결국 활자는 밝은 바탕에 먹자나 어두운 바탕에 백자일 때 읽기 좋다.

어수선한 배경에서는 ① 검은 활자 ② 반전 활자 ③ 반전시켜 먹그림자를 준 활자도 잘 보이지 않는다. 활자와 배경 사이에 스크린 값(screen value)의 차이가 최소 50%는 되도록 하라.

3번째 제목인 먹그림자 활자는 아래처럼 두 개의 활자를 겹쳐서 만든다.

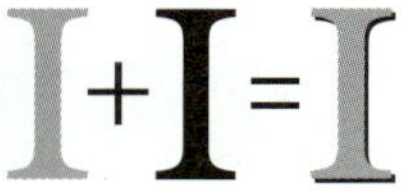

장식 헤드라인

일반 뉴스는 일반 제목을 쓴다. 하지만 피처기사는 다르다. 고리타분한 헤드라인의 한계를 뛰어 넘을 수 있다. 활자를 도구로 써서 문화적 표현을 할 수 있다. 새로운 시각적 정체성을 구축하라. 작은 예술을 위해 기교를 발휘하라.

어떤 신문은 이 페이지에서 보듯 디자이너에게 크고 활기찬 헤드라인을 다는 자유를 허락한다. 다른 신문은 장식 헤드라인도 다른 지면과 동일한 규칙, 같은 서체를 적용해야 한다고 주장한다. 그래야 피처기사가 다른 뉴스 지면과 너무 동떨어져 보이지 않는다는 것이다.

그러므로 궁지에 빠지지 않으려면, 당신의 에디터가 어떤 취향인지 또 타이포그래픽 기법의 한계는 어떤지에 대해 잘 살펴야 한다.

여기 장식 헤드라인 사례들은 〈애스버리 파크 프레스〉(왼쪽 위), 〈오리거니언〉(왼쪽 중간 2개와 아래 중간 1개 지면), 〈볼 스테이트 데일리 뉴스〉(왼쪽 아래), 〈디트로이트 뉴스〉(오른쪽 아래)의 지면을 인용했다.

장식 헤드라인

장식 헤드라인 만들기와 배치

특정 기사에 가장 적합한 헤드라인을 작성하는 데는 많은 시간이 걸린다. 영감이 떠오르기를 기다리는 동안 미리 지면을 구상하고 헤드라인의 자리를 잡아둬야 한다.

오른쪽 가편집(dummy)에서 디자이너는 헤드라인을 위해 가로 공간을 남겨두었다. 나중에 단 제목은 "미녀와 야수"였다. 충분한 시간과 열의를 가지고 다양한 서체를 준비해서, 다음과 같이 헤드라인을 채워갈 수 있을 것이다.

Beauty의 B는 92포인트, 소문자들은 116 포인트. 흰 테두리와 옅은 검정 그림자를 넣은 코로넷 스크립트(coronet script)체는 물색(aqua)이다.

&는 36포인트의 버클리 이탤릭체다. 약간 그림자를 넣은 흰색 글자다.

노이란트(Neuland, 1923년 독일에서 만듦) 신 서체는 검정 바탕에 반전 글자다. THE는 14포인트이고 완전 백자다. BEAST는 48포인트이고 노랑에서 오렌지색까지 색조변화(gradient)를 줬다.

다른 디자이너들처럼 당신도 수십여 가지의 서체를 이용할 수 있고 컴퓨터 소프트웨어를 이용해 늘이고 줄이는 변화를 줄 수 있다. 하지만 쉽게 가라. 단 하나의 서체군을 사용해야 하는 상황에서도 스크린, 선, 상자로 변화를 줄 수 있다. 예를 들어 아래 헤드라인들은 퓨투라 서체군만 사용한 것이다. 이 조합만으로도 얼마나 기교를 부릴 수 있는지 살펴보자.

완전 먹 활자

자간을 넓게 벌리고 .5포인트 선으로 가운데 정렬시킴

완전 먹 활자

.5포인트 테두리를 가진 먹 10% 스크린에 20% 그림자를 줌

6포인트 완전 먹띠에 반전 활자

30% 먹 활자

0~50~0%로 농담을 조절한 12포인트 띠 스크린에 가운데 정렬 활자

완전 먹 활자

먹20% 활자(0%와 50% 그림자 2가지를 사용)

위에서 아래로 50~5% 농담의 변화를 준 스크린. 그림자는 먹 40%이며 포토샵으로 흐릿하게 처리.

50% 그림자를 준 먹 20% 활자

2포인트 간격으로 .5포인트 선을 겹쳐 사용한 가운데 정렬 활자

20% 그림자를 준 완전 먹 활자

내부에 .5포인트 반전된 사각 테두리선이 있는 먹 바탕의 반전 활자

먹 50% 활자

1.5포인트 간격으로 .4포인트 선들이 여러 개 있는 반전 제목.

장식 헤드라인 가이드라인

◆ **남용하지 마라.** 글자를 만지작거리는 것은 분명히 묘한 재미가 있다. 하지만 서커스 포스터처럼 만들지 말라. 제한적으로 사용하라. 반전 헤드라인은 특별한 경우에만 사용하라. 대형 피처기사, 특집 뉴스 패키지, 사진 화보면에 써라.

너무 많다: 물론 개인 취향의 문제겠지만, 지면 곳곳에 장식 헤드라인을 배치한다면, 마치 타이포그래피 혁명군이 뉴스룸을 장악한 것처럼 보일 것이다. 지나친 장식은 독자의 시선을 분산시킨다.

적당하다: 가장 필요한 곳에 쓰기 위해 화려한 서체를 절제했다. 메인 기사와 하단 구석에 있는 작은 피처기사에만 썼다. 나머지 기사는 일반 뉴스라서 일반 제목을 썼다. 이처럼 타이포그래피는 독자가 뉴스의 유형을 무의식적으로 구분할 수 있게 한다.

◆ **기사의 톤을 고려하라. 주제에 신경을 써야 한다.** '정글 잼보리'(Jungle Jamboree)는 굵고 표현력 강한 서체가 적당하다(아래 왼쪽). 하지만 '에이즈 환자로 살기'(Living with AIDS)는 보다 절제되고 품위 있는 서체가 요구된다(아래 오른쪽).

◆ **짧고 간단하게 효과를 얻어라.** 장식 헤드라인에 최대 임팩트를 주려면 단어 한두 개나 기발하고 기억하기 쉬운 문구를 써야 한다. 인기 영화 제목을 생각해보라. 〈죠스〉, 〈스타워즈〉처럼 타이트한 인상을 줘야 한다. 길고 서술적인 제목은 경성뉴스에 어울린다.

BABY BUNNIES SPREAD EASTER JOY.

이렇게 긴 문구는 피처 면을 망치거나 무겁게 느껴지게 한다. 따라서 기사의 주제에서 짧고 효과적인 제목을 뽑아내고, 그 다음 어디를 그래픽 기법으로 강조할지 고려하라.

장식 헤드라인 가이드라인

◆ **그리드를 지켜라(Grid it off).** 이 말은 기사 디자인에서 서체를 가지런히 정렬하는 것을 뜻하는 디자인 은어다. 거칠고 비뚤배뚤하고 제멋대로 떠다니는 단어들은 난장판과 잡음을 만들 뿐이다. 견고하게 짜이도록 단어들을 확대하고, 줄이고, 늘이고, 쌓아보라.

헤드라인이 너무 떠다니며, 고정되어 있지 않다. 행간이 고르지 않고 어떤 단어도 정렬이 안 돼 있다. 이것은 지면을 낭비하고 시선을 피곤하게 한다. 이런 헤드라인은 지면에 혼잡을 더할 뿐이다.

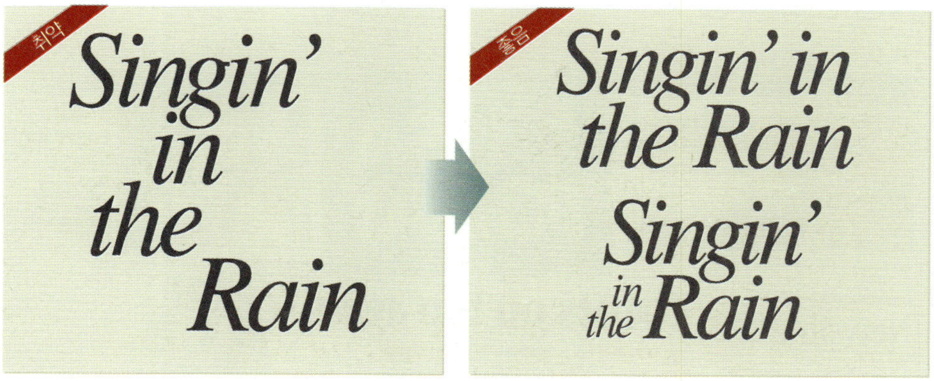

헤드라인 단어들이 가지런히 쌓여 있다. 윗부분은 오른쪽 정렬이고 아랫부분은 중앙 정렬이다. 깔끔한 처리를 위해 일부 단어의 크기를 조절한 것과, 두 번째 줄이 윗줄 g의 아랫부분과 충돌을 피한 것을 눈여겨보라.

단어를 다룰 때, 자연스러운 파격에 유념하라. 키워드는 더 넓게 할까, 더 좁힐까, 더 중앙으로 몰까. 세로로 쌓을 때는 헤드라인을 모두 대문자로 처리하는 것이 좋다. 강조나 변화를 주기 위해 단어의 크기나 서체를 차별화할 수 있다.

모두 소문자 처리했다. 보다시피 소문자로만 된 제목은 세로로 배치될 경우 별로 안 좋다. 서체의 윗부분과 아랫부분 윤곽이 불규칙한 틈을 만들기 때문이다.

중간 그림은 서체 아래-위 들쭉날쭉한 부분을 잘 처리했다. f와 y의 충돌을 피했고 i의 점 자리에 of를 배치했다. 오른쪽 그림에서는 키워드인 LIFE와 STORY를 대문자로 처리해 보다 견고하고 고른 서체 라인을 형성했다.

◆ **술책을 삼가라(Go easy on gimmicks).** 영화 포스터나 맥주병이나 CD 표지에서 멋진 타이포그래픽을 본 적이 있을 것이다. 전문가에게 많은 돈을 주고 만든 것이다. 여기에 비해 당신이 우스꽝스런 서체를 택하고 옆길로 빠지고, 제멋대로 손 글씨를 만들어낸다면, 당신의 헤드라인은 어설퍼 보일 것이다. 그러므로 장난스런 서체는 피하라.

기이한 서체: 미안하지만 몇몇 타이포그래픽은 너무 진부하다. 엉성하고 겉만 번지르르한 서체는 한순간에 당신을 아마추어로 보이게 만들 수 있다.

특이한 효과: 기울임, 색조 변화, 그림자 효과는 다소 오래된 방식이다. 재미있지만 불필요한 효과이거나 시선을 분산시킨다.

글자 공유: 확 키운 대문자는 장식적 효과를 낸다. 그러나 글자의 일부를 공유하는 것은 헷갈릴 수 있다(SUNDAY CHOOL? CHOOLY?).

선과 띠: 헤드라인을 여러 줄 쌓았다. 선, 띠, 글자가 너무 많으면 헤드라인이 빽빽하고 줄무늬 같다.

컬러

수십 년간 신문 편집인들은 "컬러는 일요일 자 만화에서나 쓰는 것"이라고 완고하게 주장해왔다. 뉴스면은 흑백으로 만들어야 독자들이 집중해서 읽는다는 것이다. 하지만 1980년대 〈유에스에이 투데이〉의 등장 이후 신문들은 컬러가 단순한 치장이 아님을 알게 됐다. 컬러는 다양한 디자인 기능으로 독자의 시선을 끈다.

제호

진한 파랑은 〈유에스에이 투데이〉의 로고를 한눈에 알아볼 수 있게 한다. 각 섹션 1면 또한 고유의 색을 가지고 있다. 스포츠면 머리문패는 빨강, 머니는 초록, 생활은 보라색이다.

타이포그래피

특정 활자를 강조하기 위해 색이 어떻게 사용됐는지 주목하라. 빨강과 노랑은 "코치의 투표" 코너에 쓰였고 파란색 어깨 제목은 인구 기사의 도입부 역할을 한다. 심지어 뉴스라인 브리프 코너에는 기사 안내 맨 앞에 각 섹션의 컬러를 네모점으로 표시했다.

사진

1980년대 이전, 포토저널리즘은 흑백사진 위주였다. 그러나 지금은 섹션 1면의 사진만큼은 예외 없이 컬러다. 컬러인쇄는 비용이 더 들고 어려운 공정이다. 하지만 컬러사진의 매력과 정보 전달 효과가 그 단점을 넘어선다.

삽화

신문들은 일요일 자 만화를 컬러로 인쇄했던 때부터 100년 넘게 컬러 시각물을 사용해왔다. 이 지면에서는 2개의 일반적 컬러삽화 사용법을 볼 수 있다. 지면 왼쪽 아래 통계그래프에서 활용한 사례와, 특별 로고(지면 하단 2006 대통령 선거 로고와 지면 상단 뉴스라인 주말판 로고)가 그것이다.

www.usatoday.com · THE NATION'S NEWSPAPER · 75 CENTS

USA TODAY · NO. 1 IN THE USA

SPORTS SCORES · NFL Week 8 · 'The Rock' and hard places · Tough receiver shines in first half for 4-2 Bengals; others struggle near midseason, 1, 10-11C · T.J. Houshmandzadeh: Noted for physical play.

Much eager for 'Borat' · The crazed comic's Kazakh character brings 'learnings' to big screen, 1E · Sacha Baron Cohen: Punctures culture wars.

Fri/Sat/Sun, October 27-29, 2006

Newsline · News · Money · Sports · Life

Weekend gas gauge

	Regular	Mid	Premium
Current average	$2.202	$2.337	$2.422
Week ago	$2.220	$2.356	$2.442
Year ago	$2.593	$2.754	$2.854

ExxonMobil's $10.5B profit nears record, 1, 3B · Find prices in 50 states at money.usatoday.com

California wildfire kills four; arson cited · $100,000 reward is offered after wind-fueled blaze near Palm Springs takes lives of firefighters; colleagues mourn loss, 3A

Get ready to fall back · Daylight-saving time ends at 2 a.m. Sunday. Turn clocks back one hour.

Bush signs bill for 700-mile border fence · South Korea to enforce U.N. resolution · Ferris Bueller reduced to pure fiction? · Money: South Africa aims to grow · Sports: Cardinals bedevil Tigers · Life: Seven wonders of world, updated

Dow stocks keep record streak alive

Index	Close	Change
Dow Jones industrial average	12,163.66	28.98
Nasdaq composite	2379.10	22.51
Treasury note, 10-year yield	4.72%	0.05
USA TODAY Internet 50	135.76	0.68

USA TODAY Snapshots · Cars being driven longer · Median age of automobiles in operation

Gators on top again · Coaches' POLL · No. 1 Florida is only the second national champ in 40 years to return five starters, 1C · Joakim Noah: "We're playing for history."

100 million more Americans

Where will everybody live?

How the USA copes with unprecedented growth in the next 3½ decades is about more than location. It's about how we live.

Room to grow? · Cover story

Army to spread burden of combat · Some do many tours while others do none · War duty · U.S. toll rises

Elections pushed, pressed, pulled into 21st century · Campaign 2006 · Election variables

This fall, free nights add up faster with the EASY CHOICE rewards program. · Econo Lodge · Rodeway Inn · We'll see you there. · choicehotels.com 800.4CHOICE

기사 안내와 티저

1면의 기사 안내는 두 가지 역할을 한다. 첫째, 시선을 끈다. 둘째, 독자를 안쪽 지면으로 안내한다. 시선 끌기에 가장 좋은 방법은 활기차고 매력적인 컬러 이미지를 사용하는 것임이 분명하다. 특히 유명인의 얼굴은 좋은 시각물이다. 대부분의 신문은 1면 가장 윗부분을 컬러사진과 컬러 활자로 만드는 기사 안내에 할애한다.

컬러 스크린

기사의 배경에 컬러 스크린을 까는 것은 강조효과가 있다. 이 지면에서 메인 기사 바탕에 깔린 오렌지색 스크린이 얼마나 시각적으로 돋보이는지 주목하라. 지면 하단의 광고 역시 마찬가지.

인포그래픽

도표, 그래프, 지도는 요소들을 구분하고 가독성을 높이기 위해 스크린과 선을 사용한다. 메인 기사의 지도에서 보듯 컬러를 사용하면 이런 효과를 더 높일 수 있다. 커다란 컬러 인포그래픽은 지면 중앙에 배치할 수 있고 특히 사진이 없을 때 유용하다. 작은 인포그래픽(파이그래프 같은 것)은 필수 정보를 제공한다.

광고

점점 더 많은 신문들이 1면에 컬러광고를 싣고 있다. 이 섹션의 안쪽 지면에도 광고가 있을 것이며, 컬러광고는 뉴스 지면의 컬러인쇄 비용을 분담하는 측면이 있다.

컬러의 유형

스팟 컬러

일반적으로 인쇄 직원은 하나의 잉크, 검정만을 사용한다. 그러나 약간의 추가 비용을 들이면 새로운 색조를 표현하는 2번째 잉크를 윤전기에 걸 것이다. 돈을 더 들이면 몇 개의 스팟 컬러를 도입할 수 있다. 그러나 컬러인쇄 비용을 광고주가 분담하도록 설득하지 못하면, 인쇄 예산 전부를 몇몇 컬러 면에 탕진하게 될 수도 있다.

초록, 오렌지, 청록색, 엷은 자주색 등 어떤 색이든 스팟 컬러로 인쇄할 수 있다. 독자는 흑백에 익숙하기 때문에 색이 추가되면 즉각적이고 열띤 반응을 보인다. 그래서 조심스러워야 한다. 오렌지나 분홍 같은 뜨거운 색은 파랑이나 보라 같은 차가운 색보다 더 만화적이다. 기사에 적합한 색조를 사용하라.

왼쪽은 듀오 톤이다. 먹과 한 개의 스팟 컬러를 사용해 만들었다. 크게 확대하면 다른 크기의 먹과 청색 하프톤으로 구성되었음을 알 수 있다. 이 하프톤들이 파란회색(blue-gray)의 효과를 내고 있다.

기본 검정처럼 스팟 컬러는 엷게 또는 진하게 프린트할 수 있다. 아래 그림은 파란색 스팟을 표현하는 스크린 비율이다.

10% 청	30% 청	50% 청	100% 청

아래 그림은 먹을 섞어 스팟 컬러를 더 풍부하고 다양하게 만들었다.

20% 청 10% 먹	100% 청 30% 먹

아래처럼 파스텔 색감은 배경스크린으로 알맞다. 반면 진한 색조는 테두리나 글자에 사용해야 한다.

이것은 10% 청 스크린에 100% 청 테두리를 둘러 100% 청 + 20% 먹 활자를 사용함

풀 컬러 또는 4도 인쇄

그렇다면 무지개 같은 모든 색상을 구현하고 싶다면? 수백 개의 스팟 잉크를 추가한다면 돈이 많이 들고 윤전기도 1마일 정도 늘어서야 한다. 이러한 수고 대신에, 우리는 4가지 기본색을 혼합해서 풀 컬러의 효과를 얻을 수 있다.

청(사이언) 적(마젠타) 황(옐로우) 먹(블랙)

이 4개 색을 각각 다른 농도로 혼합하면 윤전기는 거의 모든 색조를 만들어낼 수 있다.

컬러 인쇄는 추가되는 잉크뿐만 아니라 인쇄 공정에서도 비용이 더 든다. 데스크톱을 기반으로 하는 인쇄 프로그램이 인쇄 과정을 간소화했지만 마지막 공정은 똑같다. 컬러 이미지는 4개 색으로 분리되었다가 윤전기가 돌아갈 때 다시 결합된다(222쪽 참조).

왼쪽은 4도 인쇄로 만들어낸 풀컬러 사진이다. 확대해서 보면 서로 다른 크기의 청, 적, 황, 먹색 하프톤으로 이루어져 있음을 알 수 있다.

4원색은 진한 색조와 스크린 색조를 모두 인쇄할 수 있다. 아래는 20% 스크린을 적용한 4원색이다.

20% 청	20% 적	20% 황	20% 먹

4원색끼리 다른 비율로 배합하면 새로운 색조를 만들 수 있다.

50% 청 50% 황	10% 청 40% 적 50% 황

파스텔 작업은 배경스크린에 적합하며 짙은 색조는 테두리나 문자에 쓸 수 있다.

활자: 50% 청, 100% 적 테두리: 100% 청 바탕: 20% 적, 30% 황

지면에 컬러 입히기

The Washington Times

Booklife!

Obvious reverence for Palestinian viewpoint

ALICE ROOSEVELT LONGWORTH

She was certainly somebody, but just who was she?

A solitary and unique voice in the wilderness

Best Sellers

〈워싱턴 타임스〉(*The Washington Times*)의 이 피처 면은 컬러를 많이 쓰는 게 효과적인 것만은 아님을 보여준다. 디자이너는 제한된 색상만을 가지고 지면 컬러요소의 균형을 잘 잡았다.

"우리가 원한다면 이 지면을 보라색으로 칠한다." 오, 그런 위험한 유혹을 하다니. 괜찮은 신문을 쓰레기 메일 속에 던져버리는 지름길이다.

맞다 컬러는 축복이자 … 저주다. 독자를 즐겁게 할 수도 있고 디자인을 망쳐버릴 수도 있다.

그러므로 컬러 전략을 세워라. 놀랄 만한 선물로만 여기지 말라.

◆ **쉽게 하라.** 색을 마구 쓰려는 충동에 빠지지 않도록 주의하라. 컬러인쇄 본전을 뽑을 생각으로 덕지덕지 컬러를 입히지 말라. 흑백도 역시 색이라는 점을 잊지 말라. 신문은 추가 색상 없이도 수 세기 동안 멋진 지면을 만들어왔다.

◆ **컬러를 위한 컬러를 쓰지 말라.** 우리가 만드는 것은 일요 만화가 아니라 신문임을 기억하라. 만일 서커스 풍선이 있는 컬러사진과 은행강도 흑백사진 중 하나를 써야 한다면, 단지 예쁜 사진이 아니라 의미 있는 사진을 선택하라.

◆ **색의 연결성에 유의하라.** 컬러는 눈에 보이지 않는 관계를 만든다. 한 지면에 빨간 헤드라인, 빨간 도표와 빨간 광고가 있으면 독자는 그들이 통일성이 있다고 느낀다. 이는 레이아웃에 따라 오해를 부를 수도 있다. 색깔들은 서로 이야기한다. 무관한 두 요소가 연결되기를 원하지 않는다면, 비슷한 색조를 써서는 안 된다.

◆ **일관성을 유지하라.** 오늘은 보라색 제호, 내일은 녹색 제호는 곤란하다. 여기는 파란색 부제, 저기엔 빨간색 부제도 안 된다. 컬러 사용법을 표준화해서 지면이 그래픽 정체성을 유지하도록 해야 한다. 계획을 세울 때 이 차트를 활용해보라.

스팟 컬러를 쓸 곳

이 요소들은 통상 컬러작업을 한다.*

- **삽화**
- **인포그래픽**
- **컬러사진**
- **차트**
- **지도**
- **로고**
- **광고**
- **머리문패와 안내광고 속의 시각물**

이 요소들은 종종 컬러작업을 한다.*

- **장식 헤드라인**(대형 피처기사에서),
- **듀오 톤의 사진**(피처기사에서)
- **상자기사**(밝은 색 스크린만 이용)
- **인용제목과 이니셜 캡**(컬러 헤드라인 또는 컬러 삽화와 함께 연계해서 사용하면 더 좋다)
- **장식선과 띠, 사진의 외곽선**
- **기사 안내, 머리문패, 지면 안내 등**(같은 지면에 비슷한 색을 사용함으로써 생기는 충돌에 유의하라)
- **피처기사에 쓰는 중간제목**

이 요소들은 컬러를 쓰는 경우가 드물다.*

- **사진**(한 개의 스팟 컬러로 인화된 것)
- **뉴스 헤드라인**
- **본문 서체**
- **사진설명**
- **스크린 위에 흘린 경성뉴스 기사**

이 도표에 사용된 바탕 스크린을 잘 보라. 색조 혼합(gradient 또는 blend)이라고 부르는 이 기법은 색조에 연한 변화를 주는 것이다. 각각의 색조가 미세하게 점차 감소하는 스크린은 일반 컬러 스크린보다 느낌이 좋다.

* 이것은 ① 당신의 색조 선택과 ② 관련 없는 요소를 유사한 색상으로 잘못 연결시키지 않도록 어떻게 하느냐에 달렸다.

지면에 컬러 입히기

흑백 지면에 컬러를 더하는 것은 기교가 필요하다. 어디에 얼마나 써야 하나?

최선의 결과를 위해, 조금만 써도 효과가 크다는 점을 잊지 말라. 어디엔 컬러를 써야 하고 어디는 컬러를 쓰면 안 된다고 단정하는 것은 비현실적이다. 그러나 아래 사례처럼 일반적으로 더 나은 선택은 있다.

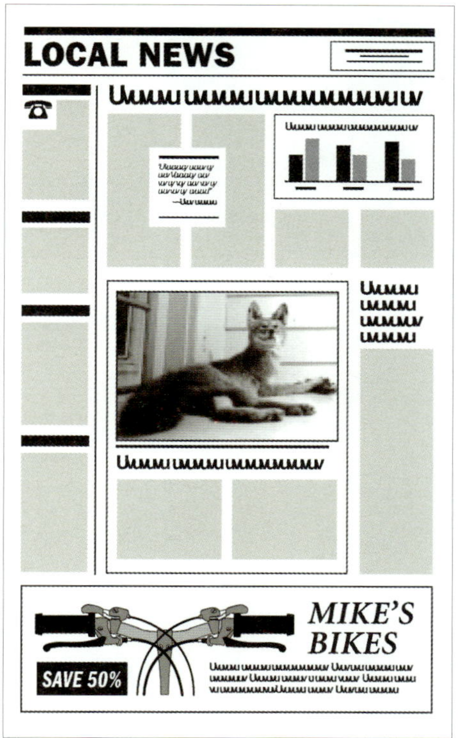

이 지면은 전형적인 흑백 지면이다. 회색이지만 밋밋해 보이지는 않는다. 선, 띠, 그래픽 요소들이 적절히 결합돼 있다. 명암의 매력적 혼합을 보여준다. 이 지면에 추가 치장은 불필요해 보인다. 컬러를 추가한다면 치장이 아니라 기능적 필요일 것이다.

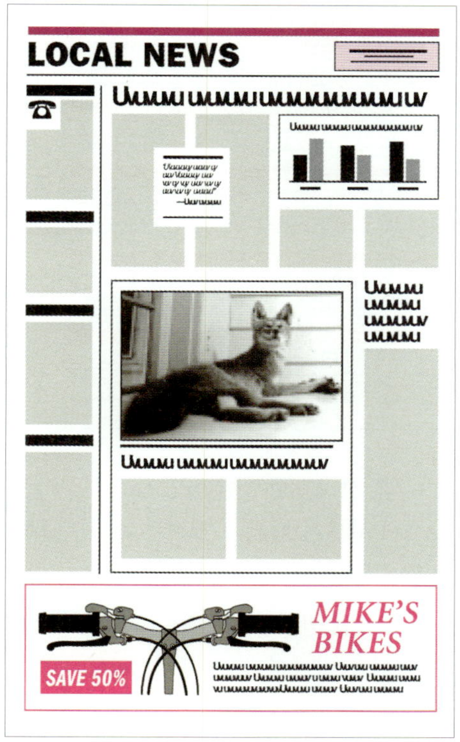

이 지면에 컬러를 쓰는 경쟁에서 선수를 친 이는 광고주다. 하단의 빨간색 광고는 독특하고 요란하기 때문에, 뉴스 디자인 어디에 빨강을 쓰든지 광고와 연관돼 보일 것이다. 이건 문제다. 뉴스와 광고를 구분하기 위해 편집 지면의 컬러 사용을 최소화할 수 있다. 여기서는 머리문패에만 빨간색을 사용했다. 광고와 구분하기 위해 먹 20%를 추가했다.

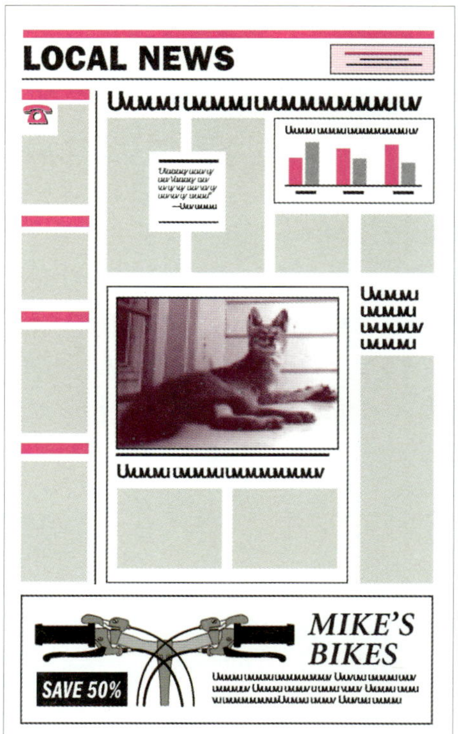

광고에 컬러가 없다면 지면에 컬러를 쓰는 데 자유롭다. 하지만 여전히 절제했다. 장식용이 아니라 지면의 틀을 짜기 위해 스팟 컬러를 썼다. 머리문패와 뉴스 브리프에 사용한 빨간색 막대는 레이아웃을 고정하는 앵커 역할을 한다. 막대그래프의 빨간 막대는 정보를 쉽게 식별해준다. 메인 사진은 듀오 톤으로 처리했다. 경성뉴스가 아니라 피처 사진이기 때문에 이 정도 파격은 용인될 것이다.

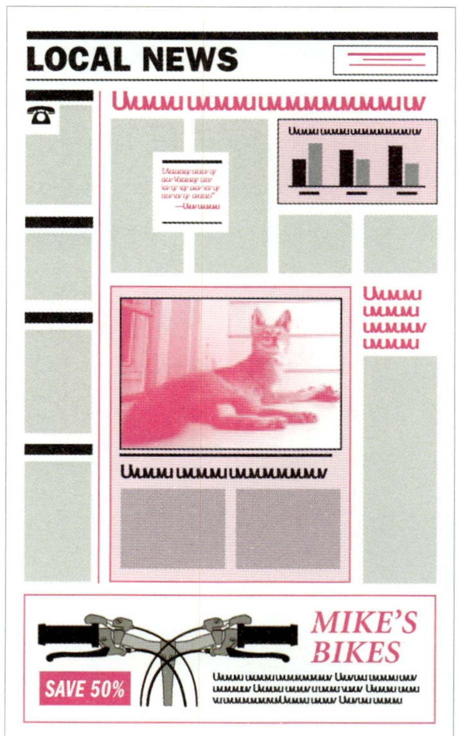

이 지면은 약간 서툰 선택을 했고 그 결과 다소 우스꽝스럽다. 핑크 스크린은 뉴스의 신뢰성을 떨어뜨린다. 빨간 헤드라인과 인용제목은 진실성을 훼손한다. 빨간 선과 상자는 독자의 시선을 분산시키고 중요하지 않은 디자인 요소에 눈길이 가도록 한다. 그리고 빨간색 사진이라니? 4원색 중 하나만 쓴 사진이 얼마나 형편없는지 보여준다. 이 지면은 약점이 많고, 색을 입힌 모든 뉴스요소가 광고인 '마이크 자전거'와 관련성을 갖는 것처럼 보인다는 점에서 더 나쁘다.

컬러 가이드라인

이 독립기념일 이모저모 기사는 잘 만들어졌다. 디자이너는 그래픽, 돈, 시간을 들이지 않고도 오직 스팟 컬러만으로 애국심을 불러일으키는 줄무늬 패턴을 만들었다. 빨강, 하양, 파랑색은 기사의 주제를 한눈에 전달하고 있다.

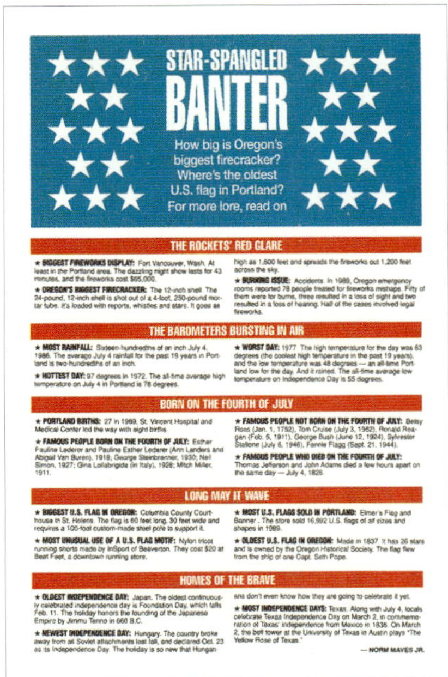

이 지면은 컬러 선택이 잘못됐다. 별로 어울리지 않는 녹색과 보라색이 원색 톤으로 처리됐고, 두 색의 대비가 부족해서 헤드라인을 읽기 어렵다. 녹색은 달러 지폐를 암시하고 있지만 전반적으로 컬러 사용이 서툴다.

◆ **적당한 컬러를 사용하라.** 당신의 거실을 장식하는 마음으로 지면의 컬러를 사용하라. 당신이 서커스 텐트에서 사는 게 아니라면, 분홍이나 밝은 녹색처럼 야한 색깔보다는 파랑이나 황갈색처럼 편안한 색을 고를 것이다.

컬러는 분위기를 담는다. 빨강, 노랑처럼 뜨거운 색은 공격적이다. 파랑, 회색처럼 시원한 색은 편안하다. 따라서 컬러가 애초 의도했던 효과를 내고 있는지 확인해야 한다. 또한 특정한 색의 조합은 고정된 의미를 갖는다는 것에 유념하라. 예를 들면,

빨강=피, 발렌타인데이.

초록=돈, 성패트릭데이.

빨강+초록=크리스마스, 멕시코.

브라운=아, 그냥 똥색이 훌륭한 지면 디자인을 다 망쳐버릴 수도 있다고 말하고 싶다.

특정 색을 좋아하든 아니든, 독자들의 마음에는 색깔들에 대해 딱 떠오르는 것이 있다. 이 점을 감안해 컬러를 사용해야 한다.

◆ **가능한 한 배경스크린은 파스텔 톤으로.** 211쪽으로 돌아가서 배경 색조를 다시 살펴보자. 어두운 스크린에 묻혀 있는 본문은 읽기 어렵다. 배경이 검정, 파랑, 브라운처럼 어두운 색이면 이런 문제가 있다. 부속상자, 도표 또는 지도에 본문을 넣을 때마다 가능하면 밝은 스크린을 써라. 윤전기에 따라 다르지만 대체로 스크린 비율이 20% 아래가 적당하다. 만일 어두운 스크린에 글자를 넣어야 한다면, 충분히 읽을 수 있도록 크고 굵은 서체를 사용해 반전하라.

10포인트 활자를 100% 청 스크린 위에 썼다. 배경이 진해서 활자를 읽기 어렵다.

10포인트 활자를 10% 청 스크린 위에 썼다. 배경이 연해서 활자 읽기가 쉽다.

10포인트 활자를 10% 적과 15% 황 스크린 위에 썼다. 파스텔 톤이라서 읽기 쉽다.

10포인트 활자를 60% 청과 60% 적 스크린 위에 썼다. 활자를 반전시키고 굵은체를 사용해 읽기 쉽다.

컬러 가이드라인

◆ **도를 넘는 기교를 부리지 말라.** 컬러 지면을 만드는 것은 비싸고 시간도 많이 걸린다. 그리고 대충 일하는 인쇄 직원 손에서 실망스러운 결과가 나오기도 한다. 컴퓨터 모니터에서 멋있게 보이던 삽화가 신문에 인쇄되면 지저분한 경우도 종종 있다. 컬러사진은 인쇄 질이 나쁘거나 컬러판이 제대로 정렬되지 않아 핀트가 어긋날 경우 흑백사진만도 못하게 보인다.

이 컬러사진은 정확하게 인쇄됐다. 컬러 잉크들의 균형이 적절하다. 색이 풍부하고 실제에 가깝다. 4개 컬러판이 제대로 정렬돼 이미지가 깔끔하고 초점이 잘 맞춰져 있다.

이 사진은 엉성한 컬러 제작의 위험성을 보여준다. 잉크들의 균형이 잘 안 맞고 일부는 색이 빠져 보인다. 4개 컬러판이 제대로 정렬되지 않아 이미지가 알아보기 힘들 만큼 흔들려 보인다. 컬러 인쇄가 이런 상태라면 차라리 흑백을 쓰는 게 낫다.

따라서 당신이 얻을 결과를 확신하기 전까지는 컬러를 보수적으로 써야 한다. 특히 작고 세밀한 그래픽과 헤드라인에 컬러를 쓸 때 더 주의하라. 핀트가 정확히 맞지 않으면 아래처럼 읽기 힘들게 될 것이다.

THIS HEADLINE REGISTERS THIS HEADLINE DOESN'T

◆ **컬러 사용량에 유의하라.** 컬러 사용은 쉽게 하라. 대담하고 화려한 색은 강조를 노릴 때만 핵심장소에 사용하라. 핵심장소는 그림, 피처기사 헤드라인, 반전시킨 띠 등이다. 이와 대비해 다른 곳에서는 좀 밝은 스크린이나 파스텔조의 혼합색을 사용하라. 만일 풀 컬러로 디자인을 한다면, 무지개를 그리듯 하지 말고 한두 개의 색조만 강조하라. 장식용 서체와 마찬가지로 장식용 컬러도 적게 쓰면 눈길을 끌지만, 많이 쓰면 산만해진다.

◆ **새로운 컬러를 만들기 전에 컬러 조견표를 활용하라.** 어떤 신문은 컬러 혼합을 잘 못하는 까닭에 기본적인 청, 적, 황만 쓰는 데 그친다. 그 결과 요란할 뿐 섬세하지 못한 만화섹션처럼 보인다. 청을 보강하기 원해 먹을 약간 섞고 싶다면, 얼마나 섞을 것인가? 10%? 50%? 또는 오렌지색을 만들기 위해 적과 황을 혼합한다면, 당신은 어림짐작으로 레시피를 내놓을 것인가? 적 20%와 황 50%라는 식으로?

추측하지 말라. 컴퓨터 모니터에 보이는 것을 믿지 말라. 당신의 컴퓨터와 윤전기 사이에 많은 차이가 날 수 있다. 대신 오른쪽 그림과 같은 컬러 조견표를 이용하면 각각의 컬러 배합이 인쇄되면 어떻게 보이는지 알게 해준다. 당신만의 조견표를 만들 수도 있다. 그렇지만 반드시 당신의 신문과 동일한 종이에 조견표를 인쇄해야 한다.

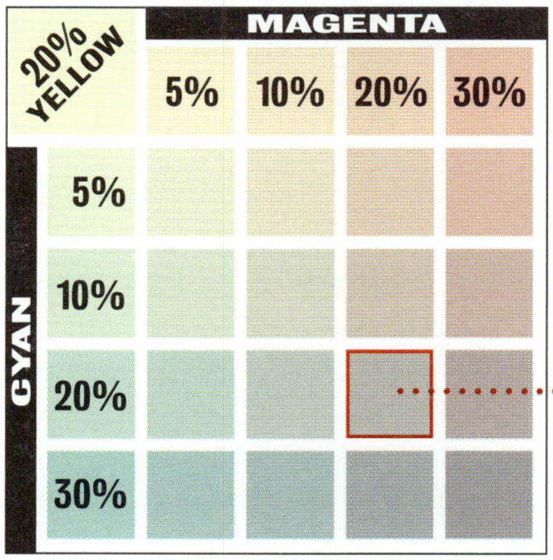

컬러 조견표는 색상들이 배합될 때 잉크가 어떻게 인쇄되는지 보여준다. 예를 들어 이 조견표는 황 20%에 적과 청을 섞었을 때 색상들을 보여준다. 왼쪽 테두리를 친 부분(빨간 점선)은 황 20%, 적 20%, 청 20%를 섞은 결과다.

풀 컬러 인쇄공정

딱 4가지 컬러 잉크를 가지고 어떻게 풀 컬러 시각물을 만들어낼 수 있는가? 기술은 복잡하지만 공정은 간단하다. 전통적 컬러 이미지를 어떻게 만드는지 알아보자.

원 화상

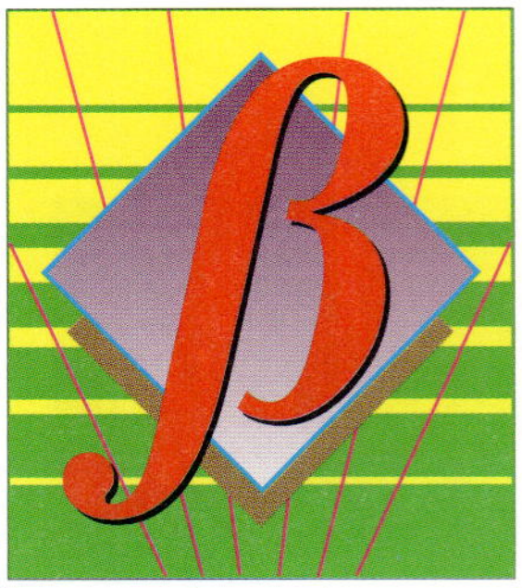

1단계: 아티스트가 일러스트레이션 프로그램을 이용해 컴퓨터로 이 컬러 일러스트를 그린다. 일러스트를 그리면서, 소프트웨어의 컬러 팔레트로 자기만의 색을 만들고 그 결과를 모니터로 평가한다. 그가 똑똑하다면 모니터를 보정해 스크린상의 색이 실제 출력했을 때의 색과 일치되도록 할 것이다. 이렇게 그리기가 다 끝나면 이미지를 디지털 파일로 전환시킨다.

만일 종이 위에 그림을 그렸다면, 스캐너를 이용해 4원색 컬러로 분리해야 한다. 스캐너는 이미지를 디지털 파일로 만들어 프린트하기 위해 컬러 필터를 사용한다.

청색 분해

적색 분해

황색 분해

먹색 분해

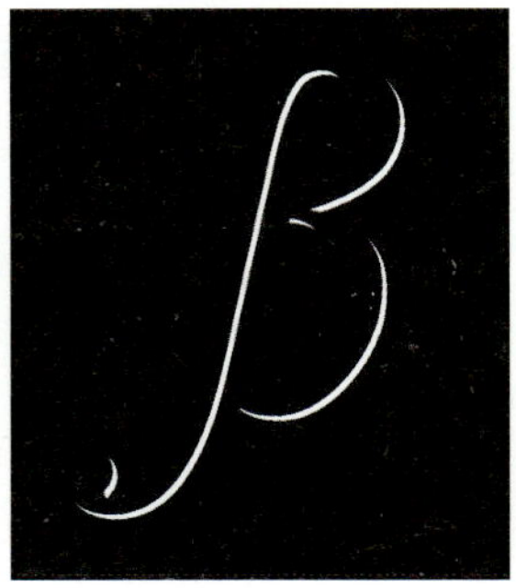

2단계: 이 이미지는 타이프세터(혹은 이미지세터)라 부르는 장치의 고해상도 출력물이다. 타이프세터는 이미지를 4원색으로 분해해 4장의 네거티브 필름을 만든다. 이를 색분해(separations)라 부른다. 네거티브 필름은 검정색 선과 점만으로 4가지 색을 표현한다.

청색 분판

적색 분판

황색 분판

먹색 분판

3단계: 이들 4가지 색분해 필름은 윤전기에 들어가서, 각각의 컬러 잉크를 찍는 평평하고 휘어지는 인쇄용 색판에 복사된다. 윤전기가 돌기 시작하면 각 색판은 여기 보이는 이미지를 인쇄하게 된다.

인쇄된 이미지

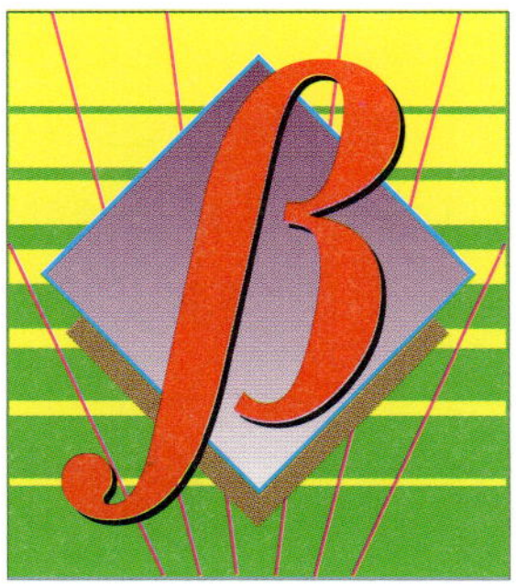

4단계: 윤전기가 돈다. 신문용지가 실린더를 통과하면서 4원색 잉크를 쓰는 4개의 색판이 차례로 찍힌다. 잉크들이 모두 정확히 균형이 잡혀 있고 윤전기를 통과하는 신문용지가 제대로 정렬됐다면, 색깔이 정확하게 찍히고 이미지는 초점이 잘 맞을 것이다. 확대경으로 보면 어떻게 4원색의 하프톤들이 풀 컬러를 제대로 구현하고 있는지 알 수 있다.

모든 윤전기는 컬러 이미지를 표현하는 기술과 표준이 다르다. 따라서 고품질을 보장하려면 인쇄 직원 및 제작진과 호흡을 잘 맞춰야 한다.

문제 해결

특별한 활자나 컬러 효과를 사용하면서 자주 발생하는 문제점에 대한 답변.

Q 어떤 아트디렉터는 눈길을 끌기 위해 요란한 헤드라인 서체를 써서는 절대 안 된다고 말한다. 허용된 기준에서 벗어나면 절대로 안 된다는 것이다. 어떻게 생각하는가?

'절대로'라 말하지 말라. 물론 마구잡이로 서체를 사용하는 것은 피해야 한다. 어쨌거나 당신도 서커스 포스터 같은 신문을 바라지 않을 테니 말이다. 그런데 당신이 광대에 대한 피처기사를 다룬다고 가정해보자. 어떤 헤드라인이 가장 적합한가?

대부분의 사람들은 이 서체가 우습고 색상도 야하다는 데 동의할 것이다. 신문을 요란하고 유치하게 만든다.

이번에는 일반적인 뉴스 헤드라인 서체를 사용해보자. 분명히 이 제목은 진지하고 세련됐다. 그러나 더 흥미진진한 서체를 쓸 수 없다면 그 신문은 얼마나 지루하겠는가?

그렇다. 서커스 기사를 묘사하기 위해 서커스 서체를 사용했다. 그러나 이것은 무조건 나쁜가? 이 서체가 독자들을 기사로 이끄는 데 성공적이지 않을까?

요점: 물론 요란한 서체는 보기 싫고 우스꽝스럽고 진부하게 보일 수 있다. 그러나 적합한 주제에 적합한 스타일이라면, 오히려 신선하고 안성맞춤으로 보일 수 있다. 종종 이것은 취향 문제다. 그러니 서체를 탓하지 말라. 타이포그래피의 창의성을 묵살하지 마라.

Q 전에 질문한 적이 있는 것을 다시 묻겠다. 전반적으로 표준적인(typical) 신문에서 얼마나 많은 활자체를 사용해야 하는가?

당신의 선택에 달렸다. 42쪽에 있는 문제해결 코너를 참고하라. 단 당신의 신문에 쓸 서체를 선택하기 전에, 그 서체들이 얼마나 '다용도'일지 고려하라. 어떤 서체군은 변형의 여지가 별로 없다. 반면 어떤 서체군은 스타일과 굵기가 다양해서 주제와 헤드라인의 다양성을 수용할 수 있다.

이것은 타임스(Times) 서체다. 고전적이지만 단지 4가지 폰트만을 제공해 충분하지 않다.

이것은 인터스테이트(Interstate) 서체다. 12개의 폰트를 사용, 뉴스 및 피처기사에 적합한 스타일과 굵기를 폭넓게 제공한다.

Q 우리 에디터는 본문이나 사진설명을 오른쪽 맞춤정렬을 하거나, 글자를 반전시키는 것을 허락하지 않는다. 그는 이 기법은 글을 읽기 어렵게 한다고 말한다. 정말 그런가?

오른쪽 맞춤 정렬에 대해 어느 정도는 그 상사의 주장에 일리가 있다. 우리가 앞서 논의했듯이 왼쪽이 울퉁불퉁하면 독자를 성가시게 할 수 있다. 그러나 이 글처럼 작은 블록이라면 별 문제 없다. 특히 사진설명은 오른쪽 정렬로 사진에 붙여 흘릴 수 있는 장점도 있다.

인쇄 직원이 주의 깊다면, 이 상자 글처럼 반전을 해도 아무 문제가 없다. 만일 글자가 번질까봐 걱정된다면, 글자 크기를 좀 키우거나 굵은 서체를 사용하라. **가장 읽기 좋은 상태를 파악하기 위해 약간의 테스트를 행하라.**

이 먹 바탕 스크린은 먹 100%가 아니다. 여기에 청 15%를 더했다. 이는 먹을 더 어둡고 풍부하게 만드는 효과가 있다. 순수한 먹은 종종 색이 변하거나 얼룩져 보인다.

문제 해결

Q 우리 신문은 색 혼합을 하면서 일관성도 체계도 없다. 쓸 만한 컬러 조견표(palette)를 만드는 방법을 알려달라.

좋은 컬러는 우연히 만들어지는 게 아니다. 당신의 신문용지와 윤전기에 대한 세밀한 조사와 꾸준한 테스트를 통해 가능하다. 기억하라. 모니터 상에서 보는 색과 실제 신문에 인쇄되었을 때의 색이 다르다는 점을.

모든 신문은 오른쪽 그림과 같은 공식적 컬러 가이드라인이 필요하다. 이것을 만들기 위해, 〈오리거니언〉의 미술팀은 지도, 도표, 헤드라인의 색깔 시험을 거듭한 끝에 그림과 같은 10개 컬러에 합의했다. 이 색깔들은 각각의 쓰임새가 있으면서도 서로 보완적이다. 당신 회사만의 컬러 조견표를 원하는가? 여기 3단계 방법이 있다.

색상값	용도
4,5,8,0 / 4,5,8,0	•CHARTBASE 1
5,8,13,0 / 5,8,13,0	•CHARTBASE 2 (w/white)
5,8,13,0 / 5,8,13,0	•CHARTBASE 3
40,10,0,45 / 40,10,0,45	•POINTER
0,80,80,0 / 0,80,80,0	•HIGHLIGHT
50,8,40,0 / 50,8,40,0	•BAR/LINE 1 (green)
61,16,16,0 / 61,16,16,0	•BAR/LINE 1 (blue)
12,100,51,20 / 12,100,51,20	•BAR/LINE 1 (red)
100,37,60,0 / 100,37,60,0	•BAR/LINE 1 (dk. green)
20,42,55,0 / 20,42,55,0	•BAR/LINE 1 (brown)

1 물감을 살 수 있는 화방이나 마트에 가라. 미리 배합된 장식용 컬러[예를 들어 바하마 블루와 상당히 잘 어울리는 토틸라(Tortilla) 브라운]의 범위를 보여주는 물감 칩(paint chips)이나 책자를 사라.

2 당신 회사의 인쇄 직원에게 가서 판톤(Pantone) 잉크 북을 보여달라고 하라. 판톤은 산업표준을 가지고 있는 잉크회사다. 이 회사는 모든 색상에 번호를 매겼다. 당신이 좋아하는 물감 칩의 색상을 판톤 잉크 북의 숫자와 대응시켜 보라. 예를 들어 550블루, 716오렌지 등.

3 이제 당신의 컴퓨터 앞에 앉아서 프리핸드나 일러스트레이터 같은 드로잉 프로그램, 쿼크익스프레스나 인디자인 같은 레이아웃 프로그램, 혹은 포토샵 같은 사진 프로그램을 열어라. 판톤 숫자에 맞는 색을 선택하고 4원색(CMYK)으로 변환시켜 당신의 컬러 조견표를 만들기 시작하라. 만일 5~20개의 색조 범위가 있는 보색 조견표를 선택했다면, 인쇄했을 때 한결같고 예측할 수 있고 매력적인 색을 얻을 때까지 실제 지면에서 테스트하고 미세조정을 해야 한다. 여담이지만, 가장 만들기 어려운 색은 베이지색이다. 이 책 곳곳에 베이지 색이 사용됐다. 시험을 거듭한 끝에, 공식을 도출해냈다.

5,6,12,0 / 5,6,12,0

5% 청, 6% 적, 12% 황이다. 당신이 보고 있는 이 책에서 얼마나 잘 인쇄가 됐는가?

Q 우리 사진 에디터는 사진 위에 절대 헤드라인을 겹치지 못하게 하며, 사진 컷아웃도 허용하지 않는다. 이미지의 온전함을 훼손하기 때문이란다. 정말 그런가?

우리는 140쪽에서 이 질문을 한 적이 있다. 많은 뉴스룸에서 여전히 이 질문을 하기 때문에 다시 한 번 물어본다. 당신은 컷아웃 처리와 제목이 사진에 겹치는 것을 어느 선까지 허용할 것인가? 앞서 말한 대로, 신문은 이미지에 멋을 내는 데 뒤처져 있었다. 그러니까 잡지나 왼쪽의 〈유에스에이 투데이〉 같은 신문을 분석하라. 어떻게 작업했을지 토론하라. 어느 선까지 허용할지 결정하라. 그 후 조심스럽게 실험을 허용하라.

8 리디자인

조만간 당신 신문은 새로운 로고가 필요할 것이다. 특별한 주제를 가진 면이나 새로운 섹션, 활자의 개선 또는 철저한 구조적 정비가 필요할 것이다.

어디서 시작할까? 어디서 아이디어를 얻을까? 어떤 변화가 필요한지 어떻게 알 수 있나? 최선의 서체와 포맷을 어떻게 결정할까? 더 중요한 것은, 과연 누가 결정할 것인가? 디자이너? 편집자? 리디자인 팀? 독자들?

과거 신문은 이런 문제에 별로 신경 쓰지 않았다. 수년간, 심지어 수십 년간 어떤 디자인 요소도 업그레이드 않고 버텼다. 이 문제에 구독자도 편집자도 관심을 갖지 않았다.

하지만 오늘날 경쟁 시장에서는 모든 상품이 최상의 신선도를 유지해야 한다. 자동차가 매년 디자인을 바꾸고, 백화점들이 5년마다 새로 단장하고, 수많은 잡지들이 3, 4년마다 외형을 바꾸는 이유가 여기에 있다.

신문도 정기적으로 다른 모습을 보여주는 것이 필수적이다. 어떠한 리디자인 계획도 처음에는 감당하기 힘들어 보일 것이다. 이 장에는 리디자인을 수월히 진행하기 위한 조언과 영감이 담겨 있다.

8장 목차

신문 리디자인

리디자인이란 무엇을 말하는 것일까? 활자, 그리드, 디자인 철학을 새롭게 정비한 한 피처면의 리디자인 전후를 살펴보자.

전

후

이 면은 개선이 필요하다. 그런데 정확히 무엇이 잘못된 것일까. 리디자인의 첫 단계는 개선이 필요한 요소를 항목별로 파악하는 것이다.

리디자인한 면이 더 활기차고 세련된 모습으로 변했다. 우리가 처음 파악했던 문제점들을 각각 어떻게 다뤘을까?

활자: 헤드라인과 섹션 제호가 개성 없는 평범한 활자인 헬베티카체다. 이를 버리고(리드 기사 위의 '북맨'체도) 보다 현대적이고 인상적인 서체를 찾을 때다. 섹션 안쪽 내용에 대해 아무 힌트도 안 주는 양쪽 귀퉁이 또한 헬베티카체만큼 단조롭다.

활자: 섹션 제호를 더 크고 굵게 만들면서도 색조는 회색으로 누그러뜨렸다. 귀퉁이엔 지면 안내 정보를 추가했다. 헤드라인은 '인터스테이트 블랙' 장체를 써서 같은 공간에 더 많은 글자를 넣을 수 있게 됐다.

컬러: 푸른 바탕에 짙은 푸른색 제호는 정교한 맛이 없고 전반적인 색채가 단조롭다. 밝지 않은 회색이나 흑갈색 톤으로 순화시켜야 한다.

컬러: 우스꽝스러운 푸른색 대신 부드러운 파스텔 톤의 색을 많이 사용했다. 헤드라인은 검정색으로 다른 시각물과 경쟁하지 않는다.

기사 수: 단 3꼭지의 기사. 지면이 얼마나 큼직하고 둔해 보이는가. 당장 이 기사들이 싫증 나지 않나? 대부분의 독자는 더 재미있고 다양한 주제가 아기자기하게 섞인 지면을 원한다.

기사 수: 이제 이 지면에 7가지 요소를 담았다. 짧은 기사 2꼭지, TV프로 소개, 면 맨 왼쪽 단에 색다른 유머 코너가 추가됐다. 지면이 너무 붐비는가? 아니면 적절한가?

페이지 그리드: 5칼럼이 촘촘한 지면을 만들기에 적합한가? 그리고 우리는 기고문이 왼쪽 첫 번째 단을 처음부터 끝까지 채우는 피처 프런트 면을 신물 나도록 보지 않았나?

페이지 그리드: 흔치 않은 9칼럼을 사용했는데 제법 역동적인 기사 흐름을 보여준다 (맨 왼쪽 'Edge' 칼럼과 TV안내를 주목하라). 9칼럼 체제는 광고를 싣기에는 불편하다.

신문 리디자인

WEDNESDAY, NOVEMBER 4, 1987 · PORTLAND, OREGON

AM

The Oregonian

Cry of timberrrr again fills woods

GOP worries over charges on Ginsburg

Hepburn: a class act

Conservative nominated to fill labor secretary job

Ship's fire reportedly hit fishing boat

It's I before E — except after 1-800-322-NEIL

ELECTIONS '87

The Oregonian

THURSDAY

Water Bureau cracks down

Engines turn over

Clifford indicted in BCCI scandal

No evidence of weapons found in Iraq

Diver follows his hero's path

THE ROSE BOWL RACE

The Sunday Oregonian

GOP pulls court into Florida fight

A HISTORIC QUANDARY

Oregon electors could make all the difference

Voters, unwittingly, test the limits of vote-by-mail

1980년대 후반: 〈오리거니언〉은 수십 년간 전통을 고수했다. 그래서 이 지면도 나이 든 에디터들이 허용하는 선에서 리디자인했다. 제호를 새로 만들고 지면 안내를 매일 길게 세웠다. 부제목도 도입했다(헤드라인과 부제목은 투박한 헬베티카체를 써야만 했다).

1990년대 중반: 이 리디자인은 전에 놓쳤던 에너지를 더했다. 제호는 컬러풀한 기사 안내(요일을 강조한)로 인해 매력적이고 두꺼워졌다. 11칼럼 그리드는 늘어나는 그래픽 요소들을 잘 정리할 수 있게 돕는다. 헤드라인은 투박한 헬베티카체를 개선한 '프랭클린 고딕 장체'를 사용했다

2000년: 다른 많은 신문들처럼 인쇄용지를 아끼기 위해 너비를 1인치 줄였다. 새 에디터는 보다 고전적이고 권위가 있으며 우아한 느낌을 원했기 때문에 미니언체 헤드라인과 이탤릭체 부제목, 넓은 단간을 적용했고 그래픽과 기사 안내 수는 줄였다.

바이라인 개선? 참 쉽다. 인용제목을 근사하게 만들자고? 그 정도는 일도 아니지! 재밌는 일일 뿐! 하지만 지면이나 섹션 혹은 신문 전체를 정비하는 거대 프로젝트를 시작하는 것은 종종 전전긍긍하는 발행인과 고집 센 동료, 트집 잡기 좋아하는 독자와 함께 하는 위험한 여행이 된다. 아무도 변화를 좋아하지 않는다. 하지만 모든 신문은 정기적으로 자기개선을 해야 한다. 그리고 잘 짜인 방식대로 진행할 수 있다면 불필요한 고통을 아무도(동료는 물론 독자도) 겪지 않을 수 있다.

우리는 지난 200페이지를 통해 신문을 어떻게 만드는지 배웠다. 앞으로 10페이지는 리디자인 9단계를 통해 신문을 어떻게 분해해서 다시 결합시키는지 보여줄 것이다.

1. **당신의 신문을 평가하라.** 강점과 약점을 확인하기 위해서.
2. **다른 신문 사례를 모아라.** 아이디어와 영감을 얻을 수 있도록.
3. **쇼핑 리스트를 작성하라.** 변화가 필요한 요소가 뭔지.
4. **시험판을 만들라.** 다양한 디자인 대안을 찾을 수 있도록.
5. **테스트하라.** 동료나 독자들에게 보여주고 반응을 살펴라.
6. **홍보하라.** 광고나 기사를 통해 독자들에게 바뀐 점을 설명하라.
7. **스타일북을 만들라.** 모든 변화에 대해 자세한 지침을 담아서.
8. **시작하라.** 자, 행운이 함께 하길!
9. **마무리하라.** 비평하고 토론하며 디자인 피드백을 받는다.

신문 평가

모든 신문은 나름의 특장이 있다. 모든 편집국원도 마찬가지다. 누구는 사진에 뛰어나고 누구는 기사로 상을 받는다. 또 다른 누구는 그래픽의 마술사다.

그런데 어떻게 동료들을 헤아릴 것인가? 서식을 어설프게 고치기 전에 목록부터 작성하라. 어떤 일을 해야 하고 무엇이 고장 났는지, 어디를 리디자인해야 할지 동료들에게 확실히 동의를 구하라. 직접 기입한 디자인 진단은 신문의 장단점을 항목별로 정리하는 데 도움이 될 것이다.

신문 리디자인 평가시트

각각의 질문에 **그렇다**(2점), **보통이다**(1점), **아니다**(0점)로 박스에 체크해주세요.
10개 항목에 5문항씩 100점 만점입니다.

항목	질문	그렇다	보통이다	아니다	점수/평가
헤드라인 & 활자	뉴스 헤드라인이 흥미와 정보를 제공하고 독자를 끌어들입니까?	☐	☐	☐	
	피처면 헤드라인이 친근하고 호소력 있는 개성을 보입니까?	☐	☐	☐	
	부제목이 기사를 잘 요약하고 이해하기 쉬워 독자가 의미를 파악합니까?	☐	☐	☐	
	헤드라인과 본문은 그 형태와 굵기가 조화롭습니까?	☐	☐	☐	
	타이포그래피가 일관성 있고 전문적 수준을 갖췄습니까?	☐	☐	☐	
사진	사진들이 밋밋하거나 소극적이지 않고 생생하고 매력적입니까?	☐	☐	☐	
	잘 트리밍했고 크기와 위치가 효과적입니까?	☐	☐	☐	
	색상이 선명하고 구도가 잘 잡혀 있습니까?	☐	☐	☐	
	주요 사진을 컬러로 사용하고, 컬러는 균형이 잡혔습니까?	☐	☐	☐	
	신문 전체 지면에 걸쳐 사진이 충분히 실렸습니까?	☐	☐	☐	
그래픽 & 삽화	지도, 도표, 도해가 기사를 적재적소에서 보완하고 있습니까?	☐	☐	☐	
	그래픽 자료는 의미 있고 정확하며 이해하기 쉽습니까?	☐	☐	☐	
	부속상자와 애거트 활자는 잘 만들어졌습니까?	☐	☐	☐	
	삽화가 세련되고 전문적 수준을 갖췄습니까?	☐	☐	☐	
	오피니언 면에 재치 있고 과감한 삽화나 그래픽이 있습니까?	☐	☐	☐	
기획면 디자인	기획면은 역동적-매력적이고 균형이 잡혔습니까?	☐	☐	☐	
	시각물과 활자 등 지면 요소들을 과감히 사용했습니까?	☐	☐	☐	
	머리문패와 로고가 세련미 있고 눈길을 끕니까?	☐	☐	☐	
	사진, 그래픽, 고정 요소의 색상이 효과적입니까?	☐	☐	☐	
	테마를 살려 차별화된 서식과 그리드를 사용하고 있습니까?	☐	☐	☐	
일반 지면	콘텐츠를 논리적이고 일관된 방식으로 구성했습니까?	☐	☐	☐	
	크고 돋보이는 요소와 함께 모듈 형태로 배치했습니까?	☐	☐	☐	
	지면 전체에 걸쳐 요약과 분석이 고루 섞여 있습니까?	☐	☐	☐	
	각 페이지의 머리문패 스타일에 일관성이 있습니까?	☐	☐	☐	
	점프된 기사에 점프라인이 잘 달려 있어 찾기 쉽습니까?	☐	☐	☐	

신문 리디자인 평가시트

		그렇다	보통이다	아니다	점수/평가
기본적 고정요소들	인용제목을 자주, 효과적으로 씁니까?	☐	☐	☐	
	여백이 일관되며 적당합니까?	☐	☐	☐	
	칼럼 로고가 매력적이고 유용하며 통일성이 있습니까?	☐	☐	☐	
	선, 박스, 스크린은 효과적으로 요소들을 정리해줍니까?	☐	☐	☐	
	바이라인과 점프라인 디자인이 좋고 위치가 적당합니까?	☐	☐	☐	
풍부함과 다양성	1면과 섹션 프런트의 기사가 다양하고 재미있습니까?	☐	☐	☐	
	주요 기사에 간략하고 효과적인 부속상자가 있습니까?	☐	☐	☐	
	주요 면에 고급 독자의 관심을 끄는 화젯거리가 있습니까?	☐	☐	☐	
	생생한 뉴스와 기획기사가 적절히 섞여 있습니까?	☐	☐	☐	
	기사들이 독자의 다양한 입맛을 잘 충족시키고 있습니까?	☐	☐	☐	
광고와 홍보	1면 기사 안내가 독자들의 시선을 끌 만합니까?	☐	☐	☐	
	경연대회나 경품행사를 개최 또는 후원했습니까?	☐	☐	☐	
	인터넷 주소는 찾기 쉽습니까?	☐	☐	☐	
	광고는 디자인이 좋고, 깔끔하면서 야단스럽지 않게 배치됐습니까?	☐	☐	☐	
	독자에게 다음에 발간될 기사를 예고했습니까?	☐	☐	☐	
친절한 신문	지면 안내(인덱스)가 이해하기 쉽고 고정된 곳에 있습니까?	☐	☐	☐	
	쌍방향 콘텐츠(퀴즈, 팁, Q&A, 체크리스트)가 있습니까?	☐	☐	☐	
	회의, 스포츠, 이벤트 등을 알려주는 캘린더가 있습니까?	☐	☐	☐	
	독자가 전화, 팩스, 편지, 이메일로 의견을 전하기 쉽습니까?	☐	☐	☐	
	신문을 통해 독자의 참여를 요청합니까?	☐	☐	☐	
개성	신문의 개성과 타깃 독자층이 잘 어울립니까?	☐	☐	☐	
	정규 칼럼니스트의 인물사진 또는 캐리커처 사용이 정착됐습니까?	☐	☐	☐	
	제호는 개성 있고 세련됐습니까?	☐	☐	☐	
	1면에 독자를 놀라게 할 만한 것이 있습니까?	☐	☐	☐	
	오늘 신문에 독자들의 반향을 일으킬 만한 기사가 있습니까?	☐	☐	☐	
등급: 100점 만점	**90~100:** 탁월! 최상급 신문 **70~89:** 훌륭함, 하지만 새로운 아이디어와 개선이 필요. **50~69:** 보통 혹은 미흡함. 리디자인을 고민할 때. **50점 미만:** 구닥다리 신문. 독자들이 따분해 할 듯. 확 바꿔야.	당신의 총점은			

샘플 수집

리디자인 프로젝트에 뛰어들기 전에 경쟁자들은 어떤 수준인지를 살펴보라. 디자인이 훌륭한 신문을 분석하는 일은 신선한 아이디어를 주고 안목을 높여주며 완고한 동료들에게 개선이 필요함을 깨닫게 해준다. 반면 디자인이 엉망인 신문은 피해야 할 위험이 무엇인지 알려주는 반면교사다.

전국에 걸쳐 여러 가지 신문을 모아라. 상을 받은 것, 트렌드 선도자, 좋은 것, 나쁜 것, 이상한 것 등. 이 신문들의 헤드라인, 바이라인, 인용구, 그리드 등 모든 것을 연구하라. 그리고 다음과 같은 혁신적인 형태와 그래픽 요소들을 주목하라.

◆〈볼 데일리 뉴스〉(*The Ball Daily News*)가 보여준 큰 스포츠 이벤트의 일목요연한 통계(왼쪽 위).

◆〈리틀 호크〉를 만드는 기자들의 얼굴 소개 박스.

◆〈패서디나 스타 뉴스〉(*The Pasadena Star-News*)의 일일 범죄지도.

◆〈브레머턴 선〉(*The Bremerton Sun*)의 어깨 제목(문패)과 요약설명.

◆〈오렌지카운티 레지스터〉(*The Orange County Register*)처럼 표로 제공되는 시의회 회의 라운드업.

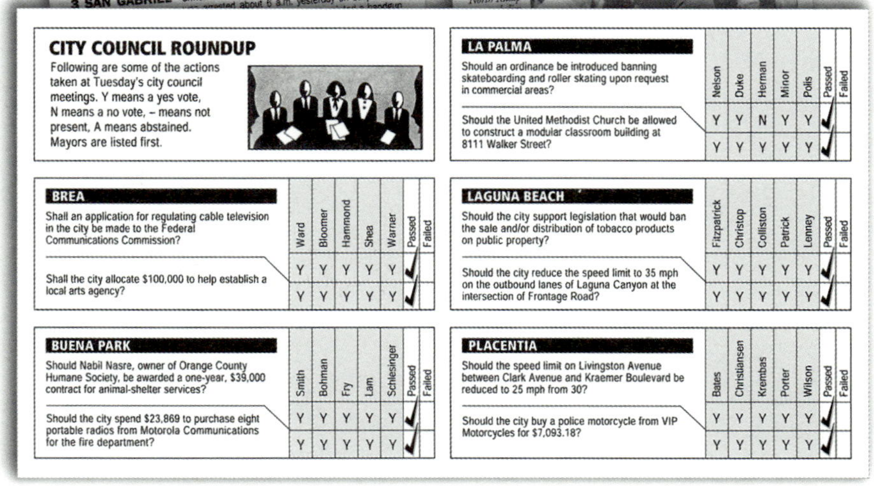

어디서 탐나는 디자인 아이디어를 찾을 것인가

힌트가 필요하다고? 아래 뉴스 디자인 웹사이트를 방문하라.

◆ **www.snd.org** – 소사이어티 오브 뉴스 디자인(The Society of News Design)은 매년 세계 최고의 디자인 지면을 선정한다. 그중 많은 지면과 유용한 디자인 소재들을 여기서 볼 수 있다.

◆ **www.newspagedesigner.com** – 방대한 지면 정보센터를 통해 수많은 디자이너들을 만나고 의견도 올릴 수 있다.

◆ **www.visualeditors.com** – 디자이너들의 수다 공간으로 유명한 이 사이트의 게시판에는 다양한 조언과 지면자료들이 가득하다.

◆ **www.newseum.org** – 세계 수백 개 신문의 프런트 지면을 매일 게시한다.

◆ **www.collegefrontpage.com** – 예비 언론인을 위한 각종 지면과 게시물 링크의 집합소.

만일 본받고 싶은 신문의 실제 지면을 얻고 싶다면 해당 신문의 웹사이트에 가서 디자인 디렉터를 찾아 신문 1~2부를 보내달라고 요청하라. 공손히 부탁한다면 대부분 기꺼이 보내줄 것이다.

쇼핑리스트 작성

약점을 파악하고 목표를 세웠다면, 개선이나 교체가 필요한 구체적인 항목들을 찾아낼 수 있을 것이다. 리디자인 쇼핑리스트를 만들면서 어떤 것을 남기고 어떤 것을 고치며 필수와 선택 항목(화려한 기사 안내는 있으면 좋지만 꼭 필요하지는 않을 듯)이 무엇인가를 결정하자. 바꾸고 싶은 것을 항목별로 정리하기 위해 다음 체크리스트를 이용해보자.

리디자인이 필요한 요소들은?

헤드라인과 본문

- ☐ **제호** .... 기업 로고처럼 독창적이고 인상적일 것. 현대적이고 맵시 있는 서체를 시도할 것인가? 특별한 그래픽 효과는? 색상은?
- ☐ **헤드라인** .... 굵고 효과적인 것을 원하는가? 아니면 날렵하고 우아한 것을 원하는가? 다른 형태(큰 제목, 어깨 제목)를 시도할 것인가? 주제어 문패를 달 것인가?
- ☐ **부제목** .... 메인 제목의 서체와 잘 어울리는가? 모든 기사에 부제를 달 것인가? 뉴스냐 피처냐에 따라 부제의 스타일을 다르게 하고 싶은가?
- ☐ **머리띠** .... 모든 면의 머리, 로고 등에 적용할 인상적이고 멋진 서체군을 선택하라. 스크린이나 반전 같은 추가 그래픽 효과도 원하는가?
- ☐ **본문** .... 반드시 읽기 편해야 한다. 가장 이상적인 크기와 행간은?
- ☐ **스페셜 본문** .... 그래픽, 부속상자, 단신에 산세리프 서체를 원하는가? (강한 볼드체나 이탤릭체 등) 다양한 종류의 서체를 갖춰라.

아키텍처와 디자인

- ☐ **지면 그리드** .... 칼럼 폭과 지면 형태에 새 시스템을 시도하는가? 광고 있는 면에 적용할 것인가, 광고 없는 면에 적용할 것인가.
- ☐ **머리문패** .... 꼭대기? 옆쪽? 내부 삽입? 어디에 둘 것인가? (흥밋거리, 정보 캘린더 등) 다른 그래픽 요소들과 잘 어울리는가?
- ☐ **단신모음** .... 모듈러 편집의 필수 구성요소로 간주해 각 지면에 정착시켜야 할까? 그래픽 요소를 가미할 수 있는가?
- ☐ **스페셜 피처** .... 여론조사, 인용문, 통계, 캘린더, 퀴즈, 경연, 편지, 카툰. 이런 요소들을 붙박이 지면 포맷으로 둘 수 있는가?
- ☐ **선과 박스** .... 지면의 전반적 외양을 좌우하는 핵심 요소다. 요란하게? 차분하게? 이상적인 선 굵기, 박스의 형태들, 스크린의 농도 등을 결정하라.
- ☐ **기사 안내와 지면 안내** .... 얼마나 눈에 잘 띄고 변형이 가능한가? 시각물을 얼마나 추가할 수 있나?
- ☐ **광고** .... 광고 영역이 모듈러 형태인가? 기사 영역과 확실히 구분되나?

콘텐츠와 구성

- ☐ **섹션화** .... 기사들을 획기적인 주제와 분야로 재구성할 수 있는가? 특별한 주제를 가진 지면을 만들 수 있는가?
- ☐ **흐름** .... 지면 전체에서 가장 흥미롭고 효과적인 주제의 흐름은 무엇인가? 보기 싫은 광고 더미들을 어디에 놓아야 피해를 최소화할 것인가?
- ☐ **기사 외 옵션들** ..... 본문과 헤드라인이 아닌 다양한 형태로 정보를 재포장할 수 있는가? 이 대안적 포맷을 고정시킬 수 있는가?
- ☐ **쌍방향성** .... 사용자 편의를 얼마나 고려하는가? 독자들이 말하고 참가하고 교류할 기회를 어디에서 더 줄 수 있는가?

그 외 요소들

☐ 인용제목	☐ 점프라인	☐ 독립 사진의 설명	☐ 관련기사 안내
☐ 칼럼 로고	☐ 점프 헤드라인	☐ 제공자 표시	☐ 바로잡습니다
☐ 리뷰/프리뷰 박스	☐ 이니셜 캡	☐ 편집자 메모	
☐ 바이라인	☐ 사진설명	☐ 지도와 차트	

시험판 만들기

아이디어를 모았고 회의를 했다. 이제 새로운 디자인 개념들을 시험할 샘플 지면, 즉 시험판을 만들 때가 됐다. 하지만 우선 몇 가지 충고:

◆ **충분한 시간을 가져라.** 수 시간 만에 그럴듯한 시험판을 만들 수 있을 거라 생각할 수 있다(아마 가능할 것이다). 그러나 새로운 아이디어를 개발하고, 동료와 의견을 나누고, 디자인 요소들을 수정하는 과정은 수주에서 수개월이 걸릴 수도 있다. 서둘지 마라. 재촉할수록 실망하게 될 것이다.

◆ **정직하라.** 현실을 직시하라. 동료들이 도저히 만들 수 없는 지면에 집착하지 말라. 오직 당신만 이해하는 위험한 디자인을 주장하지 말라. 어떤 아이디어를 현실에 적용할 수 없다면 포기하라. 이야기가 나와서 하는 말인데…

◆ **밋밋한 재료(dull material)를 사용하라.** 시험판을 만들 때 과시욕을 억제하라. 평범하고 일상적인 것들을 사용하라. 당신의 디자인이 재미없는 기사와 그저 그런 삽화를 사용하면서도 빛을 발한다면, 실전에서는 더 좋아 보일 것이다. 디자이너들은 시험판을 만들 때 대개 본문과 헤드라인에 가짜 글자를 쓴다(옆 페이지에 있는 사례처럼). 독자가 단어에 주의를 빼기지 않게 하기 위해서다. 하지만 사용할 활자체를 정했다면 기능성을 시험하기 위해 진짜 글자로 시험판을 만들어야 한다.

스포츠 섹션의 새 머리문패를 찾는가? 여기 다양한 선택이 있다. 차분한 것, 요란한 것, 묵직한 것, 경쾌한 것. 시험판을 다양하게 만들어야 최적의 결과물을 얻을 수 있다.

◆ **훔치지 마라.** 물론 약간의 힌트를 외부에서 얻는 것은 좋은 일이다. 하지만 다른 신문의 디자인 요소를 뻔뻔하게 베껴선 안 된다. 당신의 상사는 표절을 금방 눈치챌 것이고 왜 독창적인 것은 없는지 물을 것이다. 당신을 해고하려는 질문이다.

◆ **여론을 경청하라.** 타인의 의견을 많이 듣고 포용하라. 건설적인 비판과 총명한 피드백을 구하라.

◆ **옵션을 많이 제시하라.** 한 예로 버클리와 헬베티카 장체로 'sports shorts'라는 로고를 만든다고 가정해보라.

어느 것이 가장 좋은가? 대답하기 쉽지 않다. 여러 가지 시험판을 만들고 난 뒤엔, 결국 취향의 문제가 될 것이다. 그것도 타인의 취향. 이처럼 다양한 옵션들을 만들고 난 후 디자이너들은 동료나 상사에게 그것을 보여주고, 그들은 가장 잘 된 것을 고른다.

시험판 만들기

새 디자인 요소들을 어떻게 결정할 것인가? 평일 일상적인 면을 가지고 좋다고 생각되는 조합을 찾을 때까지 여러 가지 서체와 로고를 적용해보라.

제목은 가늘고 우아한 미니언(Minion)체를, 머리문패에는 굵고 깔끔한 프랭클린 고딕(Franklin Gothic, 약 200% 평)체를 시험했다. 사진을 흐릿하게 처리한 것에 주목하라. 이 방식은 기사 내용에 주의를 뺏기지 않으면서 타이포그래피에 집중하도록 만든다.

가는 세리프 제목들을 굵은 산세리프(프랭클린 고딕 장체)로 바꾸었다. 머리문패는 모두 팔라티노(Palatino) 세리프를 사용했다. 나아졌는가? 대답은 '그렇다'로 나왔을 것이다. 하지만 더 많은 매력과 다양성을 시각효과를 통해 원한다면…

여기를 보라. 머리문패에 회색 스크린과 그림자를 넣고 세리프체 일종인 스타이미(Stymie)체로 바꿔 시각적으로 더 강조했다. 하지만 지면 전체 구조를 보라. 상투적인 다섯 칼럼 그리드를 고수해야 할까?

또는 여기처럼 9칼럼 그리드는 어떨까? 그 중 양쪽 2개 칼럼은 본문이 아니라 그래픽 요소로 채웠다. 이 시험판만 갖고도 뉴스룸에서 몇 시간이고 생산적인 토론을 할 수 있다.

테스트와 프로모션

시장조사

비밀리에 포커스 그룹의 토론을 지켜보고 있다. 참가자들은 무엇이 평가되고 있는지, 거울 뒤에 누가 앉아서 시험판에 대한 자신들의 반응을 지켜보고 있는지 모르는 경우가 많다.

독자들이 어떤 기사를 원하는지 안다고 생각하는가? 독자가 선호하는 컬러나 그래픽 유형들은?

추론할 수도 있고(에디터 대부분은 자신이 이에 능하다고 생각한다) 독자들에게 직접 물을 수도 있다. 또 리디자인은 당신의 일에 대한 독자 반응을 파악할 수 있는 좋은 기회다.

전문 조사기관은 여론을 두 가지 방식으로 조사한다.

◆ **독자조사:** 대부분의 신문들은 전화, 온라인, 설문지를 통한 설문조사로 독자 성향을 조사한다. 새 디자인에 대한 반응을 조사한다면 먼저 시험판을 나눠줘 읽게 한 뒤, 설문지로 후속 조사를 한다("눈길 끄는 변화는?", "지금보다 훨씬 나아졌는가?", "이 만화가 좋은가?" 등).

◆ **포커스 그룹:** 포커스 그룹 조사는 광범위한 독자조사만큼 통계적으로 정확하지 않을 수도 있다. 하지만 독자조사에서 얻을 수 없는 다양한 의견과 감성을 파악할 수 있다. 포커스 그룹은 신문과 소통하는 독자들을 만날 기회다. 외부에서만 보이는 유리방에서 벌어지는 독자들의 토론을 관찰할 수도 있고(가능한 객관적으로 살펴보기 위해), 당신이 직접 토론에 참여할 수도 있다.

홍보 캠페인 전개

새로운 것을 추가하거나 오래된 것을 폐기 또는 재배치하는 등 신문을 손보게 되면 항상 독자에게 알려야 한다. 어쨌거나 신문은 독자의 것이니까. 또 독자는 당신이 한 일에 대해 여론을 만들기 때문에 독자의 지지를 얻으려 노력해야 한다(최소한 독자에게 리디자인의 의미는 알려야 한다).

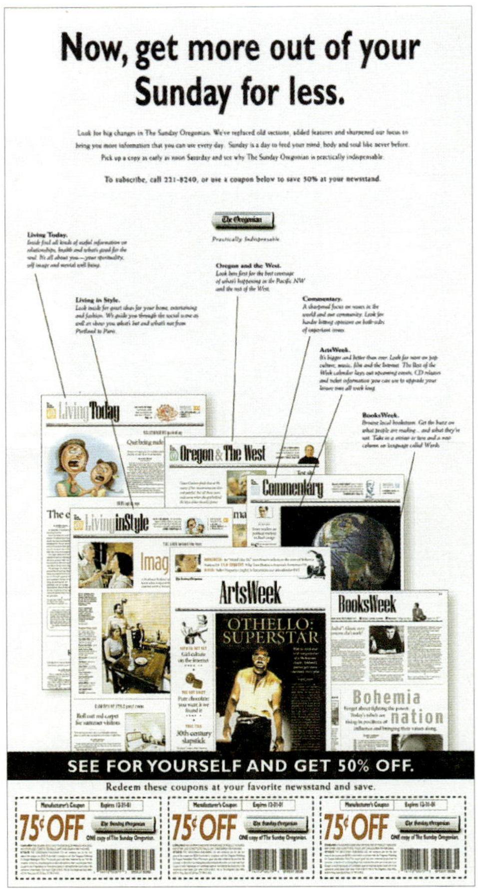

거대 일간지든지 월간 학생지든지 독자층은 다음과 같은 3그룹으로 이뤄져 있다.

◆ **충성 독자:** 당신 신문의 충실한 추종자들로 그 신문에 아주 익숙하다. 그래서 예고 없이 갑자기 신문에 변화를 준다면 혼란스러워하거나 배신감을 느낄 것이다.

◆ **간헐적 독자:** 당신의 신문을 알고, 거기서 얻을 게 뭔지 알고 있다. 그들은 몇 가지 목적(스포츠 스코어나 각종 광고, 영화 시간표 등)으로 신문을 집는다. 만일 볼 가치가 있는 신문이라는 확신을 심어준다면 훨씬 자주 사 볼 것이다.

◆ **비독자:** 아마도 그들은 당신 신문에 흥미가 없다. 좋아하지도 않는다. 혹은 그 신문을 모른다. 하지만 홍보 캠페인으로 그들을 설득할 수 있을 것이다.

이 3가지 그룹에 어떻게 리디자인의 성과를 알릴 것인가? 신문의 새로운 모습을 오른편 광고처럼 설명한다면, 독자와 비독자 모두에게 홍보효과를 얻을 수 있을 것이다.

스타일북 만들기

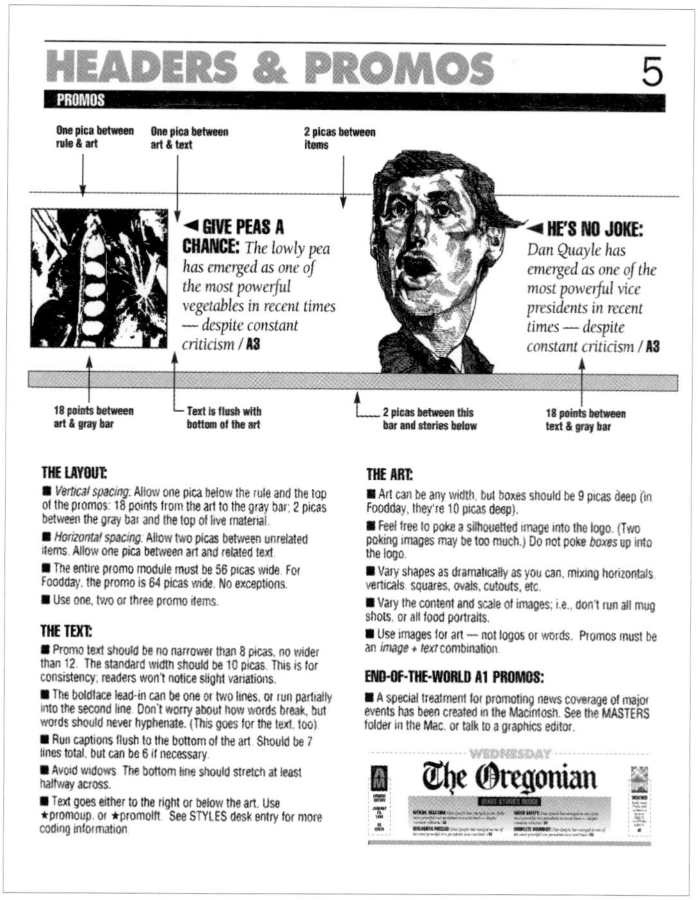

HEADERS & PROMOS 5

PROMOS

One pica between rule & art — One pica between art & text — 2 picas between items

◀ **GIVE PEAS A CHANCE:** *The lowly pea has emerged as one of the most powerful vegetables in recent times — despite constant criticism* / **A3**

◀ **HE'S NO JOKE:** *Dan Quayle has emerged as one of the most powerful vice presidents in recent times — despite constant criticism* / **A3**

18 points between art & gray bar — Text is flush with bottom of the art — 2 picas between this bar and stories below — 18 points between text & gray bar

THE LAYOUT:

- *Vertical spacing:* Allow one pica below the rule and the top of the promos: 18 points from the art to the gray bar; 2 picas between the gray bar and the top of live material.
- *Horizontal spacing:* Allow two picas between unrelated items. Allow one pica between art and related text.
- The entire promo module must be 56 picas wide. For Foodday, the promo is 64 picas wide. No exceptions.
- Use one, two or three promo items.

THE TEXT:

- Promo text should be no narrower than 8 picas, no wider than 12. The standard width should be 10 picas. This is for consistency; readers won't notice slight variations.
- The boldface lead-in can be one or two lines, or run partially into the second line. Don't worry about how words break, but words should never hyphenate. (This goes for the text, too).
- Run captions flush to the bottom of the art. Should be 7 lines total, but can be 6 if necessary.
- Avoid widows. The bottom line should stretch at least halfway across.
- Text goes either to the right or below the art. Use ★promoup. or ★promolft. See STYLES desk entry for more coding information.

THE ART:

- Art can be any width, but boxes should be 9 picas deep (in Foodday, they're 10 picas deep).
- Feel free to poke a silhouetted image into the logo. (Two poking images may be too much.) Do not poke *boxes* up into the logo.
- Vary shapes as dramatically as you can, mixing horizontals, verticals, squares, ovals, cutouts, etc.
- Vary the content and scale of images; i.e., don't run all mug shots, or all food portraits.
- Use images for art — not logos or words. Promos must be an *image + text* combination.

END-OF-THE-WORLD A1 PROMOS:

- A special treatment for promoting news coverage of major events has been created in the Macintosh. See the MASTERS folder in the Mac, or talk to a graphics editor.

WEDNESDAY
The Oregonian

〈오리거니언〉 디자인 스타일북의 일부. 1면에 매일 실리는 기사 안내를 어떻게 만드는지 설명한다. 시각물의 크기, 기사의 위치, 각 요소들의 간격 등 상세한 가이드라인을 기록했다. 이런 세부 요소들을 미리 잘 조율해 놓는다면 어떤 신문이든 얼간이 짓을 피할 수 있을 것이다.

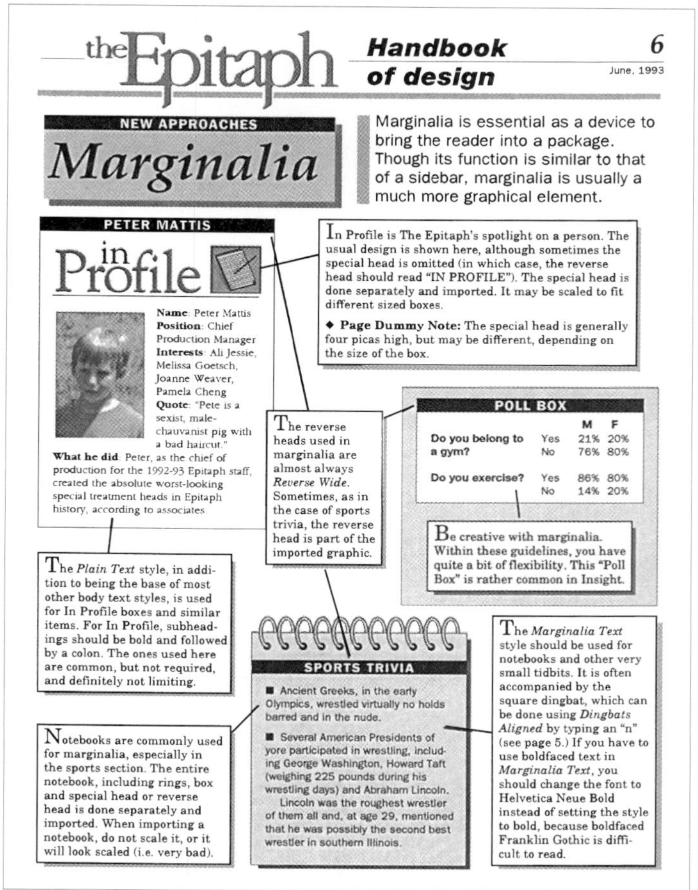

the Epitaph — Handbook of design 6

June, 1993

NEW APPROACHES

Marginalia

Marginalia is essential as a device to bring the reader into a package. Though its function is similar to that of a sidebar, marginalia is usually a much more graphical element.

PETER MATTIS

in Profile

Name: Peter Mattis
Position: Chief Production Manager
Interests: Ali Jessie, Melissa Goetsch, Joanne Weaver, Pamela Cheng
Quote: "Pete is a sexist, male-chauvanist pig with a bad haircut."
What he did: Peter, as the chief of production for the 1992-93 Epitaph staff, created the absolute worst-looking special treatment heads in Epitaph history, according to associates.

In Profile is The Epitaph's spotlight on a person. The usual design is shown here, although sometimes the special head is omitted (in which case, the reverse head should read "IN PROFILE"). The special head is done separately and imported. It may be scaled to fit different sized boxes.

◆ **Page Dummy Note:** The special head is generally four picas high, but may be different, depending on the size of the box.

POLL BOX

		M	F
Do you belong to a gym?	Yes	21%	20%
	No	76%	80%
Do you exercise?	Yes	86%	80%
	No	14%	20%

The reverse heads used in marginalia are almost always *Reverse Wide*. Sometimes, as in the case of sports trivia, the reverse head is part of the imported graphic.

Be creative with marginalia. Within these guidelines, you have quite a bit of flexibility. This "Poll Box" is rather common in Insight.

The *Plain Text* style, in addition to being the base of most other body text styles, is used for In Profile boxes and similar items. For In Profile, subheadings should be bold and followed by a colon. The ones used here are common, but not required, and definitely not limiting.

SPORTS TRIVIA

- Ancient Greeks, in the early Olympics, wrestled virtually no holds barred and in the nude.
- Several American Presidents of yore participated in wrestling, including George Washington, Howard Taft (weighing 225 pounds during his wrestling days) and Abraham Lincoln.
  Lincoln was the roughest wrestler of them all and, at age 29, mentioned that he was possibly the second best wrestler in southern Illinois.

Notebooks are commonly used for marginalia, especially in the sports section. The entire notebook, including rings, box and special head or reverse head is done separately and imported. When importing a notebook, do not scale it, or it will look scaled (i.e. very bad).

The *Marginalia Text* style should be used for notebooks and other very small tidbits. It is often accompanied by the square dingbat, which can be done using *Dingbats Aligned* by typing an "n" (see page 5.) If you have to use boldfaced text in *Marginalia Text*, you should change the font to Helvetica Neue Bold instead of setting the style to bold, because boldfaced Franklin Gothic is difficult to read.

1990년대에 이미 캘리포니아 쿠퍼티노의 〈에피타프〉(*The Epitaph*)는 다른 어떤 고교 신문보다 가장 혁신적인 디자인 중 하나를 보여줬다. 그들의 11쪽짜리 스타일북은 부제목과 기호, 여기에 설명하는 스포츠 면의 자투리 코너까지 모든 디자인 요소들을 꼼꼼히 적어 놓았다.

이제 막 신문 리디자인을 끝냈다. 완벽하다. 근사하다. 천사들마저 서로 읽어줄 만한 신문이다. 하지만 만약 당신이 버스에 치이기라도 하면 이 모든 복잡한 헤드라인 사용법과 로고 포맷은 어떻게 되겠는가? 어떻게 당신 동료들이 어떻게 이 모든 로고, 바이라인, 인용제목, 파이그래프를 당신처럼 근사하게 만들어내겠는가?

답은 디자인 스타일북을 만드는 것이다.

당신이 취재 혹은 편집기자라면 기사 작성 스타일북에 익숙할 것이다. president 같은 단어를 어떤 경우 대문자로 쓰는지, avenue 같은 단어를 언제 축약해서 쓰는지 등을 규정한 것 말이다. 디자인 스타일북 역시 신문에 필요하다. 디자인에서 해야 할 것과 해서는 안 될 것을 정하고 타이포그래픽 도구들을 목록으로 정리해야 한다.

스타일북은 창의성을 억누르려는 게 아니다. 시간을 절약해준다. 마감에 쫓기는 동료들이 "로고에 몇 % 스크린을 입히나", "헤드라인에 코믹북 폰트를 써도 되나" 등을 알아보는 데 에너지를 낭비하지 않게 해준다.

최고의 스타일북은 위에서 본 것처럼 상세하고 완벽한 것이다. 리디자인 과정을 진행할 때, 새 포맷이 어디에 언제 사용되며 어떤 규칙이 있는지, 어디에 저장되어 있는지 등 디자이너가 뭐든지 해결책을 찾을 수 있도록 스타일북 항목을 만들어라.

실행과 후속 조치

한꺼번에? 단계적으로?

고전적인 질문이다. 리디자인한 것을 요란하게 한꺼번에 공개해야 할까, 아니면 천천히 신중하게 공개해야 할까. 새로운 볼거리, 새로운 지면, 새로운 섹션을 도입한다면 모든 걸 한꺼번에 보여주는 게 최상일 것이다. 하지만 신문 전반을 리디자인한 경우에는 두 옵션의 장단점을 따져봐야 한다.

한꺼번에 공개하면…

- ◆ 놀라운 지면 개선을 알리는 광고 캠페인을 통해 독자층의 흥미를 유발시키는 절호의 마케팅 기회가 생긴다.
- ◆ 공동의 목표를 향해 이끌고 격려하면서 뉴스룸에 활기가 생긴다.
- ◆ 어떤 변화도 싫어하는 일부 관성적 독자를 화나게 하거나 놀라게 할 수 있다.

며칠 혹은 몇 주에 걸쳐 단계적으로 공개하면…

- ◆ 뉴스룸 구성원이 새 포맷을 시험할 시간을 주고, 결함을 찾고, 점진적으로 조정하면서 변화의 속도를 관리할 수 있다.
- ◆ 상당수의 독자는 어떤 변화가 일어났는지 못 알아볼 것이다.

새로운 스타일의 강화와 개선

새 리디자인을 단순히 적용하는 것은 충분하지 않다. 새 포맷이 뉴스룸에 완전히 정착될 때까지 모니터하고 수정해야 한다. 어떻게?

- ◆ '스타일 보안관'을 정해 디자인 규칙 위반을 잡아내라. 그렇지 않으면 신문 품질관리를 누구도 책임지지 않을 것이다.
- ◆ 디자인 게시판을 만들어 성공한 것들을 보여주고 실수는 분석하라.
- ◆ 문제점을 논하고 해결책을 요약한 메모를 나눠주라(스타일북에서 특별히 강조할 내용을 발췌해 포함시켜도 된다).
- ◆ 정기적인 회의를 열어 리디자인을 평가하고 필요하다면 수정할 수 있도록 하라.

이 모든 게 완벽하게 진행되면 한숨 돌릴 수 있다. 그러면 다음 디자인 프로젝트를 구상하라. 다음과 같은 질문이 나올 것이다. 얼마나 자주 리디자인을 해야 하지?

그것은 독자, 발행인, 당신 신문의 개성, 그리고 지금의 디자인이 얼마나 성공하는가에 달렸다. 주간지는 10년마다 리디자인하는 것이 동료와 독자에게 좋을 것 같다. 하지만 일간지는 5년에 한 번씩은 외모를 업그레이드시켜야 한다.

대형 신문사들에게 리디자인은 중요한 사안이다. 하지만 작은 신문사들, 특히 학생 간행물은 해마다 하는 리디자인이 새로운 동료(직원)에게 신문에 대한 일체감을 각인시켜 주는 효과가 있다. 사진은 아이오와 시티 〈리틀 호크〉의 지난 10년간 프런트 면의 변화다.

리디자인 갤러리

베이커필드 캘리포니안

〈베이커필드 캘리포니안〉(*The Bakersfield Californian*)은 LA 북부의 중간 규모(7만 부) 일간지다. 디자인 컨설턴트 앨런 제이콥슨이 주도한 드라마틱한 2005년 리디자인은 아래 오른쪽 시험판처럼 대담하고 새로운 모습의 프런트 면을 만들었고 뉴스룸 기사편집 방식의 변화를 시도했다.

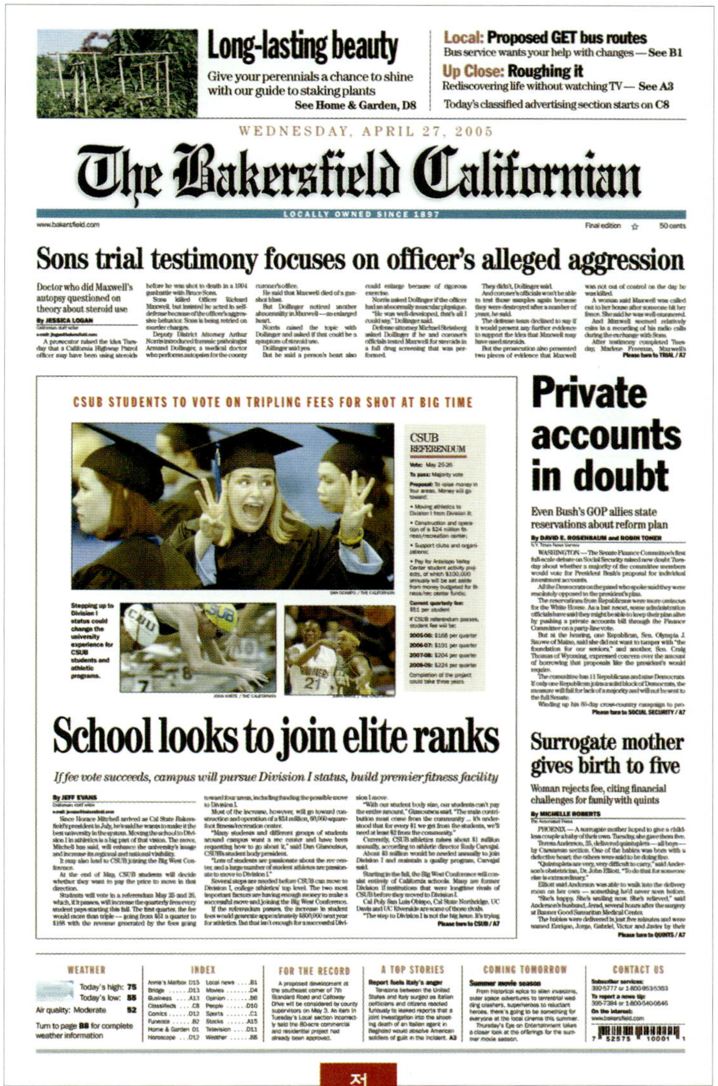
Long-lasting beauty
Give your perennials a chance to shine with our guide to staking plants
See Home & Garden, D8
Local: Proposed GET bus routes
Bus service wants your help with changes — See B1
Up Close: Roughing it
Rediscovering life without watching TV — See A3
Today's classified advertising section starts on C8
WEDNESDAY, APRIL 27, 2005
The Bakersfield Californian
LOCALLY OWNED SINCE 1897
Sons trial testimony focuses on officer's alleged aggression
CSUB STUDENTS TO VOTE ON TRIPLING FEES FOR SHOT AT BIG TIME
Private accounts in doubt
Even Bush's GOP allies state reservations about reform plan
School looks to join elite ranks
If fee vote succeeds, campus will pursue Division I status, build premier fitness facility
Surrogate mother gives birth to five
Woman rejects fee, citing financial challenges for family with quints
WEATHER
INDEX
FOR THE RECORD
A TOP STORIES
COMING TOMORROW
CONTACT US

전

WEDNESDAY, APRIL 27, 2005
NEW BUS ROUTES D8
NEW DRUG POLICY
Steve Courson, former offensive lineman for the Pittsburgh Steelers testifies on Capitol Hill D1
The Bakersfield Californian
NEW GARDEN
Give your perennials a chance to shine with our guide to staking plants. Everyone needs a little help sometimes, even our friends in the garden, B1
Trial focuses on aggression
Doctor: Steroid use discovered during autopsy procedure
SOCIAL SECURITY:
Private accounts in doubt
The Senate Finance Committee's first full-scale debate on Social Security raised new doubts about whether a majority would vote for President Bush's proposal for individual retirement accounts. All Democrats on the committee were resolutely opposed. Even one Republican senator said she did not want to tamper with it.
Surrogate mom delivers quints OK
Students Vote on Tripling Fees
If fee vote succeeds, CSUB will pursue Division I status, build top fitness facility
THE REFERENDUM
WEATHER
INDEX
COMING TOMORROW
CALL US

후

제호와 기사 안내: 전통적인 올드-잉글리시체 제호를 흑색으로 사용했다. 제호 위 스카이 박스에는 기사를 홍보하는 우표 크기의 사진을 사용했다. 이 정도 크기의 기사 안내는 무시되기 쉽다.

헤드라인: 2개의 전통적이고 보수적인 서체군: 대부분의 헤드라인과 부제목에 세리프 센추리(Century)체를, 특별히 강조할 곳에는 산세리프 프랭클린 고딕체를 사용했다.

컬러: 대부분의 미국 신문처럼 사진들은 컬러로 썼다. 하지만 다른 디자인 요소들은 차분하고 꾸밈없는 색조로 컬러를 최소화했다.

기사: 리드 기사(성의 없이 트리밍한 3장의 사진을 사용한)를 제외한 기사들은 본문으로 꽉 찬 회색 톤이다. 대부분의 기사 길이가 15인치를 넘고 이미지는 없다. 책임 편집자 마이크 제너가 리디자인 전에 지적했듯이 "독자들은 생활이 과거 어느 때보다 바쁘다고 말한다. 우리는 시간에 쫓기는 독자에 대한 문제를 해결하고 싶다".

제호와 기사 안내: 제호를 개편했다. 기사 안내를 훨씬 크고 대담하게 만들고 그 속에 제호를 반전시켜 썼다. 지면 왼쪽 상단에서 볼 때 'L'자 형태인 특이한 모양의 기사 안내에 주목하라.

헤드라인: 포인터 고딕(Poynter Gothic)체 헤드라인은 훨씬 현대적 느낌을 준다. 섹션 제호에 사용된 머큐리 디스플레이(Mercury Display)체도 마찬가지다.

컬러: 훨씬 공격적으로 컬러를 사용했다. 면을 가로지르며 대담하게 사용된 다양한 컬러를 주목하라. 추가 효과를 주는 붉은색 헤드라인을 포함해서.

기사: 거의 모든 기사 요소를 더 효율적이고 관심을 끄는 방식으로 개선했다. 예를 들어 다섯 쌍둥이 기사에 붉은색 헤드라인과 사진을 썼고 다른 면으로 점프하지도 않았다. 2인치 길이의 사회보장성 연금 기사는 단 3문장으로 줄였다. 메인 사진부터 헤드라인까지 모든 요소가 눈에 띄게 강조됐다.

리디자인 갤러리

캔자스시티 스타

2006년 여름 〈캔자스시티 스타〉는 지면 크기를 조금 줄이고 드라마틱한 새 단장을 하면서 당시 최신 지면을 선보였다. 미술 디자인 부편집장 톰 돌픈스가 가르시아 미디어(Garcia Media)의 켈리 프랭커니 컨설턴트와 함께 리디자인을 주도했다.

LEGAL REVIEW: A SPECIAL SECTION STAR BUSINESS WEEKLY

TIPS AND TABOOS FOR OFFICE LOVEBIRDS SOLUTIONS IN FYI

KSU'S WOOLDRIDGE SET FOR SURGERY SPORTS DAILY

THE KANSAS CITY STAR.

50¢ JOHNSON COUNTY EDITION www.kansascity.com Tuesday, February 7, 2006

Industry faces a road less traveled

A LEGISLATIVE SQUEEZE PLAY

BUDGET AIDS DEFENSE, CUTS 141 PROGRAMS

INSIDE THE NUMBERS

Hugfest replaces slugfest

'I have a face like everyone else'

Nominee's path could get rough

WHAT'S NEW WITH...

전

KANSAS CITY EDITION WWW.KANSASCITY.COM THURSDAY, FEBRUARY 8, 2007

THE KANSAS CITY STAR.

$1.7 BILLION DEAL | 90-year saga ending

Aquila to take buyout

EXPLOSION, FIRE LEAVE KC SHAKEN AND SHROUDED

Preliminary tests indicate no toxic air pollution from the chemical plant blast, the cause of which remains unknown.

Copters face growing risk in Iraq war

INSIDE THE STAR

First-class sell job, world-class exhibit

TOMORROW IN FYI: CAN ECCENTRIC CHARACTERS AND EXCESSIVE MAKEUP SAVE EDDIE MURPHY'S NEWEST COMEDY?

후

제호와 활자: 옛 디자인은 시대에 뒤떨어지고 뻔해 보인다. 어느 정도는 활자 탓이기도 하다. 리디자인한 제호는 더 현대적인 폰트를 사용하고 컬러 스크린과 사진 위에 반전시켜 놓았다. 헤드라인은 고담(Gotham), 밀러(Miller)체를 쓰고 본문은 포인터 OS(Poynter OS)체로 바꿨다.

판형: 리디자인한 지면은 폭을 2인치 줍히고 길이는 1인치 반 줄였다(전체적으로 약 20% 작아졌다). 신문용지 비용이 대폭 줄었고, 신문을 갖고 다니기 쉽고 한눈에 읽기도 편해졌다.

컬러: 〈캔자스시티 스타〉의 새 윤전기는 더 많은 지면에 밝은 컬러를 인쇄할 수 있다. 그래서 리디자인할 때 선명한 새로운 색을 사용했다. 옥수수, 밀, 여름 태양, 푸른 연못과 같은 이름의 컬러는 신문의 개성을 보여준다.

내비게이션: 리디자인 판의 1면에서는 뚜렷하게 보이지 않지만, 독자들에게 편리한 신문을 만들기 위해 컬러로 지면을 분류했다. 섹션 프런트의 머리문패에서 안쪽 면까지 같은 색으로 통일했다. 이런 새로운 머리문패들은 기사 안내와 단신기사를 포함하여 '발코니'라고 부른다.

로컬 콘텐츠: 광범위한 독자조사를 시행한 뒤 편집자들은 새로운 칼럼니스트를 영입하고, 독자의 편지를 더 많이 싣고, '감시견'(독자의 문제를 해결하는 칼럼)이나 '이 주의 사기범죄'나 '내가 다녀온 곳' 등 독자들의 휴가 이야기를 라운드업 해주는 식의 새로운 읽을거리를 만들었다.

요약과 단신: 독자들(특히 젊은 독자들)은 더 짧은 기사와 더 요약된 내용을 원한다. 리디자인은 그래픽, 좌표, 캘린더와 단신 코너를 늘렸다.

리디자인 갤러리

전

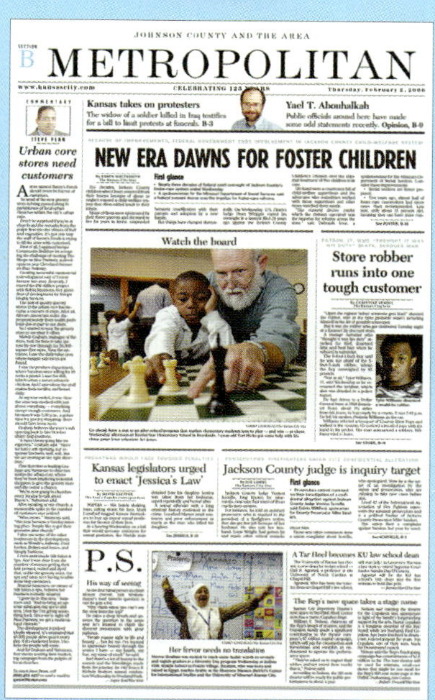

오래된 메트로 섹션은 구식이라는 느낌에다 경직된 포맷이다(왼쪽에 길게 내려 뻗은 칼럼을 보라). 오른편에 새 단장한 로컬 섹션 지면은 세로로 만든 단신 코너를 비롯해 각 요소들이 훨씬 자유롭다.

〈캔자스시티 스타〉의 새 윤전기는 고화질의 컬러사진을 더 많이(게다가 마감시간이 임박할 때까지) 지면에 쓸 수 있게 해줬다. 오른쪽 위 리디자인한 스포츠 면은 공격적인 컬러 사용이 얼마나 신문의 개성을 바꿔놓는지 보여준다.

후

섹션 프런트: 과감한 컬러 사용은 현대적 매력을 더했다. (뉴스 면은 푸른색, 스포츠 면은 갈색 등) 컬러 규칙이 독자에게 전체 지면을 안내하는 데 얼마나 많은 도움이 되는지 주목하라.

인사이드 페이지: 각 섹션에는 매력적 피처기사로 채워진 특화된 테마 면이 있다. '네이션워치' 면이 2면에, '쇼타임' 면은 안쪽 피처 섹션에 매일 실린다.

리디자인 갤러리

더 센터 뉴스

이 타블로이드 격주간지는 시애틀에 있는 프레드 허치슨 암 연구센터에서 발행한다. 이 신문의 기자와 편집자는 몇 명 안 되며, 그나마 파트타임이다. 그래서 2000년 가을 그들이 리디자인을 했을 때, 디자인 컨설턴트로 참여했던 나는 모든 것을 단순화할 필요가 있었다.

They're the voices of the Center to thousands, and they're backbones of human data — See page 3

Do you get the best computer support? — See page 4

Center News
Fred Hutchinson Cancer Research Center
Faculty/Staff Twice-Monthly Newsletter
Thursday, Aug. 17, 2000

Visit the Center News site on the World Wide Web: http://www.fhcrc.org/about/CenterNews/

Off the Top
25th Anniversary 1975 ◆ 2000
Bring family members to the Center's Sept. 15-16 Open House Celebration!

'Here are all these people working to keep me alive'

A reunion of courage, gratitude, humor
By Barbara Brachtl, Brad Broberg and Clay Eals

Help put on the best party in town
25th-anniversary Open House Celebration needs volunteers on Friday and Saturday, Sept. 15-16

Touched by an Angel

전

Thursday, Nov. 16, 2000

Center News
Fred Hutchinson Cancer Research Center Faculty/Staff Twice-Monthly Newsletter

Who pockets the profits? 8
Should government get 'interest' on new drugs?

Family way 2
Three generations eagerly join women's health-research studies

You keep comin' back 5
Jan Oliver diversifies cafeteria menus to serve faculty/staff desire for variety

Off the Top
Get entry rules for December's holiday door decorating contest
Next Hutch blood drive comes Wednesday after Thanksgiving
Holiday Fair, 'Light the Way' set Friday, Dec. 1, on Day Campus

HutchFacts
How many people worldwide participate in Public Health Sciences Division studies?

Cancer answers skin-deep?
Bill Carter's lab investigates wound repair to learn more about how the body triggers coordinated growth of cells
By Barbara Berg

Curing cancer rates high in national survey

Visit the Center News site on the World Wide Web: www.fhcrc.org/about/CenterNews

후

활자: 구식 느낌이 확 풍기는 활자가 가장 큰 문제다. 사실 이 리디자인은 활자 개선이 신문의 성격을 얼마나 변화시킬 수 있는지 확실히 보여준다. 이 지면은 읽을 수는 있지만 활자가 단조롭고 시대에 뒤떨어진다. 본문은 타임체, 사진설명은 헬베티카체다. 그리고 모든 큰 서체는–헤드라인, 부제목, 기사 안내, 로고, 심지어는 제호까지–팔라티노체다. 한 가지 서체를 너무 많은 곳에 썼다.

활자: 완전 개조. 제호를 구분이 잘 되는 대담한 형태로 만들었다. 로고와 기사 안내의 면 번호도 마찬가지다. 헤드라인은 뷰로 그로테스크(Bureau Grotesque)체를 썼고, 사진설명, 기사 안내, 인용제목은 팔라티노 이탤릭체를 사용했다. 본문은 유토피아체다. 본문과 관련된 다른 모든 요소들(부속상자나 바이라인 등)은 프루티거체를 사용했다. 모두 다섯 가지 서체군이다. 하지만 각자의 임무는 모두 세심하게 고려해 정했다.

컬러: 1면에는 1개의 스팟 컬러를 썼는데 그냥 되는 대로 사용했다. 스크린, 헤드라인, 이니셜 캡, 로고까지. 더구나 발행할 때마다 컬러가 달라진다.
이번 호는 녹색, 다음 호는 오렌지 등. 편집자는 추가 비용을 들여 안쪽 면에도 스팟 컬러를 쓰려고 검토하고 있었다.

컬러: 대안으로 제시한 방안. 스팟 컬러 잉크를 추가로 사는 대신 싸구려 신문용지의 질을 높이는 건 어떨까?
큰 성공. 새로운 고급 백상지는 훨씬 세련되고 전문적인 이미지를 구현했다. 매 호마다 다른 스팟 컬러를 쓰는 대신 푸른색을 표준으로 사용했다.

그리드: 모든 면이 단일한 7단 그리드다. 편집자는 팩트박스와 인용문을 이 그리드 안에서 사용하는 방식을 선호했다. 하지만 부속상자가 없는 기사는 빈 공간을 처리하기 어려워 큰 여백이 생기곤 했다.

그리드: 여전히 7단 그리드 사용(부속상자를 디자인하기에 적합한 포맷을 만들었다). 인용문, 팩트박스, 편집자 주나 부속상자 등을 쉽게 만들어낼 수 있도록 스타일 라이브러리를 만들었다. 그리고 새로운 디자인 가이드라인은 어색한 공백을 제거하는 데 도움이 됐다.

문제 해결

리디자인 과정에서 초보 디자이너들이 자주 묻는 질문에 대한 간략한 답

Q 포커스 그룹이나 우편조사 인력을 따로 고용할 수 없는데 저렴한 비용으로 대체할 만한 것은 없나요?

여기 조사방법의 과학적 체계를 갖추지 못했지만 흥미를 끌 만한 독자조사 아이디어를 소개한다. 5~10명의 평범한 독자를 모은 다음 새로 만든 몇몇 판들을 읽어보라고 하라. 그런 다음 펠트펜으로 그들이 실제 읽은 것을 동그라미로 표시하라고 하라. 단지 힐끗 쳐다본 것이 아니라 천천히 읽어 내려간 것을. 헤드라인이거나 사진 설명 혹은 기사의 첫 번째 두 문장 정도에 불과할 것이다. 독자들이 다 보고 나서 표시된 신문을 제출했다.

무엇을 얻을 것인가? 당신은 어떤 종류의 기사가 폭발적 인기를 끌거나 아예 무시되는지를 알게 될 것이다. 인구통계학적 경향을 파악할 수도 있을 것이다. 독자들이 기사를 3인치 이상 읽는 경우가 극히 드물다는 것을 알게 될 것이다. 하지만 그들은 부속상자나 단신에는 관심을 갖는다.

기억하라, 이 조사는 결함이 있다는 점을. 하지만 최소한 이렇게 표시된 지면들을 뉴스룸 벽에 붙여 두는 것만으로도 토론을 자극하는 훌륭한 방법이 될 것이다.

EUGENE, OREGON • SATURDAY, FEBRUARY 20, 1999

TV movie tells story of Sonny and Cher

TV WEEK

Workers unable to remove ship's oil

CITY/REGION / 1B

Nick Aliotti hired to lead Ducks 'D'

SPORTS / 1D

The Register-Guard

The Invisible Children

An Oregon woman starts a Kenyan refuge for dozens of orphans who lost their parents to the rampant AIDS epidemic and other diseases

One dead, one still missing after landslide buries loggers

No peace deal expected as attack deadline nears

Q 리디자인에서 본문 활자를 바꾸는 게 얼마나 위험한가? 새 활자를 미리 시험해보는 좋은 방법은?

만일 독자들이 엄청 화내는 모습을 보고 싶다면 만화를 없애버리고, TV면을 바꾸거나, 본문 활자를 바꿔라. 하지만 충분히 조심하고 센스 있게 접근한다면 목표를 이룰 수 있다.

몇 가지 팁:

◆ 변화를 고려하기 전이라도 모든 새로운 폰트는 실제 인쇄상태에서 테스트하라(몇몇 비중 없는 기사들의 끝에서 한두 단락 정도 해보라). 굵거나 가는 폰트에 잉크와 종이가 잘 어울리는지 살펴라. 크기를 조절하고 추적해보라. 그 다음에:

◆ 구형-신형 폰트로 기사 전체를 인쇄하라. 손에 신문을 들고, 돌아다니면서 사람들에게 전과 후를 비교해 물어본 뒤, 본문 서체에 대해 0(싫어함)부터 10(좋아함)까지 점수를 표시하도록 하라. 그 결과를 다음과 같은 점으로 표시해보라.

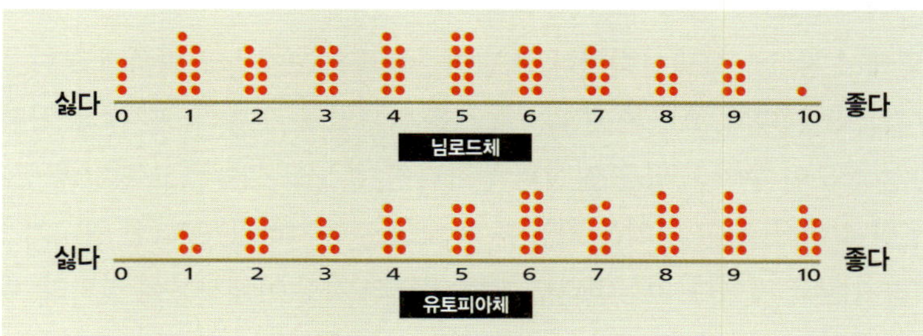

여백엔 "지면이 너무 빽빽해 보인다"는 식의 독자 멘트도 적어라. 거부 반응이 너무 심한 폰트는 무엇이든 포기할 준비를 하라. 무엇보다 삐딱하고 비평적인 독자들에게 특별히 주의를 기울여라. 그렇지 않으면 그들은 나중에 가장 큰 소리로 불평할 것이다.

문제 해결

Q 리디자인 기간은 어느 정도 걸리나? 어떤 전문 컨설턴트들은 6개월에서 1년 걸린다고 말한다.

대형 일간지를 완전히 바꾸는 데 1년은 금방이다. 흥미롭게도 새 디자인을 어떤 모습으로 만들지를 결정하는 것은 오히려 가장 쉬운 과정일 수 있다. 정작 수개월씩 걸리는 일은 독자조사, 사내 교육, 컴퓨터 시스템 조정이다. 또 거대 일간지든 소규모 주간지든 상세한 스타일북을 만드는 일이 가장 시간을 많이 잡아먹는 과정 중의 하나다.

소형 신문은 몇 주 만에 리디자인을 할 수 있다. 빠듯한 마감시한에 쫓긴다면 상세한 스타일북을 만드는 대신 오른쪽 사례처럼 지면 샘플을 활용한 스타일북도 괜찮다.

당신이 쿼크익스프레스를 사용해서 리디자인을 하는데 동료들은 인디자인 SW를 쓴다면 어떻게 하나? 해결은: 폰트, 크기, 공간 띄우기를 한눈에 볼 수 있는 샘플 지면의 도해를 그려라(자세한 내용은 240쪽 참조).

Q 리디자인을 시작하기 전에 어떤 형태든 미션 선언문을 만드는 것이 좋은가?

물론이다. 목표에 대한 합의는 어떤 계획을 실행할 때 꼭 필요하다. 간결한 미션 선언문은 목표를 명확하게 할 수 있고, 목표를 달성하는 데 사용할 전략을 세분화할 수 있다. 예를 들면 다음과 같은 요점들로 리디자인 미션 선언문을 만들 수 있다.

목표: 바쁘고 참을성 없는 독자에게 매력적인 신문.

전략: 기사 길이는 줄이고 건수는 늘려라. 요약형 부제목 스타일을 개선하라. 주요 기사는 팩트박스나 그래픽 등 부속상자를 꼭 챙겨라.

팁 하나 더: 기억할 만한 형용사들을 사용하라. '고전적이고 우아한' 디자인을 만든다는 목표에 모두 동의한다면, 시험판에 스며들 부적절한 거칠고 미친 아이디어를 걸러낼 수 있다. 피처 섹션의 목표가 '유익하고 재미있는' 것이라면 그것은 나중에 편집자나 취재기자에게도 지침이 될 수 있다("미안, 퀼트를 소재로 한 기사는 유용하지도 재미있지도 않아. 다시 쓸래? 아니면 다른 면으로 보낼까?").

Q 리디자인 시점이 가까이 오자 발행인은 프런트 면에 광고를 게재하길 원한다. 이것이 존경받는 저널리즘의 종말일까?

수년간 1면에서 광고는 들락날락했다. 저널리스트들은 그것을 천박하게 본다. 탐욕의 상징이라고 깔본다(게다가, 요란한 광고는 뉴스를 압도할 수도 있다. 웹사이트처럼 말이다). 하지만 당신 신문이 추가 수입을 절실히 원한다면, 분노를 억누르고 광고와 공생하는 법을 배워야 할 것이다. 광고 영역은 가능한 한 모듈로 유지하라. 그러면 광고가 뉴스 디자인을 침범하지 않을 것이다. 가능하다면 전체 지면의 가장 아랫부분에 펼쳐라. 다음처럼.

9 웹 디자인

언젠가는 전자신문이 종이신문을 대체하게 될까? 내 생각에는 그럴 것 같다. 전자신문은 저렴한 비용으로 만들 수 있고, 읽는 재미가 있고, 더 신속하고 더 포괄적이다. 이 밖에도 장점이 많다. 슬프게도 종이신문은 냄새도 좀 나고 구닥다리가 되어가고 있다. 과연 전자신문 디자인은 페이지 레이아웃에 어떤 변화를 줄 것인가?

인터넷용 페이지를 만들 때도 인쇄용과 마찬가지로 활자체와 시각물에 대한 이해가 필요하다. 그러나 제작환경이 과거와 달라졌다. 오늘날 독자들은 어느 때보다 능동적이다. 미리 잘 준비된 공정을 거쳐 뉴스를 배열하는 지면 디자인 대신, 이용자들이 무작위로 상호작용하는 환경에서 인터페이스를 만들어야 한다.

오른쪽 그림처럼 신문이 그동안 해왔던 방식인 평면적 기사배열에서 벗어나,

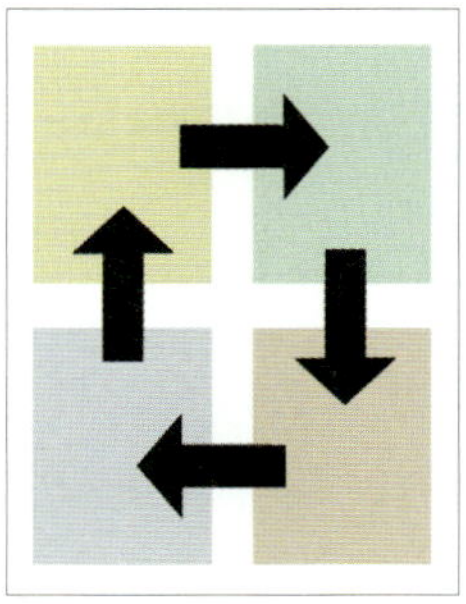

관련된 기사들을 3차원으로 연결시켜 독자들이 오른쪽 그림처럼 기사 사이를 돌아다니게 할 수 있다.

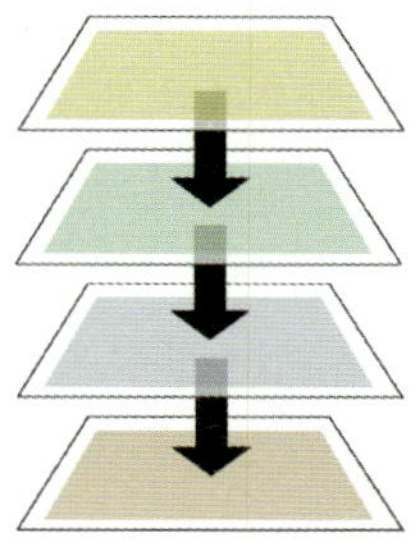

온라인 디자인이 그 힘과 잠재력을 발휘하려면, 당신은 내비게이션에 집중해야 한다. 관심을 끌 수 있고 정보가 많으며 직관적인 사이트를 만들어야 한다. 또 이용자들이 흥미 있는 코너에 몰두하면서, 그들의 관심사를 반영한 뉴스를 찾아다닐 때, 별 불편함 없이 사이트 안에서 움직일 수 있게 해야 한다.

이번 장에서는 초보적인 웹 디자인에 대해 알아볼 것이다. 인터넷의 역사를 되풀이해서 말할 생각은 없다. 자바스크립트의 이용법을 가르칠 생각도 없으며 거대한 미디어 패러다임의 변화 속에서 하이퍼텍스트의 영향력에 대해 생각해볼 마음도 없다. 만일 당신이 웹 전문가가 되려 한다면 보다 전문적인 훈련이 필요하다.

9장 목차

종이신문에서…

1990년대 처음 소개될 때만해도 웹은 누가 요란한지 뽐내는 시각물의 경연장이었다. 단순한 사이트는 싸구려로 여겨졌기 때문에, 컬러와 그림자 효과를 준 그럴싸한 모양과 요란한 서체로 빽빽하게 채워지곤 했었다.

당신이 웹페이지를 디자인해본 적이 없다면 지레 겁을 먹을지도 모르겠다. 그러나 긴장하지 말라. 최신 유행만을 좇을 필요는 없다. 웹을 찾는 괴팍한 사람들을 즐겁게 해주기 위해 고민할 필요도 없다. 당신에겐 독자에게 전달할 정보가 있다. 온라인 뉴스 사이트가 반드시 쿨해야 할 필요도 없다. 대신 다음 4가지가 필요하다.

- ◆ **정보성.** 온갖 잡다한 정보가 아니라 유용한 뉴스를 의미한다.
- ◆ **검색의 용이성.** 깔끔하고, 잘 정리되어 있고, 사용자에게 편리한 환경이어야 한다.
- ◆ **신속한 이동성.** 연결된 사이트끼리 쉽게 이동할 수 있어야 한다.
- ◆ **현재성.** 매일, 아니 매분마다 신선함을 보장해야 한다.

온라인 디자인은 얼마나 어려울까. 물론 새로 배워야 할 컴퓨터 용어와 기술이 있다. 그러나 신문 디자인은 종이에서든 온라인에서든 기본적인 디자인 목표와 가이드라인이 똑같다. 예를 들어 왼쪽 기사를 보자. 이 지면은 매우 단순하다. 사진 한 장, 사진 설명, 제목, 본문, 그리고 기사와 관련된 박스로 구성되어 있다. 본문은 3개의 칼럼으로 나누어 흘렀다. 이 지면이 온라인에서는 오른쪽처럼 된다. 구성요소가 같지만 배열(configuration)이 달라졌다. 3칼럼 본문 대신 하나의 넓고 긴 칼럼을 썼다. 그 점을 빼면 아주 새롭거나 별난 것은 아니다.

Orbilium dictare; sed emendata videri pulchraque et exactis minimum distantia miror. Inter quae verbum emicuit si forte deco.

State champs!

The Bugler girls' volleyball team defeats Central to capture title

By LEX MINNIEAR
Bugle-Beacon staff

It took seven long years. But the Lady Bugler volleyball team of Lincoln High School captured the state championship Friday night for the first time since the 1994 season.

The final win against Central High School brought the team's overall record to 22-6, setting a school record.

The Buglers took the match against Central in only two games with scores of 15-7 for each. Teammates Robin Fox, Holly Lukas, Krystyna Wolniakowski and Lorrie Richardson landed 100 percent in serves to help clutch the victory. Patty Snow and Claire Puchy combined for 11 kills while Kathy Hughes and Sue Payseno chipped in with two hits.

Coach Georgia Eldridge was pleased with their performance. "I love these girls," she said. "There was never a point in this tournament when I thought we wouldn't go all the way."

Eldridge credited the Elite Eight seniors, Kathryn Wigginton, Nancy Casey, Holly Lukas, Krystyna Wolniakowski, Lorrie Richardson, Patty Snow, Claire Puchy, and Kathy Hughes for keeping the team focused and under control.

"They've each done a good job playing important roles for us and I am very proud of everything these kids have accomplished in the last two seasons," said Coach Eldridge.

The Lady Buglers were the runners-up in the state finals last year behind Northville. Nine of the returning players were on the team that advanced to the regional quarterfinals but were defeated by North Farmington.

Returning senior Holly Lukas said, "We determine our destiny. There is no mountain too high if we play as a team."

Freshman team star Lori Robinson proclaimed, "We showed them who's boss out there on the court! Now everyone knows we're back, we're bad — deal with it!"

The team showed a lot of character after coming back to beat North Farmington earlier in the district race. After being defeated by the Lady Eagles previously in the season, they knew the Central matchup would be crucial.

The Central coach was philosophical.

"We gave it our best," said Marion Frederick. "But tonight, the best team won. I've got to hand it to the Buglers. They played a heckuva match out there."

The Buglers took the match against Central in only two games with scores of 15-7 for each. Teammates Robin Fox, Holly Lukas, Krystyna Wolniakowski and Lorrie Richardson landed 100 percent in serves to help clutch the victory. Patty Snow and Claire Puchy combined for 11 kills while Kathy Hughes and Sue Payseno chipped in with two hits.

Coach Georgia Eldridge was pleased with their performance. "I love these girls," she said. "There was never a point when I thought we wouldn't go all the way."

Eldridge credited the Elite Eight seniors, Kathryn Wigginton, Nancy Casey, Holly Lukas, Krystyna Wolniakowski, Lorrie Richardson, Patty Snow, Claire Puchy, and Kathy Hughes for keeping the team focused and under control.

"They've each done a good job playing important roles for us and I am very proud of everything these kids have accomplished in the last two seasons," she said.

INSIDE

◆ **Tournament results:** How other local teams fared / **Page 7**

◆ **The MVP:** Betty Coffman wins for her game-saving spike / **Page 8**

◆ **Fan reaction:** Bugie supporters celebrate in the streets / **Page 9**

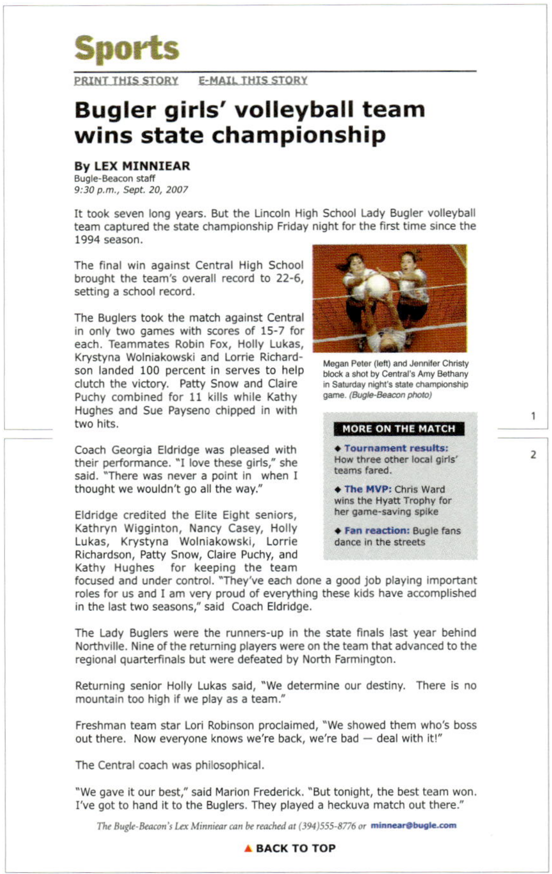

Sports

PRINT THIS STORY E-MAIL THIS STORY

Bugler girls' volleyball team wins state championship

By LEX MINNIEAR
Bugle-Beacon staff
9:30 p.m., Sept. 20, 2007

It took seven long years. But the Lincoln High School Lady Bugler volleyball team captured the state championship Friday night for the first time since the 1994 season.

The final win against Central High School brought the team's overall record to 22-6, setting a school record.

The Buglers took the match against Central in only two games with scores of 15-7 for each. Teammates Robin Fox, Holly Lukas, Krystyna Wolniakowski and Lorrie Richardson landed 100 percent in serves to help clutch the victory. Patty Snow and Claire Puchy combined for 11 kills while Kathy Hughes and Sue Payseno chipped in with two hits.

Megan Peter (left) and Jennifer Christy block a shot by Central's Amy Bethany in Saturday night's state championship game. *(Bugle-Beacon photo)*

1

2

Coach Georgia Eldridge was pleased with their performance. "I love these girls," she said. "There was never a point in when I thought we wouldn't go all the way."

Eldridge credited the Elite Eight seniors, Kathryn Wigginton, Nancy Casey, Holly Lukas, Krystyna Wolniakowski, Lorrie Richardson, Patty Snow, Claire Puchy, and Kathy Hughes for keeping the team focused and under control. "They've each done a good job playing important roles for us and I am very proud of everything these kids have accomplished in the last two seasons," said Coach Eldridge.

MORE ON THE MATCH

◆ **Tournament results:** How three other local girls' teams fared.

◆ **The MVP:** Chris Ward wins the Hyatt Trophy for her game-saving spike

◆ **Fan reaction:** Bugle fans dance in the streets

The Lady Buglers were the runners-up in the state finals last year behind Northville. Nine of the returning players were on the team that advanced to the regional quarterfinals but were defeated by North Farmington.

Returning senior Holly Lukas said, "We determine our destiny. There is no mountain too high if we play as a team."

Freshman team star Lori Robinson proclaimed, "We showed them who's boss out there. Now everyone knows we're back, we're bad — deal with it!"

The Central coach was philosophical.

"We gave it our best," said Marion Frederick. "But tonight, the best team won. I've got to hand it to the Buglers. They played a heckuva match out there."

The Bugle-Beacon's Lex Minniear can be reached at (394)555-8776 or **minnear@bugle.com**

▲ **BACK TO TOP**

신문은 공간이 한정되어 있다. 그 공간을 퍼즐처럼 맞추기 위해 시간과 노력을 들인다. 온라인에서는 한 페이지의 크기는 더 작지만 공간은 제한이 없어 기사가 끝없이 이어질 수 있다. 조금 끔찍한 생각이지만 말이다.

전자신문의 지면은 대부분 기사 페이지와 홈페이지, 2개의 유형으로 나뉜다. 홈페이지는 섹션 프런트 지면처럼 이용자들을 당신의 사이트 안으로 안내하는 역할을 한다. 앞으로 우리는 이 두 가지 종류의 지면 배열에 대해 더 자세히 알아볼 것이다. 온라인 디자인의 3번째 유형이랄 수 있는 독립된 특집면 디자인도 살펴볼 것이다.

…전자신문으로의 변환

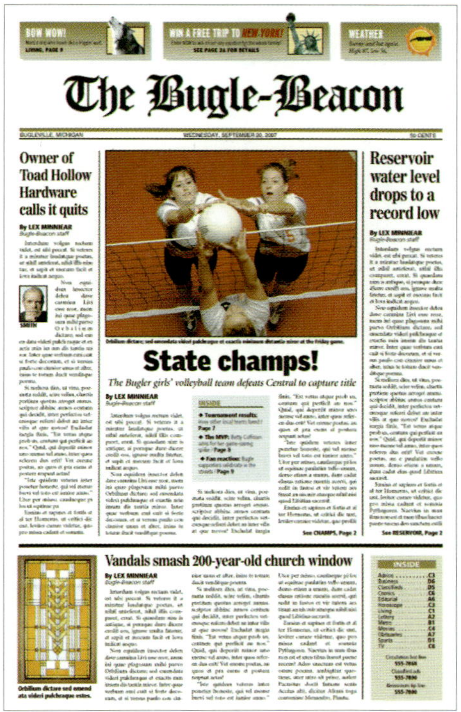

전자신문의 기사 디자인은 종이신문보다 더 쉽다. 그저 기사가 끝날 때까지 본문을 쏟아 부으면 된다.

그러나 페이지 디자인은 어떨까. 물론 왼쪽과 같은 지면을 웹상에서 구현할 수는 없다. 한정된 공간에 관련 없는 기사들을 빼곡하게 넣는 것 같은 문제점도 없다. 다만 홈페이지를 제외한다면 말이다.

프런트 면이 종이신문의 통로인 것처럼 홈페이지는 전자신문의 관문이다. 홈페이지는 모든 안쪽 페이지로 사용자들을 연결시켜주는 역할을 하기 때문에 반드시 모든 것을 포괄하면서도 찾기 쉬워야 한다.

아래 그림은 흔히 볼 수 있는 전자신문의 홈페이지다.

더 알아보기 ▶

◆**웹 전문용어:** 만일 이 장에서 낯선 전문용어가 자주 보인다면 용어집을 참고하라 284쪽

제호(The flag): 온라인 판을 위해서 종종 깔끔하고 보기 좋은 로고와 새로운 이름을 만들어 쓰기도 한다.

시간/날짜: 당신의 사이트가 하루 한 번 이상 업데이트를 한다면, 당연히 편집된 판에 시간을 표기해야 한다.

인덱스(또는 내비게이션 바): 사이버 공간에서는 길을 잃기 쉽다. 홈페이지에서 쉽게 찾아가고 클릭하기 쉬운 인덱스가 꼭 필요한 이유다. 홈페이지뿐 아니라 사이트 내의 다른 모든 페이지도 마찬가지다.

톱기사(lead story): 여기에는 보통 요약기사가 붙어 있고, 제목을 누르면 전문을 볼 수 있다. 사진과 동영상을 보기 위해서는 아이콘을 클릭하면 된다. 이 메인 사진은 작다. 이것은 이미지의 크기를 줄임으로써 페이지 다운로드를 보다 신속하게 하기 위해서다.

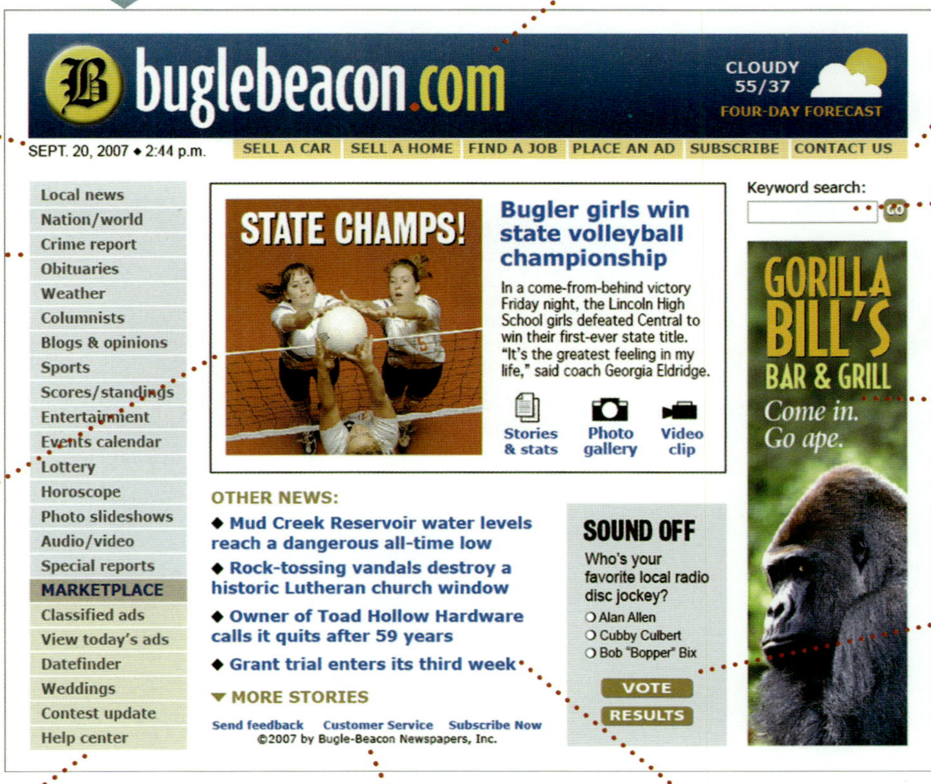

내비게이션 버튼: 이 링크는 이용자들에게 뉴스 이외의 정보를 제공한다. 반면에 왼쪽에 길게 위치한 인덱스가 뉴스를 제공한다.

검색 엔진: 뉴스 속의 특정 주제나 이름을 찾는 데 유용하다.

광고/판촉: 이것들은 종종 화면 상단에 가로로 길게 있거나 이 화면에서처럼 오른쪽에 길게 자리 잡는다.

쌍방향 부속물(Interactive extras): 전자신문들은 종이신문들이 할 수 없는 것들을 제공한다. 인스턴트 여론조사, 팟캐스트, 사진 갤러리, 삽화 그래픽. 더 자세한 리스트는 255쪽을 참조.

페이지 길이(page depth): 이 페이지는 한 장의 스크린에 딱 맞춰 디자인을 했다. 독자는 스크롤 할 필요가 없다. 그러나 대개 사이트가 클수록 홈페이지의 길이는 점점 더 길어진다.

바닥글(footer): 모든 웹사이트의 모든 페이지는 반드시 저작권 정보를 담고 있어야 한다. 하지만 이용자들에게 이메일 회신을 요청하는 곳이나 사이트의 다른 섹션과 연결하는 곳에 바닥글이 위치하는 것도 좋다.

링크: 여기에 있는 제목들을 클릭하면 기사가 있는 면으로 넘어간다. 대부분의 홈페이지가 같은 방식이다.

홈페이지 디자인

온라인 뉴스 사이트에서 홈페이지는 일종의 자료목록(directory)이다. 요약. 큰 메뉴. 이곳에는 긴 기사가 거의 없다. 대신 여러 가지 링크들이 모여 있다. 짧은 말과 마치 우표 수집 책처럼 펼쳐진 작은 사진들로 가득 차 있다. 대부분의 전자신문의 홈페이지는 다음과 같은 요소들로 구성되어 있다.

◆ **뉴스 콘텐츠:** 톱기사는 큰 사진과 함께 실리며 중간 톱기사와 단신들은 스포츠 경제 등의 주제별로 묶어 처리한다. 헤드라인은 기사와 연결된 링크 역할을 하며 작은 사진을 누르면 큰 사진이나 동영상을 볼 수 있다.

◆ **웹 부속물(web extras):** 뉴스룸에서 만들어지는 블로그, 여론조사, 팟캐스트, 사진, 갤러리 같은 뉴스 관련 부속물들을 배치한다.

◆ **내비게이션 바:** 내비게이션 바는 홈페이지에서 가장 중요한 요소다. 찾기 쉽고 이용하기 쉬워야 하며 사이트 내의 모든 화면에서 상단이든 옆이든 늘 같은 곳에 있어야 한다.

◆ **서비스 메뉴:** 이곳은 뉴스 이외에 당신의 사이트가 제공하는 다양한 정보들이 모여 있는 곳이다. 사원 모집공고, 구독정보, 뉴스룸 연락처 등.

◆ **광고:** 광고물이 얼마나 큰지, 어느 위치인지, 얼마나 많은지 등을 결정하는 일은 당신의 홈페이지 구성에 적지 않은 영향을 미친다. 이상적으로는, 광고물은 뉴스 콘텐츠를 위축시키지 않으면서도 눈길을 끌 수 있도록 만들어야 한다.

이런 요소들을 능숙하게 다루기는 쉽지 않다. 실제 많은 홈페이지들이 뒤죽박죽이다. 훌륭한 웹디자이너들은 관련 요소들을 묶거나 그리드를 적용해서 매일 지속적인 개선을 통해 신뢰할 만한 구조물을 만들어간다. 홈페이지를 디자인하는 것은 당신의 집을 단장하는 것과 비슷하다. 손님들이 들고 나는 동안에도 가구는 늘 제자리에 있어야 한다. 아래 3가지 예를 보자.

더 알아보기 ▶

◆ **그리드:** 당신의 페이지를 구성하는 구조물을 이해하려면 76쪽

◆ **가이드라인:** 웹페이지에 그리드를 효과적으로 사용하기 위한 가이드라인 262쪽

이 사례는 홈페이지 내 같은 요소를 모으고 그리드를 활용한 사례다. 뉴스 콘텐츠를 가운데 두고 양쪽 세로에 인덱스와 광고와 웹 부속물을 배열했다.

만일 화면 상단에 가로로 길게 내비게이션 바를 둔다면, 뉴스 콘텐츠와 광고를 지면에서 보다 폭넓게 배열할 수 있을 것이다.

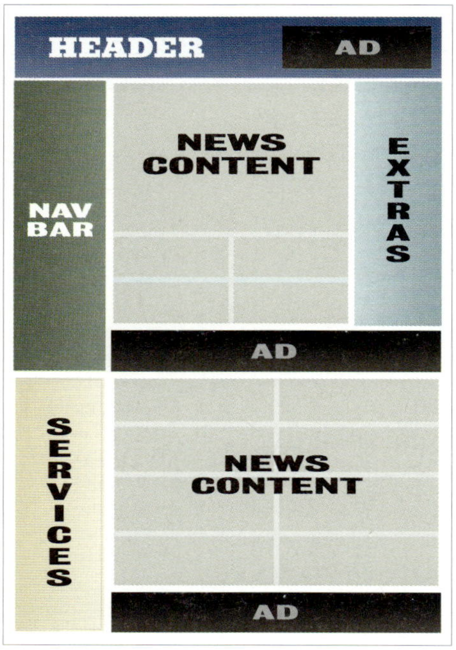

이 화면 구성은 광고를 뉴스 콘텐츠 중간에 끼워 넣었다. 이 경우 광고의 위치 때문에 지면이 혼란스럽지 않도록 주의해야 한다.

홈페이지 디자인

이 사례는 〈사바나 모닝 뉴스〉(*Savannah Morning News*)의 웹사이트인 '사바나 나우' 홈페이지다.

4가지 컬러 아이콘으로 사이트를 안내한다.

◆KNOW: 이 아이콘은 뉴스 기사나 비디오와 연결되어 있고 페이지 중간에 있는 메뉴를 통해서도 접근할 수 있다.

◆SHARE: 특정 이슈에 대해 토론할 수 있는 블로그와 독자포럼에 연결한다.

◆SHOP: 신문 구인광고, 부동산, 자동차 광고 등에 연결한다.

◆DO: 영화정보 올리기에서부터 여행정보 제공까지 사바나에서 당신이 할 수 있는 것들에 대해 알려준다. 또한 구독정보나 회사 위치를 확인하거나 웹 관리자에게 메일을 보낼 수 있다.

컬러 내비게이션 이외에도 컬러는 지면 구성에 많이 사용된다. 파란색 띠는 메인 섹션의 요소들 사이의 완충 역할을 하고 오른쪽 광고와 구별시켜준다.

지면 상단의 커다란 톱기사를 주목하라. 지역뉴스, 스포츠, 광고, 기사 안내 등과 관련된 큰 사진 5장 중 하나를 보여준다. 이 사진들은 순서대로 계속 바뀐다.

또한 이 페이지의 그리드를 주목하라. 페이지의 중앙은 5칼럼 그리드로 나뉘어 있다. 맨 왼쪽 칼럼은 내비게이션 역할을 하며 맨 오른쪽은 광고만 싣고 있다. 페이지 아랫부분은 3칼럼 그리드로 전환시켜 더 많은 기사와 뉴스 동영상으로 연결된다.

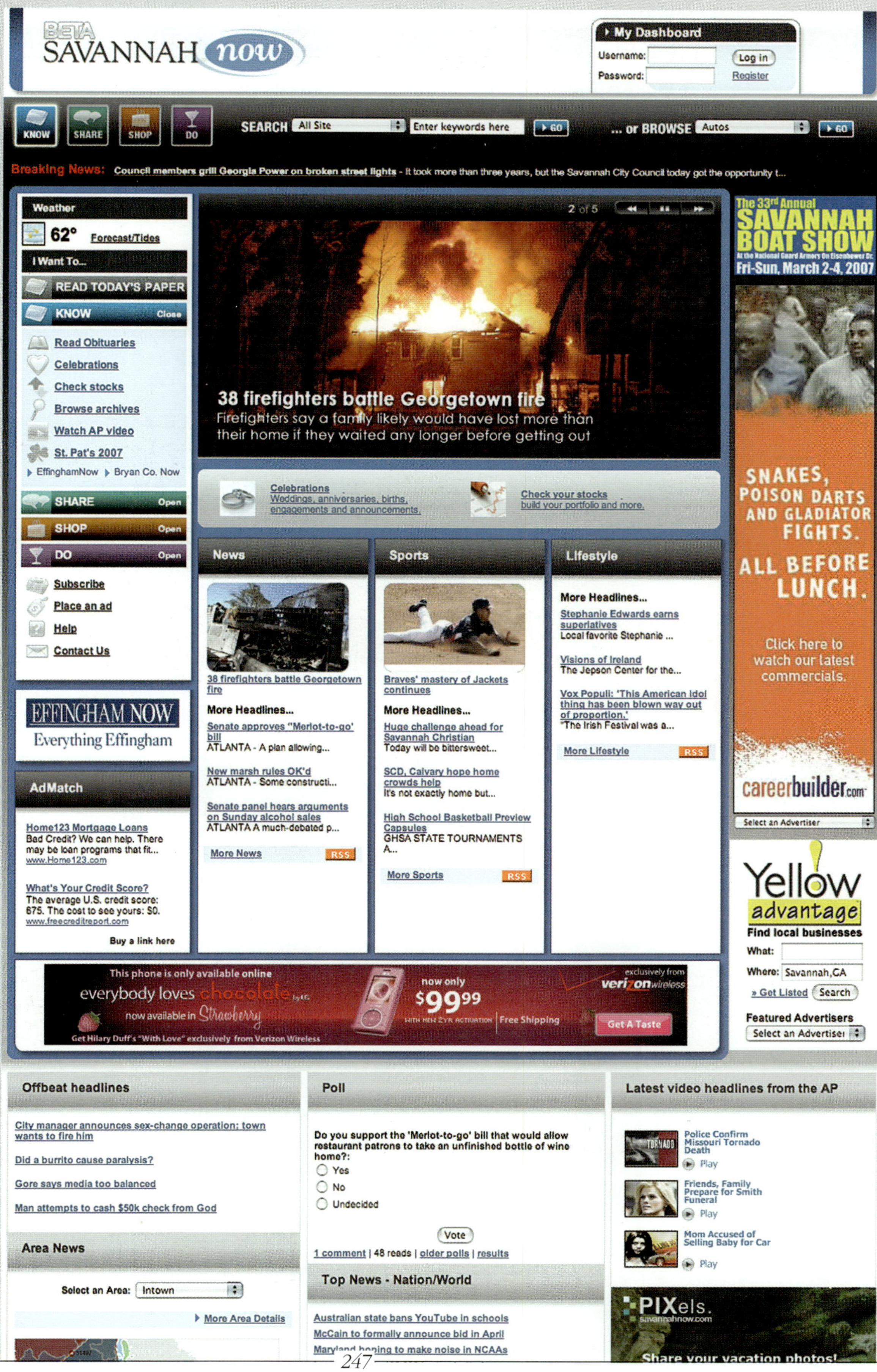

기사 페이지 디자인

홈페이지가 일관된 구조를 갖도록 해야 하는 것처럼, 기사 페이지 역시 표준화된 포맷을 개발해야 한다. 이 기사들은 일정한 크기로 정해진 위치에 있어야 한다. 예를 들면.

◆ **머리문패와 내비게이션 바:** 독자들이 헷갈리지 않게 사이트의 모든 페이지마다 정확하게 같은 위치에 있어야 한다.

◆ **헤드라인:** 대부분 사이트들은 헤드라인에 한 가지 서체와 크기만을 사용한다. 통상적인 기사에는 24~30포인트 전단 헤드라인을 쓰며 좀더 큰 기사에는 부제목을 추가한다.

◆ **본문:** 기사는 보통 12포인트 안팎의 읽기 편한 본문활자를 쓰며 폭이 넓은 한 개의 칼럼으로 이루어진다. 문단 사이에 2줄의 공간을 띄우는 것이 보통이다.

◆ **바이라인:** 기자에 대한 인물정보와 링크되거나 메일을 보낼 수 있도록 처리한다.

◆ **시간/날짜:** 언제 페이지가 게시되고 업데이트되었는지 알려준다.

◆ **사진 링크:** 페이지 다운로드 시간을 단축하기 위해서 이미지들을 작게 처리하고 클릭하면 큰 사진, 부속물, 동영상으로 연결되도록 처리한다.

◆ **본문 링크:** 관련기사, 칼럼, 블로그, 그래픽 등에 연결되어 있다. 종이신문의 부속물처럼 다른 본문과 잘 구분이 되게 더 작은 산세리프 서체를 사용하곤 한다.

◆ **코멘트:** 독자들은 기사에 반응하거나 자신들의 의견을 전달하기를 원한다. 그래서 많은 사이트들은 기사 끝 부분에 독자의견을 곧바로 올릴 수 있도록 했다.

◆ **광고:** 광고는 얼마나 크게 싣고 또 기사와 어떻게 조화를 이루어야 하나?

모든 기사 요소들을 다루기 위해 표준방식을 개발하는 일이 필요하다. 시간을 아끼기 위해서다. 새로운 기사를 매시간 올릴 때마다 웹디자이너들이 새 유형을 만들어낼 수는 없다. 그래서 각 사이트는 일관된 기사 페이지 포맷을 채택하고 있다. 보통 아래 3가지 유형에서 크게 벗어나지 않는다.

더 알아보기 ▶

◆ **온라인 부속물:** 온라인 뉴스 사이트에서 활용하는 링크, 쌍방향 요소, 그리고 멀티미디어 옵션들의 활용법............252쪽

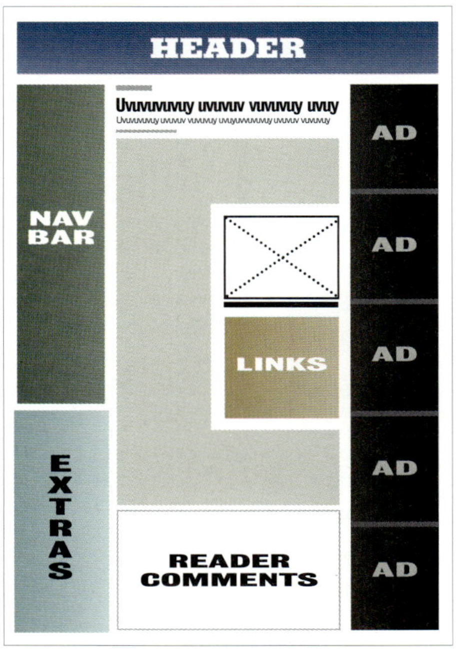

기사 페이지 요소들을 묶고 분할하는 가장 일반적인 사례다. 두 개의 세로 칼럼에는 인덱스, 광고, 웹 부속물이 뉴스 콘텐츠와 나란히 배열되어 있다.

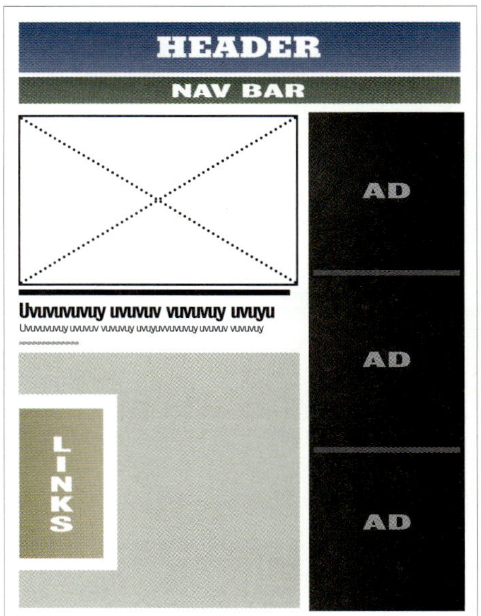

여기서는 내비게이션이 상단에 가로 형태로 있고 큼지막한 광고가 오른쪽에 벽돌처럼 쌓여 있다. 그리고 링크 모음은 기사 본문의 왼쪽을 파고들어와 있다. 많은 사이트들이 다운로드 속도를 빠르게 하기 위해 큰 사진의 게재를 꺼린다.

광고주의 구미에 맞추기 위해 어떤 사이트들은 광고를 기사에 끼워 넣듯 배치한다. 기다란 기사들은 흰 공백을 따라 이어지다가 끝이 나지만, 별 문제가 없다.

기사 페이지 디자인

토론토의 글로브앤메일닷컴(globeandmail.com)의 기사 페이지다. 광고가 페이지의 오른쪽에 배치됐다. 기사의 왼쪽을 파고든 사진 링크, 관련기사, 기자의 과거 다른 기사 묶음, 그리고 독자의견들을 볼 수 있다. 긴 기사들은 다음 페이지로 이어질 것이다.

왼쪽 레이아웃과 달리, 볼티모어선닷컴(baltimoresun.com)은 광고의 주목도를 높이기 위해 기사 본문 영역 안에 광고를 배치시켰다. 오른쪽으로 길게 부속물들(관련기사 링크, 독자의견, 사진과 동영상)을 배열했다.

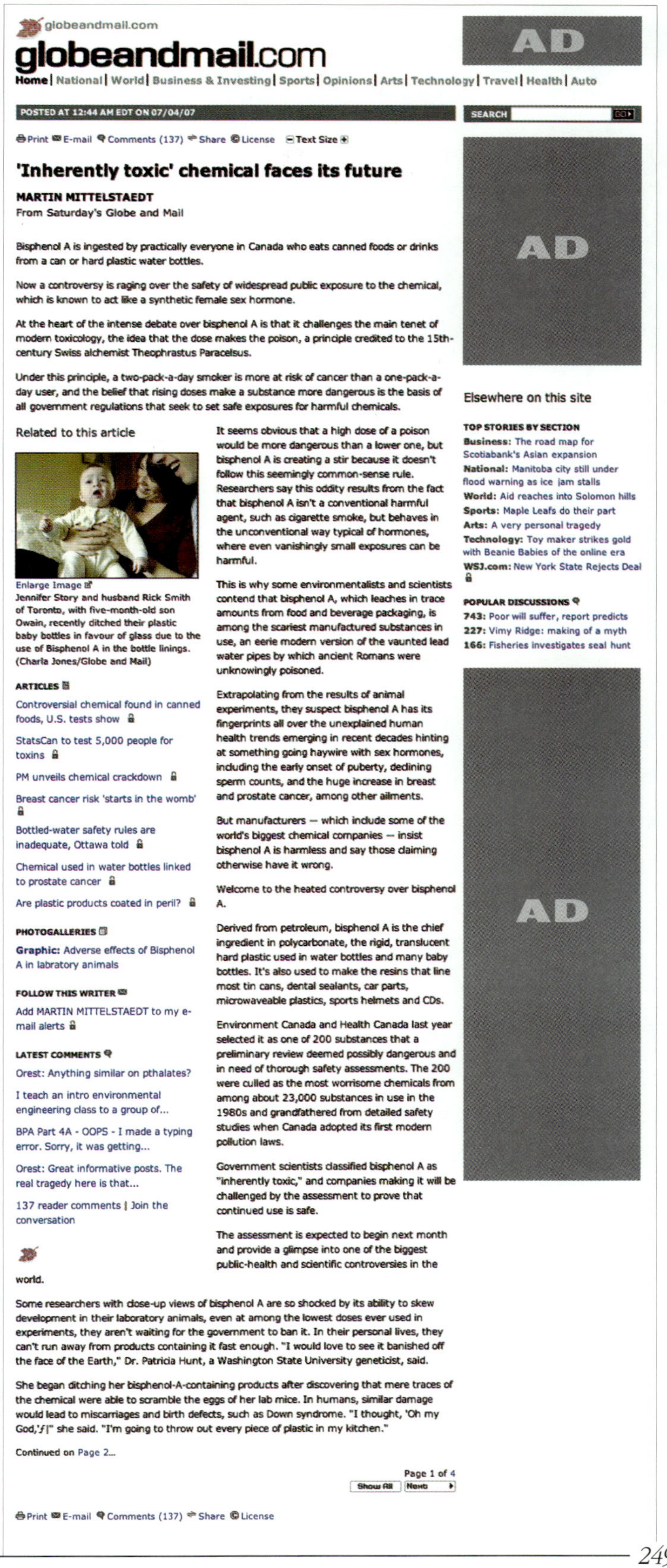

globeandmail.com

Home | National | World | Business & Investing | Sports | Opinions | Arts | Technology | Travel | Health | Auto

AD

POSTED AT 12:44 AM EDT ON 07/04/07

SEARCH

Print E-mail Comments (137) Share License Text Size

'Inherently toxic' chemical faces its future

MARTIN MITTELSTAEDT

From Saturday's Globe and Mail

Bisphenol A is ingested by practically everyone in Canada who eats canned foods or drinks from a can or hard plastic water bottles.

Now a controversy is raging over the safety of widespread public exposure to the chemical, which is known to act like a synthetic female sex hormone.

At the heart of the intense debate over bisphenol A is that it challenges the main tenet of modern toxicology, the idea that the dose makes the poison, a principle credited to the 15th-century Swiss alchemist Theophrastus Paracelsus.

Under this principle, a two-pack-a-day smoker is more at risk of cancer than a one-pack-a-day user, and the belief that rising doses make a substance more dangerous is the basis of all government regulations that seek to set safe exposures for harmful chemicals.

Related to this article

Enlarge Image

Jennifer Story and husband Rick Smith of Toronto, with five-month-old son Owain, recently ditched their plastic baby bottles in favour of glass due to the use of Bisphenol A in the bottle linings. (Charla Jones/Globe and Mail)

ARTICLES

Controversial chemical found in canned foods, U.S. tests show

StatsCan to test 5,000 people for toxins

PM unveils chemical crackdown

Breast cancer risk 'starts in the womb'

Bottled-water safety rules are inadequate, Ottawa told

Chemical used in water bottles linked to prostate cancer

Are plastic products coated in peril?

PHOTOGALLERIES

Graphic: Adverse effects of Bisphenol A in laboratory animals

FOLLOW THIS WRITER

Add MARTIN MITTELSTAEDT to my e-mail alerts

LATEST COMMENTS

Orest: Anything similar on pthalates?

I teach an intro environmental engineering class to a group of...

BPA Part 4A - OOPS - I made a typing error. Sorry, it was getting...

Orest: Great informative posts. The real tragedy here is that...

137 reader comments | Join the conversation

It seems obvious that a high dose of a poison would be more dangerous than a lower one, but bisphenol A is creating a stir because it doesn't follow this seemingly common-sense rule. Researchers say this oddity results from the fact that bisphenol A isn't a conventional harmful agent, such as cigarette smoke, but behaves in the unconventional way typical of hormones, where even vanishingly small exposures can be harmful.

This is why some environmentalists and scientists contend that bisphenol A, which leaches in trace amounts from food and beverage packaging, is among the scariest manufactured substances in use, an eerie modern version of the vaunted lead water pipes by which ancient Romans were unknowingly poisoned.

Extrapolating from the results of animal experiments, they suspect bisphenol A has its fingerprints all over the unexplained human health trends emerging in recent decades hinting at something going haywire with sex hormones, including the early onset of puberty, declining sperm counts, and the huge increase in breast and prostate cancer, among other ailments.

But manufacturers — which include some of the world's biggest chemical companies — insist bisphenol A is harmless and say those claiming otherwise have it wrong.

Welcome to the heated controversy over bisphenol A.

Derived from petroleum, bisphenol A is the chief ingredient in polycarbonate, the rigid, translucent hard plastic used in water bottles and many baby bottles. It's also used to make the resins that line most tin cans, dental sealants, car parts, microwaveable plastics, sports helmets and CDs.

Environment Canada and Health Canada last year selected it as one of 200 substances that a preliminary review deemed possibly dangerous and in need of thorough safety assessments. The 200 were culled as the most worrisome chemicals from among about 23,000 substances in use in the 1980s and grandfathered from detailed safety studies when Canada adopted its first modern pollution laws.

Government scientists classified bisphenol A as "inherently toxic," and companies making it will be challenged by the assessment to prove that continued use is safe.

The assessment is expected to begin next month and provide a glimpse into one of the biggest public-health and scientific controversies in the world.

Some researchers with close-up views of bisphenol A are so shocked by its ability to skew development in their laboratory animals, even at among the lowest doses ever used in experiments, they aren't waiting for the government to ban it. In their personal lives, they can't run away from products containing it fast enough. "I would love to see it banished off the face of the Earth," Dr. Patricia Hunt, a Washington State University geneticist, said.

She began ditching her bisphenol-A-containing products after discovering that mere traces of the chemical were able to scramble the eggs of her lab mice. In humans, similar damage would lead to miscarriages and birth defects, such as Down syndrome. "I thought, 'Oh my God,'!" she said. "I'm going to throw out every piece of plastic in my kitchen."

Continued on Page 2...

Page 1 of 4

Show All | Next

Print E-mail Comments (137) Share License

AD

Elsewhere on this site

TOP STORIES BY SECTION

Business: The road map for Scotiabank's Asian expansion

National: Manitoba city still under flood warning as ice jam stalls

World: Aid reaches into Solomon hills

Sports: Maple Leafs do their part

Arts: A very personal tragedy

Technology: Toy maker strikes gold with Beanie Babies of the online era

WSJ.com: New York State Rejects Deal

POPULAR DISCUSSIONS

743: Poor will suffer, report predicts

227: Vimy Ridge: making of a myth

166: Fisheries investigates seal hunt

AD

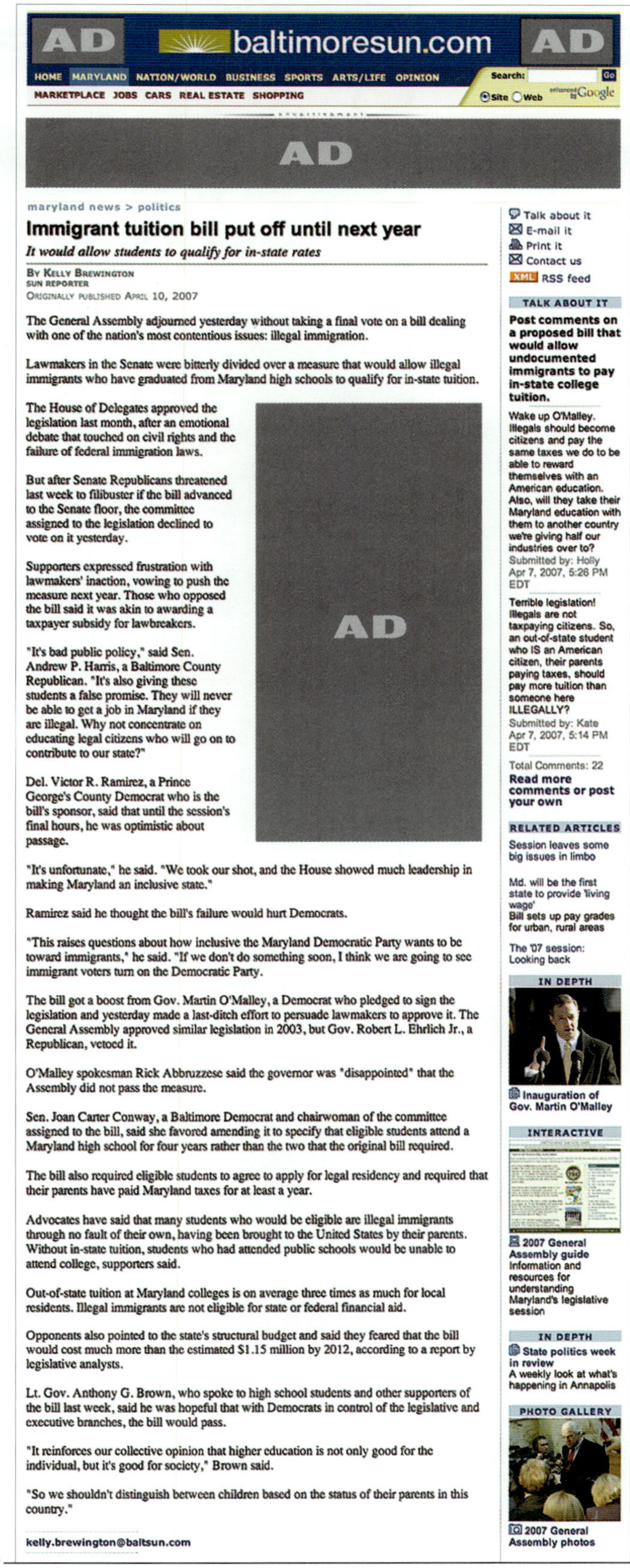

AD baltimoresun.com AD

HOME MARYLAND NATION/WORLD BUSINESS SPORTS ARTS/LIFE OPINION

MARKETPLACE JOBS CARS REAL ESTATE SHOPPING

Search: Go Site Web Google

AD

maryland news > politics

Immigrant tuition bill put off until next year

It would allow students to qualify for in-state rates

By Kelly Brewington

Sun reporter

Originally published April 10, 2007

The General Assembly adjourned yesterday without taking a final vote on a bill dealing with one of the nation's most contentious issues: illegal immigration.

Lawmakers in the Senate were bitterly divided over a measure that would allow illegal immigrants who have graduated from Maryland high schools to qualify for in-state tuition.

The House of Delegates approved the legislation last month, after an emotional debate that touched on civil rights and the failure of federal immigration laws.

But after Senate Republicans threatened last week to filibuster if the bill advanced to the Senate floor, the committee assigned to the legislation declined to vote on it yesterday.

Supporters expressed frustration with lawmakers' inaction, vowing to push the measure next year. Those who opposed the bill said it was akin to awarding a taxpayer subsidy for lawbreakers.

"It's bad public policy," said Sen. Andrew P. Harris, a Baltimore County Republican. "It's also giving these students a false promise. They will never be able to get a job in Maryland if they are illegal. Why not concentrate on educating legal citizens who will go on to contribute to our state?"

AD

Del. Victor R. Ramirez, a Prince George's County Democrat who is the bill's sponsor, said that until the session's final hours, he was optimistic about passage.

"It's unfortunate," he said. "We took our shot, and the House showed much leadership in making Maryland an inclusive state."

Ramirez said he thought the bill's failure would hurt Democrats.

"This raises questions about how inclusive the Maryland Democratic Party wants to be toward immigrants," he said. "If we don't do something soon, I think we are going to see immigrant voters turn on the Democratic Party.

The bill got a boost from Gov. Martin O'Malley, a Democrat who pledged to sign the legislation and yesterday made a last-ditch effort to persuade lawmakers to approve it. The General Assembly approved similar legislation in 2003, but Gov. Robert L. Ehrlich Jr., a Republican, vetoed it.

O'Malley spokesman Rick Abbruzzese said the governor was "disappointed" that the Assembly did not pass the measure.

Sen. Joan Carter Conway, a Baltimore Democrat and chairwoman of the committee assigned to the bill, said she favored amending it to specify that eligible students attend a Maryland high school for four years rather than the two that the original bill required.

The bill also required eligible students to agree to apply for legal residency and required that their parents have paid Maryland taxes for at least a year.

Advocates have said that many students who would be eligible are illegal immigrants through no fault of their own, having been brought to the United States by their parents. Without in-state tuition, students who had attended public schools would be unable to attend college, supporters said.

Out-of-state tuition at Maryland colleges is on average three times as much for local residents. Illegal immigrants are not eligible for state or federal financial aid.

Opponents also pointed to the state's structural budget and said they feared that the bill would cost much more than the estimated $1.15 million by 2012, according to a report by legislative analysts.

Lt. Gov. Anthony G. Brown, who spoke to high school students and other supporters of the bill last week, said he was hopeful that with Democrats in control of the legislative and executive branches, the bill would pass.

"It reinforces our collective opinion that higher education is not only good for the individual, but it's good for society," Brown said.

"So we shouldn't distinguish between children based on the status of their parents in this country."

kelly.brewington@baltsun.com

Talk about it

E-mail it

Print it

Contact us

XML RSS feed

TALK ABOUT IT

Post comments on a proposed bill that would allow undocumented immigrants to pay in-state college tuition.

Wake up O'Malley. Illegals should become citizens and pay the same taxes we do to be able to reward themselves with an American education. Also, will they take their Maryland education with them to another country we're giving half our industries over to?

Submitted by: Holly Apr 7, 2007, 5:26 PM EDT

Terrible legislation! Illegals are not taxpaying citizens. So, an out-of-state student who IS an American citizen, their parents paying taxes, should pay more tuition than someone here ILLEGALLY?

Submitted by: Kate Apr 7, 2007, 5:14 PM EDT

Total Comments: 22

Read more comments or post your own

RELATED ARTICLES

Session leaves some big issues in limbo

Md. will be the first state to provide 'living wage'

Bill sets up pay grades for urban, rural areas

The '07 session: Looking back

IN DEPTH

Inauguration of Gov. Martin O'Malley

INTERACTIVE

2007 General Assembly guide Information and resources for understanding Maryland's legislative session

IN DEPTH

State politics week in review A weekly look at what's happening in Annapolis

PHOTO GALLERY

2007 General Assembly photos

특집 디자인

2006년에 〈애리조나 데일리 스타〉(*Arizona Daily Star*) 소속의 미국 취재팀은 멕시코 접경 2,000마일을 3개월 동안 탐사했다. 그 결과물이 4부작 "국경 봉쇄: 허술한 이유"였다. 5개 오디오 슬라이드쇼, 20개 동영상, 15개 기사, 그리고 국경을 따라가며 중요 포인트에서 찍은 12개의 360도 파노라마 사진을 활용한 이 멀티미디어 시리즈는 격찬을 받았다. 오른쪽에 스플래시 페이지(splash page)라고 불리는 리드 페이지가 있다. 여기에는 이 특집의 멀티미디어 자료를 볼 수 있도록 링크를 해두었다. **www.azstarnet.com/secureborder**를 방문하면 이 시리즈를 볼 수 있다.

더 알아보기 ▶

◆ **온라인 부속물:** 온라인 뉴스 사이트에서 활용하는 링크, 쌍방향 요소, 그리고 멀티미디어 옵션들의 활용법 252쪽

언론인들은 회의, 범죄, 사고, 스포츠 행사 등 통상적인 뉴스에서 기삿거리를 찾아내는 일, 이른바 '짐승에게 밥 주는 일'에 대부분의 시간을 쓴다. 그러나 때때로 그들은 진행 중인 사건을 밝혀내고 논쟁적인 이슈를 탐색하거나 사회 부조리를 캐내는 야심찬 기획 기사에 달려들기도 한다. 종이신문에서 대형 기획물은 다부작 시리즈나 별도 섹션으로 보도한다. 온라인에서도 마찬가지로 특집물은 색다르게 제시된다. 그들은 다음 세 가지 방식을 통해 일상적인 기사와 구분된다.

◆ **다르게 보인다.** 우리가 보았듯이, 통상 홈페이지와 기사 페이지는 일관된 형태와 서체가 필요하다. 그러나 특집물은 좀 달라 보이게 디자인된다. 다소 유별난 헤드라인, 과감한 색깔, 보다 유연한 그리드가 사용된다. 심지어 페이지 모양이나 크기가 한 화면에 꽉 차지 않고 좀 작게 처리되기도 한다. 또 많은 특집물들은 광고를 없애기도 한다.

◆ **폭넓은 계획이 필요하다.** 매일 생산하는 일상적인 기사와 달리, 특집물은 준비와 팀 활동에 수주나 수개월이 소요될 수도 있다.

◆ **더 많은 멀티미디어를 활용한다.** 일상적인 온라인 기사는 글이 중요한 역할을 하고 이미지와 그래픽물은 부수적인 역할을 한다. 그러나 특집물에서 멀티미디어는 핵심이 된다. 사실 몇몇 특집들은 슬라이드쇼, 동영상, 그래픽들을 정교하고 인상적으로 제작하기 때문에 글은 그다지 중요하지 않다. 때로는 아예 글이 필요 없다.

멀티미디어라는 말에 지레 겁먹지 말라. 멀티미디어는 더 이상 별난 기술이 아니다. 사진 갤러리, 뮤지컬 한 토막, 지도 같이 단순한 것들도 멀티미디어다. 이들 요소는 과거 어느 때보다 쉽게 만들 수 있다. 특집을 만드는 데 매우 쓸모 있는 도구들인 것이다.

특집 디자인

2006년 〈로어노크 타임스〉(*Roanoke Times*)는 "굽은 길 내려가기"라는 특집을 만들었다. 모두 6부작으로 종이신문에 보도되었으며 로어노크닷컴(roanoke.com)에 멀티미디어 패키지가 실렸다. 작곡가 랄프 베리어 주니어(Ralph Berrier Jr.)와 사진작가 카일 그린(Kyle Green)과 멀티미디어 편집자 세스 가이트너(Seth Gitner)는 수개월 동안 버지니아의 음악문화를 답사하고, 산악음악의 명사들을 찾아 기록했다.

이들 기사 페이지의 레이아웃은 단순하고 효과적이다. 이 시리즈의 6개 마을마다 황갈색 바탕에 단 폭이 긴 하나의 칼럼을 이용해 기사를 실었다. 더 짙은 고동색 단에는 링크물을 배치했다.

프로필들은 6개 지역의 음악가들을 소개하는 사진과 인물 박스로 구성되어 있다.

슬라이드쇼는 여정을 따라 마을의 음악가들, 악기들, 다채로운 인물들을 기록한 사진을 보여준다.

로드맵은 여행을 할 마을로 가는 길을 보여준다. 이 지도들은 인쇄하기 쉽도록 제작되었다.

요리는 각 지역의 맛을 포착했다. 옥수수빵 샐러드, 으깬 감자요리, 그리고 백포도 주스 케이크를 소개한다.

팟캐스트는 이 시리즈를 쓰는 베리어 씨의 해설을 곁들였다.

여행지 팁은 음악유산 여행길을 따라 축제, 박물관과 그 밖의 색다른 하이라이트를 소개해준다. 또한 어떤 라디오 방송사가 블루글래스 음악을 잘 틀어주는지 알려준다.

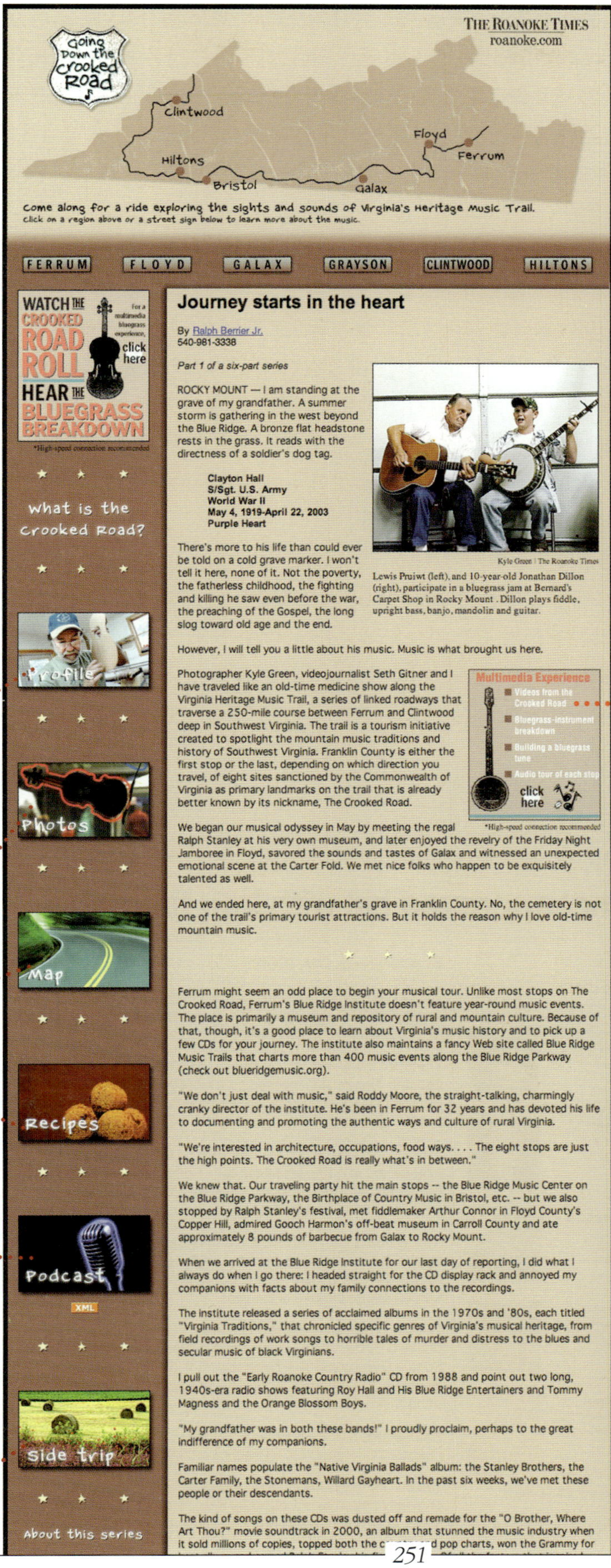
THE ROANOKE TIMES
roanoke.com

Going Down the Crooked Road

Come along for a ride exploring the sights and sounds of Virginia's Heritage Music Trail.
Click on a region above or a street sign below to learn more about the music.

FERRUM | FLOYD | GALAX | GRAYSON | CLINTWOOD | HILTONS

WATCH THE CROOKED ROAD ROLL
HEAR THE BLUEGRASS BREAKDOWN
click here
*High-speed connection recommended

What is the Crooked Road?

Profile

Photos

Map

Recipes

Podcast

XML

Side trip

About this series

Journey starts in the heart

By Ralph Berrier Jr.
540-981-3338

Part 1 of a six-part series

ROCKY MOUNT — I am standing at the grave of my grandfather. A summer storm is gathering in the west beyond the Blue Ridge. A bronze flat headstone rests in the grass. It reads with the directness of a soldier's dog tag.

Clayton Hall
S/Sgt. U.S. Army
World War II
May 4, 1919-April 22, 2003
Purple Heart

There's more to his life than could ever be told on a cold grave marker. I won't tell it here, none of it. Not the poverty, the fatherless childhood, the fighting and killing he saw even before the war, the preaching of the Gospel, the long slog toward old age and the end.

Kyle Green | The Roanoke Times

Lewis Pruiwt (left), and 10-year-old Jonathan Dillon (right), participate in a bluegrass jam at Bernard's Carpet Shop in Rocky Mount . Dillon plays fiddle, upright bass, banjo, mandolin and guitar.

However, I will tell you a little about his music. Music is what brought us here.

Photographer Kyle Green, videojournalist Seth Gitner and I have traveled like an old-time medicine show along the Virginia Heritage Music Trail, a series of linked roadways that traverse a 250-mile course between Ferrum and Clintwood deep in Southwest Virginia. The trail is a tourism initiative created to spotlight the mountain music traditions and history of Southwest Virginia. Franklin County is either the first stop or the last, depending on which direction you travel, of eight sites sanctioned by the Commonwealth of Virginia as primary landmarks on the trail that is already better known by its nickname, The Crooked Road.

Multimedia Experience
- Videos from the Crooked Road
- Bluegrass-instrument breakdown
- Building a bluegrass tune
- Audio tour of each stop

click here
*High-speed connection recommended

We began our musical odyssey in May by meeting the regal Ralph Stanley at his very own museum, and later enjoyed the revelry of the Friday Night Jamboree in Floyd, savored the sounds and tastes of Galax and witnessed an unexpected emotional scene at the Carter Fold. We met nice folks who happen to be exquisitely talented as well.

And we ended here, at my grandfather's grave in Franklin County. No, the cemetery is not one of the trail's primary tourist attractions. But it holds the reason why I love old-time mountain music.

* * *

Ferrum might seem an odd place to begin your musical tour. Unlike most stops on The Crooked Road, Ferrum's Blue Ridge Institute doesn't feature year-round music events. The place is primarily a museum and repository of rural and mountain culture. Because of that, though, it's a good place to learn about Virginia's music history and to pick up a few CDs for your journey. The institute also maintains a fancy Web site called Blue Ridge Music Trails that charts more than 400 music events along the Blue Ridge Parkway (check out blueridgemusic.org).

"We don't just deal with music," said Roddy Moore, the straight-talking, charmingly cranky director of the institute. He's been in Ferrum for 32 years and has devoted his life to documenting and promoting the authentic ways and culture of rural Virginia.

"We're interested in architecture, occupations, food ways. . . . The eight stops are just the high points. The Crooked Road is really what's in between."

We knew that. Our traveling party hit the main stops -- the Blue Ridge Music Center on the Blue Ridge Parkway, the Birthplace of Country Music in Bristol, etc. -- but we also stopped by Ralph Stanley's festival, met fiddlemaker Arthur Connor in Floyd County's Copper Hill, admired Gooch Harmon's off-beat museum in Carroll County and ate approximately 8 pounds of barbecue from Galax to Rocky Mount.

When we arrived at the Blue Ridge Institute for our last day of reporting, I did what I always do when I go there: I headed straight for the CD display rack and annoyed my companions with facts about my family connections to the recordings.

The institute released a series of acclaimed albums in the 1970s and '80s, each titled "Virginia Traditions," that chronicled specific genres of Virginia's musical heritage, from field recordings of work songs to horrible tales of murder and distress to the blues and secular music of black Virginians.

I pull out the "Early Roanoke Country Radio" CD from 1988 and point out two long, 1940s-era radio shows featuring Roy Hall and His Blue Ridge Entertainers and Tommy Magness and the Orange Blossom Boys.

"My grandfather was in both these bands!" I proudly proclaim, perhaps to the great indifference of my companions.

Familiar names populate the "Native Virginia Ballads" album: the Stanley Brothers, the Carter Family, the Stonemans, Willard Gayheart. In the past six weeks, we've met these people or their descendants.

The kind of songs on these CDs was dusted off and remade for the "O Brother, Where Art Thou?" movie soundtrack in 2000, an album that stunned the music industry when it sold millions of copies, topped both the c[illegible]d pop charts, won the Grammy for

"굽은 길 내려가기"는 로어노크닷컴(www.roanoke.com/multimedia/crooked)에서 볼 수 있다. 6부작 시리즈의 각 페이지를 방문하려면, 아래에 있는 도로 표지 중 하나를 클릭하거나 왼쪽에 있는 지도상의 마을 이름을 클릭하면 된다.

이 링크는 당신을 멀티미디어 메뉴로 안내한다. 그 곳에는 아래와 같은 코너들이 준비되어 있다.

비디오는 마을에서 마을로 이동할 때 만날 수 있는 경치와 소리를 기록한다.

사진 슬라이드쇼는 여정을 따라 그 지역과 삶과 음악가와 토속적 음악을 자세히 보여준다.

악기 가이드는 도브로, 밴조, 만돌린, 기타, 피들 등 악기의 연주법과 소감을 소개한다.

음악 믹서는 노래를 연주하고 나서 각 악기의 볼륨을 높이거나 낮출 수 있도록 해준다.

온라인 부속물 추가하기

웹 개발자는 종이신문의 제목과 본문을 아무런 추가 부속물 없이 웹사이트에 쏟아 붓는 일을 '삽질'(shovelware)이라고 부른다. 삽질은 쉽다. 하지만 그것은 게으른 일이다. 만일 당신이 종이신문의 내용을 온라인에 그대로 옮기는 삽질을 한다면, 이용자들은 당신이 별 노력을 하지 않았음을 단박에 알아챌 것이다. 웹은 방대한 스토리텔링 잠재력을 갖고 있다. 삽은 내려놓으라. 뉴스 사이트에 필요한 온라인 도구 3가지를 아래 제시한다.

링크

만일 당신이 자신의 일을 잘 해왔고 좋은 정보를 제공해왔다면, 이용자들은 좀더 많은 것을 원할 것이다. 온라인에서 그들의 요구를 충족시켜주는 일은 어렵지 않다.

당신은 본문 속의 **단어나 숙어**를 파란색으로 표시함으로써 다른 것과 링크시킬 수 있다. 물론 파란색 단어가 너무 많으면 글을 읽는 데 헷갈린다. 그렇지 않도록 유의해야 한다. 보통 링크는 본문 속에 이곳저곳 흩어져 있기보다는 한곳에 모아 두는 게 좋다. 이 링크를 클릭하면 이용자들은 다음과 같은 것과 연결이 된다.

◆ **관련 내용물(related material)**은 사이트 어느 곳이나 게재된다. 여기에는 기사, 그래픽, 사진, 동영상, 독자의견, 여론조사를 포함한다.

◆ **과거에 실렸던 내용물**도 링크할 수 있다.

◆ **사설과 칼럼**은 기사에서 논의된 주제에 대해 분석과 의견을 제공한다.

◆ **부가 정보**는 기사로는 다루기 힘든 것들을 제공한다. 통계, 인용, 인터뷰 전문 등.

◆ **회사나 직원이름 링크.** 연락을 원하는 이용자들을 위해 마련한다.

◆ **다른 웹사이트.** 관련된 기사에 대해 다른 의견이나 추가적인 정보를 제공해준다.

〈유에스에이 투데이〉 홈페이지의 기사를 살펴보자. 이 기사는 이라크 전쟁과 관련해서 전쟁비용 마련, 철군, 그리고 의회 정책을 복합적으로 다루고 있다.

이용자들이 이 기사의 다양한 면에 폭넓게 접근할 수 있도록, 관련기사들을 연결시켜 두었다. 최근에 게재된 기사는 물론이고 오래전 기사들도 있다. 이런 부속물들이 키워드, 아이콘, 링크와 얼마나 효과적인 방식으로 연결되어 있는지 주목하라.

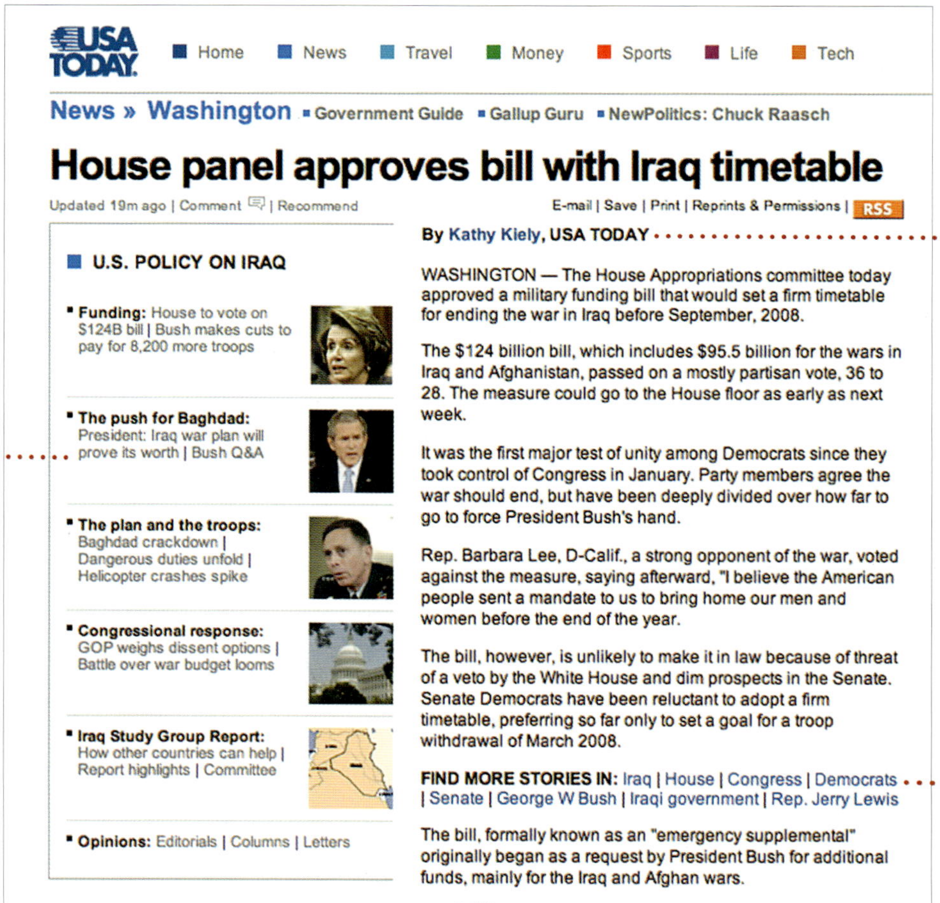

USA TODAY

Home | News | Travel | Money | Sports | Life | Tech

News » Washington ▪ Government Guide ▪ Gallup Guru ▪ NewPolitics: Chuck Raasch

House panel approves bill with Iraq timetable

Updated 19m ago | Comment | Recommend

E-mail | Save | Print | Reprints & Permissions | RSS

U.S. POLICY ON IRAQ

▪ **Funding:** House to vote on $124B bill | Bush makes cuts to pay for 8,200 more troops

▪ **The push for Baghdad:** President: Iraq war plan will prove its worth | Bush Q&A

▪ **The plan and the troops:** Baghdad crackdown | Dangerous duties unfold | Helicopter crashes spike

▪ **Congressional response:** GOP weighs dissent options | Battle over war budget looms

▪ **Iraq Study Group Report:** How other countries can help | Report highlights | Committee

▪ **Opinions:** Editorials | Columns | Letters

By Kathy Kiely, USA TODAY

WASHINGTON — The House Appropriations committee today approved a military funding bill that would set a firm timetable for ending the war in Iraq before September, 2008.

The $124 billion bill, which includes $95.5 billion for the wars in Iraq and Afghanistan, passed on a mostly partisan vote, 36 to 28. The measure could go to the House floor as early as next week.

It was the first major test of unity among Democrats since they took control of Congress in January. Party members agree the war should end, but have been deeply divided over how far to go to force President Bush's hand.

Rep. Barbara Lee, D-Calif., a strong opponent of the war, voted against the measure, saying afterward, "I believe the American people sent a mandate to us to bring home our men and women before the end of the year.

The bill, however, is unlikely to make it in law because of threat of a veto by the White House and dim prospects in the Senate. Senate Democrats have been reluctant to adopt a firm timetable, preferring so far only to set a goal for a troop withdrawal of March 2008.

FIND MORE STORIES IN: Iraq | House | Congress | Democrats | Senate | George W Bush | Iraqi government | Rep. Jerry Lewis

The bill, formally known as an "emergency supplemental" originally began as a request by President Bush for additional funds, mainly for the Iraq and Afghan wars.

만일 당신이 어떤 기자의 기사를 좋아한다면, 또는 그 기자의 과거 특종기사를 읽고 싶다면, 여기 있는 이름을 클릭하라. 그러면 그 기자가 과거에 쓴 기사목록을 볼 수 있다. 또 다른 뉴스 사이트들은 기자의 이름을 클릭하면 그 기자에게 이메일을 보낼 수 있게 했다.

유에스에이투데이닷컴이 관련 주제에 연결시키는 또 다른 방식이 이곳에 있다. 여기에는 본문에 있는 키워드들을 모아 놓았다. 기사 속에서 개별적으로 파란색 처리를 하는 대신에 한곳에 모아둔 것이다. 본문 속에 있으면 주의력을 분산시킬 수 있기 때문이다. 이 링크는 신문의 과거 기사들과 연결되어 있다.

온라인 부속물 추가하기

위: 〈애즈버리 파크 프레스〉 온라인의 미식축구 슬라이드쇼. 아래: 동영상이 어떻게 만들어지고 묶음으로 제공되는지 보여주는 올랜도센티널닷컴 자료.

멀티미디어 옵션

◆ **슬라이드쇼(또는 사진 갤러리)**는 스토리를 전달하고, 주제를 묘사하고, 발생한 일을 기록한 여러 장의 사진과 사진설명을 보여준다. 적당한 소프트웨어와 약간의 노력으로 음성 해설과 인터뷰와 음향효과를 추가할 수 있다.

◆ **비디오.** 어떤 뉴스 사이트들은 오른쪽 사례처럼 텔레비전 뉴스를 가져와 동영상으로 올려놓는다. 그것도 괜찮은 시도다. 당신은 온라인 취재범위를 비디오 인터뷰, 다큐물, 더 나아가 이용자들이 제공하는 디지털 영상자료로까지 확대할 수 있다.

◆ **오디오.** 기사를 보충하기 위해 연설, 인터뷰, 음악파일까지 제공한다.

◆ **컴퓨터 그래픽.** 차트, 지도, 그리고 도해 같은 그래픽은 종이신문에서도 볼 수 있다. 웹에서는 동작을 보여주는 것도 가능하다. 새로운 장치가 어떻게 작동하는지 단계별로 보여주거나 허리케인의 경로를 그려낼 것이다. 소리를 추가하기도 한다. 클릭하면 이용자들에게 더 많은 선택을 준다.

◆ **팟캐스트.** 기사의 오디오 버전으로서 읽기보다 듣기를 원하는 이용자들을 위해 만든다. 나중에 다시 들을 수 있다. 뉴스를 전달하는 라디오처럼, 팟캐스트는 기사에 음악과 음향효과를 추가할 수 있어 좋다.

쌍방향 옵션

수백 년 동안 신문은 일방통행식의 독백이었다. 하지만 온라인 뉴스 사이트는 독자들에게도 목소리를 낼 기회를 준다. 쌍방향의 대화가 가능해진 것이다.

◆ **이용자 의견(comments).** 기사와 칼럼에는 종종 이용자들이 의견을 제시하고 실수를 지적하고 더 자세한 내용을 보충할 수 있도록 '독자의견'란을 둔다. 많은 온라인 뉴스 사이트들은 리포터나 편집자들의 블로그를 게시하는데, 그곳에서는 언론인들이 토론하며 주장을 펼치고 뉴스룸의 소소한 일을 알리고 기사에 인간적 요소를 가미한다.

◆ **이용자가 만드는 콘텐츠.** 대다수 뉴스 사이트들은 이용자들의 블로그, 사진, 그리고 비디오를 게시하며, 이는 단독 특집물과 긴급뉴스(breaking news)를 제작하는 데 긴요하게 쓰인다. 그 지역의 전문가로서 보도에 참여하도록 하거나 독자들에게 기사 아이디어, 숨은 일화, 인터뷰 질문을 보내도록 요청하기도 한다.

◆ **온라인 여론조사 콘테스트와 퀴즈.** 건강수준을 체크하거나 그래미 아이큐를 테스트하고, "새로운 세금대책에 따른 지출이 얼마인가?"와 같이 계산력을 테스트하는 형식으로 테스트와 퀴즈를 기사와 결합시킬 수도 있다. 다만, 통계적으로 정확하지는 않다.

◆ **채팅 생중계.** 리포터나 편집자가 사회를 보고 뉴스메이커, 전문가, 심지어 편집국 직원까지 인터뷰하고 독자들의 질문에 답을 한다.

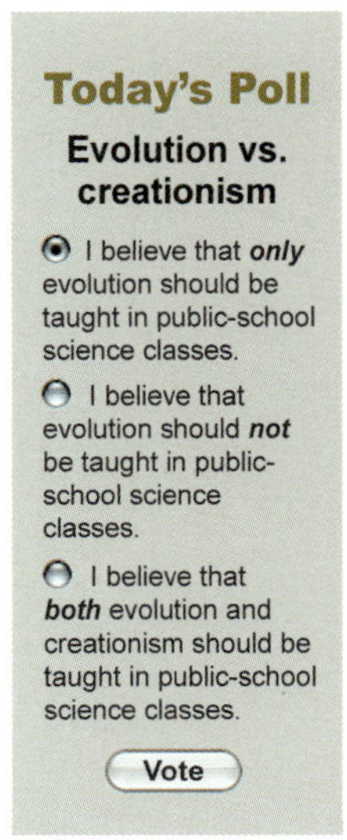

온라인 여론조사의 전형적인 선택형 문항 (multiple-choice) 구성.

온라인 취재 계획하기

반 고흐의 일대기를 쓴다고 하자. 그의 작품을 보여주려면 사진이 필요하다. 그의 음악을 연주하려면 오디오 클립이 있어야 한다. 오케스트라를 지휘하건 그림을 그리건 그가 일하는 것을 보여주려면 비디오 영상이 필요하다. 그의 작품의 의미와 영향을 설명하려면 글이 필요하다. 다시 말해서, 이상적인 일대기를 만들려면 멀티미디어가 필요한 것이다. 이것이 크로스 플랫폼 저널리즘이며 매체 융합이다.

멀티미디어에 숙련된 뉴스룸 기자들은 자신들을 융합형(converged) 언론인이라고 생각한다. 그들은 글을 쓰고 동영상을 찍는다. 인터넷방송 앵커 역할도 한다. 아마 가까운 장래에 모든 저널리스트들에게 다양한 미디어를 잘 다룰 수 있는 능력이 요구될 것이다. 하지만 일부에서는 그런 일이 결코 일어나지 않을 것이라고 말한다. 기자에게 너무 많은 일을 동시에 하라는 것은 결국 어느 것도 잘하지 못하거나 재능을 소진시키는 결과만을 가져오기 때문이라는 것이다.

진실은 두 주장의 사이에 존재한다. 기자들은 여러 매체를 다루는 능력을 가져야 한다. 멀티미디어 기사를 만드는 일은 여러 작업을 거친다. 훌륭한 온라인 취재물을 만들려면 전문적 재능을 가진 숙련된 기자들의 공동 작업이 필요하다.

간략한 온라인 취재계획안 활용법

6장에서 밝혔듯이 과거 100년 동안 뉴스룸은 공장 조립라인 같은 방식으로 일을 해왔다. 먼저 취재기자가 기사를 쓴다. 그 다음 사진기자는 사진을 찍는다. 편집자는 편집을 하고 디자이너는 디자인을 한다. 그리고 윤전기가 돈다. 이러한 조립라인 공정은 신문을 찍기는 하지만 창조적 공동 작업을 하기는 어렵다. 게다가 더 이상 신문 인쇄가 최종 목적이 아니다. 이제 당신은 스마트하고 훌륭한 웹사이트를 만들 수 있게 된 것이다. 그리고 이것은 취재계획 짜기와 공동작업 없이는 불가능하다.

만일 멀티미디어를 활용하지 않고 그냥 기사를 온라인에 퍼 담는 식이라면 그것은 조립라인에서도 할 수 있다. 그러나 온라인 저널리즘 역량을 더 확장하고 풍성하게 하려한다면 당신은 팀플레이를 해야 할 것이다. 일을 분담하고 패키지를 계획하고 임무를 맡아야 한다. 아래에 그 방법이 있다.

더 알아보기 ▶

◆ **패키지 플래닝 (Package planning):** 보다 효율적인 뉴스 패키지를 만드는 과정인 '지휘자 콘셉트'에 대해 더 자세히 알아보려면 188쪽

1 목표를 정하라.

대부분의 뉴스룸은 시간에 쫓기며 일한다. 모든 기사에 역량을 기울일 수 없다. 따라서 어떤 기사들이 온라인에서 관심을 끌 수 있는지를 정하라(뉴스룸 직원이 많을수록 더 많은 기사들이 이 과정을 통해 혜택을 받을 것이다).

2 회의를 소집하라.

뉴스룸 직원들의 역량을 활용하라. 편집자, 리포터, 사진기자, 웹 콘텐츠 PD 등 기사 프레젠테이션에 관여하는 모든 사람이 포함된다. 모두 자리에 앉아라. 토론을 위해 다음 페이지에 나오는 형식을 사용하라.

3 독자처럼 생각하라.

이 기사는 정말 무엇에 대한 것인가? 이 질문부터 시작해보자. 아이디어를 25개 단어 내외로 정리하라. 이제 독자의 시각으로 생각하라. 대체 무엇이 이 기사에서 가장 중요하고 유용하며 매력적인 질문인가? 그리고 당신의 대답은 어디에 둘 것인가? 기사 본문에? 부속물에? 그래픽에? 사진에? 정보 전달에 가장 적합한 쌍방향 멀티미디어 부속물은 있는가? 옵션을 위해 오른쪽 페이지에 있는 목록을 참고하고 스스로에게 물어보라. 이 기사를 여러 곳에 연결된 웹페이지 안에 잘 배치할 수 있는가?

4 패키지를 짜라.

메인 페이지부터 시작해 완벽한 기사를 계속 만들어가라.

◆ 헤드라인과 부제목에 들어갈 단어와 아이디어를 토론하라. 홈페이지용 기사 안내도 필요할 것이다.

◆ 이 페이지에 필요한 사진과 시각물에 대해서도 논의하라.

◆ 웹 특집물이나 부속물 제작에 협력이 필요한가? 그러면 일을 나눠라.

◆ 이 페이지는 어디와 연결을 할 것인가?

만일 당신의 기사가 여러 곳에 연결된 페이지라면 각 페이지마다 이 4번째 단계를 반복하라.

온라인 패키지 계획 가이드

기사 아이디어 ______________________________

____

독자가 물어볼 만한 것

1 내가 이 기사를 왜 읽어야 하나? ______________________________

대답을 해줄 장소는: ☐ 메인 기사 ☐ 관련기사 ☐ 부속상자/웹 부속물 ☐ 사진/그래픽

세부사항:

2 ______________________________

대답을 해줄 장소는: ☐ 메인 기사 ☐ 관련기사 ☐ 부속상자/웹 부속물 ☐ 사진/그래픽

세부사항:

3 ______________________________

대답을 해줄 장소는: ☐ 메인 기사 ☐ 관련기사 ☐ 부속상자/웹 부속물 ☐ 사진/그래픽

세부사항:

4 ______________________________

대답을 해줄 장소는: ☐ 메인 기사 ☐ 관련기사 ☐ 부속상자/웹 부속물 ☐ 사진/그래픽

세부사항:

최종 기사 패키지

메인 페이지

헤드라인/부제목 ______________________________

____

사진/시각물 ______________________________

부속상자/웹 부속물 ______________________________

링크 ______________________________

2번째 페이지/ 관련 페이지 (선택사항)

헤드라인/부제목 ______________________________

____

사진/시각물 ______________________________

부속상자/웹 부속물 ______________________________

링크 ______________________________

3번째 페이지/관련 페이지 (3번째 페이지 이상은 추가 형식을 사용하라)

헤드라인/부제목 ______________________________

____

사진/시각물 ______________________________

부속상자/웹 부속물 ______________________________

링크 ______________________________

웹 부속물

부속상자 옵션

- ☐ 요약 박스
- ☐ Q&A
- ☐ 자주 묻는 질문
- ☐ 인용제목
- ☐ 말 모음
- ☐ 지도
- ☐ 차트
- ☐ 리스트
- ☐ 체크리스트
- ☐ 바이오 박스
- ☐ 도해
- ☐ 표
- ☐ 퀴즈
- ☐ 일정표
- ☐ 스텝바이스텝 가이드
- ☐ 용어풀이
- ☐ 발췌(excerpt)
- ☐ 기사에 인용된 자료에 대한 연락 정보

멀티미디어 옵션

- ☐ 동영상
- ☐ 오디오
- ☐ 슬라이드쇼
- ☐ 음성해설이 있는 슬라이드쇼
- ☐ 웹캠
- ☐ 애니메이션 그래픽
- ☐ 웹 생중계
- ☐ 팟캐스트

쌍방향 옵션

- ☐ 온라인 여론조사
- ☐ 댓글 달기
- ☐ 라이브 채팅
- ☐ 독자 참여 요청: 기사, 기사 아이디어, 사진, 비디오,
- ☐ 쌍방향 지도
- ☐ 다운로드
- ☐ 콘테스트

링크

- ☐ 과거 기사
- ☐ 관련 웹사이트
- ☐ 사설/칼럼
- ☐ 편집하지 않은 인터뷰 전문
- ☐ 공문서와 보도자료
- ☐ 블로그

대형 뉴스 행사 기획보도

해설이 있는 슬라이드쇼: 사진기자가 찍은 주요 경기장면에 스포츠 칼럼니스트의 해설이 곁들여짐.

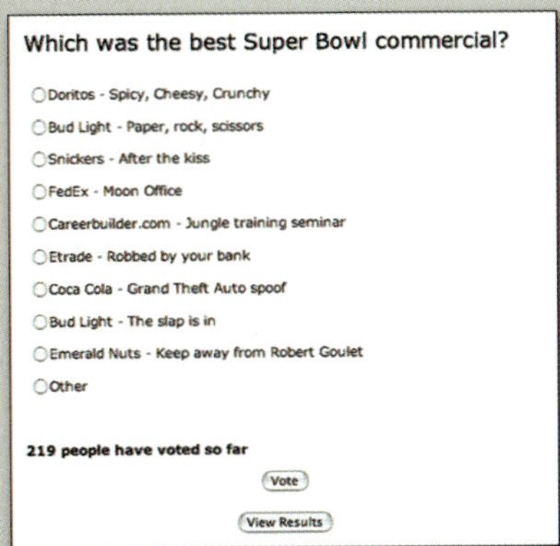

웹 여론조사: TV에서 경기를 보았든, 이 사이트의 동영상에서 시청을 했든, 당신이 가장 좋았다고 생각하는 광고에 투표할 수 있다.

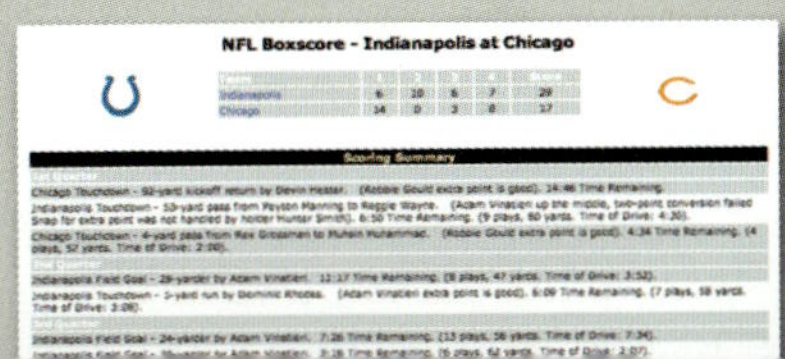

슈퍼볼은 여러 가지 면에서 초대형 뉴스 이벤트다. 전 세계 시청자들이 주목하는 스포츠, 유명인, 대형 비즈니스와 팝 문화가 어우러진 행사다. 다행히 대회는 수년 전부터 계획된다. 마이애미가 2007년에 이 행사를 주최했을 때, 〈마이애미 헤럴드〉(*Miami Herald*)의 기자들은 무엇을 취재할 것인지 구상할 많은 시간이 있었다. 경기가 끝나고 수 시간 만에 만들어진 마이애미헤럴드닷컴의 슈퍼볼 홈페이지를 뜯어보자. 사이트 구성과 멀티미디어 옵션들이 인상적이다.

그 하이라이트를 살펴보면,

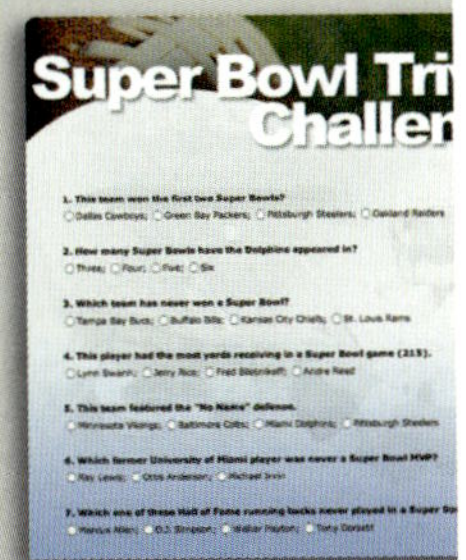

쌍방향 자투리 상식(trivia test): 여기 다지선다형 퀴즈를 풀면서 당신의 풋볼 상식을 테스트할 수 있다. 예를 들어, "어떤 팀이 최초로 슈퍼볼 2연패를 했나?" 답은 그린베이 팩커스.

비디오 광고: 많은 시청자들은 경기만큼이나 광고에 관심을 갖는다. 이곳에서 모든 슈퍼볼 광고를 볼 수 있다.

스포츠 통계: 경기에 관련된 통계들이 자세히 분석되어 있다. 득점, 돌진, 패싱, 페널티 상황 등.

블로그: 이 리포트를 쓴 데이브 바리(Dave Barry)를 포함해 많은 작가들이 경기 전, 경기 중, 경기 후 블로그에 글을 올린다.

다운로드할 수 있는 포스터: 신문용으로 인쇄된 포스터들을 PDF 파일로 받을 수 있다.

EDWIN POPE | EVENT GUIDE | VISITOR'S GUIDE | PHOTOS

Super Scenes from around town

Check back regularly to view photos from this week's extravaganza - better known as Super Bowl XLI.

» Super Bowl Media Day
» NFL Experience photo gallery

Super Bowl XL

More Photo Galleries: Bears arrive in Miami | Colts arrive in S. Fla.

SUPER BOWL POSTERS

SUPER BOWLS IN MIAMI

SUPER BOWL NEWS

- Sights on the stars
- Even if it rains today, it sure beats frostbite
- If you go to the game, you'll miss the show
- Football players well-paid by corporate planners
- Parties pit NFL against pastors
- Uninvited guests shut down high-priced party
- Joe's has game plan for Super appetites
- Super Bowl parties – the sportin' life
- Street closings planned for Super Bowl weekend
- Prince's halftime preview

WHAT THE WRITERS ARE SAYING

- The quarterback of the Super Bowl broadcast
- To the victors go commercial spoils
- Addai's friendship endures the test of time
- We interrupt the Super circus to bring you some football
- A sideline to the NFL's past
  BY ART SHELL, Washington Post Service
- COLTS WILL WIN: Manning will be a ringing success
- BEARS WILL WIN: Destiny, Devin are key factors
- Proud papa Archie makes sure focus stays on son
- Manning's mission: deliver biggest victory
- Colts are ready to win
- O'er the land of the spree and home of the rave
- Here's picking the Bears

LATEST NFL NEWS

- Super Bowl lessons
- Edwin Pope | Manning won't fail today
- Quiet Colts WR looking to make some noise
- Manning out to make his mark
- Greg Cote | Super Bowl dwarfed by excess
- Appreciate Dungy and Smith
- Bears' Hester could provide excitement
- Dan Le Batard | S. Florida seeing stars as the big finish nears
- Irvin receives his due with Hall of Fame selection
- Greg Cote | A day that made Irvin turn humble

MOST MEMORABLE SUPER BOWL MOMENTS

- Super Memories | Super Bowl XL
- Memorable Moments | Super Bowl XXXIX
- Super Memories | Super Bowl XXVIII
- Memorable Moments | Super Bowl XXXVII
- Memorable Moments | Super Bowl XXXVI
- Memorable Moments: Super Bowl XXXV
- Memorable Moments | Super Bowl XXXIV
- Super Bowl Memories: Super Bowl XXXIII
- Memorable Moments | Super Bowl XXXII
- Memorable Moments | Super Bowl XXXI
- Memorable Moments | Super Bowl XXX
- Memorable Moments | Super Bowl XXIX

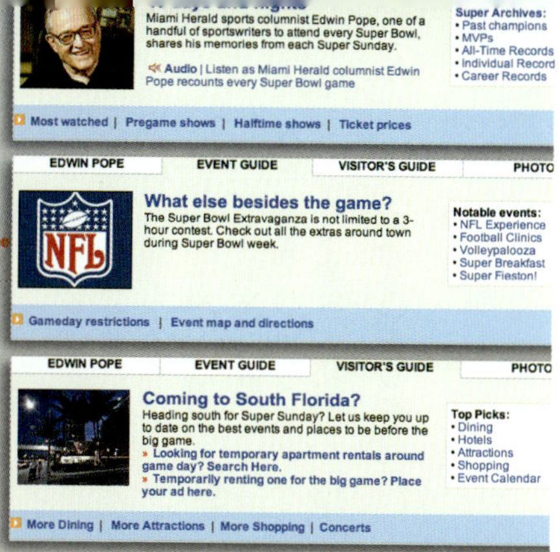

4가지 방식 메뉴: 상단의 탭을 클릭하면 사진 갤러리를 볼 수 있고, 스포츠 칼럼니스트가 분석한 글을 읽을 수 있으며 마이애미의 식당-볼거리 정보를 얻을 수 있다.

기사와 링크: 과거 온라인에 게재된 슈퍼볼 뉴스 기사, 칼럼, 경기전망 중 가장 재미있는 것들을 모아 놓음.

기억할 만한 장면: 최근 슈퍼볼 경기 12개를 사진과 함께 요약, 설명해두었다.

사이트 세팅하기

웹사이트를 새로 만들거나 개편할 필요가 있는가? 무엇을 해야 하는지 알아보자.

1 온라인 신문을 많이 봐두어라. 최소한 이틀 정도라도 온라인 신문에 익숙해질 시간이 필요하다. 잡지, 지역 텔레비전과 라디오 방송, 대형신문, 학보사들의 홈페이지를 방문해보라. 일단 웹사이트의 스타일과 장점에 익숙해진 다음에 당신의 신문에 집중하라. 이 사이트들의 성공과 실패를 평가하라(264쪽 체크리스트 참조). 괜찮은 페이지는 캡처를 해둬라. 색깔, 서체, 그리드, 내비게이션을 분석하라.

2 목표에 대해 논의하라. 웹사이트를 새로 만드는 일은 애완동물을 키우는 일과 같다. 대다수 사람들은 애완동물 키우기가 얼마나 손이 많이 가고 힘든 일인 줄 잘 모른다. 또 작은 부주의가 대형사고로 이어질 수 있다는 점도 잘 모른다.

그래서 당신의 사이트는 어떤 목표를 세울 것인가? 신선하고 새로운 재료를 전달할 것인가? 아니면 지난 기사들을 재활용할 것인가? 당신은 광고를 팔고 이익을 남겨야 하는가? 아니면 학교나 회사로부터 비용을 지원받는가? 브레인스토밍을 하라. 새로운 한계에 도전하라. 사기를 올려주는 임무 선언문을 작성하라. 다만 기억하라, 사이트가 복잡할수록 만들고 유지하기가 더 어려워진다는 점을.

3 당신의 사이트를 계획하라. 계획 구상? 잊어버려라. 당신은 대다수 신문사 직원들처럼 계획을 짜는 것을 싫어할 것이다. 당신은 창의적이니까 말이다. 그러나 이 책 맨 앞장에서 말한 것을 기억하라. 좋은 웹 디자인은 안내 체계에 달려 있다. 연결된 기사와 페이지들에 대해 철저한 계획이 없다면 성공하기 어렵다. 당신의 콘텐츠를 모아 목록을 만드는 것부터 시작해보자. 그것을 결합하고 우선순위를 정하라. 주제를 모으기 위해 가장 스마트하고 깔끔한 방법을 생각해보라. 왼쪽에 있는 도표처럼 독자들이 이곳저곳을 어떻게 옮겨 다녀야 하는지를 한눈에 보여주는 개념도를 그리기 시작하라.

웹사이트 구상에서 더 이상 2차원에 얽매이지 않아도 된다는 점이 얼마나 편리한가. 구조를 생각하라. 링크를 생각하라. 독자들의 다음 욕구를 어떻게 예측할 것인가? 그들을 놓치지 않고 어떻게 유지할 것인가?

세 번 클릭의 법칙을 기억하라. 홈페이지에서 세 번 이하만을 클릭해서 모든 페이지에 도달하도록 만들어라(왼쪽에 모델로 제시한 것처럼).

사이트를 다 만들었다면 전체적인 정보 흐름과 작업량을 대략적으로 평가해야 할 것이다. 이것은 매 페이지마다 몇 명의 인원이 필요하고 오른쪽의 쇼핑 리스트와 같은 부가가치가 있는 웹 부속물을 추가하기 위해 시간이 얼마나 필요한지를 알 수 있게 한다.

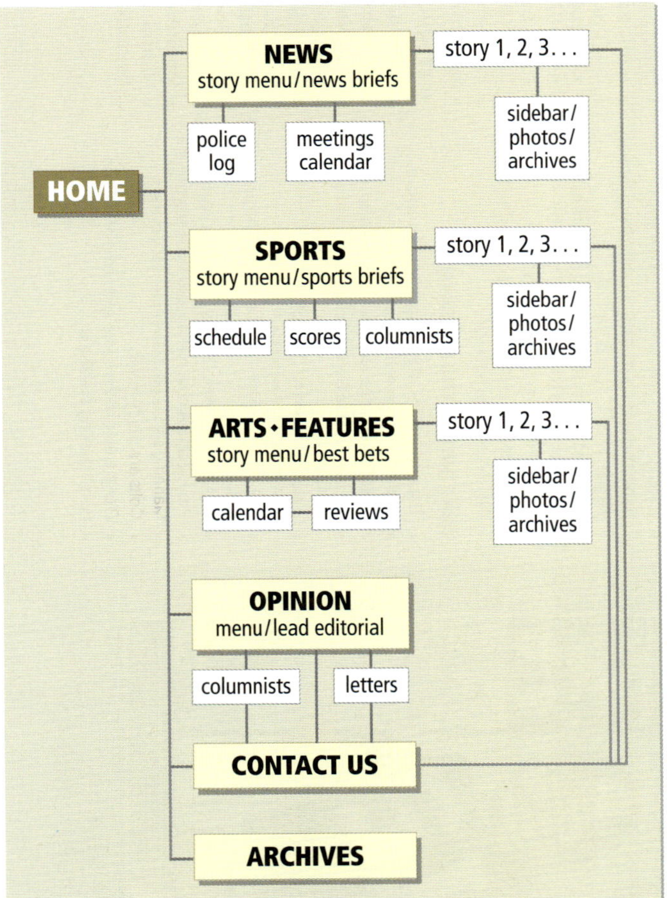

이 도표는 소규모 온라인 신문의 설계도(planning map)다. 당신이 사이트 안을 돌아다닐 때 제시된 링크를 따라 다닐 수 있겠는가? 모든 페이지는 홈페이지와 메인 인덱스에 연결되어야 한다는 점을 잊지 말라.

웹사이트 부속물

물론 당신의 웹사이트는 기사, 블로그, 멀티미디어를 제공할 것이다. 좋다. 그러나 그걸로 충분할까? 당신의 사이트를 설계할 때, 아래와 같은 부속물을 추가하는 것을 검토해보라.

- 전체 사이트의 검색엔진
- 종이신문의 1면 PDF
- 지역 웹캠
- 독자 여론조사, 독자 블로그와 게시판, 독자 제공 사진과 동영상
- 지역 뉴스, 스포츠 스코어, 날씨, 평론 정보 등을 알려주는 RSS 피드 또는 이메일 알림 기능
- 이메일과 연결된 전 직원의 리스트, 독자들이 의견을 전달할 수 있는 전 직원의 블로그 페이지
- 기사 출력 또는 기사에 대한 의견을 이메일로 보내는 기능
- 앞으로 보도될 기사에 대해 독자의 시선을 끌 만한 기사 안내
- 음악가들의 곡을 다운받을 수 있는 MP3 섹션
- 사진이나 옛날 신문의 구입을 위한 연락처
- 당신의 신문, 캠퍼스, 도시 등 지역 정보에 대한 문답코너. 여기에는 기사나 안내정보가 연결이 되어 있어야 한다.
- 긴급뉴스 말미에 목격자가 더 자세한 정보를 제공할 수 있는 기능
- 칼럼니스트의 팟캐스트 또는 특별 인터뷰
- 외국어를 사용하는 독자를 위한 특별 섹션
- 사이트 맵

사이트 세팅하기

4 **당신의 컴퓨터 사양을 고려하라.** 종이신문이 있다면, 온라인으로 가는 데 별 문제가 없을 것이다. 필요한 하드웨어로는

- 넉넉한 용량의 메모리와 큰 모니터를 갖춘 대형 컴퓨터.
- 웹서버(당신의 사이트를 수용하기 위한 컴퓨터. 서버용 컴퓨터는 직접 구입해서 쓰기도 하지만 빌려서 쓰는 것이 더 좋을 것 같다).
- 고속 인터넷 접속.

그리고 필요한 소프트웨어로는

- 이미지 편집 프로그램(포토샵처럼 당신의 그래픽 자료를 GIF나 JPEG파일로 압축시킬 수 있는 프로그램).
- 웹 브라우저(인터넷 익스플로러, 사파리, 파이어폭스).
- 텍스트 편집 프로그램(심플텍스트, 워드패드) 또는 웹 디자인 프로그램(드림위버, 고라이브, 프런트 페이지). HTML 작성에 필요.

HTML(HyperText Markup Language)은 (오른쪽 그림에서처럼) 웹페이지를 구성하고 본문을 다루는 기호체계다. HTML을 능숙하게 다루는 데는 시간이 좀 걸린다. 500페이지가 넘는 매뉴얼을 공부해야 한다. 하지만 로켓을 연구하는 일은 아니다. 그리고 다른 방법도 있다. 웹 디자인 소프트웨어는 당신이 쉽게 레이아웃을 할 수 있게 도와주며 HTML 코딩을 자동으로 해준다. 어느 방법을 선택하겠는가? 웹 디자인을 본격적으로 할 생각이라면 HTML을 배워라. 당신이 찾은 멋진 웹페이지의 소스 코드를 '빌려서' 보기를 원한다면 HTML을 배워라. 너무 구두쇠라서 웹 디자인 소프트웨어를 살 수 없다면 HTML을 배워라. 그렇지 않다면 웹을 다루는 소프트웨어를 사용하는 게 좋다. 당신이 창의적인 웹페이지를 만드는 데 도움을 줄 것이다. 그러나 직원 중에 사이트의 기초 부분을 미세 조정하고 잔고장을 고칠 수 있는 HTML 도사가 몇 사람 있는 게 좋다.

```
<HTML>
<HEAD>
<TITLE>A Quick Peek at HTML
Coding</TITLE>
</HEAD>
<H1>This is a headline</H1>
<P>
<BODY>And this is basic text,
though you can <I>italicize</I>
words, <B>boldface</B> words,
even add hypertext links that
send you to <A HREF="http:
//www.news-o-matic.com">
news-o-matic.com.</A>
</BODY>
</HTML>
```

HTML에서 〈꺾은 괄호 안에 있는 단어〉는 태그 명령어로서 서체와 레이아웃을 조절할 수 있다.

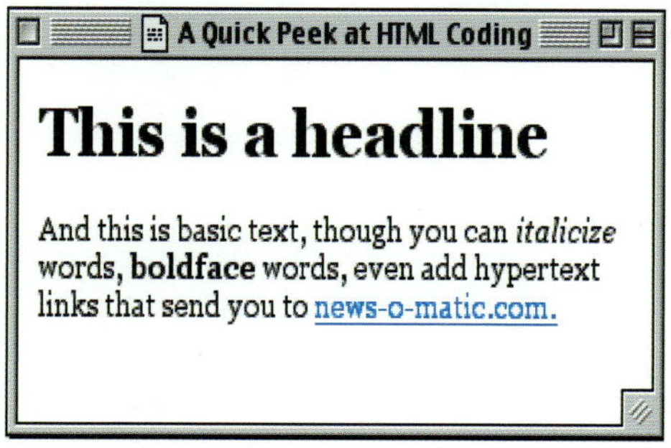

5 **페이지의 견본을 디자인하라.** 그것은 신문을 리디자인하는 것과 같다. 적합하고 스타일리시한 옵션을 만들기 위해 할 일은

- 제호 — 옛 제호를 치장한 정도인가? 이름을 아예 바꿨는가?
- 인덱스 — 수평인가 수직인가? 아이콘, 단추 또는 드롭다운식 메뉴인가?
- 머리 — 어떤 서체와 크기가 기사와 페이지를 구현하는 데 가장 효과적일까?
- 색깔 — 어떤 색조가 콘텐츠를 잘 조직하고 우리의 개성을 표현할까?
- 그리드 — 인덱스와 본문의 가장 이상적인 가로 폭은 얼마일까? 광고는 어디에?
- 정보체증 — 페이지는 얼마나 붐비나? 다운로드는 얼마나 신속하게 되나?

결국 시간을 절약하기 위해 스타일 시트와 템플릿을 만들 때 이러한 디자인 요소들을 표준화해야 할 것이다(그래야 돌연변이 디자인을 예방할 수 있다).

6 **테스트, 테스트, 테스트.** 새로운 컴퓨터로, 오래된 고물로, 맥과 윈도에서, 익스플로러와 사파리의 최신판과 과거 버전에서 호환성을 테스트하라. 모든 사람이 당신처럼 초고속 통신망을 통해 종일 웹서핑을 하는 것이 아니라는 점을 기억하라.
시스템 점검이 시간 낭비라고? 아니다. 다음 페이지에서 그 이유를 설명하겠다.

웹 디자인 가이드라인

제각기 다른 다운로드 시간 다루기

미래에 우리는 빛의 속도로 웹에 연결할 수 있는 장치를 갖게 될 것이다. 오디오와 비디오가 있는 풍성하고 복잡한 페이지를 순식간에 받을 수 있을 것이다.

그러나 아쉽지만 지금은 아니다. 오늘날 우리는 모두 다른 속도로 페이지를 다운로드 받는다. 어떤 사람에게는 빠르지만 어떤 사람들에게는 고통스럽게 느리다.

복잡한 페이지일수록 다운로드가 느리다는 점을 알고 있어야 한다. 다운로드가 느릴수록 이용자들은 짜증날 것이고, 다시는 당신의 사이트로 돌아오지 않겠다고 다짐할 것이다. 그러므로:

◆ **단순하게 하라.** 의심스러우면 줄여라. 뉴스 사이트는 번쩍이는 활자와 깜빡이는 이미지가 정말 필요하지 않다. 특수효과를 쓸 때에는 치장이 아니라 인포그래픽처럼 합당한 이유가 있어야 한다.

◆ **이미지를 작게.** 일반적인 이미지 파일의 상한을 정해둬라. 풀사이즈 사진을 배치하려면 썸네일로 큰 이미지와 연결하는 방식을 써라.

◆ **이용자를 모니터하라.** 이용자들이 정말 불편이 없는지 확인하기 위해 브라우저 탐색 소프트웨어를 돌려보고 결정하라.

인터넷 접속 환경에 따라 페이지를 다운받는 속도가 다르다. 100K 용량의 아래 페이지를 보라. 각기 다른 속도로 이 페이지를 접속할 때 화면에 요소들이 모두 나타나는 시간은 얼마나 될까?

다운로드 시간

위와 같은 100K 페이지 당 기준

접근 속도	다운로드 시간
28.8kbps 모뎀	30초
56kbps 모뎀	15초
DSL(Digital Subscriber Line)	2초
케이블 모뎀, 이더넷	1초 미만

출처: Creating Web Pages for Dummies

다른 플랫폼을 사용하는 경우 대처법

방문자들에게 당신의 사이트는 제각기 다르게 보일 수 있다. 내 모니터에서 깨끗하게 보이는 페이지가 당신의 노트북에서는 좋지 않게 보일 수 있다. 나는 뉴 맥 컴퓨터에서 최신 버전의 파이어폭스를 사용한다. 당신은 오래된 PC에서 익스플로러 구 버전을 사용할 수도 있다. 심지어 같은 크기의 모니터에서도 해상도에 따라 다르게 보이는 것이다.

이게 문제가 될까? 물론이다. 아래 활자를 보자. 당신의 웹사이트에 올린 활자 덩어리가 맥에서는 작게 보이고 다른 PC에서는 크게 보인다.

맥에서:

Too soon we reach the end; too late we start
to sing these quiet hymns within our heart.

PC에서:

Too soon we reach the end; too late we
start to sing these quiet hymns within

게다가 HTML 문서에서는 활자의 정확한 포인트 크기를 선택하기 어렵다. 7가지 상대적인 크기 가운데 1가지를 고를 수 있을 뿐이다. 정확한 폰트를 고를 수도 없다. 이용자들이 당신이 사용하는 폰트를 갖고 있지 않을 수 있기 때문이다. 더 골치 아픈 일은 모든 이용자가 브라우저에서 다른 디폴트값을 설정한다는 것이다(본문 디폴트값이 나는 타임체, 당신은 헬베티카체로 설정되어 있을 수 있다). 그렇다면 당신은 뭘 해야 하는가? 더 좋은 웹 소프트웨어를 기다려라. 그리고 그전까지는:

◆ **세밀하게 테스트하라.** 모든 플랫폼과 브라우저상에서 당신의 페이지를 점검하라.

◆ **본문만 보는 독자를 기억하라.** 그들의 브라우저로는 당신 사이트의 그래픽을 볼 수 없다. 모든 이미지에 ALT 태그를 제공하라.

웹 디자인 가이드라인

페이지 만들기

◆ **난장판을 피하라.** 상당수 웹페이지가 오른쪽 사례를 닮았다. 너무 많은 라인, 컬러, 장식용 문자와 단어들이 뒤죽박죽 섞여 있다. 어떤 게 뉴스인지 광고인지 안내기사인지 모르겠다. 대체 톱기사는 어디에 있나?

종이신문이든 전자신문이든 디자인의 원칙은 똑같다. 당신은 깔끔한 사각형의 모듈이 필요하다. 페이지의 중심을 잡아줄 큼지막한 이미지가 필요하다. 광고는 이쪽, 인덱스는 저쪽으로 보내 관련된 요소끼리 묶어라. 그래야 이용자들이 쉽게 직관적으로 찾을 수 있다.

엉성하거나 지루하지 않게 하라. 탄력 없고 밋밋한 포맷은 안 된다. 페이지를 신선하게 유지하라. 종이신문에서 그랬던 것처럼 모든 판마다 톱기사 디자인에 흥미로운 제목과 이미지를 사용하라.

너무 요란하다. 당신이라면 이 페이지를 어떻게 고치겠는가? 먼저 제호에 악센트를 주자. 그리고 뉴스를 중요도에 따라 배열함으로써 강조점을 주자. 톱기사에 굵은 헤드라인을 붙이고 시선을 끌 만한 이미지를 추가하자. 오늘의 베스트 뉴스, 스포츠, 피처기사를 한 묶음으로 만들어 이용자들이 쉽게 찾을 수 있도록 하자. 광고와 기사 안내를 여기저기 분산시키지 말고 한군데 모으자. 그리고 모든 머리띠와 버튼에 일관된 색깔을 부여해 한눈에 알아볼 수 있게 하자.

◆ **우선순위를 정해 찾기 쉽게 만들라.** 잡다하게 많은 것은 매우 좋지 않다. 더욱이 밑에 무엇이 있는지도 모르는 채 계속 아래로 스크롤하게 하는 것은 최악이다. 페이지가 붐빌수록 이름표를 붙이고 비슷한 것은 묶어야 한다. 마치 레스토랑 메뉴처럼. 컬러, 머리띠, 내비게이션 바를 일관되게 써라. 독자가 불편하지 않게 찾고, 클릭하고, 빠져나가게 하라.

◆ **페이지 넓이에 유의하라.** 웹에서 크기는 픽셀로 잰다. 1파이카가 10픽셀이다. 요즘 일반적인 웹페이지 크기는 800×600픽셀이다. 그 정도 크기면 대다수 사람들이 쓰는 모니터에 적합할 것이다.

우리는 표준 화면의 깊이가 600픽셀이라고 말했다. 완벽한 세상에서라면 그 정도 깊이의 웹페이지라면 모든 것을 담을 수 있다. 그러나 그런 세상은 거의 없기에:

◆ **스크롤하도록 하자.** 일부 웹 전문가들은 당신의 모든 자료가 한 화면에 들어가야 한다고 조언한다. 특히 홈페이지. 독자들은 스크롤하기 싫어하기 때문이다. 일면 타당하지만 현실에서는 불가능하다. 게다가 독자들이 질색하는 것은 스크롤만이 아니다. 지루한 것도 참지 못한다. 성공적 디자인은 최소 공간에 최대 자료를 배치하는 것이다. 그러려면 페이지를 가능한 한 하나 또는 두 개의 화면에 담아야 한다. 그렇지 않다면:

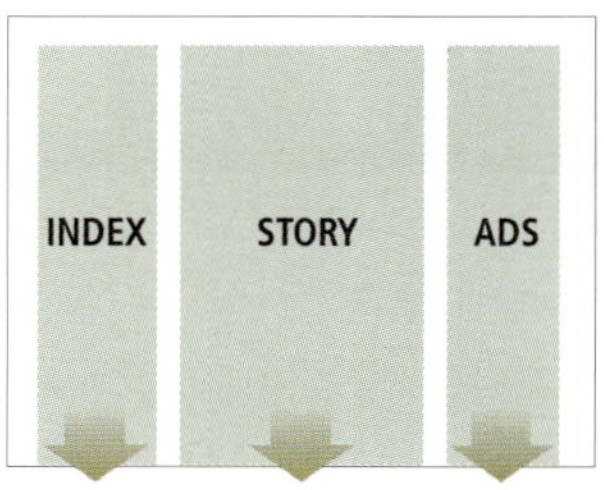

◆ **세로를 생각하라.** 4페이지에서 보았듯이 1800년대 종이신문들처럼 웹페이지는 아래로 흘러갈 수 있다. 만일 당신이 말리지 않는 창문 가리개처럼 끝없이 이어지는 수직 모듈 안에 당신의 페이지를 만든다면, 트래픽 문제를 거의 겪지 않을 것이다.

본문의 길고 긴 다리는 종이신문과 마찬가지로 웹에서도 지루하다. 기사를 짧게 편집하라. 끝없이 아래로 내려가지 말고 부속물과 관련기사를 **링크**하는 방법도 좋다.

◆ **고정된 페이지 요소를 두어라.** 독자들이 헷갈리지 않게 하라. 내비게이션 바를 항상 가까운 곳에 두도록 하라. 이용자들이 페이지를 출력할 때 당신의 소유권을 확실히 하기 위해서 발행인 이름, 날짜, 관련된 연락정보와 저작권 정보를 모든 페이지에 넣어라.

웹 디자인 가이드라인

효과적인 페이지 그리드 사용법

무엇을 디자인하든지 간에, 당신은 페이지를 분할하고 모듈마다 구체적인 역할을 배정할 필요가 있다. 인덱스 모듈, 리드 스토리 모듈, 뉴스 단신 모듈.

모듈은 선, 이름 붙이기, 배경화면이나 컬러를 이용해 만들 수 있다. 어떤 경우에도 통일성을 유지해 어수선하지 않게 하라. 그 밖의 조언으로는:

◆ **순서가 없거나 군더더기의 모듈은 피하라.** 모든 것을 종류별로 구분하고 우선순위를 정하라. 어떤 요소든지 기능과 역할이 분명하게 하라(어떤 사이트들은 "톱기사"와 "최신뉴스" 항목을 둘 다 운용하는데, 대체 어떤 점이 다른가?).

◆ **광고를 정렬하라.** 컴퓨터 광고가 제호를 압도하는가? 홈페이지가 광고주들의 데칼코마니로 뒤덮인 경주용 차 같은가? 요란한 광고를 통제하라. 그들을 차분하게 정돈하라. 종이신문에서 했던 것처럼.

◆ **너무 붐비지 않게 하라.** 레이아웃에 여백을 주고 모듈 사이에 작은 공간을 디자인하라. 페이지가 숨을 쉴 수 있게 단 사이를 최소한 1파이카 띄어라.

〈로렌스 저널-월드〉(*Lawrence JournalWorld*)의 스포츠 홈페이지는 찾기 쉽다. 다른 유형의 콘텐츠를 배열하기 위해 사용한 깔끔하고 단정한 그리드가 돋보인다.

극적으로 다른 모습을 띤 브라질 뉴스 사이트. 이 페이지의 거의 모든 글자가 반전되어 있지만, 검은 선과 회색 스크린을 통해 페이지를 모듈로 잘 분할한 점이 시선을 끈다.

컬러 넣기

◆ **컬러를 일관되고 전략적으로 써라.** 내비게이션 시스템의 일환으로서 컬러 팔레트를 개발하라. 그것은 불필요한 요소를 더하는 일 없이 페이지 요소를 배치하는 데 도움을 준다(위의 그림에서 어떻게 컬러가 쓰였는지 살펴보라. 그리고 247쪽의 사바나나우닷컴이 색을 이용한 내비게이션을 어떻게 활용하고 있는지 주목하라). 서로 잘 어울리고 당신 회사의 개성을 잘 나타내는 몇 가지 색조를 선택하라.

◆ **어둡거나 색이 들어간 배경에 유의하라.** 정말 꼭 필요한 경우가 아니라면 흰 배경에 검은 글씨를 사용하라. 잡다한 요소까지 컬러를 쓰는 것은 곤란하다. 컬러 배경은 가독성을 떨어뜨리고 링크를 어렵게 하기도 한다. 물론 상단 오른쪽 사례처럼 작은 덩어리 안에 희거나 약간 색이 들어간 글씨를 쓰는 것은 괜찮다. 그러나 커다란 요소에 반전글씨를 사용하거나 긴 문장에 쓰는 것은 곤란하다.

이것은 빨간 바탕에 파란 글자다. 읽기가 아주 어렵다. 그리고 이 링크는 읽을 수 있지만, 클릭을 하고 나면 이렇게 보일 것이다.

웹 디자인 가이드라인

더 알아보기 ▶

◆ **스캔 이미지:** 웹에서 이미지를 다룰 때 적절한 해결책에 대한 가이드라인............123쪽

그래픽의 크기와 저장

웹에서 그래픽이라는 단어는 다양한 요소를 의미한다. 사진, 장식 서체, 제호, 삽화, 아이콘, 내비게이션 버튼과 바 등이다. 사이트에서 HTML 텍스트와 헤드라인 정도를 뺀 나머지 거의 모든 요소들을 그래픽 파일 형태로 가져와야 한다. 잘 알겠지만, 그래픽이 많으면 다운로드가 늦고 페이지 흐름에 체증을 일으킨다. 그렇다고 이미지가 너무 적고 글이 많으면 재미없는 페이지가 된다. 둘 다 좋지 않다. 그럼 어떻게 할 것인가?

◆ **이미지 압축.** GIF나 JPEG 파일로 변환시키면 된다. 이 파일 형식은 가장 일반적인 웹 이미지 포맷이다. 어떤 차이가 있나? GIF 이미지는 대체로 라인 아트, 넓은 영역의 단색 이미지이거나 컬러가 적은 이미지, 장식 서체, 흑백 이미지, 우표보다 작은 이미지에 적합하다. JPEG는 일반적으로 사진과 복잡한 일러스트레이션에 적합하다.

어떤 압축방법이 효과적인가? 일반화하기는 어렵다. 이미지에 따라 다르다. 따라서 두 가지 방식을 자주 테스트해보고 어떤 것이 파일용량이 가장 적고, 또 최상의 품질을 내는지 확인할 필요가 있다. 이미지레디 같은 그래픽 최적화 프로그램을 사용해 전과 후를 테스트해보는 것도 괜찮다.

◆ **더 작은 이미지를 써라.** 알다시피 큰 사진은 원활한 흐름을 막는 장애물이다. 웹 전송이 빨라질 때까지 풀사이즈 사진에 링크된 우표만한 썸네일을 사용하라. 크고, 의미 없고, 불필요한 단독사진(오른쪽 사례처럼)을 띄우는 동안 독자들이 좀비처럼 떠돌아다니지 않도록 하라.

The Bugle-Beacon on-line

Balloon festival takes off in Bozoville this weekend

For the third year in running, the skies over Bozoville will be filled with beautiful color Saturday as the Happy Valley Balloon Festival brings more than 30 hot-air balloons to town for a three-day visit.

"We're as excited as we can be about the return of this wonderful event," said Mayor Bud Bogart. "It's a great way for families to spend the day, enjoying these exciting balloons."

The mayor himself plans to ride a balloon in the opening ceremonies 8 a.m. Saturday at East Island Park.

무엇이 문제인가?
◆커다란 풍선사진은 다운로드에 수 분이 걸린다.
◆텍스트의 가로 길이가 너무 길다. 문단 사이에 공간이 없다. 읽기에 너무 불편하다.
◆내비게이션 바가 없다. 이용자들이 이곳을 벗어나려면 계속 아래로 스크롤해야 한다.

서체의 효과적인 사용

◆ **텍스트의 폭을 편하게 유지하라.** 기사들이 계속 아래로 내려가기 때문에 신문처럼 좁은 단을 여러 개 쓰는 형태를 만들 수 없다. 하나의 넓은 단 폭을 사용하는 게 낫다. 그러나 너무 넓으면 곤란하다. 브라우저들이 본문을 표시하는 크기가 다양하긴 하지만, 이상적인 칼럼 폭은 15~30파이카 혹은 150~300픽셀이다.

◆ **홈페이지에 너무 많은 글을 싣지 말라.** 한 단락 이상의 글은 피해야 한다. 메뉴로서의 홈페이지를 생각해보라. 홈페이지의 목적은 독자들이 클릭하게 하는 것이다.

◆ **본문에 밑줄을 긋지 말라.** 밑줄은 링크 같은 요소를 위해 남겨두어야 한다. 그렇지 않으면 독자들이 헷갈린다. 웹 방문자들은 다른 색이나 다른 스타일의 글자는 클릭할 수 있는 링크라고 생각하는 경향이 있다. 그러니 오직 링크에만 컬러를 써라.

◆ **링크를 만들 때 창의성을 발휘하라.** 당신은 헤드라인, 단어, 아이콘, 이미지로 링크할 수 있다. 하이퍼링크 레퍼토리를 확장하기 위해 실험해보자.

황제는 글래디에이터에게 포고문을 내렸다.
이 링크는 황제의 인적사항으로 연결됨.

황제는 글래디에이터에게 **포고문**을 내렸다.
이 링크는 포고문의 내용으로 연결됨.

황제는 **글래디에이터**에게 포고문을 내렸다.
이 링크는 글래디에이터에 대한 정보로 연결됨.

◆ **다른 기능에는 다른 서체를 써라.** 종이신문에서 그랬던 것처럼, 헤드라인, 부제목, 바이라인을 만들 때 볼드와 이탤릭체를 섞어서 써라.

웹사이트 체크리스트

이 체크리스트는 이 장에서 다뤘던 웹 디자인의 원칙들을 모아 놓았다. 이것을 이용해 다른 온라인 신문들을 평가해보고, 더 중요하게는 당신의 웹사이트를 비판적으로 보기 위해 활용하라.

레이아웃과 디자인

YES NO

- ☐ ☐ 홈페이지의 구성이 독자를 끌 수 있도록 매력적인가?
- ☐ ☐ 독자들이 기사 안내, 광고, 뉴스를 구분하기 쉬운가?
- ☐ ☐ 뉴스 콘텐츠들의 우선순위가 명확한가? 즉, 어떤 기사가 중요한지 금방 알 수 있도록 했는가?
- ☐ ☐ 톱기사 디자인과 헤드라인은 창의적이고 세련됐나?
- ☐ ☐ 사이트의 스타일이 독자층의 개성과 잘 어울리나?
- ☐ ☐ 페이지에 사용된 컬러는 매력 있고 적합하며 일관성 있나?
- ☐ ☐ 쓸데없이 화려하거나 반짝거리는 강조효과가 없도록 했나?
- ☐ ☐ 본문 폭이 너무 넓지 않고 글과 이미지가 잘 어울리게 배치했나?
- ☐ ☐ 헤드라인, 바이라인, 부제목 등 기본 요소가 일관된 스타일을 유지하는가?
- ☐ ☐ 그래픽, 인용제목, 부속물 등 부가 요소가 일관된 스타일을 유지하는가?

친 이용자 환경

- ☐ ☐ 홈페이지 화면이 신속하게 뜨는가?
- ☐ ☐ 일요일 점심메뉴처럼 기사, 시각물, 독자포럼, 멀티미디어 옵션을 일목요연하게 제공하나?
- ☐ ☐ 종이신문에서는 제공하기 힘든 서비스와 기사와 부속물을 제공하나?
- ☐ ☐ 사이트 내 어디서든 클릭 한 번으로 홈페이지나 메인섹션 프런트로 되돌아갈 수 있나?
- ☐ ☐ 정확한 인덱스가 사이트 내 어느 페이지에서든 보기 쉽게 똑같은 자리에 있나?
- ☐ ☐ 이용자들이 있는 곳이 어디인 줄 잊어버리지 않게 제호가 모든 페이지의 맨 위에 있나?
- ☐ ☐ 불필요한 이미지는 없나? 최대한 작게 트리밍했나? GIF나 JPEG로 압축했나?
- ☐ ☐ 웹브라우저의 '이미지 안보이기' 옵션, 즉 문자만으로도 사이트가 제대로 잘 작동하나?
- ☐ ☐ 특집 기획물을 보기 위해 누군가 방문한다면, 사이트에서 쉽게 찾을 수 있는가?
- ☐ ☐ 독자가 기사를 읽으면서 관련 주제와 연결된 링크를 쉽게 찾을 수 있는가?
- ☐ ☐ 과거 신문을 볼 수 있도록 제공하는가? 아카이브는 잘 마련되어 있는가?
- ☐ ☐ 신문에서는 볼 수 없는 관련 정보를 링크를 통해 제공하는가?
- ☐ ☐ 편집자에게 이메일, 기사 정보, 편지를 보내기 쉬운가?
- ☐ ☐ 무엇보다 방문객들이 다시 방문하기 위해 이 사이트를 즐겨찾기에 추가할 만한가?

사이트 관리

- ☐ ☐ 사이트 디자인이 현대적인가?(최근에 업데이트한 적이 있는가?)
- ☐ ☐ 모든 기사에 날짜와 시간이 찍히나?
- ☐ ☐ 모든 기사와 헤드라인의 편집이 잘 됐나?
- ☐ ☐ 모든 페이지에서 내비게이션, 타이포그래피, 컬러 스타일이 잘 통합된 시스템을 구축했나?
- ☐ ☐ 이용자를 혼란스럽게 하는 기술적 문제점 (까다로운 그래픽, 시효가 끝난 링크, 페이지 공사 중)은 없나?
- ☐ ☐ 사이트에서 이메일 외에 뉴스룸 전화번호와 주소를 제공하나?
- ☐ ☐ 발행인 이름, 웹 주소, 날짜와 저작권 표시가 모든 페이지에 있나?(그리고 이것들은 프린트하는 기사에 함께 찍혀 나와야 한다.)
- ☐ ☐ 다른 사람의 저작권을 침해하지 않았나?

New York American
J. J. ASTOR LOST ON TITANIC
1.500 TO 1.800 DEAD
John Jacob Astor was among the passengers who went down with the ship, according to a wireless dispatch received by Bradstreets last night from the liner Olympic. Mrs. Astor was saved and is being brought to shore by the Carpathia.
The Wireless Operator at Cape Race, Newfoundland, Flashes: "Eighteen Hundred Lives Have Been Lost in the Wreck of the Titanic."
Dallas Police Nab Suspect
President-elect George W. Bush discussed his plans with reporters.

매파

연습문제 정답: 편집 디자인의 기초

문제는 ▶ 44쪽

1 92포인트짜리 헤드라인이다. 활자 크기는 어센더 최상단부터 디센더 최하단까지의 길이를 재지만 이 측정치가 늘 정확한 포인트 크기에 부합하지는 않는다는 사실을 기억하라.

2

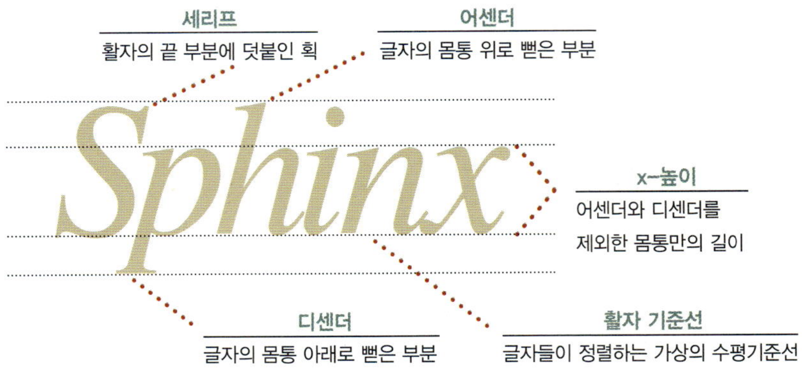

Whasssuppp?

3 **굵기:** 볼드체['프랭클린 고딕 헤비'(Franklin Gothic Heavy)라는 이름의 볼드체 폰트]
크기: 36포인트

Whasssuppp?

4
- 이탤릭체로 바꿨다.
- 자간을 좁혀 글자들이 붙었다.
- 장평을 정상 폭의 150%까지 넓혔다.

5 박스 안 활자의 특징은 다음과 같다.
- 산세리프체
- 가는 체
- 12포인트
- 장체
- 타이트한 자간
- 왼쪽 정렬
- 행간 14포인트
- 다운스타일(일반적 대소문자 용법)로 쓴 글귀

Here is another
typographic brain-teaser

6
- 전부 대문자
- 가운데 정렬
- 반전 글자
- 자간 넓힘

HERE IS ANOTHER
TYPOGRAPHIC BRAIN-TEASER

7 박스의 가로 폭은 13파이카, 세로 길이는 3파이카 3포인트, 즉 3p3.
(가로 수치를 항상 먼저 밝힌다.)

8 박스의 선 굵기는
1포인트이다.

연습문제 정답: 편집 디자인의 기초

Best picture: "The Departed"
Best actor: Forest Whitaker in "The Last King of Scotland"
Best actress: Helen Mirren in "The Queen"

- **Best picture:** "The Departed"
- **Best actor:** Forest Whitaker in "The Last King of Scotland"
- **Best actress:** Helen Mirren in "The Queen"

9 오른쪽 칼럼의 본문은

◆ 각각의 카테고리를 돋보이게 하려 강조점을 사용했다.

◆ 각각의 카테고리 이름에 볼드체를 썼다.

◆ 카테고리별로 3포인트의 별도 행간을 줬다.

◆ 첫행 내어쓰기를 했다.

10 활자의 세부사항은 사용하는 소프트웨어에 따라 달라지긴 하지만(아래 헤드라인은 매킨토시 컴퓨터의 쿼크익스프레스 프로그램으로 만들었다), 여기엔 활자의 주요 요소들이 있다.

Larry는 51포인트 소문자 타임스체를 써 왼끝 정렬했다. 'a'의 좌우 양쪽 자간은 추가로 더 좁혔다.

&는 57포인트 타임스체를 써 왼끝 정렬했다. 장평은 220%로 잡아 늘렸다. 활자 기준선은 'Curly' 글자와 같지만 'M'자 밑으로 깔렸다.

MOE는 76포인트 헬베티카 블랙체를 썼다. 장평은 130%로 늘렸고 자간은 –23으로 좁혔다. 글자에 30% 스크린을 줬다.

Curly는 57포인트 타임스 볼드체를 써 오른쪽 정렬했다. 장평은 100%, 자간은 –10이다. 'C'와 'u' 사이의 자간은 보기 좋게 하려 –12로 더 좁혔다.

11 이미 설명했듯이, 레이아웃 그리기는 정확한 과학이 아니다. 그렇지만 당신이 요소들을 세밀하게 측정했다면 다음과 같이 레이아웃을 그렸을 것이다.

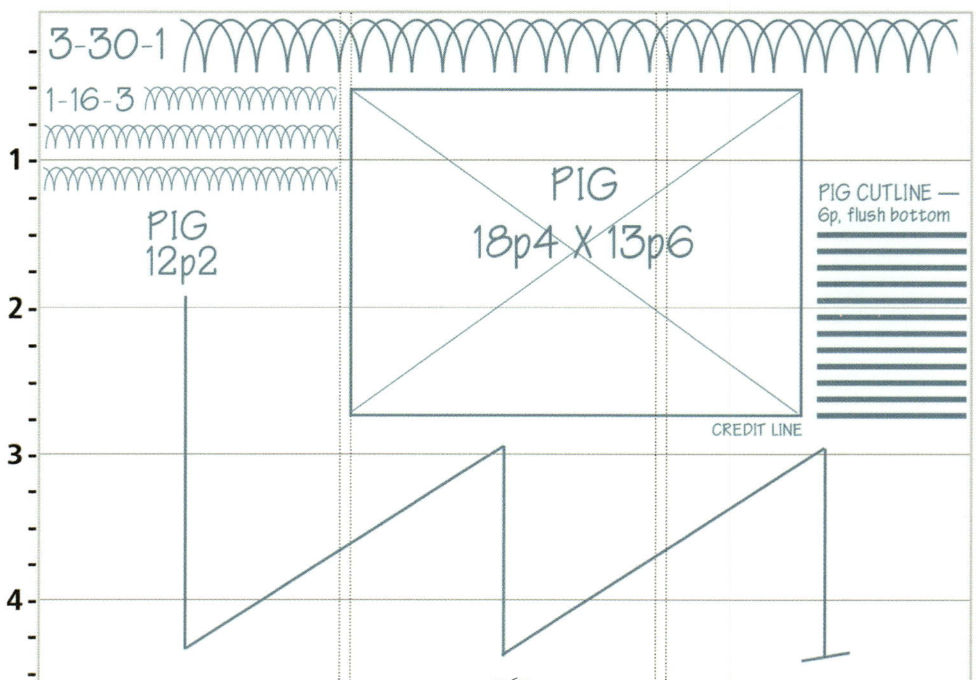

연습문제 정답: 기사 디자인

문제는 ▶ 73쪽

1 5인치 분량 기사는 5인치짜리 한 칼럼이나 2.5인치짜리 두 칼럼으로 레이아웃 해야 한다. 본문 칼럼이 2인치보다 짧아지는 건 피해야 하므로, 이 기사의 경우 3칼럼 레이아웃은 곤란하다.

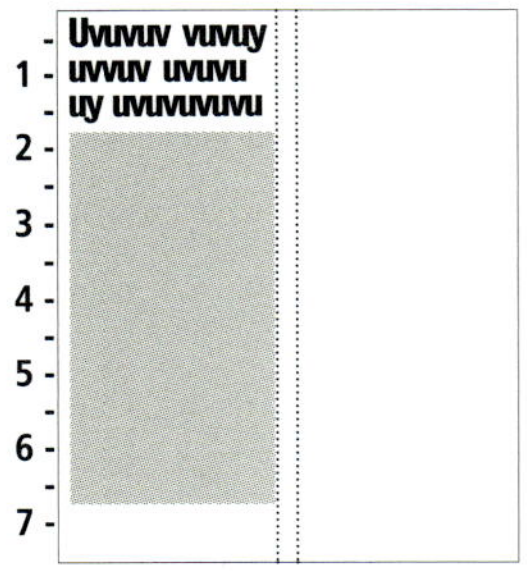

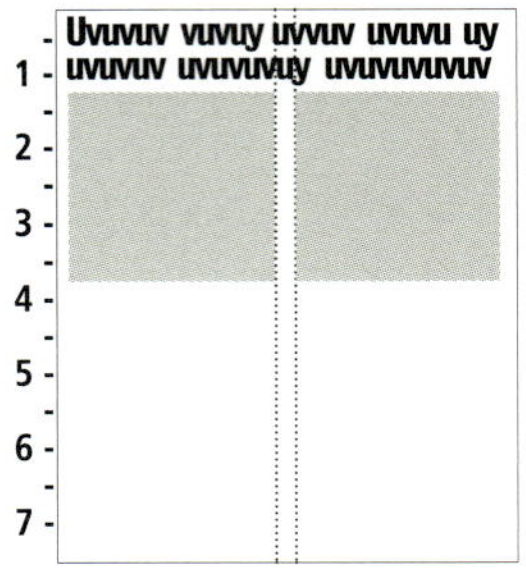

신문에 따라 스타일이 달라지긴 하지만, 이 기사를 1면에 편집할 땐 1-30-3(1칼럼-30포인트-3행) 헤드라인을, 안쪽 면 하단에 편집할 땐 1-18-2(또는 3)나 1-24-2(또는 3) 헤드라인을 쓸 수 있다.

이런 2칼럼 레이아웃이 1면에 갈 땐 2-30-2나 2-24-2 헤드라인을 쓴다. 안쪽 면 하단에 갈 땐 2-18-1이나 2-24-1처럼 한 줄짜리 헤드라인이 적절하다.

2 3가지 최선의 옵션은 1칼럼 포맷, 2칼럼 포맷, 그리고 4칼럼 포맷이다(4칼럼 포맷에선 인물사진을 맨 왼쪽이나 맨 오른쪽에 배치한다).

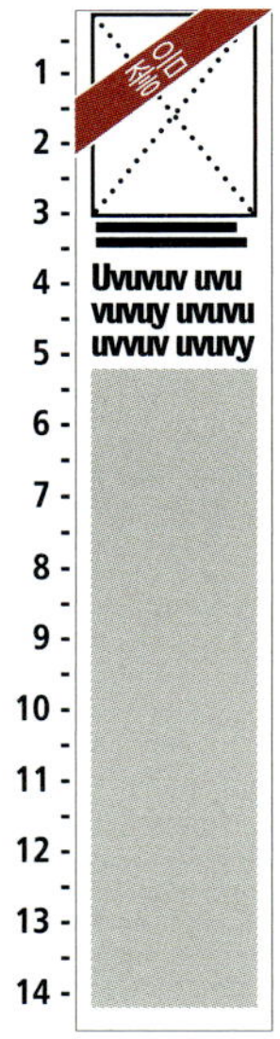

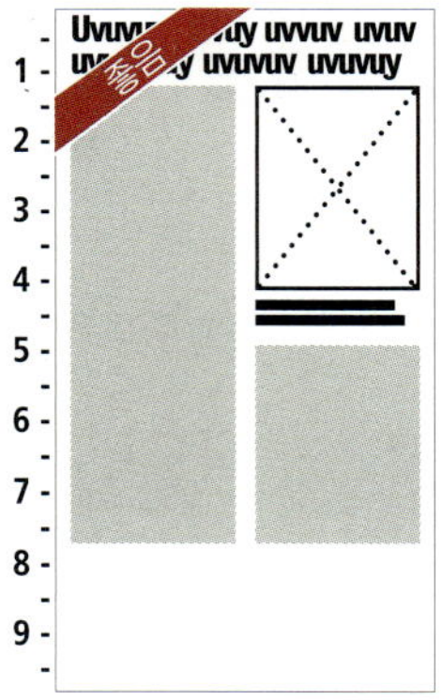

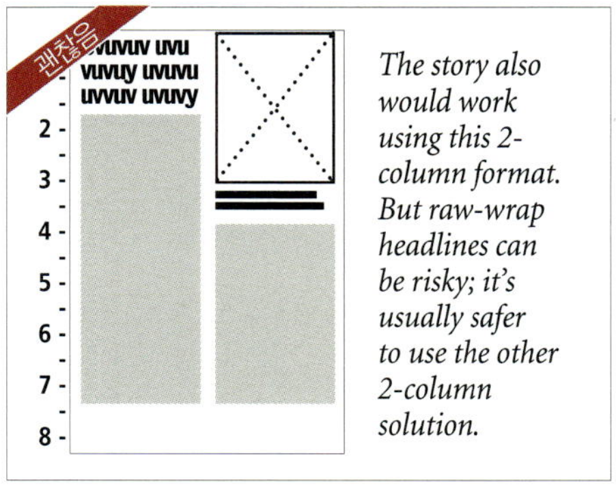

3칼럼 레이아웃에선 헤드라인이 사진을 덮도록 벌어지게 된다. 이때 사진 아래로 본문이 0.5인치 정도 흐르는데, 이건 너무 적다. 각 칼럼엔 본문이 최소한 1인치는 흘러야 한다. 이 레이아웃을 유효하게 하려면 본문 양을 늘리거나, 인물사진 크기를 줄여야 한다.

연습문제 정답: 기사 디자인

3 **1.** 사진을 헤드라인과 본문 첫머리 사이에 배치하는 것은 피해야 한다. 이 기사는 이를 어겨 두 번째 칼럼에서 시작하는 것처럼 보인다.

2. 헤드라인이 왼쪽 인물사진을 어색하게 에워싸고 있다. 일반적으로 전단 헤드라인의 행들은 폭이 같아야 한다(여기선 두 줄 모두 4칼럼 폭이 돼야 한다). 대부분의 신문은 헤드라인을 왼쪽 정렬이나 가운데 정렬로 배치한다.

3. 인물사진은 이쪽저쪽에 퍼져 있으면 안 되고, 가능한 한 나란히 모여 있어야 한다.

4. 인물사진은 각 본문 칼럼의 맨 위에 놔야지, 아래에 두면 안 된다.

---

4 오늘자 톱기사인 데다, 크게 쓸수록 더 드라마틱해 보이는 이미지이므로 사진을 최소 3칼럼 폭은 잡아야 한다(사진을 2칼럼만 쓰면 임팩트가 약해 기사가 상대적으로 덜 중요해 보일 것이다).

그러나 뉴스가 많은 날이므로, 이 기사에 아주 큰 공간을 할애할 여유까지는 없다. 사진을 5~6칼럼 폭으로 쓰면 다른 기사들을 덜어내야 할 것이다.

따라서 최선의 해법은 사진을 3 또는 4칼럼 폭으로 쓰는 것이다. 가장 일반적이고 신뢰할 만한 디자인 옵션은 다음과 같다.

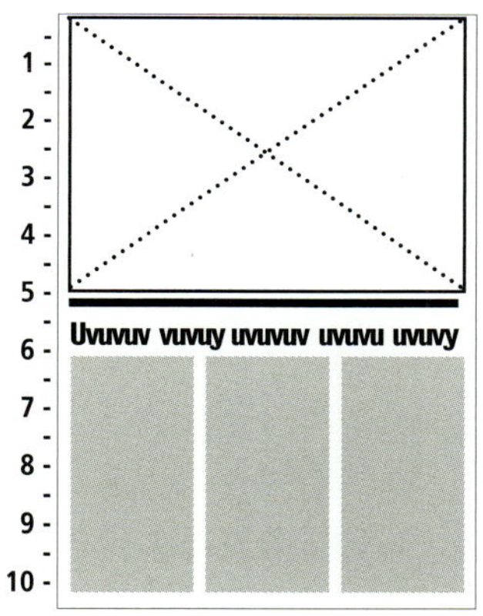

이 수직형 디자인에선 사진을 3칼럼 폭으로 써서 세로 길이는 약 5인치가 됐다. 견고하고 안정적인 해법이다.

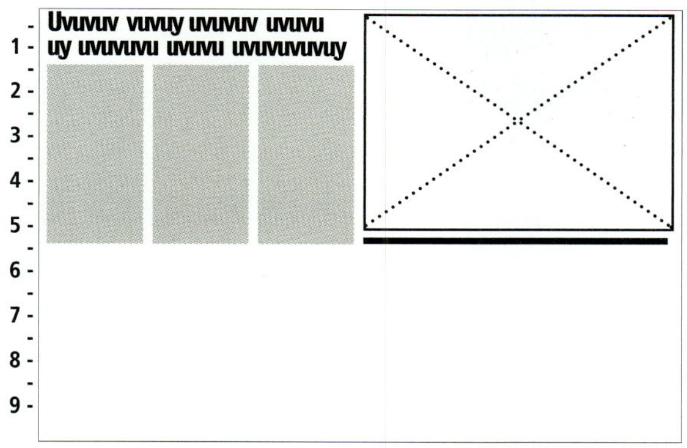

이 수평형 디자인도 사진을 3칼럼 폭으로 썼다. 기사 분량은 사진 옆에 보기 좋게 딱 맞았고 모든 요소가 깔끔하게 사각형을 이뤘다.

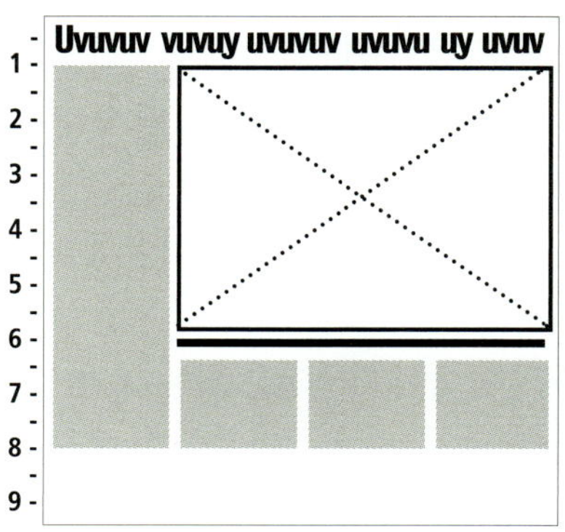

3칼럼 사진을 쓴 또 다른 좋은 해법으로, L자형 본문 블록이 생겼다. 그러나 기사가 짧으면 사진 아래 세 본문 칼럼은 너무 얇아질 것이다.

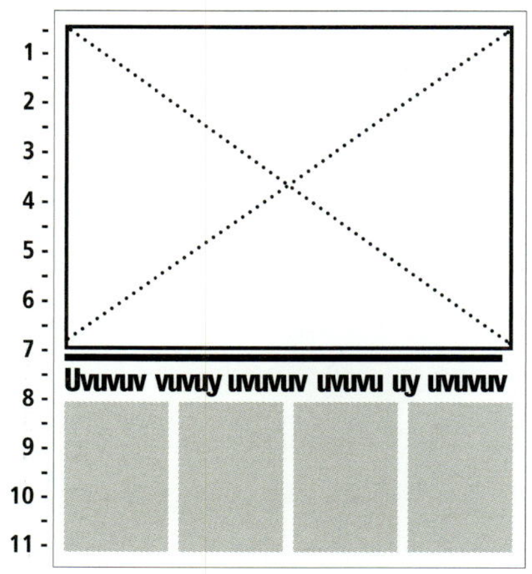

이 디자인은 사진을 4칼럼 폭으로 썼다. 사진이 크면 더 드라마틱하고 임팩트도 강하므로 사진기자는 이 디자인을 선호할 것이다. 하지만 공간을 많이 차지한다.

연습문제 정답: 기사 디자인

사진 2장을 좌우로 나란히 쓸 때 나올 수 있는 2가지 포맷이다(키스 리처드 사진은 기사 쪽을 향하도록 좌측에 배치해야 한다). 위에서는 믹 재거 사진을 4칼럼 폭으로 썼고 키스 리처드 사진과 헤드라인으로 맨 왼쪽 칼럼을 채웠다. 아래에서는 사진 2장을 칼럼 그리드와 어긋나게 배치했지만 수평으로는 나란히 둬 그 아래로 헤드라인을 길게 벌릴 수 있었다.

믹 재거 사진을 가능한 한 크게 쓴다면 이런 디자인이 나온다. 키스 리처드 사진과 헤드라인은 어떻게 해야 할까? 키스는 기사를 향해야 하므로 왼쪽에 두고 헤드라인을 그 옆으로 배치하면 된다. 이렇게 하면 깔끔하게 정리된 직사각형을 이룬다.

여기선 모든 것이 좌우대칭이고 가운데 정렬 돼 있다. 믹 재거, 키스 리처드, 헤드라인, 심지어 본문도 그렇다. 그러나 키스 사진 좌우측으로 본문이 흘러, 독자는 사진을 건너뛰고 오른쪽 칼럼으로 넘어가 읽어야만 한다. 괜찮을까? 좌우측 추가 여백도 주목하라. 그날의 핵심기사인 스페셜 피처를 디자인할 때 종종 이런 여백을 준다.

5 어떤 사진을 메인으로 삼아야 할까? 믹 재거 사진일 것이다. 밴드의 간판스타인 데다, 그의 사진이 보다 극적이고 역동적이다. 게다가 기타리스트 키스 리처드를 찍은 거의 정사각형 사진을 크게 쓰면 가로사진을 크게 쓸 때보다 레이아웃이 둔탁해 보인다.

6 **A.** 이 레이아웃에선 로 랩 제목을 굳이 쓸 이유가 없다. 맨 오른쪽 본문 칼럼은 다른 기사의 본문과 충돌할 위험이 있다. 헤드라인을 4칼럼 폭 한 줄짜리로 바꿔 기사 전체를 덮는 게 낫다.

B. 사진 배치가 잘못됐다. 사진을 헤드라인과 기사 첫머리 사이에 두면 안 된다. 한두 칼럼 오른쪽으로 옮겨야 한다.

C. 이 기사 디자인은 사각형이 아니다. 사진이 톱기사에 관련된 거라면 기사 본문을 사진 하단과 나란히 맞춰 사각형을 이뤄야 한다. 이를 위해 기사량을 늘리거나 사진 길이를 줄여야 한다. 단, 사진이 두 기사 모두와 관련 있다면 사정은 달라진다. 이땐 두 기사와 사진 한 장이 패키지로 사각형을 이루므로 괜찮다.

D. 두 사진의 크기가 너무 비슷하다. 디자인의 효과를 극대화하려면 하나를 확실한 메인 사진으로 키워야 한다.

E. 기사가 가운데 두 칼럼에 자리 잡은 사진을 건너뛴다. 이런 디자인은 일부 피처기사 편집(이 페이지 맨 위 오른쪽 롤링스톤즈 지면처럼)에서는 용납되지만, 복잡한 뉴스 면 레이아웃으로는 어색하고 위험하다.

F. 헤드라인은 보통 본문만 덮는 게 좋은데 이 헤드라인은 너무 길다. 그리고 두 사진 크기를 이렇게 같게 하기보다 하나를 메인으로 키우는 게 낫다. 그러나 시간상 전/후 장면으로 시각적 충돌 효과를 내려는 경우라면 이런 디자인이 적절하다.

연습문제 정답: 지면 디자인

문제는 ▶ 106쪽

1 아래 박스는 폭이 40파이카이다. 여백과 단간을 1파이카로 했을 때 2, 3, 4 칼럼 레이아웃에서의 기사 너비는 다음과 같다.

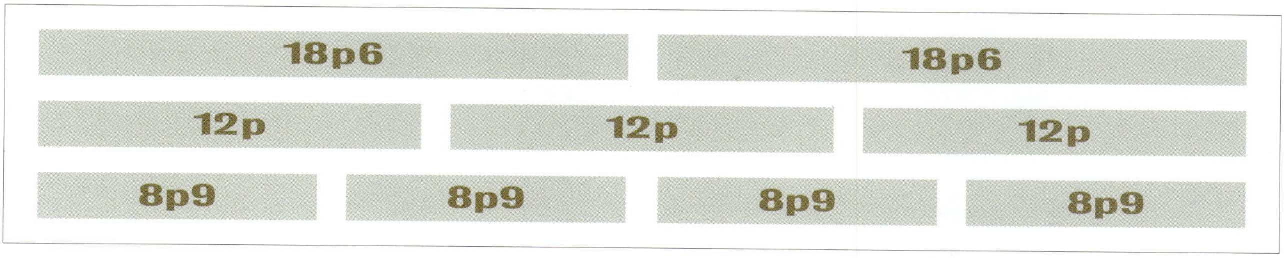

2 여기 쓸 만한 레이아웃 세 개와 좋지 않은 레이아웃 한 개가 있다.

이 레이아웃은 두 기사 모두 제 분량을 다 쓰고 있다. 작은 기사는 로 랩 형태로, 두 번째 칼럼이 제목 충돌을 막아준다. 이 레이아웃은 안쪽 지면의 상단에 쓸 때 가장 큰 효과를 발휘한다.

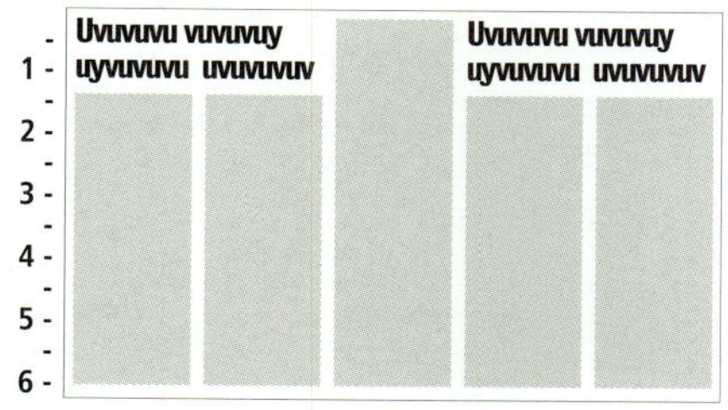

이 레이아웃은 긴 기사에 로 랩을 활용했다. 세 번째 칼럼이 두 제목의 충돌을 막는다. 작은 기사는 분량을 맞추기 위해 1인치 정도 들어냈다.

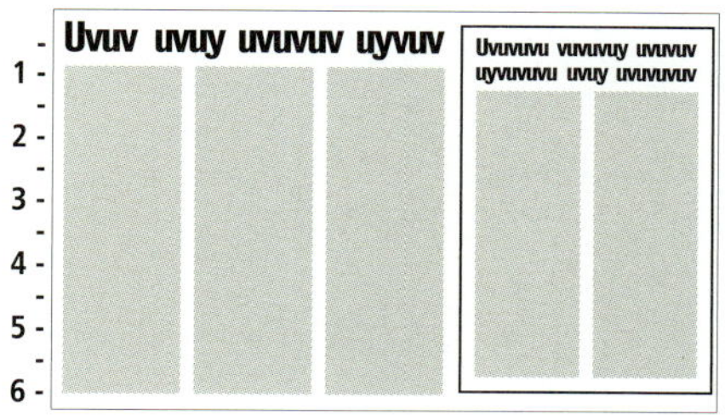

메인 기사 옆 작은 기사를 박스 처리하기 위해 1인치 정도 잘라내야 한다. 이런 방법은 작은 기사가 특별한 기사일 때 효과가 극대화된다.

주의사항: 가로로 긴 제목이 너무 많은 공간을 차지해 각각의 기사를 1인치 이상 잘라내야 한다. 적절하지 않은 레이아웃이다.

3 **A.** 지면을 지배하는 요소가 하나도 없다. 세 기사의 비중과 임팩트가 같고, 제목의 크기 역시 똑같다. 게다가 모든 게 수평적이고 정적이다. 이 지면에는 더 많은 시각물이 필요하고 사진을 지면 아래쪽에 배치해서도 안 된다.

B. 사진이 애매하다. 어떤 기사와 연관이 있는가? 상단에 있는 기사는 모두 사진과 관련된 것인가? 확실하지 않다. 왼쪽에 박스로 처리한 기사의 제목은 톱제목과 부딪친다. 톱기사도 사각형 형태가 아니다. 또 오른쪽 칼럼의 기사 길이는 1인치 짧다.

C. 지면의 균형이 전혀 맞지 않았다. 모든 시각물은 왼쪽에 있고 네 개의 기사는 모두 오른쪽에 포개져 있다. 가운데 단간 때문에 지면이 세로로 길게 나뉜 것처럼 보인다(이 때문에 지면 세로 전체에 단간을 지르는 것을 피해야 한다). 지면 하단에는 제목 두 개가 충돌하고 있다. 또 인물사진 아래에는 기사를 흘릴 만한 충분한 공간이 없다.

연습문제 정답: 지면 디자인

4 가장 좋은 해법은 B다. 균형이 잘 잡혔고 명확히 정리됐다. 다른 레이아웃은 뭐가 잘못됐는가? 예시 A를 보면, 지면 가운데가 기사로 빽빽한 데다 제목이 지나치게 크다. 반면 지면 상단에는 큰 사진과 관련이 있다고 오해할 소지가 있는 작고 힘없는 제목 두 개를 배치했다. 예시 C는 사진과 관련된 기사가 옆 기사인지 아래 기사인지 애매하고, 제목이 거의 충돌하고 있다. 예시 D 역시 톱 사진이 애매하고, 사진 2장이 한쪽에 몰려 있다.

5 많은 디자이너는 신문을 넘기게 하는 유인책으로 기사 안내나 인덱스를 지면 오른쪽 하단에 놓는다. 그런 관점에서 볼 때 왼쪽 아래 첫 번째 해법이 바람직하다. 그러나 지면이 기사 일색이 되는 것을 막기 위해 기사 안내를 그래픽 요소로 쓰고자 한다면, 오른쪽 아래처럼 지면 가운데 배치할 수도 있다. 양쪽 케이스 모두 지면의 맨 아래쪽에 기사 안내나 인덱스를 놓았을 때 가장 효과적이다.

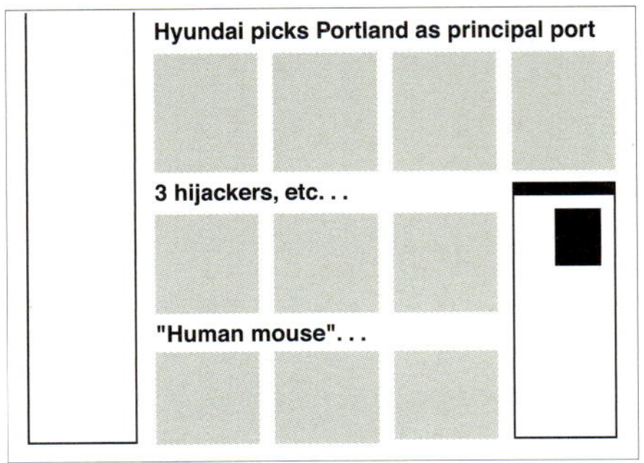

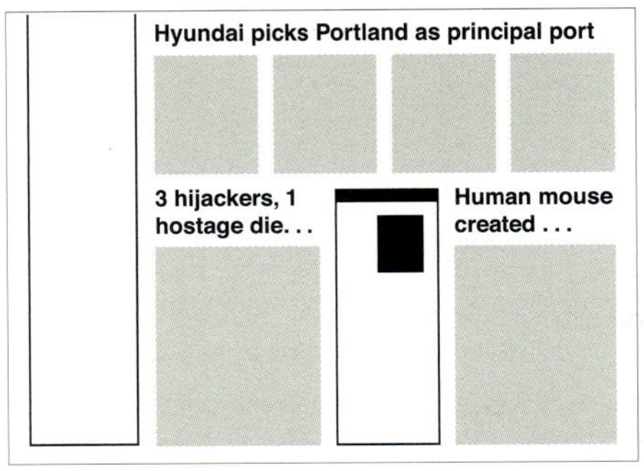

6 톱 사진이 강력하다면 가능한 한 크게 쓰는 게 좋다. 이 경우 지면 상단에 쓸 수 있는 공간이 4칼럼이었다. 사진과 제목, 기사를 앉히고 나면 나머지 두 기사에 대한 선택 사항은 매우 제한적이 된다. 이 지면은 가로와 세로 형태를 적절히 섞어 시각물의 균형을 맞췄다. 짧은 기사는 박스로 처리해 제목 충돌을 피했다. 기사가 특별대우를 받을 만한 피처기사이므로 박스를 써도 괜찮다.

연습문제 정답: 지면 디자인

7 둘 중 오른쪽 디자인이 확실히 더 낫다. 지면 중앙의 제목이 약간 부딪치기는 하지만 어쨌든 난처한 충돌은 피했다. 당신이 원하면 오른쪽 짧은 피처 기사는 박스로 처리해도 괜찮다. 인물사진이 있는 기사만 지면에 맞추기 위해 1.5인치 정도 잘랐다.

왼쪽 기사 두 칼럼이 좀 길긴 하지만 용인할 만하다. 문제를 줄이기 위해서는 부제목이나 기사 인용문을 중간에 배치해도 되는데, 오른쪽 칼럼에 놓아도 되지만 두 칼럼 사이에 파고 들어가는 게 조금 더 낫다. 어느 쪽이 됐든 기사를 1인치 정도는 잘라내야 할 것이다.

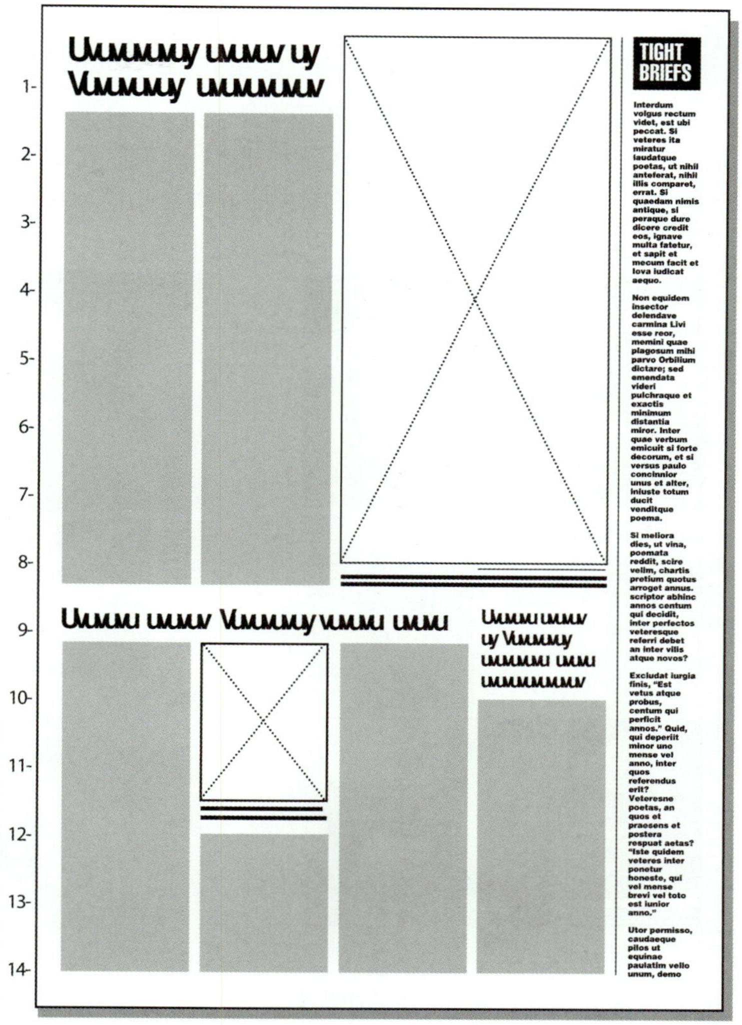

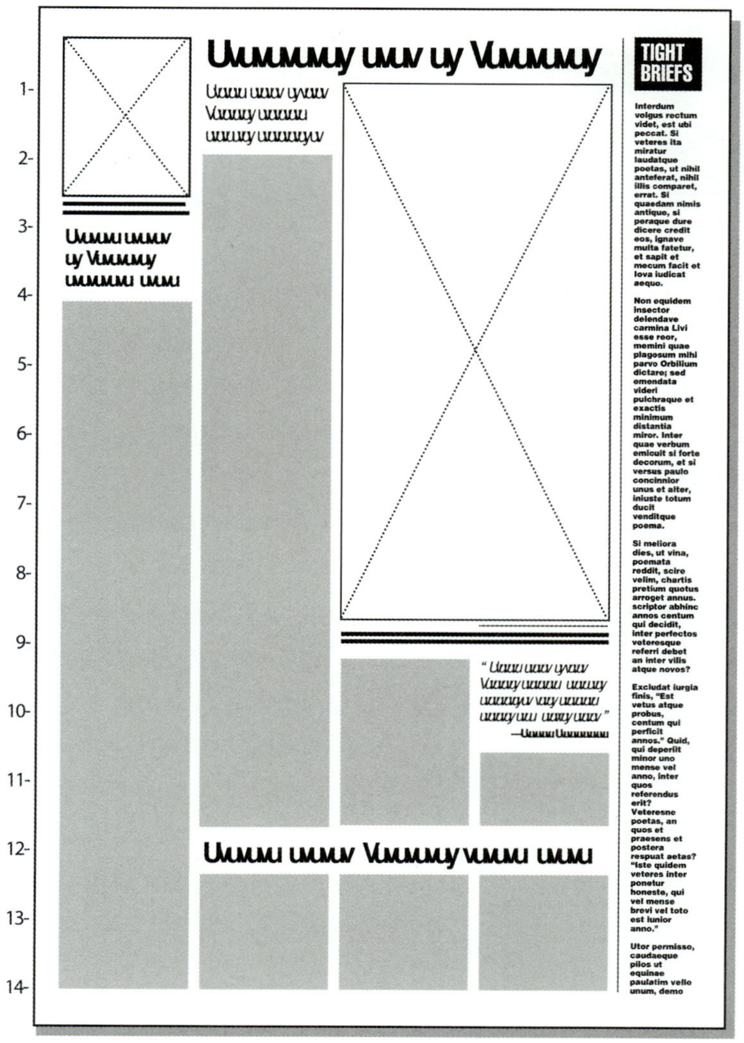

왼쪽 레이아웃을 놓고 성공적인지 아닌지 논쟁할 수도 있다. 그러나 몇몇 디자이너들이 시도할 것이므로 확실히 짚고 넘어가는 게 낫겠다.

당연히 문제는 왼쪽 위에 있다. 인물사진과 톱기사 제목이 나란히 놓였다. 헷갈리지 않는가? 그렇다. 충돌하는 두 기사 사이에 세로 구분선을 지르거나 톱기사를 박스로 처리하면 좀 낫지 않겠는가? 아마도 그럴 것이다. 그러나 독자는 여전히 인물사진이 그 옆에 있는 제목과 관련이 있다고 생각할지도 모른다. 기사 분량을 맞추기 위해 우리는 왼쪽 칼럼에서 3인치 정도 잘라내야 했다. 또 지면을 보듯이, 톱기사에는 기사 인용문과 부제목을 추가해 빈 공간을 메웠다.

연습문제 정답: 사진과 시각물

문제는 ▶ 141쪽

1 여성 경마기수를 매력적으로 찍은 좋은 사진 두 장이 있다. 하나는 경주 사진이고 하나는 클로즈업된 인물사진이다. 나머지 두 장은 보완용 사진이다. 정보를 담고 있기는 하지만 지면을 지배할 만큼 흥미롭지는 않다. 여기 경주사진을 메인으로 쓴 레이아웃 세 개가 있다. 당신이 이것과 완전히 다른 지면을 만들었다면 축하한다. 하지만 실수를 하진 않았는지 확인하려면 130페이지의 가이드라인을 체크해라.

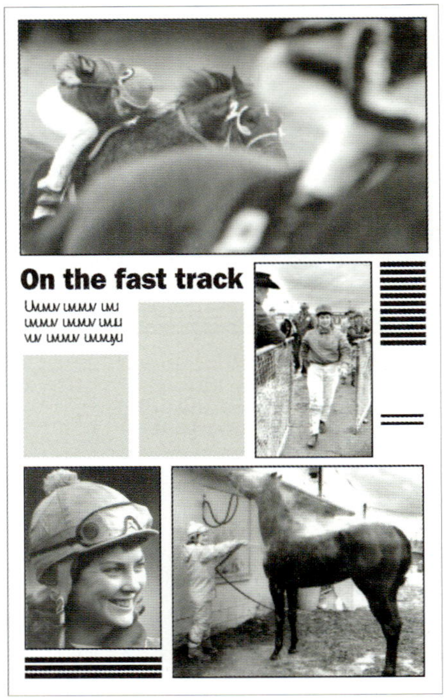

이 지면은 경주사진을 지면 상단에 통으로 배치하면서 사진설명은 아래 사진과 함께 썼다(오른쪽 가장자리 사진설명 아래 붕 떠있는 것은 기자 바이라인이다). 나머지 두 사진은 지면 아래쪽에 나란히 배치했다.

지면이 3개의 가로 층으로 나누어졌다. 두 번째 층에서는 사진과 기사의 위치를 맞바꿔 사진을 왼쪽으로 놓을 수도 있다. 그러나 그렇게 되면 비슷한 크기의 사진 두 장이 위아래로 겹치게 된다. 이를 피하기 위해서는 아래 사진 두 장도 좌우를 바꿔야 한다. 하지만 그러면 이번엔 인물사진이 지면 바깥쪽을 보게 된다. 그러므로 이 레이아웃은 현재 모든 요소들이 적절하게 조화를 이루면서도 인물사진의 방향 또한 해치지 않고 있다.

이 레이아웃은 왼쪽과 많이 다르지 않다. 경주사진이 지면 상단 전체를 차지하며 나머지 사진 4장과 함께 가운데 기사를 둘러싼 C자 형태를 이루고 있다(왼쪽 지면은 거꾸로 된 C자 형태이다). 아래로 흘린 옆 안장 제목은 왼쪽 지면의 평범한 제목 처리의 대안이 될 수 있다. 제목과 부제목을 넓은 한 칼럼으로 놓고 그 옆에 기사를 배치했다(기사 칼럼이 좀 넓기는 하다. 들여쓰기로 기사 단 폭을 줄이거나 두 칼럼으로 나눌 수도 있다).

마지막으로 명심할 것은 여기 있는 세 레이아웃 모두 기수가 그녀의 말을 씻기는 사진을 마지막에 배치했다는 점이다. 이게 적절한 끝맺음으로 보이는가? 아니면 기수가 진흙을 묻힌 채 트랙을 떠나는 사진으로 끝맺는 게 더 강력해 보이는가?

여기서는 여성 기수 인물사진을 제목 쪽으로 올렸다. 제목과 사진이 한 쌍을 이뤄 트랙 위 누구에 대한 기사인지 즉각 보여준다. 인물사진 옆 사진설명은 아래 톱 사진의 동작도 묘사한다. 나머지 사진 두 장은 지면 아래쪽에 나란히 배치했는데 사진 크레디트는 왼쪽 공간에 붕 떠 있다.

제목과 기사, 그리고 세로사진 두 장을 어떤 식으로 들여쓰기 했는지 주목하라.

이 지면에 약점이 하나 있다면 그것은 너무 큰 제목과 너무 큰 부제, 너무 큰 사진을 사용하는 바람에 기사 분량이 줄어들었다는 점이다. 어떤 신문에서는 에디터들이 기사의 분량을 늘리기 위해 사진 크기를 줄이는 것을 선호한다.

연습문제 정답: 사진과 시각물

이 3개의 레이아웃은 공통적으로 여성 기수의 얼굴 클로즈업을 메인 사진으로 사용했다. 그 인물사진은 강한 방향성을 갖고 있다. 메인 사진은 지면 바깥쪽보다 안쪽을 바라보도록 배치해야 하므로, 당신이 선택할 수 있는 레이아웃은 제한돼 있다.

시선 방향이 뚜렷한 메인 사진을 가지고 작업할 땐 사진 4장을 적절히 배치하기가 쉽지 않다. 이 경우 경주 사진은 지면 상단에 전체 분위기를 보여주는 '설정샷'으로 사용했다. 메인인 클로즈업 사진은 그 아래 배치했는데 사진설명은 경주 사진과 공유했다. 나머지 사진 2장은 메인 사진 아래 배치했다.

누군가는 사진을 지면 한쪽에 정렬시키고 본문은 나머지 칼럼을 따라 흘린 이 레이아웃을 매우 명쾌한 디자인이라고 말할지도 모른다. 또 누군가는 무게중심이 왼쪽으로 치우쳐 매우 불균형한 디자인이라고 생각할 수도 있다.

기사 칼럼이 지나치게 긴 감은 있다. 여기서는 인용제목을 칼럼 중간에 새겨 본문의 빽빽함을 보완하고 있다.

여기서는 메인 사진을 지면 상단에 놓고 나머지 사진을 아래에 사각형 모듈로 배치했다. 사진의 형태와 크기를 어떻게 다양하게 처리했는지 주목하라. 이 디자인은 정적이고 딱딱한 레이아웃을 피하는 데 도움이 된다.

이 디자인에 결점이 있다면 그것은 다음과 같다.

1) 지면 왼쪽 가장자리 사진설명과 크레디트 주변에 여백이 너무 많다. 그렇지만 그것은 피하기 어렵다. 말을 씻기고 있는 사진을 더 크게 쓰기도 힘들고, 사진설명 역시 필요한 만큼 충분히 크다.

2) 기사의 분량이 너무 적다. 사진을 쓸 수 있는 한 크게 쓰느라 기사에 충분한 공간을 주지 못했다. 이 레이아웃은 지나치게 사진 중심적이다.

여기 이 지면은 위쪽이 좀 복잡하긴 하지만 나쁘지 않아 보인다. 사진 3장을 위쪽으로 몰아 함께 처리했다. 그러나 경주 사진은 나머지 사진과 떨어뜨려 배치해 강조 효과를 줬다(이것은 지면을 좀더 '경주' 느낌이 나게 한다).

경주 사진은 가운데 세 칼럼 대신 오른쪽 세 칼럼으로 배치할 수도 있는데, 그럴 경우에는 부제목을 두 칼럼에 두 줄로 처리하는 게 더 나을 것이다. 그러나 지금 이 디자인이 더 대칭의 균형미가 돋보인다.

연습문제 정답: 사진과 시각물

2 이 화보의 가치를 높이기 위해 추가할 수 있는 사진은 다음과 같다.

◆ 더 강력한 경주 사진 - 좀더 극적인 앵글에서 잡은, 디테일이 명확하게 살아 있고 피사체의 움직임이 더 드러난 사진

◆ 감정이 더 담긴 사진 - 황홀한 승리의 순간 혹은 패배의 고통을 담은 사진. 여기 주어진 사진 4장은 모두 선수의 감정을 포착하는 데 실패했다.

◆ 이 여성 기수가 남성 위주의 스포츠인 경마에서 동료들과 어떻게 지내는지 보여주는 사진

◆ 소품 사진 - 채찍, 승마용 부츠, 안장, 트로피 등의 경주용 의상 혹은 특이하거나 기수에게 의미 있는 소품

3 여기 주어진 지면에는 중대한 문제점이 있다. 지면 디자인에 관한 취향은 매우 주관적이다. 별것 아닌 문제를 트집 잡는 것을 일일이 받아들일 필요도 없지만, 디자인 가이드라인의 근간이 되는 주요 원칙은 이해해야 한다.

기사를 사진 주변에 볼품없이 구불구불 흘렸다. 또 첫 번째 칼럼이 지나치게 길다. 이 지면에는 여백이 전혀 없는데, 지면이 조각나 보여 화보라기보다 평범한 뉴스 지면처럼 보인다. 이런 느낌은 사진 크기도 마찬가지다. 메인 사진의 사이즈는 지면을 장악할 만큼 충분히 크지 않고 나머지 사진들끼리도 상호작용하는 느낌이 전혀 없다.

메인 사진의 얼굴 방향이 지면 바깥을 향하고 있다. 지면 한복판에 자리 잡은 너무 큰 사진설명도 문제가 있다. 어떤 사진 혹은 사진들을 설명하고 있는지 명확하지 않다(맨 아래 사진은 사진설명이 있는가?). 또 지면 중앙에 여백이 너무 많다. 그 결과 두 개의 기사 칼럼이 너무 가늘어졌다. 차라리 넓은 한 칼럼으로 처리하는 게 낫겠다.

전체적으로 이 지면은 세련돼 보인다. 그러나 미묘한 문제점들이 있다. 지면이 너무 명확하게 ① 큰 사진 ② 기사 ③ 작은 사진 이렇게 세 덩어리로 나뉘어졌으며, 이 요소들 간에 상호작용이 없다. 너무 정형화된 디자인처럼 보인다. 게다가 여백이 전혀 없고 형태가 고정돼 있어 정적이다. 또 하단 가운데 사진을 묘사하는 사진설명은 어디 있는지 찾기 힘들다.

연습문제 정답: 사진과 시각물

4 사진 트리밍은 주관적이고 감정적이다. 그래서 우리는 이 타이거 우즈 사진을 프로 사진작가와 에디터, 디자이너 50명에게 보내 '전문가'들이 사진을 어떻게 다루는지 보았다. 당신이 예측하듯, 많은 사람들이 이 형편없는 사진에 대해 불평하고 짜증스러워했다. 그러나 그들은 다음과 같은 대안을 내놓았다.

54%

전문가들은 이 해법, 혹은 이와 비슷한 것을 가장 많이 뽑았다. 우즈를 키워 임팩트를 더했고, 그의 다양한 팬들도 함께 볼 수 있다(지엽적인 측면에서 보자면). 그러나 몇몇 전문가들은 사진 모양이 정사각형에 가까워 지루해 보인다고 불만을 표시했다. 그러나 다른 이들은 이 트리밍이 주요 피사체를 사진 가장자리에서부터 3분의 1 위치에 놓는 게 가장 적절하다는 '3분의 1 규칙'을 따르고 있다며 좋아했다.

23%

이것은 확실히 극적인 형태다. 구경꾼 대부분을 잘라냈다. 만약 이 기사가 우즈의 팬에 대한 것이라면 핵심은 이들 아닌가? 우즈를 너무 키우려 하다 보면 이미지가 애매해질 수도 있다.

13%

이 트리밍은 사실상 풀 프레임에 가깝다. 사진 양쪽과 위, 아래를 조금씩 잘랐을 뿐이다. 이 트리밍을 선택한 대다수는 사진이 너무 큰 사각형이 되는 것을 막기 위해서였다고 한다. 어떤 사람들은 사진기자가 바로 그 이유로 우즈가 가운데 있고 녹색 식물이 주변에 있는 이 장면을 찍은 것이고, 사진기자를 존중하기 위해 사진을 있는 그대로 놔둬야 한다고 항변할지도 모르지만 말이다(한 디자이너는 구경꾼의 목 바로 아래서 사진을 가로로 길게 잘라 지면의 폭에 꽉 맞게 쓰기로 했다. 그렇게 한번 해보고 어떤지 보라).

나머지 전문가 10%는 우즈를 더 바짝 클로즈업한 사진을 선택했다.

가장 많은 표를 얻은 왼쪽 위 사진을 볼 때, 우즈 옆 녹색 나무 공간을 피할 방법이 없다. 그 공간에 제목을 넣는다면 효과적일까? 그래서 우리는 시도했고 새 해법을 다시 전문가들에게 보내 투표하도록 했다.

a) 좋다. 그대로 강행하라. b) 괜찮지만 최고의 해법은 아니다.

c) 별로다. 보기 싫은 활자는 사진에서 빼라.

이 투표 결과를 보면, 사진에 제목을 얹는 것은 대부분의 편집국에서 논란이 많다.

좋다. 그대로 강행하라. 50%가 찬성했다. 어느 디자이너는 "10년 전이라면 난 반대했겠지만 시대가 바뀌었다. 독자들은 사진에 활자를 얹는 것에 관대해졌다"고 말했다.

또 다른 디자이너는 "어떤 독자도 사진 위 제목 때문에 방해받지 않을 것"이라고 말했다.

별로다. 25%가 반대했다. 이들 대부분은 사진작가였다. 그렇지만 대다수는 이 기사가 피처기사라면 찬성할 것이고 뉴스 속보라면 반대할 것이라고 말했다.

괜찮지만 좋은 해법은 아니다. 25%가 제목의 크기, 서체, 색깔, 기울기 등에 대해 트집을 잡았다.

WOODS WORDS

제목과 사진의 결합에 대한 전문가들의 코멘트

"지면을 이렇게 디자인하는 것에서 조심해야 할 부분은 전체를 너무 과하게 보이도록 해 지면을 망쳐서는 안 된다는 점입니다."

"제목이 어제 사진이라고 알려주고 있습니다. 생생한 기록 저널리즘을 의미하는 거죠. 기록 저널리즘에서 지저분한 제목은 빼야 합니다."

그래픽 전시관

어떤 그래픽이 가장 효과적인가?

(190쪽에서 질문)

우린 전문가로 구성된 심사위원들에게 9가지의 그래픽을 보여줬다. 이제부터 보게 되겠지만 그들의 평가는 깜짝 놀랄 정도로 가혹했다. 〈뉴욕타임스〉의 웨인 카미도이 씨는 "누군가의 작품을 꼬치꼬치 분석해 티를 찾아 이러쿵저러쿵 말하는 일만큼 재미있는 일은 없다. 상을 받을 만한 작품을 매일 만들어낼 순 없다. 9가지의 그래픽 중 그런 작품은 없었고 우수작을 콕 집어내야 하는 부담감도 없었다"고 말한다.

몇몇 심사위원은 큰 실망감을 나타냈다. 디자인 컨설턴트 앨런 제이콥슨 씨는 "발표 기사를 소화해 지역이슈로 제대로 이끌어낸 지면은 사실상 하나도 없었다. 3억 명이 얼마나 많은 수인지 내가 그 의미를 알 수 있는 방식으로 전달한 지면도 없었다"고 말했다.

평가에 참여한 저명한 심사위원단 (이름, 직장 순. 전원 디자인 관련 책임자)

나네트 비셔(Nanette Bisher), 〈샌프란시스코 크로니클〉

J. 포드 허프만(J. Ford Huffman), 〈유에스에이 투데이〉

해리스 시걸(Harris Siegel), 〈애즈버리 파크 프레스〉

트레이시 콜린스(Tracy Collins), 〈애리조나 리퍼블릭〉

앨런 제이콥슨(Alan Jacobson), 브래스 택스 디자인

로리 슬로언(Lori Sloan), 〈유에스에이 투데이〉

줄리 엘만(Julie Elman), 〈버지니안 파일럿〉

웨인 카미도이(Wayne Kamidoi), 〈뉴욕타임스〉

하비에르 토레스(Javier Torres), 〈포트 메이에르 뉴스-프레스〉

팀 프랭크(Tim Frank), 〈사우스 플로리다 선-센티널〉

스테판 코마이브(Stephen Komives), 〈올랜드 센티널〉

마이클 위틀리(Michael Whitley), 〈로스앤젤레스 타임스〉

참고: 각 그래픽의 맥락을 잘 파악할 수 있도록 하기 위해 신문 1면들을 다시 실었다. 지면을 더 상세하게 보고 싶다면 190~193쪽을 참고하길.

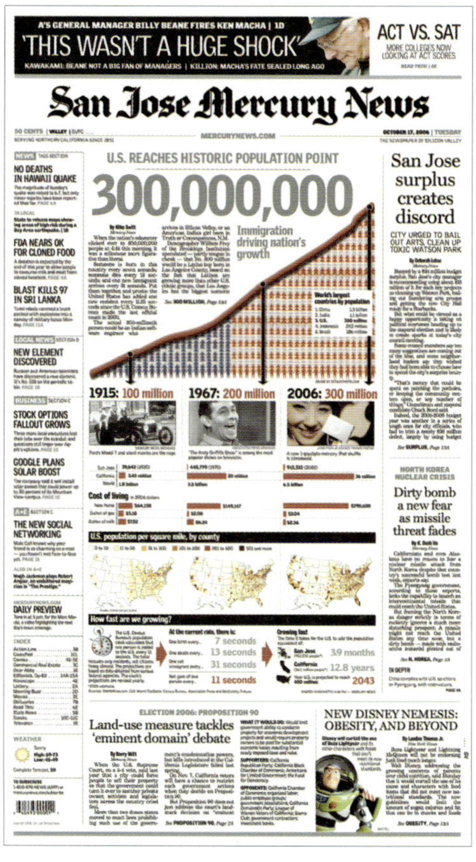

평균

A-

코멘트의 일부

◆ "최고의 그래픽 패키지이다. 월등한 깔끔함으로 다른 작품들을 압도했다. 각 요소들을 체계적으로 정리했다. '이민이 인구 성장을 이끈다'는 메인 제목은 핵심을 정확하게 짚어냈다. 정보들을 쉽게 찾아볼 수 있게 만들었다." A

◆ "프로의 작품이다. 데이터를 능숙하게 다루었다. 숫자를 시각적으로 처리했으며 시기별로 의미 있는 사진들을 곁들였다." A

◆ "지면 구성이 혼란스럽다. 각 연도를 분리, 별도 처리해 데이터 비교를 복잡하게 만들었다. 큰 그래픽은 깔끔하고 형형색색 다채롭지만 포장이 지나치다(지역 인구 변동 부분은 깔끔하게 처리했다). 그래픽 내부 장식은 아트를 위한 아트에 불과하다. 기사는 우겨넣어 답답하고 그래픽과의 일체감도 없다." C

◆ "정보를 나열한 그래픽인데 독자가 따라가기 쉽게 정보를 배치했다. 독자로서 나도 모르게 정보에 빠져들었다." A

◆ "각 시대를 대중문화 이미지로 표현해 좋았다. 숫자만을 사용하지 않고 막대그래프를 이용해 시각적으로 맥락을 파악할 수 있게 돕고 있다. 선 그래픽에 두 가지 색의 사람 모양을 활용해 일러스트레이션적으로 질을 높였으나 내용 이해에 도움이 되지 않으며 복잡함을 더한 측면도 있다." A-

그래픽 전시관

TUESDAY, OCTOBER 17, 2006

Denver shows off its transit developments

Which finalist will win?

THE DENVER POST

Avs see sellout streak get away

WE THE 300 MILLION PEOPLE

U.S. verifies nuclear blast

Some knock state's lower octane levels

Disney cuts back on ties to junk food

평균 **B**

코멘트의 일부

◆ "지면의 위쪽 반은 훌륭하다. 대형 선그래프의 보조 장치인 인종 비율 변화 파이그래프들은 마음에 쏙 든다. 하지만 아랫부분은 뒤죽박죽이라서 더 이상 읽지 않았다." B+

◆ "그래픽의 아래쪽 반은 흥미로운 사실과 숫자들을 담고 있다. 그러나 푹 빠져 읽지 못하고 힘겹게 읽어 나가는 느낌이 들었다." B

◆ "정보로 꽉 들어찬 밀도 높은 지면이다. 뉴스 마니아들이 좋아할 것 같다. 매우 깔끔하고 일관성이 있으며 절제했지만 약간 지겨울 수도 있겠다. 기사에 뭔가를 넣는 대신 모든 걸 그래픽으로 보여줄 수 있다는 믿음을 밀어붙인 과감함이 돋보인다." A

◆ "정보를 체계적으로 구성하지 못해 독자를 아주 힘들게 만들고 있다. 그래픽 중 '가족' 부분의 막대는 별 쓸모가 없어 보이고 막대 속의 글자는 읽기조차 힘들다." B–

◆ "누군가가 편집자에게 전화 좀 해달라. 데이터가 많은데 찾아보기가 힘들다." B

◆ "데이터의 양이 많지만 공간을 효율적으로 활용했다. 데이터를 인종과 민족별로 분리하고 다음 이정표(4억 시대는 2043년)까지 제시한 유일한 그래픽이다. 그래픽의 아래쪽 반은 그리드를 더 세련되게 했더라면 훨씬 좋았을 것 같다." B+

MAKE A CAGE MATCH

Whose game is bigger, Clemson's or USC's?

The Post and Courier

Briefly

300 million ... and counting

Rescue team was ready for plunge

Sectarian warfare roils Iraq

Invasive species shows the might of many mussels

평균 **B-**

코멘트의 일부

◆ "내가 가장 관심 있게 본 패키지는 〈포스트 앤드 쿠리어〉의 그래픽이다. 상대적으로 작은 공간에 명쾌하게 정리된 표들로 3개 시대별로 12개의 주요 사건을 상세하게 전달했다. 그리고 T모델 포드자동차와 아이팟 이미지는 대중문화적 감각을 전달하고 있다." A

◆ "인구를 직접적으로 반영한 정보들보다 경제나 대중문화와 밀접한 데이터를 중시했다. 인구가 3억 명이 됐다는 것과 아이팟이 무슨 관련이 있는지 나는 잘 모르겠다." C–

◆ "잘 된 점: 질서 정연한 그리드에 적절의 크기로 데이터를 배치했다. 또한 외국 태생 미국인의 최다 출생국에 관한 흥미로운 데이터를 유일하게 다루었다. 미흡한 점: 데이터가 너무 빤하고 지역적 시각은 반영하지 않았다." C–

◆ "깔끔하다. 그래프의 구성이 훌륭하다. 메인 사진은 많은 사람을 보여주는 것 외엔 아무 의미도 없다(여기가 찰스턴이긴 한 건가?)." B–

◆ "별 쓸모도 없고 정보도 적은 컬러 사진을 왜 사용했는지 모르겠다. 아마도 큼지막한 사진 없이는 지면 디자인하는 법을 잘 모르는 것 같다. 측은하다." D

그래픽 전시관

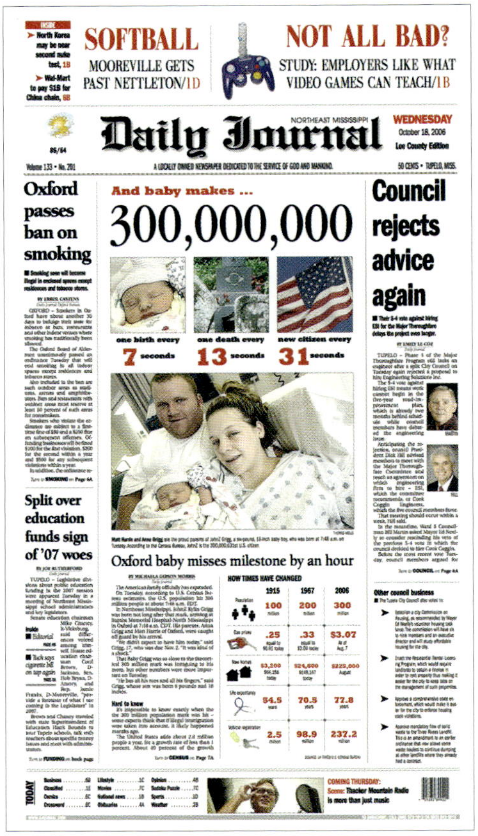

평균

B-

코멘트의 일부

◆"지면의 주제가 무엇인지 한눈에 알 수 있게 만들었다. 현실감 있고 깔끔하고 일관성이 있다. 맨 위의 아이콘 이미지들은 약간 큰 것 같고 소란스럽다. 자간 좁히기와 공간 활용에 좀더 신경 썼더라면 훨씬 더 똑똑한 지면이 되었을 것이다." A–

◆"최고의 헤드라인이지만 최고의 눈속임이기도 하다. 사진 속의 아기는 3억 번째로 태어난 것이 아니다. 부제목에 따르면 1시간 차이로 역사적 순간을 놓쳤다. 또 인구조사가 단지 출생률에 근거를 둔 것이 아닌데도 헤드라인은 그런 것 같은 인상을 준다." C–

◆"지역에 맞게 꾸미고 데이터를 가공해 독자들이 가장 흥미로워 할 요소를 만들어내기 위한 노력이 돋보인다. 색과 서체를 효과적으로 사용해 핵심 정보가 두드러져 보인다. 하지만 그래픽의 질을 낮추는 두 가지가 있다. 아기 사진을 반복해 사용할 필요는 없었다. 세 가지의 계산 요소들(출생-사망+새 시민권자)을 제시하고는 등식의 합계(매 11초마다 한 명의 미국인이 늘어남)는 보여주지 않았다. 계산 방법에 관한 설명도 없다." B

◆"데이터를 잘 편집했고 그래픽도 쉽게 잘 만들었다. 아이콘들이 독자의 정보 여행을 잘 안내하고 있다. 이야기를 지역에 맞게 만들어 좋았다." B+

평균

B-

코멘트의 일부

◆"내가 가장 좋아하는 그래픽이다. 간결하고 힘이 있다. 강렬한 사진이 입체감과 성장의 느낌을 확실하게 심어주고 있다. 서체, 사회적 계층 및 흐름의 활용과 디자인이 간명하고 효과적이다." A+

◆"그래픽의 응집력이 느껴진다. 콘텐츠는 지역과 어울리고 이해하기도 쉽다. 하지만 숫자를 넘어 사람과 인구를 다룬 내용은 많지 않다." B+

◆"특별히 눈길을 끄는 게 없다. 사진에 담긴 정보도 없다. 사용된 클립아트는 일관성이 있지만 활기 없는 것들이다. 하품 난다. 설명과 안내를 위한 장치도 부족하다. 어디가 시작이고 끝인지를 알려주는 장치도 없다. 인구 데이터를 지역화하는 데 그쳤다." D

◆"보기 좋지만 소화하기 힘들다. 막대그래프 같은 시각적인 비교 장치가 없어 숫자들이 임팩트를 주지 못하고 있다. 예전 가격을 현재 가치로 환산하지 않아 가격 비교 요소들의 흥미가 떨어졌다." B

◆"독자를 사로잡는 지역 배경의 시원한 사진. 비교 아이템으로 독자의 관심을 끌기 위한 장치인 멋진 사각 일러스트레이션들. 돋보이는 정보 취사선택. 지역 관점을 잘 반영한 숫자들. 모든 것을 성공적으로 디자인해 지면을 따라가기가 수월하다." A

그래픽 전시관

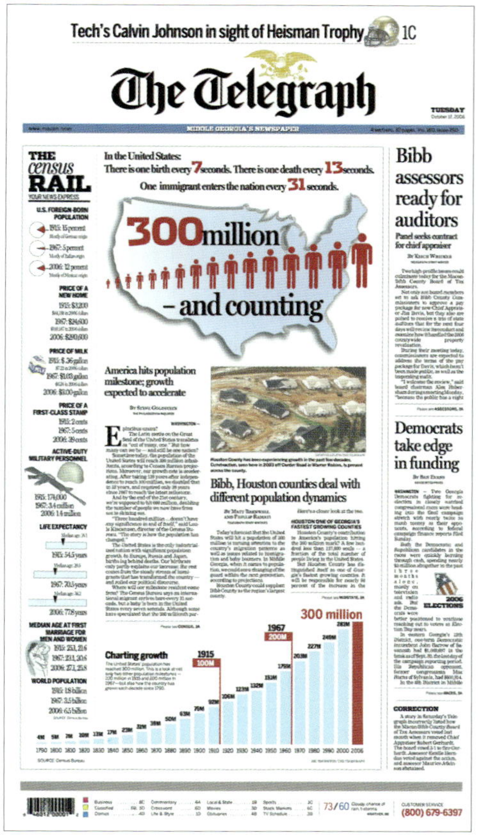

평균 **C+**

코멘트의 일부

◆ "페이지 하단의 인구 도표는 연도별 인구증가를 전체적으로 보여주는 모든 샘플 중에 단연 최고다. 게다가 데이터들이 두 개의 내러티브 기사(미국 전체와 휴스턴 지역 인구에 관한)를 배치하기에 좋은 프레임 역할을 하고 있다." A

◆ "지도 그래픽은 유치하고 정보도 별로 없다. 집 사진은 진부하다. 세로로 길게 나열한 철로형 데이터는 좋았지만 독자의 관심을 붙들어 두기에는 내용이 너무 많다. 아래쪽 막대그래프는 잘 만들었지만 이것도 담고 있는 정보량에 비해 지나치다." C

◆ "최고의 정보는 왼쪽 철로형 그래픽에 담겨 있다. 하지만 그게 볼거리의 전부다. 실제적인 정보는 전혀 없다." C–

◆ "사람들은 콘텐츠를 보기 전에 장식용 요소를 먼저 보는 경향이 있다. 여기 그래픽 효과를 낸 헤드라인과 일러스트레이션, 사진, 숫자를 돋보이게 처리한 부제목, 아주 큰 막대그래프, 철로형 그래픽 등 많은 요소가 있다. 이런 것들을 단순화하면 그래픽의 임팩트가 살아나고 콘텐츠는 더 신나게 노래 부르게 된다." C

◆ "헤드라인에 별 정보가 없고 멋지게 꾸미지도 못했다. 철로형 그래픽은 쓸모없는 사진과 그래픽을 포함하고 있다. 또 데이터를 마구잡이로 나열했다." B–

평균 **C+**

코멘트의 일부

◆ "표지판 밑 부분은 다 마음에 든다. 얼굴들을 이어서 만든 띠나 수학식 형태는 특별한 숫자를 표현하기에 좋은 방법이다. 표지판은 그 자체로 명확한 이미지를 가지고 있으나 지나친 느낌을 준다." C

◆ "독창적인 시각물, 가장 명확하고 빠른 해설들로 인구조사를 어떻게 정리했는지 설명했다. 밑 부분 그래픽은 인구조사를 지역에 어울리게 해석했으나 압도적인 느낌은 주지 못했다." A

◆ "이 표지판은 바보처럼 보인다. 표지판 밑의 정보가 핵심 내용인데 마치 수학의 문제점인 것처럼 비춰진다." D

◆ "아마 표지판을 만드느라고 많은 땀을 흘렸을 것이다. 불행하게도 그건 어떤 정보도 다루지 않은 포토샵 작업이었다. 헤드라인에 담지 않았다면 아무 정보도 없을 뻔했다. 그래픽은 독자들에게 3억이라는 '이 숫자는 어떻게 산정했을까' 물었다. 그런데 질문만 던지고 답은 하지 않았다." C

◆ "표지판을 이용한 건 훌륭하다. 아랫부분의 숫자들은 별로 독창적이지 못하다. 지역과 관련된 숫자들은 볼 만하다. 그러나 나는 독자의 한 사람으로서 어떤 지방 도시의 인구변화를 살짝 보여주는 것 이상의 정보를 원한다." C

그래픽 전시관

IN SPORTS, 1B
GHSA to hear North's appeal on ineligible football player today.
A HEALTHIER MOUSE, 8A
Disney says it will serve healthier food in theme parks, sign deals only with eateries that limit fat and sugar.
Gwinnett Daily Post
TUESDAY October 17, 2006

Growth of a nation

Today, our country's population is expected to reach 300 million. Here is a glimpse at how the United States has changed since we reached our other noteworthy population milestones in 1967 (when the population reached 200 million) and in 1915 (when it reached 100 million).

	1915	1967	2006
President of the United States	Woodrow Wilson	Lyndon B. Johnson	George W. Bush
Price of a new home	$3,200	$24,600	$290,600
Cost of a gallon of regular gas	$0.25	$0.33	$2.22
Number of foreign-born people in population	13.5 million Comprised 15 percent of the total population. Germany was the leading country of origin.	9.7 million Comprised 5 percent of the total population. Italy was the leading country of origin.	34.3 million Comprise 12 percent of the total population. Mexico is the leading country of origin.
Average household size	4.5 people	3.3 people	2.6 people
Life expectancy at birth	54.5 years	70.5 years	77.8 years
Number of people age 65 and older	4.5 million	19.1 million	36.8 million
Most popular baby names for boys and girls	John and Mary	Michael and Lisa	Jacob and Emily

For more on the 300 million milestone, see Page 10A

Slaying baffles police
Motive sought in day-laborer death

Road near new park to be fixed

Former Buford school chief honored

평균 C-

코멘트의 일부

◆ "글자만으로 그래픽을 꾸민 접근법이 신선하다. 그러나 아무리 좋은 것도 지나치면 곤란한 법이다. 이 데이터엔 드라마틱한 요소가 전혀 없다. 공간을 효율적으로 활용하지 못한 글자 그래픽이 되고 말았다." D

◆ "글자만으로 훌륭하게 공격했다. 깔끔하고 가독성도 높다. 하지만 이걸 인포그래픽이라고 볼 순 없다. 정보를 시각적으로 표현해 독자에게 전달하지 못했기 때문이다." B+

◆ "상대적으로 깔끔하긴 하다. 하지만 글자 서체가 그 자체로 뭔가 보여주기에 충분할 만큼 강렬하고 우아하게 꾸미지 못했다." C

◆ "최소한 어떤 데이터를 정리하기는 했다. 비주얼과 질서가 부족한 게 결정적 흠이다. 그래픽은 평범하고 인구조사국이 제공한 뻔한 데이터를 보여주는 데 그쳤다." D

◆ "다른 작품들처럼 대통령 인물사진이나 아이콘들을 사용했으면 훨씬 좋았을 것이다. 외국 태생 인구의 수를 다룬 그래픽은 반복적 구절로 된 그래프와 뒤엉켜 혼란스럽다. 출신 국가의 국기 색깔을 활용해 파이그래프로 보여주면 가독성이 좋았을 것이다." C

◆ "정보를 훌륭하게 편집했다. 따라가며 읽기 쉽다. 하지만 독자들의 눈길을 확 끌 만한 더 강렬한 시각적 효과가 필요하다." B

A RUN TO DAYLIGHT | SPORTS, C1
HEBRON HELPS INNER-CITY ATHLETES
Sun Journal
TUESDAY, OCTOBER 17, 2006

Owner has big plans for mall

300 MILLION AMERICANS

U.S. gobbles up goods on its way to today's population milestone

EQUALS 1 MILLION AMERICANS

Change reduces filings in state

Two Fools plane crazy in Sumner

평균 D

코멘트의 일부

◆ "간결한 것은 좋은 것이다. 하지만 이 그래픽은 지나치게 간결하며 공간을 낭비하고 있다. 데이터가 빈약하기 그지없다. 300개의 회색 인물 그림은 인상적이지도 놀랄 만하지도 강렬하지도 창의적이지도 않다." F

◆ "수많은 회색 인물을 사용했다. 그런데 기사 왼쪽의 인물들은 오른쪽의 그것들에 비해 어떤 의미가 있는 것인지 의아하다. 뒤늦게 각각의 인물이 백만 명의 미국인을 의미한다는 걸 알아챘다. 그 후 메인 주의 이야기를 전하고 싶다는 편집장의 글을 읽었다. 하지만 그래픽엔 그걸 다룬 내용이 없다(작은 글씨로 그 부분을 다루었다). 내가 빠뜨린 중요한 내용이 여기 어디 표현돼 있는 걸까? 내가 그래픽을 통해 얻을 수 있는 정보는 많지 않았다. 회색 인물은 내겐 벽지처럼 보였다." D-

◆ "이 그래픽의 성공 여부는 '한 사람=백만 명의 미국인'에 달렸다. 그러나 나는 사람 이미지에서 백만 명을 느끼지 못했다." D

◆ "응축적인 편집과 간결한 시각화로 가장 매력적인 그래픽 패키지를 만들어냈다. 이야기 전달 측면에서 좀 평범한 편이다. 300개의 작은 인물 이미지는 3억 명에 대한 비유이기보다는 배경 그림 같은 느낌이다." A-

비율 측정 휠

컴퓨터가 없었던 편집의 석기시대엔 사진 크기를 조절하기 위해 누구나 파이카 측정 막대와 비율 측정 휠을 사용했다. 일부에선 여전히 그렇게 하고 있다. 전통적인 방법으로 이미지 크기를 조절하는 법을 간단하게 배워보자.

문제: 사진의 새로운 사이즈를 어떻게 계산해야 하나?

위의 작은 사진은 가로 7파이카이고 세로 4파이카이다(항상 가로를 앞세워 표기한다). 세로가 12파이카가 되도록 사진을 확대한다고 가정해보자. 사진의 가로 길이는 얼마일까?

해결책: 비율 측정 휠을 사용한 계산법

1 이 간단한 장치(비율 측정 휠)엔 안쪽 부분과 바깥쪽 부분에 각각 숫자의 행렬이 있다. 안쪽 휠에서 사진의 원래 세로 길이인 4를 찾는다. 이제 휠을 돌려 안쪽의 4(원래의 세로 길이)를 바깥쪽의 12(확대할 세로 길이)와 줄이 딱 맞게 맞춘다. 안쪽 휠의 숫자가 원래 길이이고 바깥쪽은 새로운 사이즈임을 명심하라.

2 이제 휠을 돌리지 않는다. 안쪽 휠에서 원래의 가로 길이(7)의 위치를 찾아라. 아마 바깥쪽의 숫자 21과 줄이 딱 맞을 것이다. 이는 새로운 가로 길이가 21임을 의미한다.

3 사진이 축소나 확대된 비율을 알 필요가 있다면 장치의 창에 있는 숫자를 보면 된다. 위의 경우엔 사진을 300% 확대한 것이다.

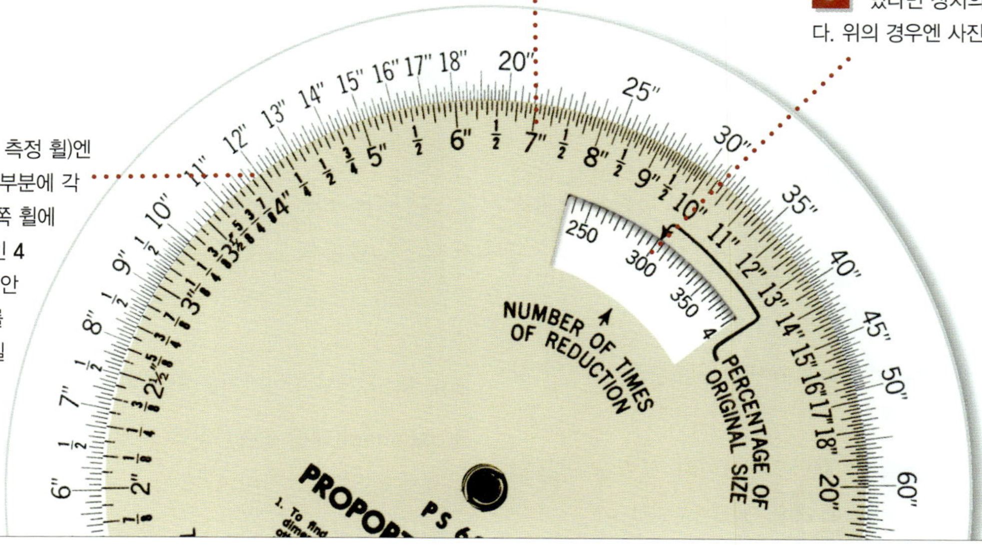

참고: 비율 측정 휠에 있는 숫자들의 단위는 인치이다. 하지만 혼란스러워 하지 않아도 된다. 재려는 숫자의 단위가 인치이든 파이카이든 광년이든 큐빗(고대의 길이 단위–역자 주)이든 비율은 변함이 없다.

계산기를 사용하는 게 더 좋다면...

비율 측정 휠은 단지 수학적 지름길일 뿐이다. 원래 가로 대 원래 세로는 새로운 가로 대 새로운 세로와 같음을 보여주는 방식이다. 직접 또는 계산기로 계산하는 게 좋다면 아래의 공식을 활용하라:

$$\frac{\text{원래 가로}}{\text{원래 세로}} = \frac{\text{새 가로}}{\text{새 세로}}$$

아래의 공식을 사용해 가로를 산출할 수도 있다.

$$\frac{7}{4} = \frac{x}{12}$$ 7 대 4는 무엇 대 12일까? 빠진 숫자를 계산해내려면 대각선으로 곱하라(7x12=84)...

$$4x = 84$$ 그 다음 합계를 남아 있는 수로 나눈다(84÷4)...

$$x = 21$$ 식의 답이 찾던 새로운 가로이다.

용어집

이 지루한 용어집에 생기를 주기 위해 상을 받은 멋진 신문 지면 몇몇을 함께 전시한다. 첫 번째는 린다 쉥크와일러(Linda Shankweiler)의 고전 "Blue Rose" 디자인이다. 처음 신문 일을 시작했을 무렵 내가 가장 좋아하던 지면이다. 나를 신문 디자이너의 길로 이끈 것 중의 하나였다.

Agate(애거트) 스포츠 전적, 주식시세표, 조각광고에 사용되는 작은 활자. 보통 5.5포인트.

Air(여백) 스토리 디자인에서 사용된 흰 공간.

All caps(대문자 단어) 모두 대문자로 이루어진 활자.

Application(앱) 특정한 기능을 지닌 컴퓨터 소프트웨어 프로그램. 워드프로세서, 일러스트레이션 등.

Armpit(겨드랑이 레이아웃) 전단 메인 제목이 사진 위나 다른 제목 위에 있는 어색한 지면 레이아웃.

Ascender(어센더) bdfhkl처럼 소문자에서 위로 올라간 부분. Descender의 반대말.

Attribution(귀속) 인용문의 출처를 밝힌 부분.

Banner(배너) 전단 제목.

Banner ad(배너 광고) 웹페이지의 맨 위나 맨 아래에 띠 모양으로 배치된 광고.

Bar(바) 부제목이나 고정 컷을 배치하거나 장식용으로 사용되는 굵은 선.

Bar chart(막대그래프) 통계 데이터를 막대로 처리한 그래프.

Baseline(활자 기준선) 활자의 정렬 기준이 되는 가상의 선.

Bastard measure(변배) 표준을 벗어난 칼럼 폭.

Bleed(물림재단) 사진이나 그림을 빈틈없이 지면 전체에 꽉 채우는 것.

Blend(블렌드) 두 가지 색의 조합. 한 가지 색에서 점차 다른 색으로 변화해감.

Body type(본문활자) 신문에서는 보통 8~10포인트.

Boldface(볼드체) 강조하기 위해 사용되는 굵고 진한 활자.

Border(외곽선) 박스나 사진 테두리에 쓰는 선.

1982년 5월 25일 자 **〈모닝콜〉** (펜실베이니아 앨런타운)

Box(박스) 기사나 이미지를 박스 처리한 것.

Broadsheet(대판 신문) 대략 가로 14인치 세로 23인치 크기의 신문.

Browser(브라우저)

Bug(버그) 기사에 붙인 고정 컷이나 로고. 때때로 기사 안에 새겨짐.

Bullet(강조표시) 텍스트의 특정 단어나 구문 강조를 위한 표시. 보통 큰 점을 사용.

Bumping/Butting head(제목 충돌) 다른 기사의 제목이 충돌하는 것. 피하는 것이 좋다. =tombstoning

그때는 단일 주제를 대상으로 한 포스터 형태의 기획 면이 처음 등장한 시절이었다. 에디터가 "자, '푸른 장미를 찾아서'라는 기사를 다룰 거야. 당장 시작해봐"라고 했다. 맥 컴퓨터도 없고 구식 인쇄 방식에 인내심을 요구하는 식자실. 당시 〈모닝콜〉에서 일하던 우리 모두에게는 행복한 마법의 기억이 남아 있다. 글 쓰는 사람들과 디자이너들 간의 비전의 일치라는.

– 린다 쉥크와일러
디자이너

용어집

2002년 9월 11일 자 〈애즈버리 파크 프레스〉(뉴저지 애즈버리파크)

말로는 9·11 추모의 감정을 전달할 수 없었다. 그래서 우리는 한마디도 하지 않았다. 1면을 당시 희생자들에게 바치는 헌정판으로 만들었다. 담당 아티스트인 조 제프는 무너진 세계무역센터 자리에 촛불을 배치해서 단순하지만 아름다운 묘비명을 창조해냈다.

– 해리 시겔
디자인 사진 담당 국장

Byline(바이라인) 기사의 기자이름 표기. 외국 신문은 보통 기사 앞에 두지만 국내 신문은 기사 말미에 배치하는 경우가 많다.

Callouts(그래픽 세부설명) 지도나 도표에서 글로 설명한 부분. 보통 선이나 화살표로 이어지며 말풍선 형태를 띠기도 한다. =factoids

Camera-ready art(인쇄용지면 필름) 인쇄를 위해 강판된 지면.

Caps(대문자)

Caption(사진설명) =Cutline

Centered(가운데 맞춤) 활자나 이미지를 중앙 정렬시키는 것.

Character(문자) 글자, 숫자, 문장부호의 총칭.

Clip art(클립아트) 저작권이 없어 마음대로 수정하거나 인쇄할 수 있는 이미지.

CMYK(4원색) 컬러인쇄에 사용되는 4가지 기본 색. 청적황흑.

Column(칼럼/단) 텍스트의 세로 열. =leg

Column inch(칼럼 인치) 텍스트나 광고의 길이를 재는 방식.

Column logo(칼럼 로고) 정기적으로 실리는 고정물을 표시하는 그래픽 장치. 글쓴이의 이름, 칼럼 제목, 인물사진 등을 이용해서 만든다.

Column rule(단간선) 단과 단을 구분해주는 수직선.

Compressed/condensed type(장체) 기준 활자보다 홀쭉하게 폭을 줄인 글자.

Continuation line(점프 표시) 기사가 다른 페이지로 이어진다는 것을 표시한 것.

Continuous tone(회색톤 이미지) 회색 음영을 사용한 사진이나 그림. 신문 인쇄를 위해서는 하프톤으로 변환해야 한다.

Copy(기사 본문) 스토리의 텍스트 부분.

Copy block(전문, 前文) 전면 사진 지면이나 특집기사를 소개하는 리드성 텍스트.

Copyright(저작권)

Crop(사진 트리밍/사진 재단) 사진을 지면에 배치하기 전에 특정 부분을 두드러지게 하거나 레이아웃에 맞추기 위해 불필요한 부분을 잘라내는 것.

Cutline(사진설명) =caption

용어집

Cutoff rule(차단선) 지면의 요소들을 구분 짓기 위해 기사, 사진, 사진설명 밑에 긋는 선.

Cutout(배경제거/컷아웃) 주제만 남기고 배경을 없애버린 사진. =silhouette

Deck(부제) 헤드라인 밑에 따라가는 소제목. =drop head

Descender(디센더) 알파벳 g j p q y 등의 아랫부분. Ascender의 반대말.

Dingbat(강조 표시) 강조하거나 두드러지게 하기 위한 장치. 주로 방점, 별표, 사각형.

Display headline(장식 제목) 특별한 서체를 쓰거나 선을 긋거나 전부 대문자를 쓰는 등 기획기사나 대형 사진물의 디자인을 돋보이기 위한 제목.

Dogleg(개다리) 한 기사가 이미지나 광고 또는 다른 기사를 감싸며 L자형으로 흐르는 것.

Dot screen(도트 스크린) 신문에 회색 음영을 인쇄하기 위해 사용하는 특수한 스크린.

Dots per inch(dpi) 화면 1인치당 도트의 숫자. 높을수록 인쇄 해상도가 높다.

Double burn(오버프린팅) 두 개의 다른 요소를 겹쳐 인쇄하는 것(예를 들면 사진 위에 글씨). =overprinting

Double truck(통면 편집) 마주 보는 양 페이지를 하나의 단위로 편집하는 것.

Download(다운로드)

Downstyle(다운스타일) 첫 단어와 대명사만 대문자로 쓴 제목.

Drop head(부제) =deck

Drop shadow(그림자 효과) 제목 활자에 그림자처럼 테두리를 주는 것.

Dummy(가편집) 지면의 모든 요소들이 어디에 있는지 보여주는 작은 표.

1994년 7월 30일 자 **〈앵커리지 데일리 뉴스〉** (앨라스카 앵커리지)

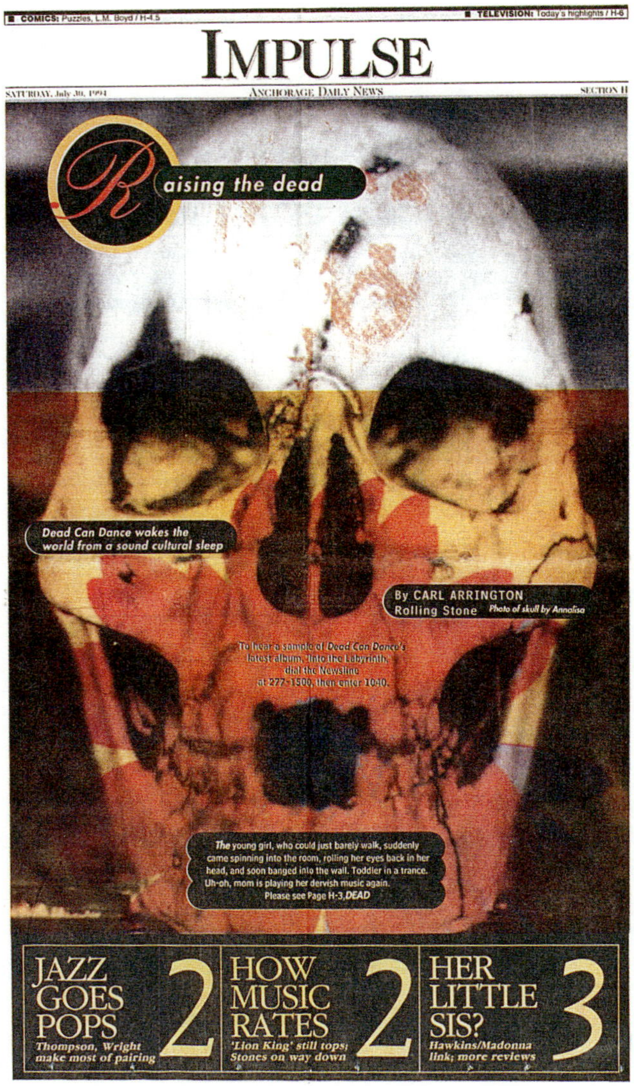
COMICS: Puzzles, L.M. Boyd / H-4,5
TELEVISION: Today's highlights / H-6
IMPULSE
SATURDAY, July 30, 1994
ANCHORAGE DAILY NEWS
SECTION H
Raising the dead
Dead Can Dance wakes the world from a sound cultural sleep
By CARL ARRINGTON
Rolling Stone
Photo of skull by Annalisa
To hear a sample of *Dead Can Dance's* latest album, 'Into the Labyrinth,' dial the Newsline at 277-1500, then enter 1040.
The young girl, who could just barely walk, suddenly came spinning into the room, rolling her eyes back in her head, and soon banged into the wall. Toddler in a trance. Uh-oh, mom is playing her dervish music again.
Please see Page H-3, *DEAD*
JAZZ GOES POPS 2
Thompson, Wright make most of pairing
HOW MUSIC RATES 2
'Lion King' still tops; Stones on way down
HER LITTLE SIS? 3
Hawkins/Madonna link; more reviews

"IMPULSE" 섹션은 젊은 독자들의 눈길을 잡기 위해 강렬하고 포스터 같은 이미지와 제목을 사용해 디자인했다. 3인조 그룹인 데드 캔 댄스를 다룬 이 지면은 내가 가장 좋아하는 커버 중 하나이다. 독자들은 밴드 두 멤버의 유령 같은 얼굴과 나란히 배치된 해골을 통해 제목과 본문을 보기도 전에 기사 내용을 알 수 있다.
– 갈리 장-루이
전 디자인 국장

Duotone(듀오톤) 검은색과 다른 한 가지 색을 함께 사용하는 기법.

Dutch wrap(더치 랩) 제목보다 가로 단수가 긴 기사. =raw wrap

Ear(1면 귀) 1면 제호 양옆에 있는 텍스트, 그래픽 요소.

Ellipsis(말줄임표)

Em(전각) 활자 폭을 가리키는 옛 인쇄용어.

En(반각) 활자 폭의 절반.

Enlarge(확대) 이미지 크기를 키우는 것.

1991년 1월 17일 자 **〈디트로이트 뉴스〉** (미시간 디트로이트)

Thursday
JANUARY 17, 1991

EXTRA
The Detroit News
25¢

WAR

War scenario: The first hours of fighting

■ **Surprise attack:** Stunning air strike destroys Baghdad targets, Iraqi defenses.

■ **President Bush:** 'Why act now? The world could wait no longer.'

■ **Saddam Hussein:** 'Mother of all battles' has begun. 'Satan Bush committed his crime.'

■ **Gasoline:** Four U.S. oil firms will freeze prices.

■ **Daylight raids:** Second wave of U.S. and allied attacks begins.

THE 'EXTRA' SECTION

전쟁이 임박했다. 〈디트로이트 뉴스〉는 심혈을 기울여 준비했다. 미술기자들은 군사전문가들을 인터뷰한 뒤 '선제공격' 시나리오의 상세한 그래픽을 만들어두었다. 미군이 바그다드를 공습했을 때 준비해둔 그래픽의 정확성이 확인됐고 1면에 배치하기로 결정했다. 기사 없이 그래픽으로만 접근하는 1면은 〈디트로이트 뉴스〉 130년 역사상 최초의 일이었다.

– **데일 피스킨**
전 부국장

EPS(encapsulated postscript) 그래픽 파일 포맷의 한 형태.

Expanded/extended type(평체) 기준 활자보다 폭을 늘린 활자체.

Family(패밀리) 한 활자체의 여러 가지 변형.

Feature(피처) 스트레이트 뉴스가 아닌 기사. 특별한 디자인 형태를 취하는 경우가 많다.

Fever chart(꺾은선그래프) 데이터의 변화를 점과 점으로 연결해 표시한 그래프. =line chart

Filler(필러) 지면을 메우기 위한 채움 기사, 땜질용 기사 또는 그래픽.

Flag(1면 제호) =nameplate

Flush left(왼쪽 끝 맞추기)

Flush right(오른쪽 끝 맞추기)

Folio(면 머리) 종합, 정치, 날짜, 면수, 신문 이름 등의 표시.

Font(폰트) 종류와 크기가 같은 활자 한 벌.

Four-color(4색 조정) CMYK를 결합하는 인쇄 과정.

Frames(프레임) 웹 디자인 도구.

Full frame(사진의 원판) 사진의 전체 이미지 영역.

GIF(Graphic Interface Format) 웹이미지 포맷의 하나.

Graf 신문사에서 단락(paragraph)을 부르는 속어.

Graph(그래프)

Grayscale(그레이스케일) 회색 음영을 이용해 사진이나 이미지를 스캔한 것.

Grid(그리드) 한 지면의 작업 틀을 구성하는 기본 패턴. 지면의 요소들을 정렬해 준다.

Gutter(단간) 칼럼과 칼럼 사이 공간.

H and J(Hyphenation and Justification) 컴퓨터의 텍스트 정렬.

Hairline(헤어라인) 신문에서 사용되는 가장 가는 선.

Halftone(하프톤) 일련의 작은 도트로 변환된 사진이나 그림.

Hammer head(해머 제목) 강한 효과를 주기 위해 굵고 큰 볼드체를 사용한 제목.

Hanging indent(첫행 내어쓰기) 단락의 첫 행은 왼끝 맞추기 하고 다른 행은 들여쓰기를 하는 것.

용어집

Header(머리문패) 섹션, 지면, 기사의 성격을 알려주는 문패. =standing head

Headline(헤드라인) 메인 제목.

High–resolution printer(고해상도 프린터)

Hit(히트) 웹페이지의 조회 수.

HTML(HyperText Markup Language) 웹문서 포맷 양식.

Hyperlink(하이퍼링크) 다른 웹페이지로 연결해주는 이미지, 단어, 문장.

Hyphenation(하이픈 처리) 영어 단어가 행이 넘어갈 때 하이픈 처리하는 것.

Import(임포트) 이미지를 불러 오는 것.

Indent(들여쓰기) 단락의 첫 행은 으레 들여쓰기한다. 이미지나 이니셜 캡, 로고로 단락 맨 앞에 새겨진 부분도 인덴트라고 한다.

Index(지면 안내) 지면 내용과 페이지를 표시한 표.

Infographic(인포그래픽) 뉴스를 설명해 정보를 담은 그래픽.

Initial cap(이니셜 캡, 첫머리 대문자) 단락 맨 앞에 새겨진 큰 포인트의 문장 첫 글자.

Inset(삽입) 사진이나 이미지 안에 다른 작은 사진, 지도, 그래픽 등을 배치.

Java(자바) 애니메이션 제작을 위한 프로그래밍 언어.

JPEG(Joint Photographic Experts Group) 이미지 포맷의 하나.

Jump(점프) 기사가 다른 면으로 이어지는 것 혹은 그런 기사.

Jump headline(점프기사 제목)

Jump line(점프기사 표시)

Justification(자리맞춤) 양쪽 여백이 똑같이 맞춰지도록 기계적으로 조정하는 것.

Kerning(자간 좁힘) 활자 사이 간격을 줄이는 것.

1991년 10월 13일 자 **〈워싱턴 타임스〉** (워싱턴 DC)

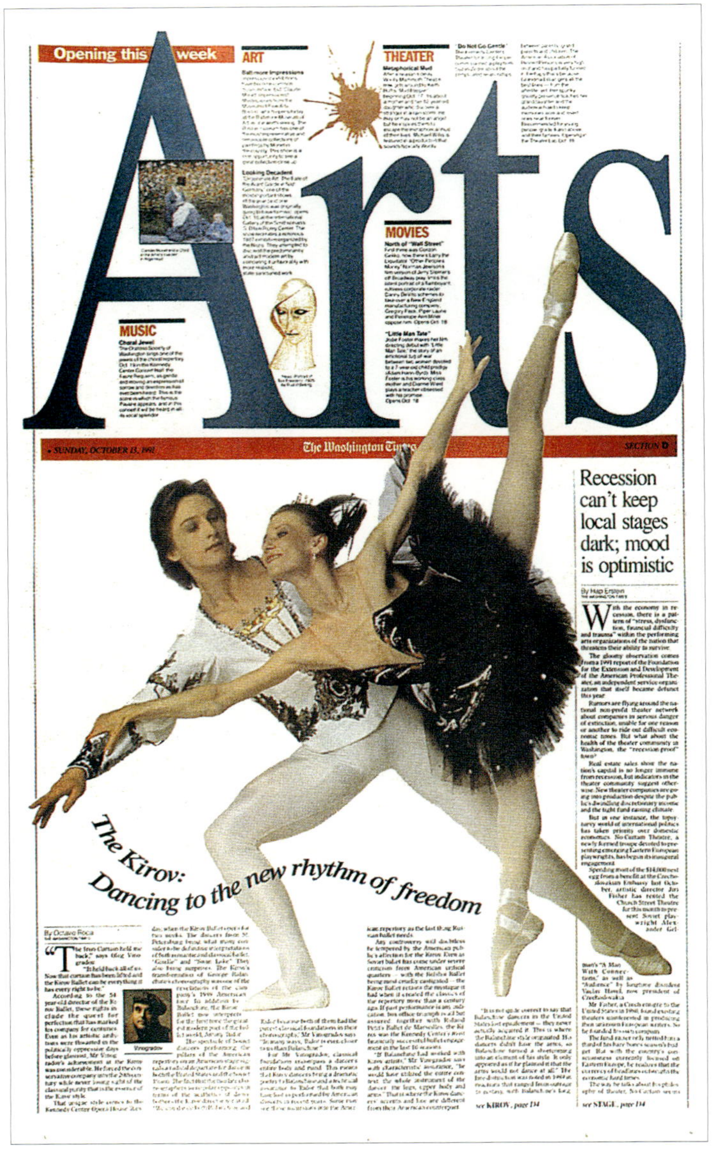

Opening this week

ART

THEATER

MOVIES

MUSIC

Arts

SUNDAY, OCTOBER 13, 1991

The Washington Times

SECTION D

Recession can't keep local stages dark; mood is optimistic

The Kirov: Dancing to the new rhythm of freedom

Kicker(어깨 제목) 헤드라인 위에 위치한 작은 활자의 한 줄 제목.

Layout(레이아웃) 지면 디자인.

Leader(점선)

Lead–in(유도형 제목) 제목이나 기사 사진 설명 앞에 놓인 제목성의 단어나 문구. 대비되는 활자를 사용한다.

Leading(행간) 행과 행 사이 공간. 포인트로 표시.

Leg(레그) 기사 한 칼럼.

재료로만 본다면 신문 용지는 휴지와 별반 다를 게 없다. 최고의 인쇄공정을 거친다 해도 시각적 표현에 있어서는 형편없는 매체일 뿐이다. 나의 과감한 디자인 스타일은 이런 신문용지의 한계에 대한 좌절감에서 생겨났다. 나는 가로 14인치 세로 22인치 크기의 '화장지'로 제공된 한 번의 그래픽 기회를 최대한 이용했다. 그것은 포스터의 크기이다.

– 존 카슈트
전 아트디렉터

용어집

2000년 1월1일 자 〈**엘 노트**〉 (멕시코 몬트레이)

EDICIÓN ESPECIAL DE COLECCIÓN

2000

EL NORTE

ÚLTIMAS NOTICIAS DEL SIGLO PASADO

Renuncia Yeltsin

Sábado 1 de Enero del 2000, 102 Págs., 7 Secciones, $10

Año LXII Número 22,317 Monterrey, N.L., México

Una nueva era

LA ISLA DEL MILENIO.

MILES DE MILLONES DE PERSONAS RECIBIERON CON JÚBILO EL 2000

LA CIUDAD LUZ.

CELEBRACIÓN REGIA.

VISIÓN 2020

AL INICIAR HOY EL 2000, EXPERTOS Y ESTUDIOSOS DE LOS DIFERENTES CAMPOS DAN SU VISIÓN DE QUÉ LE DEPARA AL MUNDO Y AL HOMBRE EN EL 2020

NACIONAL

INTERNACIONAL

NEGOCIOS

LOCAL

SEGURIDAD

DEPORTES

ACENTOS

VIDA!

GENTE!

AUTOMOTRIZ

Y2K Sin mayores contratiempos

이날 신문은 제작과 편집에서 모든 세세한 부분까지 센티미터 단위로 주의를 기울였다. 우리는 컬렉션 신문의 제작에 도전했다. 우리는 사진들로 이루어진 완벽한 판본을 제작했다. 오로지 가장 최고 중의 최고만을 선별했다. 이 판본만을 위해 타이틀의 활자도 바꾸었다. 이 판 전체에서 각 섹션의 서로 다른 주제들에 대한 미래의 비전이라는 점에 편집상의 강조가 있었다.

– 아드리안 알바레즈
그래픽 코디네이터

Legibility(가독성) 글자의 읽기 쉬운 정도.

Letter spacing(자간) 한 단어에서 활자와 활자 사이 간격.

Liftout quote(인용제목) 제목이나 그래픽 형태의 인용문. 볼드체나 이탤릭체로 처리하는 경우가 많고 선이나 회색 톤으로 강조한다. =pull quote

Line art(흑백 이미지) 흑백만 쓴 이미지. 회색 톤을 쓰지 않음.

Line chart(선 그래픽) =fever chart

Line per inch(lpi) 하프톤 스크린에서 인치당 도트 선의 숫자. lpi가 높을수록 이미지의 해상도도 높아진다.

Logo(로고) 머리문패에 사용되는 그래픽 형태의 단어.

Lower case(소문자) 식자실에서 소문자를 보관하는 상자가 아래쪽에 있어서 붙여진 명칭이다. 반대말은 'Upper case'

Margin(마진) 요소와 요소 사이의 공간.

Masthead(마스트헤드) 신문사 정보표시란. 발행인, 편집국장, 발행정보 등 표시. 보통 사설 면에 위치.

Mechanical(인쇄용 최종지면) 인쇄용 필름을 만드는 최종 지면. =paste-up

Measure(칼럼 폭) 기사 칼럼이나 헤드라인의 폭.

Modular layout(모듈 편집) 사각형을 쌓은 형태의 레이아웃 방식.

Mortise(중첩) 한 요소를 다른 요소와 부분적으로 겹치게 하는 것.

Mug shot(인물사진) 작은 얼굴사진.

Nameplate(신문제호) 1면의 제호. =flag

Offset(오프셋) 인쇄방식의 일종

Orphan(고아 꼴) 몇 개의 단어나 문장만 다른 칼럼, 다른 페이지로 넘어가는 것. =widow

Overlay(오버레이) 도면 등을 위에 놓고 수정할 때 쓰는 투명한 플라스틱판.

Overline(사진 위 제목) 일반적으로 기사와 관련되지 않은 단독사진에 사용.

Pagination(페이지네이션) 컴퓨터에서 지면 생성과정.

Paste-up(강판 지면) 모든 요소가 자리 잡은 인쇄 직전의 최종 지면.

Photo credit(사진 출처)

용어집

Pica(파이카) 신문의 기본 단위. 1인치=6파이카, 1파이카=12포인트

Pixel(픽셀) 컴퓨터 스크린에 나타낼 수 있는 가장 작은 도트.

Point(포인트) 인쇄 기본단위. 1파이카=12포인트, 1인치=72포인트

Pork chop(포크 찹) 칼럼 절반 크기의 인물사진.

Process color(기본 4색) CMYK.

Proof(교정쇄) 인쇄가 잘 됐는지 체크하는 데 사용.

Pull quote(인용제목) =liftout quote

Pyramid ads(피라미드 광고) 하나의 지면에 피라미드처럼 쌓은 광고. 밑에는 큰 광고가 놓이며 위로 올라갈수록 광고 크기가 작아진다.

Quotes(인용문)

Ragged right(왼끝 정렬) 활자를 왼쪽만 정렬하고 오른쪽은 들쭉날쭉하게 하는 것.

Raw wrap(로 랩) 제목 단수를 벗어나 흐르는 본문 형태. =Dutch wrap

Refer/reefer(관련기사 표시)

Register(가늠) 4색 필름을 일치시키는 작업.

Resolution(해상도) 이미지의 해상도. dpi의 크기에 좌우된다.

Reverse(반전) 검은 바탕에 흰 활자를 배치하는 인쇄 기법. =dropout

RGB(적녹청) 컴퓨터 모니터나 비디오 시스템에 사용되는 컬러 포맷.

Roman(로만체) 이탤릭체와 반대되는 보통 활자.

Rule(괘선) 직선의 인쇄용어.

Runaround(감싸기) 이미지를 둘러싼 텍스트. 텍스트 안에 이미지가 파고들거나 새겨진 레이아웃 형태. =wraparound, skew

1999년 10월 23일 자 **〈버지니안 파일럿〉** (버지니아 노포크)

EYES ON ECLIPSE

The Virginian-Pilot

WEDNESDAY MAY 11, 1994

PRESIDENT MANDELA

"Let freedom reign."

REUTERS

Nelson Mandela had the world at his feet Tuesday, standing on stage before princes, presidents and prime ministers. But it was in the whisperings of the crowd that his transformation from prisoner to president was most evident — quiet utterances from hundreds of black people, telling themselves over and over, so they could believe it: "Mandela — President."

At his inauguration, Mandela said:

"We enter into a covenant that we shall build a society in which all South Africans, both black and white, will be able to walk tall, without any fear in their hearts, assured of their inalienable right to human dignity — a rainbow nation at peace with itself and the world. Never, never and never again shall it be that this beautiful land will again experience the oppression of one by another and suffer the indignity of being the skunk of the world. The sun shall never set on such a glorious human achievement."

MORE COVERAGE, PAGES A11, A12

ABOVE: Nelson Mandela, South Africa's first black president, and Deputy President F.W. de Klerk greet a cheering crowd of thousands at Mandela's inauguration in Pretoria on Tuesday.

LEFT: After his swearing in, Mandela hugs South African Archbishop Desmond Tutu at the Union Buildings, until Tuesday the hilltop seat of white power in the largely black nation.

AP PHOTOS

FACES IN THE CROWD

Hillary Rodham Clinton | Cuba's Fidel Castro | Coretta Scott King | PLO's Yasser Arafat

Oklahoma City | Charlottesville | Norfolk, Liz Dennerle | Wauseon, Ohio | New York | Berkeley, Calif. | Zanesville, Ohio | Norfolk, George Stabler

Toddlers, science students and tie-clad business types using floppy discs turned their eyes skyward Tuesday to view a rare annular eclipse of the sun. At the solar eclipse's peak, about 1:30 p.m., the moon covered up to 94 percent of the sun's surface, darkening skies and creating a ring of fire around the moon. Temperatures dropped several degrees. If you missed it, you'll have to wait 18 years, until May 20, 2012, for the next solar eclipse of note in the continental United States. Guy Friddell, D1

Sans serif(산세리프체) 세리프가 없는 활자. serif란 영문활자 끝부분의 돌기를 가리키는 것으로 고딕체처럼 세리프가 없는 활자를 산세리프체라고 한다.

Saturation(채도) 색의 선명도.

Scale(확대축소) 사진이나 이미지의 크기 변경.

Scaling(스케일링) 단어 사이의 공간.

Screen(스크린) 작은 하프톤으로 이루어졌으며 회색 영역을 만드는 데 쓰임.

Serif(세리프) 영문 활자 끝부분의 돌기.

나는 〈버지니안 파일럿〉 리디자인에 참여한 뒤 1면 에디터로 일했는데 그때 이 지면을 디자인했다. 이날은 특별히 비중 있는 국내 기사는 없었지만 남아공의 역사적 사건과 미국의 특별한 이벤트가 있었다. 두 기사에는 모두 중요한 이미지가 있었다. 이 지면에서 획기적인 것은 '스토리'가 없다는 점이다. 제목과 사진, 사진설명 그리고 인용문만이 있을 뿐이다.

– 앨런 제이콥슨
신문 디자인 컨설턴트

용어집

2000년 1월 1일 자 〈**뉴욕타임스**〉 (뉴욕)

WORLD SERIES PREVIEW

Sports Saturday

The New York Times

Up for Grabs: A Series And a Decade

Two Best Teams of 90's Get Set for a Rematch

양키스는 4년 동안 3번째 월드시리즈 우승에 도전하였다. 나는 그동안 "프리뷰-스테인브레너(뉴욕 양키스의 구단주-역자 주)의 사악한 제국, 또 월드시리즈를 품나"를 디자인하면서 풍부한 실전 경험을 겪었다. 이 지면에서 내가 제일 좋아하는 부분은 양키스 구장 앞에 죽 늘어선 깃발을 배경으로 엘 듀크가 플라밍고처럼 다리를 든 실루엣이다.

– 웨인 카미도이
스포츠 아트디렉터

Shovelware(삽질) 다른 사람의 정보를 자신의 웹사이트에 그대로 퍼 담는 행위.

Sidebar(부속상자) 메인 기사에 딸린 부속 기사.

Sidesaddle head(옆안장 제목) 제목이 기사 위가 아니라 왼쪽에 배치된 경우. =side head

Sig(고정 컷) 고정 칼럼이나 기획기사를 나타내는 작은 로고.

Silhouette(실루엣) 인물 등 핵심 대상만 남기고 배경을 삭제하는 기법. =cutout

Site map/storyboard(사이트맵) 웹사이트의 서비스 안내.

Skew(랩어라운드/런어라운드) =wraparound, runaround

Skyboxes(스카이박스) skylines(스카이라인) 1면 제호 위에 배치하는 안내성 기사. 그래픽 형태의 박스기사이면 스카이박스 혹은 박스카(boxcars)라고 하고, 활자만 사용한 경우는 스카이라인이라고 한다.

Solid(솔리드) 한 가지 색이 100% 농도로 인쇄된 경우.

Spot color(스팟 컬러) 지면에 첨가된 또 다른 컬러잉크. =flat color

Spread(스프레드) 마주 보는 양면에 걸쳐 사진이나 기사를 배치하는 것.

Stand-alone photo(독립 사진) 관련기사 없이 사용된 사진. =wild art

Standing head(머리문패) 정기적인 섹션, 지면이나 기사를 특정하는 문패. =header

Style(제작 원칙) 신문 제작의 일관된 규칙과 기준. 제목 사용, 디자인 원칙 등을 포함한다.

Style sheet(스타일 시트) 컴퓨터 출판 시스템에서 폰트의 종류, 크기, 컬러 사용 등을 지정해놓은 서식 코드.

Subhead(기사 중간제목) 긴 기사의 단락 구분을 위해 사용. 주로 볼드체를 쓴다.

Summary deck(기사요약 제목) 기사의 요지를 압축해서 정리한 부제목 형태. 일반 부제목보다 길고 보다 작은 활자를 사용.

Table(도표) 데이터 자료나 숫자를 나열한 그래픽 요소.

Tabloid(타블로이드) 대판의 절반 크기 신문.

용어집

Tab stops(탭 설정) 데이터를 수직 정렬하기 위해 미리 설정해놓은 지점.

Tags(태그) HTML 문서에 사용되는 편집용 코드.

Teaser(기사 안내) 1면이나 섹션 프런트에 배치하는 그래픽성 기사 안내.

TIFF(Tagged Image File Format) 가장 일반적인 이미지 저장 포맷 중의 하나.

Tint(틴트) 옅은 배경.

Tombstoning(헤드라인 충돌) 메인 제목이 나란히 맞서 부딪치는 경우. 금기 사항임. =bumping, butting heads

Trapped white space(공백) 어색한 지면의 빈 공간.

Tripod(삼각제목) 굵은 메인 제목 옆에 두 줄 부제목을 놓는 제목 형태.

Typeface(활자체) 폰트 패밀리의 총칭.

Underscore(강조 밑줄) 일련의 단어에 밑줄을 긋는 것.

Uppercase(대문자) 식자실에서 대문자를 보관하는 상자가 위쪽에 있어서 붙여진 명칭이다. 반대말은'Lower case'.

Web site(웹사이트) 홈페이지를 통해 접속된 웹페이지.

Weight(활자 중량) 굵기가 기준.

Well(우물형 광고) 지면 양쪽에 광고를 세로로 높이 쌓는 것. 가운데 길쭉하게 기사가 우물 속처럼 배치된다.

White space(여백) 지면에서 텍스트나 이미지가 없는 공간.

Widow(과부 꼴) 하나의 활자, 단어, 구절만 마지막 줄에 홀로 있는 것. =orphan

Wraparound(랩어라운드) 사진이나 이미지가 텍스트를 둘러싸거나 새겨 들어간 경우. =runaround, skew

1999년 7월 25일 자 **〈사바나 모닝 뉴스〉** (조지아 사바나)

Sunday
Section E: History camp makes mark
Blood ties
Fifty years after the end of civil war, the reunification of China and Taiwan still faces several obstacles
Insight, Page 10A
NAMED GEORGIA'S BEST NEWSPAPER
Savannah Morning News
July 25, 1999 • 150th Year, Issue 188 • www.savannahnow.com • $1.25

JERRY HEIDLER ESCAPED FROM PRISON THROUGH A SPACE NO LARGER THAN THIS
(and this is how he did it)

'Green house' effect

Gunman killed by police after fatally wounding two SWAT team members

Business interests win billions in tax breaks in new House bill

WYSIWYG(위지위그) 화면에 보이는 것 그대로 인쇄 출력하는 기술. What You See Is What You Get.

x-height(x-높이) 소문자의 높이.

범인이 탈옥했다. 가로 10인치 세로 12인치 크기의 창문을 통한 탈출과정에 대해 얘기하는 와중에 그래픽 아티스트가 그건 정말 믿기 힘들 정도로 작은 공간이라고 말했다. 그녀는 종이를 그 크기로 접어서 나에게 보여줬다. 나는 어안이 벙벙해졌고 곧 독자에게 그 믿기 힘든 개구멍을 보여줘야 한다는 걸 깨달았다. 나는 15분 만에 실물크기 모형을 만들어냈다.

– 조슈아 길린
디자이너

찾아보기

찾아보기

찾아보기

크레디트

본문과 사진설명에서 미처 출처를 밝히지 못한 사진기자, 아티스트, 발행기관 이름을 이곳에 모아서 처리합니다.

3: Spaceman photo by Tim Harrower. Fun fact: He's reading the Asbury Park Press.
15: "A Native Danger" reprinted by permission of the South Florida Sun-Sentinel.
16: Tiger Woods photo by Michael Lloyd/The Oregonian.
17, 34, 38, 46: Photos by Kraig Scattarella/The Oregonian.
18: All photos by PhotoDisc except tornado and nurse (Corbis).
19: Reprinted from The Oregonian.
21: Computer photo by Pat Minniear; all others by PhotoDisc.
24: Illustration by Steve Cowden.
26: Reprinted from The Chicago Tribune.
27: Reprinted from Weekly World News.
32: Babe Ruth photo ©Corbis; Truman photo ©Bettmann/ Corbis; Oswald photo by Bob Jackson; Vietnam photo © AP/ Wide World Photos; moonwalk photo by AP Photo/Neil Armstrong, NASA/Wide World Photos; Challenger photo by AP Photo/Bruce Weaver/Wide World Photos.
33: Photos by Steve Nehl/The Oregonian (top and left); © Royalty-Free/Corbis (right).
36: Reprinted from The Orange County Register.
37: Reprinted from The Oregonian.
43: Photo © Digital Vision/PunchStock.
50: Photo © AP Photo/Harpo Productions, George Burns.
54: Copyright 1985 Lois Bernstein/The Virginian-Pilot.
55: Photo by Michael Lloyd/The Oregonian.
60: Photos © Royalty-Free/Corbis.
61: Photos by Max Gutierrez (top left); Robert E. Shotwell (bottom left and top right); Holley Gilbert (bottom right).
71: Photos by PhotoDisc.
72: Big mug shot by Randy L. Rasmussen/The Oregonian; other photos by PhotoDisc.
73: Photo by Steve Nehl/The Oregonian.
74: Photos by Ross Hamilton/The Oregonian.
86: Reprinted from the Orange County Register.
102: Both photos © AP/ Wide World Photos.
104: Photo © Royalty-Free/Corbis.
105: Gore photo by Michael Lloyd/The Oregonian.
109, 124: Photos by Steve Gibbons/The Oregonian.
110: Photos by Randy L. Rasmussen (top); Michael Lloyd (center and bottom).
113: Photo © Brant Sanderlin/ Atlanta Journal-Constitution.
115: Photo © Todd Heisler/Rocky Mountain News/Polaris.
118: Illustration by Steve Cowden.
119: Photo © Royalty-Free/Corbis.
120: Photo from Digital Vision/Getty Images.
121: Photo by Tim Harrower.
122: Illustration by Joe Spooner.
125: Photo by Dana Olsen/The Oregonian.
126: Photo by Michael Lloyd/The Oregonian.
128: Photos by Tim Jewett/The Oregonian.
134: Editorial cartoon ©Newsday/ Walt Handelsman.
132: Photos by PhotoDisc except for the thinking man, © Royalty-Free/Corbis.
133: Phone lady photo © Royalty-Free/Corbis.
134: Newsday Walt Handelsman cartoon "Security" (Aug. 11, 2006) © Tribune Media Services, Inc. All rights reserved. Printed with permission.
139: Balloon and squirrel photos © Royalty-Free/Corbis; other color images by PhotoDisc; Oswald photo by Bob Jackson.
140: Photos by PhotoDisc.
141: Photos by Randy L. Rasmussen/The Oregonian.
142: Tiger Woods photo by Bob Ellis/The Oregonian.
143: Reprinted from The State (Columbia, S.C.).
145: Reprinted from the Honolulu Star-Bulletin, (left); Detroit Free Press (center); San Jose Mercury News (right).
146: Photo by PhotoDisc.
147: Logos by Jim Denk, Detroit Free Press.
148: Midler photo by Dana E. Olsen/ The Oregonian; Nixon photo © AP/ Wide World Photos.
159: Waste photo © Royalty-Free/Corbis.
160: Photo by Randy L. Rasmussen/The Oregonian.
161: Reprinted from the Minneapolis Star Tribune.
166: Rat graphic by Steve Cowden, The Oregonian.
170: Ecological art by Joe Spooner; burglar photo by PhotoDisc.
174: President photos courtesy of the White House; George Clinton photo by Marcy Guiragossian, Intersound.
179: TV-show graphic by Nate Cook.
180: Kyrgystan graphic ©AP/Wide World Photos. Portland timeline photos by The Oregonian.
181: Lizard drawings by David Sun; photo by PhotoDisc; Griffey page from The Oregonian.
184: Reprinted from The Oregonian (left); school shooting map courtesy of Ron Coddington.
185: Robbery map from The Oregonian. Crop map ©AP/Wide World Photos.
186: Islam page ©McClatchy-Tribune Information Services. All rights reserved. Reprinted with permission.
187: Page reprinted from The Oregonian; art by Molly Swisher.
202: Jon Stewart photo © Comedy Central/Mad Cow Productions/ The Kobal Collection.
206: (top right) Letterman reprinted courtesy of Ron Coddington; photo © Royalty-Free/Corbis.
207: Zippy the Pinhead courtesy of Bill Griffith.
208: Photo by Joel Davis/The Oregonian; page reprinted from the San Antonio Current.
209: Photos © Royalty-Free/Corbis.
210: Photo © Royalty-Free/Corbis.
211: Photo by PhotoDisc.
214: Photo by PhotoDisc.
217: Photo by Tim Jewett (top); Michael Lloyd (bottom).
221: Photo © Royalty-Free/Corbis.
224: Page courtesy of USA Today.
234: Photo courtesy of Gilmore Research Group, Seattle, Wash., and Portland, Ore.
241: Page courtesy of The Register-Guard (Eugene, Ore.).
244: Volleyball photo by PhotoDisc.
245: Gorilla photo from Creatas/PunchStock.
249: Web pages reprinted courtesy of the Globe and Mail (left) and with permission of The Baltimore Sun, from The Baltimore Sun Online, Kelly Brewington, April 10, 2007; permission conveyed through Copyright Clearance Center, Inc.
250: Image captures from "Going Down the Crooked Road" © The Roanoke Times, July 31-Aug. 5, 2005, www.roanoke.com.
252: Image capture from USA Today republished with permission of USA Today, from USA Today Online, Kathy Kiely, March 2, 2007; permission conveyed through Copyright Clearance Center, Inc.
254: Illustration by Steve Cowden.
256: Image captures republished with permission of The Miami Herald, from The Miami Herald Online, Feb. 2, 2007; permission conveyed through Copyright Clearance Center, Inc.

역자후기

저자는 이 책을 신문처럼 편집했습니다. 모든 페이지가 단 한 행도 비어 있지 않고, 넘쳐서 다음 페이지로 이어지지도 않습니다. 기사 점프를 설명하기 위해 문장의 끝 부분을 일부러 다른 쪽으로 넘긴 97쪽이 유일한 예외입니다. 수많은 사진과 시각물을 실으면서도 의도된 여백만 있을 뿐 불필요한 공백이 거의 없습니다. 사진설명의 길이조차 대부분 양 끝단을 맞춰 공백이 없도록 했습니다. 본문 칼럼의 폭, 사진의 크기, 예시된 활자의 크기 등이 고스란히 편집 디자인을 설명하기 위한 실례로 활용됩니다. 책 자체가 그야말로 깔끔하게 편집된 300쪽짜리 신문 같습니다. 한글과 영문의 차이가 있고, 매 페이지마다 행수를 맞춰 번역하는 일이 쉽지 않았지만, 번역서도 원서의 독자 친화적인 특성을 최대한 살렸습니다.

생소한 신문 디자인 용어를 정리하는 일도 간단치 않았습니다. 일부 용어는 인쇄업계나 일반 디자인 영역에서 사용되고 있었습니다. 이처럼 다른 분야에서 이미 쓰이는 용어는 가급적 그대로 따랐습니다. 아직 정착되지 않은 용어는 여러 자료와 사전을 참고해 본래의 뜻을 최대한 살려 옮겼습니다.

하지만 번역을 마치고 나니 남의 옷을 걸친 듯 어색함이 남습니다. 파이카나 인치라는 미국식 단위를 그대로 써야 했던 것이 그렇습니다. 한국 신문의 역사 대신 미국 신문의 역사를, 한글 활자구조 대신 영문 활자의 구조를 설명해야 했던 것이 또 그렇습니다. 미국 신문 지면과 사진을 그대로 실어야 할 때는 살짝 자존심이 상하기도 했습니다. 그래도 누군가 벌써 했어야 할 일을 늦게나마 한다는 생각으로 위안을 삼습니다. 앞으로 한국 토종의 편집 디자인 교본과 책이 많이 나오면 좋겠습니다.

사내 학습모임 회원으로 초벌 번역에 참여한 김용길 차장, 박수일 차장, 김응수 차장, 이재일 차장, 박재훈 차장, 이창환 차장, 박재덕 기자, 이은택 기자와 감수를 맡아준 김사중 부장에게 감사드립니다.

저자와의 연락과 저작권 계약 과정에서 도움을 주신 허경회 대표와 동료 김준영 씨, 이영훈 차장에게 감사드립니다.

출간을 지원해주고 문제가 있을 때마다 세심히 배려해주신 언론재단 관계자들께도 감사드립니다.

출판 계약과정에서 마음을 써주신 서이석 선배, 김성희 선배, 고승철 나남출판 주필과 출판 실무를 꼼꼼하게 맡아주신 방순영 편집장, 민광호 대리, 이지스 씨, 그리고 이 책의 가치를 인정하고 격려해주신 조상호 나남출판 사장께 감사드립니다.

이 밖에도 책이 나오기까지 애쓰고 성원해주신 많은 분들이 있습니다. 깊은 감사의 마음을 전합니다.

2012년 10월 23일

새로운 편집디자인

임헌우(계명대) · 한상만(계명대)

"편집디자인은 모든 디자인의 시작이자 끝이다." 전통적 미디어인 인쇄매체에서뿐만 아니라 웹 등의 뉴미디어에서도 편집디자인은 가장 기본이 되는 부분이다. 또한, 정보시대에서의 편집디자인은 "정보와 공간에 대한 설계시스템"이 된다. 넘쳐나는 정보들을 체계적으로 구조화해 쓸모있는 지식으로 전환시키는 과정이 편집디자인인 것이다. 이 책은 이렇듯 급격하게 변화하는 미디어 환경을 효과적으로 반영하면서도 디자인의 기본 원리와 개념은 충실히 담아낸, 편집디자인의 새로운 지침서이다.

46배판 변형 | 272면 | 22,000원

정치적 소통과 SNS

한국언론학회 엮음

뉴스, 광고, 인간관계에까지 우리 일상 어디에나 SNS가 있다. 그렇다면 과연 우리는 SNS에 대해 얼마나 알고 있을까? 커뮤니케이션 연구와 교육의 최전선에 있는 한국언론학회 필진이 뜻을 모아 집필한 이 책은 SNS에 관한 국내외의 사례와 이론을 폭넓게 아우른다. 왜 우리는 SNS를 사용하게 되었나부터, 어떻게 사용하고 있나, 또 앞으로 어떻게 사용해야 하나까지 과거, 현재, 미래에 대한 통찰이 담겨 있다.

크라운판 변형 | 456면 | 27,000원

융합과 통섭

다중매체환경에서의 언론학 연구방법

한국언론학회 엮음

'융합'과 '통섭'의 이름으로 젊은 언론학자 19명이 모였다. 급변하는 다중매체환경 속 인간과 사회를 능동적으로 이해하고 설명하는 것은 언론학 연구의 임무이자 과제다. 이를 위해서는 관례와 고정관념을 탈피하려는 다양한 고민과 시도가 연구방법으로 이어져야 한다. 38대 한국언론학회 기획연구 워크숍 발표자료를 엮은 이 책은 참신하고 다양한 언론학 연구방법을 고민하는 이들에게 소중한 지침서가 될 것이다.

크라운판 변형 | 520면 | 32,000원

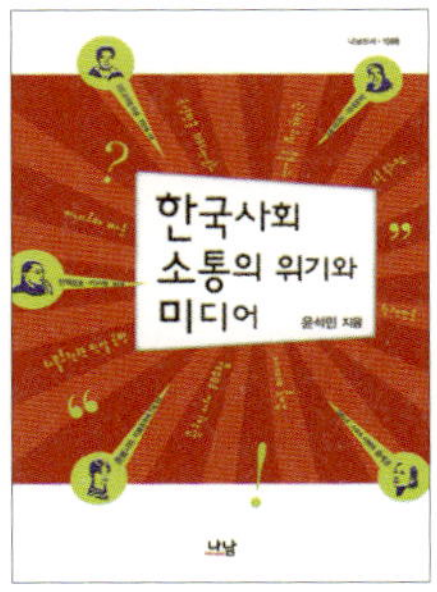

한국사회 소통의 위기와 미디어

윤석민(서울대)

학문과 실천 양 방면에서 활발하게 활동하고 있는 언론학자 윤석민 교수가 심각한 위기의 양상을 보이는 한국사회의 소통과 미디어의 실태를 진단하고, 위기의 구조적 원인 및 극복 방안을 제시한 책이다. 소통 및 소통자의 개념, 이상적 소통의 상태, 미디어의 본질과 변화방향을 소개하고, 미디어 정책의 혼선과 이를 해결하기 위한 미디어 정책의 그랜드 플랜을 제시한다.

신국판 | 656면 | 32,000원

SNS 혁명의 신화와 실제

'토크, 플레이, 러브'의 진화

김은미(서울대) · 이동후(인천대)
임영호(부산대) · 정일권(광운대)

요즈음 전성기를 구가하고 있는 소셜미디어는 사람들 간 진지한 관계나 대화를 담보할 수 있는가? 인류의 오래된 희망인 관계의 수평화·평등화를 가능케 할 것인가? 이 책은 내로라하는 커뮤니케이션 소장학자들이 발랄하면서도 진지한 작업 끝에 내놓은 결과물이다. 소셜미디어의 모든 것을 분해하고, 다시 종합하는 이 책을 통해 독자들은 소셜미디어 혁명의 허와 실을 간파하게 될 것이다.

크라운판 변형 | 320면 | 20,000원

뉴미디어와 정보사회

오택섭(前 고려대) · 강현두(前 서울대)
최정호(前 연세대) · 안재현(KAIST) 공저

이 책은 매스미디어 현상을 일반교양으로 이해하고자 하는 독자들에게 체계적 이해의 틀을 제공한다. 언론학자들과 함께 IT경영학자인 KAIST의 안재현 교수가 공동으로 참여하여 학문적 컨버전스를 이루면서 미디어 빅뱅의 내용을 담아냈다. 특히 최근의 디지털화/멀티미디어화를 통한 뉴미디어의 등장과 방송통신의 융합의 이슈들을 다루었고, E-Journalism을 통해 변화하는 언론의 역할을 조명했다.

4×6배판 변형 | 444면 | 25,000원

디지털 시대와 미디어 공공성

미디어, 문화, 경제

그레이엄 머독 | 이진로(영산대) 외 옮김

이 책은 한국사회의 방송 공영성 회복과 관련된 14개의 글을 담고 있다. 머독 교수의 이 책은 오늘날의 방송과 뉴미디어 현상에서 공익성을 최우선으로 강조한다는 점에서 우리에게 중요한 시사점을 던져준다. 그는 방송과 뉴미디어가 사회 공동의 자원으로 공익성을 부여받지만 사적 소유에 의해 왜곡된 현실을 비판하고, 공공성과 공익성을 복원할 것을 주장한다.

신국판 | 432면 | 22,000원

매스 커뮤니케이션 이론 (제5판)

데니스 맥퀘일

양승찬(숙명여대) · 이강형(경북대) 공역

제4판(2000년)과 비교해 이번 제5판(2005년)에서는 특히 인터넷시대의 '뉴미디어'가 출현하고 성장하는 과정 속에서 기존의 매스미디어 이론과 연구결과를 토대로 이야기했던 것을 수정·보완하는 데 주력한 것이 두드러진다. 또한 저자 맥퀘일은 변화하는 미디어 환경 속에서 기존 매스 커뮤니케이션이 어떻게 변화할지에 관심을 두고 각 장의 내용을 전개한다. 새롭게 등장한 이론적 접근에 대한 소개가 추가되었고, 각 장에서의 이슈는 뉴미디어 현상과 연관하여 다루어진 특징이 있다.

크라운판 변형 | 712면 | 28,000원

현대 신문의 이해

장호순(순천향대)

이 책은 신문방송학 전공자를 위한 교과서이자 한국의 신문에 대한 종합건강진단 보고서라고 할 수 있다. 지난 25년간 발행된 신문에 관한 논문과 저술을 체계적으로 정리하고, 풍부한 예시와 사진·도표를 제시하였다. 신문의 기능, 역사에서부터 신문산업의 특징, 취재방식, 기사작성 방식, 편집디자인, 광고, 법제 등 신문과 관련된 다양한 지식들을 담고 있으며, 행간마다 신문이 나아가야 할 방향을 제시한다.

4×6배판 | 384면 | 20,000원

미디어 효과이론 (제3판)

제닝스 브라이언트 · 메리 베스 올리버 편저

김춘식(한국외대) · 양승찬(숙명여대)

이강형(경북대) · 황용석(건국대) 옮김

이 책은 이용과 충족이론, 의제 설정이론, 문화계발효과이론 등 고전이론의 최신 업데이트된 연구결과를 비롯해 빠르게 진화하는 미디어 세계의 이슈들에 대해서도 다뤘다. 미디어 효과연구 영역을 폭넓게 다룬 포괄적인 참고도서이자 최근의 미디어 효과연구의 진행방향을 정리한 보기 드문 교재로 미디어 이론 연구를 위한 기준을 제공할 것이다.

4×6배판 | 712면 | 38,000원

뉴스론

미디어 사회학적 연구

이강수(前 한양대)

다미디어·다채널화가 더욱 확대되어 이른바 미디어의 백화제방시대가 도래하였다. 그러면 과연 정보 유통량이 증가한 만큼 '투명한 사회'가 되었는가? 다양한 지식정보를 통해 사람들은 교양 있고, 견문이 넓은 '민주시민'으로 성장하였는가? 시민들 간의 담론이 활발하게 이뤄져서 이른바 '공론장'이 확대되고, '숙의민주주의'가 발전되었는가? 등 뉴스에 관련된 다양한 이슈들을 폭넓게 다루고 있다.

신국판 | 656면 | 35,000원

커뮤니케이션 이론

연구방법과 이론의 활용

세버린 · 탠카드

박천일 · 강형철 · 안민호(숙명여대) 공역

매스 커뮤니케이션의 기본개념부터 다양한 이론적 논의와 연구방법, 연구사례에 이르기까지 언론학 전반을 조감해 주는 교과서이다. 다른 책과 구별되는 큰 장점은 제반 이론을 소개하면서 과학의 특성인 실용성과 누적성이 절로 드러나도록 하는 뚜렷한 관점을 가지고 있다는 것이다. 우선, 소개되는 이론에 관련한 실제 연구사례들을 수집해 제시한다. 더불어 이론이 등장해 어떻게 비판되고 지지되고 발전되었는지 역사적으로 추적한다.

크라운판 | 548면 | 22,000원

현대언론사상사

허버트 알철 | 양승목(서울대) 옮김

이 책은 '밀턴'에서 '맥루한'까지 미국 저널리즘의 근간을 이룬 서구 사상가들을 다루고 있다. 현대언론사상의 백과사전이라고 할 수 있을 정도로 300년간의 서구 사상가와 사상들을 집합시켰다. 저널리즘은 오로지 눈앞의 현실이며 실천일 뿐이라고 믿는 사람들에게 그 현실과 실천의 뿌리를 살펴볼 것을 촉구하고 역사성을 회복하라고 호소하고 있다.

신국판 | 682면 | 35,000원

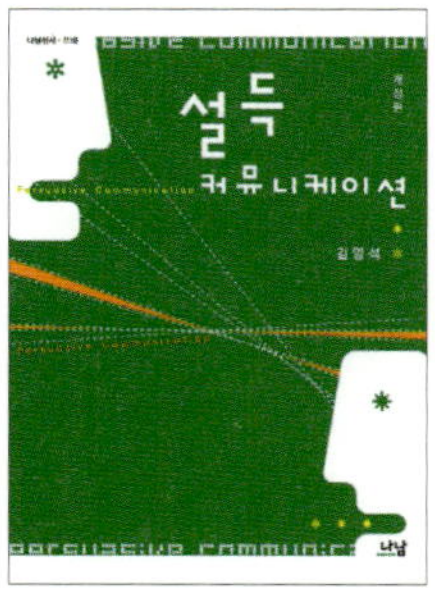

설득커뮤니케이션 (개정판)

김영석(연세대)

저자는 이 책을 통해 다양한 설득 연구들을 모아 설득의 역사, 심리학적 원리기법들을 커뮤니케이션 관점에서 체계적으로 분석하고 있다. 심리학, 정치학, 사회학, 커뮤니케이션학, 스피치학, 광고홍보학 등의 여러 분야에서 다루는 설득관련 이론 및 방법을 종합적으로 제시해, 설득의 개별사례들에 대한 단순한 이해가 아니라 이면에 담긴 심리학적 원리를 이론적으로 고찰해 소개하고 있다.

크라운판 변형 | 600면 | 28,000원

코드 2.0

로렌스 레식 | 김정오(연세대) 옮김

이 책은 사이버공간은 규제될 수 없다는 일반적인 믿음에 대해 반론을 펼친다. 상거래의 영향 아래에서 사이버공간은 현실공간보다 행위가 더욱 엄격히 통제되는 규제의 공간이 되고 있다는 것이다. 어떤 사이버공간을 만들어내고 그 속에서 어떤 자유를 보장받을지는 우리가 선택할 수 있는 것이고 선택해야만 하는 문제이다. 그 선택은 결국 구조에 대한 것이고 사이버공간의 법이라 할 수 있는 "코드"를 어떻게 만들어낼 것인가의 문제이다.

신국판 | 672면 | 35,000원

사회통계방법론

SPSS/PC+ Windows 12.0

최현철(고려대)

이 책은 각종 사회통계방법을 총망라한 책으로 가급적 수학공식은 피하고, 통계의 이해와 적용에 중점을 두었다. 특히 각 장의 마지막에는 독자들이 논문이나 보고서를 쉽게 쓸 수 있도록 개별 통계방법의 논문작성법을 제시했다. 또한 통계 프로그램은 Window용 SPSS/PC+의 최신 버전인 12.0(한글판)을 사용하여 데이터 입력에서부터 출력까지의 과정을 보여주면서 실행 방법을 자세하게 설명하였다.

4X6배판 변형 | 544면 | 24,000원

디지털 미디어 디바이드

참여와 통합의 디지털 미디어 정책

고삼석(중앙대)

2012년 12월 31일 아날로그 지상파방송이 중단되고 디지털 방송으로 전환되는데 이는 방송정책과 산업, 그리고 사회 전반에 걸쳐 큰 변화를 가져올 일대 혁신이라고 할 수 있다. 디지털 미디어 디바이드 현상은 단순히 개인 혹은 특정계층의 문제나 산업적·기술적 측면에서 접근할 것이 아니라, 사회문화적 측면에서 국민들의 정보복지 확보를 위해 정부가 적극적으로 해법을 모색해야 한다.

신국판 | 378면 | 19,000원

미디어 정책 개혁론

21세기 미국의 미디어 정치학

로버트 W. 맥체스니
오창호(부경대) · 최현철(고려대) 옮김

미국 미디어체제의 본질적 문제들에 천착해온 미국의 대표적 미디어 학자이자 미디어 개혁단체 '자유언론'의 대표인 로버트 맥체스니가 2004년에 펴낸 *The Problem of the Media*를 우리말로 옮긴 책이다. 미국에서 미디어 소유권을 둘러싼 논쟁이 한창 벌어지던 시기에 쓰여진 책으로 최근 우리 사회에 미디어 관련법 문제가 첨예한 갈등적 이슈로 떠오른 시점에서 이 책이 제기하는 주제들은 우리에게 매우 의미심장하다.

신국판 | 504면 | 25,000원